Wilhelm Bacher

Die Agada der palästinensischen Amoräer

Wilhelm Bacher

Die Agada der palästinensischen Amoräer

ISBN/EAN: 9783742870346

Hergestellt in Europa, USA, Kanada, Australien, Japan

Cover: Foto ©ninafisch / pixelio.de

Manufactured and distributed by brebook publishing software (www.brebook.com)

Wilhelm Bacher

Die Agada der palästinensischen Amoräer

Herrn

Joseph Derenbourg,

Mitglied des Institutes

in Paris,

zum achtzigsten Geburtstage

am 21. August 1891

in dankbarer Verehrung und treuer Freundschaft

gewidmet.

Vorwort.

Die paläſtinenſiſchen Amoräer ſind die unmittelbaren Nach=
folger der Tannaiten; ſie ſind die letzten Glieder einer langen
Kette, welche ununterbrochen bis zu den Begründern der Schrift=
gelehrſamkeit in Paläſtina in den Anfängen des zweiten Tempels
zurückreicht. Während für das babyloniſche Judenthum der Beginn
der Amoräerzeit zugleich den Anfang des eigentlich geſchichtlichen
Daſeins bedeutet und die von den Amoräern begründeten Schulen
Babyloniens auch ſpäterhin Mittelpunkt der jüdiſchen Lehre blieben,
zehrten die Amoräerſchulen Paläſtinas gleichſam das Erbe einer
großen Vergangenheit auf und ihre Wirkſamkeit erſcheint wie die
letzte Kundgebung des im Judenthum Paläſtina's zur Entwicklung
und Reife gelangten geiſtigen Lebens. In Wirklichkeit unterſcheidet
die Amoräer Paläſtina's von ihren Vorgängern, den Tannaiten
nur die veränderte Stellung zu der religionsgeſetzlichen (halachi=
ſchen) Traditionslehre. Das Studium der letzteren hatte mit der
Miſchna Jehuda's I eine feſte Grundlage gewonnen, deren Autorität
in Paläſtina ebenſo anerkannt wurde, wie in Babylonien, die hier
wie dort zum hauptſächlichen Gegenſtande der Geſetzesforſchung, zur
vornehmlichſten Quelle der Geſetzesnormirung wurde. Die Lehrer des
heiligen Landes kamen in dasſelbe Verhältniß der Abhängigkeit von
ihren Vorgängern, den Tannaiten, wie die Lehrer des Oſtens, welche
aus dieſer Abhängigkeit einen großen Theil ihrer Autorität ſchöpften.
Aber dieſes Verhältniß der Abhängigkeit, in welchem die paläſtinen=
ſiſchen Amoräer in der Halacha zu den Tannaiten ſtehen, der Cha=
rakter des Epigonenthums, welcher ihnen auf dieſem Gebiete zu=
kömmt, machte ſich keineswegs auch auf dem Gebiete der Agada
geltend.

Es liegt zwar in der Natur der Sache, daß auch hier Spuren der Abhängigkeit von den tannaitischen Autoritäten merkbar werden, daß die agabische Hinterlassenschaft der Letzteren großen Einfluß übte, aber die Freiheit des Gedankens, die Beweglichkeit und Ungefesseltheit der Methode, die unerschöpfliche Fülle des Stoffes, welche der Agaba ihren eigenthümlichen Reiz verleihen, behielten ihre Triebkraft in ungeschwächtem Maaße fort, und auf dem Gebiete der Agada kann das Jahrhundert nach Abschluß der Mischna, nicht nur was den Reichthum des uns erhaltenen Materials und die Menge der in Betracht kommenden Persönlichkeiten betrifft, sondern auch hinsichtlich der Selbständigkeit und Ursprünglichkeit des Inhaltes kühnlich dem Jahrhunderte vor Abschluß der Mischna angereiht werden. Der Unterschied zwischen Tannaiten und Amoräern fällt eigentlich für die Agaba hinweg; die unter dem Gesammtnamen Agaba auf uns gekommenen Erzeugnisse Beider tragen in Inhalt und Form denselben Charakter. Deshalb ist die Darstellung der Agaba der palästinensischen Amoräer, welche ich mit dem vorliegenden Bande begonnen habe, die einfache Fortsetzung der die „Agaba der Tannaiten" behandelnden zwei Bände (Straßburg, 1884 und 1890); auch gilt, was über die Ziele und die leitenden Gesichtspunkte meiner Arbeit in der Einleitung zu der beiden Werken vorangegangenen „Agaba der babylonischen Amoräer" gesagt ist (Straßburg 1878), ebenso von dem hiemit begonnenen, umfangreichsten und abschließenden Theile der Arbeit.

Doch kann ich nicht umhin, auch hier nochmals zu betonen, daß ich keine **Geschichte der Agaba** zu geben beabsichtige, die Manche in meiner Arbeit gesucht und vermißt haben, sondern allerdings eine wichtige, vielleicht grundlegende Vorarbeit zu einer solchen. Indem ich zum ersten Male an die Aufgabe gieng, die Agaba der einzelnen Tannaiten und Amoräer vorzuführen, hätte ich die Lösung dieser Aufgabe nur erschwert und verwickelt, wenn ich ihre Grenzen ausgedehnt und innerhalb der chronologisch aneinander gereihten Abschnitte über die Urheber der Agaba auch die Entwickelung der agabischen Methode und der agabischen Stoffe während der behandelten Jahrhunderte zur Darstellung zu bringen versucht hätte. Ein solcher Versuch hätte schon deshalb mißlingen müssen, weil die mit dem Namen der Urheber überlieferten Agabasätze für die erwähnte Darstellung nicht genügend und dazu die agabische Litteratur in ihrem ganzen Umfange heranzuziehen gewesen wäre. Eine solche Erweiterung des Stoffes hätte den Rahmen meiner Arbeit gesprengt und diese ihrem ursprünglichen Ziele entfremdet. Mir galt und gilt es zunächst, die Geistesarbeit der Agadisten, so weit wir ihre Namen erwähnt und so weit wir ihre Aussprüche an ihre Namen geknüpft finden, in einzelnen Abschnitten darzulegen und was von Jedem bisher über ein weites Litteraturgebiet zerstreut war, zu einem nach Möglichkeit abgerundeten Ganzen zu vereinigen. Durch diese erstmalige Feststellung des noch auffindbaren agadischen Nachlasses der verschiedenen Tannaiten und Amoräer sollte ein gleichsam intimerer Einblick in die Gedankenwelt dieser Männer, der führenden Geister des Judenthums durch eine Reihe von Jahrhunderten, gewährt, ihre Individualität genauer umgränzt, ihr Antheil an dem Wachsthum der agadischen Litteratur nachgewiesen werden. Aber indem die Darstellung chronologisch verfährt und indem sie auch auf das gegenseitige Verhältniß der Agadisten hinweist, ergiebt sich von selbst ihr Nutzen für die angedeutete Geschichte der Agada. Jedoch erhellt aus ihr auch die Thatsache, daß man auf die noch zu lösende Aufgabe, nämlich den Nachweis der Entwicklung der Agada und der Stufen und Epochen innerhalb derselben, keine zu sehr gespannten Hoffnungen setzen dürfe. Wenn wir die von mir dargestellten Jahrhunderte die geschichtliche Zeit der Agaba, die ihr vorangegangene Epoche die vorgeschichtliche Zeit nennen, so können wir die Behauptung wagen, daß nicht nur die Elemente des eigenthümlichen — durchaus auf dem Grunde der Schriftauslegung ruhenden — geistigen Hervorbringens, welches als Agada bezeichnet wird, aus der vorgeschichtlichen Zeit stammen, sondern daß auch die Entwicklung dieser Elemente zu den charakteristischen Besonderheiten der Agada bereits in jener Zeit in bedeutendem Maaße vorgeschritten war. Sowol was die Methode ihrer Schriftauslegung, als was die in ihr behandelten Stoffe betrifft, tritt uns die Agada gleich zu Beginn der historischen Zeit auf einer solchen Stufe der Entwicklung entgegen, daß es sich im weitern Verlaufe dieser Zeit, bei den auf einander folgenden Agadistengeschlechtern, zumeist um Anwendung der schon traditionell gewordenen Methode, um Behandlung der ebenfalls traditionell gewordenen Stoffe handelt und eher von einer Erweiterung und Vermehrung, als von einer Fortentwicklung der Agada gesprochen werden kann.

Freilich gilt dies bloß bis zu einer gewissen Grenze, und so lange die Agada das Erzeugniß lebendiger und stets sich erneuender Geistesthätigkeit und noch nicht bloß litterarisches Erbe der Vergangenheit war, mußte sie aus den inneren Triebkräften dieser Thätigkeit sich fortwährend verjüngende Lebenskraft schöpfen und diese nicht nur in äußerlicher Vermehrung, sondern auch in reicherer innerer Entfaltung der verschiedenen Elemente ihres Inhaltes bewähren. Und daß gerade in dem ersten Jahrhundert nach Abschluß der Mischna, dem dieser und der nächste Band gewidmet sein soll, die Agada der palästinensischen Lehrer sich die alte und ungeschwächte Lebenskraft und Selbstständigkeit bewahrte, zeigt die stattliche Reihe von Namen, welche die Ueberschriften der Capitel meines Werkes bilden.

In dem gegenwärtigen ersten Bande, welcher bis Jochanans Tod reicht und in dem zweiten Bande, welcher den Ausgang des dritten und den Anfang des vierten Jahrhunderts umfassen soll, erscheinen als Träger der palästinensischen Agada die gefeiertesten Gesetzeslehrer, die Koryphäen der Halacha, aber neben ihnen und dann immer mehr in den Vordergrund tretend die vorzugsweise so zu nennenden Agadisten, welche von der Blüthe dieser Art des geistigen Schaffens und seiner Anziehungskraft und Beliebtheit in der Zeit des beginnenden Verfalles der palästinensischen Schulen Zeugniß ablegen. Im vierten nachchristlichen Jahrhunderte, nachdem das erste Jahrhundert der Amoräerzeit vorüber war, erscheinen die eigentlichen Epigonen der Agada, die letzten mit Namen bekannten Urheber der agadischen Litteratur, noch immer fruchtbar und productiv, aber von geringerer Selbstständigkeit und vor Allem bestrebt, die Aussprüche der Früheren zu tradiren und wol auch schon zu sammeln. Hauptsächlich von diesen wird der dritte Band dieses Werkes handeln. Erst mit den hier kurz gekennzeichneten Epigonen, den letzten paläſtinenſiſchen Amoräern, deren Namen uns überliefert sind, ist die lebendig producirende Kraft der alten Agada erschöpft und es folgt die Zeit der namenlosen Agadisten, welche die Hinterlassenschaft der Alten sorgfältig sammeln und hüten und deren Thätigkeit wir die verschiedenen, zum Theil nur in späteren Bearbeitungen erhaltenen Werke des agadischen Midrasch verdanken. s ist kein Zufall, daß wir nach dem durch den Abschluß des jerusalemischen Talmuds bezeichneten Schlusse der Amoräerzeit, vom fünften Jahrhundert an, keinen palästinensischen Agadisten mit Namen erwähnt finden, obgleich die Midraschwerke, in denen die Agada der Paläſtinenſer ihrer Hauptmaſſe nach niedergelegt ist, zum größten Theile nach dem fünften Jahrhunderte geschrieben sind und zumeiſt Paläſtina zur Heimat haben. Es war eben für die agadiſche Hervorbringung die Zeit der Selbſtſtändigkeit, der selbstbewußten Lebenskraft vorbei und die Agadiſten der nachamoräiſchen Zeit, Meister wie Schüler, hielten es wol für ihre Pflicht, die Aussprüche der Früheren noch weiterhin mit dem Namen der Urheber zu bewahren, aber nicht für ihr Recht, die eigenen Namen neben die der verehrten Altvorderen zu stellen. Man kann nach dieser Richtung hin in einem gewiſſen Sinne auch von einem Abschluß des agadiſchen Midraſch sprechen, wie man einen Abschluß des Talmuds kennt, obgleich litteraturgeschichtlich die Production der hieher gehörigen Werke noch ein halbes Jahrtausend und darüber gedauert hat. Eine Geschichte der Agada, welche trotz der ihr entgegenstehenden Hinderniſſe dennoch möglich ist, wird die hier gegebenen Andeutungen des Näheren auszuführen haben.

Was die Behandlung des Stoffes in den einzelnen Capiteln meines Werkes betrifft, so habe ich das in der „Agada der Tannaiten" befolgte Verfahren beibehalten. Der jedes Capitel einleitende Abschnitt über das Leben, die Wirkſamkeit und namentlich die perſönlichen Beziehungen des betreffenden Agadiſten benützt hier das vorhandene Material vollständiger und eingehender, als das bei den Tannaiten der Fall war, weil das Leben der paläſtinenſiſchen Amoräer bisher in geringerem Maaße bearbeitet ist, als das der Tannaiten. Auch hier habe ich die halachiſchen Meinungen der einzelnen Autoren nicht zu ihrer Charakteriſtik herangezogen und verweiſe dafür ein für alle Mal auf Weiß' vortreffliche „Geschichte der jüd. Tradition" (III. Band), in welcher auch der Agada genügende Aufmerksamkeit gewidmet ist. Doch darf nicht außer Acht gelaſſen werden, daß es vor Allem die nichthalachiſchen Aussprüche sind, in denen die Eigenthümlichkeiten der Tannaiten und Amoräer zu Tage treten und die für die Erkenntniß ihrer Persönlichkeit als maaßgebend betrachtet werden können, weil in der Halacha die größere Gebundenheit hinsichtlich des Inhaltes und hinsichtlich der Methode und auch die Natur der Gegenstände selbst die Persönlichkeit der einzelnen Autoren mehr in den Hintergrund treten lassen und die Verschiedenheit der Persönlichkeiten sich mehr innerhalb eines umgrenzten Gebietes abstracter Begriffe als — wie das bei der Agaba der Fall ist — in der warmen Lebensluft der unbeengten Gefühlswelt und auf dem Grunde individuell verschiedenartiger Neigungen und Meinungen geltend macht. Die Weltansicht, die Lebensanschauungen der alten jüdischen Lehrer lehrt uns ihre Agaba kennen. Ihre hieher gehörigen Aussprüche gestatten uns allein einen Einblick in ihre Gesinnung, in ihr Denken und Fühlen: sei es daß diese Aussprüche Lehren der Frömmigkeit und des sittlichen Wollens und Handelns in Form von Sentenzen und Sprüchen kleiden; oder daß in ihnen die unerschöpflichen Themata des religiösen und nationalen Empfindens und Nachdenkens, die Gotteslehre und ihr Studium, das Gebet, die Gebote, der Beruf Israels, sein Verhältniß zu Gott, die Stellung Israels unter den Völkern, sein Leiden und Kämpfen in Vergangenheit und Gegenwart, seine Hoffnungen für die Zukunft, von immer neuen Seiten, mit immer neuen Wendungen betrachtet und erörtert werden; oder daß sie die göttliche Weltregierung, das Walten und die Wunder Gottes in der Schöpfung und in der Menschenwelt, die Geheimnisse der Vorsehung, der Gerechtigkeit und Liebe Gottes und die Geheimnisse der letzten Dinge, der Belohnung und Bestrafung, der kommenden Welt, des Völkergerichtes und des Völkerfriedens zum Gegenstande haben; oder sei es, daß sie den geschichtlichen Inhalt der heiligen Schrift erweitern und vertiefen, die Erzählungen und Personen der biblischen Vorzeit in den farbenreichen Schimmer der Dichtung hüllen; oder daß einfache Erklärung oder sinnvolle Ausdeutung und Anwendung einzelner Stellen der heiligen Schrift den Gegenstand der Aussprüche bildet. Was immer innerhalb des im Vorstehenden nur mangelhaft umschriebenen weiten Gebietes der Agaba im Namen eines bestimmten Autors überliefert ist, kann als Strich zu dem Bilde betrachtet werden, das wir uns von seiner geistigen Individualität zu machen unternehmen.

Aber wenn es der Zweck meiner Arbeit auch vor Allem ist, die auf dem Gebiete der agadischen Production aufgetretenen Individualitäten in ihrer Verschiedenheit nachzuweisen und Jedem der Agadisten das Seine zuzuerkennen, so ergiebt sich als natürlicher

Nebenzweck und in gewisser Hinsicht als das wichtigere Resultat meiner Darstellung die Möglichkeit, aus ihr die Agada selbst nach ihrer Eigenthümlichkeit und Mannigfaltigkeit in ursprünglicher, aber auch dem unmittelbaren Verständnisse entgegenkommender Form und in großen, übersichtlich geordneten Stoffmassen kennen zu lernen. Weder eine bloße Uebersetzung des agadischen Schriftthums, noch nach verschiedenen Gesichtspunkten gemachte Auszüge aus ihm sind meines Erachtens so geeignet in das Innere des in ihm zu Tage tretenden Geistes einzuführen, wie die hier gebotene Bearbeitung. Die „große Unbefangenheit", welche dieser von einem verehrungs= würdigen Beurtheiler nachgerühmt wird (Deutsche Litteraturzeitung, 1891, 663), ist die natürliche Folge meines Bestrebens, die ein= zelnen Aussprüche der Agadisten möglichst rein, möglichst im Zu= sammenhange mit ihrem eigenen Gedankenkreise wiederzugeben. Auch das unserem heutigen Denken Fernliegendste, Fremdartigste hat in dieser Darstellung volles Recht, zur Geltung zu kommen, und den ursprünglichen, einfachen Sinn eines Ausspruches darf keine har= monisirende oder apologetische Nebenrücksicht verdunkeln. Obwol ich die Agadasätze nur selten in wörtlicher Uebersetzung gebe, weil eine solche oft zu umständlich, oft ohne Erläuterung nicht zu verstehen wäre, war ich doch vor Allem bemüht, auch in der freieren Wieder= gabe selbst stylistische Eigenthümlichkeiten des Originales, besonders aber die bibelexegetische Begründung des Gedankens deutlich erkennen zu lassen.

Dem zuletzt erwähnten Momente, der bibelexegetischen Seite der Agada, muß bei ihrem Studium die größte Bedeutung zuerkannt, niemals außer Acht zu lassende Aufmerksamkeit gewidmet werden. Denn Agada ist vor Allem Schriftauslegung, wie auch ihr meist mißverstandener Name anzeigt. Dieser Name, eigentlich Haggada, gehört, wie ich an einem anderen Orte ausführlich darlege (Jewish Quarterly Review, IV. Jahrgang), zu der ältesten Terminologie der paläftinensischen Exegese und bedeutet zunächst den nicht auf den ersten Blick zu erkennenden, aber durch die Schriftforschung ermit= telten, aus dem Text sich ergebenden Sinn des Bibelwortes (הגדה nomen actionis zu der Redensart הכתוב מגיד). Und Schriftauslegung war und blieb die Agada auch in dem weiteren Sinne des Wortes, denn was immer ihren Inhalt bilden möge, nie oder fast nie fehlt die Anknüpfung desselben an das Bibelwort; zu einem beträchtlichen Theile aber ist sie nichts anderes als Bibelerklärung selbst, von der einfachen Feststellung dessen, was irgend ein einzelnes Wort bedeutet, bis zur gekünsteltsten, alle Nuancen des Textes zur Ermittlung des in ihm verborgenen Sinnes benützenden, homiletischen Ausbeutung. Und das ist es eigentlich, wodurch das agabische Schriftthum und die in ihm niedergelegte Gedankenarbeit so einzigartig in der Geschichte des menschlichen Geistes dasteht: es giebt in der Agaba, also in der neben der halachischen Production einzigen Hervorbringung des jüdischen Geistes aus einer langen Reihe von Jahrhunderten, im Grunde nur eine Form des Denkens, die Schriftauslegung. Ob nun die Auslegung des Bibelwortes erst den Gedankeninhalt erzeugt, oder ob der Gedanke seine adaequate Begründung in dem ausgelegten Bibelworte findet, immer erscheint die Auslegung als die naturwüchsige Form des Gedankens, und so innig ist die Verknüpfung zwischen Form und Inhalt, daß dieser ohne jene sozusagen keine Berechtigung hat. Wie sehr dies zutrifft, sieht man z. B. an den in den Capiteln dieses Werkes immer in erster Reihe behandelten Sentenzen und Sprüchen, unter denen sich nur äußerst selten solche finden, die von keiner biblischen Begründung begleitet sind.

Für die Würdigung und richtige Auffassung der Agaba ist noch eine andere Erwägung von großer Wichtigkeit. Die Agaba war einem langen Zeitabschnitte die einzige Aeußerung der in Israel nach Ausdruck ringenden dichterischen Gaben. In den Jahrhunderten zwischen den letzten Ausläufern der biblischen Poesie und zwischen den Anfängen der neuhebräischen Dichtung des Mittelalters haben das dichterische Empfinden und die dichterische Einbildungskraft, welche der jüdischen Volksseele doch unstreitig auch in diesen Jahrhunderten innewohnten, keine poetischen Erzeugnisse im engeren Sinne des Wortes hervorgerufen — wenn man von den Sprüchen der Todtenklagendichter und von einzelnen Gebeten absieht ; aber die Agabisten kann man getrost auch als die Dichter dieses Zeitraumes betrachten: viele ihrer Aussprüche zeigen solche Tiefe und Wärme der Empfindung, solchen Schwung der Gedanken, solche Kühnheit der Einbildungskraft, solche Kraft des Ausdruckes, solche Anschaulichkeit der Bilder, daß sie in diesen Eigenschaften, welche den wahren Gehalt aller Poesie ausmachen, es getrost mit den Erzeugnissen der Dichtkunst anderer Zeiten und Völker aufnehmen können. Diese, wenn man so sagen darf, immanente Poesie der Agada bestimmt oft den eigenartigen Charakter ihrer Aussprüche und nicht selten war es die Verkennung dieser Thatsache, was zu irrigem oder mangelhaftem Verständnisse der Agada geführt hat.

Nur noch eine allgemeine Bemerkung stehe hier, über die äußere Gestalt der agadischen Litteratur, welche auch auf die äußere Gestalt meines Werkes von notwendigem Einfluß war. Diese Litteratur tritt uns in einzelnen Aussprüchen entgegen, was, wie ich schon früher in den Vorbemerkungen zur Agada der babylonischen Amoräer erwähnt habe, die natürliche Folge ihrer Entstehung aus mündlicher Ueberlieferung und ihres wesentlichen Inhaltes, der Auslegung einzelner Bibelstellen ist. Bei der durch keine in den Quellen selbst vorhandene Rücksicht gebundenen Zusammenstellung der zu jedem agadischen Autor gehörigen Aussprüche, wie sie in den Capiteln dieses Wortes geboten wird, waren nur einige aus ihrem Gedankeninhalte sich ergebende Gesichtspunkte maaßgebend, wobei Capitel von größerem Umfange natürlich eine reichere Gliederung des Stoffes gestatteten. Alles, was nicht unter den sachlichen Rubriken unterzubringen war, findet sich, nach der Reihenfolge der biblischen Schriften geordnet, unter den Ueberschriften Exegetisches und Homiletisches. Es liegt aber in der Natur des Gegenstandes, daß auch in die letzteren zwei Rubriken — die selbst von einander nicht immer streng gesondert sind — Vieles aufgenommen ist, was auch bei einer oder der anderen der sachlichen Rubriken hätte Platz finden können, sowie daß die Aussprüche der sachlichen Abschnitte fast alle auch exegetischen oder homiletischen Charakters sind.

Was den vorliegenden Band betrifft, so sind in demselben diejenigen palästinensischen Amoräer behandelt, die man als die erste und zweite Generation der Amoräer zu bezeichnen pflegt. Nur Eleazar b. Pedath, den man noch zur zweiten Generation rechnen kann, sowie mehrere Agadisten der ersten Amoräerzeit, von denen nur eine geringe Anzahl von Aussprüchen erhalten ist, sind für den folgenden Band geblieben. Im Anhange gebe ich eine Ergänzung zu dem Hauptcapitel der Einleitung in den jerusalemischen Talmud von meinem verewigten Lehrer, Z. F r a n k e l. Außer dem Register der Amoräer und Tannaiten habe ich schon diesem ersten Bande, dem die beiden anderen vielleicht erst nach geraumer Zeit werden folgen können, das Sachregister beigegeben.

* * *

Zum Schlusse sei es mir noch gestattet, darauf hinzuweisen, daß ich meine Darstellung der Agada der palästinensischen Amoräer gerne auch als Beitrag zur Geschichte des Landes betrachtet sähe, in dem die hier vorgeführten Männer lebten und wirkten. Sie waren die letzten Häupter und Lehrer des Judenthums in seinem Heimats= lande, welches nach ihnen für immer aufhörte, dem Israel der Diaspora als geistiger Mittelpunkt zu dienen. Je spärlicher die An= gaben über die äußeren Schicksale des paläftinensischen Judenthums in der Amoräerzeit sind, um so reicher fließen die Quellen über sein inneres Leben, sein Denken und Empfinden. Indem hier seine Ver= treter und geistigen Führer auf Grund eines beträchtlichen Theiles ihres litterarischen Nachlasses gekennzeichnet werden, gewinnt die Vorstellung von den inneren Zuständen und geistigen Bestrebungen eines großen, und zwar des angestammten Theiles der paläftinen= sischen Bevölkerung neuen Inhalt. Meine Arbeit kann denn als Beitrag zur Ausführung eines Gedankens gelten, den zu verwirk= lichen eines der gehaltvollsten und anregendsten Werke unserer neueren jüdischen Litteratur, Joseph Derenbourg's „Versuch" über die Geschichte Paläftina's nach den Talmuden und den anderen rabbinischen Quellen", begonnen hat. Dem verehrten und in der Vollkraft eines gottbegnadeten Alters schaffenden Verfasser des ge= nannten Werkes bringe zu seinem achtzigsten Geburtstage meine Arbeit über die paläftinensischen Amoräer den Dank für die Beleh= rung und Anregung, die ich wie so viele Andere aus den Früchten seiner wissenschaftlichen Thätigkeit schöpfte, aber auch den Dank für die Freundschaft, mit der er mich auszeichnet und der mich zu erfreuen mir noch lange vergönnt sein möge!

W. Bacher.

I.

Chanina b. Chama.

Chanina, zuweilen mit vollem Namen als Sohn Chama's bezeichnet, kam schon in reifem Alter aus Babylonien nach Paläſtina[1]). An ſeiner babyloniſchen Herkunft iſt nicht zu zweifeln[2]); als ſich in der Umgebung des Patriarchen Jehuda I. Stimmen geltend machten, welche die Reinheit der jüdiſchen Familien Babyloniens anzweifelten, beauftragte der Patriarch ſeinen Schüler Chanina, dieſe Stimmen zum Schweigen zu bringen[3]). Er brachte aus Babylonien gründliche Kenntniß des Bibeltextes mit, worin er einen gewiſſen

---

[1]) Jer. Pea. 20 a unt.: א״ר חנינא בד סלקת להכא נסיבית וכו׳: (nach dieſem Berichte kam er in Begleitung eines wol noch im Knabenalter ſtehenden Sohnes aus Babylonien). Vgl. Midr. Samuel c. 13, wo der Bericht hebräiſch überſetzt und in zwei Berichte getheilt iſt. Der Sohn wird dort אבא genannt und anſtatt des Eſeltreibers (חמרי) der Eſel ſelbſt (בהמתי), durch Verwechslung mit חמורי.

[2]) Nach Weiß III, 45 wurde Ch. in Sepphoris geboren, wie aus j. Taan. 4, 2 (68 a.) erſichtlich ſei. Weiß ſcheint die Worte עליה בנין דצווחין בציפורין ציפוראי mißverſtanden zu haben. Auch Levy IV, 215 a überſetzt ſo: „weil man ihn in Sepphoris: der Sepphoräer nannte, deshalb ernannte Rabbi ihn nicht zum Oberhaupt." Aber das giebt keinen Sinn. In der Parallelſtelle, Koh. r. zu 7, 7 (wo auch richtig ר' חנינא, nicht wie im Jer. ר') חמא בר חנינא) lautet die Stelle: על דצווחין ציפוראי עלוי „weil die Sepphorenſer über ihn Geſchrei erhoben", d. h. weil er bei den S. unbeliebt war. Offenbar iſt im Jer. בציפורין eine Gloſſe, vielleicht um die Verwechslung des Wortes ציפוראי mit צפריא „Vögel" zu verhüten. Auch Fraenkel, Mebo Hajjer. 86 b, hält es für wahrſcheinlicher, daß Ch. aus Babylonien ſtammte. — Zu beachten iſt, daß der Name חמא beſonders bei babyloniſchen Amoräern vorkömmt. Es finden ſich auch im Folgenden manche Ausſprüche Ch.'s, die für ſeine babyloniſche Heimath zeugen. — Nach R. Chananel (citirt Juchaſin s. v. חמא בר חנינא ר' 139 a. ed. Filipp.) war Ch.'s Vater der Sohn des berühmten Chanina ben Doſa, eine ſehr unwahrſcheinliche Annahme.

[3]) Kiduſchin 71 a: ישפל עמכם ר' חנינא בר חמא. Nach Juchaſin a. a. O.

Hamnuna seinen Lehrer nannte¹). Diese Kenntniß zog ihm einmal die Ungnade seines ihn sonst hochschätzenden Meisters, des Patriarchen zu: dieser citirte nämlich im Lehrvortrage Ezech. 7, 16 und sagte הומיות statt הומות. Ch. gestattete sich, den Fehler zu berichtigen und verletzte damit die Empfindlichkeit Jehuda's I. so sehr, daß er trotz seiner Würdigkeit nicht die Ordination erhielt²). Erst auf dem Todtenbette machte Jehuda I. das Versäumniß wieder gut, indem er seinem Nachfolger befahl, Chanina als Ersten mit der Ordination zu versehen³). Doch ließ Ch. in seiner Bescheidenheit dem älteren, aus dem Süden stammenden Ephes⁴), der einmal als Secretär des Patriarchen erwähnt wird⁵), den Vortritt⁶). Dieser Entsagung, ferner der keine Mühe scheuenden Ehrerbietung, die er

betraute Jehuda I. nicht Ch., sondern dessen Vater Chama mit der Vertheidigung der babylonischen Familienreinheit: ואמר לחם אצל ר' חמא (לבי) בר חנינא. Doch ist diese Lesart schwerlich richtig, da Chama, der Vater Ch.'s sonst im Kreise Jehuda's I. nicht genannt wird.

¹) Jer. Taan. 68 a antwortet er (nicht Chama b. Chanina, wie Ag. b. T. II, 463 irrthümlich angegeben ist) auf des Patriarchen Frage, bei wem er Bibel gelernt habe: קדם רב המנונא דבבל; das ist wol nach Koh. r. zu 7, 7 zu ergänzen: קדם ר״ה ספרא דבבל. Hamnuna war also ein babylonischer Schulmeister. Er ist vielleicht identisch mit dem in der bekannten Liste der ältesten Massoreten genannten Hamnuna in Naharbea, der Nakkai, den aus Palästina geflüchteten Schulmeister zum Lehrer hatte. S. Strack-Baer, Dikduke Teamim p. 56 und meine Ausführung über ספרי נקאי in Berliner's Magazin XVII, 169—172.

²) Jer. Taan. 68 a, Koh. r. zu 7, 7. — Als Reisebegleiter Jehuda's I. finden wir Ch. j. Sabbath 7 a.

³) Jb. ib. Nach dem Berichte des babylonischen Talmuds, Kethuboth 103 b (vgl. Sabbath 59 b) handelte es sich nicht um die Ordination Ch's, sondern um dessen Würde als Schulhaupt (חנינא בר חמא ישב בראש). Weiß giebt gegen Grätz (Monatsschr. I, 440, Gesch. d. J. IV, 481) dem babylonischen Berichte den Vorzug, III, 45.

⁴) ר' אפס דרומא (Koh. r.), ר' פס דרומיא (Jer.), ר' פס (bab. Talm.) Die Aussprache und Bedeutung des Namens ist nicht sicher, da doch das biblische אפס mit ihm sicherlich nichts zu thun hat. Bei Theokrit ist ἀπφύς s. v. als Papa, schmeichelnde Anrede der Kinder an den Vater (also אפס = aram. אבא). Auch daran darf erinnert werden, daß Jonathan, der Hasmonäer den Beinamen Ἀπφοῦς führte (I. Makkab. 2, 5). Zwei Agadasätze von ר' אפס s. unten im Eingange des Capitels über Hoschaja.

⁵) Gen. r. c. 75 g. Auf.

⁶) S. die in Anm. 2 und 3 erwähnten Stellen.

dem greisen Simon b. Chalaftha erwies¹), soll Ch. selbst es zugeschrieben haben, daß ihn Gott mit hohem und rüstigem Alter begnadete²). Nach einer anderen Ueberlieferung sagte er: Die warmen Bäder und das Oel, mit dem mich meine Mutter in der Kindheit gesalbt hat, standen mir im Alter bei³). Diese hygienische Begründung seines hohen Alters stimmt zu dem ärztlichen Berufe, welchen Ch. ausgeübt hat⁴); Aussprüche verschiedenen Inhaltes bekunden seine Kenntnisse und Erfahrungen auf diesem Gebiete⁵).

Sein Wohnsitz war Sepphoris, wo auch sein Lehrer, Jehuda I. residirte⁶). Von den zum Kreise des Letzteren ge-

---

¹) S. Ag. d. T. II., 530, Anm. 6.
²) Jer. Taan. 68 a, Koh. r. zu 7, 7.
³) Chullin 24 a: המין יושן שטן שסכתני אמי בילדותי המה עמדו לי בעת זקנתי. Ebendaselbst heißt es, daß er mit achtzig Jahren auf einem Fuße stehend den Schuh anziehen oder ausziehen konnte.
⁴) S. Joma 49 a, Chullin 7 b.
⁵) Oft wird sein Ausspruch citirt, daß Alles in Gottes Hand stehe, nur nicht Erkältung und Erhitzung, vor denen man sich (nach Prov. 22, 5) selber hüten müsse, Baba Mezia 107 b, Baba Bathra 144 b, Aboda zara 3 b (in Kethuboth 30 a erscheint der Ausspruch als anonyme Baraitha). Den „Inbegriff aller Krankheiten" כל חלי, Deut. 7, 15) erblickt er in der Erkältung, Baba mezia 107 b, und dem entsprechend sagt er auch, daß von 100 Todesfällen 99 auf Erkältung zurückzuführen seien, j. Sabb. 14 c, Lev. r. c. 16 g. (E. Die Babylonier sind deshalb vor der ראתן genannten Krankheit geschützt, weil sie rothe Rüben essen und den mit einem gewissen Pflanzenstoffe zubereiteten Palmwein trinken, Kethub. 77 b (vgl. Sanh. 64 a, Löw, Aram. Pflanzennamen, S. 232, 274). — Einen Stotterer, den ihm Jochanan zugeschickt hatte, um ihn zu heilen, verweist er auf Prov. 15, 4 („Heilung der Zunge ist der Lebensbaum", d. i. die Beschäftigung mit der Thora). Jede Reise ist nach ihm mit Gefahren verbunden, j. Berach. 8 b, Koh. r. zu 3, 2 (tradirt von Simon b. Abba.) Von der Schlange behauptet er, daß sie kein kalt gewordenes warmes Wasser trinke, j. Terumoth 45 d. Er bestimmt das Verhältniß des Rahms zur Milch: die beste Sorte ist 1/60, die schlechteste 1/20 der Milch, Gen. r. (zu 18, 8) c. 48. Das Maaß der zur ersten Stillung des Hungers nöthigen Nahrung ist eine Feige, Echa r. zu 1, 11 (vorher die Ansicht Jehuda's I.: eine Dattel). Als seine Tochter starb, weinte er nicht, um nicht auch noch blind zu werden, Sabbath 151 b. — Fisch als Krankenkost, Sanh. 98 a.
⁶) Sein Ausspruch über Erkältung (s. Auf. der vor. Anm.) wird j. Sabb. 14 c, Lev. r. c. 16 auf den Umstand zurückgeführt, daß er in dem hochgelegenen Sepphoris wohnte. Ueber gesetzliche Entscheidungen, die er in

hörenden älteren Gelehrten, verkehrte er besonders mit Jsmael, dem Sohne Jose b. Chalafthas. Ch. erzählt, einmal habe ihn Js= mael zu einer Herberge geführt und ihm den Ort gezeigt, wo sein Vater Jose am Rüsttage des Sabbaths (vor Eintritt des letzteren) das Sabbathgebet verrichtet habe[1]). Ch. tradirte auch Aussprüche Jose b. Chalaftha's, die ihm dessen Sohn Jsmael mitgetheilt hatte[2]).

Zwischen Ch. und Chija fand ein Wettstreit darüber statt, wer von Beiden mehr für das Thorastudium geleistet habe, wobei sich der Erstere seines Scharfsinnes rühmte[3]). Auch zu Bar Kap= para stand er in näherer Beziehung[4]). Nach einer babylonischen Schulüberlieferung fanden sich einmal, als Rab, der Neffe Chija's, vor Jehuda I. aus der Bibel vorlas, außer dem Sohne des Patriarchen, Simon, noch Chija, Bar Kappara und Cha= nina ein, bei welcher Gelegenheit dieser von Rab so schwer ver= letzt wurde, daß dreizehn Versöhnungstage vorübergiengen, ohne daß Ch. seinem Beleidiger die erbetene Verzeihung gewährt hätte[5]). Doch pflegten Rab und Ch. in ihren Meinungen übereinzustimmen, so daß manche Aussprüche in Beider Namen tradirt sind[6]).

S. traf, s. j. Beza 60 a. unt., j. Schekalim 46 a. ob. j. Gittin 46 b. (c. IV. Ende). Ueber eine Predigt, die er in S. gehalten hat, j. Maaserscheni 55 d. unt., Gen. r. c. 27 (vgl. Ag. d. T. II., 156); seine Predigt zu Zeit einer Pest in S., j. Taan. 66 c.; seine Zurechtweisung der Sepphorenser zur Zeit einer Dürre, ib. Sein hartes Urtheil über einen gewissenlosen Schlächter von S. Lev. r. c. 5 g. Ende.

[1]) J. Berach. 7 c. unt., Pesikta r. c. 23 (116 a.): פעם אחת שבת ר' ישמעאל אצל פונדקי אחד

[2]) S. Ag. d. T. II. 150 Anm. 2, 153, Anm. 4.

[3]) Kethub. 103 b., Baba mez. 85 b. S. Ag. d. T. II., 521, A. 3. Chanina im Namen Chija's j. Schebiith 36 d. oben.

[4]) Jer. Nidda 50 a. unt., vgl. b. Nidda 20 a.

[5]) Joma 87. a. b. Die Schulsage (ib.) rechtfertigt die Unver= söhnlichkeit damit, daß Ch. durch einen Traum zu derselben veranlaßt wurde, damit er so Rab zwinge, nach Babylonien zu gehen und dort das Gesetzes= studium zu begründen.

[6]) S. j. Beza 60 a. unt. b., Nidda 45 b, Sanh. 99 b. Als dritter Autor des gemeinsamen Spruches erscheint an mehreren Stellen Jonathan (in anderer Ueberlieferung: Jochanan), s. Die Agada der babylonischen Amoräer, S. 5, Anm. 23. Rab in Controverse mit Ch. (über II. Kön. 20, 18) Sanh. 93 b.

Gemeinsame Aussprüche werden auch von Ch. und Jonathan (b. Eleazar) tradirt[1]). Diesen befragte Ch. über den Sinn von Hiob 34, 25[2]). Mit Josua b. Levi und Jonathan machte er eine gemeinschaftliche Reise nach Jerusalem[3]). Als Josua b. Levi von einer Romreise heimkehrte, kömmt ihm Ch. nach Akko entgegen, und da er ihn hinkend findet, sagt er mit Anspielung auf Jakob, der nach dem Kampfe mit dem Engel (dem Schutzengel Edoms — Roms —) hinkte, Gen. 32, 32: Du gleichst deinem Ahnen[4]). J. b. Levi war es auch, in dessen Begleitung Ch. zum Proconsul nach Caesarea kam, bei welcher Gelegenheit er wegen seines ehrwürdigen Aussehens von dem Römer mit der größten Ehrerbietung behandelt wurde[5]). Es hat sich eine beträchtliche Anzahl agadischer Controversen zwischen Ch. und Josua b. Levi erhalten[6]). — Zu dem ebenfalls in Sepphoris wohnenden Jannai scheint Ch. nicht in freundschaftlichem Verhältnisse gestanden zu haben[7]).

---

[1]) S. vor. Anm., ferner j. Nidda 50 b. ob, j. Taan. 66 a. (בשלה מגלת תענית), Echa r. Prooemien Nr. 12 (über die beiden Reiche Israel und Juda), Midr. Samuel c. 23 (zu I. Sam. 25, 16), ib. c. 25 (bei Jalkut z. St. über II. Sam. 1, 27). Ein gemeinsames Recept, welches Ch. und Jon. dem Josua b. Levi gegen eine Krankheit geben, wird j. Sabb. 14 d. und z. Aboda zara 40 d. berichtet. Ein interessantes Gespräch zwischen ihnen auf einer Reise (darüber, ob man eher an einem Götzentempel als an einem Hause der Unzucht vorübergehen dürfe), s. Aboda zara 17 a. b. Vgl. auch Sabbath 49 a und b. Kethub. 49 b unt., ferner j. Baba Bathra 13 c (Jonathan als Gast Ch.'s in dessen Garten); j. Erubin 23 c (ihre Reise nach dem Bade Gadara.)

[2]) Gen. r. c. 28. Auf. S. auch Echa r. zu 3, 15: ר"ה ור' יונתן הוו יתבין והשבין להו.

[3]) J. Maaser scheni 54 b, tradirt von Zeïra.

[4]) Gen. r. c. 78.

[5]) J. Berachoth 9 a.

[6]) S. j. Joma 40 c oben (über Jerem. 46, 20); j. Sanh. 29 a (über Doeg); j. Schekalim 50 a, Schir r. zu 4, 13 (über Ezech. 47, 12); Echa r. Prooemien Nr. 34 Ende (über Palästina's Fruchtbarkeit); b. Sabbath 156 a (Astrologisches). Gemeinsam ist ihnen die Bemerkung zu der Ausschließung biblischer Persönlichkeiten vom ewigen Leben j. Sanh. 29 b, in Schir r. zu 1, 1 nur Jos b. Levi), vgl. damit Rab über Salomo, b. Sanh. 104 b.

[7]) Es findet sich nämlich keinerlei Angabe darüber, daß die an demselben Orte wirkenden Männer in Berührung gekommen wären. Nach Weiß III.,

Es wird einmal von einem Besuche berichtet, den Ch. dem Enkel Jehuda's I., dem Patriarchen J e h u d a II., als derselbe in Trauer war, abstattete, wobei er ihn bat, mit Hinblick auf Jes. 33, 17, sein Staatskleid anstatt des einfachen Trauergewandes an= zulegen¹). Der zu immer höherem Ansehen sich erhebende J o c h a = n a n, obwohl er wegen Meinungsverschiedenheiten zwischen Ch. und ihm Sepphoris verließ und dauernd Tiberias zum Wohnsitze nahm²), blieb mit dem greisen Lehrer von Sepphoris stets in freundlichen Beziehungen. Sehr merkwürdig sind die Gespräche bei Gelegenheit der Krankenbesuche, die einmal Ch. bei Jochanan, das andere Mal dieser bei Ch. machte³). Jochanan pflegte Ch. oft zu be=

50 f. hätte Jannai Ch. gegenüber zu wiederholten Malen seine Gering= schätzung bekundet. Doch ist in den Stellen, auf welche Weiß' Angabe be= ruht, von einem anderen Chanina die Rede, der als Bibelkundiger den Namen ר׳ חנינא קרא führte, als welcher er Berach. 30 b und Jebam. 40 a auch aus= drücklich bezeichnet ist, (f. Ltbl. des Orients. XI. 45), während Kethub. 56 a das Epitheton aus Versehen weggeblieben ist. In den analogen Berichten des jerusalemischen Talmuds, Kilajim Ende (32 d), Sabbath 10 c sitzt Cha= nina nicht „vor Jannai", wie im bab. Talmud, auch fehlt dort das Epi= theton (קרא); doch ist offenbar derselbe Chanina gemeint, wie im Babli, oder aber die palästinensischen Berichte sind auf Grund der unrichtigen Annahme, daß es Chanina b. Chama sei, umgemodelt. Daß „Chanina Kara" von unserem Ch. verschieden sei, sieht man auch aus Taanith 27 a (Megilla 22 a), wo Ch. b. Chama als ר׳ חנינא הגדול bezeichnet ist, zum Unterschiede von ר׳ חנינא קרא. Aus derselben Stelle geht hervor, daß dieser „Bibelleser" auch Schullehrer war, der von Ch. nur mit großer Mühe die Erlaubniß erhielt zu didaktischen Zwecken einen Schriftvers in kürzere Abfätze zu zerlegen. (Nach j. Megilla 75 b verbot Ch. dem Schreiber Simon aus טרבנית, zum Behufe des Jugendunterrichtes Stücke aus der Thorarolle zu schneiden. vgl. Rapoport's Briefe p. 91). Daß ר׳ חנינא הגדול unseren Ch. bedeutet, sieht man auch aus Jebamoth 43 a, wo Eleazar (der gewöhnliche Tradent Ch.'scher Sätze) in seinem Namen tradirt. In Tanch. B. שמשי 8 findet sich eine agadische Controverse zwischen ר׳ חנינא und ר׳ ה׳ הקן; wenn letzterer — wie Seder Haddoroth annimmt — identisch ist mit ר׳ה׳ הגדיל, also nach meiner Annahme mit Ch. b. Chama, dann ist der ר׳ חנינא des Tanchuma mit ר׳ ח קרא gleich= zusetzen. In Agadath Bereschith c. 37 Ende ist ein Gleichniß des ר׳ חנינא רבא zu Gen. 25, 19 mitgetheilt.

¹) J. Sanh. 20 c. unten.

²) J. Beza 60 a (verschieden davon j. Demai 38 a); vgl. j. Nidda 50 b.

³) Schir r. zu 2, 16; kürzer Berachoth 5 b. Als Joch. schwer und lange litt, mahnte ihn Ch. zur Geduld, er möge sagen: האל נאמן. Als

suchen¹). Als er dies in Ch.'s letzter Krankheit thun wollte, bekam er auf dem Wege die Nachricht von dem Tode desselben und zerriß seine besten Gewänder zum Zeichen der Trauer²).

Als Trabent von agadischen Aussprüchen Chanina's erscheint besonders der jedenfalls erst in späteren Jahren in seinen Kreis getretene Schüler Rab's, Eleazar b. Pedath³). Es werden zwei Fragen über den Sinn von Bibelstellen tradirt, die Eleazar an Ch. gerichtet hat⁴). Von der jüngeren Generation stand ihm auch Simon b. Abba nahe. Als derselbe in's Ausland gehen wollte und Ch.'s Empfehlung verlangte, da antwortete ihm der Greis: Morgen gehe ich zu deinen Vätern, und sie werden mir den Vorwurf machen: Einen kostbaren Setzling hatten wir im Lande Israels und dem habt ihr gestattet, in's Ausland zu ziehen⁵). Simon b. Abba tradirt auch in Ch.'s Namen⁶). Von anderen Trabenten Ch.'scher Aussprüche ist nicht angegeben, ob sie auch seine persönliche

---

dann Ch. erkrankt, muß er selbst zur Geduld gemahnt werden, da er weder die Heimsuchungen noch deren Lohn begehrte (Berach. לא הן ולא שכרן, Schir r. לא אנא בעי להין ולא לאגריהין).

1) Lev. r. c. 21 wird erzählt, durch welches Geräusch sich Joch. anzukündigen pflegte, so oft er Ch. besuchte. S. ferner Lev. r. c. 10 Ende, Gen. r. c. 5 g. E. (Gespräch über Jer. 3, 17) ר"י סלק למשאל בשלמיה דר"ח; zu Pf. 32, 6, Berach. 8 a; zu II. Sam. 24, 15, Berach. 62 b; über die Weltschöpfung, Gen. r. c. 10 g. A. Was Sch. tob zu Pf. 9 und 99 betrifft s. unten S. 32. Anm. 5.

2) J. Moëd Katon 83 d, Sanh. 20 a oben, Horajoth 47 d unten. In Babylonien erzählte man (b. M. K. 24 a): Jochanan habe, als man ihm Ch.'s Tod meldete, 13 Gewänder (Stola) zerrissen und ausgerufen: Hingegangen ist der Mann, vor dem ich Furcht hatte (der mir überlegen war).

3) S. verschiedene Anmerkungen dieses Capitels, ferner Weiß III, 85 Anm. 4.

4) Jer. Kilajim 32 c.; Lev. r. c. 22, Pesikta r. c. 24 g. A. (125 a). — In j. Taanith 69 c. oben disputirt El. mit Abba b. Zabba über Aussprüche, die sie von Ch. gehört hatten.

5) J. Moëd Katon 81 c.: למחר אני הולך אצל אבותיך יהו אומרים לי נטיעה אחת של חמדה שהיתה לנו בארץ ישראל התרתה לה לצאת לחוץ לארץ. Eine andere Erzählung, in der Ch. ebenfalls das Verlassen des heil. Landes mißbilligt, ebendaselbst, findet sich in verschiedener Version b. Kethuboth 111, a.

6) S. Sabbath 119 b; j. Berach. 8 b oben.

Belehrung erhalten haben, was aber bei Einzelnen, wie A b a h u, möglich ist. Als Tradenten Chanina's treffen wir einmal auch seinen Sohn, den als Agadisten hervorragenden C h a m a¹). Ein anderer Sohn Ch.'s war bei Lebzeiten des Vaters gestorben²).

───────

1.

Sentenzen und Sprüche. Studium der Lehre. Gebet. Sabbath.

Das Siegel Gottes ist die Wahrheit³). — Wer da sagt, daß Gott nachsichtig sei — die Sünde ganz unbestraft lasse, der möge an seinem eigenen Leibe und Leben die Strafe empfinden; Gott ist wohl langmüthig, aber einmal hebt er seine Schuld ein, denn „alle seine Wege sind Recht" (Deut. 32, 4⁴). - Aus Pf.

───────

¹) Exod. r. c. 21 g. E. ר׳ חמא בר חנינא פירשה משים אבי (Gen. r. c. 57 bloß אמר חמא ר׳). Daß C h a m a b. C h a n i n a der Sohn unseres Ch. ist, beweist, abgesehen von seinem Namen (der dem des Großvaters entnommen ist) sein Wohnen in Sepphoris, sowie seine Erzählung, j. Terum. 41 c, Sabb 5 d: נדר לחמת עלינו אבא ואבא (vgl. oben S. 5, A. 1 Ende). Im Namen Chama b. Ch.'s tradirt zumeist der berühmte Agadist L e v i; wo derselbe als Tradent Chanina's erscheint, muß man wohl C h a m a b. C h a n i n a emendiren. Aus der Einführung ר׳ לוי ד׳ בשם ר׳ חמא בר חנינא ist Roh. r. zu 4, 9 geworden: ר׳ לוי ר׳ בר חמא בשם ר׳ חנינא. Ebenso muß man Taan. 16 a dreimal statt חנינא ר׳ בר חמא בר לוי ר׳ בר פליני lesen ר׳ לוי בר׳ חמא בר חנינא: ר׳ לוי בר חמא s. Dilb. Sofrim III., 43 a.

²) S. Baba Kamma 26 a, Baba Bathra 99 b. S. auch oben Anm. 13 Ende.

³) Sabbath 55 a, citirt von S i m o n b. L a k i s c h; Joma 69 b und Sanh. 64 a, am Schluß der Legende von der Tödtung des bösen Triebes durch die Israeliten des zweiten Tempels, ebenfalls im Namen Ch.'s. In paläftinensischen Quellen (j. Sanh. Auf., 18 a, Schir r. zu 1, 9, Gen. r. c. 81 g. A., Deut. r. c. 1 g. Auf.) im Namen des Agadisten R e u b e n, der nach Schocher tob zu 1, 3 im Namen Ch.'s etwas tradirte, was Schir r. zu 2, 1 ihm selbst zugeschrieben ist. S. auch Lev. r. c. 11 g. E.

⁴) Baba Kamma 50 a (wo דתניא irrthümlich) hebräisch, im jer. Talmud, Schekalim 48 d, Beza 62 b, Taan. 65 b, ferner Pesikta 161 b, Gen. r. c. 67 g. A. aramäisch. Der Satz ist frei übersetzt, da das Wortspiel zwischen יתר und יתירתא nicht wiedergegeben werden kann. Im Schocher tob zu Pf. 10, 2 ist der Satz J u d a n zugeschrieben. Den Ausdruck יתר in demselben Sinne wie יתיר, gebraucht Ch. auch im Satze über die Entweihung des Gottesnamens.

89, 8 ist zu ersehen, daß Gott mit den Seinen streng in's Gericht geht[1]). — Selbst der Sünde des Götzendienstes gegenüber erweist sich Gott nachsichtig, niemals aber läßt er die Entweihung des göttlichen Namens unbestraft, s. (Ezech. 20, 39[2]). — Lieber im Geheimen sündigen, als öffentlich den Namen Gottes entweihen[3]). — Es verwundet Keiner seinen Finger hier unten, es wäre denn von oben über ihn verhängt worden, nach Prov. 20, 24[4]). — Alles steht in Gottes Hand, mit Ausnahme der Gottesfurcht, nach Deut. 10, 12[5]).

Drei Sünder büßen mit der härtesten Höllenstrafe: wer ein Eheweib verführt, wer seinen Nächsten öffentlich beschämt, wer seinen Nächsten mit einem Schimpfnamen benennt[6]). — Wer drohend die Hand gegen seinen Nächsten aufhebt, auch wenn er ihn nicht wirklich schlägt, wird Sünder genannt, nach I. Sam. 2, 16 f.[7]) — Wem von Gott eine Würde bestimmt ist, dem wird sie auch für seine Nachkommen bestimmt, aber der Hochmuth bewirkt, daß Gott ihn erniedrigt[8]). — Niemals sei der Segen eines gewöhnlichen Menschen gering in deinen Augen; denn an David erfüllte sich der Segen

---

[1]) Jebamoth 121 b.
[2]) Lev. r. c 22, Pesikta r. c 24 g. A., als Antwort auf die Frage Eleazar's, welche von den beiden in Prov. 30,9 befürchteten Sünden schwerer sei. Nach anderer Tradition wäre Ch. der Fragesteller gewesen und zwar wollte er damit seinen Schüler Eleazar prüfen. Doch zeigt der folgende Spruch, daß die erste Version die richtige ist.
[3]) Kidduschin 40 a, tradirt von Abahu: נוח לו לאדם שיעבור עברה בסתר ואל יחלל ש"ש בפרהסיא; ebenfalls mit Ezech. 20, 39 begründet, also eigentlich derselbe Ausspruch, wie der vorhergehende, nur in anderer Form.
[4]) Chullin 7 b.
[5]) Berach. 33 b, Megilla 25 a, Nidda 16 b. הכל בידי שמים חוץ מיראת שמים.
[6]) Baba Mezia 58 b.
[7]) Sanhedrin 58 b, in Verbindung mit einem ähnlichen Ausspruche von Simon b. Lakisch. Ebendaselbst wird eine sehr gekünstelte Deutung Ch.'s zu Prov. 20, 25 mitgetheilt, welche einen, einem Israeliten versetzten Backenstreich als Verletzung der in Israel weilenden Gottesherrlichkeit verdammt.
[8]) Zebach. 102 a, Meg. 13 b, trad. von Eleazar. Die Grundlage des Ausspruches bildet die Deutung von Hiob 36, 7 f. — Den Hochmuth führte von den Kleidern des Hohenpriesters der Kopfbund, als das höchste unter ihnen. Zebach. 88 b., Arach. 17 a.

Arawna's, II. Sam. 24, 23, an Daniel der Segen Darjawesch's, Dan. 6, 17[1]). — Komm' und sieh', wie schwer auch nur ein Anflug von böser Zunge ist! Um nicht durch die Wiederholung der Worte Sara's, Gen. 18, 12, die Abraham hätten verletzen können, Unfrieden zwischen ihnen zu stiften, ändert Gott, V. 13, ihre Aeußerung[2]). — Mancher sündigt gegen die Erde (d. i. gegen Menschen), Mancher gegen den Himmel (Gott), die Verleumdung aber ist eine Sünde gegen Himmel und Erde, nach Ps. 73, 9.[3]) — Die Bezeichnung „listiger Frevler"[4]) gilt Jemandem, der dem Richter seine Angelegenheit plausibel zu machen sucht, bevor sein Gegner da ist[5]). — Deut. 1, 16 enthält das Verbot für den Richter, die Worte der einen Partei anzuhören, bevor die Gegenpartei da ist, und das Verbot an die Parteien, dem Richter ihre Angelegenheit plausibel zu machen, bevor die Gegenpartei da ist[6]). — Zu Jes. 64, 5 („wie ein Kleid ... unsere Wohlthaten") ist angedeutet: Sowie sich Faden an Faden schließt und aus den Fäden ein großes Kleid wird, so kommt beim Wohlthun ein Pfennig zum anderen und es ergiebt sich eine große Summe[7]). — Größer ist

---

[1]) Megilla 15 a, tradirt von Eleazar; der darauf folgende, ebenfalls mit חנינא ר׳ אמר אליעזר ר׳ אמר eingeleitete analoge Ausspruch über den Fluch des gewöhnlichen Menschen gehört dem Agadisten Jizchak an, wie aus Megilla 28 a, Baba Kamma 93 a. hervorgeht. In der That ist er hier erst in der venetianischen Ausgabe in den Talmudtext gekommen s. Tildufe Sofrim VIII. 38 b.

[2]) J. Pea 16 a. S. Bar Kappara's Ausspruch über den Frieden, Ag. d. T. II. 507.

[3]) Koh. r. zu 9, 12 mit einer dreigliedrigen Traditionskette: Azarja, Jonathan b. Chaggai, Jizchak b. Merion; dann folgt ein Ausspruch Eleazar's über dasselbe Thema. — Das mit Schellen verzierte Untergewand des Hohenpriesters sühnte die Verleumdung: das klingende Gewand das mit klingenden Worten Gesündigte Zebach. 88 b.

[4]) S. Ag. d. Tann. I, 163.

[5]) Sota 21 b.

[6]) Sanh. 7 b. Die Lesart החכם ר׳ ist die richtige, wie auch die Analogie mit dem vorhergehenden Spruche beweist.

[7]) Baba Bathra 9 b, im Anschluß an einen ähnlichen Ausspruch von Eleazar. Ein Beispiel von Ch.'s eigener Wohlthätigkeit s. Kethub. 67 b. unt., wo ihm ein Ausspruch Eleazar's (vgl. Pesikta 21 b, Lev. r. c. 34) in den Mund gelegt ist. Eine Regel zur Verwaltung frommer Spenden von ihm, tradirt von Eleazar s. j. Megilla 74 a oben.

wer aus Pflicht ein Gebot ausübt, als wer es ausübt, ohne daß er
dazu verpflichtet wäre.¹)

Die Weisenjünger mehren den Frieden in der Welt, nach Jes.
54, 3 (בוניך)²). — Die „Alten" (Lehrer) des Volkes werden
deshalb zugleich mit den Großen (Machthabern) zur Rechenschaft ge=
zogen (Jes. 3, 14), weil sie die Letzteren nicht am Sündigen ver=
hindert haben³). — Wessen Auge mit Mißgunst auf die Weisen=
jünger blickt in dieser Welt, dem wird das Auge voll Rauches in
der kommenden Welt⁴). — Als Epikuräer, der keinen Antheil an
der kommenden Welt hat, ist der Verächter der Weisenjünger be=
zeichnet⁵). — Wer sich in Anwesenheit seines Lehrers eine gesetzliche
Entscheidung erlaubt, der wird Sünder genannt; darauf zielt Ps.
119, 11⁶). — An wem der Sinn seiner Lehrer Befriedigung fin=
det, der darf als Sohn der kommenden Welt gelten⁷). — Eine
der Sünden Jerusalems bestand darin, daß Einer dem Anderen den
Wunsch nach Belehrung in der schriftlichen oder mündlichen Lehre
nicht erfüllen wollte, vorgebend, er habe nicht die Kraft dazu (er
fühle sich schwach): darum kam die Stunde, wo sie „ohne Kraft"
vor dem Feinde einherzogen⁸). — Wer einen Ausspruch im Namen
seines Urhebers vorträgt, der bringt Erlösung über die Welt, gleich
Esther, welche dem Könige von Mordechai's Anzeige des Hochver=

---

¹) Kiddushin 31 a, B. K. 38 a 87, 9 Ab. zara 3 a גדיל המצווה
ועושה ממי שאינו מצווה ועושה.

²) Fünfmal im babylonischen Talmud, am Schlusse der Traktate
Berachoth, Jebamoth, Nazir, Tamid, Kerithoth und einmal im palästinensischen
Talmud am Schlusse von Berachoth, woselbst aber — wie auch am Schlusse
der Megillath Taanith — die Deutung von בניך fehlt. Tradent ist Eleazar.

³) Sabb. 54 b.

⁴) Baba Bathra 75 a, Deutung des „Rauches" in Jes. 4, 5, citirt
von Jochanan.

⁵) Sanh. 99 b, gemeinsam mit Rab. Vgl. j. Bikkurim 63 c unten.

⁶) Erubin 63 a, tradirt von Zeïri, im Anschluß an einen analogen
Ausspruch Jochanan's.

⁷) Sabb. 153 a, im Anschlusse an eine von Rab dem Eleazar
auf die Frage העולם הבא בן איזהו gegebene Antwort.

⁸) Echa r. zu 1, 6, tradirt von den „Gelehrten", während Huna,
Acha und Simon den Ausspruch im Namen Simon b. Lakisch's
tradirten.

rathes Mittheilung machte¹). „Die Gottesfurcht ist rein" (Pſ. 19, 10), das zielt auf denjenigen, der in Reinheit dem Thora=
ſtudium obliegt, d. i. erſt heirathet und dann ſtudirt²). — Die Thora „iſt nicht im Himmel" (Deut. 30, 12), d. h. mit der Thora ſind dem Menſchen auch die zu ihr gehörigen Werkzeuge gegeben, nämlich: Demuth, Gerechtigkeit, Geradheit, aber auch der für ſie beſtimmte Lohn³).

Wer ſich lange Zeit in's Gebet verſenkt, der hat nicht ver=
geblich gebetet, wie Moſes' Beiſpiel beweiſt, Deut. 9, 18 f.⁴) — Für jeden Athemzug, den der Menſch thut, muß er den Schöpfer lob=
preiſen, nach Pſ. 150, 6 (נשמה = נשימה⁵). — Die Attribute Gottes, welche Moſes, Deut. 10, 17, anwendet und welche die Männer der großen Verſammlung im täglichen Gebet ſanctionirt haben, dürfen nicht willkürlich durch andere Attribute vermehrt wer=
den, da noch ſo viel Attribute Gottes Preis nicht erſchöpfen; wie es kein Ruhm iſt, einen König, der Millionen Golddenare beſitzt, wegen des Beſitzes von Silberdenaren zu preiſen⁶). — Die drei Abtheilungen des täglichen Hauptgebetes (Achtzehngebet): In den erſten drei Benediktionen tritt der Diener vor ſeinen Herrn und ver=
kündet ſeinen Ruhm, in den mittleren Benediktionen bittet der Diener um das ihm zu gewährende Geſchenk, in den Schlußbenediktionen

---

¹) Megilla 15 a, tradirt von Eleazar. In der Bar. Aboth VI, 6 iſt als letztes der Mittel, durch welche die Thora erworben wird, genannt: האומר דבר בשם אומרו, wozu dann Ch.'s Ausſpruch, aber anonym, hinzu=
gefügt wird. Citirt wird der Ausſpruch noch Chullin 104 b und Nidda 19 b.

²) Joma 72 b. Nach Kiduſchin 29 b entſchied Samuel demgemäß, während Jochanan im gegentheiligen Sinne entſchied. Der Talmud bemerkt dazu הא לן הא להו; Chanina vertrat alſo Jochanan gegenüber die babyloniſche Sitte, früher zu heirathen. Menachoth 110 b deutet Jonathan im Sinne Ch.'s die Worte in Malеachi, 1, 11 „reine Opfergabe."

³) Deut. r. z. St. (c. 8 g. E.): היא יכל בלי אימתה ניתנה ענייתנותה צדקה ישרותה ומתן שכרה.

⁴) Berach. 32 b, wo ſtatt יתפלל natürlich mit der Münchener Hs. geleſen werden muß יתפלל. Als Urheber des Ausſpruches hat nach anderer Verſion Chanin (ſtatt אמר I. איתמא) zu gelten, wofür Rabbinowiz (I, 86 b) die Varianten יוחנן und אבין anführt. Abin tradirt (Gen. r. c. 14 Anf. im Namen Ch.'s.

⁵) Gen. r. c. 14 Ende, tradirt von Levi.

⁶) Berach. 33 b, gegen einer Vorbeter, der Gottes Attribute häuft.

verabschiedet er sich, für das Gewährte dankend, von seinem Herrn[1]). — Wer einen Kranken im Hause hat, füge das Gebet für ihn in das für die Kranken Israels gesprochene Gebet ein[2]). — In der durch den Wein erzeugten übermüthigen Stimmung ist es besser das Gebet zu unterlassen[3]).

Ch. hüllte sich vor Eintritt des Ruhetages in seinen Mantel und sagte: Kommet, lasset uns der Königin Sabbath entgegengehen[4]). — Man soll zwei Gewänder haben, eines für alle Tage, eines für den Sabbath; das Sabbathgewand meint auch Noemi, als sie Ruth „ihre Kleider anlegen" heißt (Ruth, 3, 3[5]). — Mit Mühe hat man gestattet, am Sabbath Kranke zu besuchen und Trauernde zu trösten (nach anderer Version: am Sabbath zu grüßen[6]). — Die „Furcht des Sabbath" (d. h. die religiöse Stimmung, welche der Sabbath hervorruft) bewirkt, daß auch der gewöhnliche Mann, am Sabbath über die Verzehntung des Getreides befragt, die Wahrheit sagt[7]). — Den Ausgang des Sabbaths soll jedenfalls eine besondere Mahlzeit, wenn auch nur mit einem Minimum von Speisen, auszeichnen[8]).

---

[1]) Berach. 34 a.
[2]) Sabbath 12 b.
[3]) Erubin 65 a (mit einer den Sinn nicht verändernben Variante, welche Jochanan trabirte). Der Ausspruch beruht auf einer sehr gekünstelten Deutung von Hiob 41, 7, nach welcher גאה die oben durch „Uebermuth" wiedergegebene erhöhte Stimmung des Trunkenen bezeichnet. Ebendaselbst wird berichtet, daß Ch. an dem Tage, an welchem er stark erzürnt war, nicht betete, mit Berufung auf einen Satz Ben Sira's (s. darüber Die Agada der babylonischen Amoräer, S. 28, Anm. 193).
[4]) Sabb. 119 a etwas verschieden in zwei Versionen Baba Kamma 32 a b, wo das Wort כלה aus dem Begrüßungsspruche Jannai's (באי וכלה) in den Ch.'s eingedrungen zu sein scheint.
[5]) J. Pea 21 b oben, Ruth r. z. St., Pesikta r. c. 23 (115 b), wo ר' חנן in ר' חנינא zu emendiren ist. Dieselbe Erklärung zu Ruth 3, 3 findet sich Sabb. 113 b von Eleazar, der sie wol ursprünglich im Namen Ch.'s lehrte.
[6]) Sabb. 12 b; j. Sabb. 15 b, Pesikta r. c. 23 (116 b).
[7]) J. Demai 23 d, zur Mischna Demai 4, 1, tradirt von Bibi: אימת שבת עליו והוא אומר אמת; vorher eine andere Meinung, von Jochanan.
[8]) Sabbath 119 b. Eleazar sagt ib. dasselbe, in Bezug auf den Eingang des Sabbaths.

2.
Israel. Heidenthum. Polemisches. Proselyten.

Das (durch den Einfluß der Gestirne bestimmte) Geschick macht weise, das Geschick macht reich, auch für Israel gilt das Geschick[1]). — Zu Hosea 1, 9 b. Wenn ihr euch auch von mir lossagen wollet, in der Meinung, ihr wäret nicht mehr mein Volk, so „bin ich doch nicht euch" in dieser Meinung gleich, denn auch gegen eueren Willen seid ihr mein Volk. Derselbe Gedanke ist auch in Ezechiel 20, 32 f. ausgedrückt[2]). — Für jede Lobpreisung, mit der Israel Gott preist, läßt er seine Herrlichkeit über ihnen wohnen, nach Ps. 22, 4[3]). — Ps. 91, 7 ist eine Klage Israels zu Gott: Du hast uns, o Herr, deine Thora anvertraut, während du deine Herrlichkeit in der Höhe ließest; wo deine Thora weilt, dort lasse auch deine Herrlichkeit wohnen![4]) — Du zogst einher, so klagt Israel, vor unseren Alt- vorderern, um für sie zu kämpfen, II. Sam. 5, 24: du wirst einst auch vor den Nachkommen einherziehen zum Kampf, Zacharria 14, 3; uns aber, die wir in den inzwischen liegenden Zeiten leben, ziehst du nicht voran, um für uns zu kämpfen, Ps. 44, 10[5]). — Früher, so klagt Israel, habe ich bei Anderen Bestürzung hervor-

---

[1]) Sabb. 156 a: מזל מחכים מזל מעשיר מזל יש לישראל. Dagegen Jochanan: אין מזל לישראל. Ebendaselbst sagt Ch. (gegen Josua b. Levi): לא מזל יש נורם אלא זכות שעה נורם. In j. Sabb. 8 d oben wird von einer Begegnung zweier Schüler Ch.'s mit einem Astrologen berichtet.

[2]) Num. r. c 2 (§ 16 Wilna).

[3]) Gen. r. c. 48 g. Anfg., tradirt von Samuel b. Chija und Judan. In Schir r. zu 2, 9 (statt שבח: קלוס) als Tradent bloß ר׳ שמואל. In Schocher tob 3. St. (wo statt שבח: תהלה) als Urheber: אמר ר׳ שמואל. In Pesikta r. c. 15 (72 a) ist als Tradent ר׳ שמואל בר׳ חייא בר יהודה bezeichnet.

[4]) Schocher tob zu 90, 17: נתת תורתך לני (שנשמור איתה) (Jalkot (הוכן) שנת תורתך ראוי שתתן כבודך (Jalk. Jb. zu 91, 9 kürzer: נתת את התורה בתחתונים עליון שבת שעינך. Num. r. c. 12: אתה נתן את התורה בתחתונים אצלני ושכינתך תשרה בעליונים. An beiden Stellen des Schocher tob geht dem Satze die aramäische, wohl sprich- wörtliche Phrase voran: מן קודשא (Jalk. ל׳) דבלתא יעינא מן שמשי; der Sinn derselben ist mir nicht verständlich.

[5]) Schocher tob zu 13, 2.

gerufen, Exod. 15, 15, Ezech. 26, 21, Esther 6, 14, nun aber ist
„die Bestürzung gegen mich" gewendet, Hiob 30, 15¹).

Ein Wanderer wurde auf dem Wege von der Dunkelheit
überrascht und wies die Einladung eines Hofbesitzers, bei ihm ein=
zukehren, um vor wilden Thieren und Räubern geschützt zu sein,
unfreundlich zurück. Als er dann dennoch, aus Furcht vor dem
tiefen Dunkel der Nacht, zurückkehrt und bei jenem Hofbesitzer Ein=
laß begehrt, wird er von ihm als zur Unzeit pochend, abgewiesen.
So lud Gott Israel ein, sich zu ihm zu wenden, Jes. 55, 1, aber
sie folgten der Aufforderung nicht und Gott zieht sich an seinen
Ort zurück (Hosea 5, 15). Als dann Israel vor dem drohenden
Weltreiche Schutz suchte und zu Gott sich wandte, da „geschah es,
daß so wie er rief und sie nicht hörten, auch sie riefen und nicht
erhört wurden" (Zacharia 7, 13²). — Ein König schwört im Zorne,
er werde den vor ihm liegenden Stein auf seinen Sohn werfen.
Nachher sagt er zu sich: Wenn ich den Stein auf ihn werfe, so
bleibt er nicht am Leben. Was thut er? Er zerschlägt den Stein
und wirft die Stückchen einzelweise auf seinen Sohn, so daß er
weder seinen Schwur brechen, noch seinen Sohn gefährden muß.
So verfährt auch Gott mit Israel³). — Das viermalige „Kehre
um" in Hoh. 7, 1, zielt auf die vier Weltreiche, in deren Gewalt
Israel fällt und aus deren Gewalt es in „Frieden" (השלמית)
hervorgeht⁴). — Koh. 4, 1 meint die Märtyrer, welche zum Leben der
kommenden Welt eingehen, auch wenn sie vor ihrer Hinrichtung
nicht das Sündenbekenntniß ablegen⁵). — Israel wurde deshalb
nach Babylonien exilirt, weil die Sprache der Babylonier der

---

¹) Echa r. zu c. 2 Anf.

²) Schocher tob zu Pf. 10, 1. Vorher ein Ausspruch von Jochanan.

³) Schocher tob zu Pf. 6, 4. Vorher ein analoges Gleichniß von
Eleazar. Vgl. das ähnliche Gleichniß Bar Kappara's, Lev. r. c. 32, Ag.
b. T. II., 515.

⁴) Schir r. z. St., tradirt von יודן בר חייא בר שמואל ר׳, f. S. 14,
Anm. 3. — Ueber die Plackereien, welche die römische Regierung in
Tiberias zur Zeit der Feste durch ihre Kriegsobersten ausübte, findet sich
eine Andeutung Ch.'s, Sabbath 145 b unten.

⁵) Koheleth r. z. St.

Sprache der Thora verwandt ist¹). — Vierzig Jahre, bevor Israel nach Babylonien in's Exil kam, wurden daselbst zum ersten Male Dattelpalmen gepflanzt, weil Israel nach der Süßigkeit der Dattelfrucht gierig war, durch welche die Zunge an die Süßigkeit der Thora gewöhnt wird²). — Jerusalem ist deshalb zerstört worden, weil die Israeliten jener Zeit gegenseitige Nachsicht übten und nicht einander ob begangener Sünden zurechtwiesen; mit Hinblick darauf heißt es in Echa 1, 6 „ihre Großen sind Rehen gleich", denn sowie das Reh in der Horde seinen Kopf an den Schweif des vor ihm schreitenden Rehes hält, so hielten auch sie ihr Gesicht zu Boden gesenkt und wiesen einander nicht zurecht³). — Einmal in 60 oder 70 Jahren läßt Gott eine Seuche kommen, welche die Bastarde aus Israel hinwegrafft, mit ihnen aber auch die Unbemakelten, damit jener Schmach nicht offenkundig werde⁴).

¹) Pesachim 87 b u. תורה לישין לישרב שקרבו מפני; gegen Jochanan. S. Ag. d. T. I, 34.
²) Jer. Taan. 69 b, Pesikta 114 a, Echa r. Prooemien Nr. 34 Ende. Ueber die dem Studium so günstigen — das Leben erleichternden — Dattelu Babyloniens vgl. den Ausruf Ulla's, Pesachim 88 a. Taanith 9 b. Es darf hier hervorgehoben werden, daß Ch. an Stelle seiner Unterschrift einen Palmzweig zeichnete: צייר חרותא, Gittin 36 a, wohl in Erinnerung an die Palme seiner babylonischen Heimath. — Ch. war, wie es scheint, ein erfahrener Baumzüchter; er spricht von der Bewässerung der Sykomore durch die unterirdischen Fluthen, mit Anwendung von Jes. 27, 3, j. Berach. 14 a und Taan. 64 b, sowie von der Sonderart der אגורי genannten Olivenart, j. Bikkurim 63 d. S. noch B. Kamma 91 b, B. Bathra 26 a (die Todesursache seines Sohnes), j. Baba Bathra 13 c; Echa r. Prooem. Nr. 34 (Controv. mit J. b Levi, was Palästina fruchtbar mache, Düngung oder Durchpflügung des Bodens).
³) Sabbath 119 b, tradirt von Simon b. Abba (s. oben S. 7, A. 6) und in dessen Namen sein Sohn Amram. In Echa r. z. St. tradirt den Ausspruch Simon (ר׳ סימן) im Namen Simon b. Abba's und Simon b. Lakisch im Namen Josua's (d. i Josua b. Levi's) in etwas abweichender Gestalt: מה תחת אלי הטבין שרב בשעת הללו אילים מה ממנו פניהם והוםבין עבירה דבר ראין ישראל גדולי היו כך אלי. Vgl oben S. 11 den Ausspruch Ch.'s zu den Schlußworten von Echa 1, 6 und den zu Jes. 3, 14 (oben S. 10).
⁴) J. Jebamoth 8 c unten: Vgl. seine Rede zur Zeit der Seuche in Sepphoris: Einen Simri gab es zu seiner Zeit und es fielen 24000 in Israel (Num 25, 9), wieviel der Simri's sind in unserer Mitte und ihr murret ob der Seuche! (j. Taan. 66 c).

Der Mond ist erschaffen worden, weil Gott voraussah, daß die Völker der Welt die Himmelskörper zu ihren Göttern machen werden. Wenn sie nun durch den Umstand, daß Mond und Sonne einander an Macht verringern, nicht daran verhindert werden, sie zu vergöttern, um wie viel eher wäre ein allein zur Leuchte erschaffener Himmelskörper vergöttert worden[1]). — Die Gesetze der Sittlichkeit in der Ehe, insbesondere das Verbot des ehelichen Umganges mit dem Weibe seines Nächsten, gelten auch für den Noachiden (Nichtisraeliten), wie aus Gen. 2, 24 bedurirt werden kann[2]). — Auf den Angriff eines Judenchristen, der auf Echa 1, 9 hinweisend ausrief: „Jetzt seid ihr gewiß unrein." Komm' und sieh, was von Israel geschrieben steht (Lev. 16, 10): „der bei ihnen wohnt inmitten ihrer Unreinheiten"; selbst zur Zeit, wenn sie unrein sind, läßt Gott seine Herrlichkeit unter ihnen wohnen[3]). — Einem Judenchristen, der die Erzählung von den zahllosen Städten, welche einst im „Königsgebirge" bestanden, als Lüge bezeichnete (mit Hinblick auf den gegenwärtigen Zustand des heiligen Landes), erwiederte Ch.: Das heilige Land wird Dan. 11, 41 das „Hirschland" genannt, denn wie die Haut des Hirsches sein Fleisch nicht enge umschließt, so ist auch der Boden Paläſtina's zwar weit genug, wenn seine Bewohner auf ihm weilen, aber enge, wenn sie

---

[1]) Gen. r. c. 6 g. Auf. Peſikta 42 a, Peſikta r. c. 15 Auf.; vorher ein entſprechender Satz Jochanan's. Beide gehen davon aus, daß יהי (ſing.) und מארת (ohne das ו plur.) in Gen. 1, 14 auf die ursprüngliche Abſicht einer einzigen Himmelsleuchte hinweist. Tradent Ch.'s ist ר' עזריה, in Peſ. r. ר' זעירה; vgl. j. Taanith 66 c. unten.: ר' זעירה בשם ר' חנינה.

[2]) J. Sanh. 58 c. oben, zwei Sätze, tradirt von Eleazar (beim zweiten Satz Subtradenten: Samuel — wohl b. Chija — und Abahu). Vgl. auch b. Sanh. 58 b, wo auch ein dritter hierhergehöriger Ausspruch Ch.'s mitgetheilt wird (von Dime im Namen Eleazar's): בן נח שייחד שפחה לעבדו ובא עליה נהרג עליה. Ein selbſterfahrenes Beiſpiel heidnischer Unsittlichkeit erwähnt Samuel im Namen Ch.'s, Aboda zara 22 b.

[3]) Joma 56 b f., wo anſtatt צדיקי zu ſetzen iſt מינא. Eine Handſchrift hat ſtatt Ch. Abahu, was leicht daraus zu erklären iſt, daß Abahu häufiger als Ch. polemiſche Geſpräche mit Judenchristen führte. — Ein Geſpräch Ch.'s mit einem Judenchristen über das Alter Bileams ſ. weiter unten, S. 24 f. Ein polemiſches Geſpräch, in welchem Ch. einen Schüler antworten läßt, ſ. Peſachim 87 b.

entfernt sind¹). — Ein König, der eine mit allerlei Gerichten besetzte Tafel vor sich hat, giebt jedem seiner Diener, der eintritt, irgend eine der Speisen; da jedoch sein Sohn hineinkömmt, sagt er zu ihm: Jenen habe ich je eine Gabe von meiner Tafel zu Theil werden lassen, du aber sollst die ganze Tafel dein eigen nennen. So gab Gott den Völkern nur einzelne Gebote; als aber Israel erstand, da erhielt es die ganze Thora. In diesem Sinne ist Ps. 147, 19 zu verstehen²).

Ein Halbproselyt wird zwölf Monate lang beobachtet, ob er die übernommenen Pflichten erfüllt; ist das nicht der Fall, so hat er in jeder Hinsicht als Heide zu gelten³). — Gotteslästerung, die ein Heide begangen, wird ihm, nachdem er sich zum Judenthume bekehrt hat, nicht als strafffällig angerechnet⁴).

3.
Exegetisches.

Als einzige von Ch. erhaltene exegetische Norm kann man seine Regel über כסף (שקל) als biblische Gewichtseinheit erwähnen: Darunter sei im Pentateuch ein Sela, in den Propheten eine Litra, in den Hagiographen ein Centenarius zu verstehen, mit Ausnahme von Gen. 23, wo der Werth der Höhle Machpela in

---

1) Gittin 57 a. Vgl. Die Agada der babylonischen Amoräer, S. 66, Anm. 30. Es ist vielleicht derselbe Judenchrist, der dem Chanina zugesteht, daß die Juden mit Recht die Fruchtbarkeit des heiligen Landes rühmen, und sein eigenes Grundstück als Beispiel erwähnt, Kethuboth 112 a. S. auch Schir r. zu 1, 16, wo Ch. im Anschluß an einen Ausspruch Jochanan's über den Gegensatz zwischen den einstigen zahllosen Städten des heiligen Landes und dessen dermaligem Zustande bemerkt: צפק רה הם א דיהרא ישראל, was ungefähr dasselbe sagt als die mit der Hirschhaut illustrirte bald große, bald geringe Tragfähigkeit, Ausdehnung des heiligen Landes.
2) (Exod. r. c. 30, tradirt von Simon (בר סימ). — In j. Baba mezia 8 c. erzählt Ch. einen Fall jüdischer Ehrlichkeit, welcher einen Heiden zu dem Ausrufe bewog: בריך אלההון דיהודאי.
3) Jer. Jebamoth 8 d, tradirt von שמואל בר חייא בר יהודה (s. oben S. 14, Anm. 3 und S. 17, A. 2).
4) J. Sanh. 58 c.

der hohen Gewichtseinheit der Hagiographen zu verstehen sei[1]). — Für die drei in der Bibel erhaltenen vorexilischen Monatsnamen giebt er Etymologien, im Anschlusse an die Bemerkung, daß die später üblich gewordenen Monatsnamen aus Babylonien gebracht wurden[2]).

Lösung von Widersprüchen. Warum heißt es Gen. 2, 5 „keine Pflanze sproß hervor", während nach V. 9 Gott allerlei Bäume hervorsprießen ließ? Dort ist von der Vegetation überhaupt die Rede, an der andern Stelle lediglich vom Garten Eden[3]). — Gen. 19, 1 „Engel" und 18, 1, 16 „Männer"? Sie heißen Männer, bevor sie ihre Botschaft ausgeführt haben, Engel (Boten), nachdem dieselbe ausgeführt ist[4]). — Deut. 9, 9 „ich saß", ib. 10, 10 „ich stand"? In Wirklichkeit war Moses in gebückter Haltung, die als Sitzen und auch als Stehen bezeichnet werden kann[5]). — I. Kön. 6, 2 „30 Ellen Höhe", ib. V. 20 „20 Ellen Höhe?" Die kleinere Zahl ist vom Rande der — nach V. 26 10 Ellen hohen — Cherubim an gerechnet[6]).

Einzelne Erklärungen: Gen. 6, 2 „Gottessöhne", weil sie lange, ohne Kummer und ohne Leiden lebten[7]). — Jb. 18, 20

---

[1] Bechoroth 5 a: בל כסף האמור בתורה. In j. Kiddushin 59 d unten nur der erste Theil des Satzes und zwar: בל שקלים שכתוב בתורה, der zweite auf Gen. 23 bezügliche Theil ist Juda b. Pazzi zugeschrieben; ebenso Pesikta 95 a b, Gen. r. c. 58 (wo als Autor der zweiten Hälfte Judan), Pesikta r. c. 1, 2 a, als Autor des zweiten Satzes: Abba b. Judan im Namen Juda b. Simon's); in Tanchuma ראה (B. 4) hat der zweite Satz keinen besonderen Autor, in Tanch. בהר (B. 1) ebenso, nur ist das Ganze gekürzt. S. auch Exod. r. c. 31 כל שקל האמור ב׳, Ruth r. c. 7.

[2] Jer. Rosch Hasch. 56 d unt. ירח האיתנים bed. den Monat, in dem die Patriarchen (die Gewaltigen) geboren wurden und starben (so auch Josua b. Chanania, b. R. H. 11 a); ירח בול ist der Monat, in dem das Laub welkt (נובל), die Erde schollig (בולות) wird und man das Vieh zu Hause füttert (בלילים); ירח זיו der Monat, in dem die Welt (Natur) ihren „Glanz" entfaltet, Pflanzen und Bäume sichtbar werden. Andere Etymologien von Ch. f. unten zu Gen. 22, 16: 32, 23 und sonst.

[3] Gen. r. c. 13 Anfg. Ueber die Baumpflanzungen Gottes im Garten Eden, nach Ps. 104, 18 f. Ch.'s Ausspruch in Gen. r. c. 15 Anf.

[4] Gen. r. c. 50 Anf.

[5] Megilla 21 a, gegen Rab.

[6] Baba bathra 98 b unten „... ר״ח נסיק לקרייתא רמי קראי אהדדי אמר להו. Die Frage wurde in einer der Landstädte an ihn gerichtet.

[7] Gen r. c. 26, zusammen mit Simon b. Lakisch.

רבה beb. fortwährend zunehmend[1]). — Jb. 19, 15, 23. Vom ersten Anbruch des Morgenrothes bis zum Hellwerden des Ostens geht ein Mensch vier Meilen, vom Hellwerden des Ostens bis zum Aufstrahlen der Sonne weitere vier Meilen; denn von Sodom bis Zoar — wo Lot beim Aufgehen der Sonne ankam — sind vier Meilen, das וכמו in V. 15 deutet aber darauf hin, daß ein ähnlicher Zeitraum vom Anbruch des Morgenroths an verstrich, während dessen Lot zögerte, wie von seinem wirklichen Aufbruch — als der Osten hell wurde — bis zum Sonnenaufgang[2]). — Jb. 22, 16. Das Messer heißt מאכלת, weil es die Fleischnahrung zum Genusse tauglich macht[3]). — Jb. 32, 23. Die Hüftsehne heißt גיד הנשה, weil sie von ihrer Stelle verschoben (קפץ) wurde[4]). — Exod. 32, 15. לחת (ohne ו plur.) soll sagen, daß die eine Tafel so groß war, wie die andere[5]). — Deut. 22, 9. פן תקדש s. v. a. תוקד אש פן[6]).
— Aus Richter 7, 19 geht hervor, daß eine Schaar von hundert Mann schon מחנה, Lager, genannt wird[7]). II. Sam. 24, 15 „bis zur bestimmten Zeit"; d. i. bis das Blut des täglichen Frühopfers gesprengt wird[8]). — I. Kön. 6, 4. Die Fenster

---

[1]) Gen. r. c. 49.
[2]) Jer. Berach. 2 c. j. Joma 40 b, Gen. r. c. 50. In b. Pesach. 93 b. wird zum Beweise dafür, daß man vom Anbruch des Morgenroth's bis zum Aufgange der Sonne fünf Meilen geht, wie Jochanan behauptet hatte, die Angabe Ch.'s angeführt, er habe sich selbst davon überzeugt, daß die Entfernung zwischen Sodom und Zoar fünf Meilen betrage. Es sind also zwei verschiedene Versionen des Ch.'schen Ausspruches. Eine ähnliche Entfernungsbestimmung Ch.'s s. Joma 35 a: Wer wissen will, wie lange nach R. Nechemia der בין השמשות genannte Zeitabschnitt dauert, der „lasse die Sonne auf dem Gipfel des Karmel und steige an's Meer hinunter, tauche in dasselbe und komme wieder hinauf." (Nach K. Bädecker, Palästina und Syrien, 2. Auflage S. 244, erreicht man vom Westthore Haifa's die Höhe des Karmels in 37 Minuten).
[3]) Gen. r. c. 56, g. Auf.
[4]) Gen. r. c. 78. Nach Chullin 91 a unten ist der Urheber dieser Etymologie Josua b. Levi, und als biblischer Beleg für die Bedeutung des Verbums נשה ist daselbst angeführt נשתה גבורתם, Jer. 51, 30.
[5]) Exod. r. c. 41. S. oben S. 17, A. 1 eine ähnliche Deutung der defecten Schreibung von מארת.
[6]) Jer. Pesach. 28 c.
[7]) Jer. Erubin 19 c. unt.
[8]) Berach. 62 b. tradirt von Ch.'s Schwiegersohn Samuel dem

des Heiligthums waren nach innen schmal, nach außen sich verbreiternd, damit aus dem Heiligthum das Licht voll hinausbringe[1]). — Jes. 21, 1. Nebukadnezar kam (nach Jerusalem) über die „furchtbaren" Landstrecken der Wüste[2]). — Ueber קרץ, Jer. 46, 20 streiten Ch. und Josua b. Levi. Nach dem Einen beb. es soviel als Schlächter, nach M. Joma 3, 4; nach dem Anderen den Austreiber, in's Exil Führenden, vgl. Hiob 33, 6[3]). — Ez. 47, 12. להתיר לתרופה lösen Ch. und J. b. Levi nach Notarikon-Art in להתיר פה auf, erklären dies aber auf verschiedene Weise[4]). — Ps. 18, 16 b. So zu verstehen wie Exodus 15, 10 a[5]). — Jes. 19, 12. David spricht: Herr der Welt, habe ich vielleicht die Worte der Thora, weil sie süßer als das Süßeste (B. 11) sind, satt bekommen und verschmäht? Nein, dein Knecht ließ sich warnen durch sie u. s. w.[6]). — Jes. 78, 41. Die Israeliten sprachen vor Gott: Herr der Welt, lasse nicht Menschenkinder über uns Gewalt bekommen, richte du uns selbst! So pflegt man zu sagen: Ich schlage meinen Sohn selber[7]). — Hiob 24, 16. Sie brachen des Nachts in die Häuser ein, welche sie sich am Tage mit wohlriechender Substanz, ἀποβάλσαμον, bezeichnet hatten[8]). — Echa 2, 8 חל וחומה beb. die Mauer und die Vormauer[9]).

Alten (שמיאל סבא); dagegen Jochanan's Erklärung: „bis Mittag." Vgl. Perles, Meletemata Peschittoniana p. 16.

[1]) Pesikta 145 a, Lev. r. c. 31.
[2]) Schir r. zu 3, 4 Anf., tradirt von Levi.
[3]) Jer. Joma 40 c. oben: וחד אמר נכסא... וחיא נסוחא, s. Levy III, 394 b.
[4]) Jer. Schekalim 50 a, Schir r. zu 4, 13. Im babyl. Talmud sind Chizkija und Bar Kappara die Controversisten. S. Ag. d. T. II, 515.
[5]) Schocher tob z. St.
[6]) Tanchuma עקב Anf.
[7]) Sch. tob z. St. התו scheint in der Beb. bezeichnen (vgl. Ez. 9, 1) genommen zu sein: sie bezeichneten den Heiligen Israels als ihren Richter.
[8]) עישין היו רושמין באפולבסמין ובאין וגנבין בלילה, s. Maaser scheni 55 d unten; in abweichender Version Gen. r. c. 27 (ebenfalls von Chanina) הוו מביאים אפופלסימון ושף באבן בלילה ומריחים וחותרים; eine dritte Version (von Raba vorgetragen) b. Sanh. 109 a: מלמד שהיו נותנין עיניהן בבעלי ממון ומפקידים אצלם אפרסמון ... לערב באים ומריחים אותי ... וחותרים שם
[9]) Pesachim 86 a; nach anderer Tradition daf. ist Acha der Urheber dieser Erklärung.

Zur **halachischen Exegese.** Jes. 1, 31. Aus den Worten „Gerechtigkeit weilt Nachts (ילין) darin" folgt, daß in Fragen des Mein und Dein noch am selben Tage vor Anbruch der Nacht das Urtheil zu fällen ist[1]). — Jes. 57, 14 „Beseitiget den Anstoß vom Wege meines Volkes". Das kann als Andeutung für die Pflicht der Gräberbezeichnung gelten[2]). — Jer. 32, 44. Der ausgestellte Kaufvertrag in doppelter Form und mit zwei, bez. drei Zeugen[3]).— Jer. 36, 27 „Nachdem der König verbrannt hatte die Rolle und die Reden." Daraus folgt, daß man ob der Verbrennung einer Thorarolle sowohl wegen des verbrannten Pergamentes, als wegen des auf ihm Geschriebenen die Kleider zerreißen müsse (als Zeichen der Trauer, s. ebend. V. 24[4]). — Aus Chaggai 1 geht hervor, daß man auch die Regierungsjahre heidnischer Könige vom Nissan zählt[5]).

4.

Zu den biblischen Erzählungen und Personen.

Zu Gen. 6, 13. „Die Erde wurde voll der Gewaltthätigkeit". Sie begiengen keinen wirklichen Raub (גזל) sondern schlaue, unrechtmäßige Aneignung fremden Gutes in geringen Mengen (בהם), die noch nicht als Raub qualisicirt und darum auf dem Wege des Rechts nicht geahndet werden konnte. Gott sagte zu ihnen: Ihr habt das Recht umgangen, daher sollt auch ihr über das gesetzliche Recht hinaus bestraft werden. Darauf bezieht sich Hiob 4, 20, wo משים das Rechtsverfahren, חמה das Gesetz bedeutet[6]). — Die

---

[1]) Sanh. 35 a. Daß in civilrechtlichen Prozessen keine so eingehende Untersuchung der Zeugenaussage erforderlich ist, wie in criminalrechtlichen, begründet Ch. in einem oft citirten Satze (Sanh. 2 b, 32 a, Baba Kamma 2 b, Jebam. 122 b) mit der Nothwendigkeit, den des Darlehens Bedürftigen nicht die Thüre derer zu versperren, von denen sie zu leihen wünschen (שלא תנעיל דלת בפני לוין).
[2]) Moed Katon 5 a.
[3]) Baba bathra 160 a b.
[4]) Jer. Moed Katon 83 b.
[5]) Jer. R. Hasch. 56 b, tradirt von Eleazar.
[6]) Gen. r. c. 31. Vgl. s. Baba mezia 9 c, wo dasselbe anonym, kürzer und aramäisch zu lesen ist.

doppelte Fluth, welche in den Tagen Enosch's und in den Tagen Noach's stattfand (Amos 5, 8; 9, 6) trieb das erste Mal die Gewässer des großen Oceans bis an die Küste der Barbarei, das zweite Mal (als das mittelländische Meer seine definitive Grenze bekam) bis an die Küste Palästina's, Akko und Jafo (Joppe), deren Namen in Hiob 38, 11 (עד פה = עד כה, ופה = ויפו) angedeutet sind[1]). — Noach hatte nur eine Unze Verdienst für sich, dennoch rettete ihn Gottes Gnade (nach Hiob 22, 30[2]). — Abraham gelangte zur Gotteserkenntniß in seinem 48. Lebensjahre[3]). — Zu Gen. 13, 2. Sogar die Schiffe, welche den großen Ocean befuhren, rettete Abraham's Verdienst aus Gefahren[4]). — Zu Gen. 22, 19. Wo war Isak? Abraham hatte ihn des Nachts, damit kein böses Auge auf ihn falle, weggeschickt[5]). — Zu Gen. 28, 10. Jakob war ganz ohne Habe vom Hause weggeschickt worden[6]). — Damit Rachel einen Sohn bekomme, versammelten sich die andern Frauen und beteten, sie hätten genug der Söhne, Gott möge nun Rachel bedenken[7]). — Weil die Söhne der Mägde von ihren Brüdern verachtet wurden, ließ Gott Jakobs Nachkommen in Aegypten zu Sklaven werden, damit sie in der gemeinsamen Knechtschaft sich unterschiedslos als Brüder fühlen; auch die späteren Nachkommen sollte das Fest der Befreiung an die gemeinsame Knechtschaft erinnern[8]). — Der Name

---

[1]) Gen. r. c. 23 Ende, tradirt von Chananja und Acha; vorher eine andere Version des Ausspruches, tradirt von Eleazar, Abahu, Juban, in umgekehrter, jedenfalls unrichtiger Folge: בראשונה עלה עד עכו ויפ. ובשנייה עלה עד כיפי ברבריה. Dann folgt noch eine dritte Version, dieselbe, die auch in j. Schekalim 50 a zu lesen ist, tradirt von Eleazar: בראשנה עלה עד קלבריה (Calabria) ובשניה עד כפי ברבריה.

[2]) Gen r. c. 29 Auf. אי נקי wird von Ch. zu אוקיא zusammengezogen. Ueber die Lesearten dazu s. Levy I, 42 b.

[3]) Gemeinsam mit Jochanan, Gen. r. c. 30, 64 und 95, Schir r. zu 5, 16, Pesikta r. c. 21 (105 a). Ueber andere Stellen s. Buber zu seinem Tanchuma לך לך 4, Anm. 33. Das 48. Lebensjahr Abrahams war nach Seder olam c. 1 Auf. das Jahr der Theilung der Sprachen.

[4]) Gen. r. c. 39. Zu Jebamoth 63 a Aehnliches im Namen Eleazars: אפילו ספינות הבאות מגליא לאספמיא אינן מתברכות אלא בשביל ישראל.

[5]) Gen. r. c. 56 Ende.

[6]) Gen. r. c. 68 Anf. Dagegen Josua b. Levi.

[7]) Gen. r. c. 72 Ende.

[8]) Neue Pesikta in Jellinek's Beth-Hamidrasch VI, 38.

der Wachteln, שלו, Exod. 16, 13 ist so zu deuten, daß die Frommen ihn mit Behagen (שלוה), die Frevler so aßen, als ob es Dornen (בלין) wären[1]). — Weil Moses sagte, daß er jede schwierige Sache selbst entscheiden wolle, Deut. 1, 17, wurde er in die Lage versetzt, in einer Rechtsache nicht selbst entscheiden zu können, Num. 27, 5[2]). — Zu Num. 20, 2. Die ganze Gemeinde versammelte sich auf einem Orte von ganz geringem Umfange; es geschah auch hier das Wunder, daß geringer Raum Vieles aufnahm[3]). — Die ganze Einsicht, welche Bezalel, der Erbauer der Stiftshütte, besaß, kam vom Allmächtigen, was in Hiob 32, 8 angedeutet ist[4]). — Drei Monate lang dauerte die Verfertigung der Stiftshütte, drei weitere Monate blieb sie zusammengelegt, so daß die Israeliten gegen Moses spöttische Reden führten. Die Aufstellung des Heiligthums aber war für den 1. Nissan bestimmt, den Tag, an dem Abraham die Kunde ward, daß ihm Isak geboren werden solle[5]). — Pinchas wurde erst dann zum Priester geweiht, als er Simri getödtet hatte[6]). — Auf die Frage eines Ketzers, wie alt Bileam geworden sei : Es steht zwar nirgends geschrieben, aber nachdem es heißt, Ps. 55, 24 „sie erreichen nicht die Hälfte ihrer Tage" (d. h. nicht die Hälfte von siebzig Jahren), so wird Bileam wohl 33 oder 34 Jahre alt geworden sein. Darauf der Ketzer: Du hast Recht; ich habe Bileams Schreibtafel gesehen, da stand geschrieben (aramäisch): „Dreiunddreißig Jahre war Bileam der Lahme alt, als ihn der Räuber Pinchas tödtete"[7]). —

[1]) Joma 75 a.

[2]) Sanh. 8 a. nach anderer Version ist Josia der Autor. Vgl. auch Sifré zu Deut §. 17.

[3]) Gen. r. c. 5, Lev. r. c. 10 g. E. Die Annahme eines solchen Wunders (שהחזיק מעט את המרובה) wird an den a. O. auch von Jose b. Chalaftha, in Bezug auf Exod. 27, 18 gelehrt (s. Ag. d. T. II. 182) und von Eleazar in Bezug auf Lev. 8, 2 a. Ch's Sohn, Chama wendet sie auf Josua 3, 9 an.

[4]) Exod. r. c. 48 g. E.

[5]) Tanch. B. ויקהל 6, genauer berechnet und mit einem Hinweise auf Chanukka Pesikta r. c. 6 (24 a); mit Jochanan als Autor Exod. r. c. 52 g. Auf. Zu dem Ch. zugeschriebenen Ausspruche über die Bundeslade s. Ag. d. T. I, 439. A. 1.

[6]) Zebachim 101 b, tradirt von Eleazar.

[7]) Sanh. 106 b. S. Geiger Jüdische Zeitschrift VI. 34, Perles in Grätz' Monatschrift, 1872, S. 266, nach deren Ausführungen Bileam

Hiob war ein Heide[1]). — Ein Hirt trieb seine Herde über einen Fluß, da kam ein Wolf, um die Herde anzugreifen. Der kluge Hirt nahm einen großen Bock, den er dem Wolfe auslieferte und der ihn, bis die Herde über den Fluß gelangt sein würde, durch seinen Widerstand aufhalten sollte. So stand auch, als Israel aus Aegypten zog, der Ankläger (der Engel Samael) auf, um ihnen hinderlich zu sein. Was that Gott? Er lieferte ihm Hiob aus[2]). — Zu Hiob 29, 14. Hiob spricht: Ich passe zur Gerechtigkeit (Frömmigkeit) und sie paßt zu mir, wie ein gut sitzendes Gewand[3]). — Zu Hiob 29, 19. „Thau weilte während meiner Ernte". Alle sahen, daß wenn Hiob sein Feld abmähte, Wolken sich zusammen= zogen, damit die Schnitter nicht von der Hitze ermattet würden[4]).— Achan hatte schon zu Moses' Lebzeiten zweimal die Sünde der Ver= untreuung begangen, darauf deutet der Ausdruck, Josua 7, 20: „wie dieses und wie dieses"[5]). — Samuel wird, Ps. 99, 6, in einen Rang mit Moses gestellt; denn Moses, der 120 Jahre alt

---

typische Bezeichnung für Jesus wäre, (s. auch Rapoport's Brief aus dem Jahre 1834, in der hebr. Beilage zu Berliners Magazin, 1890, p. 27). Zu der Benennung Pinchas' als ליסטאה ist zu vergleichen die von Procopius und Suidas erwähnte phönicische Inschrift in Mauretanien (s. Winer Realwörterbuch s. v. Josua), worin Josua, der Besieger der Ka= naaniten als Ἰησοῦς ὁ λῃστής bezeichnet wird. Die Analogie zwischen dieser Inschrift und der Notiz aus „Bileams Schreibtafel" ist unverkennbar. Vgl. auch noch Gen. r. c. 1, 2. Prooemium: Die Heiden sagen zu Israel (als Eroberer Kanaans): אימה של בוויס אתם (Raschi zu Gen. 1. 1 aus anderer Quelle: לסטים אתם) S. Ausführlicheres darüber in meiner Notiz in Jewish Qu. Review III. 354 ff.

[1]) Gen. r. c. 57 Ende.

[2]) Exod. r. c. 21 g. Ende: ר׳ חמא בר חנינא פירשה משים אביי. Der Name des Engels סמאל stand wol nicht ursprünglich in diesem Ausspruche Ch's, dessen von seinem Sohne Chama bezeugter Ursprung wol sonst nicht an= zuzweifeln ist.

[3]) Sch. tob zu Ps. 24 Auf. Vorher der allgemeine und volksthüm= lich ausgeführte Satz: Manch' Einer paßt zu seinem Gewande, aber sein Gewand paßt nicht zu ihm.

[4]) Tanch. B. תולדות 13, wo mit der Hs. von Parma zu lesen ist: בשביל של|לא| ישתלהי מן השרב. Ch. hatte bei seiner Erklärung vielleicht Jes. 18, 4 im Auge: בעב טל בחם קציר.

[5]) Sanh. 43 b, tradirt von Assi.

wurde, diente dem Volke Israel in der Wüste vierzig Jahre lang, während Samuel sein ganzes Leben lang die Mühe und Last Israels ertrug¹). — Ueber Doegs Strafe war eine Controverse zwischen Ch. und Josua b. Levi: nach dem Einen kam Feuer aus dem Allerheiligsten und umlohte ihn, nach dem Anderen vergaß er all sein Wissen in dem Umgange mit scharfsinnigen Jüngern, die sich ihm anschloßen und von ihm lernten²). — Ein tiefer Brunnen hatte kühles, vortreffliches Wasser, doch konnte Niemand davon trinken, bis Einer Strick an Strick, Seil an Seil befestigte und dann den Schöpfeimer hinunterließ, so daß nach ihm Jeder schöpfen konnte; so knüpfte Salomo Wort an Wort, Gleichniß an Gleichniß, bis er in die Tiefe der Thora eindrang³). — Größer ist das Obadja gespendete Lob, 1 Kön. 18, 3, als was von Abraham und Joseph gesagt ist; denn von diesen heißt es bloß, daß sie Gott fürchteten (Gen. 22, 12 und 42, 18), während von Ob. gesagt ist, daß er Gott „sehr" fürchtete⁴). — Die beiden Reiche Israels glichen zwei Menschen, die sich in ein neues Gewand hüllen, der Eine zieht dahin, der Andere dorthin⁵), bis sie es zerrißen; so trieben die zehn Stämme in Samaria, Juda und Benjamin in Jerusalem so lange Götzendienst, bis sie die Zerstörung Jerusalems bewirkten⁶). —

¹) Tanch. תשא כ׳ Anf.

²) J. Sanh. 29 b. Die zweite Ansicht scheint die J. b. L.'s zu sein, der den Ausdruck תלמיד ותיק auch sonst anwendet (s. j. Pea. 17 a und Parall.) In Sch. tob zu Ps. 52, 2 sagt Ch.: Wie Edom (Rom) die Verdienste Israels zu nichte macht, so machte einst Doeg („der Edomite") die Verdienste David's zu nichte.

³) Schir r. Einleitung. Anonym ist das Gleichniß in Gen. r. c. 93 g. Anf. auf Juda's Rede an Joseph angewendet.

⁴) Sch. tob zu Ps. 118, 3; vgl. b. Sanh. 39 b.

⁵) סבא בעד זה בעד סבא יהיה. Es ist nicht sicher, was בעד hier bedeutet, etwa Denomin. zu בֶּגֶד.

⁶) Echa r., Prooemien Nr. 12, gemeinsam mit Jonathan. — Eine Controverse zwischen Abahu im Namen Ch.'s und den anderen Gelehrten über den Ort, aus welchem der die zehn Stämme zur Sünde verleitende Wein stammte, findet sich Lev. r. c. 5. Der Name des Ortes war nach Ch. סתוגתא, was nach der Notarikonmethode so gedeutet wird: שתיה ינה פתה הגיא את לבית. Vgl. den die Wirkung des Weines apologisirenden Ausspruch Ch.'s, Erubin 65 a: כל המתפתה ביינו יש בו מדעת קונו (der Reim scheint beabsichtigt zu sein), mit Berufung auf Gen. 8, 21.

Die Bezeichnung סריסים für die in dem Palaste des Königs von Babel dienenden Nachkommen König Chizkija's soll andeuten, daß in ihren Tagen (zur Zeit des Exils) der Götzendienst (in Israel) seiner Kraft beraubt wurde[1]). — Chananja, Mischael und Azarja ließen sich mit der Absicht in den Feuerofen werfen, daß ein Wunder an ihnen geschehe[2]). In Folge des an ihnen geschehenen Wunders bekehrten sich viele Heiden zum Judenthume, was in Jes. 29, 23 f. angedeutet ist[3]). — Der Name אחשורש ist eine Andeutung dessen, daß in seinen Tagen Alle in Folge der Steuern (Esther 10, 1), arm (רשין) wurden[4]). — Von den 366 Rathgebern Hamans wußte ihm Keiner so zu rathen, wie seine Frau[5].) — Esther war vom heiligen Geiste ergriffen, was aus der Analogie des Ausdruckes ותלבש, Esther 5, 1, mit לבשה I Chron. 12, 19, zu schließen ist[6]).

5.

Homiletisches. Gleichnisse.

Zu Gen. 1, 8. Am zweiten Tage sagte Gott nicht, daß was er geschaffen „gut sei", weil an diesem Tage die Zwietracht geschaffen wurde („unterscheidend zwischen Wassern und Wassern"[7]). — Gen. 1, 28. רדו ist doppelsinnig: „herrschet" und „sinket", je nach Verdienst trifft das Eine oder das Andere ein[8]). — Gen. 25, 25 „ganz wie ein Mantel", Andeutung des Herschermantels, für den Edom (Rom) bestimmt war[9]). — Exod. 32, 13. Moses nahm, um von Israel den Zorn Gottes abzuwenden, nicht zu Opfern seine

---

[1]) Sanh. 93 b, gegen Rab.
[2]) Gen. r. c. 56 Ende.
[3]) Schir r. zu 1, 3.
[4]) Megilla 11 a.
[5]) Abba Gorion zu 5, 14 (Beth Ham. I, 14), tradirt von Eleazar; in Esther r. anonym. Aus einem „Midrasch" ist in Jalkut zu Esther 5, 12 eine Deutung Ch.'s zu lesen, tradirt von Eleazar. Vgl. noch Neue Pesikta in B. H. VI. 56.
[6]) Megilla 15 a, tradirt von Eleazar.
[7]) Gen. r. c. 4 g. E.
[8]) Gen. r. c. 8 g. E.
[9]) Gen. r. c 63.

Zuflucht, da er deren Werth damals nicht kannte, sondern zu dem Verdienste der Stammväter[1]). — Exod. 32, 34. Erst nach 24 Generationen wurde das in dem Worte ופקדתי verkündete Strafgericht ausgeführt, nämlich in dem Ezech. 9, 1 Berichteten (פקדות העיר[2]). — Lev. 13, 46. Warum muß der Aussätzige abgesondert wohnen? Er hat (durch Verleumdung, deren Strafe der Aussatz) zwischen Mann und Frau, zwischen Freund und Freund Trennung hervorgerufen, darum sagte die Thora, daß er getrennt von den Menschen wohnen solle[3]). — Num. 23, 1. Als Bileam den Balak sieben Altäre bauen ließ, als ob Gott an seinen Opfern Gefallen fände, wie ja auch die Freunde Hiobs sieben Farren und sieben Widder darbringen mußten (Hiob 42, 8), da sagte ihm Gott: Ich mag deine Opfer nicht, denn „das Opfer der Frevler ist ein Greuel" (Prov. 15, 8), vielmehr habe ich Gefallen an dem Gebete Israels, „das Gebet der Redlichen ist Gott wohlgefällig"[4]). Um der 42 Opfer willen, welche Balak, der König Moabs dargebracht hat, wurden 42 Kinder aus Israel zerrissen (II Kön. 2, 24[5]). Jer. 8, 18. מבלי־גית beb. nach Notarikonartiger — Auflösung des Wortes in seine Bestandtheile: Weil sie nicht (מבלי) forschen in der Thora, um ihre religiöse Pflichten und gute Handlungen zu üben, mache ich mein Haus zu meiner Kelter (גיתי[6]). - Mal. 3, 11. Vom Aufgang der Sonne bis zu ihrem Niedergange ist der Name des Ewigen gepriesen." Die Bahn, welche die Sonne beschreibt, ist ihre Lobpreisung[7]). Nach Pf. 33, 7 b. Was bewirkte, daß „die Vor-

---

[1]) Schir r. zu 1, 2 (Ende.
[2]) Sanh. 102 a.
[3]) Arachin 16 b. Die Frage richtet Samuel b. Nadab an Ch.; nach der anderen Tradition war dieser Samuel b. Nadab der Schwiegersohn Ch.'s (s. oben S. 20, A. 8) und der ihm die Frage beantwortete, war Josua b. Levi.
[4]) Schocher tob zu Pf. 17, 1 Anf., tradirt von ר׳ יהושע (?) Anonym ib zu Pf. 90 1. ישרים wie in Num. 23, 10.
[5]) Sota 47 a. Der Zusammenhang der Stelle mit Moab ist vielleicht so darzustellen, daß bald darauf (3, 4) vom Könige Moab's Mescha die Rede ist.
[6]) Echa r., Prooemien Nr. 32 Anf.
[7]) Sch. tob zu Pf. 19, 5: הילוכי היא קילוסי.

rathskammern" sich mit Getreide füllen? „Die Fluthen"¹). - Pj. 121, 5. Komm' und sieh', daß Gottes Art nicht der Menschen Art ist! Ein König sitzt drinnen in seinem Palaste und von außen bewachen ihn seine Leute; Gottes Diener sitzen in ihren Häusern und Gott ist es, der sie von außen behütet²). — In Prov. 11, 18 ist der Gegensatz zwischen Abraham, der „Gerechtigkeit säete" (Gen. 18, 19), und Nimrod, dessen Thaten Lüge waren, angedeutet, sowie der „wahrhafte Lohn", der Abraham zu Theil wurde (Gen. 15, 1³). — Prov. 15, 22. Der „Arme, dessen Tage immer böse sind", ist Derjenige, der eine böse Frau hat, der Fröhliche, dessen Leben ein fortwährendes Gastmahl ist, Derjenige, der eine gute Frau hat⁴). — Prov. 24, 5. Der „weise Mann, der sich als stark bewährt" ist Boas, der durch einen Schwur (Ruth 3, 13) den Trieb zur Sünde besiegte⁵). — Ruth 4, 17. Weil Noemi den Sohn der Ruth erzog, wird gesagt, daß der Noemi ein Sohn geboren ward; daraus folgt, daß wer ein Waisenkind in seinem Hause erzieht, so betrachtet wird, als hätte er ihm das Leben geschenkt⁶). — Hiob 17, 7. Der „Gerechte" und „Reine" ist Gott (Ps. 11, 7, Hab. 1, 13), der die Kraft der Frommen mehrt, die seinen Willen ausführen⁷). — Die 127 Provinzen, Esther 1, 1, bilden nur die Hälfte der 254 Provinzen (Eparchien), welche die Weltherrscher vor Ahasveros (nämlich David I Ch. 14, 17, Salomo I Kön 5, 1, Achab I Kön. 18, 10, Nebukadnezar Dan. 2, 38, Darius Dan. 6, 26) beherrscht hatten⁸).

---

¹) Taanith 9 b.
²) Menachoth 33 b. In Aboda zara 11 a ist der Ausspruch dem Onkelos b. Kalonymos in den Mund gelegt, der damit die Bedeutung der Thürpfostenkapsel erklärt.
³) Gen. r. c. 44 Anf.: ר' אבין בשם ר"ח פתח
⁴) Baba Bathra 145 b; es folgen dann Deutungen desselben Verses von Jannai, Jochanan und Josua b. Levi. „Die Zeit des Findens" Ps. 32, 6, bezieht sich nach Ch. darauf, daß „wer eine Frau gefunden, Gutes gefunden" (Prov. 18, 22), Berach. 8 a.
⁵) Lev. r. c. 23 g. E. Vgl. Tanchuma בהר g. Ende.
⁶) Sanh. 19 b.
⁷) Pesikta 166 a.
⁸) Esther r. z. St., tradirt von Eleazar.

Außer den schon bisher gebrachten Gleichnissen[1]) sind noch folgende unter Ch.'s Namen erhalten. Wenn man von Jemandem einen großen Gegenstand verlangt, den er besitzt, so erscheint er ihm als gering; von wem aber ein kleiner Gegenstand verlangt wird, den er nicht besitzt, dem erscheint derselbe als groß. So galt auch Moses die Frömmigkeit, die Gott verlangt (Deut. 10, 12), nicht als etwas Großes[2]). — Jemand verliert eine Perle; wo immer dieselbe auch sein möge, bleibt sie Perle, der Eigenthümer aber beklagt den Verlust: so bildet der Tod des Frommen einen Verlust für die Zeit, der er angehörte[3]). — Ein König hatte eine einzige Tochter, die er in einer Gasse wohnen ließ, deren Bewohner alle der Unzucht oder der Zauberei ergeben waren; darum warnte er seine Tochter, sie möge das Beispiel ihrer Nachbarschaft nicht befolgen. Israel kam aus Aegypten, einem Lande der Unzucht (Ez. 23, 20) nach Kanaan, einem Lande der Unzucht und Zauberei und es wird daher, Lev. 18, 3, von Gott davor gewarnt, das Beispiel dieser Länder zu befolgen[4]). — Wenn ein König sich entfernt und ein Statthalter eintrifft, so begleitet man erst den König und geht dann dem Statthalter entgegen; ebenso muß, wenn der Ausgang des Sabbaths mit dem Beginn des Festes zusammentrifft, erst der Sabbath verabschiedet (Habdala), dann der Festtag begrüßt werden (Kidduſch[5]).

6.
Gott und Welt. Eschatologisches. Pseudepigraphisches.

Das Verfahren Gottes bei der Weltschöpfung veranschaulichte Ch. mit dem Bilde von vier Zwirnknäueln, die nach den vier Welt-

---

[1]) S. oben S. 12, 15, 17, 18, 25, 26.
[2]) Berach. 33 b, Megilla 15 a.
[3]) Megilla 15 a unten, trad. von Eleazar.
[4]) Lev. r. c. 23.
[5]) Pesachim 103 a. Zwei Gleichnisse Ch.'s für halachische Lehrsätze s. Schebuoth 6 a und 6 b. In dem zweiten derselben ist ebenfalls von „König" und „Statthalter" (ἔπαρχος) die Rede. — Dafür, wie schwer die Seele im Sterben den Körper verläßt, gebrauchte Chanina Moed Katon 28 b (vgl. Tanchuma ויקהל, Lev. r. c. 4 Auf. Koh. r. zu 6, 7), das Bild

Gleichnisse. Gott und Welt.

gegenden hin sich in einander mengten[1]). — Als Gott das Schöpferwort „es werde ein Firmament" (Gen. 1, 6) aussprach, erstarrte der mittelste Tropfen — als Krystallisationspunkt gleichsam — und es bildeten sich der untere Himmel und die oberen Himmel[2]). — Glanz und Festigkeit erlangte das Firmament dadurch, daß Feuer von oben kam und seine Oberfläche beleckte[3]). — Die Festigkeit des plattenartigen Firmaments ist durch Hiob 37, 18 bezeugt[4]). — Die Engel sind am fünften Tage erschaffen worden, was angedeutet ist im Worte יעופף, Gen. 1, 20, vgl. Jes. 6, 2[5]). — Als der erste Mensch erschaffen werden sollte, berieth sich Gott mit den Engeln; er gab ihnen kund, daß Fromme von ihm abstammen sollen, nicht aber, daß er auch Frevler zu Nachkommen haben werde: die „Eigenschaft der Gerechtigkeit" hätte sonst nicht gestattet, daß der Mensch erschaffen werde[6]). — Dem Menschen sagt Gott: In deinen Augen ist Weißes und Schwarzes, du aber siehst nur aus dem Schwarzen; wie sollte Gott, der ganz Licht ist, deines Lichtes

---

בצפורי בפי הויש, was wohl nichts anderes ist als ὡς σπεῖρα ἐν στόματι ἱστοῦ „wie ein Schifftau durch die Oeffnung des Mastbaumes.

1) Gen. r. c. 10. g. Auf. S. darüber Ag. b. T. I. 177, Anm. 3.

2) Gen. r. c. 4 Anf., trad. von den „Gelehrten"; Andere tradirten es im Namen Samuel b. Nachman's.

3) Jb. יצא אש מלמעלה ולייחכה את פני רקיע. Dazu wird berichtet, daß Jochanan, wenn er Hiob 26, 13 las: Durch seinen Hauch wurde glänzend der Himmel, mit Beziehung auf diesen Ausspruch Ch.'s sagte: יפה למדני ר' חנינה. — Eine Bemerkung Ch.'s zum Weltschöpfungsstreite der Schüler Hillel's und Schammai's (Ag. b. T. I, 17) findet sich j. Chagiga 77 d oben, Lev. r. c. 36 Anf.

4) J. Berach. 2 c. unten, trad. von Acha; vgl. Gen. r. c. 4 g. E. (ebenfalls von Acha tradirt): die Dicke des Firmamentes ist בטב הוה.

5) Gen. r. c. 1 g. Anf., Tanch. B. בראשית 1, 12; gegen Jochanan. In Sch. tob zu 24, 1 ist anstatt Ch. Simon b. Lakisch genannt. Unter dem „Engel des Ewigen", Exod. 3, 2, ist nach Ch. Gabriel zu verstehen, Exod. r. c. 2 g. E.; ebenso unter dem „Unbekannten", Dan. 8, 23, Tanch. B. בראשית 23 (gegen Jochanan).

6) Gen. r. c. 8; in Pes. r. c. 40 (166 b) in Ch.'s Namen, was in Gen. r. Berechja zugeschrieben ist.

bedürfen?¹) — „Der Ewige ist Gott, Niemand ist außer ihm", Deut. 4, 35: das soll auch alles Zauberwesen ausschließen²). Der Messias, Sohn Davids, kömmt nicht eher, als bis die Hochmüthigen aus Israel geschwunden sind, nach Zephanja 3, 11 f.³). — Wenn dir 400 Jahre nach der Zerstörung des Tempels Jemand ein Feld, das 1000 Denare werth ist, um einen Denar anbietet, so kaufe es nicht⁴). — Pj. 99, 2. Der Ewige ist groß in Zion." Wenn Gott seine Herrlichkeit nach Zion zurückkehren läßt, wird seine Größe offenbar⁵). — Auf die Frage Jocha- nan's, wie denn Jerusalem dereinst, nach Jer. 3, 17, die Völker werde fassen können, verweist ihn Ch. auf Jes. 54, 2, wo Jerusa- lems Erweiterung verkündigt wird⁶). — „Gütig ist Gott gegen

---

¹) Mit Beziehung auf das Licht im Heiligthume, Tanch. B. בהעלתך 7, Num. r. c. 15.

²) Sanh. 67 b, Chullin 7 b Daran anknüpfend die Erzählung von einer Frau, die Ch. mit unter seine Füße gestreutem Staub behexen will (s. darüber L. Löw, Die Lebensalter S. 338, 433) und der er zuruft: Thue es, wenn Du etwas vermagst, es steht geschrieben: Niemand außer Ihm! — Die angebliche Belehrung, welche Ch. nach Jebamoth 122 a von einem Dämon Namens Jonathan (שידא אשר לי יונת), Raschi: ש ל יסטרנו) empfangen, entfällt, wenn man annimmt, daß im pal. Talmud, Jebamoth 15 b die ursprüngliche Tradition gegeben ist, wonach Jonathan, der Amora, Ch. über den Sinn der betreffenden Mischna belehrt hätte (ליסטדי יונת :(ר daraus wäre jene Angabe des bab Talmuds durch Entstellung ge- worden L ö w, a. a. O. S. 338, hält sie für einen Scherz Ch.'s.

³) Sanh. 98 a, tradirt von Zeiri. Ein anderes Messiassymptom, von Ch. ebendaselbst: „bis man einen Fisch für einen Kranken suchen wird, ohne ihn zu finden", auf Grund von Ezech. 32, 14 und 29, 21.

⁴) Aboda zara 9 b. — Die Schüler Chanina's hielten sich auf Grund von Jer. 16, 13 (אשר לא אתן לכם חנינה) für berechtigt, den Namen des Messias für identisch mit dem ihres Meisters zu glauben, Sanh. 98 b, Echa r. zu 1, 16 Ende.

⁵) Sch). tob z. St. s. auch B. H. V 79, Jalkut. Dieselbe Folgerung Ch.'s aus Pj. 9, 12 a, Sch). tob z. St. Darauf habe Jochanan bemerkt: קרא מסייעא לך, nämlich Pj. 102, 17, so Schocher tob zu 9, 12; zu 99, 2 קרא מסייעא ליה. In B. H. V. 79 und ebenso Jalkut zu Pj. 99 ידך ר statt יוחנן ר (in Jalkut zu Pj. 9: יחזק ר). Ch. will sagen, daß die Wieder- herstellung Zion's dem Strafgerichte an den Völkern vorausgehen wird. Jochanan giebt eine andere ebenfalls messianische Deutung der beiden Psalmverse; darum ist die Lesart ר ידי und ליה richtig.

⁶) Lev. r. c. 10 Ende, Gen. r. c. 5 g. E.

Messianisches. (Eschatologisches.)

Alle" (Pf. 145, 9), das gilt für diese Welt, aber in der kommenden Welt (zur Zeit des großen Gerichtes) „thue Gutes, o Gott, den Guten" (Pf. 125, 4¹). — Das Strafgericht an Gog und Magog, Ez. 38, 22, ist in der Thora angedeutet, Exod. 9, 18: „derengleichen nicht war", aber einmal sein wird²). — נשפט, Jes. 66, 16, statt שופט deutet in kühner Weise an, daß Gott selbst im Höllenfeuer Strafgericht übt, aber auch dort, sagt David, Pf. 23, 4, ist Gott mit mir³). — Zwischen Hölle und Paradies ist nur die Entfernung einer Spanne⁴). — In der messianischen Zeit werden nur die Heiden dem Tode unterworfen sein⁵). — Bei der Auferstehung kömmt Jeder mit den Leibesfehlern (Lahmheit, Blindheit) wieder, die er im Leben hatte, damit die Identität des Auferstandenen ersichtlich sei; „wie ein Geschlecht hingegangen, so kommt es wieder", Koh. 1, 4⁶). — Dereinst wird Gott einen besondern Rath der Alten ernennen, wie es geschrieben steht (Jes. 24, 23): „vor seinen Alten Herrlichkeit!"⁷). — Dereinst wird Gott den Reigentanz der Frommen anführen⁸), nach Pf. 48, 14, und die Frommen werden sprechen: „Dies ist unser Gott für ewig, er führt uns an

---

¹) Sch. tob zu Pf. 22, 1.
²) Tanch. B. וארא 20.
³) Sch. tob zu Pf. 1, 3, tradirt von Reuben, s. oben S. 8, Anm. 3 Ende.
⁴) Pesikta 191 b, Pes. r. p. 201 a (ed. Friedm.), gegen Jochanan; in Koh. r. zu 7, 14 anonym.
⁵) Gen. r. c. 26 g. Auf., gegen Josua b. Levi. Vgl. Ulla in b. Sanh. 91 b. — S. auch Ch.'s Deutung zu Jes. 30, 26, tradirt von Acha, Tanch. B. בראשית 18.
⁶) Koh. r. z. St., tradirt von Levi und Jakob Gebulaja (der Letztere tradirt Halachisches in Ch.'s Namen j. Challa 59 a). Zur Lehre von der Auferstehung s. auch Ch.'s Ausspruch zu Gen. 50, 25, Kethuboth 111 a.
⁷) Lev. r. c. 11 g. E. tradirt von Samuel b. Bibi, Levi und Reuben. Der Ausspruch scheint eine polemische Spitze gegen die oft die Würdigsten übergehenden Ordinationen der Patriarchen zu haben; diese Tendenz ist noch deutlicher in der Form, welche der Ausspruch bei Zeira hat, Koh. r. zu 1, 11.
⁸) ראש חולה ist ungefähr was griechisch χορηγός; הילה im Psalmvers = חולה.

mit „Jugendkraft"¹). — Gottes Herrlichkeit wird dereinst als Krone auf dem Haupte jedes Frommen glänzen, nach Jef. 28, 5²).

In den Pirke R. Eliezer und anderen späten Midrasch-werken ist Chanina's Name Aussprüchen verschiedenen Inhaltes beigelegt³).

---

¹) Jer. Megilla 73 b, tradirt von Eleazar, in dessen Namen Ulla aus Biri, Chelbo, Berechja; ferner j. Moed Katon 83 b unt., Lev. r. c. 21 Ende.

²) Meg. 15 b, Sanh. 111 b, tradirt von Eleazar.

³) Pirke R. El. c. 10 (Jona, daraus Midr. Jona, B. H. I. 97), 24 (Nimrod), 25 (zu Gen. 18), 34 (zur Auferstehung), 49 (Ende des Exils). S. ferner Agabath Berechith c. 31 (zu Gen. 22, 8), c. 37 Ende (ר' חנינה רבה, Gleichniß zu Gen. 25, 19), c. 80 Ende (zu Gen. 47, 31). Midrasch zum Segen Jakobs, B. H. II. 73, Gleichniß darüber, daß Esau nicht seinen letzten Willen kundgab.

II.
Jannai.

Als Jehuda I starb, scheint der mit Glücksgütern gesegnete Jannai[1]) eine öffentliche Würde in Sepphoris bekleidet zu haben; selbst aharonidischem Geschlechte entsproßen[2]) ließ er verkündigen, daß dem Tode des Patriarchen gegenüber das Gesetz, welches Aharoniden die Beschäftigung mit dem Leichnam verbietet, aufgehoben sei[3]). Er genoß bis an sein Lebensende hohes Ansehen. Als Greis begegnete er einmal, auf seinen Famulus, den bekannten Simlai gestützt, dem Enkel Jehuda's I, dem Patriarchen Jehuda II, und erlaubte sich eine ungeduldige, geringschätzige Aeußerung über ihn[4]). In näheren Beziehungen stand er zu Chija, dessen Sohn Jehuda Jannai's Schwiegersohn wurde[5]), und dessen Schüler er selbst gewesen zu sein scheint[6]). Es sind verschiedene Controversen zwischen Ch. und Jannai über einzelne agadische Gegenstände erhalten[7]). Einmal wird eine Bemerkung tradirt, für welche der andere

[1]) Ueber seine Weinberge und Gärten s. Baba Bathra 14 a. Moed Katon 12 b.

[2]) Der Agadist Levi berichtet von einem genealogischen Verzeichnisse, welches in Jerusalem gefunden worden sei und aus welchem unter Anderem hervorgieng, daß Jannai von Eli herstamme, j. Taanith 68 a, Gen. r. c. 98. In Tanchuma מטע wird ein Ausspruch von ינאי הבה ר׳ über die Verbündeten Sisra's (zu Ri. 5, 19) gebracht.

[3]) Jer. Berach. 6 a unten: אברין ר׳ ינאי ומר אין כהונה היום, In ähnlicher Weise wird berichtet, daß J. ausrufen ließ (מכרין ר״י), Angesichts der Nothwendigkeit, dem römischen Heere Lebensmittel zu liefern, dürfe man auch im Sabbathjahre das Feld bestellen, b. Sanh. 26 a; im jer. Talmud, Scheb. 35 a und Sanh. 21 b bloß הוריר׳ ינאי. S. auch unten S. 37, A. 2 מכרין ר״י, wo ein paränetischer Spruch das Ausgerufene ist.

[4]) Baba Bathra 111 a b.

[5]) Jer. Bikkurim 65 c, b. Kethuboth 62 b.

[6]) S. j. Demai 26 a, b. Jebam. 93 a.

[7]) S. Ag. d. T. II, 528 f. S. auch Jebam. 93 a b: Jannai hatte

Sohn Chija's, Chizkija, und „die Schule Jannai's" als gemeinsame Urheber genannt sind[1]). Jonathan gehörte ebenfalls zu dem näheren Kreise Jannai's[2]).

Als Jannai's hervorragendster Schüler erscheint Jochanan, den er einmal, bei Gelegenheit einer guten Bemerkung, mit Worten aus Jes. 46, 6 und Prov. 3, 21, rühmte[3]). Sowie Jochanan, tradirte auch Simon b. Lakisch Jannai's Aussprüche[4]).

Aus seiner Jugendzeit erinnerte sich J. gerne, wie auf offener Straße in Gruppen getrennte Studirende disputirten[5]). — Ihm galt Jemand, der wol Bibel und Tradition gelernt, aber nicht in näherem, dienenden Verhältniß zu Vertretern des Gesetzesstudiums gestanden, dem Kuthäer gleich[6]). — In der durch Aufstehen bekundeten Ehrenbezeigung gegenüber dem Lehrer dürfe man nicht zu weit gehen, damit dieselbe nicht größer erscheine als die Ehrenbezeigung, die man Gott gegenüber Morgens und Abends im Gebete bekundet[7]). — Die Worte „zu hoch ist dem Thoren die Weisheit" (Prov. 24, 7) beleuchtete er mit einem Gleichnisse von einem hoch-

---

im Traume den Ausdruck קנה רצין gehört und legte sich das in schlechtem Sinne aus, nach II Kön. 18, 21. Ch. beruhigt ihn auf Grund von Jes. 42, 3.

1) Esther r. c. 2 Anf.

2) S. j. Berach. 9 a und j. Pea 15 d. (Pesikta r. c. 23, 122 b). Zur letzteren Stelle findet sich eine Parallele in der Erzählung b. Kethuboth 49 b, wo aber anstatt Jannai Chanina genannt ist. — S. ferner Gen. r. c. 82 (Midr. Samuel c. 14), wo er, von einem Judenchristen über den Widerspruch zwischen Gen. 35, 19 und I Sam. 10, 2 befragt, den anwesenden Jonathan mit den Worten: ניחא אסיק חרסא bittet, statt seiner zu antworten.

3) Jer. Kilajim 31 b (Sota 18 b, Kiddusch. 64 b).

4) S. j. Joma 41 a, Taan. 65 d.

5) Schir r. zu Hoh. 5, 13, mit Bezug auf die Worte: „seine Wangen wie Gewürzbeete", indem die Gruppen der sich öffentlich mit dem Studium beschäftigenden Gewürzbeeten gleichen, die ihren Duft ausströmen lassen. Dieses öffentliche Disputiren stellte das mit Hoh. 7, 2 begründete Verbot Jehuda's I. (s. Ag. d. T. II. 469) ein, gegen welches Chija sich vergieng. Moed Katon 16 a b.

6) Sota 22 a: קרא ישנה ולא שמש תלמידי חכמים הרי זה בור. Vgl. seinen Ausspruch über einen Priester, der nicht dem Studium obliegt, Tanch. תרומה Anf.

7) Kiddusch. 33 a b, tradirt von Aibo.

Studium der Lehre.

gehängten Laibe Brot, das dem Thörichten für unerreichbar gilt, während der Kluge, davon ausgehend, daß irgend Jemand das Brot so hoch gehängt haben müsse, es also — mit Hilfe von verbundenen Stangen — auch wieder heruntergeholt werden könne, sich in seinen Besitz setzt. Ebenso denkt der thörichte Schüler: wie werde ich mir aneignen können, was mein Lehrer an Wissen im Herzen birgt. Der Kluge aber spricht: Er hat es ja auch von einem Andern erlernt; ich lerne heute zwei Sätze, morgen wiederum zwei, und so weiter, bis ich Alles erlernt habe[1]). — Dem Ueberwuchern des bloßen Gesetzesstudiums, welchem nicht auch Gottesfurcht, frommes Thun sich beigesellt, galt Jannai's Wehruf, den er — wol nicht ohne dazu in den damaligen Verhältnissen der Lehrhäuser die Veranlassung gefunden zu haben — öffentlich verkündete: „Wehe demjenigen, der keine Wohnung besitzt und sich ein Thor zur Wohnung macht"[2]).

In seinem Triklinium sitzend, beschäftigte sich einmal Jannai mit Bibellesen[3]) und hörte einen Mann nach Art der hausirenden Gewürzkrämer ausrufen: Wer will ein Heilmittel, das Leben spendet![4]) Er läßt den Mann zu sich kommen[5]) und erfährt, daß

---

[1]) Schir r. zu 5 11, daraus Midr. Samuel c. 5; in Lev. r. c. 19 ist das Ganze so eingeleitet: אמר ר' אמי ראשית לאייל חכמות אמר ר' יוחנן לכבר, wobei zweifelhaft bleibt, was eigentlich Ammi angehört. In Deut. r. c. 8 Auf. ist Gleichniß und Anwendung in Einzelheiten abweichend, das Ganze aber im Namen Jannai's. Sowol Jochanan als dessen Schüler Ammi (s. j. Demâi 22 d.) erscheinen als Tradenten Jannai's.

[2]) Sabb. 31 b, Joma 72 b: מכריז ר' ינאי חבל על דלית ליה דרתא ותרעא לדרתא עביד.

[3]) Lev. r. c. 36 ר' ינאי הוה יתיב ופשיט בתורקליניה. (Vgl. die Erzählung in Tanch. חקת Auf., Num. r. c. 18 g. E.: ר' ינאי היה יושב ופושט בפתח עירו, welche Lesart besser bezeugt ist als יושב ופושט; anstatt בפתח עירו hat eine Handschrift bei Buber z. St. בפתח ביתי). In Tanch. מצרע (V. 5) fehlt dieser Eingang; auch scheint die Version auf anderer Quelle zu beruhen, als Lev. r. — In Ab. zara 19 b ist der Gedanke, das in Pf. 34, 13 f. angegebene Lebenselixir feilzubieten, einem Zeitgenossen Jannai's, Alexander (s. unten Cap. IX) zugeschrieben.

[4]) מאן דבעי סם חיים, Tanch. מי מבקש סם חיים. S. Ag. d. T. II, 540, Anm. 3.

[5]) In Tanch. ist es Jannai's Tochter, welche ihren Vater auf den Hausirer aufmerksam macht und ihn auf seinen Wunsch hinaufruft. Daß dieser Zug ursprünglich ist, zeigt der Umstand, daß nach j. Sabbath 6 d eine Tochter Jannai's seine Wirthschaft führte. Vgl. auch Kiddushin 11 a.

unter dem Lebenselixir nichts anderes gemeint sei, als was in Pf.
34, 13 f. geschrieben steht: „Wer ist der Mann, der Leben begehrt?
Wahre deine Zunge vor Bösem!" Jannai freute sich dessen, daß er
eine so gute Erklärung des Psalmverses gelernt habe[1]) und be=
merkte, auch Salomo habe in ähnlicher Weise vor der bösen Zunge
gewarnt, in Prov. 21, 23[2]). — Wer seinem Triebe gehorcht, der treibt
gleichsam Götzendienst; „es sei kein fremder Gott in dir", Psalm
81, 10, d. h. den Fremden in deinem Inneren mache nicht zum
Herrscher über dich![3]) — Auf Grund eines anderen Psalmverses
(50, 23) sagte J. (aramäisch, in Spruchform[4]): Wer seinen Weg
abschätzt, ist viel werth[5]). — Jemandem, der einem Armen öffent=
lich ein Geldstück reichte, sagte er: Besser, du hättest ihm nichts
gegeben, als daß du ihn mit dieser Gabe beschämtest[6]). — Wer
ein Gelübde thut (oder, nach anderer Version, wer die Erfüllung

---

[1]) כל ימי הייתי קורא את הפסוק הזה ולא הייתי יודע היכן הוא פשוט
עד שבא רוכל זה והודיעו. Nach Tanch. gibt er dem Manne sechs Geldstücke
und sagt auf die Frage seiner Schüler, ob er den Psalmvers bisher nicht
gekannt habe: הן אלא שבא זה ובידרו בידי.

[2]) אף שלמה מזהיר יאמר שומר פיו ... In Tanch. fehlte diese
Bemerkung.

[3]) Jer. Nedarim 41 b. In b. Sabb. 105 b ist der Gedanke Jocha=
nan b. Nuri (s. Ag. d. T. I, 284), die biblische Begründung desselben
dem späteren Amora Abin zugeschrieben.

[4]) Lev. r. c. 9 Anf. Eine ähnliche Deutung des ויש׳ = יש׳ם (von
שום schätzen) findet sich bei Josua b. Levi, Moed Katon 5 a, Sota 5 b.
In Moed Katon 5 a b wird berichtet, Jannai habe den Psalmvers in dieser
Deutung auf einen seiner Schüler angewendet, der sonst in Fragen und
Einwendungen eifrig war, aber seinen Eifer zurückdrängte, wenn er — wie
bei öffentlichen Sabbathvorträgen — den Meister vielleicht in Verlegenheit
bringen konnte.

[5]) דישיים אורחיה בני שוי. Gemeint ist wol: wer auf seinen Lebensweg
genau achtet und in seiner Handlungsweise gewisse Grundsätze befolgt. J.
soll den Spruch auf Jemand angewendet haben, dem er, in der Meinung
einen Gelehrten vor sich zu haben, große Ehre anthat, der sich aber nachher
als Unwissender herausstellt und auf J.'s Befragen, wodurch er der ihm zu
Theil gewordenen Ehre würdig sei, antwortet, er habe niemals, wenn er
üble Nachrede über Jemanden vernommen, sie demselben zugetragen und er
habe niemals zwei streiten gesehen, ohne zwischen ihnen Frieden zu stiften.

[6]) Chagiga 5 a, Koh. r. zu 12, 14, als Illustration zu der Lehre
der Schule Jannai's, unter dem „Guten", über welches nach Koh. l. c.

eines Gelöbnisses verschiebt), dessen Schuldbuch — bei Gott — wird untersucht (auf Grund einer Deutung von Prov. 20, 25, 26¹).

— Man soll nie in der Erwartung eines Wunders an einem Gefahr drohenden Orte stehen; denn wenn man schon durch ein Wunder der Gefahr entgeht, wird Einem das an den Verdiensten in Abschlag gebracht²). — Sein letzter Wunsch lautete: Meine Kinder, begrabet mich nicht in weißen Gewändern, denn vielleicht werde ich den Verdammten zugereiht und erschiene dann wie ein Bräutigam unter Trauernden, aber auch nicht in schwarzen Gewändern, denn wenn ich zu den Frommen gereiht werden sollte, erschiene ich wie ein Trauernder unter Hochzeitern; begrabet mich in purpurnen Gewändern, wie sie von jenseits des Meeres eingeführt werden³).

Gott hat seinen großen Namen mit Israel verknüpft; wie ein König, der einen winzigen Schlüssel zu seinem Schmuck-

---

Gott den Menschen zur Rechenschaft zieht, sei zu verstehen: הגיתן צדקה לעני בפרהסיא.

¹) Gen. r. c. 81 Auf. איחר אדם את נדרו נתבקרה פינקסו; in Tanch). הגודר ואינו משלם פינקסו מתבקרת לפני הקב״ה: וישלח; in j. Nebarim 36 d: איחר אדם נדרו פ' נפתחת, nach anderer Version: התחיל לנדור פנקסו נפתחת. Vgl. dazu die Erzählung in b. Nebarim 22 a, wo ר' ינאי סבא seinem Tochtersohne ein Gelübde löst, mit der Begründung: אלו היה ידעת דפתחין פינקסך, und וממשמשין בעובדך מי נדרת (viell. zu lesen ר' אבין, s. vor S. Anm. 3) als biblischen Beleg dazu Prov. 20, 25 anführt. — In Megilla 32 a unten lautet der ursprüngliche Text wol so: אמר ר' ינאי בר ברתיה דר' ינאי סבא משמיה דר' ינאי סבא. (Rabbinowitz, VIII, 80 a kennt die Lesart בר בריה). An beiden Stellen wird Jannai zum Unterschiede von seinem gleichnamigen Enkel als סבא bezeichnet. In j. Taan. 65 d wird im Anschluß an einem von Simon b. Lakisch tradirten Ausspruch Jannai's ein anderer mitgetheilt, welchen ר' ינאי זעירא בשם אבהתיה tradirte.

²) Sabb. 32 a (Taan. 20 b). Im Anschluß daran wird berichtet, J. habe eine Fähre immer erst untersucht, bevor er sie benützte. — Wenn er verreiste, bestellte er vorher sein Haus, j. Berach. 8 b. Vor dem Genusse offenstehenden Wassers (aus dem leicht eine giftige Schlange getrunken hatte) warnte er mit den spruchartigen Worten: Wenn es gut geht, ist der Gewinn eine werthlose Kohle, im anderen Falle aber der Verlust eine Perle (das Leben)! j. Terum. 45 d oben, j. Ab. zara 41 a unt.

³) Sabb. 114 a. Nach palästinensischen Quellen (j. Kilajim 32 b, Gen. r. c. 100, Tanch. B. ויחי 6) war dies der letzte Wunsch Jochanan's (wol durch unrichtige Auflösung der Abbreviatur ר״י).

käſtchen, damit er nicht verloren gehe, an eine Kette befeſtigt, ſo ſprach Gott: Wenn ich Israel ſich ſelbſt überlaſſe, wird es ſich unter den Nationen verlieren, darum will ich meinen Namen mit ihm verknüpfen, damit es erhalten bleibe. Als Joſua betete und Gott an ſeinen großen Namen erinnerte, da wurde er ſofort erhört (Joſua 7, 9 f.[1]) — Die Thora hätte mit dem erſten, Israel gegebenen Geſetze, Erod. 12, 1, beginnen können; um Israels Bereitwilligkeit die Geſetze zu hören und zu üben, Erod. 24, 7, zu belohnen, wurde ihm auch die Schöpfungsgeſchichte und was ſich daran ſchließt offenbart[2]). — Die Liebe, welche Israel zu Gott bekundete, als es unter ſeinem Schutze die Wüſte durchzog, bewirkte einen Schatz göttlicher Gnade, der bereit lag, bis Israel ſeiner in der Zeit dunkler Noth, in den Tagen Jeremia's bedurfte (Jerem. 2, 2); wie wenn Jemand ein Licht anzündet, ſo lang es hell iſt, dasſelbe aber ihm erſt dann nützt, wenn es dunkel geworden.[3]) — Daß man der Regierung — auch der feindſeligen und heidniſchen - Ehrfurcht bezeugen müſſe, lehrt Moſes' Beiſpiel, der dem Pharao ſagte (Erod. 11, 8): „Alle dieſe deine Diener werden zu mir hinabkommen", den König ſelbſt aber dabei nicht erwähnt.[4])

Als einen Vorzug der Thora erklärte es Jannai, daß ſie keine Entſcheidung über zweifelhafte Fälle der religiöſen Praxis enthält; vielmehr iſt die Normirung derſelben auf Grund des Majoritätsprincipes der Schrifterklärung überlaſſen, welche im Stande iſt, ſiebenmal ſieben Gründe für die eine, und ebenſoviel Gründe für die entgegengeſetzte Entſcheidung beizubringen; die 49 Gründe ſind angedeutet in dem Zahlenwerthe des Wortes ודגלו, Hoh. 2, 4.[5])

---

[1] J. Taanith 65 d, tradit von Simon b. Lakiſch. Hoh. 5, 2 deutete Jannai den Ausdruck תמתי ſo, als hieße es תאמתי, meine Zwillingsſchweſter: בתאומי שאני לא גדול ממנה ולא היא גדולה ממני, Peſikta 17 a, Schir r. z. St., Peſikta r. c. 15 (70 b).

[2] Schir r. zu 1, 4.

[3] Sch. tob zu Pſ. 36, 11.

[4] Zebachim 102 a, Menach. 98 a: לעילא תהא איתתא מלכת עליך (Jochanan beweiſt den Satz aus I Kön. 18, 46. Vgl. unten S. 42, A. 2, den Ausſpruch J.'s in der Ausführung über Moſes' Lebensgefahr (j. Berach. 13 a): וכי אפשר לבשר ודם לברוח מן המלכות.

[5] J. Sanh. 22 a mit. אלו נתנה תורה חתוכה לא היתה לרגל עמידה. das Uebrige in Form eines Dialoges zwiſchen Gott und Moſes; daraus mit

— Die exegetische Norm der Wortanalogie — es ist die zweite der Normen Hillel's und Ismaels — darf durchaus nicht geringgeschätzt werden, da eine der wichtigsten Gesetzvorschriften nur auf Grund dieser Norm statuirt werden kann.[1] — Drei — halachische — Schriftdeutungen gibt es, welche mit besonderer Deutlichkeit im Wortlaut der h. Schrift nachgewiesen werden können.[2]

Ueber die Etymologie dreier das Heiligthum betreffender biblischer Ausdrücke ist eine Controverse J.'s mit Chija erhalten, in welcher, wie es scheint, Jannai diejenigen Wortableitungen angehören, in denen das Heiligthum als Sitz der die heidnischen Völker bedrohenden und züchtigenden Allmacht Gottes erscheint[3]). — Andere exegetische Controversen zwischen J. und Chija betreffen Gen. 28, 12, ib. 28, 13, Daniel 2, 1, die Zeitansetzung von Exod. 18.[4]).

---

wenig Aenderungen Sch. tob zu Ps. 12, 7. In Pesikta r. c. 21 (101 a) ist der Anfang des Ausspruches in erweiterter Form Tanchum b. Chanilai zugeschrieben, das Uebrige (ebenfalls verschieden, doch ist der Dialog beibehalten) Jannai. In Sofrim 16, 6 ist die Version der Pes. r. in gekürzter Form übernommen, sowie ebend. 16, 7 der in Pes. r. folgende Ausspruch über den scharfsinnigen Schüler Akiba's folgt. מ״ט פנים טמא מ״ט פנים טהור ist Erubin 13 b umschrieben . . . על כל דבר ודבר של טומאה מ״ח טעמי טומאה (vgl. übrigens Friedmann zu Pf. r. 101 b, Anm. 78) Die Deutung von ודגלו = 49 findet sich in Schir r. z. St. vom Agabisten Jizchak, ganz im Sinne des Jannai'schen Ausspruches.

[1]) Kerithoth 5 a, wol von Jochanan tradirt, da die Erläuterung mit den Worten eingeleitet ist ל״י (ובדי) תני זבדא דא״ר יוחנן, was natürlich nicht mehr zum Ausspruche Jannai's gehört. Auch der darauf folgende Satz Simai's (s. Ag. d. Tann. II, 545) ist mit einer Erläuterung versehen (מאי היא), welche, nach Zebachim 26 a ebenso eingeleitet sein sollte.

[2]) Jer. Terum. 40 d (Challa 57 c) in Bezug auf Deut. 14, 29; j. Terum. 41 c unt. in Bezug auf Num. 18, 12; j. Terum. 45 b, in Bezug auf Deut. 26, 3, alle tradirt von Jochanan: זה א׳ מג׳ מדרשות שהן מחורין בתורה (an der ersteren Stelle dafür: זה, אחד מג׳ מקריות מחורין בת׳). — Als Beispiel der Schriftdeutung zu halachischen Zwecken sei erwähnt J.'s Deutung von Prov. 14, 10, Joma 83 a, und die von Prov. 18, 21, Lev. r. c. 33 Aufg.

[3]) Jer. Berach. 8 c, Gen. r. c. 55, Schir r. zu 4, 4 Ende. Näheres s. Ag. d. T. II, 529.

[4]) Gen. r. c. 68; ib. c. 69; ib. c. 22 und 24; Tanch. P. מקץ 4. S. Ag. d. T. II, 528 f.

Zu den biblischen Personen und Erzählungen.
Das dreimalige איש in Gen. 37, 15 deutet an, daß sich dem seine Brüder suchenden Joseph drei Engel anschlossen[1]). — Moses' Rettung vor dem Schwerte Pharao's (Exod. 18, 4) geschah durch ein Wunder: das Schwert, mit dem er hingerichtet werden sollte, prallte von seinem Halse ab und zerbrach; darauf zielt Hoh. 7, 5 „dein Hals ist dem Elfenbeinthurme gleich."[2]) — Ruth war vierzig Jahre alt, als sie von Noemi noch immer als „meine Tochter" bezeichnet wurde[3]).

Zu einzelnen Bibelstellen. Gen. 1, 2—5 allegorisch gedeutet auf den Gegensatz zwischen Frommen und Frevlern: „wüste und öde" bedeutet die Werke der Frevler, „es werde Licht" die der Frommen. Gott unterscheidet zwischen beiden, dem „Lichte" und der „Finsterniß." Auch „Abend" und „Morgen" beb. diese Gegensätze; der „eine Tag" ist der Versöhnungstag, welcher den Frommen wie den Frevlern von Gott gegeben ist[4]). — Der Ausdruck שבר לו, Num. 28, 7, soll die liebevolle Aufnahme des Opfers durch Gott andeuten; Er, der mit seiner Hand alle Gewässer des Weltalls mißt (Jes. 40, 12), wendet auf das geringe Maaß des ihm gespendeten Trankopfers einen Ausdruck an, welcher Rausch bedeutet[5]). — Be-

---

[1]) Gen. r. c. 84.
[2]) Jer. Berach. 13 a, daraus Sch. tob. zu Ps. 4 Anf.; in etwas verschiedener Fassung Deut. r. c. 2 (Jalkut zu Exod. § 167). In Schir r. z. 7, 5 anonym und nicht vollständig aus jer. Berach. In Exod. r. c. 1 ist Jannai die Rettungslegende Bar Kappara's zugeschrieben, s. Ag. d. T. II, 518.
[3]) Ruth r. z. St. (c. 4 g. Anf.) Nach dem Commentator D. Luria das. müßte der Ausspruch so ergänzt werden, daß sie trotz ihrer 40 Jahre noch so schön war, als hätte sie nur 14 Jahre und darum von N. als „meine Tochter" angesprochen wurde. Zu Ruth 3, 10 (c. 6) bemerkt Simon b. Lakisch, daß sie bereits 40 Jahre alt war.
[4]) Gen. r. c. 3 g Ende. Zu Gen r. c. 2 Ende finden sich zwei allegorische Deutungen zu Gen. 1, 2—5 nebeneinander von רבה אייא ר׳ אבהו. Die von Abahu ist, bis auf den Schluß, der eine andere Pointe hat, identisch mit der Deutung Jannai's, während die von Chija in Pesikta 145 a als תני ר׳ חייא angeführt ist. Vielleicht war das ursprünglich auch eine der Controversen Jannai's und Chija's.
[5]) Pesikta 57 b, Pes. r. c. 16 (80 a) zu ergänzen nach Num. r. c. 21, Anf. zur Pesikta r. ed. Friedmann 194 b, an der letztgenannten Stelle

trachtung über die Omergabe (Lev. 23, 10¹). Wieviel Mühe und Plage kostet es, ein Pfund Fleisch, das man gekauft hat, zum Genusse zuzubereiten; hingegen können sich die Menschen der Ruhe des Schlafes hingeben, während Gott Winde wehen, Wolken aufsteigen, Regen niederfallen, Thau sich herabsenken, die Pflanzen groß werden, die Früchte reifen läßt, ohne von uns mehr als ein Omer zur Opfergabe zu nehmen!²) — Zu Pf. 11, 4: Ein König beschäftigt Arbeiter in seinem Garten, an dessen Eingange sich eine mit allem Guten gefüllte Vorrathskammer befindet. Von hier — so spricht der König — sollen jene Arbeiter ihren Lohn empfangen, die mit ganzer Seele ihre Arbeit ausführen; wer das nicht thut, den will ich in meinem Palaste richten. Der König ist Gott, der Garten diese Welt; der Mensch ist in dieselbe gesetzt, um die Gotteslehre in Wahrheit zu beobachten, wofür der Lohn des Paradieses verheißen ist; das Urtheil über die Nichtbeobachtung der Lehre spricht Gott, auch wenn er seine Herrlichkeit vom irdischen Heiligthum entfernt hat, „in seinem heiligen Palaste, im Himmel, wo sein Thron ist"³). — Prov. 15, 15. Der „Arme" ist derjenige, der eklen

---

tradirt durch Simon b. Lakisch. Wie gering das Maaß des Trankopfers ist, wird damit illustrirt, daß wer an fließendem Wasser vorübergeht — auch ohne Durst zu empfinden —, zwei, drei Log — soviel ungefähr macht das fragliche Maaß aus — Wasser trinkt: מהנו של עולם זה שהיא עובר על גב הנהר אי אפשר שלא ישתה ב' או ג' לוגין (so an den drei erstgenannten Stellen, während es an der letzten Stelle heißt: גבור אם מהלך בדרך ויצמא למים אינו שותה פחות מעשרה שעלים, was einen ganz anderen Sinn giebt und mit dem aus Jef. 40, 12 genommenen Argument in Verbindung gesetzt ist; dies Argument fehlt an den ersten zwei Stellen). Die Deutung von שכר wird mit einem von Chija tradirten Ausspruche begründet (תני ר׳ חייא), der in j. Sukka 54 d Jehuda 1 (אמר רבי) zugeschrieben ist (ראה ישהתפיסתך תורה לשון חיבה ל׳ שביעה ל׳ שיכרות und in b. Sukka 49 b im Namen Papa's mitgetheilt wird (שכרות ל׳ שביעה ל׳ שתייה לשון). Anstatt שביעה, hat Pesikta רייה, Pes. r. hat beide Ausdrücke, im Anhang zu Pes. r. fehlt der ganze Ausspruch.
   ¹) Pes. 69 a, Lev. r. c. 28 Anf., in etwas erweiterter Form Koh. r. zu 1, 3. Die Betrachtung beginnt mit den Worten: כנהג שבעולם אדם לוקח לו..., womit das in der vorigen Anmerkung citirte zu vergleichen ist.
   ²) Vgl. den ganz analogen Ausspruch Nechemia's, Pes. 99 a (Ag. b. T. II, 235).
   ³) Tanch. B. שמות 10, Exod. r. c. 2 Anf. Das andere Gleichniß zu

Sinn hat, der „Fröhliche" der mit starkem Sinn Begabte¹). Hoh. 5, 1. Die Aufforderung am Schluß des Verses ist so zu verstehen, wie wenn ein König ein Gastmahl veranstaltet und seinen Gästen, um sie festzuhalten, zuruft: Möge es euch schmecken, [möge es euch wohlbekommen!²) — Echa 2, 7. Die — lästernde — Stimme, welche der Feind im Hause Gottes erschallen ließ, sie war es, welche, nach Jerem. 50, 46 Babels Untergang bewirkte³).

Wenn du Generation nach Generation Gott lästern und schmähen siehst, dann hoffe auf das Herannahen des Messias, nach Ps. 89, 52: „Es schmähen deine Feinde, o Herr, sie schmähen" — dann nahen — „die Fersen deines Gesalbten"⁴), — Es giebt keine Hölle in der Zukunft (beim Weltgerichte), sondern ein Tag ist bestimmt, dessen Sonnengluth die Frevler umloht, nach Maleachi 3, 19⁵).

Als der Schule Jannai's angehörig bezeichnet⁶) finden sich verschiedene Aussprüche, welche hier zusammengestellt werden

---

Ps. 11, 5, welches in Tanch. B. ebenfalls Jannai zugeschrieben ist, gehört nach Gen. r. c. 32, Schir r. zu 2, 16, Schocher tob 3. St. Jose ben Chanina an.

¹) Baba Bathra 145 b, Sanh. 100 b (zwischen Deutungen Chanina's und Jochanan's).

²) Schir r. z. St.

³) Echa r. z. St., tradirt von Meascha (in dessen Namen Acha, Huna). Jer. 50, 46 nach der Conjectur D. Luria's. Derselbe Satz J.'s ist daselbst auch auf den Fall Rom's angewendet.

⁴) Schir r. zu 2, 13 Ende. In Pes. r. c. 15 (75 b) ist dies Levi zugeschrieben, während bei dem letzteren Ausspruch Jannai als Urheber genannt ist. Zur Sache vgl. den vorigen Satz über Babels Untergang.

⁵) Gen. r. c. 26 und c. 6 g. Ende, Sch. tob zu Ps. 19 7, Neue Pesikta in Beth Ham. VI, 51, als gemeinsamer Satz Simon b. Lakisch's und Jannai's (S. b. Lakisch wol ursprünglich als Tradent). In anderer Form Koh. r. zu 1, 5, wo aus ר׳ שמעון geworden ist ר׳ ישמעאל. In b. Nedarim 8 b der Version des Koh. r. nahestehend, aber als alleiniger Autor Simon b. Lakisch. In Agadath Bereschith c. 20 heißt es nach einem Satze über die sieben Namen der Hölle: א״ר ינאי וודאי כל השמות יש לגיהנם אמר הקב״ה איני צריך לאחד מהם אלא היום אני מדתיח ופורע מן הרשעים שנ׳ … כי הנה היום.

⁶) אמרי דבי ר׳ ינאי. Nach j. Erubin 25 a begeben sich drei Schüler Jochanan's, Chija (b. Abba), Ammi, Assi nach Albari (בלבין לעברי) und vernehmen von der Schule Jannai's eine Entscheidung (s. Frankel,

mögen. — Zu Gen. 2, 8. Der volle Gottesname bei der Pflanzung des Gartens soll die besondere Sorgfalt andeuten, welche Gott derselben zuwendete, wie denn auch der Mensch bei der Anlage eines Gartens, noch bevor die Pflanzungen an's Tageslicht treten, genau die Grenzen desselben abstecken muß[1]). — Die Strafe, welche Abimelechs Haus traf, Gen. 20, 18, erstreckte sich auch auf seinen Hühnerhof, in welchem kein Ei gelegt wurde[2]). — Zu Gen. 30, 21. „Nachher" gebar sie eine Tochter, d. i. nachdem Rachel gebetet hatte und aus der ursprünglich männlichen Leibesfrucht eine weibliche wurde[3]). — Gen. 30, 24. Rachel ist zu den alten Prophetinnen zu zählen; sie sagte: Gott möge mir noch einen anderen Sohn geben! Mehr als einen wünschte sie nicht, weil sie wußte, daß dem Jakob nur noch ein Sohn geboren werden solle[4]). — Exod. 11, 2. Gott bittet (נא) Moses, die Israeliten zu veranlassen, sich Gold und Silber von den Aegyptern zu erbitten, damit sich die Verheißung an Abraham, Gen. 15, 14, erfülle. Doch wären die Israeliten froh gewesen, wenn sie überhaupt frei würden; wie wenn man einem Gefangenen für morgen die mit reicher Beschenkung verbundene Freilassung in Aussicht stellt und er darauf erwiedert: Ich bitte euch, lasset mich heute frei und ich verlange nichts weiter[5]). — Deut. 1, 2, Deutung von די זהב. Moses sprach zu Gott: Herr

---

Mebo 103 b). J. Berach. 8 a tradirt Jannai b. Ismael (Auf. des 4. Jahrhdt.) בשם בית ר' ינאי. — Controversen zwischen der Schule Jannai's und Jehuda (Juban) b. Simon Schir r. zu 3, 10, Midr.-Samuel c. 12 (vgl. Gen. r. c. 19), Sch. tob zu Pj. 104, 33. — Den Namen ihres Meisters verherrlichend, sagte die Schule Jannai's, der Name des Messias sei Jinnon, nach Pj. 72, 17. S. auch oben S. 38, Anmerkung 6.

[1]) Gen. r. c. 15 Anf.
[2]) Baba Kamma 92 a.
[3]) J. Berach. 14 a. u.: רבי בשם דבית ינאי, l. (wie im folgenden Satze): ר' יהודה בן פזי בשם דבית ר' ינאי. Zu Gen. r. c. 72 Ende ist Jehuda b. Pazzi selbst als Autor genannt.
[4]) J. Berach. 14 b ob., tradirt von Jehuda b. Pazzi; in Gen. r. a. a. O. ist Chanina b. Pazzi der Autor, wo das „Chanina" anstatt Jehuda aus dem Umstande erklärt werden kann, daß unmittelbar darauf ein Satz Chanina's folgt.
[5]) Berach. 9 a b. Die Regel אין נא אלא לשון בקשה schon in der Baraitha Sanh. 43 b.

der Welt, die Fülle des „Goldes" und Silbers, die du Israel zu Theil werden liessest, bis sie sagten „Genug" (די), hat bewirkt, daß sie das Götzenkalb machten; das Brüllen des Löwen erschallt nicht über einer Butte mit Stroh, sondern über einer Butte mit Fleisch¹). — Jes. 59, 15. נערדת von עדר die Herde: in einzelne Schaaren zertrennt müssen die Männer der Wahrheit in der Wüste weilen²). — Pf. 1, 3. „Wie ein gesetzter Baum", nicht „wie ein gepflanzter"; das deutet an, daß wer nur von einem Lehrer lernt, niemals ein Zeichen des Segens in seinem Studium sehen wird³). — Proverb. 30, 33 wird auf den Eifer in der Erlernung der Thora und auf das Verhalten des Schülers gegenüber dem über ihn zürnenden Lehrer gedeutet, mit sehr künstlicher Ausbeutung der einzelnen Worte⁴). — Hiob 29, 18. Der חול ist ein Vogel, der tausend Jahre lebt und am Ende derselben von einem in seinem Neste ausbrechenden Feuer verbrannt wird; es bleibt ein Stück in der Größe eines Eies von ihm übrig, welches sich wieder zum Vogel entwickelt⁵). — Zu Koh. 1, 3. Wol giebt es keinen Gewinn für den Menschen „unter der Sonne", aber „vor der Sonne" (in der Beschäftigung mit der ewigen Gotteslehre, welche vor der Sonne war) giebt es welchen⁶). — I Chr. 28, 18. „Geläutertes Gold" wird erzielt, indem man das Gold in olivengroßen Stücken von Straußvögeln verschlingen läßt, aus denen es dann geläutert herauskömmt⁷).

---

¹) Berach. 32 a, wo die beiden Sätze getrennt sind, Sanh. 102 a wo sie durch das Wort משל verbunden werden. In Joma 86 b steht nur der erste Satz und ist er Jannai selbst zugeschrieben.

²) Schir r. zu 2, 13. g. E. im Anschluß an einen Ausspruch Simon b. Lakisch's. S. auch Pesikta 51 b, Pes. r. c. 15 (75 b).

³) Ab. zara 19. Wer bei mehreren Lehrern lernt, gleicht einem Baume, der als Setzling aus dem einen Boden in den andern verpflanzt worden ist.

⁴) Berach. 63 b.

⁵) Gen. r. c. 19, M. Sam. c. 12. Auch bei den Kirchenvätern findet sich die Lebensdauer des Phönix mit 1000 Jahren angegeben, anstatt der gewöhnlichen 500.

⁶) Sabb. 30 b. Vgl. Judan in Pesikta 68 b, Lev. r. c. 28, Koh. r. 3. St.: תחת השמש הוא דאין לו אבל למעלה מן השמש יש לו (mit Berufung auf Prov. 8, 22).

⁷) Schir r. zu 3, 10, in j. Joma 41 d. anonym.

Entweihung des göttlichen Namens wird nach der Schule J.'s dadurch bewirkt, daß ein Jünger der Lehre einen solchen Ruf hat, daß sich seine Collegen seinetwegen schämen müssen[1]). — Nach dem Erwachen vom Schlafe ist nach der Schule J.'s folgendes Gebet zu sprechen[2]): Gepriesen seist du, Ewiger, der die Todten belebt! Ich habe gegen dich gesündigt; es sei dein Wille, Ewiger mein Gott, daß du mir gebest ein gutes Herz, einen guten Antheil, gute Neigung, gute Hoffnung, guten Namen, gutes Auge, gute Seele, eine demütige Seele und einen gebeugten Sinn[3]). Nicht werde dein Name durch uns entweiht und mache uns nicht zur Nachrede in dem Munde aller Menschen[4]). Unsere Zukunft sei nicht der Vernichtung, unsere Hoffnung nicht der Verzweiflung preisgegeben. Lasse uns nicht angewiesen sein auf Gabe von Fleisch und Blut und gieb unsere Ernährung nicht in die Hand von Fleisch und Blut, denn gering ist, was Menschen geben und groß ist die darob empfundene Beschämung[5]). Gieb uns unseren Antheil an deiner Lehre mit den Ausübern deines Willens. Erbaue dein Haus, deinen Tempel, deine Stadt und dein Heiligthum bald in unseren Tagen!

In den Pirke R. Eliezer sind drei Aussprüche mit dem Namen Jannai's bezeichnet[6]).

---

[1]) Joma 86 a.
[2]) J. Berach. 7 d.
[3]) Zu seinem Schüler Jochanan sagte Jannai einmal: ולינאי עליבא את שאיל מלה בקידושין, j. Kidduschin 64 b.
[4]) S. den vorigen Ausspruch.
[5]) S. oben S. 38, Anm. 6.
[6]) Ueber die Verkaufung Joseph's, c. 38; die Dauer der Knechtschaft in Aegypten, c. 48; כל צבאות השמים עוברים ומתחדשים בכל יום, vom Kreislaufe der Sonne bewiesen, c. 51.

III.
Die Söhne Chija's.

Jehuda und Chizkija, die Söhne Chija's[1]), waren mit ihrem Vater aus Babylonien nach Palästina gekommen[2]) und lebten mit ihm in der Nähe Jehuda's I. Als sie einmal stumm an des Letztern Tische saßen, sprach der Patriarch: Gebet den Kindern viel Wein zu trinken, damit sie etwas sagen. Als der Wein seine Wirkung auf die jungen Leute geübt hatte, sagten sie, zum nicht geringen Aerger des Patriarchen: Der Sohn Davids (der Messias) kann nicht früher kommen, als das Exilarchat in Babylonien und das Patriarchat in Palästina, die „beiden Häuser Israels"   auf welche in Jes. 8, 14 angespielt sei —, aufgehört haben werden[3]). Die Söhne Chija's wurden nie ordinirt, daher fehlt der Ehrentitel „Rabbi" vor ihren Namen, pflegt jedoch vor dem Jehuda's auch zu stehen[4]). — Von ihrer Jugendzeit her blieb die Benennung „die Jünglinge" für Beide[5]). — Nach dem Tode ihres Vaters bewirth-

1) Nach Nidda 27 a, Jebamoth 65 b waren sie Zwillingsbrüder.
2) Simon b. Lakisch in der Verherrlichung der aus Babylonien gekommenen Gesetzeslehrer (Sukka 20 a unt.): עלי ר׳ חייא ובניו יסדוה. (Eine andere Verherrlichung der Ankunft Chija's und seiner Söhne in Palästina von Simon b. Lakisch, tradirt von Ammi, j. Maaser scheni 56 d oben, und dasselbe in anderer Form b. Chullin 86 a von Abin. Dieselbe Tendenz hat die Erzählung in Baba Mezia 85 b unt., wonach Chija und seine Söhne auf Veranlassung Jehuda's I an einem wegen Regenmangels abgehaltenen Fasttage das Gebet sprachen und unmittelbare Erhörung fanden.
3) Sanh. 38 a.
4) Im babyl. und pal. Talmud heißt Jehuda: ר׳ יהודה בר׳ חייא (ר׳ בריה דר׳ חייא, im pal. Midrasch, (zuweilen auch im pal. Talmud) gewöhnlich ר׳ יהודה בירבי. Chizkija wird fast immer mit dem bloßen Namen bezeichnet, in Midraschwerken zuweilen als חזקיה בירבי oder ר׳ חייא בן ח׳.
5) Jannai sagt, bei Widerlegung einer Meinung der Söhne Ch.'s: יקבלי הרובין את תשובתן, Chullin 20 a. Diesen, seit lange her aus dem Ara-

schafteten sie gemeinsam ihren Landbesitz und fern von dem Lehrhause lebend, kam es ihnen schwer an, ihre Kenntnisse im Gedächtnisse zu behalten[1]). — Jehuda wurde der Schwiegersohn Jannai's, der ihn überlebte[2]). — Es finden sich halachische Controversen zwischen den Söhnen Chija's und Jochanan[3]), dem Schüler Jannai's, auch solche zwischen Chizkija und Jochanan[4]). Der Letztere wurde von Chizkija bei einer Gelegenheit mit dem Ausrufe gerühmt: Das ist ein Mann![5]) — Es finden sich ferner agabäischen übernommenen Ausdruck, den die Mischna, Tamid 1, 1, für die jungen Priester gebraucht, wendet Jannai in ähnlichem Sinne an, wie Jehuda I in der eben citirten Erzählung den Ausdruck דרדקי. Auch. j. Chagiga 79 c. unten erwähnt Jannai eine Ansicht der Söhne Ch.'s mit der Einführung: הרובים היו אומרים. In j. Chullin 60 a unten gebraucht Jannai's Schüler, Jochanan den Ausdruck (עד שבאו הרובין. Nach Frankel (Mebo 123 b) und Weiß (III, 55) wäre רובי im Sinne von גדולים zu verstehen, was aber nicht einleuchtet. An der letztangeführten Stelle, aus welcher auch hervorgeht, daß die Söhne Ch.'s später auch eine Zeit lang in Babylonien gelebt haben, erklärt der pal. Talmud, unter רובין wären תורגמינא zu verstehen, was also ebenfalls eine Bezeichnung der Söhne Ch.'s war; in der That wird der Eine derselben in Gen. r. c. 65 als תורגמינא חזקיהו bezeichnet (Weiß 51, Anm. 2, Levy IV, 668 b. unten). Samuel b. Nachman bezeichnet die Söhne Ch.'s als תרין אמוראי (Baba Bathra 75 a), und möglicherweise hat in diesem Falle אמוראי denselben Sinn wie תורגמינאי, wie denn אמורא Synonym von מתורגמן ist.

[1]) Berach. 18 b, wo ein Gespräch zwischen ihnen mitgetheilt ist, darüber, ob ihr Vater von ihrem Kummer Kenntniß habe, mit Heranziehung von Hiob 14, 21 f.

[2]) J. Bikkurim 65 c, b. Kethub. 62 b. Daß Jannai beide Söhne Ch.'s überlebte, sieht man an der Art, wie er einmal eine Meinung von ihnen citirt, j. Chag. 79 c.

[3]) פליגי בה בני ר' חייא ור' יוחנן Joma 5 b; Aboda zara 46 a. In Gittin 90 b findet sich eine Controverse zwischen ר' יהודה und ר' יוחנן über den Sinn von כי שנא שלח, Mal. 2, 16. Wahrscheinlich ist Jehuda der Sohn Chija's zu verstehen; demnach muß der Passus in Ag. b. T. II, 210 Z. 22—24 hieher gesetzt werden.

[4]) Chagiga 8 a; ib. 9 a; 56 b; Gittin 84 b; Sabbath 112 b (= Erubin 24 a). An der letzteren Stelle ist das Wort רבי, mit welchem Jochanan Ch. angesprochen hätte, zu streichen (s. Rabbinowitz z. St.) und damit entfällt der einzige Beweis dafür, daß Ch. als Lehrer Jochanans zu betrachten sei. Vgl. Frankel, Mebo 81 a.

[5]) Sabbath 112 b, Erubin 24 a: כגון דין בר נש; nach einer anderen Version: לית דין בר נש (sondern ein Engel).

Controversen zwischen den Söhnen Chija's und Josua b. Levi[1]). — Es wird ein Fall überliefert, in dem zwischen den beiden Söhnen Chija's selbst über ein biblisches Wort, nämlich כרכב Jes. 54, 12, gestritten wurde[2]). — Ihre mit dem Vater gemeinschaftliche Grabstätte blieb lange Gegenstand der verherrlichenden Sage[3]). Von Jehuda b. Chija's Aussprüchen sei zunächst seine Verherrlichung der Thora, als des von Gott an Israel verliehenen Heilmittels, nach Prov. 4, 22, erwähnt[4]). Während ein und dasselbe menschliche Heilmittel einem Körpertheil nützlich, dem anderen schädlich ist, heilt die Gotteslehre den ganzen Menschen! — Reue bewirkt die Hälfte der Erhörung, Gebet bewirkt die vollständige Erhörung[5]). Das Erstere beweist J. von Kajin, der verurtheilt wurde, נע ונד zu sein auf der Erde (Gen. 4, 14) und in Folge seiner Reue nur die Hälfte dieser Strafe erlitt: er wohnte בארץ נוד (ib. V. 16[6]). — Zum Abschnitte von Kajin sind noch zwei andere Sätze J.'s erhalten: Da Kajin nicht wußte, wodurch das Leben dem Körper entweicht, brachte er seinem Bruder Abel Schlag

---

[1]) Zebachim 116 a: בני ר׳ חייא ידי׳ בן לוי (es ist dieselbe Controverse, welche nach Gen. r. c. 22 und 34, Lev. r. c. 34 zwischen Jannai und Chija, nach j. Megilla 72 b unt. zwischen Jehuda b. Chija und Jannai stattfand); Lev. r. c. 10, Pes. r. c. 47 Anf. Jehuda b. Ch. und Josua b. Levi (über Buße und Gebet); Exod. r. c. 44 Ende Chizkija und J. b. L. (über Exod. 32, 13). — Vgl. auch Zebachim 13 b.

[2]) Samuel b. Nachman im Namen Jonathans (s. Ditb. Soferim 3. St.) B. Bathra 75 a; Berechja im Namen Abba b. Kahana's, Schocher tob zu Ps. 87, 1. S. auch Sanh. 37 b: אר יהודה בריה דר׳ חייא אחי׳ אתיבה חזקיה. — Ju Exod. r. c. 4 g. E. (zu Exod. 4, 18) ein Ausspruch mit der Einführung: אמר חייא ר׳ של בני הגדול, also entweder Jehuda oder Chizkija.

[3]) S. j. Kilajim 32 b c, b. Moed Katon 25 a.

[4]) Erubin 54 a: היא וראה שלא כסדת הקב״ה מדת ב״ו. Vgl. Ag. b. T. II, 540 b, oben S. 37, A. 4.

[5]) Lev. r. c. 10 gegen Josua b. Levi: תשובה עושה מחצה תפילה הכל עושה. Die biblische Beweisführung für die beiden Thesen erscheint das. nicht als von J. selbst herrührend. Ju Pes. r. c. 47 Anf. (188 b) lautet der Satz: התשובה מבטלת חצי הגזירה והתפלה מבטלת כל הגזירה, und die Beweisführung (jedoch fehlt die zur zweiten These) ist J. selbst zugeschrieben.

[6]) J. Sanh. 37 b lautet ein Ausspruch J. b. Chija's: כלית מהצה, und er wird ebenfalls aus Gen. 4, 14, 16 bewiesen. Offenbar handelt es sich um die zweifache Version desselben Ausspruches. Die Beweisführung

um Schlag, Wunde um Wunde bei, bis er an den Hals gelangte und ihn dadurch tödtete[1]). — Seit die Erde ihren Mund aufgethan, um Abels Blut aufzunehmen, Gen. 4, 11, that sie ihn nicht wieder auf; darum heißt es, Jes. 24, 16, „Vom Flügel der Erde hören wir Lieder", nicht: „vom Munde der Erde." Auf den Einwand seines Bruders Chizkija, daß ja auch in Num. 16, 32 gesagt sei: die Erde öffnete ihren Mund, erwiederte Jehuda: Zu Gutem öffnete sie nicht wieder ihren Mund, wol aber zu Bösem[2]). — Zu Gen. 10, 28. הצמרי bed. die Stadt Emessa (חמץ), die wegen der Wollerzeugung jenen Namen erhielt[3]). — Zu Exod. 5, 20. Sie trafen den Moses und Aharon, nämlich zu bestimmten Zeiten, in denen dieselben sich zeigten[4]). — Zu I Sam. 17, 49. Der Stein drang in die Stirne ein, als ob sie Teig wäre; ebenso Dan. 6, 25 „ihre Gebeine zermalmten sie", wie man runde Brötchen (pastillus) zerbrückt[5]). — Jes. 30, 19 f. Aus dem Zusammenhange zwischen den beiden Versen kann man schließen, daß wer sich

---

geht von der (auch bei Symmachus, Theodotion, Hieronymus zum Ausdrucke gelangenden) Annahme der alten Bibelerklärer, daß נוד kein Eigenname, sondern mit נד im V. 14 gleichbedeutend ist.

1) Sanh. 37 b ... מלמד שעשה קין בהבל אחיו. Dieser Eingang des Satzes beweist, daß er auf irgend einer Schriftdeutung beruht und aus dem Zusammenhange gerissen ist. Aus dem Umstande, daß in der Mischna zu welcher er angeführt wird der Plural דמי, Gen. 4, 10, gedeutet wird, könnte man schließen, daß auch מלמד, womit J.'s Satz beginnt, sich auf dieses Wort bezieht. Kajin hat das Blut seines Bruders vielfach vergossen, indem er ihm Wunde auf Wunde beibrachte; doch war auf die Einkleidung des Gedankens auch Gen. 4, 23 von Einfluß.

2) Sanh. ib.
3) Gen. r. c. 37 g. E. So auch das pal. Targum.
4) Schir r. zu 2, 9, citirt von Tanchuma. Dieser gebraucht den von J. angewendeten Ausdruck לקירוסין (von καιρός), um לעתים I Chr. 12, 32 wiederzugeben, Gen. r. c. 72, Schir r. zu 6, 4, Esther r. zu 1, 13. — Vgl. noch Pesikta 49 a.
5) Midrasch Samuel c. 11 und c. 21 יהודה בר רבי אמר בבצק ודבותיה... יהודה בר רבי אומר כאילין פסטילים. Jalkut zu I Samuel 5, § 102 hat ר' יהודה. Was dann folgt: ושרשי תאינה שהן רכין ובוקעין בציר ובאבן (von Levy IV, 70 a ohne weitere Bemerkung mit dem Vorhergehenden zusammen übersetzt) scheint nicht mehr zu J.'s Bemerkung zu gehören, sondern zu der früheren, anonymen Bemerkung כנס האבן בבריל. S. auch Sch. tob zu Ps. 78, 45, unten S 54, Anm. 6.

in gedrückter Lage mit der Thora beschäftigt, dessen Gebet erhört wird[1]). — Hoh. 1, 10—11 enthält eine Anspielung auf die drei Theile der heil. Schrift: Thora, Propheten und Hagiographen und auf das aus letzteren — wie „Silberpunkte" aus der „Goldschnur" sich abhebende Lied der Lieder[2]) — Hoh. 7, 5. „Das Thor, das Vielen gehört", das ist das Synedrion, welches dazu bestimmt ist, daß man in demselben nach der Mehrheit (Exod. 23, 2) entscheide[3]). — Ueber die Höllenstrafe. Für ein Gefäß aus Thon macht man den Deckel nicht aus Gold, Silber oder sonstigem Metall, sondern ebenfalls nur aus Thon: ebenso werden die Frevler, welche Finsterniß sind (Jes. 29, 15) in der Hölle, welche Finsterniß ist (Ps. 35, 6), von der Fluth, welche in Finsterniß ist (Gen. 1, 2), zugedeckt, nach Koh. 6, 4. Darauf zielt Ez. 31, 15: Am Tage, da er hinunterfährt in die Hölle, führe ich herbei (הובלתי = האבלתי) und decke über ihn die Fluth[4]).

Der Name Chizkija's kömmt in der Traditionslitteratur viel häufiger vor, als der seines Bruders Jehuda. Gleich seinem Vater Chija[5]) hat auch er eine Midraschsammlung redigirt, aus welcher sowohl Halachisches als Agadisches angeführt wird[6]). — In folgender Zusammenstellung sind auch solche Aussprüche aufgenom=

---

[1]) Sota 49 a.
[2]) Schir r. zu 1, 11 Ende. Es ist mir nicht ganz klar, was מלה מסיימא מלה חתומה, Epitheton des Hohenliedes und den נקדת כסף des Textes entsprechend, bedeutet.
[3]) Schir r. z. St. יהודה. ברבי איסי ר' שיבן לנשות אחרי רבים. Ueber שיבן s. Levy IV, 553, A. שיבון.
[4]) Pesikta 57 a, Gen. r. c. 33 g. A., Lev. r. c. 27 g. A., Tanchuma אמור (B. 7, wo ר' יהודה בר אמי der Autor). In Tanch. B. בא 2, ebenso Exod. r. c. 14 beginnt der Ausspruch so: ר' יהודה ברבי איסי בשם ר' הושעיא מתכסין בחשך, darauf das Gleichniß vom Deckel und die Anwendung als Ausspruch Chizkija's. In Num. r. c. 1 Anfang ebenso (חזקיה בר ר' חייא אומר), jedoch fehlt ב"ר ר' יהודה am Anfang des Ganzen. Einen Ausspruch Ch.'s über die Höllenstrafe s. unten S. 57.
[5]) S. Ag. der T. II. 522 f.
[6]) Im bab. Talmud חזקיה תני דבי חזקיה, im jer. T. חזקיה. Ueber Chizkija's Midrasch und sein Verhältniß zu den übrigen tannaitischen Midraschim s. J. Lewy, Ein Wort über die Mechilta des R. Simon, S. 21—36, ferner D. Hoffmann, Zur Einleitung in die halachischen Midraschim, S. 80.

men, die aus dem Midrasch Chizkija's stammen, die also nicht mit Sicherheit als ihm selbst angehörig betrachtet werden können[1]).

Zwei Sätze vom Frieden[2]). — Groß ist der Friede! Bei den übrigen Geboten heißt es in der heiligen Schrift: Wenn du begegnest (Exod. 23, 3), wenn du siehst (ib. V. 4) u. s. w., also ist das Gebot dann zu üben, wenn sich dazu die Gelegenheit darbietet, während vom Frieden gesagt ist (Ps. 34, 15): „Suche ihn und jage ihm nach", suche ihn an deinem Orte, jage ihm nach, selbst bis an einen fremden Ort. Groß ist der Friede! Bei allen Zügen in der Wüste heißt es: Sie brachen auf, sie lagerten sich, sie waren getheilt beim Aufbrechen, getheilt beim Lagern; als aber Alle zum Berge Sinai kamen, da lagerten sie sich in vollständiger Einigkeit, darum ist gesagt (Exod. 19, 2): Israel lagerte sich. Darauf sagte Gott: Jetzt ist der Augenblick da, wo sie — vermöge der Einigkeit, des Friedens unter ihnen — würdig sind, die Thora zu empfangen![3]) — Die Thora als Schmuck und Heilmittel[4]): Die Worte der Lehre werden dem Haupte zur Krone, Prov. 1, 9, dem Halse zur Halskette, ib., dem Herzen zum Labsal[5]), Ps. 19, 9, zur Salbe den Augen, ib., zum Verband für die Wunde, Prov. 3, 8, zum Heiltranke für die Eingeweide, ib. — Das Gebet des Menschen wird nicht anders erhört, als wenn er sein Herz weich „wie Fleisch" macht (nach Jes. 66, 23: kommen wird „alles Fleisch"[6]). — Israel gleicht einem Lamme (Jer. 50, 17): wenn ein Lamm auf den Kopf oder auf einen anderen Körper-

---

[1]) Bei den einzelnen Sätzen wird in den folgenden Anmerkungen genau angegeben werden, auf welche Weise sie eingeführt sind.

[2]) Lev. r. c. 9 חזקיה, אמר תרתי (nach)her folgt: בר קפרא אמר תלת). In Derech erez, Cap. vom Frieden, bloß der erste Satz: אמר חזקיה, der zweite anonym; der zweite Satz steht anonym, ohne die einleitenden Worte, in Mech. zu Exod. 19, 2, derselbe in Pirke R. Eliezer im Namen Eliezers.

[3]) S. Schocher tob zu Ps. 119 (Beth-Hamidr. V, 82) אשרי תמימי דרך זה דוד המדבר חזקיה ב"ר חייא אמר צפה הקב"ה שאין דור אחר יכול לקבל את התורה כאותי הדור וצפנה להם שני יצפון לישרים תושיה (Prov. 2, 7)

[4]) Lev. r. c. 12 g. E. תני חזקיה. Schocher tob zu Ps. 19, 9 תני ח', בר חייא, Deut. r. c. 8 אמר ר' חייא (kürzer).

[5]) מלוגמא = μάλαγμα, eig. Pflaster, hier in dem Sinne, in welchem das Wort Sabb. 119b gebraucht ist.

[6]) Sota 5 a: אמר חזקיה.

theil geschlagen wird, so empfinden es alle Körpertheile; ebenso empfinden es Alle in Israel, wenn Einer von ihnen sündigt[1]). — Heil den frommen Propheten, die das Geschöpf dem Schöpfer, die Pflanzung dem Pflanzer vergleichen, sie nennen Gott „Sonne und Schild" (Ps. 84, 11), vergleichen ihn mit dem „brüllenden Löwen" (Amos 3, 8), seine Stimme der des rauschenden Wassers (Ez. 43, 2). Sie konnten nicht anders, weil man das Ohr nur das Hörbare vernehmen, das Auge nur das Sichtbare erblicken lassen kann[2]).

Zu Gen. 3, 3. Die Schlange fügt zum Verbote Gottes (2, 17) die Worte hinzu: „und berührt ihn nicht"; dadurch bewirkt sie die leichtere Uebertretung des ganzen Verbotes, im Sinne des Spruches: Wer hinzuthut, nimmt hinweg[3]). — Zu Gen. 21, 2. לוקניו soll das besonders hohe Alter Abrahams andeuten[4]). — Gen. 46, 23. חשים ist kein Eigenname, sondern bezeichnet die Menge der Nachkommen Dans, die so zahlreich waren, „wie Binsenstauden"[5]). — Exod. 8, 2. Die Frösche stiegen aus den unterirdischen Gewässern und drangen sogar durch die festen Mauern der Paläste bis in die geheimsten Orte[6]). — Exod. 16, 5. משנה בעב. s. v. als משונה,

---

[1]) Lev. r. 4. תני חזקיה; in Mech. zu 19, 6 anonym. Die erweiterte Form des Satzes im Midrasch Hagadol s. bei Lewy a. a. O., S. 25.

[2]) Sch. tob zu Ps. 1, 1: חזקיה בר חייא אמר אשריהם צדיקים הנביאים שהן מדמין הצירה ליצרה ואת הנטיעה לנוטעה בד״א . . . . . אלא שאין משמיעין לאזן אלא מה שהיא יכולה לשמוע ואין מראין לעין אלא מה שהיא יכולה לראות. Die parallelen Aussprüche dazu s. Pesikta 36a und Lewy a. a. O., S. 26.

[3]) Sanh. 29a unten: אמר חזקיה מנין שכל המוסיף גורע. Vgl. Gen. r. c. 19, g. Anf. תני ר׳ חייא, Ab. R. N. Nathan c. 1.

[4]) Tanch. B. וירא 37: חזקיה בר חייא אמר מהו לוקניו שהיה זקן הרבה. Nach לוקניו stehen noch die Worte שיחן ולא שילט, über welche Gen. r. c. 48 g. Ende zu vergleichen ist.

[5]) Baba Bathra 143 b, angeführt von Raba: שהרי מרובים בחושים של קנה.

[6]) Exod. r. c. 10 אמר בריבי חזקיה, mit Beziehung auf einen Ausspruch Jochanans. In Sch. tob zu Ps. 78, 45 sind beide Aussprüche in einen zusammengezogen, so daß der Name Ch.'s ausgefallen ist. Es folgt hierauf im Schocher tob (vgl. Jalkut zu Ps. 78) der allgemeine Satz (im Namen des ר׳ יהודה בריבי, also Jehuda b. Chija): זה אחד מן הדברים שהשליש בהן הקב״ה דרך בקשה. Unter den Beispielen hiefür wird das Einbringen von David's Schleuderstein in Goliath's Stirne genannt, ferner (mit besonderer Bezeichnung des Autors: אמר ר׳ יהודה בר רבי חייא) das

verändert, d. h. an jedem Tage anders, was Geschmack, Duft und Aussehen betrifft¹). — Exod. 32, 13. „Denen du es bei dir selbst zugeschworen hast". Moses sagt damit: Hättest Du es den Vätern bei Himmel und Erde zugeschworen, so könntest du ihre Nach=
kommen untergehen lassen, denn auch Himmel und Erde werden untergehen, aber du schwurst bei dir selbst (Gen. 22, 16), und wie du ewig bist, so hat auch dein Schwur ewige Giltigkeit²). — Lev. 27, 7. Auf die Frage, warum der Schätzungswerth einer Frau über sechzig Jahre den dritten Theil des Schätzungswerthes einer Frau unter sechzig, bei einem Manne der Schätzungswerth nach dem sechzigsten Jahre weniger als ein Drittel des früheren ausmacht, antwortet Ch. mit einem Volksspruchwort: Ein Greis im Hause ist Leid im Hause, eine Greisin im Hause ist ein Schatz im Hause³). — Deut. 29, 9. Warum folgt dieser Abschnitt dem von den Flüchen? Nachdem die Israeliten die 98 Flüche gehört hatten, die zu den 39 Flüchen des Leviticus (c. 26) hinzukamen, erblaßten sie und sprachen: Wer kann dabei bestehen? Um sie zu beruhigen, berief sie Moses und hielt die hier folgende Ansprache an sie⁴). — Jos. 4, 13. ב vor Zahlen bedeutet, daß sie rund zu verstehen sind, also die wirkliche Anzahl mehr oder weniger beträgt; deshalb besteht kein Widerspruch zwischen den 40,000 hier und den 44,760 in I. Chron. 5, 18⁵). — Richter 1, 25. Der Mann zeigte ihnen den Eingang durch eine bloße Geberde des Mundes⁶). — II Kön. 20, 18. Aus Zermalmtwerden der Knochem der in die Löwengrube Geworfenen durch die Zähne der Löwen; s. oben S. 51, Anm. 5.

¹) Tanch. B. בשלח 24: חזקיה בר חייא אמר, s. Lewy, S. 26.

²) Exod. r. c. 44 Ende אמר חזקיה בן לוי ורבי ברבי חזקיה. Zu Tanch. B. וירא 9 ist im Namen Ch. b. Chija's ein anderer Ausspruch zu Exod. 32, 13 mitgetheilt, welcher dem Josua b. Levi's in Exod. r. näher steht.

³) Arachin 19 a. oben: אמר חזקיה אמרי אינשי סבא בביתא פאחא ב' סבתא ב' סימא ב'.

⁴) Tanch. נצבים Auf. (B. 2): אמר חזקיה בנו של רבי חייא. Die beiden Zahlenangaben wären noch zu verificiren.

⁵) Schir r. zu 4, 4: ר' יהודה בשם חזקיה אמר כל מקום שנאמר בעשרה ... בעשרים ... או חסיר או יתיר. Der Tradent ist vielleicht Jehuda b. Simon.

⁶) Sota 46 b. בפיו עיקם להם, darauf eine abweichende Meinung Jochanan's.

dieser Prophezeiung folgt, daß wer einem Heiden Gastfreundschaft erweist, den eigenen Kindern das Exil bewirkt¹). — Aus Jer. 3, 9 kann man ersehen, daß wer das zehnte Gebot übertritt, auch gegen das zweite und siebente sündigt²). — Pſ. 28, 5. „Die Thaten des Ewigen verstehen sie nicht", das zielt auf die Erkenntniß der Um=laufszeiten der Gestirne³). — Pſ. 65, 10. Wenn Israel den Willen Gottes erfüllt, dann genügt ein einmaliges göttliches „Eingedenkſein", damit die Erde reichlichen Ertrag bringe⁴). — Pſ. 76, 9. Die Erde „fürchtete" erst — vor der Offenbarung am Sinai — dann „beruhigte ſie ſich"⁵). — In Pſ. 115 iſt die Rettung der drei Männer aus dem Feuerofen (Dan. 3) verherr=licht: Das erste Glied des ersten Verses sagte Chananja, das zweite Miſchael, das dritte Azarja, den zweiten Vers alle Drei, als sie in den Ofen gebracht wurden; als sie gerettet heraufkamen sagte Chananja Pſ. 117, 1 a, Miſchael V. 1 b, Azarja V. 2 a, alle Drei V. 2 b⁶). — Pſ. 119, 88. „Dein Wort besteht am Himmel", das zielt auf die Verheißung Gottes an Abraham, Gen. 15, 5: „Blicke doch zum Himmel u. ſ. w."⁷) — Prov. 15, 7. Die Thoren sind Diejenigen, deren Kenntnisse nur scheinbare sind und die mit dem Wenigen, was sie wiſſen, viel Lärm machen⁸). — Prov. 26, 25. In der Thora werden zehn Sünden (Deut. 18, 10 f.) als ein Greuel vor Gott (V. 12) bezeichnet; wie schwer wiegt es, daß hier eine einzige Sünde als siebenfacher Greuel bezeichnet

---

¹) Sanh. 104 a: אמר חזקיה.
²) Peſ. r. c. 21 (107 a, 107 b) תני חזקיה, citirt von einem sonst nicht vorkommenden ר׳ יקום. In dem Jeremiasverſe ist קל וחומר als sünd=haftes Gelüsten aufgefaßt.
³) Sch. tob. 3. St., gegen Joſua b. Levi.
⁴) Lev. r. c. 45 Ende. רבנן בשם חזקיה אמרי, vorgetragen in Lydda von Samuel b. Nachman, wie Abahu berichtet.
⁵) Sabbath 88 a, Ab. zara 3 a. אמר ה׳.
⁶) Peſachim 118 a חזקיה אמר.
⁷) Exod. r. c. 38 g. E.: א״ר חזקיה ב״ר חייא.
⁸) Sch. tob zu Pſ. 1 bei Jellinek B. H. V, 162 f. אמר חזקיה אלו בני אדם שתורתן שבחוץ ואינה טבענים בהדין איסתרא בלגינא קיש קיש קריא. Das Sprichwort vom Pfennig im leeren Kruge wird in ähnlichem Sinne auch von Ulla angewendet, ſ. Baba Mezia 85 b.

ist¹) — Hiob 36, 16. „Er verführt dich hinweg aus dem Munde der Enge". Komm und sieh', wie sehr Gottes Art von der des Menschen verschieden ist! Der Mensch verführt seinen Nächsten von den Wegen des Lebens zu den Wegen des Todes; Gott aber verführt den Menschen von den Wegen des Todes zu denen des Lebens. Die „Enge" ist die Hölle, deren Oeffnung enge, während ihr Rauch in ihr angehäuft ist; die Hölle selbst ist weit nach Jes. 30, 33²). — Koh. 9, 9. Aus diesem Verse folgt jedenfalls, daß man seinen Sohn ein Handwerk zu lehren verpflichtet ist: „Leben mit dem Weibe" beb. die Möglichkeit seinen Lebensunterhalt zu finden, ob nun unter dem „Weibe" die Ehegattin oder die Thora zu verstehen ist³).

Es seien nur noch einige Beispiele von Chizkija's halachischer Exegese hervorgehoben⁴).

¹) Gen. r. c. 67: תורגמינא אמר חי׳. S. oben S. 48, A. 5 Ende.
²) Menach. 99 b unten אמר חזקיה. — Ueber die Höllenstrafen findet sich Pesikta 97 b (danach Tanch. ראה 10) ein Ausspruch Chizkija's, welcher im j. Talmud, Sanh. 29 b unten, mit den Worten יהודה בי רבי חזקיה ורבי אמרין eingeleitet ist; wahrscheinlich muß es hier heißen יהודה בי רבי וחזקיה בירבי אמרין, also ein Ausspruch beider Brüder. In der That folgt in Pesikta (auch in Tanch.) eine auf den Ausspruch sich beziehende Deutung zu Pf. 68, 15 im Namen des יהודה בירבי. Es ist dieselbe Deutung, welche Tanch. B. בראשית 25, 33 zum Autor den anderen Bruder hat: חזקיה בריה דר׳ חייא.
³) Kiddushin 30 b.
⁴) Zu Jes. 8, 21 f., Ab. zara 53 a; zu Jes. 27, 9, Ab. zara 54 a; I Chron. 15, 22, Arachin 11 a.

IV.
Jonathan b. Eleazar.

Zu dem näheren Kreise Chanina b. Chama's gehörte der ebenfalls in Sepphoris wohnhafte Jonathan[1]), der nur selten mit dem vollen Namen als Jonathan b. Eleazar bezeichnet wird. Er wird auch „Herr der Burg" genannt[2]), doch ohne daß sich über die Bedeutung und Ursache dieses Epithetons irgend eine Andeutung fände[3]). — Auch zu Jannai stand er in freundschaftlichem Verhältnisse[4]). — Sein Lehrer war Simon b. Jose b. Lakonja, den er mit Chija zusammen zu Grabe geleitete[5]). Auch sonstige Spuren seines Verkehrs mit Chija sind erhalten[6]). — Sein bekanntester Schüler war Samuel b. Nachman, der die

---

[1]) S. oben S. 5. (Es finden sich auch zwei Controversen zwischen Chanina's Sohn, Chama und Jonathan, s. Gen. r. c. g. 9 Anf.

[2]) ר׳ יונתן שר הבירה (Gen. r. c. 95 g. E., Tanch. ויגש 12 dafür ר׳ יונתן, an allen übrigen Parallelstellen (s. unten Abschn. 4 Anf. über Abraham) bloß ר׳ יונתן בן אלעזר איש הבירה; in Sch. tob zu Ps. 3, 1 werden die drei Fragen berichtet, welche Samuel b. Nachman, aus Babylonien kommend, an ר׳ יונתן שר הבירה richtete, wo also — wie oft — יונתן in יונתן zu emendiren ist (im Jalkut zu Richter 5, 7, § 47 heißt es איש קביה, leichte Corruptel aus הבירה. S. auch Ag. Bereschith c. 8: אר׳ שמיאל בר נחמני אמר ר׳ יונתן איש הבירה. Eine Anekdote über Jonathans Besuch in מגדל צבעייא s. Koh. r. zu 1, 7. Eine andere Anekdote Sch. tob zu Ps. 12, 2.

[3]) Einer der Schüler Schammai's hieß Joezer איש הבירה; er lebte zur Zeit Gamliel's I und bekleidete wol eine Tempelwürde, s. M. Orla 2, 12. Da Jonathan aus priesterlichem Geschlechte war (nach Simai's Antwort an ihn, Baba Mezia 90 b), so ist es möglich, daß er den Titel איש הבירה von seinem Vorfahren ererbt hat. Am Ende des 3. Jahrhunderts wird ein palästinensischer Amora erwähnt: ר׳ אחא שר הבירה, Jebamoth 45 a.

[4]) S. oben, S. 36, Anm. 2.

[5]) S. Ag. d. T. II, 489.

[6]) S. ib. II, 526 f.

überwiegend größte Anzahl der Agadasätze Jonathans tradirt¹). — Derselbe kam aus Babylonien nach Palästina und suchte über drei schwierige Stellen der heiligen Schrift Aufschluß zu erlangen, der ihm von Jonathan zu Theil wurde²). — Ein anderes Mal — so wird in einer anderen, ebenfalls späten Quelle erzählt — trifft er Jonathan auf dem Marktplatze und wird von ihm mit seiner Bitte, ihn einen Abschnitt zu lehren, abgewiesen: die Thora gehöre in's Lehrhaus, nicht auf den Markt³). — S. b. Nachman ist es auch, der erzählt, daß Jonathan, wenn er zu dem Verse Jesaia 28, 20 kam, geweint habe⁴). — Einmal hält Chelbo, der an S. b. N. eine agadische Frage gerichtet hatte, der von ihm gegebenen Antwort die Ansicht Jonathan's entgegen, mit den Worten: Dein Lehrer Rabbi Jonathan hat nicht so gesagt!⁵) — Auch Jochanan finden wir als Tradenten Jonathan's⁶); es finden sich Beispiele dafür,

---

¹) Es wird deshalb im Folgenden die Angabe, daß Samuel b. Nachman den Ausspruch tradirt, nur ausnahmsweise — wenn auch Anderes dazu bemerkt werden muß — zu finden sein. Hingegen wird es angemerkt werden, wo ein Ausspruch Jonathan's einen anderen oder gar keinen Tradenten hat.

²) Sch. tob zu Pf. 3, 1 ר׳ שמואל בר נחמן עלה מבבל לשאול ג׳ דברים מצא את ר׳ יונתן (f. vor S., A. 2). Die fraglichen Bibelstellen sind: Richter 5, 7, Dan. 9, 9, II Sam. 19, 11. Jn Jalkut zu Ri. 5 (§ 49), wo לשאלם statt לשאול, fehlt Nr. 3; das Gespräch darüber steht im Jalkut zu II Sam. 16 (§ 151), aber so, als ob Jonathan die Frage an S. b. N. richtete: ר״ש בר נחמן עלה מבבל שאל לו ר׳ יונתן מהו דכתיב.

³) Tanch. בחקותי Auf. (B. 4) שאל רשב״ן את ר׳ יונתן בן אלעזר שהיה עומד בשוק. Da sich S. b. N. auf Prov. 1, 20 beruft, sagt ihm Jonathan: יודע אתה לקרות ואין אתה יודע לשנות (לדרוש .B) und deutet den erwähnten Vers. Ein ähnliches Gespräch fand zwischen Chija und Jehuda I statt, b. Moed Katon 16 b; und Jonathan selbst bekam einmal von Chija die Zurechtweisung zu hören, er kenne wol den Text der Bibel, aber wisse nicht ihn zu deuten, j. Berach. 4 c d, verschieden b. Berach. 18 a, f. Ag. b. T. II, 526.

⁴) Sanh. 103 b; vgl. Joma 9 b. — In j. Megilla 75 a oben erzählt S. b. N., wie Jonathan über das Vorlesen aus der Schrift ohne die Benediktion dazu erzürnt war.

⁵) Baba Bathra 123 a. In B. Mezia 84 b berichtet S. b. N., was ihm Jonathan's Mutter im Namen der Frau Eleazar ben Simon's erzählt hatte.

⁶) S. Lev. r. c. 22 Ende.

daß Beider Ansichten einander gegenüberstehen¹). — Als der noch junge Jochanan eine neue Art der Intercalationserklärung aufbrachte, rief Jonathan aus: Siehe die Ausdrucksweise, die uns der „Sohn des Schmiedes" (Beiname Jochanan's: Bar Nappacha) gelehrt hat!²) — Simon b. Lakisch befragte Jonathan nach dem Sinne einer ganzen Reihe von Bibelsätzen, die er ihm nach einem Grundgedanken erklärte³). Hingegen wies er Simlai auf sehr schroffe Weise zurück, als derselbe bei ihm Agada zu lernen wünschte; er sagte ihm: ich besitze eine Ueberlieferung von meinen Vätern her, daß ich weder einen Babylonier, noch Einen aus dem Süden Agada lehre, da sie hochmüthig sind und geringe Kenntnisse haben, du aber bist Beides, stammst aus Babylonien (Nahardea) und wohnst im Süden (Lydda⁴). Indessen wird erzählt, Jonathan habe dem genannten Simlai, der nachher selbst zu den hervorragenderen Agabisten gehörte, auf sein Befragen Prov. 13, 23 erklärt⁵). — Jonathan erscheint, sowol was die Menge seiner Agadasätze als was ihren bedeutenden Inhalt betrifft, als Koryphäe auf diesem Gebiete, während er auf dem der Halacha gegen die anderen Größen dieser Zeit mehr in den Hintergrund tritt. Seine agadischen Aussprüche sind sowohl in Babylonien, als in Palästina besonders — wie schon erwähnt — nach der Tradition seines Schülers Samuel b. Nachman, mit Vorliebe gelehrt worden.

¹) S. (Gen. r. c. 14; ib c. 25 (33 und 34): אמר ל' ר' יונ'ת.

²) J. Rosch Hasch. 58 a b. Eine Frage Joch.'s an Jonathan s. j. Bikkurim 58 a unt.

³) Koheleth r. zu 3, 14.

⁴) J. Pesach. 32 a unt. Ju b. Pesach. 62 b findet sich eine andere erweiterte Version dieser Anekdote: Simlai bittet Jonathan (statt יוחנן ist nämlich יונתן zu lesen, eine Handschrift bei Rabbinowitz VI, 91 b hat eine andere Corruptel: ר' נתן), er möge ihn das Buch der Genealogien lehren (die Traditionen zur Chronik); die abweisende Antwort lautet: man solle Jemanden, der aus Lydda oder aus Nahardea ist, keine Traditionen lehren, Simlai aber stamme aus Lydda und wohne in Nahardea. — Das biblische דודאים (Gen. 30, 14 erklärt Jonathan mit einem persischen Pflanzennamen, Sanh. 99 b (s. Löw, Ar. Pflanzennamen S. 199 oben).

⁵) (Gen r. c. 49: אמר ליה ... ר' שלאי שאליה לר' יונתן מאי דכתיב

1.
Sentenzen und Sprüche. Studium der Lehre. Gebet.

Wer ein einziges Gebot ausübt in dieser Welt, dem schreitet dasselbe voran in die kommende Welt, nach Jes. 58, 8 b; wer eine einzige Sünde begeht in dieser Welt, den umschlingt sie fest und begleitet ihn zum Tage des Gerichtes, nach Hiob 6, 18[1]). — Der böse Trieb verführt den Menschen in dieser Welt und zeugt gegen ihn in der kommenden Welt, nach Prov. 29, 21, wo מנון durch Buchstabentausch soviel als סהדה „Zeuge" bedeutet[2]). — Sieben Sünden sind es, wegen welcher die Plage des Aussatzes verhängt wird: 1. Böse Zunge, nach Pf. 101, 5 a; 2. Blutvergießung, nach II Sam. 2, 3; 3. Falscher Schwur, nach II Kön. 5, 27; 4. Unzucht, nach Gen. 13, 17; 5. Hochmuth, nach II Chron. 26, 19; 6. Raub, nach Lev. 14, 36 (die durch den Aussatz nöthig gewordene Ausräumung des Hauses ist Vergeltung für die unrechtmäßige Aneignung des Gutes Anderer); 7. Mißgunst, nach Lev. 14, 35 („dem das Haus zu eigen ist", Andeutung dessen, daß er keinem Anderen etwas von dem Seinigen gönnte[3]). — Es giebt einen

---

[1]) Sota 3 b, Ab. zara 5 a. ילפתו im Hiobverse wird gedeutet: „sie werden eingewickelt", umschlungen von der Sünde (עברה מלפפתו).

[2]) Sukka 52 b. Daß unter dem „in der Jugend verwöhnten Knecht" der Trieb im Menschen zu verstehen sei, nimmt auch eine andere Deutung des Spruches an, von A b i n in Gen. r. c. 22. Für die Deutung von מנון durch Buchstabentausch (nach der Methode אתב״ש) beruft sich Jonathan auf Chija.

[3]) Arachin 16 a. In Lev. r. c. 17 ist der Satz anonym und um drei Nummern erweitert, und zwar in der Reihenfolge: die drei Kardinalsünden, nämlich Götzendienst (nach einer Deutung von פרע = פרח, Exod. 32, 25), Unzucht (= 4, aber mit Jesaias 3, 17 begründet), Blutvergießung (= 2), Entweihung des göttlichen Namens (nach II Kön. 5, 27, der Begründung von 3), Lästerung des göttlichen Namens (nach einer Deutung von יבגרך, I Sam. 17, 46), Raub an öffentlichem Gute (nach einer Deutung von עטה, Jes. 22, 17), Anmaßung fremden Rechtes und Hochmuth (beides nach II Chr. 26, 19), böse Zunge (= 1, aber nach Num. 12, 14), böses Auge (= 7). In Lev. r. c. 16 zu Anf. führt Jochanan aus, daß die sechs in Prov. 6, 16 f. genannten Sünden mit Aussatz bestraft wurden, wobei einzelne Berührungspunkte mit unserem Ausspruche sich ergeben. (Vielleicht ist auch hier „Jonathan" zu lesen). In Num. r. c. 7 findet sich der Ausspruch im Namen des späten Agadisten J e h u d a b. S c h a l o m, und zwar sind 11 Sünden ge-

Fall, wo böse Zunge erlaubt ist, nämlich gegen die Anstifter von Entzweiung, nach I Kön. 1, 14¹). — Wer Zorn hegt, über den herrschen alle Arten der Höllenstrafen, nach Koh. 11, 10 (wo רעה, wie in Prov. 16, 4, Hölle bedeutet); aber auch Unterleibsleiden sind Folgen des Zornes, nach Deut. 28, 65 („ein zornmüthiges Herz" und darauf „Hinschmachten der Augen und der Seele"²). — Groß ist die Reue, denn sie verlängert das Leben, nach Ezech. 18, 27³). — Wer seinen Nächsten um Gottes willen zurechtweist, der erweist sich dessen würdig, in der Gott zunächst weilenden Abtheilung einen Platz zu erhalten, ja man zieht den Faden der Huld über sein Antlitz, nach Prov. 28, 23⁴). — In Thora, Propheten und Hagiographen finden wir, daß der Mensch verpflichtet ist, seine Handlungsweise vor der Welt so rein erscheinen zu lassen, wie sie vor Gott rein erscheint, nämlich Num. 32, 22, Jos. 22, 22, Prov. 3, 4⁵). — Der Richter möge sich in der Ausübung seines Amtes so ansehen, als ob ein Schwert zwischen seinen Hüften läge und unter ihm die Hölle offen stünde, nach Koh. 3, 8 b („vor dem Schrecken" der Hölle, welche der „Nacht" gleicht⁶). — Jeder Richter,

---

nannt, an der Spitze Gotteslästerung (wie in Lev. r.), die übrigen zumeist wie in Lev. r. Ebendaselbst ist Nr. 7 als besonderer Ausspruch des Agadisten J i z ch a k tradirt. S. auch S i m o n b. E l e a z a r 's Ausspruch in Ab. di R. Nathan c. 9 (Ag. b. T. II, 427 f.)

1) J. Pea 16 a.
2) Nedarim 22 a.
3) Joma 86 b. (Ein anderer Satz von der Reue, welche die Erlösung herbeiführe, nach Jes. 56, 1, findet sich ebendaselbst (ohne Tradenten) im Namen des ר׳ ינתן, wo aber die Lesart ר׳ נתן die richtige zu sein scheint; auch ist dieser Satz in den Ausgaben mit einem ähnlichen von J o s e dem G a l i l ä e r zu einem verschmolzen, s. R a b b i n o w i tz z. St., A. d. T. I, 369.
4) Tamid 28 a, Tanch. משפטים. Die erste Person in אחרי ist Gott: „wer einen Menschen zurechtweist, der ist nach mir". d. h. er ist in einer Reihe mit mir, ist in Gottes Abtheilung הלקי של הקב״ה (Tanchuma חלקי של הקב״ה); חלקי scheint hier dieselbe Bedeutung zu haben, wie in dem Ausdrucke שני חלקות (Abtheilungen, Reihen), j. Pesachim 27 b unten. חן ist mit חוט של חסד paraphrasirt, vgl. unten das Cap. über S i m o n b. L a k i s ch, Abschn. 2.
5) Jer. Schekalim 3, 4 (47 c.)
6) Jebam. 109 b, Sanh. 7 a. Vgl. die Deutung J o s e b. C h a l a f t h a 's, Schir r. z. St.

Sentenzen und Sprüchen. Studium der Lehre.

der einen wahrhaftigen Urtheilsspruch fällt, bewirkt, daß Gottes Herrlichkeit in Israel weilt, nach Pf. 82, 1; im entgegengesetzten Falle bewirkt er, daß sich Gottes Herrlichkeit aus Israel entfernt, nach Pf. 12, 6[1]). — Ein Richter, der dem Einen wegnimmt und es dem Andern ungerechterweise giebt, dem nimmt Gott die Seele weg, nach Prov. 22, 24[2]). — Die Frommen schlafen ein weniges, damit sie klares Denkvermögen haben[3]). — Im Traume sieht der Mensch nur das, womit sich im Wachen das Sinnen seines Herzens beschäftigt, nach Daniel 2, 29 („deine Gedanken stiegen auf auf deiner Lagerstätte"[4]).

Den Weisenjüngern, welche sich aller Orten mit der Thora beschäftigen, rechnet es Gott so an, als ob sie seinem Namen Opfer und Weihrauch spendeten, nach Mal. 1, 11[5]). — Wehe den Weisenjüngern, welche sich mit der Thora beschäftigen, aber keine Gottesfurcht hegen! Nach Prov. 17, 16[6]). — In Prov. 5, 19 werden bildlich die Vorzüge des Thorastudiums geschildert: die Worte der Lehre sind den sich mit ihnen Beschäftigenden in jeder Stunde so lieb, wie in der ersten; die Lehre verschafft Beliebtheit; so oft ein Mensch über die Worte der Lehre nachsinnt, findet er neuen Inhalt in denselben[7]). — „Zur Zeit des Findens", Pf. 32, 6, bedeutet das Thorastudium, von dem es heißt (Prov. 8, 35):

---

[1]) Sanh. 7 a.
[2]) Sanh. 7 a. Zwei interessante Anekdoten aus Jonathans eigener richterlicher Praxis finden sich in j. Baba Bathra c. 2 Ende (13 a). In der ersteren wird ein R ö m e r durch das Verfahren J.'s zu dem Ausrufe hingerissen: Gepriesen sei der Gott der Juden! In b. Baba Bathra 60 a. b. steht dieselbe Anekdote in anderer Version, und ihr Held ist daselbst J a n n a i. — S. auch j. Sabbath 3 cd. Ab. zara 41d.
[3]) J. Sanh. 26 c oben, ohne Tradenten, in Bezug auf den Satz der Mischna, Sanh. 8. 5, daß Schlaf der Frommen weder ihnen noch der Welt förderlich sei (indem er ihr heilsames Wirken unterbricht). Vgl. Gen. r. c. 9.
[4]) Berach. 55 b unt.
[5]) Menachoth 110 a.
[6]) Joma 72 b. Vgl. oben S. 37 den Weheruf Jannai's und S. 12 oben den Spruch Chanina's.
[7]) Erubin 54 b, wo nach אמר ר"ש בר נחמני zu ergänzen ist: אמר ר' יונתן (f. Ditb. Sofrim z. St.). Der Schluß, die Exemplification von E l e a z a r b. P e d a t h, gehört wol dem Tradenten, Samuel b. Nachman an.

„wer mich findet, hat Leben gefunden"¹). — Ein Brunnen („Brunnen lebendigen Wassers", Gen. 26, 19) bedeutet Thora, nach Prov. 8, 35²) — Wer den Sohn seines Nächsten Thora lehrt, der wird dessen würdig befunden, in der Nähe Gottes seinen Sitz einzunehmen; und wer den Sohn eines Unwissenden Thora lehrt, dem zu Liebe vernichtet Gott sogar einen schon ausgesprochenen Rathschluß. Beides nach Jer. 15, 19 a³). — Wer den Sohn seines Nächsten Thora lehrt, dem rechnet es die Schrift so an, als hätte er ihn gezeugt, nach Num. 3, 1 f. wo unter der Ueberschrift „diese sind die Nachkommen Aharons und Moses'" bloß die Söhne des Ersteren aufgezählt werden, die aber auch zu Moses, als ihrem Lehrer, gehörten⁴). — Daß man einem unwissenden Priester keine Hebe zukommen lassen solle, ist aus II Chr. 31, 4 zu schließen: „zu geben den Antheil der Leviten und Priester, damit sie fest halten an der Lehre des Ewigen"; wer also an der Thora nicht festhält, dem gebührt kein Antheil⁵).

Die 18 Benedictionen des Hauptgebetes entsprechen der achtzehnmaligen Wiederholung der Bemerkung „wie der Ewige geboten hat" im zweiten Abschnitt über den Bau der Stiftshütte, Exod. 38, 21—40, 38⁶).

---

¹) Berach. 8 a, wo ר' נתן zu ר' יונתן emendiren ist (s. Difb. Sofr.), ohne Trab. unmittelbar nach einer Deutung Chanina's.

²) Berach. 56 b, ganz wie der vorige Ausspruch nach einem von Chanina und auf Prov. 8, 35 gegründet, weshalb also auch hier ר' נתן in ר' יונתן zu emendiren.

³) Baba Mezia 85 a, mit der Angabe, daß dasselbe Andere im Namen Jochanans (Tradent Chija b. Abba), noch Andere im Namen Rab's (Tradent Jehuda) lehrten.

⁴) Sanh. 19 b.

⁵) Sanh. 90 b, Chullin 130 b. — In Pesachim 49 b sagt Jonathan (so ist statt ר' יוחנן zu lesen): עם הארץ מותר לקורעו כדג; das Wort יהודי ist von der Censur hinzugefügt worden (s. Difb. Sofrim VI, 70 b).

⁶) J. Taan. 65 c. ob., j. Berach. 8 c. (st. יחיד l. יונתן). Aus diesem und anderen zwei Aussprüchen über die 18 Benedictionen ist combinirt, was Lev. r. c. 1 Sam. b. Nachman im Namen des ר' נתן (l. ר' יונתן) sagt: Die 18-malige Wiederholung des צוה bei der Stiftshütte entspricht den 18 Wirbeln des Rückgrats, und dem entsprechend haben die Weisen die 18 Benedictionen eingesetzt, welche auch dem 18-maligen Gottesnamen in den Schema-Abschnitten und dem 18-maligen Gottesnamen in Ps. 29 entsprechen.

2.
Israel. Polemisches.

Achija, der Prophet aus Schilo verglich Israel, als er ihm Fluch verkündigte, mit dem Rohre (I Kön. 14, 14), Bileam, als er Israel segnete, mit der Ceder (Num. 24, 6); aber besser ist der Fluch des Einen, als der Segen des Andern (nach Prov. 27, 6): Das Rohr wurzelt am Wasser und erneut seinen Stamm immer wieder, selbst Stürme können es nicht von seinem Platze bewegen, es beugt sich mit ihnen hin und her und steht fest wieder da, wenn die Stürme schweigen; die Ceder aber wird vom Sturme entwurzelt und niedergeworfen. Außerdem ist es das Rohr, das dessen würdig befunden wurde, mit ihm Thora, Propheten und Hagiographen zu schreiben[1]). — „Den Zorn Gottes ertrage ich" (Micha 7, 9). So spricht Israel zu den Völkern der Welt. Wißt ihr, was uns Trost bietet und was uns befähigt, Gottes Zorn zu ertragen, daß wenn Gott uns auch schlägt, er uns immer auf's Neue erschafft! Auch aus Jesaia 42, 24 f, 43, 1 ist das ersichtlich: nachdem Israel der Vernichtung, der Plünderung preisgegeben, „spricht der Ewige, der dich auf's Neue erschafft, o Jakob, und dich bildet, o Israel"[2]). — Drei werden mit Gottes Namen benannt: die Frommen, nach Jes. 43, 7, der Messias, nach Jer. 23, 6, Jerusalem, nach Ez. 48, 35 (שמה = שָׁמָּה[3]). — Das Erdbeben kann man als Seufzer Gottes (über Israels Unglück) betrachten, nach Ezech. 5, 13 („wenn ich meinen Zorn an ihnen gestillt, dann bereue ich es"[4]). — Wenn es

---
[1]) Taanith 20 a, Sanh. 105 b f. Vgl. Ag. b. T. II, 424.
[2]) Ag. Bereschith c. 8 (s. oben S. 58 Anm. 2), wahrscheinlich nach einer älteren Quelle.
[3]) Baba Bathra 75 b, wo ר׳ יונתן zu lesen ist (s. Dikd. Sofrim) Die Anekdote über Jerusalem, als „Freude der ganzen Erde" (Ps. 48, 3), welche nach Exod. r. c. 52 (ויוחנן), Tanch. B. פקודי Ende „Jonathan b. Eleazar" erzählt, in anderer, älterer Form in Echa r. zu 2, 15 dem ר׳ נתן (l. ר׳ יונתן) in den Mund gelegt ist, gehört nach Pesikta r. c. 41 (173 a) einem anderen Jonathan, dem aus Beth-Gubrin (Eleutheropolis) an.
[4]) Berach. 59 a, ohne Tradenten. Aus ר׳ יונתן ist die gew. Lesart ר׳ נתן und eine andere ר׳ יוחנן geworden (s. Dikd. Sofr.) Auf diesem Ausspruch beruht wol die Legende in Tanna dibe Elija r. c. 30 g. Anf., wonach ר׳ נתן in den Ruinen des Heiligtums Gottes Herrlichkeit über die Zerstörung und das Exil jammern sieht.

Exod. 14, 20 heißt: „nicht nahte Einer dem Anderen die ganze Nacht", so ist das nach Jes. 6, 2 zu verstehen[1]); die Dienstesengel wollten ihren Lobgesang vor Gott anstimmen, da sagte er zu ihnen: Die Werke meiner Hände sollen im Meere untergehen und ihr wollet einen Gesang anstimmen!²) — „Die Weisheit und Einsicht" Israels in den Augen der Völker, Deut. 4, 6, besteht in der Berechnung der Umlaufszeiten der Sonne und der Gestirne, die man als religiöse Pflicht zu betrachten hat³).

Mit einem Samaritaner disputirte Jonathan auf einer Reise nach Jerusalem, die ihn an Neapolis, d. i. Sichem, vorüberführte⁴). Der Samaritaner sagte ihm spottend, er möge lieber an dem gesegneten Berge (Gerisim) sein Gebet verrichten, als in jener Ruine. Die Bezeichnung „gesegnet" erklärt er damit, daß der Berg Gerisim von der Sündfluth verschont geblieben sei⁵). Jonathan

---

¹) Die Berufung auf Jes. 6, 2 ist im Texte des Ausspruches nicht zu finden, aber aus dem Sinne desselben ersichtlich genug: ולא קרב זה אל זה ist nach וקרא זה אל זה ואמר zu verstehen, זה אל זה bedeutet auch in Exod. 14, 20 die Engelchöre.

²) Sanh. 39 b, Megilla 10 b (wo statt ר׳ יהנן zu lesen: ר׳ ינתן). Der vorhergehende Ausspruch, welcher einen ähnlichen Gedanken („Gott freut sich nicht über den Untergang der Frevler") aus II Chr. 20, 21 bedwirt, gehört Jochanan an (nach Ditb. Sofrim wäre auch Sanh. 39 b ר׳ יהנן zu lesen).

³) Sabbath 75 a. In Schocher tob zu Pf. 19, 5 sagt Jon.: בקלע הזה של ספינה השמש מהלך.

⁴) Gen. r. c. 32 Ende (aramäisch), mit wenig Aenderungen ebenso Schir r. zu 4, 3. In Deut. r. zu 7, 14 (c 3) mit einigen wesentlich verschiedenen Einzelheiten die ganze Erzählung hebräisch. Jon. geht nach Jerusalem, um dort zu beten (eine gemeinschaftliche Reise J.'s mit Chanina und Josua b. Levi wird j. Maaser scheni 54 b erwähnt); er kömmt an einer „Platane" vorbei, die man sich als heiligen Baum der Samaritaner zu denken hat. Doch heißt es in Deut. r. anstatt פלטאנוס הדין: ניסילין של ביתים, also das Neapolis der Samaritaner. — Der Anfang der Erzählung und des Gespräches ist gleichlautend mit dem der analogen Erzählung von Ismael b. Jose, j. Ab. zara 44 b, Gen. r. c. 81, wo die eine Quelle ebenfalls פלטאנוס, die andere ניסוליה hat.

⁵) In Deut. r. beruft sich der Samar. dabei auf Ezech. 22, 24. Mit diesem Verse beweist, nach Gen. r. c. 33 g. Ende, Levi, der Agadist, daß das heilige Land nicht ganz überschwemmt worden sei und daß die Taube dem Noach das Oelblatt vom Oelberge bei Jerusalem gebracht habe.

findet im Augenblicke nichts dagegen vorzubringen¹), da kömmt ihm sein Eselstreiber zu Hilfe und treibt den Samaritaner mit dem Hinweis auf Gen. 7, 19 in die Enge. Zum Danke läßt ihn Jonathan drei Meilen weit sein Reitthier benützen und wendet drei Bibelverse auf ihn an: Deut. 7, 14²), Hoh. 4, 3³), und Jes. 54, 17⁴). — Der christlichen Auffassung des Plurals נעשה, Gen. 1, 26 stellte Jon. folgende zugleich ethisch zugespitzte Legende entgegen⁵): Als Moses die Thora schrieb und zu dem Worte „Wir wollen einen Menschen machen" gelangte, da hielt er inne und sprach: Herr der Welt, du giebst mit diesem Worte den Ketzern Gelegenheit zu Angriffen! Da sprach Gott: Schreibe nur, wer irren will, möge sich irren. Indem die Schöpfung des Menschen als Ergebniß einer Berathung erzählt wird, sollen die Großen unter den Menschen belehrt werden, daß sie es nicht für unter ihrer Würde stehend halten mögen, sich mit den Kleinen zu berathen. Wer sich dessen weigert, dem kann man zurufen: Lerne von deinem Schöpfer, der die oberen und unteren Wesen erschaffen hatte und als es zur Schöpfung des Menschen kam, sich mit den ihm dienenden Engeln berieth! — Jon. stellte den Kanon auf, daß unter חנף in der heiligen Schrift Ketzerei zu verstehen sei; als Hauptstelle dafür gilt ihm Jes. 33, 14⁶).

---

¹) Nach Deut. r. wendet Jon. noch ein: Gott hätte ja dann den Noach blos auf jenen Berg gehen heißen sollen und es hätte der Arche nicht beburft; der Samaritaner schlägt dies mit dem Argumente zurück, die Arche wäre nöthig gewesen, um Noachs Frömmigkeit zu erproben.

²) בבהמתך erklärt er mit בְּבָהָמִין שֶׁלְךָ.

³) Der „Leere" im Israel (וריקן שבך = רקתך) ist voll mit Antworten wie der Granatapfel mit Kernen.

⁴) In Deut. r. fehlt die Anwendung von Hoh. 4, 3, und die Deutung von Deut. 7, 14 ist auch als besonderer Ausspruch Jonathans der Erzählung vorausgeschickt. — Wie Jonathan selbst einmal dem durch einen Ketzer in Verlegenheit gebrachten J a n n a i beisteht, s. oben S. 36, A. 2.

⁵) Gen. r. c. 8.

⁶) Gen. r. c. 48 Anf. אמר ר' יונתן כל חניפה שבמקרא במינות הבתוב מדבר ובנין אב שבכלם ... — Jonathan erlaubte den Besuch von Theater und Cirkus, wenn dort über öffentliche Angelegenheiten verhandelt werden sollte, Kethub. 5 a.

3.

Exegetisches und Homiletisches.

(Gen..7, 2. „Rein" und „unrein" bezeichnet die Thiere nach ihrer später durch das Gesetz zu erlangenden Qualität[1]). — Jb. 20, 7. „Er ist ein Prophet", d. h. er hat aus deinem Benehmen erschlossen, daß du schlechte Absichten hegst, und gab darum seine Frau als seine Schwester aus; denn einen Fremden, der in eine Stadt kömmt, pflegt man allerlei zu befragen, aber befragt man ihn etwa über seine Frau?[2]) — Jb. 35, 9. Gott erschien dem über den Tod seiner Mutter trauernden Jakob und segnete ihn mit dem Segen, welcher Trauernden geboten wird[3]). — Jb. 38, 15. Jehuda erkannte Tamar deshalb nicht, „weil sie ihr Angesicht verhüllt hatte", solange sie als Schwiegertochter in seinem Hause lebte; deshalb wurde sie auch dessen würdig, daß Könige und Propheten von ihr abstammten[4]). — (Exod. 1, 7. „Das Land wurde voll von ihnen", sie vermehrten sich wie Binsenstauden[5]). — Allegorische Deutung von Exod. 22, 5: Das Strafgericht kömmt nur dann über die Welt, wenn es Frevler giebt, aber zuerst werden die Frommen seine Opfer; das „Feuer" bricht aus, wenn es „Dornen" giebt, aber zuerst „verzehrt" wird der „Garbenhaufen"[6]). — (Exod.

---

[1]) Zebachim 116 a (s. Ditb. Soferim); nach einer Variante waren diejenigen Thiere rein: שלא נעבדה בהן עברה.

[2]) Baba Kamma 92 b, Makkoth 9 b.

[3]) Gen. r. c. 8 Ende; dasselbe Gen. r. c. 81 Ende, Pesikta 24 a tradirt von Acha; Tanch. B. וישלח 26: אמר ר' יונתן בן אלעי (l. ר' אלעזר בן). Daß Jakob seine Mutter betrauerte wird, an den genannten Stellen (außer Gen. r. c. 8) unmittelbar vorher aus V. 8 erschlossen, indem אלון mit griechisch ἄλλον gedeutet wird, also (außer dem über Debora) noch ein anderes Weinen, das über den Tod der Mutter. Als Urheber dieser Deutung ist in Gen. r. und Tanch. B., ebenso Koh. r. zu 7, 2 S a m u e l b. N a c h m a n, in Pesikta ebenfalls Jonathan genannt (anonym Tanch. אצר כי). Als Tradent beider Aussprüche erscheint in Tanch. B. L e v i, der auch sonst im Namen Samuel b. N a c h m a n s tradirt.

[4]) Megilla 10 b, Sota 10 b.

[5]) (Exod. r. c. 1 (ר' נתן), Tanchuma שמות g. Anf. Anstatt בחישים של קנה (s. oben S. 54, Anm. 6) hat Tanch. בחרשים של קנה. Vgl. Tanch. B. שמות 6.

[6]) Baba Kamma 60 a. Bei der Deutung wird betont, daß anstatt

30, 12. „Ein Lösegeld dem Ewigen" in den Tagen Moses'; „daß keine Seuche unter ihnen sei" in den Tagen David's[1]). — Exod. 31, 8. Der Leuchter wird „der reine" genannt, weil seine Verfertigung auf einer vom Ursitz der Reinheit stammenden Vorschrift beruhte[2]). — Allegorische Deutung von Numeri 21, 27—30[3]). „Es sprechen, die da beherrschen" ihren Trieb: „Kommet zur Berechnung" des Verhältnisses zwischen dem Lohne für eine Pflichterfüllung und dem Schaden aus derselben und zwischen der Strafe für eine Sünde und dem Schaden aus derselben. Wenn du so handelst, „wirst du aufgebaut" in dieser Welt, „befestigt" für die kommende Welt. Wenn aber der Mensch seinem Triebe nachgeht, wie das „Eselfüllen" (עיר) der „schönen Eselstute" (סיחון = סיחה נאה), dann „bricht Feuer aus" von denen, die „berechnen" und verzehrt die nicht Berechnenden,[4]) und „Flamme aus der Stadt der Frommen" סיחון = שיהין, bildliche Bez. der Frommen) und verzehrt die ihrer Lust Nachgehenden (עַר = עִיר, wie oben), die „Herrn der Höhen" d. i. die Hochmüthigen. Der Frevler aber spricht: Es giebt keinen Höchsten (ונירם = רם אין), „verloren ist die Berechnung" der Weltregierung; darauf Gott: Warte „bis das Gericht kömmt" (דיבון = בא דין) mit Feuer, das keiner „Anfachung" (נפח) bedarf, bis zur „Verschmachtung" (מידבא = מראיב) ihrer Seelen. — Deut. 1, 15. Aus den Eigenschaften, welche nach B. 13 die auszuwählenden Richter besitzen sollten, fehlt hier die mit נבונים bezeichnete; dieselbe Eigenschaft aber wird den Nachkommen Jissachars zugeschrieben (I Chron. 12, 33 יודעי בינה), desjenigen Sohnes Jakob's, dessen Geburt die in Gen. 30, 16 erzählte Aufforderung der Lea an ihren Gatten vorausgieng: die hingebende Liebe der Frau zu ihrem Gatten wird mit Kindern belohnt, derengleichen es nicht einmal zu Moses' Zeiten gab[5]). — Deut. 28, 68 f. „Niemand

---

ואכלה gesagt sei ונאכל; der Garbenhaufen war schon verzehrt, ehe noch das Feuer die Dornen traf.

[1]) Pesikta 18 b.
[2]) Menachoth 29 a.
[3]) Baba Bathra 78 b f. B. 29 ist nicht gedeutet.
[4]) S. die vorhergehende Allegorese zu Exod. 22, 5.
[5]) Erubin 100 b, Pesachim 72 b, Nedarim 20 b., Vgl. vor. S. zu Gen 38, 15.

eignet sich euch an", denn ihr habet euere Schutzherrinnen; die göttlichen Gebote, „diese Worte des Bundes"¹). — Deut. 33, 1. „Dieses" ist der Segen, mit dem Moses die Kinder Israels segnete; ganz so ist auch der Segen eingeleitet, mit dem Gott Israel segnete: „dieses" ist die Lehre u. s. w. (Deut. 4, 44²). — Deut. 34, 4. Der sterbende Moses erhält den Auftrag, „dem Abraham, Isaak und Jakob zu sagen", daß Gott den Schwur, den er ihnen geschworen, an den Kindern erfüllt habe. Daraus folgt, daß die Abgeschiedenen mit einander sprechen³).

Jos. 1, 8. In diesem Verse ist keine Verpflichtung und kein Gebot enthalten, sondern Segen; Gott sah, daß dem Josua die Worte der Lehre besonders lieb seien (s. Exod. 33, 11), da sagte er ihm: „Josua, die Worte der Lehre sind dir so gar lieb, nicht soll dieses Buch der Lehre aus deinem Munde weichen!"⁴) — Richter 5, 7. פרזין sind die kleinen Städte (s. הפרזי ע׳ Deut. 3, 5), welche in den Tagen Sisera's veröbeten und welche, als Debora erstand, zu Mutterstädten in Israel (אם, vgl. II Sam. 20, 19) wurden⁵). — I. Sam. 2, 27. Die Verdoppelung des Ausdrucks für Offenbarung soll besagen: Zweimal habe ich mich offenbart, einmal, um deine Kinder aus Aegypten zu befreien, ein anderes Mal, um ihnen die Priesterwürde zu geben, und dennoch sind sie abtrünnig!⁶) — II. Sam. 19, 21. „Als Erster vom ganze Hause Joseph's". Joseph bed. hier Israel, vgl. Amos 5, 15; Simei sprach zu David: Ganz Israel hat übel an dir gehandelt, ich am übelsten von Allen, nun harren sie und sind gespannt darauf, wie du mit ihnen verfahren wirst. Wenn du mich in Gnade aufnimmst, so kommen Alle und machen Frieden mit dir. Darum bin ich als Erster von Allen gekommen⁷). — II. Sam.

¹) Esther r. Einleitung, ohne Tradenten.
²) Tanch. z. St. (bei Buber fehlt dieser Absatz).
³) Berach. 18 b unten.
⁴) Menachoth 99 b . . . בדיק זה איני לא חובה ולא מצוה אלא ברכה.
⁵) Schoch. tob zu Ps. 3, 1, s. oben S. 59, Anm. 2.
⁶) Midr. Samuel c. 8, wo (aus Jalkut z. St.) nach נחם אמר ר״ש בר נחם zu ergänzen ist: בשם ר׳ יונתן.
⁷) Sch. tob zu Ps. 3, 1. Jalkut zu II. Sam. 16 (§ 151), s. oben S. 59, Anm. 2. Bevor Jonathan die Frage Samuel b. N.'s über den Sinn der Stelle beantwortet, fragt er ihn, wie sie in Babylonien dieselbe erklärt hätten. S. b. N. theilt ihm folgende Erklärung mit: Simei bat

23, 1. David nennt sich den Mann, der zuerst „aufgerichtet hat" das „Joch" (על) der Buße (II Sam. 12¹).

Jef. 14, 22. Ich rotte von Babel aus „Namen", d. i. die Schrift, „Ueberreft" d. i. die Sprache, „Sproßen" d. i. das Königthum, „Enkel" das ist Vaschti²). — Jef. 28 20. „Zu kurz ist die Lagerstätte, als daß sich — zwei Genossen — auf derselben ausstrecken könnten". Dies nahm Jonathan als Bild der Unmöglichkeit dessen, daß Gottes Herrlichkeit bei dem götzendienerischen Israel verbleibe; wenn er zu dem Verse gelangte, weinte er und rief aus: Ihm, von dem geschrieben ist, daß er das Meer wie eine Mauer zusammenzieht (Pf. 33, 7), „ist das Gußbild als Nebenbuhler beigesellt, als ob es für seine Herrlichkeit gälte sich zusammenzuziehen!"³). — Jef. 41, 19. Es giebt 24 Arten Cedern; die vorzüglichsten von allen sind die in diesem Verse genannten⁴). — Gleichniß zu Jef. 55, 6⁵). Ein König verläßt die Stadt, in der er residirte, weil ihn ihre Bewohner erzürnt hatten. Als gemeldet wird, daß er sich zehn Meilen weit von der Stadt befinde, räth ein kluger Mann, den König, den man zu versöhnen unterlassen hatte, solange er sich in der Stadt aufhielt, wenigstens jetzt, bevor er noch weiter zieht, auszusöhnen. So mahnt der Prophet: Suchet den Ewigen, solange

---

David, er möge, sowie Joseph an seinen Brüdern gethan, Böses mit Gutem vergelten. Darauf Jonathan: יפה, אתה אומר אלא שמע לדבר גדול (so Jalkut im Sch. tob: ויפה, אתם אומרים אלא ש"ר מופלא, und trägt seine eigene Erklärung vor.
1) Moeb Katon 16 b, Ab. zara 5 a.
2) Megilla 10 b, als Prooemium zum Estherbuche (ohne Tradenten).
3) Joma 9 b, Sanh. 103 b, Num. r. c. 7 Ende. Vgl. Berechja zu diesem Verse Lev. r. c. 17 Ende, Echa r. Prooemien 22 Ende. — צרה ist im Sinne von „Nebenbuhlerin" (I. Sam. 1, 6, Mt. Jebam. 1, 1.) verstanden. In Lev. r. c. 17 ist aus Mißverständniß צרה mit גדולה ergänzt. Jochanan deutet im selben Sinne auch צרה Zach. 10, 11. Darnach ist die Bemerkung in Ag. b. T. I, 121 (6) zu berichtigen. S. Goldfahn im Jüd. Literaturblatt von Rahmer, 1882, S. 196.
4) Gen. r. c. 15 g. Aufg. Anonym j. Kethuboth 31 d. Vgl. b. R. H. 23 a. Löw, Aram. Pflanzennamen, p. 59.
5) Pesikta 156 b; Tanch. האזינו, wo Samuel b. Nachman selbst als Autor genannt ist.

er sich in eurer Mitte befindet, rufet ihn, so lange er nahe ist¹). — Legende zu Jes. 63, 16²). Dereinst wird weder Abraham noch Jakob für Israel, über dessen Sünden das Gericht gesprochen werden soll, ein Wort der Fürbitte einlegen: „Abraham kennt uns nicht, Israel nimmt sich unserer nicht an". Nur Isaak erinnert an Israels Verdienste und an die Kürze des menschlichen Lebens, durch welche die Sündenmenge geringer erscheint, erinnert endlich an seine eigene Opferung, deren Verdienst die Sünden seiner Nachkommen sühnen möge. Darauf heben die Israeliten an Isaak zu preisen und rufen aus: Du bist unser Vater! Er aber mahnt sie, lieber Gott zu preisen und sie stimmen den Preis Gottes an: „Du, o Ewiger, bist unser Vater, unser Erlöser von jeher ist dein Name." — Ezech. 17, 19 „Auf sein Haupt", Andeutung dessen, daß Zidkija geblendet wurde, da die Augen im Haupte sind³). — Hosea 2, 10. „Silber vermehrte ich ihr und Gold, das sie zum Götzen verarbeiteten". Darin liegt ein Eingeständniß Gottes, daß zu der Sünde des goldenen Kalbes die Fülle der Israel zu Theil gewordenen Schätze beitrug⁴). — Hosea 6, 5. „Ich brachte sie um durch die Worte meines Mundes", nicht um ihrer Thaten willen; denn auch ein unergründlicher Gottesbeschluß führt den frühzeitigen Tod des Frommen herbei⁵). — Joel 2, 14. ארך אפים anstatt אף ארך soll besagen, daß Gott langmüthig gegen die Frommen und gegen die Frevler ist⁶).

Psalm 1, 1. Dieser Vers verherrlicht Abraham, der nicht ging im Rathe der Frevler, die den Thurm zu bauen beschlossen (Gen. 11, 4), nicht stand auf dem Wege der Sünder von Sodom (Gen. 13, 13) und nicht saß im Rathe der Spötter, d. i. der Philister (s. Richter 16, 25⁷). — Der zweite Psalm bildet mit dem

---

¹) Die Anwendung des Gleichnisses auf die zehn Bußtage ist nicht ganz klar.
²) Sabbath 89 b. Die Ausführung, halb aramäisch gehalten, scheint nicht ursprünglich zu sein.
³) Lev. r. c. 6 g. Ende.
⁴) Berach. 32 a, mit Beziehung auf den Ausspruch der Schule Jannai's zu Deut. 1, 2, s. oben S. 46, A. 1.
⁵) Taanith 5 b.
⁶) Jer. Taanith 65 b.
⁷) Aboda zara 18 b.

vorhergehenden nur einen einzigen Psalm, der mit einem „Heil"=
Rufe beginnt und mit einem „Heil"=Rufe schließt; dieser Umstand
zeigt, daß der Psalm von David besonders werth gehalten wurde[1]).
— Zu Pſ. 11, 5. Der Töpfer macht die Probe nicht an den
schwachen Töpfen, welche brechen, wie er nur an sie schlägt, sondern
an den starken Gefäßen, welche er hundertmal anschlagen kann, ohne
daß sie brechen; ebenso stellt Gott nicht die Frevler auf die Probe,
sondern „er prüft den Frommen"[2]). — Pſ. 102, 1. Der „Arme"
ist König Manasse, denn wer war ärmer an guten Werken als
er[3]). Jb. V. 18 הערער (nicht הערערים) ebenfalls Manasse, der „ent=
blößt" war von guten Thaten, während der Plural in תפלתם sich
auch auf die Könige David und Chizkija bezieht[4]). — Pſ. 118,
21—29 ist bei Gelegenheit der Erwählung Davids zum Könige
(I Sam. 16) von den dabei betheiligten Personen gesprochen worden,
und zwar sagten David Vers 21, Jischai V. 22, Davids Brüder
V. 23, Samuel V. 24, Davids Brüder V. 25 a, David V. 25
b, Jischai V. 26, Samuel V. 26 b, Alle V. 27 a, Samuel
V. 27 b, David V. 28 a, Alle V. 29[5]). — Pſ. 119, 59. „Ich be=

---

[1] Berachoth 9 b unten, wo statt יוחנן zu lesen ist: יונתן (ſ. Ditb. S.)
[2] Gen. r. c. 32 g. Anf. (ohne Tradenten), darauf folgt ein ähn=
liches Gleichniß (vom Flachserzeuger) von Joſe b. Chanina; ebenso c. 34
(wo בן חנינה nach ר' יוסי fehlt). In c. 54 stehen die beiden Gleichnisse in
umgekehrter Reihenfolge und irrthümlicherweise beide im Namen Jonathans.
Dieselbe Reihenfolge in Schir r. zu 2, 16, wo aber das Gleichniß vom
Flachserzeuger richtig von Joſe b. Chan., das andere von ר' יוחנן (l. ר' יונתן).
In Tanchuma וירא ist das Gleichniß vom Töpfer dem späteren Agadisten
Jehuda b. Schalom, das andere ר' יונה zugeschrieben; in Tanch. B. שמות
10 steht nur dieses und zwar im Namen von ר' ינאי, wol irrthümlich aus
dem unmittelbar vorherstehenden Ausspruche übernommen. In Sch. tob zu
Pſ. 11, 5 nur das Gleichniß Joſe b. Chanina's.
[3] Sch. tob z. St. (ר' יונתן = ר' נתן), Jalk. z. St. (שמי עני
ממעשים טובים ממנו).
[4] Sch. tob. z. St. (wo ר' יונתן in ר' אבא zu berichtigen), Jalk. z.
St. In Pesikta 180 b s. ist Simon b. Lakisch als Urheber dieser Deutung
genannt (vgl. oben S. 54 Anm. 15); in Lev. r. c. 30 steht sie anonym.
[5] Pesachim 119 a (ſ. Ditb. Sofrim). In Midr. Sam. c. 19 Ende
wird mit wenigen Abweichungen diese Dramatisirung des Psalmes Samuel
b. Nachman, dem Tradenten, zugeschrieben, mit Angabe des mnemonischen
Zeichens, das er dafür gemacht habe: הוה עביד לאילין פסוקיא סמנין.

rechnete", nämlich den Unterschied zwischen dem Maaße der in der Thora verheißenen Segnungen und dem der Flüche; die Segnungen beginnen mit dem ersten Buchstaben des Alphabets (אם Lev. 26, 3) und endigen mit dem letzten (קוממיות, V. 13), die Flüche beginnen und endigen mit zwei einander benachbarten Buchstaben und auch diese in umgekehrter Folge (ואם V. 14 und משה V. 46[1]). — Prov. 9, 1. Die „sieben Säulen sind die sieben Bücher der Thora"[2]). — Zu Prov. 13, 23. Jemand, der ausgeschickt wurde, die Steuern von Tiberias und Sepphoris einzutreiben, sieht an ersterem Orte einen Sepphorenser, von dem er, da er auch für Sepphoris Auftrag hat, ebenfalls die Steuer einhebt; kaum aber war er mit Tiberias fertig geworden, da kam für Sepphoris ein Steuernachlaß, von welcher jener einzelne Sepphorenser keinen Vortheil mehr hatte: er war also „ergriffen worden ohne Recht"[3]). — Prov. 31, 30 ist ein Lob der drei biblischen Helden, die der Versuchung gegenüber ihre sittliche Stärke bewährten: Joseph (Gen. 39, 8), Boaz (Ruth 3, 8), Palti b. Lajisch (II. Sam. 3, 15[4]). Hohelied 1, 9. רעיתי bed. „meine Verpflegerin"[5]) eine Anspielung auf die täglichen Opfer, welche Israel Morgens und Abends auf den Altar Gottes lieferte[6]). — Hoh. 4, 9 „mit einem deiner beiden Augen", als du die Offenbarung entgegennahmst, mit beiden Augen, wenn du die offenbarte Lehre ausüben wirst[7]). — Hoh. 7, 9. Die „Palme" ist Israel, an der aber — zur Zeit des in Dan. 3 Erzählten — nur ein „Zweig" Gott entgegensproßte, der Chananja's, Mischael's und Azarja's[8]). — Echa. 2, 13. מה אעידך „Was gab ich dir nicht

---

[1]) Lev. r. c. 35 Anf., tradirt von Abba b. Chija; in Tanchuma ראה ist als Autor ר׳ שמואל genannt, wol ר׳ שמואל בר נחמני, der Tradent Jonathan's.

[2]) Sabbath 116 a. Numeri ist für drei Bücher gezählt. S. Ag. d. T. II, 473.

[3]) Gen. r. c. 49, auf die Frage Simlai's nach dem Sinne der durch die Anekdote illustrirten Worte.

[4]) Sanh. 20 a.

[5]) מפרנסתי; vgl. über פרנס = רעיה Ag. d. T. II, 420, 3.

[6]) Schir r. z. St. (ohne Tradenten).

[7]) Sabbath 88 b oben.

[8]) Sanh 93 a.

Alles zur Beute", in Aegypten, am Meere, im Kriege gegen Sichon und Og, im Kriege gegen die Könige Kanaans!¹). — Koh. 3, 11. „Die Liebe zu den Kindern (העולם I. העולים) setzte Gott in das Herz der Eltern"²). — Sinn von Koh. 4, 17. Hüte dich, daß du nicht sündigest! Das ist mehr werth als daß du ob der begangenen Sünde im Gotteshause ein Sühnopfer bringest; und bußfertig Opfer bringen ist besser als das mit keiner Buße verbundene Opfern der Thoren³). — Dan. 9, 9. Wenn ein Arbeiter für die treu geleistete Arbeit seinen Lohn erhalt, so gehört dazu keine besondere Güte von Seiten des Arbeitgebers; die letztere bekundet sich dann, wenn auch dem ungetreuen Arbeiter sein Lohn gegeben wird. In diesem Sinne heißt es: „Bei dem Ewigen, unserem Gotte ist Erbarmen und Verzeihung, weil wir von ihm abgefallen sind"⁴). — I Chron. 7, 40. Ihre Familienreinheit (התיחשם) stand ihnen im Kriege bei; in der Thora ist das im Nebeneinander der Gebote Deut. 23, 3—9 und 23, 10 angedeutet⁵).

Lösung von Widersprüchen. Josua 13, 3. Warum „fünf Fürsten der Philister", während dann sechs Namen aufgezählt werden? Weil blos fünf von ihnen selbstständige Staaten bildeten⁶). — I Sam. 10, 2. Rachels Grab im Stammgebiete Benjamins, aber nach Gen. 48, 7, bei Bethlechem im Stammgebiete Juda's? Die Worte „im Gebiete Benjamin bei Zelzach" gehören zu מעמדי und geben an, wo sich Samuel und Saul befanden,

---

¹) Echa r. z. St.
²) Koh. r. z. St. (Tradenten Berechja und Abahu), Schocher tob zu Pf. 9, 1 (Trad. blos Berechja.) An beiden Stellen wird auch eine andere Deutung Jonathans (ohne Tradenten) mitgetheilt: פחדתי של מלאך המות נתן בלבם, vielleicht mit Hinblick auf בית עולם.
³) Berach. 23 a.
⁴) Schocher tob zu 3, 1, s. oben S. 59, Anm. 2. Als Samuel b. Nachman einwendet, ob denn ein König den Aufrührern Nahrung zu Theil werden läßt, verweist Jon. auf das Manna, welches Israel zu Theil wurde, auch als sie das Goldkalb anbeteten.
⁵) Jer. Kibbuschin 66 a, Num. r. c. 9.
⁶) Chullin 60 b (ohne Tradenten): אדרכי שלהן חמשה. Dieses Wort, das keineswegs — wie Kohut, Aruch I, 36 meint — persisch ist, scheint nichts als eine in den babylonischen Schulen leicht erklärliche Entstellung eines ursprünglichen איתנתיקי = αὐθεντικοί zu sein. Vgl. den Ausdruck ע אימת

als dieser Abschied nahm; von diesem Orte sich entfernend, werde Saul die Männer beim Grabe Rachel's (im Gebiete Juda's) treffen¹). — I Kön. 11, 4. Seine Frauen lenkten sein Herz ab, fremden Göttern nach." Darauf heißt es aber bloß, daß sein Herz nicht so mit Gott war, „wie das seines Vaters David", daß sich Salomo also blos im Grade der Frömmigkeit von seinem Vater unterschied, aber nicht gesündigt hat? In Wirklichkeit trachteten seine Frauen wol danach, ihn zum Götzendienste zu verleiten, doch gelang es ihnen nicht²). — Hosea 2, 1. „Die Zahl der Kinder Israels" und dennoch: „unzählbar." Dieses, wenn sie den Willen Gottes ausüben, jenes, wenn sie ihn nicht ausüben³). — Pj. 19, 9. „Die Gebote des Ewigen erfreuen das Herz"; hingegen Pj. 18, 31 „das Wort des Ewigen läutert?"⁴). Ersteres, wenn der Mensch sich dessen verdient gemacht hat, letzteres wenn er der Läuterung bedarf⁵).

Beispiele halachischer Exegese. Die 39 am Sabbath verbotenen Hauptarbeiten entsprechen der 39-maligen Wiederholung des Wortes מלאכה in der Thora⁶) — Die dreißig Tage des Nazirats (M.

אותנטיות „die siebzig selbstständigen Nationen" (Pesikta 16 b, Lev. r. c. 2 Anf.) Levy's (I, 30 b) ἔνδικος genügt weder dem Inhalte noch der Wortgestalt nach.

1) (Gen. r. c. 82, nach der zweiten Lösung, die aber als die richtige bezeichnet wird (והאי דווקא); nach der ersten Lösung sei umgekehrt עם קבורת רחל zu מעמדי zu ziehen. In Midr. Samuel c. 14 giebt Jonathan die auch in Tosefta Sota 11, 11 zu findende Lösung; die Männer, die „sich gegenwärtig beim Grabe Rachels befinden", wirst du im Gebiete Benjamins treffen. S. auch Ag. b. T. II, 50.

2) Sabbath 56 b, ר' יונת רמי, wie die richtige Lesart lautet.

3) Joma 22 b, . . . אמר ריש בר נחמני ר' יונתן רמי. In Num. r. c. 2 g. E. ist als Autor dieser Lösung Simlai genannt. S. auch Sifré zu Deut. § 47 Ende.

4) צרופה ist aktivisch aufgefaßt, ebenso wie in Rabs' bekanntem Ausspruche über die Bestimmung der Gebote, die Menschen zu läutern (j. Agada der bab. Amoräer, S. 25, Anm. 165, ferner Ag. der T. I, 300, Anm. 3).

5) Joma 72 b, (so eingeleitet, wie die vorhergehende Lösung zu Hos. 2, 1). Dazu eine Bemerkung von Simon b. Lakisch. — Vgl. den oben S. 58 unter Anm. 15 gebrachten Ausspruch).

6) J. Sabb. 9 b unt. In b. Sabbath 49 b tradirt Jon. diesen

Nazir 1, 3) entsprechen der 29=maligen Wiederholung der Aus=
drücke für Gelübde, Enthaltung im biblischen Abschnitte von Nazir
(Num. 6[1]). — Die 93 Gefäße der Tempelhalle entsprechen dem
93=maligen Vorkommen des Gottesnamens in den Schriften der
drei nachexilischen Propheten[2]). — In Jerem. 52, 24 f. (II Kön. 25,
19 f.) findet sich in Argument dafür, daß das große Synedrion
aus ganz Israel zu wählen sei: es sind nämlich dort aufgezählt:
2 Priester, 7 Räthe des Königs, 1 Kriegsoberster, 60 Männer
vom Volke des Landes, also zusammen 70 Personen; oder mit Er=
setzung der zwei Priester durch die drei „Hüter der Schwelle" 71
Personen[3]). — Die Maaßbestimmung in M. Erubin 2, 5 (70
Ellen und etwas darüber im Geviert, also über 4900 Quadratellen)
ist dem Maaße des Vorhofes der Stiftshütte (Exod. 27, 9, 12)
entnommen, der 100 Ellen lang, 50 breit, also 5000 Quadratellen
hatte[4]). — Die Verpflichtung der Leviten zum Tempelgesange ist
aus Num. 18, 3 herzuleiten, wo in Bezug auf den Dienst am
Altare die Leviten den Priestern gleichgestellt werden, woraus folgt,
daß auch die Leviten eine Dienstleistung am Altare zu verrichten
haben, die im Gesange besteht[5]). — Daß der Tempelgesang mit
den Weinlibationen verbunden sein soll, kann man aus Richter 9,
13 erschließen, wonach der Wein Gott und Menschen erfreut, näm=
lich Gott in Verbindung mit dem ihm zum Preise angestimmten Ge=
sange[6]). — Exod. 17, 14. Die Worte, „dies zum Andenken ins
Buch" boten die Handhabe, das Buch Esther in den Kanon der
heiligen Schrift aufzunehmen[7]).

Satz im Namen seines Lehrers Simon b. Lakonia, f. Ag. d. T. II, 489.
[1]) J. Nazir 51 c oben.
[2]) J. Chagiga 79 d. Huna bemerkt dazu, er habe bloß 83 Gottes=
namen bei den drei Propheten gefunden, die den 83 Siegeln in der Halle
entsprechen.
[3]) J. Sanh. 18 b unten (ohne Trabenten).
[4]) J. Erubin 20 d.
[5]) Arachin 11 b (ohne Trabenten).
[6]) Berach. 35 a, Arachin 11 a.
[7]) Jer. Megilla 70 d; b. Megilla 7 a, in abweichender Fassung, als
gemeinsamer Ausspruch von Rab, Chanina und Jonathan. — S. noch

4.
Zu den biblischen Erzählungen und Personen.

Während der Sündfluth fungirten wol die Himmelskörper, aber ohne daß dies sich äußerlich merkbar machte[1]. — Abraham kannte sogar die Satzungen von der Verbindung der Höfe zum Zwecke der Sabbathbeobachtung[2]). — Rachel wäre eigentlich dessen würdig gewesen, daß ihr Sohn Jakobs Erstgeborner sei, was auch in Gen. 37, 1 angedeutet ist, aber Lea's Gebet bewirkte, daß zuerst ihr Kindersegen zu Theil werde; andererseits bewirkte es Rachels schonungsvolle Discretion, mit der sie ein Geheimniß zu hüten wußte, daß das Erstgeburtsrecht endlich doch ihrem Sohne (Joseph) zu Theil wurde[3]). — Wer einen König oder Machthaber versöhnen will und darin nicht bewandert ist, der lerne es aus der Erzählung, wie Jakob den Esau versöhnte[4]). — Die Choriten werden (36, 20) als „Be=

---

zu I Sam. 2, 32, Sanh. 14 a; Zacharia 13, 1, j. Schekalim 50 a oben; II Chron. 1, 13, Joma 53 a unten. Eine exegetische Regel, in Bezug auf Num. 35, 9: בל מקום שנאמר דבור חדוש מקרא שם, j. Makkoth 31 d unten.

1) Gen. r. c. 25, wiederholt in c. 33 und c. 34, gegen Jochanan.

2) Gen. r. c. 49, Tradent Sam. b. Nachman, in dessen Namen Acha; in Gen. r. c. 64 g. Auf., Tradent Jochanan (l. ר' יחנן בשם ר' ינאי), mit der auch in den folgenden Stellen zu findenden Begründung, ת"ד (Gen. 26, 5 bedeute die schriftliche und mündliche Lehre: auch das geringste Gebot der letzteren habe er beobachtet. In Gen. r. c. 95: ר' יחנן שר הבירה, ohne Tradenten (anstatt עדובי חצרות: ע' תבשילין); in Tanch. ב. ויש 12, der volle Name Jonathan's (s. oben S. 58 Anm. 2), Tradent Sam. b. N; ib. לך לך 14 (Tradent S. b. N. ע' תבשילין), ebenso Ag. Bereschith c. 13; in Sch. tob zu Ps. 1, 1 Tradent S. b. N. (ע' חבריות und ע' תבשילין); in Tanch. בהר g. Auf. Samuel b. N. im Namen Alexanders (ע' ת); in Tanch. ב. לך לך 1 Acha im Namen Alexanders, S. b. N. im Namen Jonathans. S. auch Buber zur letzteren Stelle. — Zum Satze selbst s. noch Joma 28 b und M. Joel, Blicke ꝛc. II, 174.

3) Baba Bathra 123 b, von Chelbo dem Samuel b. Nachman mitgetheilt, nachdem dieser auf die Frage Ch.'s, warum Jakob sofort nach Joseph's Geburt heimkehren will (Gen. 30, 25), eine andere Antwort gegeben hatte. S. oben S. 59. Ueber Lea's Gebet und Rachels Discretion (צניעות) wird dann im Talmud eine weitere Ausführung gegeben.

4) Aus unbekannter Quelle citirt von Tobija b. Eliezer zu Gen. 32, 4 (אמר ר' יהונתן); vorangeht ein wol derselben Quelle entnommener Ausspruch Samuel b. Nachman's.

wohner des Landes" bezeichnet, weil sie mit der Natur des Landes genau bekannt waren und wußten, welches Stück Land für Oelbäume, welches für Weinstöcke und welches für Feigenbäume geeignet sei[1]). — Als Juda und Joseph einander im Wortkampfe gegenüberstanden (Gen. 44, 18 ff.), da sagten die Dienstesengel: Kommt, laßt uns hinuntersteigen um zu sehen, wie Stier (Deut. 33, 17) und Löwe (Gen. 49, 9) mit einander kämpfen. Sonst fürchtet der Stier den Löwen, hier aber sind sie im Kampfe mit einander und bleiben es bis zum Erscheinen des Messias (Jes. 11, 13[2]). — Die tyrannische Strenge, Exod. 1, 13, bestand darin, daß Frauen zu Männerarbeit und Männer zu Frauenarbeit gezwungen wurden[3]). — Aegyptens Handlungsweise an Israel ist mit dem Bitterkraute verglichen (וימררו, Exod. 1, 14, von מרור); denn so wie dieses Anfangs milde schmeckt, dann aber herbe, so verfuhr Aegypten Anfangs milde mit Israel, dann aber hart[4]). — Als Pharao bereute, die Israeliten ziehen gelassen zu haben, glich er Jemandem[5]), der eine Partie Cedernstämme[6]) erbte und sie um Geringes verkaufte, dann aber wehklagt, als der Käufer die Baumstämme auf die einträglichste Weise verwerthet, indem er aus ihnen allerlei Möbel verfertigt[7]).

---

[1]) Sabbath 85 a (wo יונתן statt יוחנן zu lesen ist).

[2]) Tanch. וישי Auf. In Tanch. B. ויגש 3 findet sich anonym eine ausführlichere Vergleichung des Kampfes der beiden Brüder mit dem zwischen Stier und Löwen.

[3]) Sota 11 b.

[4]) Pesachim 39 a. In j. Pesachim 29 c oben ist es Jon.'s Zeitgenosse Hoschaja, der mit dieser Vergleichung beweist, daß unter dem für den Pesachritus vorgeschriebenen Bitterkraut in erster Reihe חזרת, Lattich, gemeint sei.

[5]) Pesikta 84 a, nach den beiden ähnlichen Gleichnissen von Jose dem Galiläer (Ag. b. T. I, 370) und Simon b. Jochai (ib. II, 142); ohne dieselben Tanch. B. בשלח 5 אלעזר בן יונתן ר׳. In Schir r. zu 4, 12 ist Jonathan das Gleichniß Jose's zugeschrieben und umgekehrt.

[6]) קצצה (Pes.); קצצים של ארז (Jalkut, Tanch. B.), קצצה של ארז (Schir r.). Es findet sich noch der Plural קצצית neben אילנים של ארזים (j. Kethubot 32 b), woraus auch die Bedeutung ersichtlich ist: gefällte Baumstämme. Vielleicht beb. der Sing. eine Partie solcher Stämme. Levy IV, 363 a hat unrichtig „Waldung, die umgeholzt wird".

[7]) Pes: טבליאות בימאות וספסלין (st. ב׳ eine Hf. נבאות), Schir r. ב׳ und ט׳. — ת׳ ומ׳ והפצים Tanch. B. הרבה, תיבות ומגדלים שדה ושדות

Moses wurde wegen seines demutsvollen Benehmens, als ihm Gott im Dornbusche erschien, dreier Auszeichnungen würdig befunden: weil er sein Gesicht verbarg (Exod. 3, 6), wurde sein Antlitz strahlend (34, 30); weil er „fürchtete", fürchteten die Israeliten, ihm zu nahen (ib.), weil er nicht auf die Erscheinung „hinblickte", durfte er „Gottes Gestalt erblicken" (Num. 12, 8¹). — Wie konnte Moses Gottes Stimme ertragen, da doch schon die Stimme eines einzelnen Engels von keinem Menschen ertragen werden kann (Dan. 10, 6 f.)? Die Stimme Gottes erschallte — nach Ps. 29, 4 — „mit der Kraft", welche Moses ertragen konnte²). — Als Israel gesündigt hatte (Exod. 32), da wollte Gott dem Moses die Tafeln des Bundes wegnehmen; Moses aber riß sie mit „starker Hand" (Deut. 34, 12) an sich³). — Als Moses den zur Verfertigung des Heiligthums ausersehenen Künstler damit beauftragte, die Arbeit zu übernehmen, nannte er zuerst die Lade, dann die Geräthe, endlich das Zelt (Exod. 25, 10 ff.) Da bemerkte Jener: Man pflegt erst das Haus zu bauen, dann die Geräthe hineinzugeben; hat Gott nicht etwa erst das Zelt, dann Lade und Geräthe zu machen geheißen? Dies war in der That der Fall gewesen (Exod. 31, 7 ff.), und Moses rief aus: Befandest du dich vielleicht „im Schatten Gottes", daß du dies weißt? Daher wurde der Künstler Bezalel genannt⁴). — „An jedem Morgen", Exod. 36, 3, zielt darauf hin, daß allmorgenlich mit dem Manna Edelsteine und Perlen herunterfielen, von denen 35, 27 gesagt ist: Die Wolken (והנשיאים wie im Prov. 15, 14) brachten die Schohamsteine u. s. w.⁵). — „Moses hörte" (Num. 16, 4), nämlich daß man ihn des unerlaubten Verkehrs mit den Frauen Anderer beschuldigte, nach Ps. 106, 16: „sie waren eifersüchtig gegen Moses"⁶). — „Ich kann nicht mehr aus-

vielleicht dasselbe was לוחות ובימות Megilla 32 a; über ימגדל ש״י ת׳ s. Bar. Erubin 30 b.

1) Berach. 7 a.
2) Tanch. יתרו zu 20, 1, Exod. r. c. 28 Ende. Vgl. Pesikta 110 a. Die Deutung beruht auf der bestimmten Form בְּכֹּחַ st. בְּכֹחַ.
3) J. Taanith 68 c oben.
4) Berach. 55 a.
5) Joma 75 a unt. Die merkwürdige Erkl. von 35, 27 wird als überliefert (את״נ) bezeichnet.
6) Sanh. 110 a.

— und eingehen" (Deut. 31, 2), nämlich in den Worten der Lehre; denn es verschlossen sich ihm die Pforten der Weisheit[1]).

— Als Josua, zu Moses' Nachfolger bestimmt, seinen ersten Vortrag mit der üblichen Benediktion eingeleitet hatte, da war es, als ob die Ueberlieferungen der Weisheit Moses abgenommen und Josua übergeben würden. Moses verstand den Vortrag nicht und konnte nach demselben die an ihn gerichteten Fragen nicht beantworten; da sagte er: Herr der Welt, bisher habe ich mir Leben gewünscht, jetzt aber laß meine Seele zu dir eingehen!²)

Die Frau, welche Jonathan und Achimaaz verbarg und rettete, II. Sam. 17, 19, war das Weib Simei's, die zum Lohne dafür dessen würdig befunden ward, daß von ihr die Retter Israels, Mordechai und Esther (Esther 2, 5) abstammten[3]). — Salomo verfaßte zuerst das Hohelied, dann die Sprüche, endlich das Buch Koheleth: solange der Mensch jung ist, schreibt er Poesie, als reifer Mann Sprüche der Lebensweisheit, als Greis erklärt er, daß „Alles eitel" ist[4]). — Eine „Königin von Saba" zur Zeit Salomo's hat es überhaupt nicht gegeben: Salomo wurde nicht von einer Königin besucht, sondern מלכת, I Kön. 10, 1, 13, beb. soviel als מלכות, Regierung (worunter ein männlicher Regent zu verstehen ist[5]). —

---

[1]) Sota 13 b.
[2]) Tanch. ואתחנן Ende (B. 6). Im Midrasch vom Ableben Moses (B. H. I, 127) heißt es statt החכמה (מסורות) מוסרות: אוצרות החכמה.
[3]) Midr. Samuel c. 32 g. E., mit sagenhafter Ausschmückung. Anonym (mit Aenderungen z. B. ופרעה ראשה statt ופירעה עצמה, zu welchem s. Levy IV, 128 b) in der von Buber (Sammlung agabischer Midraschim) edirten Compilation zu Esther, p. 82, Jalkut (ohne Quellenangabe) zu Esther § 1053.
[4]) Schir r. zu 1, 1 Ende (ohne Tradenten). Weiß im Beth-Talmud I, 130 verweist auf eine Ansicht des Kirchenvaters Gregor von Nyssa, wonach die drei salomonischen Schriften den drei Altersstufen des Menschen entsprechen.
[5]) Baba Bathra 15 b: כל האומר מלכת שבא אשה היתה אינו אלא טועה. Der Satz hat die Form der unten S. 84 stehenden apologetischen Aussprüche Jonathan's. Vielleicht sollte mit dieser Annahme den Sagen über den Verkehr Salomo's mit der heidnischen Königin (aus diesem Verkehre leiteten die abessynischen Könige ihren Ursprung ab) der Grund entzogen werden. Nach j. Sota 20 d gehört die Annahme, daß Hiob zur Zeit der Königin von Saba gelebt hat, nach Hiob 1, 15 (in B. Bathra 15 b von

Der König Josia sündigte damit, daß er gegen den durch das Land ziehenden Necho in den Krieg zog, ohne sich mit Jeremias berathen zu haben; er deutete das Schriftwort (Lev. 26, 6) „kein Schwert soll durch euer Land ziehen" so, daß darunter auch der Durchzug eines bewaffneten Heeres ohne feindliche Absicht gemeint sei, weil ja die Invasion eines feindlichen Heeres schon durch den ersten Theil des Verses („ich gebe Frieden im Lande") ausgeschlossen ist. Josia irrte aber darin, daß er nicht erkannte, daß seine Zeit nicht so würdig sei, um für sie die Bewahrheitung jener göttlichen Verheißung zu erwarten[1]). — Wenn Jonathan zur Erwähnung des Namens Nebukadnezar in Esther 2, 6 gelangte, sprach er dazu die verwünschenden Worte: „seine Gebeine mögen zermalmt werden"; im Buche Jeremia that er dies deshalb nicht, weil N. in diesem als Lebender erwähnt wird[2]). — Drei und ein halb Jahre vor Zerstörung des Tempels weilte die Herrlichkeit Gott auf dem Oelberge und eine Himmelsstimme rief: „Kehret um, ihr abtrünnigen Kinder!" (Jer. 3, 14); als sie keine Buße thaten, da rief die Stimme: „Ich will gehen und zu meinem Orte zurückkehren" (Hosea 5, 15[3]). — Als die Heiden in den Tempel eindrangen, da wendeten sich Alle den goldenen und silbernen Schätzen des Heiligthums zu, Ammon und Moab wandten sich zu der Thorarolle und sagten: Das Buch, in dem geschrieben ist, daß ein „Ammoniter und Moabiter nicht in die Gemeinde des Ewigen eingehen dürfen", soll verbrannt werden!

Nathan s. Ag. b. I. II, 452) Jonathan an; in der That heißt es an letzterer Talmudstelle nicht בימי מלכת שבא, sondern ב׳ מלכות ש׳, also im Sinne der Ansicht Jonathans, daß nur von einer „Regierung Saba's" die Rede sei.

[1]) Taanith 22 b.

[2]) (Gen. r. c. 49 Auf. . . . ר׳ ברכיה ור׳ חלבו בשם ר״ש בר נחמן ר׳ ינתן, ebenso Midr. Samuel c. 1 Auf., nur statt ר׳ ברכיה: ר׳ ירמיה. In j. Megilla 74 b c: . . . ר׳ ברכיה ר׳ ירמיה ר׳ חייא בשם ר׳ יוחנן ר׳ ינתן, ebenso Esther r. 3. St., nur st. ר׳ יוסי: ר׳ יוחנן, und nicht bloß Jonathan that so, sondern ר׳ ינתן ורבנן. In Maß. Sofrim 14, 7 wie im jer. Talmud, nur irrthümlich ר׳ יוחנן statt ר׳ ינתן.

[3]) (Echa r. Prooemien Nr. 25, von Jochanan angewendet; in anderer Version Pesikta r. c. 31 (143 b), daraus (etwas geändert) Sch. tob zu Pf. 10, 1, wo ינתן in יוחנן verschrieben ist.

Zu den biblischen Erzählungen und Personen.

Darauf bezieht sich Echa 1, 10¹). — Die Israeliten zur Zeit Hamans hätten ob ihrer Mutlosigkeit den Untergang verdient; doch traf ihr Sinn mit dem ihres Ahnen Jakob überein, der obwol ihn Gott seines Schutzes versichert hatte (Gen. 28, 15), dennoch fürchtete (Gen. 32, 8); umwieviel eher — sagten sie — müssen wir fürchten²).

Drei Personen der biblischen Vorzeit haben Unpassendes gewünscht; zwei von ihnen erhielten einen günstigen Bescheid darauf: Eliezer, der Diener Abrahams (Gen. 24, 14, es hätte leicht ein lahmes oder blindes Mädchen sein können) und Saul der Sohn Kisch's (I Sam. 17, 25, es hätte auch ein Sklave oder Bastard Goliath besiegen können), während Einer, Jiphtach der Gileabite, einen seinem Wunsche (Ri. 11, 31, wo er nicht bedachte, daß etwas zum Opfer Untaugliches ihm entgegen kommen könnte) entsprechenden Bescheid erhielt, indem seine eigene Tochter das Opfer seines unbedachten Gelübdes wurde. Auf dieses Opfer zielt Jer. 7, 31 und 8, 22³). — Drei Personen sind es, denen von Gott freigestellt ward, zu wünschen (mit dem Ausdrucke שאל): Salomo (I Kön. 3, 5), Achaz (Jes. 7, 11), der Messias (Ps. 2, 8⁴). — Gott hat die oberen von den unteren Wesen geschieden, da durchbrach Moses die Ordnung und „stieg zu Gott empor" (Exod. 19, 3). Nach Gottes Ordnung sollten die unteren Wesen essen, die oberen keiner Nahrung bedürfen, da machte Abraham die oberen Wesen essen (Gen. 18, 8) und Moses aß nicht und trank nicht, vierzig Tage lang (Exod. 24, 18). Meer sollte Meer, Festland Festland bleiben, dennoch wurde durch Moses das Meer zum Festlande (Exod. 14, 21) und durch Elischa das Trockene zu Wasser (II Kön. 3, 16). Die Himmel sollen Gottes Herrlichkeit preisen (Ps. 19, 2) und

---
¹) Jebamoth 16 b. Anonym Echa r. z. St.
²) Gen. r. c. 76 Anf.: ר' ברכיה ור' חלבו בשם ר"ש ב"נ משם ר' נתן (st. נתן l יונתן, s. vor. S., A. 2); in Pesikta 140 a fehlt בשם nach חלבו ר', in Pesikta r. c. 33 (151 b) ist bloß S a m. b. N a c h m a n als Autor genannt.
³) Taanith 4 a.
⁴) Gen. r. c. 44 (ohne Trabanten); Sch. tob. zu Ps. 2, 8 (ור' יוחנן). S a m u e l b. N a c h m a n fügt zwei Personen hinzu, bei denen zwar nicht שאל ausdrücklich geschrieben, aber exegetisch (מן ההגדה) nachzuweisen ist: Abraham (nach Gen. 15, 2) und Jakob (nach Gen 28, 22).

Moses hieß sie schweigen (Deut. 32, 1). Sonne und Mond sollen Gott rühmen (Ps. 113, 3) und Josua ließ sie innehalten (Jos. 10, 12). Sommer soll vom Winter (der Regenzeit) geschieden sein, da machte Samuel Sommer zu Winter (I Sam. 12, 17), Elija den Winter zu Sommer (I Kön. 17, 1). Tag soll von Nacht geschieden sein, aber Jakob machte den Tag zur Nacht (Gen. 28, 10), Debora und Barak die Nacht zum Tage (Richter 5, 20[1]).

Eine Reihe von Apologieen biblischer Persönlichkeiten durch Jonathan[2]) wird mit der stehenden Redensart: „Wer da sagt, daß N. gesündigt hat, ist im Irrthum befangen"[3]) eingeleitet. So deutet er exegetisch die in der heiligen Schrift ausgesagte Schuld folgender Personen hinweg: Reubens (Gen. 35, 22[4]), der Söhne Eli's (I Sam. 2, 22[5]), der Söhne Samuels (ib. 8, 3[6]), Davids (II Sam. 12, 9[7]), Salomos (I Kön. 11, 4[8]), Josia's (II Kön. 23, 25[9]).

---

[1]) Koh. r. zu 3, 14, auf Anfrage Simon b. Latisch's.

[2]) Sabbath 55 b f. Zwei dieser Rechtfertigungen auch von Chija, j. Sota 16 d, s. Ag. b. T. II, 527. S. auch Litteraturblatt des Orients X, 571.

[3]) כל האומר פ' חטא אינו אלא טועה. Vgl. oben S. 81 Anm. 5.

[4]) Die Rechtfertigung Reubens bewerkstelligt er mit Hilfe eines Ausspruches Simon b. Eleazar's Ag. b. T. II, 434), welcher in Gen. r. c. 99 von Abahu (nach Anderen von Jakob) im Namen Chijas, von Josua b. Levi im Namen Simon b. Jochai's tradirt wird. S. auch Hamaggid XI, 118. — Ueber Reubens Reue s. Jon.'s Ausspruch, Sota 7 b. B. K. 92 a, Makkoth 11 b, der zugleich eine Apologie Juda's enthält.

[5]) Er liest שכיבתן. S. noch Joma 9 a b, Agadath Bereschith c. 41.

[6]) Der „Eigennutz" bestand blos darin, daß sie nicht, gleich ihrem Vater, umherreisten, sondern in ihren Wohnsitzen blieben und dadurch die Einkünfte ihrer Gerichtsdiener und Schreiber vermehrten.

[7]) David hatte blos die Absicht „zu thun das Böse", that es aber in Wirklichkeit nicht. Dem apologischen Zwecke dient auch der andere — mit ערובתם I Sam. 17, 18 gestützte — Ausspruch Jonathans (Sabbath 56 a, Kethuboth 9 b), daß Davids Krieger, bevor sie in den Krieg zogen, für ihre Frauen einen Scheidebrief schrieben (so daß also Urija's Weib keine Ehefrau war).

[8]) Die Rechtfertigung geschieht mit der oben S. 76 angeführten Exegese.

[9]) Da es heißt „der zurückkehrte zum Ewigen" scheint er früher ge-

5.
Gott und Welt. Eschatologisches.

Als Gott die Welt erschaffen hatte und sein Wohlgefallen über sie aussprach (Gen. 1, 31), glich er einem Könige, der seiner Tochter ein Brautgemach fertigstellt und sein Wohlgefallen über dasselbe in die Worte kleidet: O meine Tochter, möge doch dieses Brautgemach zu jeder Zeit meinen Beifall finden, wie in diesem Augenblicke! So sagte auch Gott: O meine Welt, mögest du doch zu jeder Zeit meinen Beifall finden, wie in diesem Augenblicke![1]) — Die Worte in Ps. 37, 25 spricht der „Fürst der Welt" (der Weltgeist[2]). — Aus jedem Worte, das aus Gottes Munde hervorgeht, wird ein Engel geschaffen, nach Ps. 33, 6[3]). — Daß Gottes Walten nach dem Grundsatze „Maaß für Maaß" verfährt, sieht man aus II Kön. 7, 1, 2, 18, 19[4]). — Ein Gottesbeschluß, den ein Schwur begleitet, wird nicht zerrissen, nach I Sam. 3, 14[5]). — Zur Erklärung von Hiob 34, 25[6]). „Er erkennt ihre Thaten": Gott führt die Strafe an einer Nation auf Erden nicht eher aus, als er oben die Anklageschrift gegen sie vorgelesen[7]), dann „wandelt er in Nacht" den Tag, bereitet sie[8]) für das Strafgericht vor „und sie

---

sündigt zu haben. Die Rechtfertigung betont das ובכל מאדו: Josia habe „mit seinem Vermögen" Alle, die bis er zu seinem 18. Lebensjahre (der Zeit der Auffindung der Thora) verurtheilt hatte, entschädigt.

1) Gen. r. c. 9. A. (ohne Trabanten), vorher ein ähnliches Gleichniß von Chama b. Chanina.
2) Jebamoth 16 b פסוק זה שר העולם אמרו.
3) Chagiga 14 a.
4) Sanhedrin 90 a b: מנין שכל מדותיו של הקב״ה מדה כנגד מדה.
5) R. H. 18 a, Jebam. 105 a.
6) Gen. r. c. 28 Anf. auf die Frage Chanina's: ר׳ חניגא שאליה לר׳ יונתן. Dafür in Jalkut zu Hiob (§ 920) אמר ר׳ חנינא אחר שאליה לר׳ יונתן, als ob Elischa b. Abuja die Frage an Jonathan gerichtet hätte. Doch beruht diese Lesart natürlich auf irgend einer Textverderbniß.
7) לעולם אין הקב״ה פורע מן האומה עד שהיא קורא איליוגין שלה מלמעלה. Jalkut; Gen. r. hat רשעים anstatt אומה, und איליוגין, ἐλόγιον, b. i. elogium (s. Levy I, 64 b) ist zu אנדרינין אנגלינין corrumpirt. S. Julius Fürst, Glossarium Graeco-Hebraeum, p. 44.
8) והקשיטן לפורענות, Gen. r., wofür Jalkut: והתקינן לפור. Ueber קשט = הבין s. Ag. b. T. II, 100.

werden zermalmt". So wurde auch die Sündfluth erst dann verhängt, nachdem Gott „gesehen, daß groß die Schlechtigkeit der Menschen auf Erden" (Gen. 6, 5), und nachdem er „bereut, daß er den Menschen erschaffen" (ib. V. 6¹). — Der Tod ist deshalb über Fromme und Frevler gleichmäßig verhängt, weil, wenn nur die Frevler weggerafft würden und die Frommen immer lebten, Jene heuchlerisch sich als Fromme bekennen würden, ferner weil die Frevler sagen würden: Die Frommen leben nur deshalb, weil sie Pflichterfüllungen und gute Werke häufen, thuen wir desgleichen! — und so würde die Pflicht und das Gute in eigennütziger Absicht, nicht um ihrer selbst willen gethan²).

Verwünscht seien die Berechner der Endzeiten!³) Wenn ihre Berechnung sich als unrichtig erweist, dann hören sie auf, ein Ende zu erwarten. Vielmehr soll man, nach Habakkuk 2, 3, „harren, auch wenn es zögert"; auch Gott „harret darauf", nach Jes. 30, 18, nur die göttliche Eigenschaft der Gerechtigkeit hält die Erfüllung hintan. Aber zu harren ist ein Verdienst, das belohnt wird, denn „Heil Allen, die auf ihn harren!" (ib.⁴). — Vier Bibelstellen enthalten einander ähnliche Hinweise auf die Beschaffenheit der kommenden Welt⁵): 1. Koh. 9, 10. „Was deine Hand mit deiner Kraft zu thun vermag, das thue!" Diese Welt gleicht dem Festlande oder auch dem Rüsttage des Sabbath, die kommende Welt dem Meere

---

¹) Im Midr. Sam. c. 18 Anf. wird unser Hiobvers so gedeutet: אמ‎ ר׳ חנינא לעולם אין הקב״ה נפרע מאומה תחלה עד שיפרע משרה שלמעלן‎. Dann folgt ein Hinweis auf Jes. 27, 1 und die Belegstelle in Gen. 6. Offenbar beruht das auf dem Ausspruche Jonathans, indem bloß der Name des Fragestellers als Autor blieb, das Fremdwort aber mit dem ähnlichen אנגלין‎ = ἄγγελος verwechselt und dies mit שר של מעלה‎ erklärt wurde.

²) Gen. r. c. 9 g. Anf., gegen Chama b. Chanina (ר׳ ל: אמר‎ יונתן‎. —

³) תיפח עצמן של מחשבי קצין‎.

⁴) Sanh. 97 b. — Mit seinen Schülern unter einem besonders fruchtreichen Feigenbaume sitzend, dessen Saft niedertroff, während Milch aus dem Euter einer herbeigekommenen Ziege sich mit dem Safte mengte, rief er aus: ביאו וראו מעין דוגמא של העולם הבא‎.

⁵) Pesitta r. Anhang ed. Friedmann 198 b נחמני בר ר״ש אמר‎; Ju Ruth r. c. 3. ה׳ ר׳ יונתן ארבעה מקראות הקישו לחכמים ה׳ לוה‎. ר׳ סימון‎, Autor: אחד סד׳ מקראות שדומין זה לזה‎.

oder dem Sabbath; wer am Rüsttag oder auf dem Festlande Alles bereitet hat, der hat auf dem Meere oder am Sabbath zu essen, was soll aber derjenige essen, der nichts vorbereitet hat?¹) 2. Hiob 3, 19. „Kleiner und Großer sind dort." In der kommenden Welt erst wird ersichtlich, wer wahrhaft groß und wahrhaft klein ist, der Kleine kann dort nicht mehr groß, der Große nicht mehr klein werden. 3. Ruth 1, 17. „Nur der Tod kann zwischen mir und dir Trennung herbeiführen." In dieser Welt häufe was du kannst an Pflichterfüllung und guten Werken an²), geleitet von meinem Beispiele, aber in der kommenden trennt uns der Tod³). 4. Koh. 9, 4. „Dem lebendigen Hunde ist es besser, als dem todten Löwen". Der Frevler, der noch am Leben ist und Buße thun kann, ist besser daran, als der Fromme, der mit einer Sünde belastet von dieser Welt geschieden ist⁴). — Der Frevler verläßt nicht diese Welt, ehe ihm Gott die Jagd gezeigt, auf der er gefangen ward⁵). — Einst werden die Frommen mit ihrem Stabe (Zach. 8, 4) das

---

¹) In Ruth r. ist das in Bezug auf Koh. 1, 15 gesagt, viel ausführlicher, und noch mit einem dritten Bilde: Wüste und bewohntes Land ebenso — anonym — Koh. r. zu 1, 15. Das Bild von Festland und Meer auch im Midrasch Mischle zu 6, 6.

²) כל מה שאתה יכולה לסגל מצות וצדקות סגלי. Vgl. denselben Ausdruck in dem oben S. 86 angeführten Ausspruche Jonathan's über den Tod der Frommen.

³) In Pes. r. fehlt die Erläuterung, sie steht Ruth. r. z. St. c. 2 Ende und bildet den Ausgangspunkt des am Anfange des 3. Cap. stehenden Ausspruches.

⁴) In Ruth r. eine andere Erläuterung (entsprechend der zu Hiob 3, 19): In der kommenden Welt kann der Löwe nicht mehr zum Hunde, der Hund nicht zum Löwen werden.

⁵) Esther r. zu 1, 11 אין הרשע יוצא מן העולם עד שהקב"ה מראה לו היאך היה קנינין דידיה מיתציד, mit Beziehung auf die vorhergegangene Deutung von נערמו, (Exod. 15, 8. wonach die Aegypter nackt den Untergang im Meere fanden, sowie die Frevler in der Hölle nackt gerichtet werden. Diese Deutung, in Esther r. von ר' נתן, gehört nach Abba Gorion z. St. (ed. Jellinek, p. 4, ed. Buber 8 a) Jonathan an; hingegen ist die Deutung von Ps. 73, 20 Jochanan, das Volkssprichwort dazu Samuel b. Nachman zuzuerkennen. S. noch des Letzteren Ausspruch in Lev. r. c. 21 Anf., Pesikta 174 b, Schocher tob zu Ps. 27, 1.

Wunder der Todtenbelebung wirken, wie einst Elischa mit dem seinigen (II Kön. 4, 29[1]).

In Pirke di R. Eliezer finden sich drei Aussprüche mit dem Namen Jonathans bezeichnet[2].

---

[1] Pesachim 68 a.
[2] C. 34 g. Anf., von der Auferstehung; c. 49, Chronologisches über das Perserreich; c 51, eine Controverse mit Jehuda b. Ilai.

V.
Hoschaja.

Neben Bar Kappara und Chija wird Beider Schüler, Hoschaja, als Urheber von großen Traditionssammlungen genannt, welche sich der Mischna Jehuda's I an die Seite stellten[1]), und von denen besonders die Chija's und Hoschaja's als maaßgebend betrachtet werden[2]). Nur Letzterem allein findet sich der Ehrennamen „Vater der Mischna" beigelegt[3]). Hoschaja's Vater, Chama b. Bisa, war von Jehuda I sehr geschätzt und vor Jsmael b. Jose als bedeutender Mann gerühmt worden[4]). Er soll zwölf Jahre fern von den Seinen im Lehrhaus des Patriarchen verbracht und, als er heimkehrte, seinen Sohn als tüchtigen Gelehrten vor-

---

[1]) S. Pesikta 122 a; Koh. r. zu 12, 3, Echa r. Prooemien Nr. 23; j. Horajoth Ende (48 c.), Koh. r. zu 6, 2 (vgl. Ag b. Tann. II, 503). S. noch Sch. tob zu Pf. 1, 2, Abba's Ausspruch: אם חפצת בתורה סופה נקראת על שמך כגון משנתו של ר' הושעיה ובר קפרא וכיוצא בהן (vgl. Ab. zara 19 a).

[2]) Chullin 141 a unt. S. Ag. b. T. II, 522. — Im babylonischen Talmud wird der Name meist אושעיא geschrieben. — An Stelle seiner Namensunterschrift zeichnete Hoschaja den Buchstaben ע, Gittin 36 a.

[3]) Von Simon b. Lakisch, j. Baba Kamma 4 c, Eleazar (b. Pedath) j. Kidduschin 60 a, Ulla b. Jsmael j. Jebamoth 4 d, Jona j. Kethuboth 32 d; alle Vier gebrauchen die Redewendung כך פירשה ר' הושעיא אבי המשנה. Nach Jsr. Lewy's Vermuthung (Ein Wort über die Mechilta des R. Simon S. 2) wäre mit dem Ausdrucke אבי המ' H. nur als Autor, Tradent der betreffenden Baraitha bezeichnet; doch müßte es dann auffallend erscheinen, daß der so allgemein zu fassende Ausdruck sonst nirgends mehr vorkömmt. — Vgl. übrigens die Bezeichnung אב לחכמה, die Hillel seinem Schüler Jochanan b. Zakkai gegeben haben soll (j. Nedarim 39 b), und אבי החכמה, b. i. Moses (Lev. r. c. 1).

[4]) Jer. Nidda 46 b, b. Nidda 14 b.

gefunden haben[1]). Damals lebte auch noch der Großvater Bisa, der in Controversen zwischen Vater und Sohn entscheiden durfte[2]). Auf diese seltene Gleichzeitigkeit der Thorakenntniß in drei Generationen wandte man die Worte in Koheleth 4, 12 an: der dreifache Faden wird nicht so bald reißen![3]) — Im Namen Bisa's tradirten einen Halachasatz die Gelehrten von Caesarea[4]), wo Hoschaja's Lehrhaus sich befand und wo wahrscheinlich auch sein Vater und Großvater gelebt hatten[5]). Vom Vater Chama wissen wir, daß er mit Bar Kappara zusammen als Richter fungirte, und zwar noch zu Jehuda's I Lebzeiten[6]). Man nannte ihn nach seinem berühmter gewordenen Sohne: Chama, Vater Hoschaja's[7]), mit welcher Bezeichnung jedoch auch ein späterer Chama, der ebenfalls Vater eines bekannten Hoschaja war, vorkömmt[8]). — Unseren Hoschaja selbst unterschied man auch mit dem Epithethon רבה (der Große oder Aeltere = הגדול) von seinem späteren Namensgenossen[9]), wie das auch bei den Namen Chija's und Chanina's, sowie Anderer der Fall war[10]). — Wo dieses Epitheton

[1]) Kethuboth 62 b.
[2]) Baba Bathra 59 a.
[3]) An beiden zuletzt angeführten Stellen: Rami b. Chama.
[4]) J. Gittin 46 a oben: רבנין דקיסרין אמרין בשם ר' ביסא (j. Pes. 29 a ר' נסא statt ר' ביסא). Es ist nichts, was gegen die Annahme, dieser Bisa sei der Vater Chama's, vorgebracht werden könnte, besonders da man sonst den Namen nirgends antrifft.
[5]) Daß Hoschaja, sowie sein Vater Chama, vorher „im Süden" (בדרום, ein Ort wird nicht genannt) sein Lehrhaus gehabt und sich dann in Caesarea niedergelassen (Frankel, Mebo 74 b, Weiß III 54, 56) ist eine unnöthige Annahme, da „der Süden" im weiteren Sinne auch Caesara umfaßt und בדרום, wo Bar Kappara lehrte, kein besonderer Ort, sondern eine Vorstadt von Caesarea war; s. Ag. d. T. II, 505 f.
[6]) J. Schebuoth 36 b oben, vgl. j. Nidda. 50 c d. Eine hal. Controverse zwischen Beiden Moed Katon 24 a.
[7]) ר' הושעיא דר' אבוי חמא ר' z. B. an den in der vorigen Anmerkung citirten Stellen.
[8]) S. Frankel, Mebo 85 b. Dieser spätere Chama tradirte z. B. im Namen Rab's, Lev. r. 1 g. Anf.
[9]) Der Letztere ist aber nicht identisch mit Hoschaja, dem Bruder Chananjas, von dem unten im Cap. über Jochanan des Näheren die Rede sein soll.
[10]) Unhaltbar ist die Annahme von Weiß (III, 55), die Bezeichnung

fehlt, ist nicht immer deutlich), ob Hoschaja der Aeltere oder der Jüngere gemeint sei.

Hoschaja war zuerst Bar Kappara's, dann Chija's Schüler gewesen[1]). Auch der aus dem Süden stammende Ephes (oder Apphos[2]) scheint sein Lehrer gewesen zu sein, derselbe, dem Chanina b. Chama nach Jehuba's I Tode den Vorrang in der Ordination abtrat[3]). Die von dem Genannten uns erhaltenen drei Aussprüche, einen halachischen[4]) und zwei agabische[5]), tradirte Hoschaja. Aus der Tradition eines der letzteren Aussprüche geht hervor, daß sich H. mit Ephes in Antiochia aufgehalten hat. Vielleicht geschah es zu jener Zeit, daß er sich mit Erfolg einer vom Sohne Jehuba's I., dem Patriarchen Gamliel III. über Syrien zu verfügen beabsichtigten rituellen Verordnung entgegensetzte[6]). — Auch mit dem Sohne Gamliel's, Juda II, verkehrte noch Hoschaja[7]), der sich wol zeitweise auch in Tiberias in der Nähe des

---

רבה sei bei Hoschaja ebenso wie bei Chija, der רבה דמתניתא genannt werde (j. Jebamoth 6 b), Abkürzung dieses Epithetons und identisch mit dem Epitheton אבי המשנה. Auf dieser Annahme von Weiß beruht die irrthümliche Angabe Epstein's (Beiträge zur jüd. Alterthumskunde I, 55), Hoschaja werde רבה דמתניתא genannt.

1) S. Kerithoth 8 a oben. Ueber das Verhältniß zu Chija s. j. Sabbath 5 d (tradirt von Eleazar): משרת הייתי את ר' חייא הגדול, j. Pea 18 d und 19 c: רומס הייתי זיתים עם ר"ח הג'. Pesikta 106 a, Tanch. B. שנה לי ר"ח הג' 11: יותרו.

2) S. oben S. 2.

3) S. ib. — Nach der Erzählung Pesachim 87 b unt. hätte Hoschaja eine Zeit lang auch dem Schülerkreise Chanina's angehört. S. jedoch unten S. 96, Anm. 2.

4) Jer. Joma 43 a.

5) Gen. r. c. 10 Auf. א"ר הושעיה דרש ר' אפס באנטוכיא. Diese in Antiochia vorgetragene Deutung von ויבלו, Gen. 2, 1, behauptet auf Grund eines Gleichnisses (von einem König, der zum Zeichen seiner Zufriedenheit Wettrennen veranstaltet, s. Levy I, 453 b), der Lauf der Gestirne sei nach Adams Versündigung ein langsamerer geworden. — Pesikta 144 b ר' אושעיא בשם ר' אפס (Schocher tob zu Pf. 36, 10 פנחם statt אפס): Jerusalem wird bereinst — nach Jef. 60, 3 — eine weithin sichtbare Leuchte für die Nationen der Welt werden.

6) Jer. Challa 60 a.

7) Es wird an mehreren Stellen des pal. Talmuds (Jebam. 9 b, Kidduschin 65 c; Beza 60 d; Baba Kamma 2 d) darüber berichtet.

Patrarchen aufhielt, wenn wir nicht lieber annehmen wollen, daß dieser nach Caesarea zu kommen pflegte. Bezeichnend für das gegenseitige Verhältniß der Beiden ist die Anekdote über die Art, wie Hoschaja das ihm vom Patriarchen übermittelte Purimgeschenk entgegennahm und eine vergrößerte Auflage desselben erwirkte[1]). — Daß Hillel, der Bruder Jehuda's II, in Caesarea lebte, wissen wir durch Origines, der mit ihm über biblische Gegenstände Unterredungen hatte[2]). Origines wohnte in Caesarea im vierten und fünften Jahrzehnt des dritten Jahrhunderts, und die Annahme liegt nahe, daß er auch mit Hoschaja, zu dessen Kreise wol Hillel gehörte, umgieng[3]). Vielleicht ist der gelehrte Bischof, der berühmte Vertreter der allegorischen Schrifterklärung, unter jenem „Philosophen" zu verstehen, der an Hoschaja die Frage richtete, warum Gott, wenn die Beschneidung so werthgeschätzt sei, dieselbe nicht schon dem ersten Menschen gegeben, ihn nicht mit der Beschneidung erschaffen habe[4]). Hoschaja's Antwort geht dahin, daß so wie alles in den sechs Tagen der Schöpfung Erschaffene der vervollkommenden Zubereitung bedarf, auch der Mensch der Vervollkommnung bedürfe, als welche die Beschneidung zu gelten habe[5]).

---

[1]) Jer. Megilla 70 d. H. läßt dem Sender das erste Mal sagen: קיימת בני ומתנית לאביונים, nach der zweiten, größeren Sendung בני קיימת ומשלוח מנות איש לרעהו. Die Aussprache בני beweist, daß sich H. bereits in hohem Alter befand und als angesehener Mann diese Ausdrucksweise gebrauchen durfte. Statt בני giebt es auch die Lesart בבי, und auf dieser beruht auch die parallele Erzählung im babyl. Talmud, Megilla 7 b, wo noch רבי hinzugefügt ist, wodurch der Schein entsteht, als ob Hoschaja der Jüngere gemeint sei. Jedenfalls ist die Version des pal. Talmuds die ursprüngliche, im bab. Talmud ist vielleicht Jehuda I supponirt.

[2]) S. Grätz, Monatsschrift 1881, 433 ff.

[3]) S. Grätz ib. S. 443, unten Abschn. 4.

[4]) Gen. r. c. 11 g. Ende. In Pesikta r. c. 23 (116 b) statt רבי הושעיא bloß רבי. S. Ag. b. T. I 300. — Das Gesetz der Beschneidung wurde von Origines für „unmöglich" erklärt, s. Diestel, Geschichte des alten Testaments, S. 37. Auch Bar Kappara (in Caesarea) disputirte mit einem Philosophen, s. Ag. b. Tann. II, 506.

[5]) In Aboda zara 44 b berichtet Chama b. Joseph (derselbe tradirt im Namen H.'s auch j. Nidda 50 a, b. Nidda 19 a), Hoschaja habe die dem Proklos gegebene Antwort Gamliels (M. Aboda zara 3, 4) für unaufrichtig (תשיבה גניבה) erklärt.

Der bedeutendste Schüler Hoschajas war Jochanan[1]), der eine geraume Zeit, auch nachdem er der Belehrung nicht mehr bedurfte, zu seinem Kreise gehörte[2]). Derselbe erzählt, der Eifer sei bei den Vorträgen H.'s so groß gewesen, daß innerhalb des Raumes einer Elle sich vier Hörer zusammendrängten[3]). Jochanan stellt H. mit M e i r in Parallele: weder des Einen noch des Anderen Ansichten konnten ihre Gefährten gänzlich ergründen[4]). — Zu den Schülern Hoschajas gehörte auch noch A m m i, dessen eigentlicher Lehrer J o ch a n a n war[5]). E l e a z a r (b. Pedath) tradirt öfters in seinem Namen[6]). — Von seinem Zartgefühl dem blinden Hauslehrer seines Sohnes gegenüber erzählte man in den paläſtinenſiſchen Schulen eine Anekdote, wie sie in Babylonien ähnlich von J e h u d a I. erzählt wurde[7]). Charakteristisch ist die Erzählung über seinen Tod[8]): Man hatte ihm von den ihm unterstehenden Richtern gemeldet, daß sie öffentlich Wein tränken; doch gab er, da er es nicht selbst gesehen, nichts auf diese Anzeige. Einmal überzeugte er sich aber selbst von der Wahrheit des Gerüchtes, da rief er aus (Koh. 2, 17): „Ich hasse das Leben, denn mißfällig ist mir, was unter der Sonne geschieht", und bald darauf starb er[9]).

Von den Agadisten des vierten Jahrhunderts war es besonders P i n ch a s, der die agadischen Aussprüche Hoschajas tradirte[10]), und

---

[1]) S. Ag. b. T. II 505, Anm. 4. — Der Sohn Simon b. Lakiſch's gebraucht seinem Oheim Joch. gegenüber den Ausdruck הושעיא רבך, Taanith 9 a.

[2]) S. j. Erubin 22 b, j. Sanh. 30 b. S. hingegen b. Erubin 53 a, wonach Jochanan nur 18 Tage hindurch zu den Schülern H.'s gehört habe.

[3]) Erubin 53 a.

[4]) Jb.

[5]) S. j. Sabbath 5 d. Einmal entschied Ammi in einem Rangstreite zwischen der Familie Hoschaja's und einer anderen zu Gunsten der ersteren, s. j. Sabbath 13 c. unt.

[6]) S. Berach. 32 b, Zebachim 118 b, j. Sabbath 5 d.

[7]) Jer. Pea 21 b und Schekalim 49 b; vgl. damit b. Chagiga 5 b, s. Ag. b. T. II, 555.

[8]) Koh. r. zu 2, 17.

[9]) ודמך ליה בשלמא kann nur besagen, daß der bereits Hochbetagte eines natürlichen Todes entschlief.

[10]) S. die folgenden Anmerkungen.

namentlich das alte Midraschwerk zum ersten Buche des Pentateuchs hat dieselben erhalten. Ein Ausspruch Hoschaja's ist es auch, mit dem das Bereschith rabba beginnt, woraus dann die Annahme entstand, daß dieser Midrasch ein Werk Hoschajas sei[1]). Natürlich ist diese Annahme ebenso unhaltbar, wie die von der Autorschaft des babylonischen Amora Rabba b. Nachmani[2]).

1.

Sentenzen und Sprüche. Studium der Lehre. Gebet. Israel.

Eine auf Gen. 17, 1, 3 begründete Sentenz Hoschajas lautet: Wer sich selbst — innerlich — vervollkommnet, dem steht auch die Stunde — das äußere Glück — bei[3]). — Wer sich überhebt, verfällt der Hölle, nach Prov. 21, 24[4]). — Größer ist die Heiligung

---

[1] S. Zunz, Gottesdienstliche Vorträge, S. 156, Weiß III, 252.
[2] S. Die Agada der babylonischen Amoräer p. 98 f. Es verdient bemerkt zu werden, daß der Passus in Abraham Jbn Dauds Sefer Hakkabbala, in welchem die letztere Annahme zuerst auftritt: יהא חבר בראשית רבה ושאר הרבות in dreien der von Neubauer bei seiner Ausgabe dieses Werkes (Mediaeval Jewish Chronicles, Oxford 1887, p. 58) benützten Handschriften fehlt, also wahrscheinlich Glosse eines Späteren ist. — Epstein behauptet, ohne jede Begründung, Hoschaja habe einen Midrasch zur Genesis verfaßt und dieser sei das in Sanh. 57 b אגדתא דבי רב genannte Werk (Beiträge I, 55). Plausibler, wenn auch unbewiesen ist die Hypothese Epstein's (ib.), das tannaitische Midraschwerk Sifrê habe seine letzte Redaction im Lehrhause Hoschaja's erhalten. Doch ist zu beachten, daß Hoschaja's Exegese zu Deut. 12, 13 (tradirt von Eleazar, Zebachim 118 b) sich im Sifrê z. St. (§ 70) nicht findet, und auch die gut bezeugte Deutung H.'s zu Deut. 17, 8 (j. Nidda 50 a, b. Nidda 19 a, s. oben, S. 92, A. 5) im Sifrê z. St. (§ 152) ebenfalls fehlt. Ebenso ist die Bemerkung H.'s zu Num. 12, 8 (Lev. r. c. 1 Ende) im Sifrê nicht zu lesen.
[3] Nedarim 32 a: בל המתמים עצמו השעה עומדת לו.
[4] Ab. zara 18 b. Die Deutung von עברה = הנגב, nach Zephanja 1, 15, auch bei Jochanan, Baba Bathra 10 a. Anstatt כל הסתיר heißt es in der anonymen Anführung des Spruches (B. Bathra 78 b): כל מי שיש בו גסות רוח. — Eine Deutung zu Ps. 72, 10, welche H. von einem Manne aus dem Volke (Am-Haarez) gehört hatte, trug er ohne Scheu in des Letzteren Namen öffentlich vor. Gen. r. c. 78 g. E. — Als er am Sabbath in einem fremden Orte verweilend Trauernden begegnete, begrüßte er sie mit den

des göttlichen Namens, als die Verhütung seiner Entweihung[1]): Damit der göttliche Name nicht entweiht werde, ist verordnet (Deut. 21, 23), daß der Gehängte nicht über Nacht auf dem Holze bleibe; dennoch blieben die zur Genugthuung der Gibeoniten gehängten Nachkommen Sauls aufgehängt „vom Anfang der Ernte bis das Wasser — des Herbstregens — vom Himmel sich über sie ergoß" (II Sam. 21, 10). Die Vorübergehenden sollten nämlich veranlaßt werden, zu sagen: Wenn solchen Proselyten, die sich ohne aufrichtige Absicht Israel angeschlossen haben (Jos. 9), auch mit Umgehung des Gesetzes Genugthuung gewährt wird, um wie viel eher wird Gott den wahrhaften Proselyten Genugthuung zu Theil werden lassen. Viele Proselyten bekehrten sich damals in Folge dieser Heiligung des göttlichen Namens, es sind die in II Chron. 2, 16 Erwähnten[2]).

Die Thora ist deshalb den drei Getränken: Wasser, Wein und Milch verglichen (Jes. 55, 1), um damit zu besagen: So wie sich diese Getränke nur in den geringwerthigsten Gefäßen (in Thongefäßen) erhalten, so erhalten sich die Worte der Lehre nur in den äußerlich Unansehnlichsten[3]).

Worten: אני איני יודע מנהג מקומכם אלא שלום עליכם כמנהג מקומנו, j. Berach. 5 b, j. Moëd Katon 82 d.

[1]) J. Kidduschin 65 c und j. Sanh. 23 d, tradirt von Abba b. Zebina (ob. Abba b. Zemina, der nach j. Sabbath 35 a b in Rom als Schneider bei einem heidnischen Arbeitgeber Zeichen seines Glaubensmuthes gab und denselben zu der Bemerkung veranlaßte: Wenn Jude, dann ganz Jude, wenn Heide, dann Heide (אי יהודאי יהודאי אי ארמאי ארמאי).

[2]) In erweiterter und modificirter Form das Ganze Midr. Samuel c. 28 (wo der Name des Tradenten fehlt), danach mit Hinzunahme eines Satzes aus b. Jebamoth 79 a in Num. r. c. 8.

[3]) Taanith 7 a; im Anschlusse daran die Erzählung vom Gespräche Josua b. Chananja's mit der Kaiserstochter. In wesentlich anderer Form — aus mir unbekannter Quelle — citirt den Ausspruch Hoschaja's Samuel b. Nissim im Comm. zu Hiob 28, 16 (מעין גנים ed. Buber p. 88): Israel gleicht dem Glase, denn wie Honig, Wein, Oel oder Milch in ein Glasgefäß gethan, sichtbar werden, so (דברי תורה אין מתקיימין אלא במי שתוכו כברו) erhalten sich die Worte der Lehre nur bei Jemanden, dessen Inneres seinem Aeußeren gleicht (der aufrichtig ist, gewissermaaßen durchsichtig wie Glas).

Wer in der Synagoge betet, dem wird es angerechnet, als ob er ein reines Opfer barbrächte, nach Jes. 66, 20[1]).

Gott hat Israel damit eine Wohlthat erwiesen, daß er es unter die Völker zerstreute[2]), (indem es dadurch vor Vernichtung geschützt ist[3]). — Die göttlichen Strafgerichte sind dazu erschaffen, um, wenn sie bei Israel ihre Wirkung gethan, außerhalb Israels vollzogen zu werden, nach Echa 4, 22, Deut. 7, 15, Obadja 1 f.[4]). — Wenn Israel seinen Großen (Führern) gehorcht, die Großen aber ihre Pflicht nicht üben, so ruht die Schuld auf den Großen; gehorcht aber das Volk nicht, so ruht die Schuld der pflichtvergessenen Großen auf dem Volke selbst[5]). — In Jerusalem

---

[1]) Tradirt von Pinchas, j. Berach. 8 d.
[2]) Pesachim 87 b צדקה עשה הקב״ה בישראל שפיזרן לבין האומות, als Deutung von צדקת פרזונו Richter 5, 11. Im Anschlusse daran die Erzählung, wie H., von Chanina dazu aufgefordert, einem Ungläubigen antwortet, der mit Hinweis auf I Kön. 11, 16 behauptete, Edom (die Römer) sei besser als Israel, denn Joab rottete alles Männliche in Edom innerhalb 6 Monaten aus, während die Juden nun schon so viele Jahre unangefochten unter den Römern leben. Die Antwort lautet: Ihr könnt uns nicht vernichten, weil wir nicht Alle bei euch leben, die bei euch Lebenden aber möget ihr nicht vernichten, weil ihr dadurch ein verstümmeltes Reich würdet. Rabbinowitz bringt Lesearten, wonach nicht Chanina, sondern ר׳ יודן נשיאה Hoschaja für sich antworten ließ. Auch Tanna bibe Elija I, 10 ist Jehuda der Patriarch der Gefragte, während der Fragesteller anachronistisch als בומר bezeichnet wird; der Name des Schülers ist nicht genannt. In dieser späteren Quelle ist sowohl der Rahmen als der Inhalt des Gespräches mit neueren Zügen bereichert. Vielleicht liegt ihr eine andere Quelle als der bab. Talmud zu Grunde. Möglicherweise ist ursprünglich Jehuda I der Gefragte, dann ist die Bezeichnung Hoschaja's als Schüler sehr gut am Platze.
[3]) S. weiter unten das von den babylonischen Juden Gesagte.
[4]) Echa r. zu 4, 22, tradirt von Pinchas. Auf die Frage: למה נביא היסורים lautet die Antwort: להתלות בית דאית להון למיתל; בית ist ית (את) mit der Präpos. ב, der Satz würde rein hebräisch lauten: להתלות באתי [מקום] שיש להם ללכת, das Verbum ist Niphal von תלה, also: „um sich anzuheften." Der Satz hat polemische Tendenz.
[5]) Deut r. c. 1 (zu 1, 13) mit einem Gleichnisse, von der Braut, die rußige Hände hat und indem sie dieselben an ihrem dunkeln Haare abwischt, diese glänzender und die Hände rein macht. Die Anwendung des Gleichnisses ist nicht ganz deutlich. Es soll wol besagen, daß die Schuld der Großen die des sich leiten lassenden Volkes aufhebt.

gab es vierhundertachtzig (der Zahlenwerth von מלאתי Jes. 1, 21) Synagogen, von denen jede mit einer Schule für Unterricht in der Bibel und einer für Unterricht in der Tradition verbunden war; alle wurden unter Vespasianus zerstört[1]). — Die babylonischen Juden, wenn sie auch von den Verfolgungen der paläftinenfifchen Juden verschont blieben — was in der „Rettung" Gen. 32, 9 angedeutet ist —, nahmen Antheil an dem Schicksal ihrer Brüder und hielten wöchentlich zwei Fasttage[2]). — Die beiden Stäbe in Zachar. 11, 7 deuten mit ihren Namen auf die Weisenjünger Paläftina's und Babyloniens: Jene find in der Erörterung des Gesetzes „milde" gegeneinander, diese find „heftig" gegeneinander")

2.
Exegetisches und Homiletisches.

Gen. 1, 25. In חית הארץ ift die Schlange angedeutet[4]). — Gen. 3, 14. זאת deutet auf Eva (2, 23): „Was du gethan haft, ist um Dieser willen geschehen"[5]). — Bis Gen. 3, 14, dem die Verurtheilung der Schlange enthaltenden Verse, findet sich der Gottesname 71 Mal[6]), womit angedeutet ist, daß die Verurtheilung durch einen vollftändigen Gerichtshof (der aus 71 Mitgliedern besteht) erfolgte[7]). — Gen. 21, 8. ויגמל ift allegorisch zu verstehen: er wurde dem bösen Triebe entrückt[8]). — Zu Gen. 28, 15. Heil

---

[1]) Jer. Megilla 73 d, Schir r. zu 5, 12, Echa r. zu 2, 2, Tradent Pinchas (in Echa r. ר' יעקב ftatt ר' פנחס, aus dem unmittelbar vorherftehenden נאות יעקב erklärlich).

[2]) Gen. r. c. 76 g. Anf. Es ift nicht überliefert, auf welche Verfolgung das Bezug hat.

[3]) Sanh. 24 a.

[4]) Gen. r. c. 7 Ende. S. unten S. 102, A. 3.

[5]) Gen. r. c. 20 g. Anf. כל פעולה שלך לא בשביל זו, das ift Paraphrase zu כי עשית זאת. S. Tof. Sota c. 4 Ende, Ab. bi R. Nathan c. 1.

[6]) Von 1, 1 bis 2, 3 אלהים 33 Mal, von 2, 4 — 3, 14 אלהים 4 Mal, יי אלהים 17 Mal (= 34 Namen).

[7]) Gen. r. ib., tradirt von Jehuda b. Simon.

[8]) Gen. r. c. 53; dagegen: רבנן אמרי נגמל מחלבו.

dem Weibgeborenen, der solche Verheißungen aus dem Munde seines Schöpfers vernimmt!¹) — Exod. 24, 11. „Sie aßen und tranken", nicht wirklich, sondern indem sie „Gott schauten", nährten sie ihr Auge von dem Anblick der Gottesherrlichkeit so ungescheut, wie wenn Jemand seinen Nächsten während des Essens und Trinkens an= blickt²). — Exod. 28, 38. „Die Sünde der Heiligthümer, welche die Kinder Israels weihen", also die Sünde hinsichtlich der Opfer= gaben, nicht die Sünde der Opfernden³). — Lev. 10, 7. „Denn das Oel der Salbung des Ewigen ist auf eurem Haupte"; d. h. sowie ihr sieben Tage hindurch mit dem Salböle benetzt waret, so verharret sieben Tage in Trauer ob eurer Brüder⁴). — Num. 5, 2. Die Krankheiten, welche nach dieser Stelle unter Israel vor= kamen, waren eine entsprechende Strafe dafür, daß sie über ihre Großen Uebles redeten, z. B. sagten: Stammt die Familie N. N. nicht von einem Aussätzigen her? Aussatz wird wegen böser Zunge verhängt⁵). — Num. 12, 8. „Er sieht Gottes Gestalt." Wie wenn ein König sich seinem Vertrauten in seinem Bilde (εἰκών) zeigt⁶). — II Sam. 21, 10. In הצור liegt ein Hinweis auf Deut. 32, 4, welchen Vers Rizpa als Ausdruck ihrer Ergebung in Gottes Willen sprach⁷). — Jes. 21, 4. פלצות ist als Notarikon zu erklären⁸).

---

¹) Lev. r. c. 35 Anf.: אשרי ילוד אשה שבך שומע מפי בוראו. In Tanchuma (Ende: אשרי ילוד אשה שראה מלך מלכי המלכים ושמליא משטטים) שלו משטרים אותו ומשלח מלאכים בשליחותו.

²) Lev. r. 20 g. E. (wo יהושע corrumpirt aus הושיעא), citirt von Pinchas, Tanchuma אחרי מות (ed. Buber § 7), darauf eine abweichende Erkl. von Jochanan. H.'s Satz ist mit der Frage eingeleitet: כי קילורין עלו עמהן לסיני

³) Jer. Pesachim 34 b unt.

⁴) Jer. Moed Katon 82 c.

⁵) Lev. r. c. 18 g. E. Es liegt nahe, hier an die Verleumdungen Manetho's zu denken, wonach die Juden von aussätzigen Aegyptern her= stammten.

⁶) Lev. r. c. 1 Ende, tradirt von Pinchas. Was darauf folgt, ist messianischer Abschluß des Capitels und gehört nicht mehr zu H.'s Ausspruche.

⁷) Jer. Kidduschin 65 c, Midr. Samuel c. 28, Num. r. c. 8.

⁸) Schir r. zu 3, 4: פינחס בשם ר׳ יהושע (l. הושיעא) פיילי נחיתה אתה. Diese jedenfalls corrumpirt überlieferte Deutung des Wortes פלצות ist nicht verständlich: das erste Wort ist wahrscheinlich φιάλη, und ent=

— Jef. 29, 15 ff. Ein Architekt baut eine Stadt und in derselben geheime Kammern, Kanäle und Höhlen. Nachher wird er zum Steuereinnehmer ernannt und die Leute verbergen ihre Habe vor ihm in den Kammern und Höhlen. Da fragte er sie: Was berget ihr vor mir, der ich die geheimen Räume der Stadt am besten kenne. So spricht Gott, der den Menschen erschaffen hat und alle seine Heimlichkeiten kennt, zu denen, die ihr Thun im Finstern zu bergen glauben: Was seid ihr doch verkehrt, daß ihr den Bildner dem Gebilde, den Pflanzer der Pflanze gleich achtet!¹) — Jef. 35, 4. נמהרי לב „die zerstörten Herzens sind", vgl. ימהרו Nachum 2, 6 „sie zerstören" ihre Mauer²). — Nach. Jef. 45, 8. Groß ist der Tag des Regengusses, denn selbst das göttliche „Heil vermehrt sich" an ihm³). — Jef. 49, 15. „Auch diese vergessen", nämlich die Sünde des Goldkalbes (s. Exod. 32, 5 אלה), „aber ich vergesse dir nicht" das Verdienst der Annahme der mit „Ich" beginnenden Offenbarung am Sinai⁴).— Jer. 2, 5. „Sie entfernten sich von mir" sie verscheuchten die Bußfertigen⁵). — Jer. 51, 13. Weil Babel

---

spräche dem ersten Bestandtheil des zu deutenden Wortes; für נהניתה könnte man lesen שצויתה, was dem zweiten Bestandtheile entspräche, also der Becher (des göttlichen Zornes, vgl. Targ. zu Jef. 51, 17, 22), den du befohlen, angeordnet hast; אתה ist entweder pleonastisch oder = אתא „ist gekommen" was dem ת in פלצות entspräche.

¹) Gen. r. c. 24 Anf. פתח רבה הושעיא ר'. Zum Textworte Genesis 5, 1 leitet die nicht ganz klare Deutung von ספר V. 18 hinüber. Außerdem wird כרמל mit בית מלכות, יער mit חורשא דבני אנשא erklärt; letzteres beb. wol Menschenwald, b. h. dicht bevölkertes Land, in welchem Sinne auch Targum mit קירוין סגיאין übersetzt. Das Gleichniß vom Architekten für den Schöpfer hat Hoschaja auch Gen. r. c. 1, s. unten S. 107.

²) Lev. r. c. 19 (s. Levy III, 41 a Art. מהיר), citirt von Pinchas.

³) Taanith 7 b. In. Gen. r. c. 13 Anf. heißt es mit Bezug auf Hiob 5, 9 f.: אמר ר' הושעיא קשה היא גבורת נשמים שהיא שקולה כנגד כל מעשה בראשית. Doch ist bort ר' יהושע zu lesen, wie aus Jalkut zu Hiob 5 ersichtlich ist. In Koh. r. zu 1, 2 heißt es wirklich אמר רבי יהושע, und in Taanith 9 b bildet der Satz den Schluß eines Ausspruches Josua b. Chananja's.

⁴) Berach. 32 b, tradirt von Eleazar. — Vgl. Pesikta 133 b, Huna im Namen Acha's.

⁵) Pesikta 119 a, tradirt von Pinchas: שהיו מבריחין את השבים.

„an vielen Wassern wohnt" ist sie „reich an Vorräthen"[1]). — Maleachi 3, 10. „Prüfet mich damit". Dies ist der einzige Fall einer Ausnahme von dem Verbote, Gott zu versuchen (Deut. 6, 16[2]). — Zu Psalm 3, 8; 7, 7; 9, 20; 10, 2; 17, 3. Fünf Mal im ersten Buche der Psalmen betet David zu Gott: Erhebe dich! Gott aber sagt: Wie oft immer du mich auch mich erheben heissest, ich erhebe mich nur dann (zur Wiederherstellung der gestörten Rechtsordnung), wenn die Armen unterdrückt werden und die Dürftigen seufzen (Ps, 12, 6[3]). — Ps. 12, 6. Wenn ich Diesen (den Armen) „Heil verleihe", „fache ich an" die Gluth der strafenden Gerechtigkeit für Jene (die Unterdrücker[4]). — Ps. 94, 12. יה ist eine Andeutung des Gedankens, daß Gott, der züchtigt, der Züchtigung auch Einhalt thut, wie wenn Jemand vor dem Richter seine Strafe erleidet und in seinem Schmerze schreit: יה יה (die griechische Interjection ιώ ιώ), es sei genug, genug![5]) — Ps. 105, 8. Die „tausend" Geschlechter, welche bis zur Offenbarung hätten vorübergehen sollen (es wurden dann nur 26) gaben dem Buchstaben, mit welchem das erste Wort der Offenbarung am Sinai begann, dem Alef (אלף) seinen Namen[6]). — Prov. 20, 30. „Geschwüre und Wunden"

Der Zusatz (Rech. 13, 28) בד״א ואבריחהו מעלי bietet zu dem מעלי des Textes eine Analogie und verweist auf das harte Verfahren Nechemja's, den vielleicht bei milderem Vorgehen der Buße nicht Unzugänglichen gegenüber. Vielleicht wollte H. רחקו in transitiver Bedeutung gelesen wissen.

[1]) Taanith 10 a.
[2]) Taanith 9 a, angeführt von Jochanan.
[3]) Gen. r. c. 75 Anf., wo — wie aus den Parallelstellen ersichtlich — nach אמר רבי פינחס ausgefallen ist: בשם רבי הושעיא. Der Satz beginnt: ה׳ פעמים דוד מקים להקב״ה בספר תלים. Ju Pesikta r. c. 31 (146 a) lautet der Anfang: אמר דוד לפני הקב״ה (vielleicht העמדות עמדות; חמש ; בספר תלים בספר הראשון; die Anwendung des fünfmaligen קומה ist (mit Weglassung der Pointe aus Ps. 12, 6) die, daß vier Stellen den vier Weltreichen, die fünfte dem letzten drohenden Weltreiche, dem des Gog, entsprechen. Ebenso lautet die Anwendung in Schocher tob zu Ps. 3, 8 und 17, 3, an der ersteren Stelle sich mehr an Gen. r. anschließend ה׳ פעמים (מקים דוד להקב״ה בספר ראשון שבתהלים), an der zweiten an Pesikta (חמש עמידות העמיד דוד להקב״ה בס׳ תלים).
[4]) Schocher tob z. St.
[5]) Gen. r. c. 92 Anf., tradirt von Pinchas.
[6]) Gen. r. c. 1.

werden sichtbar an demjenigen, der sich ganz dem Bösen — der Sünde — ergiebt[1]). — Hiob 31, 40. Die Schrift lehrt dich hier die Regel, daß ein Feld, welches „Dornen" wachsen läßt zur Aussaat von Weizen, ein Feld mit dem באשים genannten Unkraut zur Aussaat von Gerste geeignet ist[2]). — In den Reden Elihu's ist אור (Hiob 36, 30 und 32; 37, 3, 11, 21) allegorisch zu verstehen und zielt auf die Offenbarung der Lehre, von der gesagt ist, daß sie „Licht" sei (Prov. 6, 23[3]). — Hoh. 2, 7. Die Beschwörung בצבאות hat folgenden Sinn: Harret auf mich — spricht Gott zu Israel — und ich mache euch dem himmlischen „Heere" gleich[4]). Halachische Exegese. In Prov. 4, 15 sind die Eheverbote zweiten Grades angedeutet[5]). — Auf Ps. 10, 2 beruht das Verbot, über ein unrechtmäßig angeeignetes Brot den Segen zu sprechen[6]). — In Ezech. 7, 22 (וחללוה zu חל machen, des geweihten Charakters berauben) fand man die Berechtigung dafür, das Gold und Silber der Welt zu gestatten, trotz der Befürchtung, es könnte geweihtes und dem profanen Gebrauch entzogenes Gold und Silber von Jerusalem darunter sein[7]).

3.
Zu den biblischen Erzählungen und Personen.

Als Gott den ersten Menschen in seinem Bilde erschuf, irrten die Dienstesengel und wollten vor ihm den Hymnus Heilig, heilig, heilig u. s. w. (Jes. 6, 3) anstimmen; da ließ ihn Gott in tiefen Schlaf sinken (Gen. 2, 21) und Alle wußten, daß er ein sterblicher Mensch sei, vgl. Jes. 2, 22. So wenn ein König und sein Statt-

---

[1] Sabbath 33 a. תמרוק ברע mit כל הממרק עצמו לעברה umschrieben.
[2] תני ר' הושעיא, Pesikta 98 b, Tanchuma ראה g. E. (B. 13).
[3] Gen. r. c. 26 Ende; vorher die Ansicht Jochanan's, unter אור bei Elihu sei Regen gemeint.
[4] Schir r. z. St.
[5] Jebam. 21 a.
[6] Jer. Sabbath 14 a, Challa 58 a.
[7] Bechoroth 50 a. Aehnlich deutet das Wort zu anderem Zwecke Jochanan, Nedarim 62 a.

halter im Staatswagen sitzen und das Volk nicht weiß, wem es mit dem Hymnus huldigen soll, dies sofort erkennbar wird, sobald der König den Statthalter vom Wagen hinabstößt¹). — Die Schlange (Gen. 3, 1) war doppelgehörnt, aufrechtstehend wie ein Rohr und stand auf Füßen²). — Zu Gen. 3, 14 f.³) Gott sprach zur Schlange; Ich hatte dich zum Könige der Thiere bestimmt, du sollst nun verflucht sein von allen Thieren; du solltest aufrecht gehen wie der Mensch, nun wirst du auf deinem Bauche gehen; du solltest gute Speisen essen, nun wird Staub deine Nahrung sein; du wolltest Adam umbringen und dir Eva aneignen, nun wird Feindschaft bestehen zwischen dir und dem Weibe. So ward der Schlange genommen, was sie bereits hatte und das von ihr Erstrebte ihr nicht

---

¹) Gen. r. c. 8 g. E., anonym Koh. r. zu 6, 10. Im Gleichniß lautet eine Lesart statt הימנו : דומני also: domine! — Es ist nicht unmöglich, daß dieser Ausspruch H.'s ein Protest gegen die Vergöttlichung des Menschen durch das christliche Dogma sein soll; wahrscheinlicher aber ist er ein Protest gegen die den römischen Kaisern in Sprache und Sitte zu Theil werdenden göttlichen Ehren.

²) Gen. r. c. 19 Anf. דקרטיה היה עומד בקנה ורגלים היו לו. Das Fremdwort ist am besten mit Fleischer (bei Levy I, 442 b) nach διαρχοντος zu erklären. Weder die Erklärung Levy's (I, 402 b) noch die Kohnt's (Aruch III, 131 a) befriedigen. Die Erklärung Muffasias mit dem lateinischen directus „gerade" würde dem Sinne nach entsprechen; in einer Handschrift (bei Perles, Zur rabbinischen Sprachkunde 12) heißt es in der That statt des Fremdwortes: זקוף, was jedenfalls Uebersetzung des ersteren sein will.

³) Gen. r. c. 20 g. Anf. ר' אבי ד' הושעיא בשם ר' אחא, wo aber offenbar gelesen werden muß ר' אחא בשם ר' הושי' oder vielmehr הושעיא ר' אחא ור' אבי בשם ר', denn Acha tradirt im Namen Hoschaja's, s. Lev. r. c. 5: ... ר' אחא בשם רה' אמר עבר מביא פר', und ebenso im Namen Assi's, s. j. Berach. 8 a unt. ר' אחא בשם ר' יוסי. Daß H. der Autor der Paraphrase zu Gen. 3, 14 f. ist, das ist auch daraus zu erkennen, daß ihr Inhalt mit zwei anderen, im Namen H.'s tradirten Aussprüchen über die Schlange übereinstimmt, mit dem unmittelbar vor diesem gebrachten und dem zu תאו oben S. 97. Auch die Erklärung von חית ארץ Gen. 1, 25 (ib.) hängt wol mit der hier ausgesprochenen Anschauung zusammen, daß die Schlange zum König der Thiere bestimmt war, daher sie bei der Schöpfung besonders genannt wird. Die Autorschaft H.'s wird auch dadurch bestätigt, daß das Ganze mit wenigen Abweichungen sich — anonym — auch in der Tosefta (Sota c. 4 Ende, s. b. Sota 9 a b) findet.

gegeben¹). — Auch die Dämonen kamen mit Noach in die Arche; "von allem Lebenden" (Gen. 6, 19) bedeutet die Lebewesen, welchen nur eine Seele, kein Körper erschaffen ist²).

Als Abraham nach Aegypten zog (Gen. 12, 10) sagte ihm Gott: Gehe hin und bereite deinen Kindern den Weg vor! Wirklich findet sich der Aufenthalt Israels in Aegypten in dem Abrahams vorgebildet. Vgl. zu Gen. 12, 10: "die Hungersnot", Gen. 45, 6, das "Hinabziehen nach Aegypten", Num. 20, 15, der "Aufenthalt" im Lande, Gen. 47, 4, die "Schwere der Hungersnot", Gen. 43, 1; zu V. 11: das "Herannahen", Exod. 14, 10; zu V. 12: das "Tödten" Exod. 1, 22; zu V. 13: das "Wohlergehen", Exod. 1, 20; zu V. 14: das "Kommen nach Aegypten", Exod. 1, 1; zu V. 16 und 13, 2 (Abrahams aus Aegypten mitgenommener Reichthum): Ps. 105, 30; zu V. 20 (die Begleiter): Exod. 12, 33; zu 13, 3: die "Züge" Num. 33, 1³). — Isaak sollte nicht das Land verlassen, Gen. 26, 2. Gott sagte ihm: du bist ein fehlerloses Opfer, das nicht außerhalb des heiligen Gebietes gebracht werden darf⁴). — Auch Isaak machte Proselyten, denn so ist das Wort מגורי, Gen. 37, 1 zu deuten, als hieße es מגיורי⁵). — Als Isaak zu Jakob sprach: Tritt heran (Gen. 27, 21), verzagte er und sein Herz wurde weich wie Wachs; da ließ ihn Gott durch zwei Engel zur Rechten und zur Linken unterstützen, daß er nicht

---

¹) Dann folgt noch: So finden wir auch bei Kajin, Korach, Bileam, Doeg, Achitofel, Gechazi, Absalom, Adonija, Uzzija, Haman, daß sie das von ihnen — unrechtmäßig — Angestrebte nicht erhalten, vielmehr das in Händen Gehabte verloren haben. In der Tosefta (s. Schluß der vorigen Anmerkung) wird in Anknüpfung an die treulose Gattin, die sowohl dem Gatten, als dem Buhlen verboten ist, das Beispiel der Schlange mit derselben Paraphrase von 3, 14 f. angeführt.

²) Gen. r. c. 31 g. Ende. Vgl. den Ausspruch Jehuda's I über die Dämonen, Gen. r. c. 7 Ende (Ag. b. T. II, 475).

³) Gen. r. c. 40 Ende, tradirt von Pinchas.

⁴) Gen. r. c. 63 Auf.

⁵) Gen. r. c. 84 g. Auf. רבה הושעיא ר' משום לה ותאני יצחק ר' בשם ר' יהודה בר סימון. Die Angabe "im Namen Jehuda b. Simon's" ist so zu verstehen, daß dieser den Ausspruch im Namen H.'s tradirte, s. oben S. 97, Anm. 7.

falle; darauf bezieht sich Jes. 41, 10 (תשתע von שעה¹). — Gen. 28, 10 nach V. 7 will sagen: Sowie Jsaak in Beer Seba war, als ihm die Erlaubniß, das Land zu verlassen, nicht gewährt (26, 2) wurde, so begab sich auch Jakob nach Beer-Seba, mit dem Vorsatze, nur dann das Land zu verlassen, wenn ihm dazu die göttliche Erlaubniß gewährt würde²). — Zu Gen. 37, 34. Dafür, daß Jakobs Söhne es verursachten, daß ihr Vater seine Kleider zerriß, büßten sie in Aegypten, wo sie durch Joseph's Veranstaltung dazu gebracht wurden, ihre Kleider zu zerreißen (44, 13); für Joseph wiederum büßte sein Enkel Josua (Jos. 7, 6), ebenso büßte Benjamin (44, 12) in seinem Nachkommen Mordechai (Esther 4, 1), und Manasse (44, 1, 4) in dem zerrissenen Gebiete seines Stammes³).

Um die Jsraeliten in Aegypten gegen die Verdächtigung zu schützen, ihre Frauen wären treulos gewesen und ihre Kinder seien Kinder von Aegyptern, befahl Gott dem Engel, der über die Empfängniß gesetzt ist, das Kind in der Aehnlichkeit seines Vaters zu bilden; darauf zielt auch die Benennung der Stämme Reuben und Simeon als Reubeni und Simeoni (Num. 26, 7, 14), indem sie damit als auch in ihrem Aeußeren erkennbare Reubeniten, Simeoniten bezeichnet werden⁴). — „Als Israel aus Aegypten zog", Ps. 114, 1, das ist Israel der Patriarch, den Gott den Durchzug seiner Nachkommen durch das Meer sehen ließ und ihm sagte: Sieh' mein Wunder, das ich an deinen Kindern übe⁵). — Zu

---

¹) Gen. r. c. 44 Anf., anonym c. 65 g. Ende.
²) Gen. r. c. 68 g. Auf. S. die Commentare z. St.
³) Gen. r. c. 84 g. E., tradirt von Pinchas; bloß der Anfang des Ganzen c. 92 Ende und Schocher tob zu Ps. 10, 2. S. auch Esther r. zu 4, 1.
⁴) Pesikta 82 b, als Ergänzung eines von Jehuda b. Simon (s. vor. S., A. 5) tradirten Ausspruches Josua b. Levi's. In Schir zu 4, 12 ist Pinchas als Autor genannt, wahrscheinlich zu ergänzen: בשם רבי הושעיא. Statt ברמות heißt es in Schir r. בבלקסטירין, nach Bubers richtiger Erklärung s. v. als χαρακτήρ (s. Levy II, 342 b); das Wort ist das ursprünglichere, da H. es liebt griechische Ausdrücke anzuwenden. — Uebrigens scheint der Ausspruch apologetische Tendenz zu haben, ähnlich dem oben erwähnten über die Ausfätzigen in Israel (S. 98). Die Tendenz ist besonders ersichtlich aus dem Ausdrucke: לפי שהיו מוגני אומה לישראל (Vgl. die oben S. 25, Anm. 7 Ende erwähnte Notiz, Levy II, 246 b.)
⁵) Gen. r. c. 92 g. Auf., tradirt von Pinchas.

Exod. 14, 20. Das Licht hatte ein Doppelantlitz; Helligkeit für Israel, Finsterniß für die Aegypter, und dieses Licht besang David in den Worten (Pf. 27, 1): Der Ewige ist mein Licht und mein Heil[1]). — Die Bundesschließung Gottes mit Israel am Sinai fand im dritten Monate statt (Exod. 19, 1), sowie eine Proselytin, eine Kriegsgefangene und eine Freigelassene erst nach drei Monaten einen Ehebund eingehen darf, Israel aber hatte diese drei Qualitäten, als es aus Aegypten zog, s. Lev. 19, 34 (גרים), Jes. 14, 2 (שוביהם), Lev. 26, 13[2]). — Zu Exod. 19, 16 f. Ein König hatte einen Tag zum Einzug in die Stadt bestimmt; doch als er eintraf, da fand er die Bewohner noch schlafend und läßt sie mit Trompeten und Posaunen erwecken, worauf das Stadthaupt die Erwachten dem Könige entgegen führt. Der König aber zieht vor ihnen einher, bis sie zum königlichen Palaste gelangen. So schlief auch Israel in jener Nacht, welche der Offenbarung vorangieng, denn der Schlaf um die Zeit des Wochenfestes ist süß und kurz die Nacht; Gott kam und weckte sie mit „Donner und Blitz", und Moses führte sie Gott entgegen, der vor ihnen einherzog, bis sie zum Sinai gelangten[3]). — Zu Num. 7, 5. Moses fürchtete, als die Stammfürsten ihre Opfer anboten, der heilige Geist sei von ihm gewichen und ruhe auf Jenen, da beruhigte ihn Gott und sagte: Hätte ich ihnen das von ihnen angebotene Opfer zu bringen geboten, so würde mein Gebot, es entgegenzunehmen, nicht an dich ergehen; vielmehr „nimm" du, was „von ihnen" selbst ausgegangen ist[4]).

Der Thron Salomo's wird der „große" genannt (II Chron. 9, 17), weil er dem Wagen des Weltschöpfers glich, sowie auch die sechs Stufen den sechs untern Himmeln entsprechen[5]). — Als

---

[1]) Schocher tob zu Pf. 27. דו פרצופין היה. Zu Tanch. תצוה. Auf. sind es die Israeliten selbst, welche Pf. 27, 1 anstimmen.

[2]) Pesikta 106 a, Tanch. B. יתרו 11.

[3]) Schir r. zu 1, 12, tradirt von Pinchas. Die Angabe: לפי שישינה של עצרת עריבה והלילה קצר wird in Schir r. zu 5, 3 von Simon b. Lakisch angewendet.

[4]) Pesikta 9 a.

[5]) Esther r. zu 1, 2 והיה שאמר מי של מרכבתו כטורכי עשוי שהיה העולם. Das Fremdwort ist nicht — wie Fleischer (Levy II, 210 a) und

Salomo das Heiligthum erbaute, pflanzte er darin kostbare Fruchtbäume aus Gold, die Früchte zeitigten, welche, wenn der Wind sie anwehte, herunterfielen (das sind die Früchte des „Libanon", b. i. des Heiligthums, in Ps. 72, 16); die Pflanzungen verdorrten, als die Heiden in den Tempel drangen („die Blüthe des Libanon verwelkt", Nachum 1, 4), doch werden sie dereinst wieder hergestellt werden („die Herrlichkeit des Libanon wird ihr gegeben", Jesaia 35, 2[1]). — Bis Jarobeam trug Israel an der Schuld des in der Wüste verfertigten Götzenkalbes, von Jarobeam an hatte es außerdem auch die Schuld der von diesem verfertigten Götzenkälber zu tragen[2]). — Fortschritt des Götzendienstes in Israel. Erst stellte man ein Bild in die Mitte einer quer (λοξόν) durch das Feld gezogenen Furche auf, damit es von allen Furchenenden gesehen werde (Hos. 12, 12); als dem nicht gewehrt wurde, stellte man Bilder auf an die Spitzen der Straßen (Ezech. 16, 25), nachher an allen öffentlichen Plätzen (ib. V. 31), in allen Städten (Jerem. 11, 13), auf allen Straßen Jerusalems (ib.), bis endlich sogar im Heiligthum ein Götzenbild seine Stelle fand (Ezech. 8, 5[3]). — Achab hatte siebzig Kinder in Samaria und ebensoviel in Jizreel (II Kön. 10, 1), jedes derselben hatte zwei Paläste, je einen für den Sommer und für den Winter, s. Amos 3, 15[4]). Achaz wird, obwol des Antheils an der kommenden Welt verlustig, dennoch unter die frommen Könige gereiht (Jes. 1, 1), weil er sowol einen frommen Vater (Jotham) als einen frommen Sohn (Chizkija) hatte, während

---

Kohut (Aruch IV, 30 a) wollen — persisch (tireh, tirek. Richtschnur, Norm), da ein persisches Wort in einem Satze H.'s (er ist ausdrücklich als רישיא הרב bezeichnet) nicht am Platze ist, sondern — wie Eisler, Beiträge II, 45 — annimmt s. v. als griech. τροχοί. Mit diesem Worte übersetzen LXX und die anderen griechischen Uebersetzer אפנים in der Beschreibung des Gotteswagens (Ezechiel 1), auf welchen H. anspielt, מרבבה ist vielleicht nur eine übersetzende Glosse zum Fremdworte.

1) Joma 21 b, 35 b.
2) Sanhedrin 102 a.
3) Echa r. Prooemien Nr. 22 Ende, tradirt von Pinchas und Chilkija.
4) Esther r. zu 1, 2.

Manasse nur einen frommen Vater, aber keinen solchen Sohn hatte[1]).

4.
Gott und Welt. Messianisches.

Bei der Weltschöpfung war es die Thora, welcher Gott den Plan für die Schöpfung entnahm, sowie ein König seinen Palast durch einen Baumeister erbauen läßt, der auf Grund von Tafeln und Pergamenten (πίνακες, διφθέραι) den Bau ausführt. Darum nennt sich die Thora (Prov. 8, 30) Gottes Werkmeister (אוּמָן = אָמוֹן) und am Beginne der heiligen Schrift heißt es: Mit dem „Anfange" (d. i. nach Prov. 8, 22 der Thora) schuf Gott Himmel und Erde[2]). — Zu Gen. 1, 5. Dem leeren Raume zwischen der Erde und dem Firmamente entsprechend giebt es einen leeren Raum zwischen dem

---

[1]) Jer. Sanh. 27 d, Lev. r. c. 36, in Anknüpfung an einen Ausspruch Bar Kappara's.
[2]) Gen. r. c. 1. Auf. פתח רבא הושעיא ר׳, in Jalkut zu Prov. 8: איש׳ ר׳
רבה כד היה דריש במעשה בראשית פתח. (Ein Prooemium zu Gen. 1, 1 auf Grund von Prov. 8, 30, das aber eigentlich erst mit אחר דבר beginnt, während die vorhergehenden sonstigen Erklärungen des Wortes אמון nicht dazu gehören. Der Gedanke, laut welchem die Thora, als Ausdruck der göttlichen Weisheit, einerseits als Personification der schöpferischen Thätigkeit Gottes, als Baumeister, andererseits als Urkunde jener Weisheit, als Bauplan des Weltgebäudes hingestellt wird, nebst dem Gleichnisse vom bauenden Könige berührt sich in auffallender Weise mit dem Gedanken Philo's, (De opificio mundi, § 4), wonach die sichtbare Welt nach dem Archetyp einer idealen Welt geschaffen wurde und mit dem dazu gebrachten Gleichniße des alexandrinischen Philosophen: vom Könige, der eine Stadt baut und durch einen Baumeister den vollständigen Plan derselben verfertigen läßt, auf Grund dessen dann die Stadt gebaut wird. Auch der Ausdruck בך הקב״ה מביט בתורה hat seine Analogie in Philo's Gleichniß: ἀποβλέπων εἰς τὸ παράδειγμα und dann von Gott selbst ἐνενόησε πρ τερον τοὺς τύπους αὐτῆς. — Nach dem, was oben über die Beziehungen Hoschaja's zu Origines gesagt wurde (S. 92) ist es nicht ausgeschlossen, daß er in seinem Verkehre mit dem Kirchenvater, dem Nachfolger Philo's als allegorischer Schrifterklärer, den einen oder anderen philonischen Gedanken, vielleicht auch die Schriften des Alexandriners kennen lernte. Vgl. J Freudenthal, Hellenistische Studien I, 73; Jewish Qu. Review III, 357—360.

Firmamente und den oberen Wassern: „es sei eine Ausdehnung inmitten der Gewässer", d. i. in gleicher Entfernung von den unteren und den oberen Gewässern[1].) — Obwol gesagt ist (Gen. 2, 3), daß „Gott von aller seiner Arbeit ruhte", so ruht er nicht von der Arbeit der Belohnung der Frommen (Ps. 31, 20 פעלה) und der Bestrafung der Frevler (Jer. 50, 25 מלאכה); die Einen wie die Anderen läßt er die ihrem Thun entsprechende Vergeltung sehen[2]). — Die Allgegenwart der Gottesherrlichkeit ist aus Neh. 9, 6 zu erweisen: Wo immer „das Heer des Himmels" sein möge, „es wirft sich vor Gott nieder"; die Boten Gottes müssen nicht dorthin zurückkehren, von wo sie ausgeschickt wurden, sondern wohin immer sie gehen, sagen sie, wenn die Botschaft vollzogen ist: Hier sind wir (Hiob 38, 35[3]).

In der Zukunft werden die Noachiden (die heidnischen Völker) die Erfüllung aller Gebote übernehmen, nach Zephanja 3, 9[4]).

---

[1]) Gen. r. c. Anfang, tradirt von Pinchas. In Schocher tob zu 19, 2 bloß die These H.'s ohne Bibelstelle, darauf eine andere biblische Begründung durch ר׳ פנחם בר חמא הבהן (so heißt in den späteren Agabawerken Pinchas), die aber nach Gen. r. Tanchuma zum Urheber hat. Bezeichnend ist die Schlußbemerkung P.'s nach Schocher tob: ובי ר׳ הושעיא עלה לרקיע אלא לפי שינע בחכמתה של תורה למד ממנה מה שיש ברקיע.

[2]) Gen. r. c. 11 Ende, tradirt von Pinchas, ebenso Pesikta r. c. 23 (120 b), Tanchuma כי תשא g. E. (wo היש zu יהושע corr.); das von H. zur Bezeichnung der Vergeltung gebrauchte Wort lautet in Gen. r. דוגמטורין, δειγματήριον? s. Levy I, 377 a, Kohut III, 18), an den beiden anderen Stellen דוגמא (δείγμα).

[3]) Baba Bathra 25 a. Die Deutung von Hiob 38, 35 findet sich anonym am Anfang der Mechiltha (2 a).

[4]) Jer. Aboda zara 40 c, tradirt von Chija b. Luliani (Julian), von dem zwei Agabasätze in b. Taanith 25 a zu lesen sind. — S. auch (Gen. r. c. 78 g. E. die von Hoschaja vorgetragene Deutung zu ישיב Ps. 72, 10, die er von einem Unwissenden gehört hatte (oben S. 94. Anm. 4).

VI.
Jose b. Zimra.

Jose b. Zimra erfreute sich schon zur Zeit Jehuda's I. eines bedeutenden Ansehens[1]) und ein Sohn des Patriarchen heirathete seine Tochter[2]). Ueber seine Beziehungen zu anderen Gesetzeslehrern ist sonst nichts bekannt. Halachisches ist nur wenig in seinem Namen überliefert[3]), um so mehr Agadisches. Einer seiner Agadasätze hat auch — unter seinem Namen — in dem tannaitischen Midrasch zu Exodus eine Stelle gefunden[4]). Die meisten — wol zwei Drittel — seiner agadischen Aussprüche werden durch Eleazar b. Pedath tradirt[5]), die im babylonischen Talmud vorkommenden nur zum Theile durch Diesen, zum größeren Theile aber durch Jochanan[6]).

---

[1]) S. Joma 78 a unt. Der Jizchak b. Chakula (nach der richtigen Lesung), der daselbst im Lehrhause Eleazar b. Pedath's über ihn referirt, war ein Zeitgenosse Josua b. Levi's und Jochanans, s. Frankel, Mebo 107 a.

[2]) Kethuboth 62 b.

[3]) S. Erubin 87 b; Kethuboth 96 a, beide Male ist Jochanan der Tradent. In j. Kethub. 34 b tradirt Eleazar das an der letzteren Stelle durch Jochanan Tradirte.

[4]) Mech. zu Exod. 17, 6 (52 b) מכאן היה ר' יוסי בן זימרא אומר המטה של סנפרינון הוא, nämlich aus dem Ausdrucke בצור (anstatt על הצור); צור bezeichnet demnach den felsharten Stab Moses selbst. Eine Erweiterung dieser Vorstellung vom Stabe Moses' bietet Jehuda b. Ammi (der s. Terum. 41 d im Namen Simon b. Lakisch's tradirt), Tanchuma תזריע (B. 10), vgl. B. H. VI, 102; in Exod. r. c. 8 Ende und Tanch. וארא bloß ר' יהודה.

[5]) Wo sich in den folgenden Anmerkungen keine gegentheilige Angabe findet, ist Eleazar der Tradent des betreffenden Ausspruches.

[6]) Außerhalb des bab. Talmud's habe ich Jochanan als Tradenten J. b. Z.'s überhaupt nicht gefunden. Vgl. die Angabe oben Anm. 3. — Bemerkenswerth ist noch, daß in Tanch. נח (zu 9, 18) Jochanan zugeschrieben ist, was in j. Jebam. 7 d und Gen. r. c. 8 g. E. Eleazar im Namen J. b. Z.'s tradirt; s. auch folgende Seite, Anm. 2.

Wahrscheinlich hat Jochanan noch die persönliche Belehrung J. b. Zimra's empfangen, aber es ist zweifelhaft, ob das auch bei El. b. Pedath der Fall war. Doch erscheint dieser, wie immer er auch dazu gelangt ist, als der eigentliche Depositär von J. b. Zimra's agabischem Nachlaße. Von anderen Tradenten seiner Agaba seien noch die beiden als Agabisten besonders hervorragenden Schüler Jochanans, Levi und Abahu genannt[1]).

Mehrere seiner Sentenzen haben die böse Zunge zum Gegenstande. Gott spricht zur Zunge: Alle Glieder des Menschen sind aufrecht und du bist liegend, alle befinden sich draußen, du drinnen, dazu habe ich dich noch mit einer Doppelmauer aus Knochen und aus Fleisch umgeben, „was soll man dir noch geben, was dir hinzufügen (um dich unschädlich zu machen), o Zunge des Truges?" (Ps. 120, 3[2]). — Wer seine Zunge zur Verleumdung mißbraucht, hat gleichsam Gott geleugnet, nach Ps. 12, 5 (... „wer ist uns Herr?"[3]). — Der Verleumder wird von bösen Plagen heim-

---

[1]) Levi nur als zweiter Tradent neben Eleazar: Gen. r. c. 43 g. Anf. (nach Jalkut zu ergänzen) und c. 68. — Die Regel über אלה und ואלה, welche in Tanch. B. שמות 3 Abahu im Namen J. b. Z.'s tradirt, wird in den übrigen Quellen (Gen. r. c. 12 g. Anf., c. 30 g. Anf., Exod. r. c. 1 g. A., und c. 30 g. A. Tanch. שמות g. A. Ruth. r. zu 4, 18, wo ר' אבא aus ר' אבהו corrumpirt ist) Abahu selbst zugeschrieben. In j. Pea 15 d findet sich eine scheinbare Controverse zwischen Tanchuma und J. b. Zimra, doch ist die Angabe so zu verstehen, daß Tanchuma auch die Ansicht J. b. Z.'s tradirte.

[2]) Arachin 15 b, tradirt von Jochanan. In Lev. r. c. 16 tradirt Eleazar den Ausspruch in ganz anderer Gestalt: 248 Glieder hat der Mensch, theils aufrecht, theils liegend; die Zunge aber ist zwischen die beiden Kinnbacken befestigt, unter ihr zieht eine Wasserleitung (der Speichel), um ihre Gluth zu mildern und wie ist sie (bei geschlossenem Munde) zusammengefaltet! Komm' und sieh', welche Brände sie erst entzünden würde, wenn sie aufrecht und frei wäre! In Sch. tob zu Ps. 52, 11 ist eine dritte Form des Ausspruches (ohne Tradenten) mit dem Eingange ב״א ... הרע לשון קשה הוא כמא וראה „Die Zunge ist im Kerker, die Kinnbacken umgeben sie und wie viel künstliche Vorrichtungen (μάγγανα) sind gegen sie angewendet; dennoch kann kein Mensch gegen sie bestehen."

[3]) Arachin ib., trad. von Jochanan.

gesucht, nach Pf. 101, 8, wo אצמית eine Hinweisung auf den Aussatz ist¹).

Wer den Sabbath durch besondere Genüsse auszeichnet, dem wird grenzenloser Besitz zu Theil, nach Jes. 58, 13 f. ... „ich lasse dich genießen den Besitz deines Vaters Jakob", womit angedeutet ist, daß nicht die Abraham (Gen. 13, 17) und Isaak (Gen. 26, 4) gewordenen beschränkteren Verheißungen, sondern die unbeschränkte Verheißung an Jakob (Gen. 28, 14) sich an den Beobachtern des Sabbath erfüllen soll²). — Wer — in Bußfertigkeit — den Sabbath fastend verbringt, dem wird das über ihn von

---

¹) Arachin ib·, trad. von Jochanan. Die Beweisführung geht auf לצמיתות Lev. 25, 23 zurück, welches Wort im Targum mit לחלוטין wiedergegeben sei, einem Ausdrucke, welcher auch den declarirten Aussätzigen (מצורע מוחלט) M. Megilla 1, 8) bezeichnet. Anonym findet sich die Deduction in Exod. r. c. 3.

²) Sabb. 118 a b., tradirt von Jochanan, nach der Lesart Alfasi's (ר' יוסי בן זמרא, statt ר' יוסי). In Gen. r. c. 11, Pes. r. c. 23 Ende (120 b) tradirt Jochanan im Namen Jose b. Chalaftha's eine Parallele zwischen Abraham und Jakob, auf Grund von Gen. 13, 17 und 28, 14, in der auf ähnliche Weise, doch ohne Heranziehung der Stelle in Jesaia, der Lohn der Sabbathbeobachtung durch Jakob in der ihm gewordenen unbeschränkten Verheißung (ירש את הארץ שלא במדה) erkannt wird. Vielleicht war auch hier ursprünglich ר' יוסי בן זמרא als Autor genannt. — In Gen. r. c. 11 ist nach der Frage, welche specielle Bedeutung der dem Sabbath ertheilte Segen (Gen. 2, 3) habe als eine der Antworten zu lesen: רב בשם ר' יוסי אומר מפני האסטניסים. Hier ist höchst wahrscheinlich זמרא בן zu ergänzen (Tradent ist Eleazar, vorher die Ansicht Chama b. Chanina's, trad. von Levi, also eine ähnliche Gruppe, wie Gen. r. c. 20 g. Auf.) Der Sinn der Antwort ist: Der Sabbath bedurfte des besondern Segens für die Schwächlichen (ἀσθενεῖς) unter seinen Beobachtern, damit sie nämlich durch die mit dem Sabbath verbundenen culinarischen Genüssen keinen Schaden erleiden. Was darauf folgt: ברכו במטעמים ist in den Ausgaben (und ohne weiters auch z. B. von Levy I, 135 a, Friedmann, Pes. r. 119 a, A. 55) irrthümlich mit dem Vorstehenden verbunden worden. In Wirklichkeit sind diese zwei Worte der Anfang eines neuen Absatzes und entsprechen dem Anfang des vorhergehenden Absatzes ברכו ביציאה, wie auch aus Pes. r. c. 23 (119 a) ersichtlich ist, wo ihnen die Angabe דבר אחר vorausgeht. Jedenfalls stimmt diese Antwort J. b. Z.'s mit seiner Verherrlichung der Beobachtung des Sabbaths durch besondere Genüsse überein.

lange her verhängte Urtheil zerrißen, aber dennoch bleibt er ob der versäumten Pflicht des Sabbathgenußes nicht unbeſtraft¹).

Das Recht, bibliſche Wörter nach der Notarikon-Methode zu deuten, iſt der Bezeichnung Abrahams als גוים המון אב, Gen. 17, 5, zu entnehmen, denn die beiden Wörter המון אב beſtehen aus den Anfangsbuchſtaben der Wörter, mit welchen die Stellung Abrahams unter den Völkern bezeichnet wird²). — Der Ausdruck הדברים אחרי bedeutet, daß die zu erzählende Begebenheit ſich der im Vorhergehenden Erzählten zeitlich nahe anſchließt, lautet aber der Ausdruck הדברים אחר, ſo wird damit ein zeitliches Getrenntſein bezeichnet³). — Wenn ein Abſchnitt mit אלה beginnt, ſoll damit ein Gegenſatz zu den im Vorhergehenden Behandelten angezeigt werden, zur Diffamirung der Letzteren, während ואלה die im neuen Abſchnitte zu Behandelnden mit den im Vorhergehenden Behandelten in eine Reihe ſtellt⁴). — אמן hat eine dreifache Bedeutung: Bekräftigung, wie Jerem.

---

¹) Berach. 31 b. Dieſer Ausſpruch ſchließt ſich inhaltlich an den vorhergehenden an, auch der Ausdruck שבת דין עינו ſtimmt überein mit כל השבת את המענו.

²) Sabbath 105 a, tradirt von Jochanan. Demgemäß bezieht ſich גוים auf jeden einzelnen der Ausdrücke, deren Anfachsbuchſtaben in המון אב enthalten ſind. Abraham ſoll unter den Völkern ſein: אב, בחור, חביב (ה iſt als Aequivalent des ה betrachtet), מלך, נאמן. Das dem ו entſprechende ותיק fehlt in der Münchener Hs. und anderen Quellen; es ſcheint nicht urſprünglich zu ſein. In Gen. r. c. 46 wird von drei ſpäteren Amoräern berichtet, ſie hätten die Frage התורה מן לנוטריקון מנין erörtert und המון אב als Notarikon aufgefaßt, jedoch ſo, daß der Name אברהם, mit Nichtberückſichtigung des ר in den beiden Wörtern enthalten ſei. Bei Notarikondeutungen wird zuweilen ein Beſtandtheil des Wortes unberückſichtigt gelaſſen.

³) Gen. r. c. 44 g. A. tradirt von Judan: אחרי שנאמר מקום בכל מופלג אחר סמוך; hingegen tradirte Huna die Regel umgekehrt: סמוך אחר מופלג אחרי. In Eſther r. zu 2, 1 iſt Aibo als Tradent genannt, an Stelle Huna's, und „die Gelehrten" an Stelle Judans. Die Regel in der erſten Geſtalt beruht wahrſcheinlich auf der Annahme, daß die Form אחרי, die „Anlehnungsform" (סמיכות in der ſpäteren Grammatik) des Plurals die zeitliche Anlehnung an das Vorhergehende bedeutet; die andere Geſtalt der Regel geht wol davon aus, daß אחרי als Pluralform eine größere zeitliche Entfernung, gewiſſermaßen mehrere „Nach" anzeigt.

⁴) הראשונים על מוסיף ואלה הראשונים את פסל אלה שנאמר מקום בכל, tradirt von Abahu, gewöhnlich aber in des Letzteren Namen gebracht, f. die

28, 6 (vgl. ויאמנו, Gen. 42, 20), Schwur, wie Num. 5, 22, Annahme gehörter Worte, wie Deut. 27; 15[1]). — Wenn bei einem Propheten auch der Name des Vaters angegeben ist, so war auch dieser ein Prophet; das ist aus Ezra 5, 1 erwiesen, wo נביאיא anzeigt, daß sowol Zacharja, als sein Vater Jddo Propheten waren[2]). — Alle Propheten prophezeiten, ohne zu wissen, was sie prophezeiten, mit Ausnahme von Moses und Jesaia, was für den Ersteren aus Deut. 32, 2, für den Anderen aus Jes. 8, 18 erwiesen ist[3]). Daß auch Samuel, der Meister der Propheten, nicht wußte, was er prophezeite, sieht man I Sam. 12, 11, wo der Prophet von sich selbst so spricht, als ob er von einer dritten Person redete: „und Samuel"[4]). — Wenn Israel zu einem notwendigen Zwecke gezählt wurde, wie in den Tagen Moses', verringerte sich seine Anzahl nicht; wurde es aber unnöthigerweise gezählt, wie in den Tagen Davids, verringerte sich seine Anzahl[5]).

Vom Baume der Erkenntniß sind in Gen. 3, 6 drei Eigenschaften angegeben: gut zum Essen, schön für das Auge und die

---

Stellen oben S. 110, A.1. פסל hat die Bedeutung des Diffamirens, eig. für פסול, rituell untauglich erklären. Die Beispiele für אלה, auf welche die Regel sich angewendet findet, sind Gen. 2, 4 und 6, 9, die für ואלה (Exod. 1, 1 und 21, 1, Ruth 4, 18. Zum zweiten Theile der Regel vgl. J s m a e l in Mech. zu Exod. 21, 1: אלו מוסיפין על העליונים.

1) Sch. tob zu Ps. 89 Ende und Ps. 106 Ende, ergänzt aus Schebuoth 36 a, wo als Autor J o s e b. C h a n i n a genannt ist (ohne Trabenten). In j. Sota 18 b oben ist die Regel ebenfalls J. b. Zimra zugeschrieben (Trabent E l e a z a r), aber in verdorbener Version. In Deuter. r. c. 7 Anf. ist ר' יהודה בר סימון als Autor genannt, was Corruptel aus ר"י בן זמרא sein kann. In beiden letzteren Quellen ist als Beispiel der Bekräftigung I Kön. 1, 36 citirt, in Jer. dazu auch, wie im Schocher tob, Gen. 42, 20.

2) Lev. r. c. 6 g. E. Den Kanon selbst s. unten bei J o c h a n a n, Anf. des 5. Abschnittes.

3) Sch. tob zu Ps. 90, 1. An beiden Stellen sprechen die Propheten in erster Person von sich selbst, haben also volles persönliches Bewußtsein dessen, was sie verkünden, während sonst die Propheten Gottes Worte gewissermaßen ohne Bewußtsein ihrer eigenen Persönlichkeit verkünden. Es hätten auch noch von anderern Propheten Beispiele, wie die von Moses und Jesaia, gebracht werden können, z. B. Micha 3, 8.

4) Sch. tob, ib; nach ר' אלעזר בשם ר' יוסי א' ist zu ergänzen: בן זמרא.

5) Pesikta 18 b, Num r. c. 2.

Einsicht vermehrend, denn להשכיל ist nach משכיל, Pf. 84, 1 zu verstehen¹). — Wenn sich auch alle Weltbewohner versammeln würden, um eine einzige Mücke zu erschaffen, wären sie es nicht im Stande, und von Abraham und Sara heißt es (Gen. 12, 5): „Die Seelen, die sie in Charan gemacht hatten!" Unter diesen Seelen sind die Proselyten zu verstehen, welche Abraham und Sara bekehrt hatten; denn wer einen Proselyten in Gottes Nähe bringt, hat ihn gleichsam erschaffen²). — Als Abraham die Könige verfolgte, Gen. 14, 15, geschah das Wunder der Wegekürzung, so daß er mit jedem Schritte drei Meilen zurücklegte; darauf zielt Jes. 41, 3³). — So lange Abraham mit Lot verbunden war, ward ihm keine Offenbarung zu Theil; nachdem sich Lot von ihm getrennt hatte, ergieng das Wort Gottes wieder an ihn (Gen. 13, 14⁴). — „Nach diesen Worten", Gen. 22, 1, nämlich den Worten des Satans; der Satan hatte Abraham verklagt, daß er bei der Mahlzeit, die er zur Feier der Entwöhnung seines ihm in so hohem Alter geschenkten Sohnes (21, 8) veranstaltet hatte, Gott nicht einmal eine Taube zum Opfer

---

¹) Gen. r. 19 g. Anf. (wo die der Name des Trabanten, Eleazar, ausgefallen ist), ib. c. 65 (zu 27, 4), Koh. r. zu 5, 10.

²) Gen. r. c. 39 g. Ende (wo Namen des Trabanten und Autors zu einem verschmolzen sind: ר׳ אליעזר בר זמרא), ib. c. 84, Schir r. zu 1, 3 (wo die Autorangabe ausgefallen ist) Pes. r. c. 43 (181 a), Anonym, ohne den Schlußsatz, in Sifrē zu Deut. 6, 5 (§ 32 Anf.), ebenso, in etwas verschiedener Version, in Ab. di R. N. c. 12, und davon verschieden (auch mit dem Schlußsatze als Anfangssatz) in der zweiten Version des Ab. d. R. N. c. 26 Ende (ed. Schechter, S. 54). In j. Sanh. c. 7 Ende (25 d) wird, ebenfalls von Eleazar im Namen J. b. Zimra's tradirt, der Anfangssatz selbstständig angeführt: אב מתגנבין הן כל באי העולם אין יכולין לבראות יתוש אחד ולורוק בו נשמה.

³) Gen. r. c. 43 g. A., Pes. r., Abbitamenta, ed. Friedm. 196 b, tradirt von Levi und Eleazar, anonym Sch. tob zu Pf. 100, 2. Nach einem Midraschcommentator hätte J. b. Z. das Wort שלים in dem citirten Jesaiaverse als Notarikon von שלשה מילין gedeutet. — J. Sch. tob a. a. O. ist J. b. Z. ein Ausspruch zugeschrieben, der — wenn auch mit verschiedener exegetischer Grundlage — in Gen. r. c. 44 g. Anf. Levi angehört.

⁴) Tanch. B. ויצא 21; in anderer Version Pes. r. c. 3 (10 a); kurz Tanch. ויצא g. E. Zu Gen. r. c. 41 g. E. ist das die Ansicht Nechemja's (Mg. d. T. II, 271). Zu Lot's Namen macht J. b. Zimra das Wortspiel לוטא ליט (s. unt. S. 116 Anm. 1).

dargebracht habe. Darauf Gott: Hat Abraham jene Mahlzeit nicht um seines Sohnes willen veranstaltet? Diesen selben Sohn werde ich von ihm zum Opfer verlangen und er wird bereit sein, ihn zu opfern. Hierauf „versuchte Gott den Abraham"[1]). — Gott „sagte ihr" (Gen. 25, 23), nämlich durch Sem[2]). — Jakob stellte die Steine (Gen. 28, 11) gleich einer auch oben gedeckten Rinne zusammen, um sich so vor wilden Thieren zu schützen[3]). — Die von Jakob im Traume gesehene Leiter (Gen. 28, 12) stand in Beerseba, von wo er ausgezogen war und reichte bis zur Stätte des künftigen Heiligthums, auf welches V. 17 hinweist[4]). — Als die Israeliten durch die Wüste von Station zu Station zogen, senkte sich die Wolkensäule, wuchs die Feuersäule, der Rauch des Altarfeuers erhob sich, und zwischen den beiden Tragestangen der Bundeslade kamen zwei Feuerfunken (Raketen) hervor und verbrannten vor den Weiterziehenden Schlangen und Skorpione. Als die Völker der Welt dies sahen, sprachen sie: Das sind ihre Gottheiten, die Alles mit Feuer wirken[5]).

Zu Gen. 2, 6. „Die ganze Fläche des Erdreichs". Wenn es regnet, wird Allen Segen zu Theil, auch Handel und Wandel wird gesegnet und die Kaufleute gewinnen[6]). — Mit dem Ausdrucke ויבן, Gen. 2, 12, ist die frühere geistige Reife des Weibes (בינה) angedeutet[7]). — Die nachdrucksvolle Einleitung zu der Verheißung

---

[1]) Sanh. 89 b, trad. von Jochanan.
[2]) Gen. r. c. 20 g. Anf.; vorher die von Levi tradirte Ansicht Chama b. Chanina's (vgl. oben S. 111 Anm. 2, zu Gen. r. c. 11). In Gen. r. c. 63 stehen ebenfalls beide Ansichten, nur muß nach ר׳ אלעזר ergänzt werden בשם ריב״ז und statt ר׳ אבא ב״ח gelesen werden: ר׳ חמא בר חנינא.
[3]) Gen. r. c. 68, tradirt von Levi und Eleazar.
[4]) Gen. r. c. 69 g. E.
[5]) Schir r. zu 3, 6 Anf.; danach, aber mit anderem Abschlusse und mangelhafter Autorangabe (bloß א״ר) Deut. r. c. 7 g. E. Andere Versionen des Ausspruches (stets mit genauer Autorangabe) Sch. tob zu Ps. 22 Einl., Tanch. ויקהל, Num. r. c. 5 Anf. Nur Num. r. hat anstatt זקוקים נצוצים: של אש.
[6]) Gen. r. c. 13 g. E. הכל מתברך משא ומתן מתברך ופרנגמטוטין מרויחין. S. Ag. d. T. II, 289, 2.
[7]) Gen. r. c. 18 Anf. נתן בה בינה יותר מן האיש, mit Berufung auf den Mischnasatz (Nidda 5, 6), wonach Gelübde der Mädchen schon mit dem vollendeten 11. Lebensjahre auf ihre von der geistigen Reife der Ge-

„Nicht soll dich dieser beerben": והנה דבר יי׳ אליו לאמר weist auf die spätere Erscheinung Gottes und der drei Engel hin, welche die Verkündigung der Geburt Isaaks begleitete (Gen. 18, 1 f.[1]). — Beim Gesetz von den darzubringenden Opferthieren bewährt sich ebenfalls das Wort Koheleths (3, 15): „Gott sucht das Verfolgte"; das Rind wird vom Löwen verfolgt, die Ziege vom Panther, das Schaf vom Wolfe, Gott aber spricht: Nicht die Verfolger, sondern die Verfolgten sollt ihr mir zum Opfer darbringen (Lev. 22, 27[2]). — Zu Deut. 4, 20. Sowie der Goldschmied seine Hand ausstreckt und das Gold aus dem Schmelzofen (כור) herausholt, so brachte Gott Israel aus Aegypten heraus[3]). — I Sam. 1, 13. Channa sprach „über ihr Herz". Sie betete: Herr der Welt, du hast nichts am Weibe ohne Zweck erschaffen, die Augen zu sehen, die Ohren zu hören, die Nase zu riechen, den Mund zu reden, die Hände zu arbeiten, die Füße zu gehen, die Brüste zu säugen; sind nicht auch die Brüste an meinem Herzen zum Säugen da? Gieb mir einen Sohn, daß ich ihn mit meinen Brüsten nähre![4]) — Zu Hoh. 2, 3. Sowie alle Welt zur Zeit der Sonnengluth den Apfelbaum meidet, weil er keinen Schatten hat, so flohen die Völker vor Gott

---

lobenden abhängigen Gültigkeit zu untersuchen sind, während dies bei Knaben erst mit dem zwölften Jahre der Fall ist. In b. Nidda 45 b giebt Chisda dazu die Begründung, indem er ויב auf die angegebene Weise deutet.

[1]) Gen. r. c. 44, außer Eleazar als zweiter Tradent Judan: מלאך אחד מלאך דבור אחר דבור אני וכי מלאכים נגלים עליך ואומרים לך לוט ליטא לא ירית לאברהם. Unzweifelhaft bezieht sich נגלים auf die zukünftige in Gen. 18 zu erzählende Offenbarung und לאמר ist mit ואומרים לך umschrieben. Die eigentliche Grundlage der Deutung bildet die Worthäufung in den einleitenden Worten. הי wird auf Lot bezogen, den auch Eleazar (b. Pedath), J. b. Zimra's Tradent (Gen. r. ib.) in V. 2 b angedeutet findet. — Was dann Huna gegen Judan (s. oben S. 112 Anm. 3) als J. b. Z.'s von Eleazar tradirte Deutung giebt: והנה ד׳ בא וידבר עמי ist so zu verstehen, daß והנה die gegenwärtige Gotteserscheinung bezeichnet, welche von dem Gottesworte begleitet war.

[2]) Lev. r. c. 27, Koh. r. z. St.; in Pesikta 76 b ist der Ausspruch irrthümlich Jose b. Nehorai, dem in den anderen beiden, auch sonst vollständigeren Quellen als Urheber des vorhergehenden Ausspruches Genannten, zugeschrieben.

[3]) Sch. tob zu Ps. 107 (Ende, tradirt von Aibo (s. ob. S. 112, Anm. 3).

[4]) Berach. 31 b.

am Tage der Offenbarung der Lehre, Israel aber sprach: „in seinem Schatten begehre ich zu sitzen"¹).

Ps. 59, 12 f. Israel spricht: „Bringe sie nicht um", die Erbauer des Thurmes zu Babel, „damit nicht vergessen" die nach ihnen kommenden Generationen, „stürze sie hinab" von der Höhe; uns aber sei „unser Schild der Herr!" „Die Sünde ihres Mundes" büßen sie, da sie sündhaft sprachen: Immer nach 1656 Jahren²) kömmt das Firmament in's Wanken, laßt uns ihm Stützen in den vier Weltgegenden bauen, zunächst hier für den Osten!³) — Ps. 63, 2. Der seine Heimat verlassende Jakob spricht seine Sehnsucht nach Gott aus. Darum (B. 3) „habe ich dich in deiner Heiligkeit geschaut", „sehend deine Macht", deine Dienerschaar (Gen. 28, 12) „und deine Herrlichkeit" (ib B. 13⁴).

Wer sich auf sein eigenes Verdienst beruft, bei dem wird das Verdienst Anderer herangezogen, wer sich auf das Verdienst Anderer beruft, bei dem wird das eigene Verdienst zur Geltung gebracht. Ein Beispiel für das Erstere bietet König Chizkija (II Kön. 20, 3 und 6), für's Andere Moses (Exod. 32, 13 und Ps. 106, 23⁵). — Die Verheißung, mit welcher Gott Abrahams Nachkommen die Erlösung verspricht (Gen. 15, 14) besteht nur aus zwei Buchstaben (דן), während die Erfüllung des Versprechens „mit 72 Buchstaben" erfolgte⁶).

---

¹) Schir r. z. St., Pesikta 103 b, Tradenten Huna und Acha (statt אחא hat Pes. איל, was vielleicht Ueberrest der ursprünglichen Lesung אלעזר ist). — In Midr. Mischle zu 15, 17 tradiren Chija b. Abba und Abba b. Manjomi im Namen I. b. Z.'s (so nach der Lesung in Jalk. z. St.) eine Deutung dieses Verses auf Salomo, der die Worte sprach, nachdem er seine Herrschaft wiedererlangt hatte. Der Ausspruch ist wahrscheinlich pseudepigraphisch.

²) Im 1656. Jahre nach Erschaffung der Welt kam die Sündfluth.

³) Gen. r. c. 38 Anf., als Prooemium zu Gen. 11, 1.

⁴) Gen. r. c. 69 Anf. als Prooemium zu Gen. 28, 13.

⁵) Berach 10 b, tradirt von Jochanan. Pesikta 167 b hat dieselbe Parallele zwischen Moses und Chizkija, ohne die Sentenz, aber mit einem Gleichnisse, Alexander.

⁶) Gen. r. c. 44, Deut. r. c. 1 (wo ר' אלעאי Corruptel aus ר' אלעזר). Dazu zwei Ansichten, wie die 72 Buchstaben gemeint seien: nach Judan die Worte von לביא bis גדלים in Deut. 4, 33 mit Abzug

Dereinst, zur messianischen Zeit, wird eine Himmelsstimme schmetternd über die Gipfel der Berge hinziehen und verkünden (Ps. 96, 1): Singet dem Ewigen ein neues Lied, singet dem Ewigen, alle Lande!¹)

---

der drei Buchstaben des einen גוי; nach Abin die 72 Buchstaben des Gottesnamens (diese Controverse zwischen Juban und Abin findet sich selbstständig Lev. r. c. 23 g. Anf., Schir r. zu 2, 2). In Ab. di R. N. c. 13 findet sich der Ausspruch anonym als Beweis dafür, daß Gott wenig verspricht und viel erfüllt, und zwar nach Judans Meinung. In Deut. r. folgen als דבר אחר zwei andere Aussprüche, ebenfalls von Eleazar (ר' אלעאי) im Namen J. b. Z.'s tradirt, die denselben Grundgedanken haben: 1. Gott offenbarte dem Abraham nicht, daß er seinen Nachkommen das Manna geben werde. 2. Gott verhieß dem Abraham, seine Nachkommen den Sternen gleich zu machen (Gen. 15, 5), die Wirklichkeit übertraf die Verheißung (Deut. 1, 10 f.). Im ersten dieser beiden Aussprüche ist der Name Abba b. Kahana's an unrichtiger Stelle eingeschoben.

¹) Pesikta 132 a.

VII.
Simon b. Jehozadak.

Ein Amora der ersten Generation, dessen Aussprüche ausschließlich durch Jochanan tradirt werden, war Simon b. Jehozadak (oder Jozadak[1]). Als er starb, folgten seinem Sarge sowol Jochanan, als dessen Lehrer Jannai[2]). Von einer sehr bedeutsamen historischen Tradition, welche Jochanan verdankt wird, war es streitig, ob er sie im Namen Jannai's oder im Namen Simon b. Jehozabak's gelehrt habe[3]). Jochanan war wahrscheinlich auch des Letzteren Schüler[4]) und tradirt außer den hier

---

[1]) Der Name Jehozadak kömmt in der Traditionslitteratur nicht mehr vor und in der Bibel nur als Vater des ersten Hohenpriesters des zweiten Tempels.

[2]) S. j. Nazir 56 a: ר' יוחנן שאל לר' ינאי קומי ערשיה דר"ש בן יהוצדק. Vgl. Koh. r. zu 7, 2 Ende.

[3]) Jer. Schebiith 35 a (ebenso Sanh. 21 b), zwei Berichte aus dem Lehrhause Abahu's und aus dem des späteren Jona. In beiden Berichten sagt Zeira, Jochanan habe im Namen Jannai's, Jirmeja, er habe im Namen S. b. Jehozadak's gelehrt. In b. Sanh. 74 a ist die letztere Ausgabe adoptirt. Die Tradition betrifft den Beschluß von Lydda, nur wegen der drei Hauptsünden den Märtyrertod zu erleiden, s. Grätz, IV², 463.

[4]) Vgl. Seder Habboroth s. v. יהוצדק בן שמעון ר'. — Frankel im Mebo Hajjeruschalmi erwähnt S. b. Jehoz. gar nicht, weder in einem besonderen Artikel, noch unter den Lehrern Jochanan's. Vielleicht hielt er ihn für einen Tannaiten; denn in b. Sukka 11 b wird יהוצדק בן שמעון ר' in einer Baraitha in Controverse mit den חכמים genannt. Doch steht in der Parallelstelle (ib. 33 a) statt seiner der Tannait אלעזר בן צדוק ר', und das wird auch die richtige Ueberlieferung sein. In der That findet sich noch zur ersteren Stelle die Variante צדוק בן ר"ש, welche eine Zwischenstufe der Textcorruption anzeigt. In j. Pesachim II, 3 Anf. (29 a) heißt es: תני ר' שמעון בן אלעזר אומר משום ר"ש בן יוצדק מתניתא כשהפרישה מצה... Danach hätte Simon b. Eleazar, der Schüler Meir's im Namen unseres

folgenden Agadaſätzen auch mehrere Halachaſätze in ſeinem Namen¹). — Ob es ein anderer Simon b. Jehozadak war, den S i m o n b. L a k i ſ ch bei Jochanan in ſchroffen Ausdrücken wegen lauer religionsgeſetzlicher Grundſätze verklagt²), iſt nicht ausgemacht, da die Miſſion, welche er in der betreffenden Erzählung erhält, auch für den ehemaligen Lehrer Jochanans nicht unpaſſend iſt. Er war jedenfalls ſchon hochbetagt, als er an S a m u e l b. N a ch m a n, den Schüler Jonathans — nach einem häufig vorkommenden Berichte³), — eine Frage richtete, welche in's Gebiet der Geheimlehre gehört: „Da ich von dir gehört habe, daß du ein Agabiſt ſeiſt, ſage mir, woher iſt das Licht erſchaffen worden?"⁴). Die Antwort enthält nach Simon b. Jeh.'s Entgegnung keine geheime Lehre, da ihr Inhalt ausdrücklich in Pſ. 104, 2 zu leſen ſei⁵).

Zwei merkwürdige Sentenzen Simon b. Jehoz.'s haben die Ehre und die das Leben überdauernde Lehre des Weiſenjüngers zum Gegenſtande. Ein Weiſenjünger, der nicht Beleidigungen rächt und nachträgt wie Nachaſch, iſt kein rechter Weiſenjünger⁶). In weſſen

Autors tradirt! Offenbar iſt auch hier irgend eine Textverderbniß anzunehmen; ſchon der Ausdruck מתניתא zeigt, daß hier keine eigentliche Baraitha vorliegt. Vielleicht muß es umgekehrt heißen ; תני ר׳ שמעון בן יוצדק משום ר״ש בן אליעזר. Einen älteren Simon b. Jehozadak in der Tannaitenzeit anzunehmen, dazu geben die beiden ſo anfechtbaren Stellen keine Berechtigung; auch findet ſich der Name weder in der Toſefta, noch in der tannaitiſchen Midraſchlitteratur.

¹) M. Haſch. 34 b, Joma 43 b (wo der Talmud Simon b. Jehozadak als Lehrer Jochanan's bezeichnet: ורביה, Aboda zara 47 a (59 a), Nedarim 45 a, Nidda 10 b. In Taanith 28 b Regel über die liturgiſche Verwendung der Hallelpſalmen. In Taan. 22 b (Menach. 69 b) tradirt Ulla, Jochanans Schüler im Namen S. b. Jehoz.'s.

²) Sanh. 26 a, ſ. Toſſafoth zu Nidda 10 b. — Nach j. Schebiith 38 b c hält Jochanan einer Entſcheidung Simon b. Lakiſch's eine von Simon b. Jehozadak überkommene Halacha entgegen.

³) 1. Gen. r. c. 3 Anf., 2. Lev. r. c. 31, 3. Peſikta 145 b, 4 Sch. tob zu Pſ. 104, 5. Tanch. ויקהל g. Anf. (B. 7, vgl. Beth Ham. VI, '04), 6. Exod. r. c. 50 Anf.

⁴) In 5 lautet die Frage irrthümlich: מהיכן נבראת העילם, wonach auch die Antwort modificirt iſt.

⁵) In 5 fehlt dieſer Schluß des Berichtes, in 6 iſt der Bibelvers ein Theil der Antwort S. b. N.'s.

⁶) Joma 22 b: ת״ח שאינו נוקם ונוטר כנחש אינו ת״ח כל תלמיד חכם

Namen ein Halachasatz gelehrt wird, dessen Lippen regen sich im
Grabe, nach Hoh. 7, 10 („er läßt sich regen die Lippen der
Schlafenden"[1]). — Gott bringt die Menschen in Gruppen und
Genossenschaften in's Dasein; stirbt Einer aus der Gruppe, soll die
ganze Gruppe besorgt sein, stirbt Einer aus der Genossenschaft, soll
die ganze Genossenschaft besorgt sein[2]). — Man soll keinen Vorsteher
über die Gemeinde einsetzen, dem nicht „rückwärts eine Butte
voll unreiner Kriechthiere hängt" (dem man hinsichtlich seiner
Familienreinheit nicht etwas anhängen kann, damit man, wenn er
hochmüthig werden sollte, ihm sagen könne: Wende dich nach rück=
wärts![3]). — Besser, daß ein Buchstabe aus der Thora beseitigt
werde, wenn nur dadurch der Name Gottes öffentlich geheiligt
wird[4]).

Unter נחש ist nicht die Schlange (s. Levy III, 383 a) zu verstehen, sondern
Nachasch, der König der Ammoniter, der die seinem Volke in der Thora
(Deut. 23, 4) angethane Schmach dadurch rächen wollte, daß er das be=
treffende Gebot aus der Thora zu tilgen befahl; so ein im Cod. Reuchl.
am Margo erhaltenes Targum zu I Sam. 11, 2. S. ausführlicher meine
Bemerkung in Z. der D. M. G. XXVIII, 6. Vgl Jonathan zu Echa 1,
10, oben S. 82.

1) Sanh. 90: כל מי שנאמרה הלכה בשמו בעולם הזה שפתותיו דובבות
בקבר. In Jebam. 97 a und Bechoroth 31 a lautet der Satz: כל תלמיד
חכם שאומרים דבר שמועה מפיו בעולם שפתותיו ר' בק, und als Autor ist
ר"ש בן יהוצדק ist (vgl.
ר' שמעון בן יוחי, was wahrscheinlich Corruptel aus
Baba mezia 22 b ר' ישמעאל בר יהוצדק und ib. 27 a dafür: ר' שמעון בן יוחי).
Im Jalkut zu Pf. 65, 5 sogar ר' שמעון בן לוי. Die Anwendung von Hoh.
7, 10 ist an den beiden letzteren Stellen von Jizchak b. Zeira. Andere
Autoren des Ausspruches in j. Moed Katon 83 c (בר טירא), Corruptel aus
בר נזירא), j. Berach. 4 b (לוי בר נזירא) j. Schekalim 47 c (בשם נזירא שמעון ר'
ר' יצחק). In Schir r. zu 7, 10 ר' יוחנן בן תורתא).

2) Ruth r. zu 1, 3. גילין ונילין חבורות וחבורות מביא הקב"ה לעולם.
Unter נילין sind die der Zeit und dem Schicksal nach zu einander Gehörigen,
unter חבורות die durch den Beruf und Lebensweise mit einander Verbundenen
zu verstehen. Ein ähnlicher Ausspruch (nur statt גילין: אחים) findet sich im
Namen Jochanan's selbst tradirt von Ch. b. Abba, Sabbath 105 b unt.,
anonym Seder Olam rabba, c. 3. S. auch Jochanan's Ausspruch über die
Gefahr in der Trauerzeit, j. M. Kat. 83 c (in b. Moed Katon 27 b im
Name Levi's, des Schülers J.'s).

3) Joma 22 b.

4) Jebamoth 79 a, citirt zur Begründung eines Satzes von Jochanan.
Der Ausspruch beruht auf einer Lösung des Widerspruches zwischen II

Zu Gen. 6, 7. Sogar der mandelförmige Knochen in der Wirbelsäule, aus welchem Gott bereinst den auferstehenden Körper hervorsprießen läßt, wurde bei der Sündfluth vertilgt[1]). — Zu I Kön. 3, 9. Salomon begehrt nur Weisheit, da er mit der Weisheit auch Reichthum und Ehre als deren Zugabe miterhält; wie wenn ein Günstling des Königs, anstatt Rang und Würden zu verlangen, die Tochter des Königs zum Weibe begehrt und so auch das Uebrige erhält[2]). — Zu Hosea 3, 2. ואכרה ist zu erklären nach כריתי Gen. 50, 5^s), „fünfzehn" beb. den 15. Nissan, an welchem Israel befreit wurde, „Silber" die Frommen (nach Prov. 7, 20) ein Chomer und ein Lethech (= 30 und 15 Sea) beb. die 45 Frommen, durch welche die Welt besteht[4]). — Zu Ps. 105, 25. „Er wandelte ihr Herz um, zu hassen sein Volk". S. Gen. 45, 17 und Exod. 1, 8 ff[5]).

Auch einige Beispiele halachischer Exegese tradirte J o c h a n a n im Namen Simon b. Jehozabak's[6]). — Als apokryph giebt sich ein in einem späteren Midrasch erhaltener Ausspruch auch dadurch

---

Sam. 21, 10 und Deut. 21, 23, ganz wie ein ähnlicher Ausspruch Hoschaja's, s. oben S. 95.

[1]) Gen. r. c. 28 Auf., darauf die Erzählung von der Frage Hadrians an Josua b. Chanania (s. Ag. d. T. I, 178 f.).

[2]) Pesikta r. c. 14 (59 a), Tanch. חקת. In anderer Form tradirt Simon (der Schüler Josua b. Levi's) Deutung und Gleichniß im Namen Simon b. Chalaftha's (Schir r. zu 1, 11, s. Ag. d. T. II, 534 f.).

[3]) Nach Sota 13 a sagt Simon b. Jehoz. in Bezug auf Gen. 50, 5: אין כירה אלא ל' סכידה שבן בנרבי הים קורין למכירה כירה. Es ist dasselbe Angabe, welche N. H. 26 a im Namen רבי's gelehrt ist, wofür aber ר' עקיבא zu setzen ist, s. Ag. d. T. II, 563.

[4]) Chullin 92 a.

[5]) Sch. tob z. St. ר' חייא בשם ר' חייא זרי יודן בשם ר' יהוצדק. Das muß offenbar ursprünglich so gelautet haben, daß Chija (b. Abba) im Namen Jochanans und dieser im Namen Simon b. Jehozabak's tradirt habe.

[6]) Zu Lev. 23 34, Sukka 27 a; Deut. 22, 3. Baba mezia 22 b (und 27 a, s. vorige Seite, Anm. 1), anders j. B. M. II, 1 Auf. (8 b); Jes. 30, 29, j. Pesachim 36 d, b. Pesachim 95 b, Schocher tob zu 1, 3. — Die Bemerkung zu Lev. 6, 13, Lev. r. c. 8 g. Ende, findet sich in j. Joma 38 b im Namen Jose b. Chanina's.

zu erkennen, daß der sonst niemals fehlende Name des Trabanten Jochanan fehlt¹).

---

¹) S. Midrasch Abkir zu Gen. 5, 29 (Jalkut § 42), auch im Tanch. z. St. zu finden. Inhaltlich steht dieser Ausspruch dem Jochanan's über die Ursache des Namens נח (Gen. r. c. 25 g. Anf.) sehr nahe.

VIII.
Josua b. Levi.

Nach einer fast allgemeinen, aber durch keine einzige Angabe oder Andeutung bewiesenen Annahme wäre Josua b. Levi der Sohn des zu den letzten Tannaiten gerechneten Levi b. Sisi gewesen[1]). Nach einer anderen, ebenfalls schwer haltbaren Annahme wäre mit „b. Levi" nicht auf den Vater Josua's, sondern auf seine levitische Abstammung hingewiesen[2]). Es ist das Wahrscheinlichste, daß Josua der Sohn eines sonst nicht bekannten Mannes war, der den nicht seltenen Namen Levi trug. Um so berühmter wurde er selbst, als einer der hervorragendsten Amoräer Palästina's in der ersten Hälfte des 3. Jahrhunderts. Er kann als Schüler Bar Kapparas gelten, dessen hauptsächlicher Tradent er ist[3]); einen Neffen Bar Kapparas, Jehuda b. Pedaja, nennt er selbst als seinen Lehrer

---

[1]) S. Frankel, Mebo 91 b, Grätz IV,2 263, Hamburger, Realencyclopädie II, 520.

[2]) Weiß III, 60. Der einzige, scheinbar stichhaltige Beweis für diese Annahme ist der Umstand, daß statt לוי בן auch die aramäische Form בר לואי vorkömmt (Sabbath 156 a, Taanith 25 a, Sanh. 98 a). Aber es ist zu beachten, daß der Name לוי auch als Eigenname in seiner patronymischen Bedeutung gemeint ist, was die griechische Form desselben (לויטס = Λευίτης) beweist; darum durfte derselbe in die aramäische Form des Patronymikums übersetzt werden, sowie in ähnlicher Doppelform sowohl בהן als בהנא (Eigennamen sind. Auch ist eine derartige Bezeichnung der levitischen Abstammung in der älteren Literatur ohne Beispiel. Erst in der späteren Agada stellte man zum Namen die Bezeichnung הלוי (s. Zunz G. V. 317 f.); für בהן vgl. aus der älteren Zeit ר' יוסי הכהן הבן (Ag. d. T. I, 72). — Uebrigens geht aus der Legende in Sanh. 98 a (s. das. Raschi s. v. אבטחיה) deutlich hervor, daß in בר לואי der Vatersname zu verstehen ist. Auch der Amora ר' בנימין בר לוי (Frankel, Mebo 69 b) heißt einmal (j. Aboda zara 42 a ob.) ר"ב בר לואי.

[3]) S. Ag. d. T. II, 505 ff.

in einem halachischen Gegenstande¹), und er erzählt ferner, daß von allen Agadisten des Südens, die er über eine Schwierigkeit in Gen. 46, 1 befragte, J. b. Pedaja allein ihm eine befriedigende Lösung gab²). Josua b. Levi ist auch der vornehmlichste Tradent der Aussprüche Ben Pedaja's³). — Von bedeutendem Einflüße auf ihn wird auch Pinchas b. Jair gewesen sein, in dessen Namen er ebenfalls tradirte und der in Lydda⁴), dem Wohnorte Josua b. Levi's gewirkt hatte⁵). Die Richtung auf verinnerlichte Frömmigkeit, welche bei Josua b. Levi in starkem Maaße hervortritt, darf auf diesen Einfluß zurückgeführt werden. — In Lydda wurde Josua b. Levi noch von Chija besucht, der über die Fülle der ihm vorgesetzten Gerichte erstaunt war und die genossene Gastfreundschaft nachher in Tiberias nur so erwiedern kann, daß er Josua's Schülern Geld giebt, damit sie ein Mahl bereiten, wie es ihr Lehrer gewohnt sei⁶).

Ein freundschaftliches Verhältniß bestand zwischen Josua b. Levi und Chanina b. Chama⁷). Der Ruf von Josua's erfolgreicher Frömmigkeit war auch in Sepphoris groß und da auf Cha-

¹) Tanchuma וארא und Exod. r. c. 6 (ס׳ הלכות לימדני ר״י בן פדייה), Koh. r. zu 7, 7 (פ׳ הלכות למדתי מיהודה ב״פ ובחרישת הקבר).

²) Gen. r. c. 94, g. Auf.: חורתי על כל בעלי אגדה שבדרום שיאמרו לי פסוק זה ולא אמרו עד שעמדתי עם יהודה בן פדייה...

³) S. Frankel, Mebo 70 b. Es kömmt vor, daß er denselben Ausspruch bald im Namen Bar Kappara's, bald in dem Bar Pedaja's lehrte, s. Ag. b. T. II, 506, Anm. 5. — Außer dem erwähnten Agadasatze zu Gen. 46, 1 finden sich in Gen. r. noch zwei agadische Aussprüche von Ben Pedaja: zu 19, 12 (c. 26 und c. 50, in Lev. r. c. 23: Bar Kappara), und ein Ausruf über Israels Enthaltsamkeit (Lev. 19, 23) im Gegensatze zu Adam's Ungehorsam (Gen. 3, 12), von Bar Kappara gerühmt (c. 21, vgl. Lev. r. c. 25). Zu Midrasch Mischle ist ihm zu 6, 6 ein Ausspruch zugeschrieben.

⁴) J. b. L. geht von Lydda nach Eleutheropolis, um zu baden, j. Schebiith 38 b unt. Ueber das Alter Lydda's äußert er sich (auf Grund von 1 Chron. 8, 12) Megilla 4 a.

⁵) S. Ag. b. T. II, 496 ff. — J. b. L. tradirt auch Sätze Simon b. Jochais, des Schwiegervaters Pinchas b. Jairs.

⁶) Echa r. zu 3, 17. Ueber Controversen zwischen Josua b. L. und den Söhnen Chija's s. oben S. 50, A. 1. — Nach einer Version in Koh. r. zu 9, 11 (vgl. j. Kilajim 32 b unt.), war es Josua b. L., der den verstorbenen Chija im Traume zu sehen wünschte.

⁷) S. oben S. 5.

nina's Gebet kein Regen kam, hieß es: Josua b. Levi läßt den Südländern Regen herabkommen, Chanina hält von den Sepphorensern den Regen ab. Als bei einer anderen Gelegenheit, da Josua sich in Sepphoris aufhielt, auch Beider vereintes Gebet keinen Regen erwirkte, da griff Chanina mit dem Strafworte in das Gewissen seiner Gemeinde: Nicht bewirkt des einen Lehrers Gebet den Regen, noch hindert ihn der andere, sondern das Herz der Südländer ist weich und zur Selbstbemütigung vor den Worten der Lehre geeignet, während die Sepphorenser ein hartes Herz haben und sich nicht bemütigen mögen[1]). Auch mit Jonathan b. Eleazar verkehrte Josua b. Levi[2]), und dessen Schüler Samuel b. Nachman scheint in persönlichen Beziehungen zu ihm gestanden zu haben[3]). Als Jochanan und Simon b. Lakisch die Häupter der Schule von Tiberias waren, wurden sie von Josua b. L., als er dort weilte, über eine biblische Stelle befragt[4]). Es haben sich auch agadische Controversen zwischen Josua und Jochanan erhalten[5]). Des Letzteren Schüler Chija b. Abba gehörte in Tiberias zu dem engeren Kreise des bereits in hohem Alter stehenden Josua[6]). Auch Eleazar b. Pedath empfing noch Belehrung von ihm[7]).

---

1) J. Taanith 66 c. In dem parallelen, doch im Einzelnen verschiedenen Berichte in b. Taanith 25 a haben die Ausgaben irrthümlich רמא ר' חנינא בר statt חמא בן חנינא ר', s. D. Sofrim 3. St.
2) S. oben S. 5.
3) S. j. Joma 44 d und j. Taanith 64 c. Controversen zwischen J. b. L. und S. b. N. s. (Exod. r. c. 44 Anf. (Koh. r. zu 4, 2), ferner zu Hiob 5, 21, unten Abschn. 6.
4) Gen. r. c. 94 g. Anf., erzählt von Huna.
5) S. Baba Bathra 116 a; Megilla 27 a; Schebuoth 18 b. An der letzteren Stelle ist Tradent der Controverse Jochanans Schüler Chija b. Abba. Sowol an dieser, als an den übrigen Stellen wird zuerst Jochanan genannt, weil seine Schüler die Controverse tradirten, ebenso Sanh. 99 b: אמרו וריבל יוחנן ר'. S. hingegen j. Taanith 66 a (Megilla 70 d, Nedarim 40 d), wo zuerst die Ansicht J. b. L.'s über die Fastenrolle und dann der Einwand Joch.'s mitgetheilt ist.
6) S. die Anecdote in j. Sabbath 3 a, Kiddushin 61 a, in anderer Version b. Kiddushin 30 a.
7) S. Berachoth 19 a, j. Schekalim c. 8 Anf., j. Sabbath 11 a unten. Eine agadische Controverse zwischen Beiden (אלעזר ר' zuerst genannt, s. Anm. 5) Pesikta 82 a. Eleazar tradirt in J. b. L.'s Namen Pesikta 176 a.

Nicht nur zu den genannten Lehrern Galiläa's stand Josua b. Levi in persönlichen Beziehungen; auch dem Patriarchenhause trat er näher. Durch seinen Sohn verschwägerte er sich mit demselben, und so hoch hielt er das Ansehen der vornehmsten Familie des paläſtinenſiſchen Israel, daß er derſelben auch in der Perſon ſeines eigenen Sohnes Ehre bezeigte[1]). Dem Patriarchen Jehuda II aſſiſtirte er einmal in Laodicea bei der Aufnahme einer Proſelytin in's Judenthum[2]). Jedoch vollzog er von der Centralbehörde unabhängig die Ordinationen ſeiner Schüler[3]). Eine andere Befugniß des ſelbſtſtändigen Geſetzeslehrers, den Bann, hat er, aus perſönlicher Abneigung gegen dieſes Zwangmittel, niemals ausgeübt, obwol er vierundzwanzig Fälle kennt, in denen die Verhängung des Bannes am Platze ist[4]). — Daß er auch als Vertreter des paläſtinenſiſchen Judenthums oder wenigſtens eines Theiles desſelben eine Rolle spielte, beweiſt seine Romreise und sein mit Chanina gemeinschaftliches Erscheinen beim Proconsul in Caesarea[5]). In einer kritiſchen Lage, in welche Lydda durch einen dahin geflüchteten und von der Regierung verfolgten Glaubensgenoſſen ver-

---

[1]) Kidduſchin 33 b. Gemeint iſt wol ſein öfters genannter Sohn Joseph, ſ. Peſachim 50 a, Joma 78 a (vgl. ſ. Joma 44 d, Taan. 64 c).

[2]) J. Jebam. 8 d, erzählt von Jizchak b. Nachman (Dieser bei Josua b. L. j. Joma 44 d, als sein Tradent j. Berach. 3 c. unt.)

[3]) S. j. Chagiga 76 c unt., j. Nedarim 42 b oben; vgl. Weiß III, 63. Wie sehr indeſſen Josua b. Levi die über allen Lehrern stehende Macht des Patriarchen in gesetzlichen Dingen anerkannte, ſieht man in seinem halachischen Ausspruche, j. Moed Katon 83 d, wonach der Patriarch einen Bann auch dann aufheben kann, wenn der Verhänger des Bannes gestorben war, während eigentlich der Bann nur durch den gelöst werden kann, der ihn ausgesprochen. — Von J. b. L. stammt der Ausspruch: אין סמיכה בחוצה לארץ, Sanh. 14 a.

[4]) S. j. Moed Katon 81 d. (vgl. Berach. 19 a). Wenn das ſatiriſche Räthſel Bar Kappara's (ib. 81 c unten) den Bann zum Gegenſtande hat, ſo läßt ſich der Widerwille J. b. Levi's gegen die Bannverhängung aus dem Einfluſſe ſeines Lehrers Bar Kappara auf ihn herleiten.

[5]) S. oben S. 5. — Die von Jehuda b. Pedaja erlernten Halachoth habe er — ſo lautet ſeine Klage — vergeſſen: ע״י שהייתי עוסק בצרכי רבים, ſ. oben S. 125, Anm 1.

jetzt wurde, rettete Josua die Stadt durch die Auslieferung des Verfolgten[1]). Der Schwiegervater Josua b. L.'s war Joseph b. Petros, der zu Bar Kappara in näherer Beziehung gestanden war[2]). Nach demselben nannte er seinen schon erwähnten Sohn Joseph[3]). Diesen, sowie seine anderen Söhne führte er selbst in das Studium der Lehre ein[4]), denn er sagte, mit Hinblick auf Deut. 4, 10 f.: Wer seinen Sohn Thora lehrt, dem rechnet es die Schrift so an, als hätte er sie vom Berge Horeb empfangen[5]). Dasselbe gilt auch von Unterrichte des Enkels[6]). Von seinem eigenen Enkel ließ sich Josua an jedem Rüsttage des Sabbath den Wochenabschnitt vor= lesen[7]). Er selbst las am Purim seinen zu diesem Zwecke versam= melten Kindern und Hausgenossen die Estherrolle vor, damit eine Lehre Bar Kappara's befolgend[8]).

Die hohe Meinung, welche Josua b. Levi von der agabischen Schriftauslegung hatte giebt sich in seiner Erklärung von Ps. 28, 5 zu erkennen, wonach unter der Nichtbeachtung der Thaten des Ewigen, die der Psalmist rügt, die der Agaba's gemeint sei[9]). Nichts=

---

[1]) J. Terumoth 46 b, Gen. r. c. 94 Ende. Nach Grätz, IV, 299, fällt diese Begebenheit in die Regierungszeit der Zenobia (267—273), doch ist es zweifelhaft, ob Josua b. Levi damals noch am Leben war.

[2]) S. über ihn A. b. T. II, 512.

[3]) S. vor. S., Anm. 1.

[4]) מקרי ליה ריב״ל לבריה, Sabbath 68 b (Horajoth 8 a, Jebamoth 9 a). Lehren J. b. L.'s für seine Söhne finden sich Berach. 8 a b. — Die Hochzeit einer seiner Söhne ist Berach. 9 a erwähnt.

[5]) Berachoth 21 b.

[6]) Kiddushin 30 a, j. Sabbath 3 a, j. Kiddushin 61 a. J. b. L.'s Enkel Mescha berichtet, j. Berach. 12 a, über die Rigorosität seines Groß= vaters hinsichtlich des Händewaschens.

[7]) S. das durch Chija b. Abba in j. Sabbath 3 a, j. Kidd. 61 a Erzählte. In b. Kiddushin 30 a ist die Anekdote verschieden erzählt: Ch. b. Abba habe gesehen, wie Josua b. Levi seinen Sohn (soll wol heißen: Enkel) in eilend genommener provisorischer Kopfbedeckung in die Schule ge= führt habe. Die Version im jer. Talmud ist jedenfalls die ursprüngliche.

[8]) Jer. Megilla 73 b unten.

[9]) Schocher tob. z. St. (gegen Chizkija): סעילית י׳ אלו ההגדות (Jalkut אלו אגדות). — S. auch die Deutung von בגיד, Prov. 21, 21 mit אגדה, B. Bathra 9 b. — Seine Erklärung des Wortes משיבם (W. Maaseroth

destoweniger tadelte er das Niederschreiben der Agada sowol, als
die Benützung geschriebener Agada beim Vortrage¹). Er selbst —
so berichtet er²) — habe nur einmal in ein solches Agadabuch
hineingeblickt und in ihm drei Zahlendeutungen gefunden; dieselben
fanden seinen Beifall, dennoch wurde er in der darauf folgenden
Nacht von bösen Träumen geängstigt³). Welche Stelle die Agada
in seinen Lehrvorträgen einnahm, ersieht man nicht nur an der
überaus großen Anzahl der in seinem Namen überlieferten agadi=
schen Aussprüche, sondern auch an der Angabe, daß in seinem Lehr=

1, 2) durch משיכניסו מחצה lernte er nach der Vermuthung Jona's von
den Agadisten (רבנן דאגדתא), welche הסמי, Deut. 1, 28 von אמיס ableiteten
und mit פלגין übersetzten, j. Maaseroth 48 d. unten.

¹) Jer. Sabbath 15 c, Soferim 16, 2. Das פינקסיה דריב״ל, welches
Sabbath 156 a erwähnt wird, darf nicht als ספרא דאגדתא betrachtet werden,
wie Weiß III, 60 a annimmt, und der nur scheinbare Widerspruch zwischen
der Verdammung geschriebener Agada und der Thatsache, daß Josua b.
Levi einer der bedeutendsten Agadisten war, ist keine genügende Ursache zu
der willkürlichen Annahme (Weiß ib.) zweier Amora's dieses Namens.
Vielmehr bedarf es keines Beweises, daß der Lehrer von Lydda mit dem
Urheber der zahlreichen Agadasätze identisch ist.

²) Jer. Sabbath 15 c, Soferim 16, 10—12, Schocher tob zu Ps. 22, 4.

³) 1. Den 175 Lebensjahren Abrahams entsprechen die 175 Abschnitte
der Thora, in denen Gottes Offenbarung an Moses durch אמר, דבר, צוה, eingeleitet
wird; angedeutet in Ps. 68, 19, (du — Moses — empfiengst Geschenke —
die Abschnitte der Thora — באדם, nach der Zahl der Lebensjahre des in
Jos. 14, 15 mit diesem Worte bezeichneten Abraham). S. darüber Epstein,
Beiträge I, 59, 65. — 2. Den 147 Lebensjahren Jakob's entsprechen die
147 Psalmen des Psalmbuches, angedeutet in Ps. 22, 4 („die Psalmen
Israels"); vgl. Gen. r. c. 68, 74, Sch tob zu Ps. 124: nach Samuel
b. Nachman, einem „Agadisten" ersten Ranges, wurde das Psalmbuch
von Jakob im Lehrhause des Schem und Eber verfaßt, auf Grund von
Ps. 22, 4. — Den 123 Jahren Aharons entsprechen die 123 Halleluja, die
bei der Recitirung der Hallelpsalmen gesagt werden (s. Müller zu Soferim,
S. 224), angedeutet in Ps. 150, 1, wo בקדשי = קדושיו (der Gottgehei=
ligte, das ist Aharon Ps. 106, 16). — Eine ähnliche Zahlendeutung wird
in Pesachim 118 a (Sch. tob. zu Ps. 136, anonym Pesikta r. c. 5, Tanch).
נשיא) Josua b. Levi selbst zugeschrieben: Die 26=malige Wiederholung des
Satzes „Danket dem Ewigen, denn er ist gütig, denn ewig währet seine
Gnade" (Ps. 136) entspricht den 26 Generationen von der Weltschöpfung
bis zur Offenbarung, welche Gott in seiner Gnade erhalten hat. J. b.
Levi hat auch sonst Zahlendeutungen.

9

hause die zusammenhängende Tradirung der Agadasätze einem besonders damit betrauten Jünger oblag¹). Als ein solcher Jünger wird Simon b. Pazzi genannt²), der höchst wahrscheinlich identisch ist mit Simon, dem hauptsächlichen Tradenten der Aussprüche Josua b. Levi's³). Tanchum b. Chanilai, ein anderer, fast nur durch seine ziemlich zahlreichen Agadasätze bekannter Schüler Josua b. Levi's, wird in dieser letzteren Eigenschaft von Chija b. Abba zur Beantwortung einer an Chija gerichteten agadischen Frage

---

¹) Jer. אמר בן היינא מצבעין (ואפילו בן אנא מתבעית בלילא Soferim: אמר בן היינא מצבעית בלילא), wol im Sinne von Hiob 7, 14. Vgl. die Stelle im Nachtgebete: ואל יבהלוני רעיוני וחלומות רעים (Berach. 60 b). Auch daran mag erinnert werden, daß J. b. L. als Schutzmittel gegen die den Schlaf störenden Plagegeister den שיר של פגעים (s. Levy IV, 7 b) genannten 91. Ps. recitirte, Schebuoth 15 b. S. Meg. 3 a, Sanh. 44 a: Man soll in der Nacht Niemandem den Friedensgruß bieten, denn es könnte ein Dämon (שד) sein. S. ferner die unten (Abschn. 8) gebrachte Legende, Deut. r. c. 1, wie 60 Myriaden Dämonen (מזיקים) am Thore des Tempels Wache halten.

²) „Simi b. Ukba, nach Anderen Mar Ukba befand sich bei Simon b. Pazzi, der Agadaordner vor Josua b. Levi gewesen war", Berach. 10 a. Die richtige Lesart ist הוה מסדר אגדתא (nicht יהיה). Es wird dann weiter erzählt, Simi (oder Mar Ukba) habe den S. b. P. nach dem Sinne von Ps. 103, 1, befragt. Als ihm derselbe die Erklärung, die er von Josua b. Levi überkommen hatte, mittheilt, giebt Simi (Mar Ukba) eine andere Erklärung. — Simon b. Pazzi tradirte im Namen Jos. b. Levi's Sätze Bar Kappara's, s. Ag. d. T. II, 506, Anm. 5.

³) S. weiter unten, verschiedene Anmerkungen. — Daß ר' סימון, der besonders als Agadist hervorragte, mit ר' שמעין בן פזי eine und dieselbe Person ist, läßt sich — abgesehen von dem angegebenen Verhältniß zu Josua b. Levi's Agada — durch folgende Momente erhärten: 1. Was in Chullin 60 b mit ריש בן פזי רמי eingeleitet ist, erscheint in Gen. r. c. 6 g. Anf. (in anderer Einkleidung) als Ausspruch des ר' סימון, nach einem anderen Tradenten: des Tanchum b. Chija, eines Schülers Simon's. 2. Jehuda, der Sohn des פזי בן שמעין ר' (Berach. 9 b, Sota 39 b, Sanh. 11 b), der auch kurz ר' יהודה בן פזי heißt (b. Joma 77 b und sehr oft im jer. Talmud), ist identisch mit dem bedeutenden Agadisten ר' יהודה בר סימון; denn was j. Pea 16 a oben im Namen des פזי בן יהדה ר' steht, hat Gen. r. c. 84 von ר" בר סימון, ebenso j. Berach. 2 c. unten (zu Gen. 1, 6) vgl. mit Gen. r. c. 4 Anf. 3. Im jeruš. Talmud kömmt der Name ר' שמעין בן פזי gar nicht, ר' סימון sehr oft vor, hingegen findet sich im bab. Talmud der Name ר' סימון gar nicht, was nur so verständlich ist, wenn beide Namen dieselbe Person bezeichnen

empfohlen¹). Ein anderer Tanchum, b. Chija, der ein Schüler des genannten Simon war, tradirt öfters Sätze von Josua b. Levi²). Als häufiger Tradent des Letzteren erscheint auch Jehuda, der Sohn Simons³). Verschiedene Sätze J. b. L.'s tradirt Alexander, der keineswegs, wie angenommen wird, zu den ältesten Amoräern gehört und bei dem sich der Einfluß Josua b. Levi's darin kundgiebt, daß er mit Vorliebe Sätze des Psalmbuches deutet⁴). Von sonstigen Tradenten Josua b. Levi's seien noch genannt: Ammi⁵), Simon, der Bruder des oben genannten Chija b. Abba⁶), Jizchak b. Nachman⁷) und dessen College als Armencassaverwalter⁸) Jakob b. Jdi⁹), Jose b. Abin¹⁰), Acha¹¹).

---

¹) S. Baba Kamma 55 a, כלך אצל ר' תנחום בר חנילאי שהוא רגיל באנדה. אצל ר"י בן לוי So die Münchener Hschr. (D. Sofrim XII, 59 b). Nach der gewöhnlichen Leseart שהיה בקי באנ' (eine andere Leseart שהוא בקי, statt בקי eine Variante רגיל) bezieht sich das Epitheton (vgl. בקי באנדות von Jsmael b. Elischa, Moed Katon 28 b) auf Josua b. Levi.
²) S. j. Maaser Scheni Ende, j. Berach. 6 c oben. Wenn Tanchum allein als Tradent Josua's erscheint, kann ebensowohl T. b. Chija, als T. b. Chanilai gemeint sein.
³) S. unten, in den Anmerkungen. Die Stellen finden sich in verschiedenen Midraschwerken. In j. Maaseroth 48 b. unt. ר' יודה בר פזי בשם ריב"ל, f. vor. S. Anm. 3.
⁴) S. unten Capitel IX.
⁵) Jer. Kidduschin 65 b unt.; in b. Berach. 3 b ist beide Mal anstatt ריב"ל zu lesen רשב"ל, Simon b. Lakisch.
⁶) J. Berach. 8 b, Echa r. zu 1, 6. In Simon b. Abba's Namen tradirte auch ר' סימון, f. Gen. r. c. 9 g. E.
⁷) J. Berach. 3 c. unt. wo er in der Tradirung eines Ausspruches J. b. L.'s mit ר' סימון in Controverse ist. Vgl. b. Sanh. 10 b פליגי בה ר' יצחק בר נחמני ... ור' שמעון בר פזי (Simon b. Pazzi = ר' סימון) und dazu j. Sanh. 18 b unt. J. b. Nachman im Hause J. b. L.'s, an den oben S. 126 Anm. 3 citirten Stellen. In j. Jebam. 8 d erklärt er dem Zeïra einen Satz Josua b. Levi's.
⁸) S. j. Schekalim 49 a.
⁹) J. Sabb. 6 a, j. Taan. 65 c. unten. Was in b. Berach. 5 b im Namen Jakob b. Jdi's gelehrt ist, gehört nach Gen. r. c. 92 Auf. Josua b. Levi an.
¹⁰) S. j. Berach. 3 c. ob., j. Megilla 73 b; in Pesikta r. c. 21 (100 b): ר' יוסי בי ר' אבין אמר ר' מנחם בשם ריב"ל.
¹¹) J. Berach. 4 d. unt., Pesikta 117 b.

Josua b. Levi gehört zu den Gesetzeslehrern, denen vertrauter Umgang mit dem auf Erden wandelnden Propheten Elija zugeschrieben wurde. Auch mit dem Todesengel läßt ihn die Sage verkehren, und er wurde so zu einem Lieblingshelden der agadischen Legende in früherer und späterer Zeit. Die betreffenden Traditionen und Dichtungen sollen in einem besonderen Abschnitte den Schluß dieses Capitels bilden.

1.
Sentenzen und Sprüche.

Wer in dieser Welt seine Wege abschätzt (prüft und überlegt), der wird dereinst das Heil Gottes erblicken, nach Psalm 50, 23[1]), — Nach demselben Verse: Wer seinen Trieb „opfert" und „Geständniß" ablegt, dem rechnet es die Schrift so an, als erwiese er Gott „zweifache Ehre", in dieser und in der kommenden Welt[2]). — „Heil dem Manne" (Pf. 112, 1): Heil dem, der wie ein Mann seinen Trieb überwindet![3]) — Sieben Namen hat der böse Trieb[4]): Gott nennt ihn den Bösen (Gen. 8, 21), Moses den Unbeschnittenen (Deut. 10, 16), David den Unreinen (folgt aus Pf. 51, 12), Salomo den Feind (Prov. 25, 21[5]), Jesaia den Anstoß (57, 14), Jechezkel den Stein (36, 26), Joel den Heimlichen (2, 20).

Der „Arme" in Prov. 15, 15 ist der Engherzige, der „Fröhliche" der mit freiem, weitem Sinn Begabte[6]). — Den Miß-

---

[1]) Moed Katon 5 a, Sota 5 b; s. Jannai's Spruch oben S. 38, A. 5.
[2]) Sanh. 43 b. In Lev. r. c. 9 deutet Abba b. Kahana (Trabant Berechja) יבדני als Zusammensetzung aus Perf. בדני und Fut. יבדני.
[3]) Ab. zara 19 a.
[4]) Sukka 52 a: דרש רב עוירא ואיתימא ריב״ל שבעה שמות יש לו ליצר הרע.
[5]) In Gen. r. c. 54 Anf. sagt J. b. L. zu Prov. 16, 7 איבי זה יצר הרע. Dazu die Ausführung: Wenn Jemand mit seinem Nächsten zwei, drei Jahre zusammenlebt, knüpft sie endlich Freundschaft aneinander; der böse Trieb aber lebt von frühester Jugend an mit dem Menschen zusammen und bringt ihn selbst im Alter noch, und sei es im 70. oder 80. Jahre, wenn er dazu Gelegenheit findet, zu Falle. In Pesikta 79 b ist dies Samuel b. Nachman zugeschrieben, s. auch Sch tob zu Pf. 34, 23.
[6]) Baba Bathra 145 b.

günstigen erkennen sogar die Vögel, denen er vergebens die locken=
den Körner streut, nach Prov. 1, 17; wer von einem Mißgünstigen
etwas genießt, übertritt das Verbot in Prov. 23, 6; auch die Cere=
monie zur Sühne eines von unbekannter Hand verübten Mordes,
Deut. 21, 7, soll die Aeltesten der Stadt von dem Verdacht der etwa
gegen den Ermordeten geübten Mißgunst (Ungastlichkeit) reinigen[1]). —
Nur wer ein gutes Auge hat (nicht mißgünstig ist) soll den Segen
über den Wein sprechen, nach Prov. 22, 9 (יְבֹרָךְ zu lesen[2]).

Wer verleumdet, ist damit zum Gottesleugner geworden, nach
Ps. 50, 22 („die Gott vergessen" mit Beziehung auf B. 15[3]). —
Wer verleumdet, übertritt die fünf Bücher der Thora; deshalb steht
bei den Vorschriften über den Aussatz (die Strafe für Verleumdung)
fünfmal der Ausdruck Thora[4]). — Zwietracht (Parteiung) ist so
schwer, wie die Schuld des Geschlechtes der Sündfluth: bei beiden
findet sich der Ausdruck „Männer des Namens" angewendet (Num.
16, 1, Gen. 6, 4[5]). — Komm' und sieh', wie groß die Demütigen
vor Gott geachtet sind! Solange das Heiligthum bestand, brachte
Jemand irgend eine Opfergattung dar und war des Lohnes für
dieselbe gewärtig; aber wessen Sinn bemütig ist, dem rechnet es die
Schrift (Ps. 51, 19) so an, als hätte er sämmtliche Opferarten
dargebracht, und auch sein Gebet wird nicht verschmäht[6]). — Der
Mensch soll bemütig (geduldig) sein im eigenen Hause, umsoehr
im Hause seines Nächsten[7]).

Nie lasse der Mensch ein häßliches Wort aus seinem Munde
hervorkommen; denn auch die h. Schrift hat einen Umweg über acht

---

[1]) Sota 38 b; der dritte Satz auf Grund der älteren Deutung in
Sifrê zu Deut. § 210, M. Sota 9, 7. —

[2]) Sota 38 b.

[3]) J. Pea 16 a ob.

[4]) Lev. r. c. 16. Die fünf Stellen sind Lev. 13, 59; 14, 2, 32, 54
und 57.

[5]) Gen. r. c. 26 Ende, trad. von Acha.

[6]) Sota 5 b; Sanh. 43 b (abgekürzt); Midr. Abba Gorion Ende; Neue
Pesitta, B. H. VI, 52 f. — S. Aboda zara 20 b, J. b. L.'s Aussprüche
über die Demüthigen (auf Grund von Jes. 61, 1), als Ergänzung zu einem
Ausspruche Pinchas b. Jair's (Ag. d. T. II, 497).

[7]) Sch. tob zu Ps. 101, 7. In Jalkut z. St.: „... im Hause seines
Nächsten, umsomehr im Hause Gottes".

Buchstaben gemacht, um das Wort „unrein" zu vermeiden, nämlich Gen. 7, 8 (אשר איננה טהרה ft. טמאה¹). — Wenn das Wort einen Sela, so ist das Schweigen zwei Sela werth²). — Der Mensch darf nicht vier Ellen weit mit aufgerichteter Gestalt (in stolzer Haltung) gehen, denn es ist gesagt (Jes. 6, 3): voll ist die ganze Erde von Gottes Herrlichkeit³). — „Machet Platz dem Eben=bilde Gottes!" So rufen begleitende Engel vor dem des Weges da=herziehenden Menschen aus⁴). — Wenn das Ende des Menschen herannaht, haben alle Wesen Gewalt über ihn, nach Gen. 4, 14⁵).

---

¹) Pesachim 3 a. In Gen. r. c. 32 findet sich ein ähnlicher Satz in Bezug auf Gen. 7, 2: מצינו שעיקם הקב״ה שתים ושלש תיבות בתורה כדי שלא להוציא דבר טמא מתוך פיו, von drei verschiedenen Tradenten (Juban, Berachja, Jakob aus Kefar Chanin) drei verschiedenen Autoren (Jo=chanan, Eleazar, J. b. Levi) zugeschrieben. In Pesikta 30 b wie in Gen. r. In Lev. r. c. 26 folgen unter gleicher Autorenangabe wie in Pesikta beide Sätze aus dem b. Talmud und aus Gen. r.: ... מצינו שעיקם ... ... עיקם אחר ובמקום. In Pesikta v. c. 14 (57 b) erscheint Jochanan allein als Autor des allgemeinen umschriebenen Satzes aus Gen. r. In Sch. tob zu 12, 7 ist Josua b. Levi der Autor der aus beiden Sätzen combinirten Gestalt des Ausspruches: עיקב הכתיב שתים ומי תיבות ולא הוציא דבר מגונה מתוך פיו. S. 'auch noch Tanchuma וישלח und הקת (B. 6) und Num. r. c. 19 Anfang.

²) Lev. r. c. 16 מלה בסלע משתיקא בתרין, dazu der Hinweis auf Aboth I Ende. In Meg. 18 a citirt Dimi den Satz als paläſtinenſiſchen Spruch (doch fehlt in der Münch. Hſchr. אמרי במערבא), als Beſtätigung einer Deutung von Pſ. 65, 2. In Koh. r. zu 5, 5: תני ר' יהושע מ' בס' משתיקא בתרין כאבנא טבא. Aruch של VIII citirt (nach) Megilla 18 a und Lev. r. c. 16): אשר ר' אישעיא טילה בסלע ומש' כאבן טבא. In טילה und משתיקא sei noch auf die geiſtreiche Erklärung Rapoport's bei Rabbinowitz (Difd. Sofrim VIII, 50 a) verwiesen.

³) Kidduschin 31 a, citirt Berachoth 43 b (אמר מ') in erweiterter Gestalt. Jb. in einer Baraitha als eines der sechs Dinge, welche dem Weisenjünger zur Unehre gereichen: יהלך בקומה וקופה.

⁴) Sch. tob zu Pſ. 17, 7 und 55, 19. Die begleitenden Engel werden an der erſteren Stelle so bezeichnet: איקניא של מלאכים מהלכי לפניו, an der zweiten (nach Jalkut) מהלכת לפניו איקניא. Der Ausruf lautet: תני מקום לאיקיני של הקב״ה. In dem die Engel bezeichnenden Aus=drucke ſcheint איקניא aus irgend einem anderen Worte corrumpirt zu sein. Vgl. noch Aruch ſ. v. אק (Kohut I, 255 a).

⁵) Nedarim 41 a; nach anderer Tradition Chija b. Abba im Namen Alexanders.

— Die Menschen betrachte so, als wären alle Räuber, thue ihnen aber Ehre an, als wäre ein Jeder Rabban Gamliel[1]). Drei Lehren im Namen der Jerusalemier[2]): Weile nicht viel auf den Dächern (mit Hinblick auf II Sam. 11, 2); ist deine Tochter reif, sprich deinen Knecht frei und gieb ihr ihn zum Manne[3]); nimm deine Frau in Acht vor ihrem einstmaligen Bräutigam. — Wer sich der über ihn verhängten Leiden freut, der bringt Heil in die Welt, nach Jes. 64, 4[4]). — Geld macht auch Bastarde rein, nach Mal. 3, 3 (כסף als Subject genommen[5]). — Was können die Großen thun, da zu jeder Zeit die Gemeinde nach dem Verdienste der Mehrheit gerichtet wird; hätte das Volk am Karmel nicht gerufen: der Ewige ist Gott (I Kön. 18, 39), so wäre kein Feuer vom Himmel herabgekommen, um Elija's Opfer zu verzehren[6]). — Der Narr kehrt immer wieder zurück zum Wege seiner Narrheit, nach Prov. 26, 11[7]).

Sieh', wie groß die Kraft der Beschämung ist! Bei der Verwünschung der Frevler (Ps. 6, 11) wird ihnen zweifache Beschämung gewünscht und beim Segen der Frommen wird ihnen zweifach verheißen (Jes. 45, 17), daß sie keine Beschämung erleiden werden[8]). — Die eine Stelle im Buche Jechezkels (16, 63): „damit du dich erinnerst und dich schämest" würde allein genügen, die Abfas-

---

[1]) Derech erez c. 5 (Ende: לעולם יהיו כל בני אדם לפניך כלסטים והוי מכבדן כרבן גמליאל, anknüpfend an eine von Josua gemachte böse Erfahrung mit einem Menschen, den er gastfreundlich in sein Haus aufgenommen hatte. Unter Gamliel ist wol der zeitgenössische Patriarch, Gamliel III, zu verstehen.

[2]) Pesachim 113 a: שלשה דברים אמר ריב"ל משום אנשי ירושלם: Ju Joma 69 a tradirt Simon b. Pazzi im Namen Josua b. Levi's und dieser im Namen Juda's I. einen Halachasatz משום קהלא קדישא שבירושלם; s. Ag. b. T. II, 490, Anm. 2.

[3]) Dieser Satz befindet sich in Lev. r. c. 21 g. E. unter den drei Regeln Rab's.

[4]) Taanith 8 a.

[5]) Kibbuschin 71 a.

[6]) J. Taanith 66 c unt. trad. von Jakob b. Jdi.

[7]) Lev. r. c. 16 Ende, aram. Spruch (הדר שטיא לאורח שטותיה) zur Erläuterung von שובב Jes. 57, 17.

[8]) Schocher tob zu Ps. 31, 2, in anderer Form ib. zu 6, 11. — Vgl. unten Abschn. 5, über Esau und über Achaz.

fung dieses Buches zu rechtfertigen[1]). — Wenn Zehn zu Gericht sitzen, hängt — die Verantwortlichkeit für den gerechten Spruch wie — ein Halseisen an ihrer Aller Halse[2]).

Wer ohne Frau lebt, dem fehlt der Friede, wie aus dem Gruße Davids an Nabal geschlossen werden kann (I Sam. 25, 6): Du Frieden und dein Haus (= deine Frau) Frieden![3]). — Wer von seiner Frau weiß, daß sie gottesfürchtig ist und seine eheliche Pflicht ihr gegenüber nicht erfüllt, wird Sünder genannt, nach Hiob 5, 24[4]). — Wer seine Frau zur Erfüllung der Ehepflicht zwingt, der bekömmt ungerathene Kinder[5]). — Wer gewohnt ist Wohlthätigkeit zu üben, dem werden Kinder beschieden, welchen Thorakenntniß, Reichthum und Kenntniß der Agada verliehen ist, nach Prov. 21, 21 („Leben" = Thora, nach Prov. 8, 35; „Gerechtigkeit" = Reichthum, nach Pf. 24, 5; „Ehre" = Agada, nach Prov. 3, 35[6]). — Wer keine Kinder hat, wird so betrachtet, als wäre er todt, nach Gen. 30, 1[7]).

Wer hinter dem Sarge von Weisenjüngern Uebles von ihnen spricht, verfällt der Hölle, nach Pf. 125, 5[8]). — Groß ist der Friede, denn er ist der Erde, was der Sauerteig dem Teige; hätte Gott nicht den Frieden auf die Erde gesetzt, sie würde vom Schwert und vom Gewild entvölkert werden[9]).

---

[1]) Schocher tob zu Pf. 31, 2, nach der Leseart im Jalkut.
[2]) Sanh. 7 b, Horajoth 3 b: עשרה שיישבין בדין קולר תלוי בצואר כולן. —
[3]) Gen. r. c. 17 Anf., trad von Simon.
[4]) Jebam. 62 b.
[5]) Erubin 100 b.
[6]) Baba Bathra 9 b unten, f. Difk. Sofrim XI, 20 b. Zu der gewöhnlichen Leseart חכמה, בעלי, anstatt תורה ב', ist חכמה ebenfalls im Sinne von Gesetzeskunde zu verstehen. Die Identification von בביד mit אגדה erklärt Raschi so, daß der Agadakenner sich die Neigung seiner Zuhörer erwirbt und geehrt wird.
[7]) Nedarim 64 b. — Nach Moed Katon 27 b begab sich J. b. Levi um zu trösten — nur in ein solches Trauerhaus, in dem Jemand, ohne Kinder zu hinterlassen, gestorben war, mit Berufung auf Jer. 22, 10. Vgl. dazu Baba Bathra 116 a.
[8]) Berach. 19 a, Sch. tob z. St.
[9]) Derech erez, Capitel vom Frieden, Anf.

2.
Das Studium der Lehre. Gebet. Gebote.

Die Thora wird dem Menschen, der dessen würdig ist, zum lebenspendenden Heilmittel, dem Unwürdigen zum tödtlichen Gifte (סם, Deut. 4, 44 als סם gedeutet[1]). — Die Beschäftigung mit der Thora ersetzt die Reisebegleitung (Prov. 1, 9 לוית חן = holde Begleitung), gewährt Heilung gegen Schmerzen des Kopfes (ib. „deinem Haupte"), des Halses („deinem Halse"), des Unterleibes und der Knochen (ib. 3, 8), sowie des ganzen Körpers (ib. 4, 22[2]). — In der Thora (Deut. 29, 8), in den Propheten (Jos. 1, 8) und in den Hagiographen (Ps. 1, 2) ist es geschrieben: wer sich mit dem Thorastudium beschäftigt, dessen Besitzthümer gedeihen[3]). — An jedem Tage ergeht eine Himmelsstimme vom Berge Choreb, welche folgendes ausruft: Wehe den Menschen ob der Schmach, die sie der Thora anthun![4]) Wer sich nicht mit der Thora beschäftigt, wird als ein von Gott in Bann Gelegter betrachtet (nach einer Deutung von נזם—אף, Prov. 11, 22 = נזוף); bloß wer sich mit dem Studium der Thora beschäftigt, ist frei (חרות Exod. 32, 16 = חֵרוּת); wer sich mit dem Studium der Thora beschäftigt, wird erhöht (nach Num. 21, 19[5]). — Echa 1, 16. „Ueber diese weine ich", nämlich über die Unterbrechung des Studiums der mit dem Ausdrucke „diese" (Deut. 12, 1) bezeichneten Gesetze und Vorschriften[6]). — Die Thora wird

---

[1] Joma 72 b. Vgl. Ag. d. T. II, 540.

[2] Erubin 54 a. Der erste Satz auch in Sota 46 b. S. auch Kethub. 77 b, zu Prov. 5, 19 (חן =. יעלת חן ומעלת): Wenn die Thora den sie Studirenden Gunst verleiht, sollte sie dieselben nicht schützen? Darauf bauend scheute sich J. b. L. nicht, beim Thorastudium mit ansteckenden Kranken in Berührung zu kommen.

[3] Aboda zara 19 b. S. Baba Bathra 25 b: שמתוך ידרים לעילם מתעשר שמתחכם, nach Prov. 3, 16 b.

[4] Bis hieher findet sich dieser Ausspruch J. b. L.'s auch Pesikta 121 a und Echa r. Prooemien Nr. 2.

[5] Bar. Aboth 6, 2, Elija zuta c. 17; ohne den letzten Satz Exod. r. c. 41 und Tanch. כי תשא.

[6] Echa r. z. St.

תושיה genannt weil sie die Kräfte des Körpers und der Augen schwächt (מתשת[1]).

Unter dem Epikuräer der Mischna (Sanh. 10, 1) ist Jemand zu verstehen, der seinen Nächsten in Gegenwart eines Weisenjüngers schmäht[2]). — Alle Dienstleistungen, die ein Sklave seinem Herrn verrichtet, soll der Schüler seinem Lehrer thun, mit Ausnahme des Lösens der Schuhe[3]). — Das Lehrhaus hat höheren Rang als die Synagoge, man darf daher aus dieser ein Lehrhaus machen; unter dem „großen Hause" in II Kön. 25, 9 ist das Lehrhaus zu verstehen, in welchem die Thora groß gehalten wird[4]). — Das „Lehrhaus" (בי רבנן) darf als Haus der Lehrer gelten[5]). — Vierundzwanzig Fasten hielten die Männer der großen Versammlung, um zu erwirken, daß die Schreiber der Bibel und der zu rituellen Zwecken (Phylakterien, Thürpfosten) dienenden Bibelabschnitte nicht reich werden; denn würden sie es, so blieben sie keine Schreiber[6]).

Der Segensspruch über das Thorastudium ist sowol bei der Beschäftigung mit dem Midrasch, als bei der mit den Halacha's zu sprechen[7]). — Aus den Worten „und auf ihnen wie alle die Worte" (Deut. 9, 10) läßt sich folgern: Heilige Schrift und Mischna, Talmud und Agada, selbst was dereinst ein scharfsinniger Schüler vor seinem Lehrer darlegen wird, ist längst dem Moses am Sinai offenbart worden. Darauf zielt auch Koh. 1, 10[8]). — Die

---

[1] Sch. tob zu Ps. 7, 1 (Jalk. zu Hiob 12, 16).
[2] Sanh. 99 b, gemeinsam mit Jochanan.
[3] Kethuboth 96 a.
[4] Megilla 27 a. Die Deutung von II Kön. 25, 9 gegen Jochanan, der das „große Haus" als Haus des Gebetes erklärt. In j. Meg. 70 d erklärt J. b. L. auch die übrigen Ausdrücke des Verses: die „Häuser Jerusalems" sind die 480 Synagogen, (s. oben S. 97) das „große Haus" das Lehrhaus Jochanan b. Zakkai's, von dem aus die Großthaten Gottes verkündet wurden.
[5] Megilla 28 b. S. j. Megilla 74 a unten, tradirt von Berechja: בתי בנסיות ובתי מדרשות לחכמים ותלמידיהם. — Ein Ausspruch J. b. L.'s über den äußeren Anstand in der Synagoge j. Berach. 6 d unt. In b. Berach. 62 b u. ist derselbe Ausspruch, mit Zugrundelegung von I Kön. 9, 3, auf den Tempelberg nach der Zerstörung bezogen.
[6] Pesach. 50 b.
[7] J. Berach. 3 a, tradirt von Simon.
[8] J. Pea 17 a unt., j. Megilla 74 d, j. Chagiga 76 d.

Mischna — als Grundlage des Studiums — ist eine eiserne
Säule¹). — Selbst am Sabbath soll man eilenden Schrittes zum
Lehrvortrage sich begeben, nach Hof. 11, 10²).

Die drei Gebetzeiten lernte man von den Patriarchen³): von
Abraham das Morgengebet (Gen. 19, 27 עמד, vgl. ויעמד Pf. 106,
30); von Isaak das Nachmittagsgebet (Gen. 24, 63 לשוח, vgl.
שיחו Pf. 102, 1); von Jakob das Abendgebet (Gen. 28, 11 ויפגע,
vgl. Jer. 27, 18 und 7, 16⁴). — Der Verfasser des Achtzehn=
gebetes hat die Stücke desselben nach dem inneren Zusammenhange
geordnet⁵): die drei ersten und drei letzten Benediktionen enthalten
das Lob Gottes, die mittleren Benediktionen beziehen sich auf die Be=
dürfnisse der Menschen, wie dieselben nach einander zu erflehen
sind⁶). — Die sieben Benediktionen, welche vor und nach den Schema=
Lektionen zu sprechen sind (M. Berach. 1, 8), sind in den Psalm=

---

¹) Pesikta 176 a Lev. r. c. 21, tradirt von Eleazar, anknüpfend an
einen Ausspruch Benaja's (Ag. b. I. II, 538): עמוד ברזל משנה.

²) Berach. 6 b, trad. von Tanchum, von dem es Zeira hörte.

³) J. Berach 7 a: תפלות מאבות למדום; b. Berach. 26 b (wo aber
diese Ansicht dem Jose b. Chanina zugeschrieben ist): תפלות אבות תקנום;
Gen. r. c. 68: אבות הראשונים התקינו ג' תפלות. In Tanch. חיי שרה g. E.
einzelweise (nach der Baraitha in Berach. 26 b): אברהם תקן תפלת הבקר,
יעקב ת' ת' הערב ,יצחק ת' מנחה; ebenso (aber anonym) Tanch. מקץ g.
E., vorher אבות העולם שתקנו תפלות ג'. Daraus Sch. tob zu Pf. 55 (ano=
nym): ... ומי תקן אותם אבות העולם. S. noch Num. r. c. 2 Anfang und
Midr. Mischle zu 22, 28.

⁴) Zu Ber. 26 b wird die Deduction der brei Gebetzeiten als anon.
Baraitha angeführt. — S. auch noch Berach. 4 b Jos. b. Levi's Satz:
תפלות באמצע תקנום.

⁵) Jerach. 4 d unt., tradirt von Acha: אף מי שהתקין את התפלה
הזאת על הסדר התקינה.

⁶) In der Darlegung des zusammenhängenden Inhaltes der Bene=
diktionen wird auch der Inhalt der ברכת המינים angegeben (הבנע קמינו),
während die Benediktion את צמח דוד nicht besonders erwähnt wird, da
dieselbe mit der vorhergehenden nur eine bildet (s. darüber besonders
Landshut's Gebetbuch הגיון לב 'ס, p. 63 ff.) — Die erste der drei Schluß=
benediktionen wird auch noch als letzte der mittleren erwähnt. — Die 18
Benediktionen des Hauptgebetes entsprechen — nach einem anderen Aus=
spruche J. b. L.'s — den 18 Psalmen, mit denen das Psalmbuch beginnt
(Pf. 1 und 2 als einer gezählt) und nach welchen es heißt (Pf. 20, 2):
„Der Ewige erhört dich", j. Berach. 7 d u., j. Taan. 65 c oben. Nach einer

worten (119, 64) „siebenmal im Tage lobe ich dich" angedeutet[1]). — In der Benediktion, welche der Morgen=Schemalektion folgt, muß der Auszug aus Aegypten, die Anerkennung von Gottes Herrschaft, der Durchzug durch das Schilfmeer und die Tödtung der Erstgeborenen in Aegypten erwähnt werden, und der Schluß laute: Hort Israels und sein Erlöser[2]). — Das zweite Stück des Tischgebetes (Dank für das heilige Land) muß auch der Thora Erwähnung thun, nach Ps. 78, 7[3]). — Wer das Abend=Schema bereits in der Synagoge gelesen hat, soll es dennoch auf seinem Lager wiederholen[4]). — Man soll mit „heiligem Beben" (l. בחרדת קדש Ps. 29, 2) beten[5]). — Zwischen dem Betenden und der Wand sei nichts Trennendes, nach II Kön. 20, 2[6]). — Nach dem Gebete soll man drei Schritte rückwärts thun und sich wie zum Gruße neigen[7]). — Nach dem Gebete soll man ein wenig verweilen, ehe man das Bethaus verläßt, nach Ps. 140, 14[8]). — Morgens und Abends in die Synagoge gehen, verlängert das Leben[9]). — Während die Gemeinde in der Synagoge zum Gebete versammelt ist, soll man nicht an der Rückseite der letzteren vorübergehen[10]). — Wer mit seiner ganzen Kraft das „Amen, Gottes großer Name sei gepriesen" spricht, der bewirkt, daß auch ein über ihn verhängtes Urtheil zerrissen wird (nach einer Deutung von Richter 5, 2[11]). —

---

anderen Version (trab. von Tanchum, b. Berach. 28 b, von Simon, j. Taan. 65 c, Simon allein, j. Berach 8 a und Tanch. וירא Anf.): den 18 Wirbeln des Rückgrats; daher müsse auch der Betende so tief sich neigen, daß alle Wirbeln des Rückgrats erschüttert werden (trab. von Tanchum b. Berach. 28 b). S. auch Joma 49 b, zu II Chr. 7, 3 (tradirt von Simon).

[1]) Jer. Berach. 3 c oben, tradirt von Jose b. Abin. Sch. tob zu Ps. 6 Auf. (ohne Tradenten): שבקש (l. מצית ברכות שבע ביום אלו ז.
[2]) Jer. Berach. 3 d unten.
[3]) Jb., tradirt von Simon.
[4]) Berachoth 4 b.
[5]) Berach. 30 b, j. Berach. 8 d, mit Bezug auf die Mischna (5, 1).
[6]) Berach. 5 b, nach anderer Version von Rab.
[7]) Joma 53 b, tradirt von Alexander.
[8]) Berach. 32 b, vgl. j. Berach. 8 d unten.
[9]) Berach. 8 a, als erste der Lehren für seine Söhne.
[10]) Berach. 8 b.
[11]) Sabbath 119 b. S. Berach. 57 a, unter J. b. L.'s Aussprüchen

Daß man sich beim Gebete dem Heiligthum zuwenden solle, ist in dem Worte לפני, I Kön. 6, 17, angedeutet: der Tempel, dem jedes Antlitz beim Gebete zugewendet ist[1]). — Wenn die Lippen des Menschen — von selbst — sich im Gebete regen, so kann er versichert sein, daß sein Gebet erhört wird, nach Jes. 57, 19[2]). — Gebet bewirkt die Hälfte der Erhörung, die Reue vollständige Erhörung[3]).

Wer den Abschnitt aus den Propheten vorliest, muß auch vorher aus der Thora lesen; der Prophetenabschnitt darf nicht eher gelesen werden, als die Thorarolle zusammengerollt ist; die Gemeinde darf nicht eher hinausgehen, als die Thorarolle an ihre Stelle gegeben ist[4]). — Man soll den Wochenabschnitt, der in der Synagoge gelesen wird, im Laufe der Woche beendigen, und zwar zweimal den Text und einmal das Targum lesen[5]).

Die Frauen sind gleich den Männern verpflichtet, das Gebot der vier Becher am Pesachabende, das des Chanukkalichtes und das des Lesens der Megilla zu erfüllen, weil auch sie an dem betreffen-

---

über verschiedene Träume: העונה. יהא שמיה רבא מברך מובטח לו שהוא בן העולם הבא.

1) Jer. Berach. 8 c. oben, Schir r. zu 4, 4. In Schocher tob zu Ps. 4, 2 deutet J. b. L. die Worte „wenn ich rufe, erhöre mich" so: wenn immer ich dich rufe, auch wenn der Tempel zerstört ist. Ueber die Richtung beim Gebet s. noch die Aussprüche J. b. L.'s in Baba Bathra 25 a, Deutungen von Prov. 3, 16 und Neh. 9, 6, ferner ib. 25 b.

2) Lev. r. c. 16 Ende: אם הניבו שפתיו של אדם בתפלה יהא מובטח שנשמעת תפלתי. In j. Berach. 9 d: אם עשו שפתיו של אדם תנובה יהא מבושר שנשמעת תפ׳. — Das dem Textworte ניב entsprechende Verbum הניב und Nomen תנובה scheint die in der Uebersetzung ausgedrückte Bedeutung zu haben. In b. Berach. 34 b citirt J. b. L. bloß den Jesaia-Vers zur Beleuchtung des im Namen Chanina b. Dosa's in der Mischnah (c. 5 Ende) Tradirten.

3) Lev. r. c. 10, Pesikta r. c. 47 Auf. (188 b) gegen Jehuda b. Chija (s. oben S. 50). An letzterer Stelle ist die These J. b. L.'s daraus bewiesen, daß über König Jojachin Kinderlosigkeit verhängt war, (Jer. 22, 30) als er aber Buße that, ihm Nachkommen gewährt wurden (I Chr. 3, 17). In Lev. r. c. 10 wird jeder Theil der These besonders bewiesen.

4) Sota 39 b, tradirt von Tanchum.

5) Berach. 8 a, zweite der Lehren an die Söhne.

den Wunder der Befreiung Antheil hatten[1]). — Das Schlußfest des Hüttenfestes hätte eigentlich gleich dem des Pesachfestes[2]) fünfzig Tage nach Beginn des Hauptfestes sein sollen; jedoch wollte Gott Israel im Winter, wo die Wege beschwerlich sind, nicht die Mühe des Wiederkommens nach fünfzig Tagen auferlegen, während es im Sommer ein Leichtes ist, die Reise nocheinmal zu machen[3]). — Die Schwingungen mit dem Omer (Lev. 23, 11) geschahen nach den vier Weltgegenden hin, Dem zu Ehren, dessen das ganze Weltall ist, und nach oben und unten, dem Herrn der oberen und der unteren Wesen zu Ehren[4]).

3.
Israel. Rom. Die Völker.

Israel trug diesen Namen, sowie von den anderen Völkern der Welt jedes seinen Namen trägt; sobald es aber die Lehre empfangen, nannte es Gott „mein Volk" (Ps. 50, 7[5]). — Das Wörtchen לי „mir" in den Worten der Erwählung (Exod. 19, 6): „ihr sollet mir gehören" besteht aus dem größten und aus dem kleinsten Buchstaben: es ist ein Sinnbild dessen, wie der Große (Gott, Ps. 147, 5) sich mit dem Kleinen (Israel, Deut. 7, 7) ver-

---

[1]) Pesachim 108 a b; Sabbath 23 a; Megilla 4 a, Arachin 3 a: שאך הם היו באותי הנס.

[2]) Er meint das Wochenfest, welches gleich dem ersteren „Schlußfest" (עצרת) heißt.

[3]) Pesikta 193 a, etwas verschieden 195 b; Schir r. zu 7, 2. Mit einem Gleichnisse von einem Könige, der Töchter in die Nähe und in die Ferne verheiratet; die Ersteren, die leicht wieder kommen, läßt er ziehen, die Anderen, die nicht so leicht die Reise nochmals machen, behält er noch auf einen Tag, um sich mit ihnen zu vergnügen, zurück.

[4]) Pesikta 70 b, Pes. r. c. 18 (92 a), tradirt von Simon, vorher die Meinung Jose b. Chanina's. In Lev. r. c. 28 sind die Autoren umgekehrt; die Richtigkeit der hier angenommenen Version bezeugt der babyl. Talmud, Sukka 37 b, Menach. 62 a, wo J. b. Chanina dieselbe Ansicht zugeschrieben ist, wie in Pes. und Pes. r., während Jochanan dort als Urheber einer Ansicht erscheint, die der J. b. Levi's ähnlich ist.

[5]) Pesikta 108 b, tradirt von Jehuda b. Simon. In Tanch., bei Jellinek B. H. VI, 100 irrthümlich ישי בר סימון.

Israel.

bindet¹). — „Zur Herrlichkeit werde ich in ihrer Mitte sein"
(Zach. 2, 9): alle Weltbewohner werden zu Israels Ruhme erkennen, daß Gott um Israels willen seine Herrlichkeit auf Erden
weilen läßt²). — Selbst eine eiserne Scheidewand kann nicht eine
Trennung zwischen Israel und seinem Vater im Himmel bewirten³).
— Die Gemeinde Israel's spricht (Hoh. 1, 9 f.): Auch wenn er
mir Angst (צרור) und Bitterniß (מר) bereitet, wohnt mein Freund
an meinem Herzen; er dem Alles angehört (אשכל) sühnt (כפר)
meine Schuld⁴). — „Gleich den vier Winden des Himmels habe
ich euch zerstreut" (Zach. 2, 10, nicht „nach den vier Winden"),
das besagt; Wie die Welt nicht ohne Winde bestehen kann, so kann
auch die Menschheit nicht ohne Israel bestehn⁵). — Israel wird
in der h. Schrift dem Weibe verglichen: so wie das Weib die Last
der Schwangerschaft zu wiederholten Malen tragen muß und von
ihr befreit wird, endlich aber von dieser Last ganz frei bleibt, so
werde Israel zu wiederholten Malen geknechtet und erlöst, wird
aber einmal endgiltig jeder Knechtschaft ledig bleiben⁶). — Israel
wird dem Nußbaume verglichen (Hoh. 6, 11): so wie der Nuß-
baum zu seinem Gedeihen gestutzt wird und frische Zweige treibt,
gleich dem Haare und den Nägeln, die abgeschnitten wieder wachsen,
so giebt Israel von seinem mühsam erworbenen Besitze denen ab,
die sich um die Thora bemühen, aber zu seinem eigenen Heile; denn

---

¹) Pesikta r. c. 11 (Ende (46 b): א"ר אבין בשם ר' יהושע, wo zu
ergänzen ist ב״ן לוי. A b i n als J. b. L.'s Tradent j. Schekalim 51 a, zu
Mischna 8, 1. — Vgl. Pes. r. c. 22 Auf. (110 b) wo J. b. L. (Tradent
Simon) den Buchstaben ל wegen seiner Größe als den Herold der Gottes-
gebote betrachtet, dabei eine ähnliche Aeußerung Jose b. Chalafthas
heranziehend (s. Ag. b. T. II, 170).
²) Pesikta r. c. 35 (160 b).
³) Pesachim 85 b, Sota 38 b: אפילו מחיצה של ברזל אינה מפסקת בין
ישראל לאביהם שבשמים.
⁴) Sabbath 88 b. Gemeint ist die Schuld des Goldkalbes (עג׳׳ל = גדי)
In Schir r. z. St. deutet צרור המר in diesem Sinne Berechja.
⁵) Taanith 3 b. In Aboda zara 10 b dem römischen Judenfreunde
„Ketia b. Schalom" in den Mund gelegt.
⁶) Schir r. zu 1, 5 (Ende: ר' ברכיה וריב״ל, was — nach dem vorhergehenden ר' ברכיה בשם ר״ש בר נחמן — im Sinne von „Berechja im Namen
J. b. L.'s" zu verstehen ist.

sein Besitzthum mehrt sich in dieser Welt und guter Lohn wird ihm in der kommenden Welt zu Theil[1]). — Israel wird dem Oelbaume verglichen (Jer. 11, 16): so wie die Blätter des Oelbaumes weder zur Sommerszeit, noch zur Zeit des Winterregens abfallen, so giebt es auch für Israel keine Vernichtung, weder in dieser, noch in der kommenden Welt[2]). — Alle Gebote, welche die Israeliten in dieser Welt üben, kommen und zeugen für sie den heidnischen Völkern gegenüber in der kommenden Welt, nach Jes. 43, 9[3]).

Die Befreiung aus Aegypten fand unter der Bedingung statt, daß Israel in dem Heiligthum für die göttliche Herrlichkeit eine Wohnstätte errichte, nach Exod. 29, 46[4]). — Das Verdienst der Patriarchen hörte von Elija's Zeit an auf, wirksam zu sein, nach I Kön. 18, 36 („heute", also nicht fürder[5]). — Es kömmt Gott schwer an, die Kette der Geschlechter abbrechen zu lassen (die Würde einer Familie auf eine andere zu übertragen[6]). — Wer das Gebot des Erscheinens im Heiligthum an den Festen erfüllte, der erhielt gleichsam Zutritt zur göttlichen Herrlichkeit, nach Exod. 23, 17[7]). — Das Fest des Schöpfens (בית השואבה) wurde so genannt, weil Israel an ihm aus der Fülle des heiligen Geistes schöpfte, nach

---

[1]) Schir r. zu 6, 11. Vgl. Ag. b. T. II, 342, Anm. 6, wo statt „Apfelbaumes" zu lesen ist: „Nußbaumes". (Eine andere Deutung zu בני אדם im Namen Josua b. Levi's s. Pes. r. c. 11 (43 a).

[2]) Menachoth 53 b.

[3]) Ab. zara 2 a, 4 b. Ein ähnlicher Spruch, auf Grund von Deut. 4, 6, Aboda zara 4 b.

[4]) Pesikta r. c. 5 (18 b), Tanch. נשא, Num. r. c. 12; in anderer Form Schocher tob zu Ps. 114, 1.

[5]) Sabbath 55 a, Lev. r. c. 36 Ende. Ueber das „Verdienst der Väter", auf welches — nach Gen. 31, 42 — überall durch das Wörtchen ליהב hingedeutet werde, s. das Gespräch zwischen Jabbai b. Levi und J. b. L. in zwei Versionen, von denen die zweite durch Tanchuma tradirt wird, Gen. r. c. 74 g. (F. Zu Sch. tob zu Ps. 94 Ende ist die Version Tanchuma's angenommen (aber אבהרם זכי statt אבה ז׳), ib zu Ps. 27 Ende die andere Version.

[6]) J. Sukka 55 d unt. (in Bezug auf die priesterlichen Familien), trad von Simon. In Schir r. zu 5, 5 Simon allein. In Gen. r. c. 82 in Bezug auf Gen. 35, 23) Jehuda b. Simon (jedoch hat Jalkut z. St. und zu Chron. § 1075 Simon).

[7]) Jer. Chag. 76 a.

Jes. 12, 3¹). — Die Bestimmung, daß die seit den Tagen Josua's mit Mauern versehenen Städte hinsichtlich der Purimfeier der Residenzstadt Susa gleichgestellt seien, geschah zu Ehren des heiligen Landes, welches damals veröbet war²). — Als die Feinde in Jerusalem eindrangen, standen sechzig Myriaden Dämonen am Eingange des Tempels, um sie abzuwehren; als sie aber sahen, daß die Gottesherrlichkeit schweigend das Eindringen der Feinde sah (Echa 2, 3), da gaben auch sie ihnen Raum³). — Gott trauert über den Fall seines Volkes, wie ein König über seinen Sohn⁴): er verhängt seinen Palast, den Himmel, mit einer Trauerhülle (Jes. 50, 3), löscht die Lampen aus (Joel 4, 15), beschuht nicht die Füsse (Nachum 1, 3), weilt in Einsamkeit (Echa 3, 28), stürzt den Thron um (Dan. 7, 9), zerreißt seinen Purpur⁵) (Echa 2, 17). — Gott sagt zu Israel: Ihr habt es bewirkt, daß ich mein Haus zerstört, meine Kinder in die Verbannung geschickt habe; bietet Jerusalem den Gruß des Friedens (Ps. 122, 6), und ich will euch verzeihen!⁶)

In Rom sah Josua b. Levi Marmorsäulen mit Teppichen umwickelt, damit ihnen übermäßige Hitze und übermäßige Kälte keinen Schaden thue; zugleich sah er einen Bettler, der auf einer Rohrmatte saß und sich mit einer Rohrmatte zudeckte⁷). Da rief er — mit Bezug auf Ps. 36, 7 — aus: Wo du giebst, da giebst du in

---

¹) Jer. Sukka 55 a, Pesikta r. c. 1 (1 b). Ju Gen. r. c. 70 ר׳ הושעיא (aus ר׳ יהושע).
²) Jer. Megilla 70 a, trad von Simon.
³) Deut. r. c. 1 g. Ende.
⁴) Echa r. zu 1, 1 Anf. ר׳ ;.ל אמר רב נחמן אמר שמואל משום ריב״ל שמואל בר נחמן בשם ריב״ל; ib. zu 3, 28 ist Samuel b. Nachman selbst als Autor genannt; in Pesikta 119 b: בר קפרא פתח, so daß wol ursprünglich J. b. L. den Ausspruch im Namen Bar Kappara's tradirte. Den Ausgangspunkt bildet in der Pesikta Jes. 22, 12, womit in Echa r. die Darstellung schließt, den Rahmen Gottes Gespräch mit den Engeln.
⁵) מבוע פורפירא = בצע אמרתו.
⁶) Ende des פרק השלום. — J. b. Levi fastete sowol am 9. als am 10. Ab., j. Megilla 69 c oben. — Traditionen über Jerusalem hat J. b. L. in j. Joma 41 a ob. j. Schekalim 51 a; j. Maaseroth Ende.
⁷) Pesikta 74 a, Gen. r. c. 33 g. Auf., Lev. r. c. 26 g. Auf., Tanch. אמר. Ueber J. b. L.'s Romreise s. oben S. 5..

reicher Fülle, wo du schlägst, da zermalmst du¹). — Fragt dich Jemand, wo dein Gott sei, so sage ihm: In der großen Stadt Rom! Nach Jes. 21, 11 („er ruft mir von Seir her zu"²). — Wenn Israel die Völker in Wohlstand und Ueberfluß sieht, hat es Grund sich zu freuen (Ps. 4, 8), denn es sagt: Wie groß wird dereinst unser Wohlstand sein! Wie wenn ein König Gäste einladet und sie an die Pforte seines Palastes sich setzen läßt; wenn sie da sehen, wie die Hunde des Palastes (s. Jes. 56, 11) mit allerlei kostbaren und fetten Bissen im Munde herauskommen, sagen sie: wie herrlich und reichlich muß erst die für uns bereitete Mahlzeit sein!³) — Wenn die Völker der Welt wüßten, daß auch sie bestraft werden, wenn Israel sündigt, so würden sie jedem Israeliten zwei Krieger beigeben, um ihn am Sündigen zu verhindern. Aber nicht nur, daß sie Israel nicht vor dem Sündigen bewahren, sie behindern es noch in der Ausübung der Gebote. Die ganze Welt büßt es, wenn Israel sündigt, nach Chaggai 1, 10 („um euretwillen"), und die ganze Welt wird gesegnet, wenn Israel nicht sündigt, nach Gen. 26, 4⁴). — Wenn die Völker der Welt gewußt hätten, wie heilvoll das Stiftszelt für sie war, sie hätten dasselbe mit Schutzwerken und Burgen umgeben; denn bevor es errichtet war und die Stätte der göttlichen Offenbarung wurde, da hörten

---

¹) הן דאת יהיב את משפיע הן דאת מחי את מדקדק. — Die Deutung der Psalmworte ist dieselbe wie in der Controverse zwischen Jsmael und Akiba (Pesikta 73 a und Parallelen). Doch scheint מדקדק hier nicht wie in jener Controverse (wo משפט darauf folgt) die Bedeutung „genau in's Gericht gehen", sondern — als dem מחי besser entsprechend — die Bed. „zermalmen" zu haben. Möglicherweise ist der Doppelsinn des Wortes in diesem Falle beabsichtigt.

²) Jer. Taan. 64 a, vielleicht אלי gelesen; darauf folgt der Ausspruch Simon b. Jochai's (Ag. b. T. II, 98), wonach Gott sein Volk überall hin in's Exil begleitet, auch nach Edom (Rom). — Jes. 66, 6 „Stimme des Getöses aus der Stadt" erklärt er auf das aus der Weltstadt Rom sich erhebende Getöse, welches die Zerstörer des Tempels anklagt (מקטרג), wobei er שאון in der dreifachen von Eleazar b. Jakob für תשיאית Jes. 22, 1 angenommenen Bedeutung (Echa r. Prooemien Nr. 24) paraphrasiert. Sch. tob zu Ps. 74, 3, zu ergänzen aus Jalkut zu Ps. 74 (§ 809) und aus Echa r. zu 2, 7.

³) Sch. tob zu Ps. 4, 8. — Vgl. Ev. Matth. 15, 26 und Marc. 7, 27.

⁴) Tanchuma בחקתי Anf. (B. 3).

die Völker die Stimme Gottes (Deut. 5, 23) und erbebten in ihren Prunkgemächern[1]). — Ein König weilt viele Jahre außer Landes, inzwischen verheirathen sich seine herangewachsenen Töchter; als der König heimkehrte, vernahm er ehrenrührige Gerüchte über die Aufführung seiner Töchter. Er hält öffentlich Gericht ab und seine Töchter rechtfertigen mit Vorweisung der von ihren Männern · erhaltenen Siegel und Zeichen die Gesetzmäßigkeit ihrer ehelichen Verbindung. So wurde auch über Israel unter den Völkern die Verleumdung laut, sie seien Nachkommen der Aegypter, welche wie über ihre Arbeit, so auch über ihre Frauen das Herrenrecht geübt hätten. Gott aber bezeugt ihnen (Hoh. 4, 12): „Ein wohlverschlossener Garten ist meine Schwester Braut, ein mit dem Siegel versehener Quell"[2]).

Einen Judenchristen, der in J. b. L.'s Nachbarschaft lebte und ihm arg mit Bibelversen zusetzte[3]), wollte er in einem dazu für geeignet erachteten Momente verfluchen; doch er verschlief den Moment und erkannte daraus, daß es „dem Frommen nicht wohl anstehe, zu

---

[1]) Lev. r. c. 1, g. E., Schir r. zu 2, 3. Tanch. תרומה. An der letzteren Stelle mit einem Zusatze über die Bedeutung des jerusalemischen Tempels für die heidnischen Völker, auf Grund von I Kön. 8, 41. Zu Tanch. במדבר Anf. (B. 3) ist der Anfang des ursprünglichen Satzes selbst auf den Tempel bezogen und mit der Begründung aus I Kön. 8, 41 ergänzt; ebenso Num. r. c. 1. Ueber אהליות וקסטריות (die beiden letztangeführten Stellen haben nur das zweite Wort) s. Levy I, 35 b (wo irrthümlich „Tempel" st. Stiftszelt und IV, 345 b). Ueber נתרון מתוך פנקטיהון (Tanch). תרומה dafür: נתריים בתוך אהליהם ומתים, ib. in einem etwas weiter folgenden Ausspruche ähnlichen Inhaltes: נתרין לתוך אהליהם) s. Targum zu Ps. 68, 30, Levy IV, 66 a. — In der „Neuen Pesikta" bei Jellinek, B. H. VI, 39 wird im Namen Josua b. Levi's tradirt, was anonym in der Mech. zu Exod. 20, 3 (67 a) zu lesen ist (Gott trägt die Thora den Völkern an, die aber wegen des Widerspruches ihrer Sitten mit dem Dekalog ablehnen).

[2]) Pesikta 82 b, wo der Schluß mangelhaft, Schir r. zu 4, 12. Der Nachdruck bei der Anwendung des Gleichnisses ist auf מעין חתום zu legen. An das Ganze schließt sich der ähnliche apologetische Ausspruch Hoschaja's, ob. S. 104, Anm. 4.

[3]) Berach 7 a, Aboda zara 4 b: ההוא מינא הוה בשיבבותיה דריב"ל הוה קא מצער ליה בקראי טובא ...

ſtrafen" (Prov. 17, 26) und daß auch dem Ketzer gegenüber gelte (Pſ. 145, 9): „Gottes Erbarmen iſt über allen ſeinen Geſchöpfen"[1]).

4.
Exegetiſches.

Gen. 32, 26. Der Ausdruck בהאבקו bezeichnet den Ringkampf, in dem Einer den Anderen umarmt (חובק[2]). — 36, 24. Die Maul= thiere heißen ימים, weil ſie dem Menſchen Furcht (אימה) einflößen[3]). — Exod. 9, 9. Die über die Aegypter verhängten Geſchwüre waren außen feucht, innen trocken[4]). — 15, 1. ישיר, anſtatt des Plurals ישירו, beweiſt, daß der Geſang erſt von Moſes verfaßt und dann von Israel am Meere angeſtimmt wurde[5]). — 18, 11. ידו gehört zu ויוד, Gen. 25, 29, ſprichwörtlich: Die Speiſe, welche ſie gekocht hatten, wurde für ſie gekocht[6]). — Lev. 10, 4. „Traget euere

---

[1]) In j. Sabbath 14 d und j. Ab. zara 40 d findet ſich eine Anekdote über die Heilung eines Enkel's J. b. Levi's durch einen Juden= chriſten, der den Namen Jeſu über ihn ausſprach. Joſua äußert ſeine Miß= billigung darüber. Vgl. ſeine Bemerkung zu M. Sanh. 10, 1 (הלוחש על המכה), j. Sanh. 28 b ob. und ſein Verbot: אסור להתרפאות בד״ תורה, Schebuoth 15 b. — In Kethuboth 112 a wird erzählt: J. b. L. habe in Geba= lene (נבלא) (Gegend von Petra) ungewöhnlich große Trauben geſehen, darauf ſprach er: ארץ ארץ למי את מוציאה פירותיך לערבייס הללו שעמדו עלינו בחטאתינו. Der Fluch wirkte und im nächſten Jahre fand Chija b. Abba, als er dort= hin kam (vgl. Aboda zara 59 a) Trauben von geringerem Umfange. Mit der Apoſtrophe Joſ. b. L.'s an die Erde iſt zu vergleichen die in Pſeudo= Baruch (§ 1—12), bei Renan, Les Évangiles p. 519. Unter den in Süd= paläſtina herrſchenden Arabern ſind wohl die Nabatäer zu verſtehen, ſ. Ag. b. I. II, 498, 542.

[2]) Chullin 91 a. Jb. wird auch eine andere Etymologie J. b. L.'s zu dem Worte mitgetheilt; es gehöre zu אבק (Nachum 1, 3): Der Staub, der unter den Füßen der Ringenden aufſtieg, erhob ſich bis zum Throne der Gottesherrlichkeit. — Zu Gen. 32, 33 ſ. oben S. 20, Anm. 4.

[3]) Chullin 7 b.

[4]) Baba kamma 80 b, Bechor. 41 a.

[5]) Exod. r. c. 23.

[6]) Peſikta 82 a: בתבשילא דבשלי בה אתבשיל להון, vorher eine Erklärung von Eleazar (b. Pedath), dem in Sota 11 a die Anſicht J. b. L.'s zugeſchrieben wird.

Brüder hinweg vom Angesichte des Heiligthumes"; wie wenn Jemand zu seinem Nächsten sagt: Schaffe diesen Todten vom Angesichte des Trauernden hinweg! Wie lange soll der Trauernde den schmerzlichen Anblick haben?[1]) — Num. 3, 23. Eleazar, Aharons Sohn, war der „dux ducum" der Leviten[2]). — Deut. 7, 10 „seinen Hassern an seinem Angesichte". Stünde es nicht geschrieben, so dürfte man es nicht sagen: Gottes Feinde sind — wenn es möglich ist so zu sprechen — einer Last gleich, die der Mensch an seinem Angesichte trägt und die er wegzuwerfen strebt[3]).

Josua 10, 13. „Wie ein vollständiger Tag", nämlich von 24 Stunden: die Sonne bewegte sich 6 Stunden und blieb 6 Stunden — am Mittag — stehen, zog dann weitere sechs Stunden ihre Bahn und blieb wieder — vor dem Sonnenuntergang — 6 Stunden stehen[4]). — Richter 11, 3. Das Land Tôb ist die Landschaft Susitha (östlich vom Tiberiassee), טוב (gut) genannt, weil sie nicht zehentpflichtig ist[5]). — I Sam. 30, 17 למחרתם deutet darauf hin, daß der Kampf zwei Nächte und den inzwischenliegenden Tag gedauert hatte; Gott erleuchtete das Dunkel mit Meteoren und Blitzen, worauf David in Pj. 18, 29 anspielt[6]). — I Kön. 3, 16. Es waren wirklich Buhlerinnen (kanaanäischer Herkunft), über die Salomo, ohne Zeugen zu verhören, Urtheil sprach[7]). — I Kön. 21,

---

[1]) Lev. r. c. 20, tradirt von Juda n, während es Berechja im Namen Chija b. Abba's tradirt; ebenso Tanch. אחרי g. Auf. (B. 4 E.), doch das Gleichniß specieller: der Trauernde ist der Vater.

[2]) Jer. Sabb. 12 c, Num. r. c. 7 g. A.: דוך דוכנים היה.

[3]) Erubin 22 a: אילמלא מקרא כתוב אי אפשר לאומרו כביכול כאדם שנושא משוי על פניו ומבקש להשליכו. Die Erklärung beruht auf dem auffallenden Singular פניו st. פניהם.

[4]) Aboda zara 25 a; darauf abweichende Erklärungen von Eleazar (b. Pedath) und Samuel b. Nachman. Nach einer anderen Tradition bezieht J. b. L. die 24 Stunden (=„ganzer Tag") auf die Zusatzstunden (תוספתא), während welcher die Sonne stille stand, also zweimal zu zwölf Stunden.

[5]) Jer. Schebiith 36 c unt. Vgl. Neubauer La Géographie du Talmud, p. 239.

[6]) Lev. r. c. 21 g. Auf., Echa r. Prooemien Nr. 29; anders umschrieben Sch. tob zu Pf. 18, 29.

[7]) Schir r. g. Ende der Einleitung, tradirt von Simon. S. den

7. אם beb. baarfuß¹). — II Kön. 3, 4. נוקד ist s. v. als רועה Hirt; der Ausdruck צמר אילים beweist, daß unter צמר nur die Wolle der Schafe zu verstehen sei²). — II Kön. 18, 25. Das bezieht sich auf die Verkündigung in Jes. 8, 6 f.³)
Jes. 38, 17 a. Selbst in dem Augenblicke, in dem ihm Gott „Frieden" entboten hatte, war ihm „bitter" zu Muthe⁴). — Jer. 46, 20 (Controverse zwischen C h a n i n a und J. b. L). Nach dem Einen bed. קרץ den in's Exil führenden Feind, der das Volk aus seiner Heimstätte reißt (vgl. קרצתי, Hiob 33, 6), nach dem Anderen den Todbringenden, Schlächter (vgl. קרצו M. Joma 3, 4⁵). — Ez. 44, 15. Dieser Vers ist eine der 24 Stellen, an welchen die heilige Schrift die Priester als Leviten bezeichnet⁶). — Zach. 14, 20. על מצלות הסוס beb. bis dorthin, wo das Roß im Laufe „Schatten" wirft (מיצל⁷).

Commentar von W. E i n h o r n z. St. — Die Bemerkung zu I Kön. 11, 1 (Schir r. ib.) gehört nach j. Sanh. 20 c dem C h a n a n j a, Brudersohn Jose b. Chan.'s an.

¹) Pesikta 160 b, Schir r. zu 1, 5. Nach Schir r. sagte J. b. L., das „Fasten" Achab's habe darin bestanden, daß er 3 Stunden später als gewöhnlich seine Mahlzeit nahm. Vgl. Taanith 25 b.
²) J. Kilajim 31 d unten.
³) Sanh. 94 b.
⁴) Berach. 10 b.
⁵) J. Joma 40 c oben. Vgl. b. Joma 32 b.
⁶) J. Sota 21 c unten: בעשרים וארבעה מקומות נקראו הכהנים לויים וזה אחד מהן. Ebenso an mehreren Stellen des bab. Talmud's citirt: Jebam. 86 b, Bechoroth 4 a, Chullin 24 b, Tamid 27 a. Die Massora zählt 13 Stellen mit הלוים הכהנים, 4 Stellen (darunter Ez. 44, 15) mit והכהנים הלוים und 8 mit והכהנים והלוים (s. F r e n s d o r f, Massora magna p. 99 a), also zusammen 25 Stellen. Allerdings gehören die 8 Stellen der letzten Gruppe nicht zu der von J. b. L. gemeinten Kategorie. Vielleicht dachte er auch an solche Fälle, in denen mit לויים allein Priester bezeichnet sind. Stellen solcher Art sind es auch, für welche der Talmud den Ausspruch J. b. L.'s citirt: Num. 18, 26 (Jebamoth), Ezra 3, 8 (Chullin), 1 Chr. 26, 17 (Tamid). — Die Zahl 24 wendet J. b. Levi auch sonst an: er spricht von 24 Fällen, in denen der Bann verhängt wird (Berach. 19 a, s. oben S. 127) und zählt im 109. Psalme 24 Flüche, in Jes. 58 ebensoviele Segnungen über die Unterdrückung, bez. die Unterstützung des Armen (Lev. r. c. 34, tradirt von S i m o n). S. auch ob. S. 138, unter Anm. 6.
⁷) J. Pesach. 30 b, tradirt von S i m o n ואינו רץ שהסוס מקום עד

Das Psalmbuch ist mit zehn Ausdrücken für Lobpreisung verfaßt worden¹). — הללויה bedeutet: Lobet ihn mit vielen Lobliedern²). — Pf. 19, 11. נפת צופים beb. den Honig, der von den Berghöhen stammt³). — Pf. 22, 22. יראי יי sind die durch besondere Gottesfurcht Hervorragenden⁴). — 65, 14. לבשו ist euphemistische Bezeichnung der Paarung, כרים: die Widder; wenn der Regen herniederfällt, begehrt das Vieh die Befriedigung seiner Triebe⁵). — Hiob 6, 17. נצמתו gehört zu לצמתת Lev. 25, 23: sie (die in der Sündfluth Umgekommenen) werden hinweggeschwemmt für ewig⁶). — Ruth 1, 3. אפרתים beb. s. v. als zum königlichen Hofe gehörig, „palatini"⁷). Lösung von Widersprüchen. Exod. 17, 14 („ich werde ver-

---

עתיד הקב״ה להוסיף על ירושלים עד עושה צל. Ju b. Pesachim 50 a dafür: שדסום רץ ומציל. Das heilige Gebiet wird sich so weit erstrecken, als ein Roß von Morgens bis Mittags — wo es keinen Schatten mehr wirft — durchläuft.

¹) Jer. Sukka 54 a oben, tradirt von Simon, ebenso j. Megilla 72 a ob. בעשרה לשונות של שבח נאמר ספר תלים, b. Pesachim 117 a (ohne Tradenten): בע׳ מאמרות של שבח נ׳ ש׳ ת׳. Die zehn Termini lauten nach dem jer. Talmud als Verbalnomina oder Substantiva): 1. אשור, 2. נצוח, 3. נגון, 4. שיר, 5. מזמור, 6. השכל, 7. רנה, 8. תודה, 9. תפלה, 10. ברכה. Im bab. Talmud ist die Reihenfolge: 2, 3, 6 (משביל), 5, 4, 1 (אשרי), תהלה, 9, 8 (הודאה), הללויה; 7 und 10 fehlen. In Sch. tob zu Pf. 1, 1 findet sich der Ausspruch anonym (בעשרה מיני זמר), die Reihenfolge ist: 2, 3, 5, 4, 9, הלל, 10, 8 (הודייה), 1. (אשרי), הללויה; 6 und 7 fehlen.

²) Pesachim 117 a.

³) Sota 48 b; הצופים מן הבא דבש, s. Levy IV, 210 b.

⁴) Lev. r. c. 3 g. Anf., Sch. tob z. St.; darauf folgt die Ansicht Samuel b. Nachman's, es seien die frommen Proselyten gemeint.

⁵) (Gen. r. c. 13 g. A. לבשו כרים הצאן לבשי דכריא ענא לישון נקי ... S. Targ. z. St.: יעלין דכריא עלוי ענא. Ebenso erklären LXX und Aquila. Ein ähnlich stylisirter Satz J. b. L.'s über den Regen, Gen. r. c. 13 Ende: בשעה שהמטר יורד הוא עושה פנים לאדמה, mit Bezug auf Gen. 2, 6.

⁶) Jer. Sanh. 29 b unt. (נזריבתן לחולטנית ה׳). Lev. r. c. 7. g. E. ז׳ לחלוטין היתה. In Gen. r. c. 28 Ende (לחלטנית) anonym. S. Levy II, 57 a.

⁷) Ruth r. z. St. פלטיאני, ebenso Lev. r. 2 Anf., Midr. Samuel c. 1 g. Ende. Josua b. Nechemia erklärt (an allen drei Stellen) mit εὐγενής (in Midr. Sam. εὐγενεστατοῦ). In Lev. r. und Midr. Sam. bezieht sich die Erklärung auch auf andere Fälle, in denen אפרתי nicht die Herkunft von אפרים bedeutet.

tilgen") und Deut. 25, 19 („du sollst vertilgen¹). Solange Amalek (Rom²) nicht die Hände gegen den Gottesthron ausstreckte, gilt das Gebot, sobald es aber sich am Gottesthron (Jerusalem, nach Jer. 3, 17) vergriff, tritt die Verheißung in Kraft. — II Sam. 17, 25 und I Chron. 2, 17³). — Jes. 60, 22⁴). „Zu seiner Zeit", wenn sie keine Verdienste haben; „beschleunigen werde ich es", wenn sie Verdienste haben. — Ezechiel 5, 7 und 11, 12⁵). An der ersteren Stelle wird Israel vorgeworfen, daß es nicht gemäß den guten Satzungen der Völker gehandelt habe; an der anderen, daß es gemäß den schlechten Satzungen der Völker gehandelt⁶). — Hosea 2, 1. „Die Zahl" und dennoch „unzählbar?"⁷). Für die einzeln erwähnten Bösen in Israel (Lev. 24, 10, Num. 25, 6, Jos. 7, 1) heißt es, daß sie eine Zahl haben, die Unzählbarkeit bezieht sich auf die Frommen. — Dan. 7, 13 und Zach. 9, 9⁸). Wenn Israel Verdienste hat, kömmt der Messias, „mit den Wolken des Himmels", wenn nicht, als „Armer, reitend auf einem Esel." — I Chr. 21, 5 und II Sam. 24, 5. Der Widerspruch der Zahlen löst sich durch die Annahme, daß ein Theil der Gemusterten zu jener Zeit hinweggerafft wurde⁹).

---

¹) Tanch. תצא Ende, Pesikta r. c. 12 (51 a): ריב״ל בשם ר׳ אלכסנדרי; die Namen müssen umgekehrt werden, da Alexander im Namen J. b. L.'s tradirt; s. Auf. des nächsten Capitels. In Pesikta 28 b anonym.

²) S. Ag. b. T. I, 152, Anm. 3.

³) Sch. tob zu Ps. 9, 7, Ruth r. zu 2, 1 כתיב אחד אומר וישמי יתרא הישמעאלי.... Die Lösung des Widerspruches ist nicht mitgetheilt vielmehr folgt dann eine Controverse darüber zwischen Samuel b. Nachman und der רבנן. Vielleicht soll damit die zweifache in J. b. L.'s Namen tradirte Lösung gegeben sein. In j. Jebam. 9 c bloß die Controverse ohne J. b. L.'s Erwähnung. In b. Jebamoth 77 a ist es Raba, dem die zweite Lösung zugeschrieben wird.

⁴) Sanh. 98 a רמי ריב״ל אלכסנדרי א״ר. In j. Taanith 63 d unt. ר׳ אחא בשם ריב״ל.

⁵) Sanh. 39 b ריב״ל רמי.

⁶) במתוקנים שבהם לא עשיתם במקולקלים שבהם עשיתם.

⁷) Num. r. c. 2 g. E., tradirt von Simon. S. Jonathan oben S. 76.

⁸) Sanh. 98 a, sowie in Anm. 4.

⁹) Pes. r. c. 11 (44 a): אריב״ל אין הכתובים מכובים מה שחיסרם כאן שמת אותה שעה. S. Friedmann's Bemerkung dazu.

Halachische Exegese. Exod. 34, 24 „Keiner wird — während der Wallfahrt — dein Land begehren". Daraus folgt, daß wer keinen Landbesitz hat, zur Wallfahrt an den Festen nicht verpflichtet ist[1]). — Deut. 16, 4. „Freue dich an deinem Feste". Dies Gebot muß nicht gerade mit dem Genusse der Festopfer erfüllt werden; es genügt auch Fleisch, das aus dem Fleischladen geholt ist[2]). — II Sam. 1, 11. David zerriß seine Gewänder. Daraus ergibt sich die Art des vorgeschriebenen Trauerrisses[3]). — Pf. 22, 3. „Am Tage", „des Nachts". Daraus ist zu folgern, daß die Estherrolle am Abend zu lesen und am Tage zu wiederholen ist[4]). — Pf. 126, 6. Wenn deine Kinder Kinder haben, ist Friede, nämlich kein Anlaß zum Levirat und zur Chaliza[5]). — Prov. 3, 17. „Ihre Wege sind Frieden". Die Thora stiftet mit ihren Geboten Frieden, so mit der Satzung, daß um der Sabbathruhe willen die in demselben Hofe Wohnenden sich zu einem Wohngebiete vereingen[6]). — Hiob 11, 14. „Lasse in deinem Zelte kein Unrecht weilen". Daraus folgt, daß es nicht gestattet ist, einen bereits bezahlten Schuldschein in seinem Hause zu behalten[7]).

Exegetische Begründung und Erläuterung von Mischnasätzen. Exod. 4, 19. Das Gelübde, das Mose dem Jethro abgelegt hatte, nicht nach Aegypten zurückzukehren, wird hinfällig in Folge der neuen Thatsache, daß „die Männer, die ihm nach dem Leben trachteten, gestorben sind". Daraus entnahm Eliezer (b. Hyrkanos) seinen Satz (Nedarim 9, 1), daß man Gelübde durch den Hinweis auf neue Thatsachen, welche eventuell das Gelübde behindert hätten, lösen darf[8]). — Richter 20, 11. „Alle Israeliten Genossen".

---

[1]) Jer. Pea 17 d oben.
[2]) J. Chagiga 76 b oben.
[3]) J. Moed Katon 83 c oben, tradirt von Simon. In b. Moed Katon 22 b benützt den Vers Abahu.
[4]) Megilla 4 a. Der 22. Psalm wurde auf Esther bezogen (f. Raschi).
[5]) Kethuboth 50 a.
[6]) J. Erubin 24 c d (vgl. 20 d). Zur Illustration wird eine Anekdote erzählt, wie zwischen zwei feindlichen Nachbarinnen durch diese Satzung die Aussöhnung herbeigeführt wurde.
[7]) Kethuboth 19 b.
[8]) J. Nedarim 41 c oben, tradirt von Simon. In b. Nedbarim 64 b hat dies Chisda (f. Die Agada der bab. Amoräer, S. 67).

Daraus erklärt sich die Bestimmung (Chagiga 3, 6), daß zur Zeit der Wallfahrten alle in Jerusalem Anwesenden beglaubigt sind, die Qualität der Priesterhebe zu bezeugen[1]). — II Kön. 25, 18 f. Aus den Zahlenangaben über die weggeführten Würdenträger (3 Hüter der Schwelle, 5 und — nach Jerem. 52, 25—7 Räthe des Königs) läßt sich die successive Vermehrung der Mitglieder des Gerichtshofes im Ausspruche Simon b. Gamliels (Sanh. 1, 2) ableiten[2]). — Zeph. 3, 17. Die ersten Worte dieses Verses[3]) beziehen sich auf diejenigen, welche das Mussaphgebet der Festtage über den von Jehuda b. Jlai in der Mischna (Berach. 4, 1) festgesetzten Termin hinausschieben[4]). — Pf. 17, 1 f. Daß die Posaune am Neujahrsfeste beim Mussaphgebet geblasen wird (R. Haschana 4, 7), dafür läßt sich in diesen Versen eine Stütze finden. Die einzelnen Glieder von V. 1 bezeichnen die Haupttheile der Liturgie in ihrer Aufeinanderfolge: Schema, Thoravorlesung, Gebet, Mussaf; dann erst (V. 2) „möge mein Recht von dir ausgehen!"[5]). — Daß Posaune und Trompete zugleich nur Angesichts des Tempels, im Ostthore und auf dem Tempelberge geblasen werden (Baraitha

---

[1]) Chagiga 26 a. In j. Chag. 79 d oben (vgl. Sch. tob. z. St.) wendet J. b. L. zu diesem Zwecke Pf. 122, 3 an, aber mit Benützung des Ausdruckes in Richter 20, 11: בעיר שכנה לה יחדיו בעיר שהיא עשה כל ישראל חברים (in j. B. Kamma 6 a so citirt: עיר שמחברת ישראל לה). In b. Nidda 34 a oben benützt Raba Ri. 20, 11 zu einer anderen Deduktion.

[2]) J. Sanh. 18 b unten. Vorher Bar Kappara's Deduktion aus den drei Versen des Priestersegens (Num. 6, 24—26), von denen der erste 3, der zweite 5, der dritte 7 Worte enthält. In b. Sanh. 10 b finden sich beide Deduktionen als Controverse zwischen Simon b. Pazzi und Isak b. Nachman (s. oben S. 131). Es ist zu beachten, daß Simon b. Pazzi besonders als zweiter Tradent die von Josua b. Levi tradirten Aussprüche Bar Kappara's vorträgt (s. Ag. d. T. II, 506, Anm. 5).

[3]) Nach der das. mitgetheilten Erklärung des Targums (בדסף רב יוסף, in der Hauptsache mit unserem Targum übereinstimmend).

[4]) Berach. 28 a.

[5]) J. R. H. 59 c: ריב"ל בשם ר' אלכסנדרי שמע לה מן הדא, wo aber (wie oben S. 152, A. 1) die Namen umzukehren sind. In Pesikta r. c. 40 (167 b) ist die Autorschaft so angegeben ר' פנחס בשם ר' יהודה ב"ל בשם ר' אלכסנדרי (l. יהושע), die Frage lautet: מנין אין ישראל תוקעין; die Antwort: כדי שבשעה שהם עומדים התפלה הראשונה אלא בתי המוספים

zu M. R. Haſch. 3, 4), liegt in den Worten von Pſ. 98, 6: „vor dem Könige, dem Ewigen", ſonſt aber nicht[1]). — Hiob 5, 24. In dieſem Verſe liegt eine Begründung für das im erſten Theil der Miſchna Sabbath 2, 7 Vorgeſchriebene[2]). Drei Dinge ſind durch die Religionsbehörde unten verordnet und durch den himmliſchen Gerichtshof oben beſtätigt worden: 1. Das Leſen der Eſtherrolle, nach Eſther 9, 27 (ſie haben es be= ſtätigt" oben, was unten „angenommen" worden[3]); 2. Der Gruß mit dem Gottesnamen (Ruth 2, 4, beſtätigt in Richter 6, 12[4]); 3. das Abliefern des Zehnten in den Tempelſchatz (Neh. 10, 38 f., beſtätigt Maleachi 3, 10[5]). — Zum Prieſterſegen[6]). Gott ſelbſt begehrt den Segen der Prieſter (Num. 6, 27): „ſie ſollen meinen Namen auf die Kinder Israels legen, damit ich ſie ſegne". Jeder Prieſter, der ſegnet, wird ſelbſt geſegnet; wer nicht ſegnet, wird nicht geſegnet, nach Gen. 12, 3. Jeder Prieſter, der nicht hinaufgeht,

בדין יהיו מצויין מלאי מצות הרבה, darauf eine Deutung der Pſalmverſe, ähnlich wie im j. Talmud.

[1]) R. H. 27 a: אמר רבא ואיתימא ריב"ל.
[2]) Sabbath 34 a.
[3]) In Megilla 7 a beweiſt S a m u e l damit, daß das Eſtherbuch inſpirirt ſei.
[4]) S. Schluß der Miſchna Berachoth 9, 5.
[5]) Makkoth 23 b. In Sch. tob zu Pſ. 57 (Tradent S i m o n): בשלש מקומות הסכים הקב"ה עם ב"ד של מטה; die Erläuterung (in der Reihenfolge 3, 1, 2), bei 3 abweichend und beſonders ausführlich. In j. Berach. 14 a iſt als Autor genannt ר' יהושע דרומיא, der Eingang des Satzes lautet faſt ſo wie in Makkoth, aber als erſtes der drei Dinge iſt Joſua's Bann über Jericho (Joſ. 6, 18 beſtätigt in 7, 11) genannt (in Sch. tob als viertes erwähnt: ורבותינו אומרים), dann folgen 1 und 2 und als Zuſatz von Aba (oder Abin) im Namen J. b. L.'s tradirt: 3 (א המעשרות). In Tanchuma ויהי, Jalkut zu Joſua § 18 Auf. (ebenſo in Midr. vom Segen Jakob's, B. H. II, 74) der Autor ר' יהושע, der Ein= gang des Satzes wie im j. Talmud, die Reihenfolge 3, 1, Joſua's Bann, jedesmal mit der Zeitangabe: בימי עזרא, ב' מרדכי, ב' יהושע; dann folgt als Zuſatz: Jakob's Segen, beſtätigt durch Moſes, und als weiterer Zuſatz (י"א): 2. In Ruth r. zu 2, 5: ר' תנחומא בשם רבנן, der Eingang wie im j. Talmud, die Reihenfolge: 2, 1, 3, die Ausführung anders als in den anderen Quellen, beſonders bei 2. — Ueber 2 f. M. B l o ch תורת התקנות ש"י I, 69; Beth Talmud I, 83; Grätz IV, 458.
[6]) Sota 38 b.

5.
Zu den biblischen Erzählungen und Personen.

Als Gott den ersten Menschen schuf, da erschuf er ihn so, daß die ganze Welt seiner voll gewesen wäre, von Ost nach West („rückwärts und vorne" Ps. 139, 5), von Nord nach Süd („von einem Ende des Himmels zum anderen Ende des Himmels", Deut. 4, 32), aber auch der leere Raum des Alls („du legtest auf mich deine Hand" Ps. ib¹). Als Gott zu Adam die Worte von Gen. 3, 18 sprach, da zerflossen seine Augen in Thränen und er sagte: Herr der Welt, soll ich mit meinem Esel aus einer Krippe essen? Als er aber die Worte hörte (V. 19): „Im Schweiße deines Angesichtes sollst du Brot essen" da beruhigte sich sein Sinn²). — In den Namen der Nachkommen Kains (Gen. 4, 18, ist ihre Verwerfung durch Gott angedeutet³). — Abraham heißt (im Volksmunde) „Vater der Acht", als Vater Jsmaels, Jsaaks und der sechs

---

¹) Lev. r. c. 18, tradirt von Jehuda b. Simon; in Gen. r. c. 8. Auf. Josua b. Nechemja und Jehuda b. Simon im Namen Eleazar's, von Letzterem steht unmittelbar vorher und nachher ein Ausspruch, so daß leicht sein Name auch in diesen Ausspruch eindringen konnte. In Sch. tob zu Ps. 139 so wie in Gen. r., doch ר׳ יהודה בר נחמיה aus ר׳ יהושע ב״ל corrumpirt und ר׳ שמעון aus ר׳ בר סימון. In Lev. r. c. 14 sind als Autor Samuel b. Nachman, als Tradenten Berechja und Chelbo genannt jedenfalls irrthümlich. In b. Chagiga 12 a (Sanh. 38 b) ähnliche Aussprüche (doch mit anderer Deutung des תשת עלי כף) von Eleazar und Rab. — Der Sinn ist jedenfalls allegorisch; es soll die Bestimmung des Menschen, das Weltall auszufüllen und mit seinem Geiste zu durchdringen, ausgedrückt werden.

²) Pesachim 118 a (nach anderer Lesart von Simon b. Lakisch). Anonym und verschieden (Gen. r. c. 20 g. Ende; noch anders und anonym Ab. di R. Nathan c. 1 g. E. (ebenso Elija rabba c. 31 g. E.)

³) (Gen. r. c. 23 Auf., בולן לשין מרדות הן, und zwar עירד (aus einem sonst nicht vorkommenden Verbum gedeutet): העולם אני מן עירדן s. Levy III 696 a, 730 b), מחיאל : מחן אני מן העי׳, מתישאל : אני מתיש

Keturasöhne¹). — Koh. 5, 11, „der Reichthum ist seinem Herrn zum Unheil bewahrt", zielt auf Lot (Gen. 13, 5 f.²). — Kemuel (Gen. 22, 21) ist Bileam, so genannt, weil er sich gegen die Nation „Gottes erhob"³). — Damit Jakob die Segnungen seines Vaters bekomme, machte ein Engel die Jagderfolge Esaus (Gen. 27, 5) fort= während zu nichte; er band die Rehe los, welche Esau gebunden und ließ die Vögel davonfliegen, die er zusammenknüpft hatte. Darauf bezieht sich Prov. 12, 27⁴). — Jakob war nicht ohne Begleitung aus seinem Vaterhause gegangen (Gen. 28, 10), aber Esau hatte ihn überfallen und seiner Begleitung beraubt⁵). — Nach Jakobs Entfernung wandte Esau seinen Sinn darauf, sich zu be= kehren, was in den beiden Namen seiner Frau, der Tochter Ismaels (Gen. 28, 9 und 36, 3) angedeutet ist⁶). — Esau wanderte aus

מן הע׳, (s. zu תושיה, oben S. 138), למך nach Notarikon=Art gedeutet: מה לי ללמך (oder מה, לי ולך).

¹) Sch. tob zu Ps. 6, 1 tradirt von Zeira zur Erläuterung des Volksspruches (שיחתן של ישראל) „Sei Bruder der Sieben und Vater der Acht!"

²) Gen. r. c. 50 g. E., darauf Samuel b. Nachman's Deutung auf Korach. Letztere Deutung ist in Koh. r. z. St. Josua zugeschrieben.

³) Gen. r. 57 Ende הוא בלעם הוא קמואל, nach der richtigen Lesart des Jalkut z. St. Die Lesart בן ist schon deshalb unrichtig, weil Laban der Sohn, nicht der Bruder Bethuels war. Bileam gehört zu Aram (Num. 23, 7). Die Etymologie von קמואל : שקם כנגד אומתו של אל ist Notarikon= artig. —

⁴) Gen. r. c. 67 Auf., als Begründung der Deutung von לא יחרך רמיה צידו, die ben רבנן zugeschrieben ist; so nach Jalkut zu Prov. § 950 Auf., wo die in Gen. r. zwischen dieser und dem Ausspruche J. b. L.'s ein= geschobene analoge Deutung von El. b. Jose fehlt. Sie scheint ein späteres Einschiebsel zu sein, aus b. Erubin 54 a, Ab. zara 19 a, wo sie sich gar nicht auf Esau bezieht und El. b. Azarja als Autor genannt ist. In der Deutung des Verses faßt J. b. L. den zweiten Theil als Begründung des ersten auf: Gott läßt dem Betrüger (Esau) nicht seine Jagd gelingen, weil „das Gut des theuersten Menschen" (der Segen für Jakob) längst „bestimmt" ist. יחרך erklärte er im Sinne der beiden erwähnten Deutungen als Notarikon.

⁵) Gen. r. c. 68 Auf., gegen Chanina.

⁶) Gen. r. c. 67 (Ende: מחלת שמחל לו הקב״ה על עונותיו בשמת שנתבסמה דעתו עליו.

Scham vor seinem Bruder Jakob aus (Gen. 36, 6¹). — In seinen schlaflosen Nächten (Gen. 31, 40) verfaßte Jakob die Psalmen 120—134; der 124. zeigt auch seinen Namen: „es sage doch Is=rael!"²) — Komm' und sieh', wie Jakob, der vornehme Greis, in seinem Hause sitzend, eher wußte was in Aegypten geschah (Gen. 42, 1), als seine zehn Söhne, die überall hin kamen³). — Zu Gen. 44, 18. Als die Brüder Jehuda in Zorn sahen, wurden auch sie von Grimm erfüllt und stampften auf den Boden, so daß er in Furchen zerrissen wurde⁴). — Potiphars Frau hatte es in ihrem Horoskope gesehen⁵), daß ihr durch Joseph Nachkommenschaft be=schieden sei, sie wußte aber nicht, daß dies durch ihre Tochter ge=meint sei (f. Gen. 41, 50⁶). — Wozu strengte sich Jakob an, um sich bei Josephs Kommen auf der Lagerstätte aufzusetzen (Gen. 48, 2)? Er wollte ihm damit seine Ehrerbietung bezeugen, als ob er vor ihm aufstünde⁷); er dachte nämlich: Gott hat ihn zum mäch=tigen Herrscher gemacht, sollte ich ihm keine Ehre erweisen?⁸)

Das geknechtete Israel in Aegypten hatte sich zu wiederholten Malen als einheitlich erwiesen (nach Exod. 1, 10—12, wo mehrere Male von Israel in der Einzahl die Rede ist); endlich zürnte Gott ob des Druckes und rettete das einige Israel (Exod. 3, 8, Israel ebenfalls im Singular⁹). — Der Stamm Levi war frei von den

---

¹) Gen. r. c. 82 und c. 84 Anf., vorher eine andere Erklärung Eleazar's. In Koh. r. zu 9, 18 ist Samuel b. Nachman als Autor der Erkl. J. b. L.'s genannt.

²) Gen. r. c. 74; vgl. c. 68.

³) Tanchuma, B. H. VI, 93.

⁴) Gen. r. c. 93, mit einer Deutung von Hiob 4, 11. Jalkut zu Gen. 44, 18 nennt Levi als Autor, aber zu Hiob 4 (§ 897) J. b. Levi.

⁵) ראתה היתה באסטרולוגין שלה. S. zu diesem Ausdrucke das in Ag. d. T. I, 199, Anm. 5 Bemerkte.

⁶) Gen. r. c. 85 Anf., citirt von Samuel b. Nachman.

⁷) הראה לו עמידה.

⁸) Pes. r. c. 3 (10 b). — Josua b. Levi selbst bezeigte seinem zu höherer Würde gelangten Sohne Ehre, s. oben S. 127.

⁹) Pesikta 117 b, tradirt von Acha: קרוב לשמונה פעמים נעשו ישראל ... בתף אחת במצרים. „Ungefähr acht Mal", nämlich so oft als in den genannten Versen von Israel im Singular gesprochen wird (s. Buber 3 St.). בתף אחת ist = בתף חד, Targ. von שבט אחד Zeph. 3, 9 (syrisch חד כתמא.)

Zu den biblischen Erzählungen und Personen.

Frohnarbeiten in Aegypten; deshalb sagte Pharao zu Moses und Aharon: Weil ihr der Arbeit ledig seid, wollt ihr opfern gehen, gehet zu eueren Arbeiten (Exod. 5, 4[1]). — Mit jeder Plage, welche Aegypten heimsuchte, war auch Seuche verbunden (bewiesen aus הנה Exod. 7, 26 und dessen Analogie mit הנה 9, 3[2]). — Als Moses vor Pharao floh (Exod. 2, 15), da wurden die Leute Pharao's theils stumm, theils taub, theils blind, so daß sie der König vergebens fragte, ob sie Moses gesehen hätten. Darauf zielt Gottes Frage in Exod. 14, 11: Dort stand ich dir bei — sagt Gott zu Moses — und hier sollte ich dir nicht beistehen können?[3]) — Im Kampfe gegen Amalek brachte Moses durch das Erheben seiner Hände (Exod. 17, 11, vgl. Habbakuk 3, 10 f.) den Einfluß der Gestirne in Verwirrung und vereitelte damit die auf Kenntniß der Astrologie beruhende List Amaleks; dieser hatte nämlich solche Menschen in den Kampf gestellt, deren Geburtstag an jenem Tage war, da nicht leicht Jemand an seinem Geburtstage umkömmt[4]). — Als Moses zur Höhe stieg, fand er Gott damit beschäftigt, Krönlein für die Buchstaben der Thora zu knüpfen[5]). Da fragte ihn Gott:

---

[1]) Exod. r. c. 5 g. E. Tanch. וארא.
[2]) Exod. r. c. 10 Auf Zu Sch. tob zu Pf. 78, 50 — wo diesem Verse der Beweis entnommen ist — steht ברד statt דבר und dementsprechend das Verbum ישפ. Im Jalkut z. St. heißt es richtig מכת הדבר. — Ein Ausspruch J. b. L.'s über das Wunder der 6. Plage (Exod. 9, 10) s. Exod. r. c. 11 Ende, Tanch. וארא.
[3]) Jer. Berach. 13 a, Schocher tob zu Pf. 4 Auf. Modificirt Exod. r. c. 1, Deut. r zu 4, 7 (daraus Jalkut zu Exod. § 167). In Exod. r. statt אובלוסין כל הסינקליטין שהיו יושבין לפני פרעה, alle Räthe Pharaos, Deuter. r. שלו כל אסבילי פרעה, offenbar aus אובלוסין verschrieben (der von Levy I, 125 a dafür besonders aufgenommene Artikel ist überflüssig); in Schir r. zu 7, 5, wo als Autor Levi (Tradent Josua aus Sichnin, vielleicht ר' יהושע בשם ר' לוי corrumpirt aus ר' יהושע בן לוי) erscheint, ebenfalls corrumpirt: איסקולין. In Mech. zu 18, 4 steht diese Rettungslegende, welche sich denen von Bar Kappara (Ag. b. T. II, 518) und Jannai (s. oben S. 42 A. 2) anschließt, anonym (s. Ag. b. T. I, 191. A. 2). Vgl. auch Jochanan zu Exod. 2, 15 (Tanch. z. St.).
[4]) J. Rosch. Hasch. 59 a ob. — S. oben (S. 158) über Potiphar's Frau und unten über die astrologische Bedeutung der Planeten.
[5]) So beginnt auch eine Moses-Legende R a b's, Menach. 29 a (Ag. b. T. I, 271).

Grüßt man nicht bei euch? Darauf Moses: Darf ein Diener sich
erkühnen, seinem Herrn den Gruß zu bieten. Aber — sprach Gott
— du hättest mir Gelingen der Arbeit wünschen sollen. Daraus
lernte Moses, Gott mit dem Wunsche anzusprechen (Num. 14, 17):
„Möge doch sich groß erweisen die Kraft des Herrn![1]) — Als
Moses zur Höhe stieg, da sprachen die Dienstesengel vor Gott:
Was hat der Weibgeborene unter uns zu suchen? — „Er ist gekommen — erwiederte Gott — um die Thora zu empfangen".
Die wohlverwahrte Kostbarkeit, welche seit 974 Generationen vor
Erschaffung der Welt bei dir verwahrt wird, willst du Wesen aus
Fleisch und Blut geben? (Ps. 8, 5, 2 b.) Da forderte Gott Moses
auf, ihnen zu antworten. „Aber ich fürchte, daß sie mich mit dem
Hauche aus ihrem Munde verbrennen". Halte dich fest an dem Throne
meiner Herrlichkeit (Hiob 26, 9[2]) und antworte ihnen! Darauf bewies Moses an den einzelnen Geboten des Dekalogs, daß die Thora
nicht den Engeln, sondern nur Menschen bestimmt sein könne, welche
das Joch der Knechtschaft erfahren haben (1. Gebot), den Ver-
lockungen des Götzendienstes ausgesetzt sind (2.), welche arbeiten (4.)
und in gegenseitigem Handel und Wandel in die Lage kommen, sich
auf Gottes Namen zu berufen (3.), die Vater und Mutter haben
(5.), bei denen Neid und böser Trieb sich wirksam erweisen (6. bis
10. Gebot). Die Engel erkannten die Wahrheit seiner Rede und
riefen aus (Ps. 8, 2): O Ewiger, unser Herr, wie mächtig ist
dein Name auf der ganzen Erde[3]). Jeder von ihnen wurde Moses'

---

[1]) Sabbath 89 a.

[2]) In Exod. r. c. 42 findet sich eine ebenfalls auf Hiob 26, 9 beruhende Legende (mit der Autorenangabe: ר' עזריה בשם ר' יהודה בר סימון
בשם ר' יהודה בר אילעאי. Vielleicht ist der dritte Name aus ר' יהושע בר
לוי corrumpirt), welche lautet: Als Moses hinuntersteigen wollte, wollten ihn
die Engel umbringen Was that er? Er erfaßte den Gottesthron und Gott
breitete seinen Mantel über ihn aus, damit sie ihm kein Leid anthun; darauf
bezieht sich Hiob 26, 9 und פרשז ist Notarikon aus פרש שדי זיו ענני
עליו. Diese letztere Notarikondeutung ist im bab. Talmud (Sukka 5 a und
Sabbath 88 b) dem Tanchum (auch in Sabbath ist נחום die richtige
Lesart für נחמן) zugeschrieben; das ist wol einer der beiden in Josua b.
Levi's Namen öfters tradirenden Tanchum (b. Chija oder b. Chanilai,
s. oben S. 130 f.)

[3]) S. die ähnliche Deutung der Worte תנה הודך על ארץ ישמים (Ps.

Freund und Jeder lehrte ihn etwas (Pf. 68, 19 „du nahmst Geschenke um dessenwillen", daß du „Mensch" genannt wurdest); sogar der Todesengel lehrte ihn etwas, was er später bethätigte, als er dem Sterben Einhalt that (Num. 17, 12 f.¹). — Als Moses, nachdem er die Thora empfangen, hinabstieg, kam Satan und fragte: Herr der Welt, wo ist die Thora"? Ich habe sie der Erde gegeben. Satan fragt nun die Erde, dann das Meer, den Abgrund, wo die Thora sei und erhält keine Auskunft (nach Hiob 28, 23 und 14); er kehrt zu Gott zurück und wird an den Sohn Amrams gewiesen. Als Satan diesen fragte: Wo ist die Thora, welche dir Gott gegeben? — erwiederte Moses: Was bin ich, daß mir Gott die Thora gegeben hätte. Moses — ließ sich darauf Gott vernehmen — wolltest du eine Unwahrheit sagen? Da sprach Moses: O Herr der Welt, eine wohlverwahrte Kostbarkeit, mit der du jeden Tag dich ergötzest (Prov. 8, 30), hast du zu eigen, und da sollte ich einen Anspruch auf sie erheben! Hierauf sagte Gott zu Moses: Weil du dich selbst für gering geachtet hast, soll die Thora nach deinem Namen genannt werden (Maleachi 3, 22²). — Als Moses zur Höhe stieg, sagte er Israel: Nach vierzig Tagen zu Anfang der sechsten Stunde komme ich wieder. Als dieser Termin herankam, kam Satan und brachte die Welt in Verwirrung³). Wo ist euer Lehrer? fragte er das Volk. „Er ist zur Höhe gestiegen". „Es sind ja schon die sechs Stunden vorbei" (בושש = באו שש Exod. 32, 1). Darauf achteten sie nicht. „Er ist todt". Darauf achteten sie nicht. Da zeigte er ihnen das Bild seines Sarges und machte sie an den Tod Moses' glauben. Auf jene Erscheinung weisen sie hin in den Worten an Aharon (ib.): „Dieser Mann Moses"⁴).

148, 13) von Josua b. Levi, Pes. r. c. 5 (21 a), Num. r. c. 12 (tradirt von Simon).

¹) Sabbath 88 b f. S. J. Oppenheim im Jahrbuche האסיף V, 6 f.

²) Sabbath 89 a.

³) ועירבב את העולם in demselben Sinne, in welchem von Moses gesagt ist (an der oben S. 159, A. 4 citirten Stelle des jer. Talmuds: ועירבב את המזלות.

⁴) Sabbath 89 a. Die Deutung von בושש f. Gen. r. c. 18, Exod. r. c. 41, die von זה משה in anderer Form (Exod. r. ib. רבנן אמרי), ebenso Tanch צ. כי תשא 13.

Jedes Wort, welches — am Sinai — aus dem Munde Gottes kam, erfüllte die Welt mit Wohlgeruch und Gottgesandter Wind trug den Wohlgeruch jedesmal davon, damit auch das folgende Wort die Welt mit Wohlgeruch erfülle (nach einer Deutung von Hoh. 5, 13[1]). — Jedes Wort, das aus dem Munde Gottes kam, ließ die Seelen der Kinder Israels entweichen (Hoh. 5,6); aber um sie zum Vernehmen des folgenden Wortes fähig zu machen, ließ Gott den Thau, mit dem er einst die Todten beleben wird, auf sie herunterkommen (nach Pf. 68, 10[2]). — Mit jedem Worte, das aus dem Munde Gottes kam, wichen die Israeliten zwölf Meilen nach rückwärts, doch es kamen die Dienstesengel und geleiteten sie zurück (nach Pf. 68, 13 ירדון l. ידדון[3]). — Das Wort der Offenbarung kam so, wie wenn Jemand auf den Ambos schlägt und die Funken nach allen Seiten sprühen[4].

Als Israel am Sinai gesündigt hatte[5]), ließ Moses keinen Winkel am Fuße des Berges, in dem er sich nicht hingeworfen hätte, um für Israel Erbarmen zu erflehen. Da traten ihm fünf Engel des Verderbens entgegen[6]): Was that Moses? Er klammerte sich

---

[1]) Sabbath 88 b.

[2]) Sabbath 88 b. Eine ähnliche Deutung der Psalmworte von Jehuda b. Ilai f. Mech. zu Exod. 20, 18 (71 b).

[3]) Jb. Dieselbe Deutung der Psalmworte anonym Mech. ib. Die Dichtung geht auf Akiba's Deutung zu Exod. 19, 4 zurück (Mech. z. St., f. Ag. b. T. I. 321).

[4]) Sch. tob zu Pf. 92, 1 (Jalkut zu Pf. 68, 12): באדם שהוא מכה על הסדן וניצוצית יוצאין דכאן ולכאן vgl. Ag. b. T. II, 337, 1). In ähnlichem Sinne scheint J. b. L.'s Deutung des Ausdruckes פנים בפנים (Deut. 5, 4) gemeint zu sein (Pes. r. c. 21, 100 b, tradirt von Menachem und in dessen Namen Jose b. Abin): לכביר שהוא מטלטל בוינו ומראה פנים לכל צד וצד. Zu בוינו m. vgl. לטלטל בעפר Tanch. וישב Anf. (Levy IV. 57 b), wol „hin und her werfen".

[5]) Koh. r. zu 4, 2: ר' יהושע בתי קריא בישראל. Das ist jedenfalls J. b. Levi, da darauf folgt: ר' שמואל בר נחמן בתי קריא בדוד (in Exod. r. c. 44 Auf. dieselbe Controverse über Koh. 4, 2, aber mit Umkehrung der Autoren und gekürzt). S. auch Tanchuma כי תשא, Sch. tob zu Pf. 18, 8 und die in der nächsten Anmerkung erwähnten Stellen.

[6]) ונזדווגו לו חמשה מלאכי חבלה קצף ומשחית והשמד ואף וחמה. In (Exod. r. c. 44 sagt in einem besonderen Ausspruch der Agadist Jizchak (Tradent: Luliani b. Tabrini): יצאו ה' מלאכי חבלה לכלותם אף וחמה

an das Verdienst der Stammväter (Exod. 32, 13). Aber Gott sagte: Wenn ich mit den Stammvätern genau in's Gericht gienge, dann hätte ich von ihnen, nicht sie von mir zu fordern. Abraham zweifelte an meiner Verheißung (Gen. 15, 8), Jsaak liebte den Esau, welchen ich haßte (Gen. 25, 28, Mal. 1, 3), Jakob sprach (Jef. 40, 27): „Verborgen ist mein Weg von dem Ewigen!"¹) Als aber Moses an den Schwur mahnte, welchen Gott den Vätern gethan (Exod. ib.), da wurde Gott von Erbarmen erfüllt, und drei von den fünf verderbenden Engeln waren beseitigt. Es blieben noch zwei, vor denen Moses fürchtete (Deut. 9, 19 „Zorn" und „Grimm"); da flehte er zu Gott, den einen derselben zu übernehmen, er selbst werde den andern besiegen (Pj. 7, 7 „erhebe dich gegen deinen Zorn"). Und so war es: Moses selbst wies (nach) Pj. 106, 23) den „Grimm" zurück. Auf das Verdienst der verstorbenen Patriarchen hinweisend, sagte nun Moses: Ich rühme die Todten, die längst gestorben sind und dennoch mehr vermögen, als die Lebenden,

---

ויקצף והשמד והשחת. Dieselbe Reihenfolge der Engel des Verderbens auch der mit Koh. r. parallelen Ausführung Exod. r. c. 41 Ende, Tanch. a. a. O. ק' אף ח' משחית השמד. In Deut. r. c. 3 ist Chija b. Abba als Autor unserer Legende genannt; die Scene ist in den Himmel verlegt, der Passus über die Engel des Verderbens lautet: שמעו חמשה מלאכי חבלה ובקשו להזיקו. In Schocher tob zu Pj. 7, 7 ist als ואלו הן אף וחמה קצף משחית ומכלה. Autor Samuel b. Nachman genannt (s. vor. Anm.), der betreffende Passus wie bei Jizchak, Exod. r. c. 44. In Pirke R. El. c. 45: שלח הקב״ה ה' מלאכים להשחית את כל ישראל ואלו הן קצף אף חימה משחית חרון. Nach Chisda (Sabbath 55 a) heißen „die sechs Männer" in Ez. 9, 2: אף קצף חימה משחית משבר מכלה. Im Alphabet R. Akiba's (2. Version, B. H. III, 50) werden sie als ששת מלאכי חבלה bezeichnet und ihre Namen: אף חמה קצף משחית משמיד מכלה. Daraus Tanch. B. כי תשא 13 die fünf מלאכי חבלה, vor denen Moses fürchtete: אף וקצף ומשביר ומשחית וחמה.

¹) In Tanch. und Tanch. B. fehlt die Zurückweisung des Verdienstes der Väter, ebenso bei Jizchak in Exod. r. c. 44, und bei Chija b. Abba, Deut. r. c. 3, bei Samuel b. Nachman Sch. tob zu Pj. 7. In Exod. r. c. 41 Ende treten die Stammväter selbst auf und weisen drei der verderbenden Engel zurück, ebenso in Pirke R. Elieser. Die Zurückweisung der Väter und die Erwähnung ihrer Schuld findet sich zu anderem Zwecke (als sie Bürgen sein sollen bei der Uebergabe der Thora an Israel) in einer längeren Ausführung Meir's, Schir r. zu 1, 4, daraus anonym Sch. tob zu 8, 6 und Tanch. ויגש Anf. (s. Ag. b. Tann. II. 58).

11*

die sich noch am Leben befinden (Koh. 4, 2[1]). — Die Sünde des goldenen Kalbes, begangen durch ein wegen seiner frommen Gesinnung gerühmtes Geschlecht (Deut. 5, 26), mußte geschehen, damit fortan die Reuemüthigen aus diesem Beispiele Muth zum Anstreben der göttlichen Verzeihung schöpfen[2]). Moses hat eilf Psalmen verfaßt (90—100), die sich auf eilf Stämme beziehen (Simon fehlt, wie im Segen Moses'), und zwar Pf. 90 auf Reuben, Pf. 91 auf Levi, Pf. 92 auf Juda, Pf. 93 auf Benjamin, Pf. 94 auf Gad, Pf. 95 auf Jissachar (die Beziehungen aus einzelnen Versen der betreffenden Psalmen erschlossen[3]). — Moses' prophetische Reden enthielten die aller anderen Propheten, und was von Propheten nachher verkündigt wurde, ist schon in Moses' prophetischen Reden enthalten[4]). — Drei Zeichen geben (Deut. 34, 6) Moses' Grabstätte an: „im Thale, im Lande Moabs, gegenüber Beth-Peor" und dennoch „kannte Niemand sein Grab"[5]).

Josua gab den Aeltesten (Weisen) Israels den Vorrang vor den Häuptern (Jos. 24, 1), während Moses (Deut. 29, 9) die Häupter den Aeltesten voranstellte. Der Grund dafür ist darin zu suchen, daß zu Josua die Aeltesten nicht im Schülerverhältnisse standen, wie zu Moses, daß Josua ihrer bei der Besitznahme des Landes bedurfte, was bei Moses nicht der Fall war, daß Josua

---

[1]) Dieselbe Anwendung des Koheletverses kurz auch Sabbath 30 a in dem agabischen Vortrage eines sonst nicht vorkommenden Tanchum aus Rave (ר' תנחום דמן נוי).
[2]) Abuda zara 4 b.
[3]) Sch. tob zu Pf. 90, 1; die Urheberschaft J. b. L.'s für diesen Ausspruch ist am Ende desselben mit folgenden Worten angegeben: אמר ריב"ל עד כאן שמעתי טבאן ואילך אתה מחשב לעצמך. Daraus folgt, daß der Ausspruch auf ältere Autoritäten zurückgeht. S. auch Gräß, Monatsschrift 1861, S. 443.
[4]) Exod. r. c. 41, zur Erhärtung des Satzes, daß jeder andere Prophet, außer Moses, der von den Reden eines Berufsgenossen Gebrauch macht, dies deshalb that, weil er ihrer bedurfte; vorher die entgegengesetzte Ansicht Samuel b. Nachman's (tradirt von Jona).
[5]) Koh. r. zu 12, 9, trad. von Jehuda b. Simon; Schocher tob zu Pf. 9, 1 (Tradenten Berechja und Simon) etwas verschieden ausgedrückt und mit dem Zusatze: um wie viel weniger kann man die Zeit des (messianischen) Endes ergründen.

sich im Studium der Lehre abgemüht hatte, während Moses mühelos in den Besitz der Thora gelangt war¹). — In der ganzen heiligen Schrift finden wir keinen Ort mit dem Namen הר געש (Jos. 24, 30). Der Name deutet darauf hin, daß die Israeliten sich bei der Erweisung der letzten Liebespflicht an dem verstorbenen Volkshaupte nachläßig bewiesen, da Jeder in dem neuen Besitze seinem Geschäfte nachging, Gott aber darob die Welt durch ein Erdbeben in Aufruhr (געש) versetzte. Als Samuel starb, da versammelte sich ganz Israel, um ihm die letzten Ehren zu erweisen (I Sam. 25, 1), denn, wie das Sprichwort sagt: „wer von einer Schlange gebissen worden, dem flößt auch ein Strick Furcht ein"²). — Achan (Jos. 6) heißt I Chr. 2, 6 Zimri, weil er eine Frevelthat begieng, gleich Zimri (Num. 25, 14³). — Unter „Juda" in Richter 1, 2 ist der erste Richter Othniel zu verstehen⁴). — Die in Ruth 1, 1 erwähnten „Richter" sind Schamgar und Ehud⁵). — Tob (Ruth 3, 13) war der Bruder Salmons (ib. 4, 21) und Elimelechs (ib. 1, 2), die beiden letzteren also Oheime des Boaz (4, 21); dennoch spricht dieser von „unserem Bruder Elimelech (4, 3), weil man auch seinen Oheim „Bruder" nennen kann⁶). — Der „Tag" in I Sam. 1, 4 war das Wochenfest⁷). — Abners Ermordung (II Sam. 3, 30) war die Strafe dafür, daß er das Blut der jungen Krieger zum Gegenstande des Spieles machte (ib. 2, 14⁸).

---

¹) Jer. Horajoth 48 b c.
²) Midr. Sam. c. 23 (Tradenten Berechja und Simon). Das Sprichwort ist besonders angeführt, mit dem Autornamen J. b. L.'s, (ebenso in Koh. r. zu 7, 1). In Ruth r. zu 1, 1 ist — ohne den Samuel betreffenden Schluß — der Ausspruch dem Tradenten Berechja zugeschrieben, in Koh. r. zu 7, 1 mit אמרי רבנן eingeführt. Aehnliche Deutung von געש hat der bab. Talmud (Sabbath 105 b) im Namen Rab's.
³) Jer. Sanh. 23 b, Lev. r. c. 9 Anf.
⁴) Schir r. zu 4, 7 (trad. von Simon).
⁵) Ruth r. z. St.
⁶) Ruth r. zu 3, 13, gegen die Ansicht der רבנן, wonach Boaz Bruder des Tob und Elimelech war. Das Ganze als Dialog. In b. Baba Bathra 91 a ist es Rab, dem die Ansicht J. b. L.'s zugeschrieben wird, nur daß dort Tob nach Ruth 4, 1 als Peloni Almoni bezeichnet ist.
⁷) Midr. Sam. z. St., c. 1.
⁸) Jer. Pea 16 a unt., j. Sota 17 b. Lev. r. c. 26 g. Anf.; anders

David sprach vor Gott (Pf. 122, 1): „Ich freute mich", wenn ich die Leute sagen hörte: Wann wird dieser Greis sterben, damit sein Sohn Salomo den Tempel erbaue, und „wir in das Haus des Ewigen gehen?" Darauf sagte ihm Gott (Pf. 84, 11): „Besser ist" in meinen Augen „ein Tag", den du mit dem Studium der Thora verbringst, „als die tausend" Opfer, welche einst dein Sohn Salomo mir auf dem Altare darbringen wird[1]). — David war, als Absalom sich gegen ihn erhob, in den Bann gelegt worden und er nahm den Bann auf sich, darum zog er „mit verhülltem Haupte" (II Sam. 15, 30) aus Jerusalem[2]). — Von dem Schwerte Jischbi's (II Sam. 21, 16) war David weit hinweggestoßen worden und er flehte zu Gott mit den Worten (ib. 22, 37): „Du erweiterst meine Schritte unter mir, daß meine Knöchel nicht wanken". Da ließ ihm Gott Hilfe erstehen durch Abischai (ib. 21, 17). „Zwei gegen Einen!" rief Jischbi aus . . . .[3]) — Die Moabiter züchtigte David (II Sam. 8, 2) dafür, daß sie seinen Vater und seine Mutter umgebracht (f. I. Sam. 22, 3) und an Ruth — seiner Ahnfrau — Gewalt geübt hatten[4]). — Salomo hatte sieben Namen: Salomo, Jedidja, Koheleth, Agur, Jake, Lemuel, Jthiel[5]). — Das Job des Wortes ירבה (Deut. 18, 16 f.) machte den Ankläger gegen Salomo, den Uebertreter der mit jenem Worte ausgedrückten Verbote[6]). — Wenn du Salomo mit David vergleichst,

S. b. Lakisch. In Pesikta 32 b, Tanch. חקת (V. 8), Num. r. c. 19 g. Auf., wird Josua b. Levi die Ansicht Simon b. Lakisch's zugeschrieben und umgekehrt.

[1]) Makkoth 10 a, Sch. tob zu Pf. 122. Aehnlich Rab zu Pf. 84, 11, Sabb. 30 a.

[2]) Midr. Sam. c. 8, Num. r. c. 3 g. Auf.

[3]) Sch. tob zu Pf. 18, 37. Die Antwort David's und Abischai's, mit der die Sage abbricht, lautet: „Hier tödten wir Beide dich, komme mit uns in die Stadt, dort werden dich Zehne umbringen". In anderer Form findet sich die Sage anonym Gen. r. c. 59 Ende, noch anders und viel ausführlicher in b. Sanh. 95 a.

[4]) Sch. tob zu Pf. 7, 4 und Jalk. ib. (aus ועיני לרות ist in Sch. tob geworden: ועיני לערות). In Jalk. zu II Sam. 8, 2 fehlt der Ruth betreffende Passus.

[5]) Schir r. Einleitung.

[6]) Jer. Sanh. 20 c, Tanch. V. ארא 2. S. über die Grundlage dieser Dichtung Ag. b. T. II, 123, Anm. 4.

so thue es nach jeder Richtung, auch in Bezug darauf, daß Gott Davids Sünde beseitigt (II Sam. 12, 13), also auch Salomo verziehen hat[1]). — Als den drei Königen und vier sonstigen Personen, welche in der Mischna (Sanh. 10, 1) genannt werden, der Antheil an der kommenden Welt abgesprochen wurde, hätte auch Salomo ihnen angeschlossen werden sollen; aber es ergieng eine Himmelsstimme und rief: Rühret nicht an meine Gesalbten! (Ps. 105, 15[2]).

Von Jarobeam gilt der Spruch vom Thoren, den seine Thorheit nicht verläßt, auch wenn er im Mörser zerstoßen würde (Prov. 27, 22); „er opferte auch nach dem in I Kön. 13, 1 ff. Erzählten den Götzen, „sowie früher" (V. 6[3]). — Bis zum Könige Josaphat hatte Israel ebensoviel (acht) Könige erstehen lassen, wie Edom[4]); Nebukadnezar machte dem Reiche beider Völker ein Ende. Nachher wurde durch Ewil=Merodach Jojachin der König aus Israel, durch Ahasweros Haman, der aus dem Königsgeschlechte des edomitischen Amalek Entsprossene, erhöht[5]). — Achaz verdiente die Auszeichnung, mit frommen Königen in einer Reihe gezählt zu werden (Jes. 1, 1), durch seine Schamhaftigkeit, die er damals bekundete, als er vor dem Propheten Jesaia sich an einen Ort zurückzog (Jes. 7, 3), von welchem er annahm, daß an ihm, vermöge seiner Unreinheit, der heilige Geist sich nicht offenbare, ihm also dort die Strafrede des Propheten erspart sein werde[6]). — Hätte König Chizkija einen

---

[1]) Schir r. Einleitung (Tradent Jonathan aus Beth Gubrin und in dessen Namen Simon), als Schlußbemerkung zu einer anonymen Parallele zwischen Salomo und David.

[2]) Schir r. Einleitung. In Pes. r. c. 6 (23 b) lautet der Satz anders Salomo hätte es verdient zu den vom ewigen Leben Ausgeschlossenen gezählt zu werden (nach I Kön. 11, 4), aber weil er sich um das Heiligthum bemüht hatte, wurde er den frommen Königen zugezählt.

[3]) Pesikta 15 a; Tanch. כי תשא (Tradent J. b. Simon), Jalkut zu I Kön. 13 und zu Prov. 27 (Trab. Berechja und J. b. Simon).

[4]) Edom die in Gen. 36, 32 bis 39 Genannten, Israel: Saul, Jschboscheth, David, Salomo, Rechabeam, Abija, Asa, Josaphat.

[5]) Gen. r. c. 83. Zum Ausdrucke וערבב אלו באלו s. oben S. 161, Anm. 3.

[6]) J. Sanh. 27 d, Lev. r. c. 36, tradirt von Jose (b. Abin?), nach Acha ist Eleazar der Autor; mit einer Deutung des Wortes כובס = שובב, das Antlitz verhüllen. Der Ausspruch geht von einem Satze

Gesang ob des Sturzes Sancheribs angestimmt, so wäre er zum Messias, Sancherib zum Gog geworden. Er aber unterließ und verscherzte das Messiasthum, was in Ps. 20, 7, 10 angedeutet ist[1]). — Von dem Heere Sancheribs blieben fünf Mann übrig, nach Jes. 17, 6 („zwei, drei Beeren"[2]). — Chananja b. Azzur (Jer. 28, 1) war ein wahrer Prophet, der aber listiger Weise[3]), was er von Jeremias auf dem oberen Marktplatze verkünden gehört hatte, auf dem unteren Marktplatze verkündete; auch die Verkündigung, daß „binnen zwei Jahren die heiligen Geräthe zurückgebracht sein werden (V. 3)" beruht auf der Prophezeiung Jeremias' von den siebzig Jahren (25, 11), für welche aber Chananja einen falschen Anfangstermin annahm und so ihr Ende falsch berechnete[4]). — Nebuzaradan ist identisch mit Arjoch (Daniel 2, 14); dieser Name deutet an, daß Nebuzaraban, als er die jüdischen Exulanten wegführte, wie ein „Löwe" (אריה) gegen sie tobte, bis sie an den Euphrat kamen. Hier angelangt sagte er zu seinen Truppen: Lasset sie ausruhen, denn von hier an wird ihr Gott sich um sie nicht mehr kümmern. Darum heißt es (Ps. 137, 1): „An den Strömen Babels saßen wir", nämlich erst dort, nicht früher[5]). — Daniel büßte

Bar Kappara's aus und soll einen Einwand gegen denselben entkräften. Anders thut dies Hoschaja, s. oben S. 106.

[1]) Schir r. zu 4, 8 Ende. Anders führt denselben Gedanken aus Bar Kappara, Sanh. 94 a (s. Ag. b. T. II, 519). Die citirten Verse des 20. Psalmes werden dabei wol so gedeutet, daß im 7. Verse von Chizkija als von „Gottes Gesalbten" (משיחו) gesprochen wird, während in V. 10 diese Bezeichnung wegfällt.

[2]) Echa r. Procem. Nr. 30. Dann folgt die Meinung Jehuda b. Simons (so zu lesen st. בימוס‎ ר׳ יהודה ר׳): 9, wegen ארבעה חמשה im selben Verse und die von Tanchum b. Chanilai: 14, indem sämmtliche Zahlen addirt werden. In Sanh. 95 b ist die letzte Meinung J. b. L. selbst zugeschrieben, während es nach Jochanan fünf Gerettete waren. In Schocher tob zu Ps. 79, 1 hat die erste Ansicht ר׳ יהודה (vielleicht = ר׳ יהושע), die zweite Tanchum b. Chija, die dritte Tanchum.

[3]) קיבוסת‎: אלא שהיה ל, ein räthselhaftes Wort, das keineswegs mit Levi (IV 239 b) aus κίβδηλος abgeleitet werden kann. Vielleicht gehört es zu קוביוסטוס, Gaukler.

[4]) Jer. Sanh. 30 b, mit genauer Berechnung.

[5]) Echa r. zu 5, 5. Eine gegen die Araber (Nabatäer) gerichtete Sage über die Leiden der von Nebukadnezar Exilirten während der Reise

(Dan. 6) dafür, daß er Nebukadnezar Rath ertheilt hatte (Dan. „, 24¹). — Die drei Freunde Daniels (die nach Dan. 3 nicht mehr erwähnt werden) waren weggezogen und lagen dem Studium der Thora ob, unter der Leitung des Hohenpriesters Josua b. Jozadak; sie sind unter den Zach. 3, 8 erwähnten Genossen Josua's zu verstehen²). — Mordechai's Vater war aus dem Stamme Benjamin, seine Mutter aus dem Stamme Juda, darum heißt er Jehudi (Esther 2, 3³).

6.
Homiletisches.

Zu Gen. 1, 8. Warum heißt es vom Schöpfungswerke des zweiten Tages nicht, „daß es gut sei?" Ein König hatte eine harte (grausame) Legion und erlaubte nicht, daß man dieselbe mit seinem Namen benenne. So sagte auch Gott: weil mit dem Wasser das Geschlecht der Sündfluth, das Enosch's und das der Sprachentheilung gezüchtigt worden, darum soll von ihm nicht geschrieben sein, daß es gut sei⁴). — 2, 17. Den Baum, von welchem Adam gegessen, hat Gott nicht bekannt gegeben und wird ihn auch niemals kundgeben. Sowie nach dem Gesetze (Lev. 20, 16) auch das Thier, welches der Mensch zu einer Sünde mißbraucht hat, getödtet werden muß, damit es nicht an die durch es begangene Sünde erinnere, ebenso sollte der Baum, durch welchen der erste Mensch gesündigt, unbekannt bleiben; denn wenn Gott auf die Ehre der Nachkommen Rücksicht nahm, umwieviel eher auf die des Stammvaters der Menschen⁵) — 3, 22. Sowie bei der Erschaffung des Menschen die Gerechtigkeit und die Liebe Gottes walteten (2, 7 beide Gottes-

---

wird in Tanch. יתרו g. Auf. im Namen J. b. L.'s gebracht; anonym Echa r. zu 2, 2.
1) Baba Bathra 4 a, nach anderer Tradition von Rab.
2) Gen. r. c 56 Ende.
3) Megilla 12 b, tradirt von Rabba b. b. Chana.
4) Gen. r. c. 4 Ende, tradirt von Simon.
5) Gen. r. c. 15 Ende (Tradenten Azarja und Jehuda b. Simon), Pesikta 142 b (Tradenten: Berechja und Simon).

namen) so walteten beide bei der Vertreibung des Menschen aus dem Paradiese[1]). — 6, 6. Sieben Tage trauerte Gott über die Welt, als deren Untergang durch die Fluth bevorstand; ויתעצב bed. s. v. als נעצב, II Sam. 19, 3[2]). — 12, 20. Um der vier Schritte willen, die Pharao that, um Abraham das Geleite zu geben, knechtete er dessen Nachkommen vierhundert Jahre (15, 13) lang[3]). — 12, 10. Was von den Frommen gesagt ist (Ps. 111, 5), daß ihnen Gott Unruhe (טרף = טירוף) in dieser Welt zu Theil werden läßt, in der kommenden Welt aber „seines Bundes eingedenk ist" — das traf auch bei Abraham zu. Gott hatte ihn aus seiner Heimat ziehen heißen und ihm Segen versprochen (12, 2); da „war Hungersnoth im Lande", und ohne Murren und Klagen „zog er nach Aegypten hinab"[4]). — 15, 17. Gott zeigte dem Abraham in der Vision auch die Spaltung des Schilfmeeres, denn in den „Stücken" sind die ebenso benannten „Stücke" des getheilten Meeres (Ps. 136, 13) angedeutet[5]). — 18, 17. Ein König gab seinem Freunde ein Grundstück zum Geschenke; als er später aus demselben fünf Bäume, die keine Früchte trugen, aushauen wollte, berieth er sich erst mit dem Freunde, indem er dachte: Auch dann, wenn ich das auf seinem Erbgute thuen wollte, würde er es nicht verweigern. Ebenso hatte Gott dem Abraham das Land zum Geschenke gegeben (15, 18); als er dann die fünf Städte aus demselben vernichten wollte, zog er ihn darüber zu Rathe[6]). — 18, 25. Abraham sprach zu Gott: Vereinige ihre guten Werke (auch die der Bösen unter ihnen), und es kömmt die Zahl der fünfzig Frommen heraus[7]). — 22, 5. „Gehen

---

[1]) Gen. r. c. 21 g. Ende.
[2]) Gen. r. c. 27 Ende, c. 32.
[3]) Sota 46 b.
[4]) Gen. r. c. 40 Anf., ריב״ל פתח.
[5]) Gen. r. c. 44 g. Ende.
[6]) Gen. r. c. 49, Tanch. וירא in etwas verschiedener Version und in ר׳ יהודה ב״ר לוי = ר״י בר לוי corrumpirt.
[7]) Gen. r. c. 49, צרף מעשיהם יעלו למנין חמשים, so lautet die Lesart nach dem Raschi zugeschriebenen Commentare; sie scheint richtiger zu sein als die gewöhnliche צרי מעש׳, (welche verschiedenartig erklärt wird). Es scheint, daß der Deutung J. b. L.'s die Worte יהיה כצדיק כרשע zu Grunde liegen: Nimm ohne Rücksicht auf die Thäter, die von ihnen irgendwie

wir bis dorthin" (כה): Gehen wir um zu sehen, was aus der mit dem Worte כה beginnenden Verheißung (15, 5) werden soll[1]). — In Gen. 28, 10 ff. ist typisch das Exil der Nachkommen Jakobs angedeutet[2]). — 40, 10. Der Weinstock deutet auf die Thora, die drei Reben sind die drei Gottesgaben, welche Israel in der Wüste begleiteten: Wolkensäule, Brunnen und Manna, die Blüthen bedeuten die Erstlingsopfer, die Weinbeeren die Trankopfer[3]). — Die Worte Jakobs 43, 13 deuten auf das Exil seiner Nachkommen[4]): Gott gebe euch Erbarmen (s. Ps. 106, 46) vor dem „Manne" (איש wie Exod. 15, 3), und er gebe euch frei eueren anderen Bruder (die zehn Stämme) und den Benjamin (die Stämme Juda und Benjamin); aber so wie ich meiner Kinder beraubt wurde (bei der ersten Zerstörung), so werde ich beraubt (bei der zweiten Zerstörung), aber nicht fürder.

Exod. 3, 11. Ein König verheiratete seine Tochter und versprach, ihr eine Provinz und eine vornehme Dienerin zu geben. Als der König ihr nur eine gewöhnliche äthiopische Sklavin gab, erinnerte ihn der Schwiegersohn an sein Versprechen. So erinnerte auch Moses, als Gott ihn schickte, um Israel zu befreien, an die Jakob gegebene Verheißung (Gen. 46, 4): „Ich selbst werde dich wieder hinaufführen".[5]) — 12, 2. Einem König wurde sein Sohn gefangen weggeführt; nachdem er ihn befreit hatte, befahl er, fortan die Befreiung seines Sohnes als Zeitrechnungsära zu benützen. So befahl auch Gott, fortan nach der Befreiung Israels aus Aegypten zu zählen[6]). — 13, 17. Ein König hatte zwölf Söhne und zehn

---

geübten guten Thaten in Betracht, deren Summe dem Verdienste von fünfzig Frommen entspreche.

[1]) Gen. r. c. 56 Anf.
[2]) Gen. r. c. 68 Ende. ריב"ל סתר קרייא בגלות. Die Wortanalogien, auf welchen diese Deutung beruht, sind folgende: ויצא — ויצאו (Jer. 15, 1), כי בא השמש — (Jes. 5, 8), מקום — במקום (Echa 1, 12), חרון — חרנה, מראשותיכם — מראשותיו (Echa 4, 1), אבני — מאבני (Jerem. 15, 9), בא שמשה (Jer. 13, 18).
[3]) Chullin 92 a.
[4]) Gen. r. c. 92 ריב"ל סתר קרייא בגליות (s. oben Anm. 2). ר' יאשיה ist natürlich falsche Lesart, Jalkut hat ר' יהושע (ohne בן לוי).
[5]) Exod. r. c. 3 g. Anf.
[6]) Pesikta 52 b. Ein anderes Gleichniß J. b. L.'s zum selben Verse

Grundstücke¹). Wenn ich — so sprach der König — diese Grundstücke jetzt unter sie vertheile, wird das Anlaß zu Zwistigkeit; ich will noch warten, bis ich weitere zwei Grundstücke erwerbe, und dann alle vertheilen. So wollte Gott die Vertheilung des Landes aufschieben und das Volk in der Wüste halten, bis die zwei Stammgebiete im Ostjardenland erobert sein würden²). — 14, 15. Ein König hatte einen Freund, der ein Anliegen bei ihm hatte und es weheklagend vortrug. Da sagte ihm der König: Was schreist du, ordne an und ich thue es. So sagte auch Gott zu Moses: Was schreist du, rede und ich will so thun³). — 20, 24 b. Mit diesen Worten deutet Gott den Israeliten an, daß er sie bei seinem Erscheinen in dem Heiligthum, welches sie ihm errichten würden, segnen werde, was dann in der That auch stattfand (Num. 7, 23⁴). — 21, 1. Der Sohn des Königs ging auf dem Markte spazieren und begegnete dem Freunde des Königs, der ihm den Schooß mit Edelsteinen und Perlen füllte. Da sprach der König: Oeffnet meine Schatzkammern, damit mein Sohn nicht sage, daß ich ihm ohne die Hilfe meines Freundes nichts zu geben hätte. Ebenso — damit Israel nicht sage: ohne Jethro, der uns Rechtsordnung lehrte, hätte Gott uns kein Gesetz gegeben, — sprach Gott zu Moses: siehe ich gebe euch die Thora, welche voll von Rechtssatzungen ist⁵). — 32, 13. Moses sprach: Herr der Welt, sei eingedenk der Väter! Wenn sie keine Verdienste haben, so magst du an ihren Kindern handeln, wie es ihnen gebührt; haben aber die Väter Verdienste, so lohne an den Kindern die Thaten der Väter!⁶) — 36. Nicht bloß auf das Verdienst der drei Stammväter, auch auf das der „Stämme" (der

---

(לבם = לבם מסיר) j. R. H. 57 b (wo irrthümlich bloß ר'ל' steht), Pesikta 53 a, Pes. r. c. 15 (77 a): Ein König hatte eine Uhr ὁρολόγιον die er dann seinem Sohne übergab. So erhielt Israel von Gott den Mond, der die Zeiten anzeigt.

¹) אוסיית (οὐσία), derselbe Ausdruck wie in dem Gleichnisse zu (Gen. 18, 17, ob. S. 170.
²) Exod. r. c. 20 g. Ende.
³) Exod. r. c. 21 Auf.
⁴) Pesikta r. c. 5 (Ende (22 b): ברם אמר הקב״ה לישראל. In Num. r. c. 12 Auf. citirt durch Berechja.
⁵) Pesikta 104 a.
⁶) Exod. r. c. 44, tradirt von Zebida. S. ob. S. 162 f.

Homiletisches.

zwölf Söhne Jakobs) berief sich Moses in seinem Gebete, denn „deine Diener", das sind (nach Jes. 63, 17) die Stämme[1]). — Lev. 14, 4. Warum bringt der Aussätzige gerade zwei Vögel zum Reinigungsopfer? Gott spricht: Er hat als Schwätzer (Verleumder) gehandelt, so möge er Schwätzer (zwitschernde Vögel) zum Opfer bringen[2]). — 16, 4. Warum betritt der Hohepriester am Versöhnungstage das Heiligthum nicht in den Goldgewändern? Weil der Ankläger nicht Vertheidiger sein kann; Satan könnte den Einspruch erheben: Gestern haben sie sich einen Götzen aus Gold gemacht und heute vollziehen sie den Dienst der Sühne in Gewändern aus Gold[3]). — Warum steht der Abschnitt von den verbotenen Ehen (Lev. 18) neben dem Abschnitte von der Heiligkeit (Lev. 19)? Um zu lehren, daß wo du Enthaltsamkeit im geschlechtlichen Verkehre findest, du auch Heiligkeit findest[4]). — Zu Num. 14, 23. Ein König bestimmte seinem Sohne eine schöne, adelige und reiche Frau und machte ihm davon Mittheilung; der Sohn aber, welcher dem Vater nicht traute, sprach: Ich will hingehen, um sie zu sehen. Den König verdroß das, aber er konnte ihm sein Begehren nicht abschlagen, damit der Sohn nicht sage: Er läßt sie mich deshalb nicht sehen, weil sie häßlich ist. Endlich sprach er: Gehe hin, sie zu sehen; aber weil du mir nicht glaubtest, schwöre ich, daß du sie nicht heimführen sollst, sondern ich gebe sie deinem Sohne. So wurde auch das Begehren Israels, das ihnen verheißene Land früher zu sehen, bevor sie einzögen, damit bestraft, daß es erst der folgenden Generation

---

[1]) Exod. r. c. 44 Ende. Vgl. oben S. 164, unter Anm. 3.

[2]) Arachin 16 b (ר׳ יהודה) Fehler statt יהושע׳ר).

[3]) Pesikta 177 b, Lev. r. c. 21 g. Ende, tradirt von Simon (ר״ש בשם ר׳ סימון בשם ר׳ יהושע) Jalkut z. St., § 571 ר׳׳ש בשם ר״י בן לוי). In j. Joma 44 b ist diese Ansicht dem Agadisten Levi zugeschrieben, während (mit אמר ר׳ סימון) eingeleitet) die in Lev. r. und Pes. Levi zugeschriebene Ansicht vorangeht. In den beiden letztgenannten Quellen wird die Reihe von Erklärungen mit den Worten eingeleitet: ר׳ חנינא וריב״ל חברין דרבנן אמרי; es muß statt dessen heißen: ר׳ חנינא (חנניה) חברין דרבנן וריב״ל אמרי, dann folgt die Erklärung Chananja's des Gelehrtengenossen, der im Jalkut l. l. und im jer. Talm. ausdrücklich als Autor genannt ist. In b. M. K. 26 a hat J. b. L.'s Erklärung Chisda (s. oben S. 153, Anm. 8).

[4]) Lev. r. c. 24 g. Ende. Dann die Bemerkung: Dafür giebt es viele Bibelstellen, wie Lev. 21, 7—8, ib. V. 14—15. Derselbe Ausspruch steht un-

in Besitz gegeben wurde¹). — Deut. 1, 13. Der Schwanz der
Schlange sagte zum Kopfe: Wie lange willst du vorausgehen, laß
einmal mich vorausgehen. Der Kopf erwiederte: Gehe. Als dann
der Schwanz vorausgieng, traf er eine Wassergrube und warf die
Schlange hinein, ebenso in's Feuer, in Dornen. Das waren die
Folgen dessen, daß der Kopf dem Schwanze folgt. So, wenn die
Kleinen den Großen gehorchen, vermögen diese durchzubringen und
Gott erfüllt ihr Begehren²); wenn aber die Großen den Kleinen
folgen, dann fallen sie auf ihr Antlitz. In diesem Sinne sagt Moses
zu den Israeliten: Wenn ihr den eingesetzten Richtern nicht
gehorchet, so büsset ihr selbst (ואשבם = אֲשִׁימִם) mit eueren
Häuptern³). — 5, 26. Ein Schlangenbändiger sah eine gefährliche
Viper und sagte: Wer vermag diese zu bannen? Da sagte man zu
ihm: Bist du nicht der Schlangenbändiger, hängt hier nicht Alles
von dir ab! So hätten auch, als Gott sagte: wer gäbe, daß dieses
ihr Herz, mich zu fürchten und alle meine Gebote zu bewahren,
ihnen immer verbliebe! — die Israeliten sagen sollen: Herr der
Welt, gieb du es! Darum sagte auch Moses: Gott gab euch nicht
ein Herz, zu erkennen (Deut. 29, 4⁴). — 7, 11. „Heute sie zu
üben", morgen den Lohn dafür zu empfangen⁵). — 7, 14. Es
wird unter dir „kein Unfruchtbarer" sein, in Bezug auf die Schüler
— bei denen die Belehrung Erfolg haben wird, und „keine
Unfruchtbare": dein Gebet wird nicht fruchtlos vor Gott sein, „und
unter deinem Viehe": wenn du dich demuthsvoll dem Viehe gleich
achtest⁶).

mittelbar vorher auch im Namen Jehuda b. Pazzi's, mit dem Zusatze,
daß Josua b. Levi die These vom Zusammenhang der Heiligkeit mit der
Sittenstrenge aus 11 Kön. 4, 9 bewiesen habe.
¹) Tanch. שלח ל g. Auf. (V. 7), Num. r. c. 16 g. Auf. (ר׳ יהושע
אומר).
²) עישה והוא המקום לפני נזרים הם. Ebenso in dem Gleichnisse zu
(Exod. 14, 15 (oben S. 172): ואני עישה בנה.
³) Deut. r. c. 1. Darauf folgt ein analoges Gleichniß von Hoschaja.
⁴) Deut. r. c. 7 g. Ende (statt יהודה ר׳ l. יהושע ר׳). Ju Pes. r. c.
41 (174 a) sagt Jochanan dasselbe, ohne das Gleichniß.
⁵) Erubin 22 a, Aboda zara 3 a.
⁶) Bechoroth 44 b.

Richter 7, 13. Das „Gerstenbrot" ist eine Anspielung auf das Gebot des Gerstenopfers (Omer); denn Gideons Zeit war leer (צלל) von Frommen, aber die Erfüllung des erwähnten Gebotes stand ihr bei[1]. — I Sam. 2, 6. Mit diesen Worten betete Channa für Dathan und Abiram (Num. 16, 33[2]). — II Kön. 20, 2. Zu welcher „Wand" richtete Chizkija seinen Blick? Zu der Wand, an welcher Rachab die beiden Kundschafter herabließ (Jos. 2, 15). Er sagte: Herr der Welt, Rachab hat dir zwei Seelen gerettet und du lohntest es ihr mit der Rettung vieler Seelen (Jos. 6, 23), umwieviel eher darf ich meine Rettung erhoffen, dessen Vorfahren dir soviele Proselyten zugeführt haben![3] Jes. 35, 4. נמהרי לב (von מהר eilen) sind die Ungeduldigen, welche die Endzeit der messianischen Erlösung nicht ruhig abwarten[4]). — Jes. 47. 2. „Mahle Mehl". Sagt man nicht „Weizen mahlen?" Jerusalem spricht damit zu Babel: Indem du mich zerstörtest, hast du „gemahlenes Mehl gemahlen, getödteten Löwen getödtet, verbrannte Behausung verbrannt"[5]). Denn hätte man mich nicht von oben her bekämpft, hätte nicht Gott Feuer in meine Knochen ge-

---

[1]) Pesikta 71 a, tradirt von A b a h u, nach Anderen von S i m o n, zugleich mit einer ähnlichen Verherrlichung des Omergebotes durch S a m u e l b. N a c h m a n (ואמרי לה vor ריב״ל ist zu streichen); Lev. r. c, 28 g. E. (bloß ר׳ אבהו ור׳ סימון); Pesikta r. c. 18 (92 b), wo nach ואמרי לה zu ergänzen ist: ר׳ סימון. In Jalkut zu Richter § 63: אמר ר׳ אבהו אמר ר׳ סימון, in Jalkut zu Lev. 23 bloß אמר ריב״ל. — Ein anderer Ausspruch J. b. L.'s über den Omer lautet: סנטירך אני ולית את יהיב לי סנטרותי (s. L e v y III, 555 b), Pesikta 69 b, Lev. r. c. 28 g. Auf. (בן לוי zu ergänzen), Pesikta r. c. 18 (91 a), Koh. r. zu 1, 3 (wo aus ריב״ל geworden ist ר׳ יהושע דסכנין בשם ר׳ לוי). — Eine Symbolik der Omerschwingungen: Pesikta 70 b, Pes. r. c. 18 (92 a), tradirt von S i m o n.

[2]) Jer. Sanh. 28 a oben und 29 c, vorher die Ansicht S. b. N a c h m a n's, Moses habe für sie gebetet in Deut. 33, 6. Zu Josua b. L.'s Ansicht wird angegeben, dieselbe beruhe auf dem von ihm selbst tradirten Ausspruche Jose's (b. Chalaftha), die Rotte Korach's sei fortwährend — in die Unterwelt — gesunken, bis Channa's Gebet sie rettete. In Gen. r. c. 98 g. Auf. ist dieser Ausspruch dem רבנן zugeschrieben, in Midr. Sam. c. 5 g. Ende: רבי ריב״ל בשם רבי (ר׳ יוסי = ר״י = רבי).

[3]) Jer. Berach. 8 b.
[4]) Lev. r. c. 19. Vgl. oben S. 164, Anm. 5.
[5]) קמחא טחינא טחנת ואריא קטילא קטלת וקרתא יקידתא יקידת. Zu

schickt (Echa 1, 13), hätteſt du mich da überwunden?"[1]) — Jeſ. 47, 3 f. Gott ſpricht: Dereinſt bringe ich Strafgericht über die Tochter Babels, und ſelbſt die Fürbitte Daniels (Dan. 4, 24) ſoll kein Gehör finden. Denn „unſer Erlöſer, der Herr der Heerſchaaren iſt ſein Name!"[2]) — Jeſ. 48, 5. Gott ſpricht zu Jeſaia: Meine nicht, daß ich Israel nicht von Anfang an vor dem Götzendienſt gewarnt habe; „von je habe ich es dir geſagt, bevor du — zum Sinai kamſt, habe ich — die Segnungen und Flüche, welche darauf geſetzt ſind — dich hören laſſen, damit du nicht ſageſt: mein Götze hat ſie vollführt." Durch wen geſchah die Warnung? Durch Moſes, in Deut. 4, 24 ff.[3]). — Jer. 3, 19. איך אשיתך „Wie muß ich dich verurtheilen" (vgl. ישׁת Exod. 21, 30). Ich hatte — ſpricht Gott zu Israel — eure Sache zu vertheidigen beabſichtigt, aber ihr ſelbſt bewirktet es, daß ich den Ankläger gegen euch machen muß[4]). — Jer. 15, 9. „Die Sieben geboren hat". Das deutet auf die ſieben götzendieneriſchen Dynaſtien (Gerichtshöfe), welche die Zerſtörung des Landes Israel verurſacht haben: Jarobeam, Baeſcha, Omri, Jehu, Pekach, Menachem, Hoſchea[5]). Joel 2, 13. „Zerreiſſet euer Herz" durch Buße, dann werdet ihr „nicht eure Kleider" zerreißen müſſen, wegen Trauer um eure Söhne und Töchter[6]).

Pſalm 14, 7. Das zweimalige Vorkommen dieſes Verſes im Pſalmbuche (noch 53, 7) entſpricht der von den Kindern zweimal täglich, Morgens und Abends, im Gebete geſprochenen Bitte: Hilf uns Gott unſeres Heiles! (I Chr. 16, 35[7]). — 15, 1. Wenn Echa r. ſtatt דרא : קרתא. In b. Sanh. 96 b iſt dieſer Spruch (ebenfalls mit Jeſ. 47, 2 begründet) einer Himmelsſtimme zugeſchrieben, welche bei der Verbrennung des Tempels an Nebuzaradan erging. Der Spruch lautet bort: עמא קטילא קטלת היכלא קליא קלית קימחא טחינא טחנת.

[1]) Schir r. zu 3, 5; Echa r. zu 1, 13 (bloß יהושׁע ר׳).
[2]) Schir r. zu 3, 5.
[3]) Deuter. r. c. 2.
[4]) Tanch. משׁפטים g. E., אני הייתי סלסד בעוריא עליבם יאתב גרמתם לעצבכם לקטרג אתבם. Zum Ausdrucke vgl. den oben S. 173, unter Anm. 3 gebrachten Ausſpruch. Vorher die Deutungen von Eleazar und Chama b. Chanina. In Exod. r. c. 32 g. Anf. ſteht die letztere anonym, die Eleazar's fehlt, die J. b. L.'s ganz kurz: אתם עצבתם עריבתם אתם.
[5]) Gittin 88 a.
[6]) Peſikta 161 b, j. Taanith 65 b.
[7]) Schocher tob zu Pſ. 14, 7, tradirt von Judan. In Peſikta r.

Nabab und Abihu, als sie in's Heiligthum eintraten, verbrannt aus demselben kamen, „wer, o Ewiger, darf fürder in deinem Zelte weilen?"¹) — 22, 7. תולעת bezeichnet Israel als das Volk, welches Gott am Schilfmeere (Exod. 15, 18) zum Könige ausgerufen, ihn mit dem „Purpur" des Herrschers bekleidet hat²). — 27, 11. Der Vers bezieht sich auf die Besiegung der Amalekiten durch David (I Sam. 30, 17³). — 44, 23. „Um beinetwillen werden wir getödtet". Das deutet auf die Vollziehung der Beschneidung, welche auch mit Lebensgefahr verbunden ist⁴). — 50, 20. „Wenn du gegen deinen Bruder Verleumdung sprichst", d. i. gegen Esau, wirst du schließlich auch „gegen den Sohn deiner Nation" (אמך בן = אומתך בן), d. i. gegen Moses, den Meister aller Propheten sprechen (s. Num. 21, 5⁵). — 78, 52. Der Herde gleich, nämlich Jethro's Herde; sowie Moses diese aus bewohntem Lande in die Wüste führte (Exod. 3, 1), so that er es auch mit Israel⁶). — 79, 12. Vergilt ihnen „siebenfach", eingedenk dessen, was sie an uns um der Thora willen gethan, von der gesagt ist

---

c. 41 Ende (174 a) ist Huna als Autor genannt, anstatt des Chronikverses der parallele Vers in Ps. 106, 47. Der Vers aus der Chronik befindet sich nebst dem ganzen Abschnitte (16, 8—36) im Morgengebete (שאמר ברוך), der aus dem 106. Psalm im Abendgebete (ברוך ייי). Die Verse scheinen in älterer Zeit in einem besonderen Kindergebet benützt worden zu sein. — In Pes. r. folgt dann die Bemerkung Jehuda b. Schalom's, der auch im Namen S. b. Lakisch's tradirt, die Wiederholung des Verses entspreche der zweimal in Ps. 106, 47 und I Chr. 16, 35 vorkommenden Bitte um Befreiung aus dem Exil.

¹) Sch. tob z. St.
²) Sch. tob z. St.
³) Lev. r. c. 21 g. Anf: ריב"ל פתר קרא בעמלקים, Pesikta r. c. 8 (Ende. S. oben S. 149, zu I Sam. 30, 17.
⁴) Gittin 57 b. Was soll שניתנה בשמיני besagen?
⁵) Tanch. פקודי, vorher eine andere Deutung des Verses von Jochanan. In Deut. r. c. 6 sind die Autoren umgekehrt angegeben, auch fehlt die Beziehung auf Moses und die Begründung mit dem Verse in Numeri. Diese Begründung geht davon aus, daß unmittelbar vorher (V. 4) gesagt ist, daß das Volk kleinmüthig wurde, weil es in Folge der Weigerung der Edomiter das Land Edom umgehen mußte.
⁶) Sch. tob z. St., tradirt von Juban, während ר' שמעי es im Namen Jose b. Kezartha's tradirte. In des Letzteren Namen lehrt Jochanan

(Pſ. 12, 7), daß ſie „ſiebenfach" geläutert iſt¹). — Die fünf Aufforderungen zum Lobe Gottes in Pſ. 103 (V. 1, 2, 22) und 104 (V. 1, 35) entſprechen den fünf Büchern der Thora²). — 122, 2 „Es hielten Staub unſere Füße", nämlich im Kriege, „um beiner Thore willen, o Jeruſalem", weil man ſich in denſelben mit der Thora beſchäftigt³). — Pſ. 136, 13, 25. Die Gewährung des täglichen Brodes iſt ein ſolches Wunder, wie die Spaltung des Schilfmeeres⁴). — Prov. 30, 4. „Wer hat aufgeſtellt..." Das geht auf die Errichtung des Stiftszeltes durch Moſes⁵). — Hiob 5, 21. Der Vers bezieht ſich auf Jakob⁶).

Hohelied 1, 2. „Von den Küſſen ſeines Mundes". Damit iſt angedeutet, daß Israel nur einen Theil der zehn Gebote aus dem Munde Gottes ſelbſt vernahmen, nämlich das erſte und das zweite Gebot⁷). — Hoh. 1, 4. מִשָׁבְנִי deutet auf die Eigenſchaft des

b. Sabb. 151 b. unt., ferner finden ſich Ausſprüche von ihm j. R. H. 59 c. unt. und j. Sabb. 5 b. (Gen. r. c. 14 Anf.).

¹) Peſikta 25 b.

²) Sch. tob zu Pſ. 103. In Lev. r. c. 4 g. Ende wird J. b. L. die andere Deutung zugeſchrieben, welche nach Berach. 10 a Jochanan im Namen Simon b. Jochai's tradirt (ſ. Ag. b. T. II, 132, 4), während der Deutung auf die fünf Bücher der Thora der Namen Jochanan's allein vorgeſetzt iſt. — Vgl. oben S. 133 Anm. 4.

³) Makkoth 10 a, Sch. tob. z. St.

⁴) Gen. r. c. 20 g. Ende und c. 97, vorher Ausſprüche von Eleazar und Samuel b. Nachman. Peſikta r. c. 33 (152 a): אמר רבי״ל תדע לך שכן למדתי מן הלל הגדול. In Sch. tob zu Pſ. 136 irrthümlich: ר׳ יהושע דסבני. In b. Peſachim 118 a von Eleazar b. Azarja dieſelbe Theſe, aus Jeſ. 51, 14 f. abgeleitet (ſ. Ag. b. T. I, 232, 2). — Die Paraphraſe zu Pſ. 3, 2, Sch. tob z. St. von ר׳ יהושע, gehört wahrſcheinlich J. b. Levi an (ſ. Ag. b. T. I, 192, 4).

⁵) Peſ. r. c. 5 g. Anf. (15 b), tradirt von Simon.

⁶) Ag. Bereſchith c. 3, dagegen S. b. Nachman: auf David. Wieſo die Stelle auf Jakob zielt, iſt nicht erläutert, ſ. jedoch Acha's Deutungen in Gen. r. c. 79 Anfang. Aus derſelben Quelle wie Ag. Bereſchith, vielleicht aber aus dieſem ſelbſt wird wol auch Samuel b. Niſſim in ſeinem Hiobcommentar z. St. geſchöpft haben, wo ebenfalls die Deutung auf Jakob nicht ausgeführt wird.

⁷) Schir r. z. St. (zweimal), gegen die Anſicht der רבנן, wonach ſie alle zehn Gebote unmittelbar von Gott vernahmen. In Peſ. r. c. 22 Anf. (111 a) ſteht die Controverſe ebenfalls, aber ohne Beziehung auf Hoh. 1, 2.

Homiletisches.

heiligen Landes als vorzüglichen Aufenthaltsort (משכנותא¹). — Hoh. 6, 10. „Furchtbar wie die Fahnengeschmückten", nämlich wie die Heerführer (duces), Statthalter (ἔπαρχοι) und Kriegsobersten (στρατήλατοι) des Römerreiches, von dem in Dan. 7, 7 gesagt ist, es sei furchtbar (אימתני = אימה²). — Echa 1, 6. „Ihre Fürsten sind wie die Rehe gewesen". Wie die Rehe zur Zeit der Sonnenglut ihre Gesichter gegen einander kehren, so kehrten die Großen in Israel — in sträflicher Nachsicht — ihr Antlitz ab, wenn sie etwas Schändliches sahen³). — Echa 2, 13. „Wer könnte dich heilen?" (V. 14) „Deine Propheten!"⁴) — Echa 3, 1. „Ich bin der Mann". Ich bin wie Hiob (nach Hiob 34, 7 גבר⁵). — Echa 5, 20, 22. Jeremias wendete vier Ausdrücke an, um die Verwerfung Israels durch Gott zu bezeichnen: verschmähen, zürnen, verlassen, vergessen. Wegen des ersten dieser Ausdrücke wurde er selbst beruhigt (Jer. 31, 36), wegen des zweiten ward die Beruhigung durch Jesaja gegeben (Jes. 57, 16⁶). — Koh. 3, 16. „Am Orte des Rechtes", wo sonst das große Synedrion saß und die Rechtsachen Israels entschied, „dort ist Frevel" (Jer. 39, 3), der heilige Geist aber ruft: „Am Orte der Gerechtigkeit" (Zijon nach Jes. 1, 26) „gab es Frevel" (die Ermordung der Propheten Zacharia und Urija⁷). — Koh. 5, 5 wendet sich gegen diejenigen,

---

Azarja und Jehuda b. Simon (Schir r. סימון בר ר"י, Pes. r. ר"י בי רבי שמעון) tradiren im Namen Josua b. Levi's den Beweis seiner These aus (Deut. 33, 4: תורה = 611 Gebote hat uns Moses befohlen," denn zwei von den 613 Geboten haben wir aus dem Munde Gottes vernommen.

¹) Schir z. St.: ממה שנתת לנו ארעא טבתא רבתא דאתקריאת משכניתא. אחריך נרוצה Vorher eine ähnliche Deutung Jochanan's s. Levy III, 280 a.

²) Schir r. z. St.

³) Echa r. z. St. Vielleicht muß die Einführung so lauten: ר' סימון בשם ר' יהושע (בן לוי) ור' שמעון בר אבא בשם ר"ש בן לקיש.

⁴) Echa r. z. St.

⁵) Echa r. z. St.

⁶) Echa r. z. St. Die Beruhigung wegen der übrigen zwei Ausdrücke (שכח, עזב) mag wol aus dem unmittelbar vorhergehenden analogen Ausspruche des späteren Amora Josua b. Abin in den J. v. Levi's übernommen werden, nämlich mit Jes. 49, 14 f.

⁷) Lev. r. c. 4 Anf., Koh. r. z. St., vorher die Deutung Eleazar's.

welche öffentlich eine Spende zu wohlthätigem Zwecke bestimmen, sie aber nicht entrichten wollen¹). — Esther 1, 10. Der „siebente Tag" ist der Sabbath²). — Esther 9, 29. „Alle Macht" (mit den drei Wörtern את כל תקף ausgedrückt), damit soll die Macht Hamans, die Mordechai's und die des Königs bezeichnet werden³). — I Chron. 4, 18. „Seine Frau Jehudija" ist Jochebed, die Mutter Moses', so genannt, weil sie — durch ihren Sohn — das Volk der Juden begründete, „Jered" und die übrigen Namen sind verschiedene Benennungen für Moses⁴). — I Chron. 4, 21 ff. Die Namen dieser Verse enthalten zumeist Anspielungen auf die in Jos. 2 und 6 erzählte Begebenheit von der Rettung Kundschafter durch Rachab und von Rachab Bekehrung und Nachkommenschaft⁵). — I Chr. 25, 5. Die zahlreiche Nachkommenschaft Hemans ist Lohn dafür, daß seine Urahnin Channa, die Mutter Samuels (s. I Chr. 6, 18), in ihrem Gebete Gottes Heerschaaren (I Sam. 1, 11) erwähnt hatte⁶).

Dem fünfmaligen קול in Jer. 33, 11 entspricht das fünfmalige קול in Exod. 19, 16 und 19; damit wird angedeutet, daß wer zur Erfreuung eines Bräutigams an seinem Freudentage bei-

---

¹) Lev. r. c. 16 ריב״ל סתר קריא באלו שפוסקין צדקה ברבים ואין נותנין. In Koh. r. zur Stelle im Einzelnen ausgeführt (gekürzt in Sch. tob zu Ps. 52 Anfang): Der Bote ist der Gemeindebeamte, (jm, Sch. tob ושליח צבור ...

²) Esther r. 3. St., vgl. Megilla 12 b.

³) Jer. Megilla 73 b, tradirt von Jose b. Abun.

⁴) Lev. r. c. 1 g. Auf., tradirt von Simon, während Chama, der Vater Hoschaja's (s. oben S. 90) dasselbe im Namen Rab's tradirte. Voran geht die Bemerkung: לא ניתנה דברי הימים אלא להידרש. In b. Megilla 13 a ist dieselbe Deutung von יהודיה, wenn auch anders ausgedrückt, nebst einer allgemeinen Bemerkung über die Deutung des Chronikbuches im Namen Simon b. Pazzi's mitgetheilt, der — s. oben S. 130, Anm. 3 — mit Simon, dem Tradenten J. b. L.'s identisch ist.

⁵) Ruth r. c. 2 Auf. tradirt von Simon, während es Chama, der Vater Hoschaja's im Namen Rab's (nicht Rabbi's, Jehuda's I, weshalb Ag. d. T. II, 474, Anm. 2 zu berichtigen, resp. zu streichen ist) tradirt und mit derselben Vorbemerkung, wie die vorstehende Deutung. J. b. L. über Rachab auch oben S. 175, zu II Kön. 20, 2.

⁶) Midr. Sam. c. 1 את בית בחיילתי ואני ארבה בחיילתיך. Das bezieht sich auf die, ebendaselbst von Levi (in b Berach. 31 b von

trägt, zum Lohne dafür der Thora würdig befunden wird[1]). — Nimmer sei das Gebot der Unterstützung des Armen gering in deinen Augen! Auf seine Uebertretung sind 24 Flüche gesetzt (Pf. 109, 6 ff), auf seine Erfüllung 24 Segnungen (Jes. 58, 7 ff.[2]) — Das Wort הנחילות in Pf. 5, 1 ist nach Notarikonart mit dem Zahlenwerthe der einzelnen Buchstaben zu deuten[3]): ה bed. die fünf Bücher der Thora, נ die fünfzig Tage zwischen dem Pejach und dem Wochenfeste, ח die acht Tage der Beschneidung, י die zehn Gebote, ל die dreißig Frommen wie Abraham, ohne welche die Welt nicht bestehen kann[4]).

Wo du den Sturz der Frevler erwähnt findest, dort geht voran und folgt auch Ausdruck des Dankes gegen Gott: so am Schluß des 7. und am Anfang des 9. Psalmes (7, 18 und 9, 2 אודה), vor und nach der Erwähnung des Falles Edoms (הנתיב 8, 1 und על מות לבן 9, 1[5]).

Bibelsprüche als Mittel, verschiedene Träume zum Guten zu lenken; die Bibelsprüche sind sofort beim Erwachen zu sagen, um zu verhindern, daß ein anderer, den Traum zum Bösen lenkender Spruch dem günstigen Spruche zuvorkomme[6]): Wer im Traume einen Strom sieht, der sage Jes. 66, 12, zur Verhinderung von Jes. 59, 19; wer einen Vogel sieht, Jes. 31, 5, gegen Prov. 27, 8;

(Eleazar) gemachte, Bemerkung, daß zuerst in Channa's Gebete Gott als Herr der Heerschaaren (יי צבאות) angeredet ist.

[1]) Berachoth 6 b unten.
[2]) Lev. r. c. 34, tradirt von Simon.
[3]) Sch. tob zu Pf. 5, 1, Jalkut ebend.
[4]) Die weitere Ausführung über die dreißig Frommen steht in j. Aboda zara 40 c, oben im Namen Mana's, zum Theil in Gen. r. c. 98 im Namen Rab's.
[5]) Sch. tob. zu Pf. 7, 18.
[6]) Berach. 56 b, im Ganzen zwölf Träume. Dann folgen unmittelbar weitere Traumdeutungen, ebenfalls auf Grund von Bibelsprüchen, in denen der im Traum gesehene Gegenstand vorkömmt, zum Theil auf Grund von Etymologien des betreffenden Wortes: im Ganzen 21 Nummern, die als von Josua b. Levi herstammend mitgetheilt sind, wie denn in der That an einer anderen Talmudstelle (B. Kamma 55 a) eine derselben (הרואה הספד ב) ausdrücklich ihm zugeschrieben ist, zugleich mit einer anderen, hier nicht vorkommenden (הרואה טי״ת בחלום).

einen Topf, Jef. 26, 12 (תשפת eig. vom Zusetzen des Topfes gesagt), gegen Ez. 24, 3; Weintrauben, Hosea 9, 10, gegen Deuter. 32, 32; einen Berg, Jef. 52, 7, gegen Jer. 9, 9; eine Posaune, Jef. 27, 13. gegen Hof. 9, 8; einen Hund, Exod. 11, 7, gegen Jef. 56, 11; einen Löwen, Amos 3, 8, gegen Jer. 4, 7; eine Haarschur, Gen. 41, 14. gegen Ri. 16, 17; einen Brunnen, Gen. 27, 19, gegen Jer. 6, 7; ein Rohr, Jef. 42, 3, gegen II Kön. 18, 21; einen Ochsen, Deut. 33, 17, gegen Exod. 21, 28. — Für die Charakterbeschaffenheit der an den einzelnen Wochentagen Geborenen läßt sich auf Grund des Schöpfungswerkes des betreffenden Tages ein Prognostikon stellen¹).

7.
Gott und Welt. Messianisches. Eschatologisches.

Aus Jer. 23, 24 könnte geschlossen werden, daß Gottes Herrlichkeit nur Himmel und Erde erfüllt, d. i. soweit reicht als die oberen und unteren Wesen. Aber aus dem Ausdrucke „Werk deiner Finger" (Pf. 8, 4) geht hervor, daß das ganze Weltall im Verhältnisse zur Größe Gottes so klein ist, daß „seine Finger" es umfassen²). — Moses hatte von Gott die drei Attribute: groß, mächtig, furchtbar angewendet (Deut. 10, 17); Jeremias (32, 18) „ließ Angesichts der Verwüstung von Gottes Heiligthum durch die Heiden das Attribut „furchtbar" weg; Daniel sah, wie Gottes Kinder durch die Heiden unterjocht werden und ließ das Attribut „mächtig" weg (Dan. 9, 4). Darauf kamen die Männer der „großen Versammlung und sagten: Gerade darin besteht Gottes Macht, daß er auch den

---

¹) Sabbath 156 a: כתיב אצטגנינות דריב״ל. Gegen diese Deutung der Schöpfungstage wendet sich Chanina mit dem oben S. 14, Anm. 1 angeführten Ausspruche, der in Bezug auf die einzelnen, die Tagesstunden beherrschenden Planeten erläutert wird.

²) Sch. tob. zu Pf. 19, 2. Kürzer und unverständlicher ib. zu 8, 5, wo es heißen muß: אין להם (אלא כדי) משמוש אצבעות. Das zu 19, 2 noch zu lesende Gleichniß vom Könige, der einen Vorhang (velum) an den Eingang seines Palastes ausbreitet und sagt: כל מי שהוא חכם יאמר מה השלשה הזאת כל מי שהוא עשיר יעשה כמותה וכל מי שהוא גבור ינוד בה — soll, auf den Himmel (Jef. 40, 22) angewendet, die Unergründlichkeit und Unnachahmlichkeit der Schöpfung veranschaulichen.

Frevlern gegenüber Langmuth beweist, und darin bekundet sich seine Furchtbarkeit, daß sein Volk unter all den übrigen Völkern erhalten bleibt; sie gebrauchten wieder die von Moses gebrauchten drei Attribute (Neh. 9, 32) und wurden deshalb die „große" Versammlung genannt, weil sie die Krone (der göttlichen Eigenschaften) wieder in ihre alte Größe und Würde einsetzten[1]). — Gott richtet den Menschen nur nach dessen gegenwärtigem Verhalten, s. Gen. 21, 16 („wo er sich befindet"[2]). — „Gott redete zu Moses von Angesicht zu Angesicht" (Exod. 33, 11). Wir wissen nicht, ob dabei sich der Niedrige (Moses) erhob (zu Gott), oder der Hohe sich herabließ? In Wirklichkeit war es Gottes Erhabenheit, welche sich — wenn man so sagen darf, herabsenkte[3]).

Alle Geschöpfe sind in ihrer vollen Gestalt, mit ihrem Wissen und nach ihrem Begehr erschaffen worden[4]). — Zur Schöpfung des Menschen berieth sich Gott (Gen. 1, 26: wir wollen machen) mit Himmel und Erde; einem Könige gleich, der zwei Rathgeber hat

---

[1]) Joma 69 b. Im jer. Talmud, Berach. 11 c und Megilla 74 c ist bloß der auf den Namen der großen Versammlung bezügliche Theil von Simon im Namen J. b. L.'s tradirt, das übrige ist Pinchas zugeschrieben.

[2]) Jer. R. H. 57 a unt, trad. von Simon, der in Gen. r. c. 53 selbst Aehnliches zu dem citirten Verse bemerkt. In b. R. H. 16 b wird der Gedanke in anderer Einkleidung, auf Grund desselben Verses, von Jizchak gelehrt.

[3]) Tanch. כי תשא: בביכול גבהותו של עולם הרבין עצמו. Dann folgt noch: וירא יי באהל (Deut. 34 15) verschrieben ist oder באהל ist unrichtig und es ist eine der Stellen Num. 11, 25, ib. 12, 5 gemeint.

[4]) R. H. 11 a, Chullin 60 a: כל מעשה בראשית בקומתן נבראו לדעתן נבראו לצביונם, begründet mit Gen. 2, 1 צבאם, welches s. v. als צביונם sei. Das letztere Wort bedeutet Lust, Begehren, Willen (s. die Beispiele bei Levy IV, 164 b f.) und wird auch sonst zur Deutung von צבא angewendet (z. B. Gen. r. c. 10 zu Hiob 7, 1). Es soll wol der Gedanke ausgedrückt werden, daß die Geschöpfe mit dem Willen, zu existiren, der Lust fortzudauern, in's Dasein traten. Ungefähr dasselbe liegt auch in בעל כרחן נבראו לדעתן, was nach dem Sprachgebrauch Gegensatz von נבראו ist: Die Geschöpfe traten gleichsam freiwillig in's Dasein (Raschi umschreibt das mit den Worten: שאלן ואמרו הן). בקומתן beb. in ihrer vollen Größe, in ihrer ἀκμή, ganz entwickelt, sowie nach Bar Kappara (Schir r. zu 3, 11 Auf., in Gen. r. c. 14: Jochanan) Adam und Eva als Zwanzig-

und nichts thut, ohne sie zu Rathe zu ziehen[1]). — Der Himmel war vollendet (Gen. 2, 1) durch Sonne, Mond und Planeten, die Erde durch Bäume, Gräser und den Garten Eden[2]). — Die Werke der Schöpfung waren — im Wesen — schon vorher vollendet, jedoch streckten und dehnten sie sich bis zur Vollendung der ganzen Schöpfung[3]). — Sonne und Mond verhüllen sich täglich vor dem Lichte Gottes und säumen aufzugehen, da schießt Gott seine Pfeile gegen sie ab und zwingt sie in seinem Lichte weiterzuziehen, nach Habakkuk 3, 11[4]). — Gott hat damit, daß er die Sonne nicht an's untere Firmament setzte, der Welt eine Wohlthat erwiesen, denn sonst wäre ihre Gluth überall hingedrungen und kein Geschöpf hätte einen Schatten gehabt[5]).

Der Regenbogen ist ein Abglanz der göttlichen Herrlichkeit; wer ihn erblickt, muß (wie Ezechiel, 1, 28) auf's Antlitz fallen[6]). — Die Donner sind nur deshalb erschaffen worden, um die Krummen im Herzen gerade zu machen (den Menschen zu erschüttern und zu bessern); darauf zielen die Schlußworte von Koh. 3, 14[7]). Wer das Firmament in seiner Reinheit sieht, spricht den Lobspruch: Gepriesen sei, der die Schöpfung in's Dasein rief[8]).

Der Name des Messias ist Zemach (nach Jer. 22, 5, Zach.

---

jährige erschaffen wurden. Verschiedene Erklärungen unseres Satzes — auch mit Heranziehung der platonischen Ideen — finden sich in einem Responsum des Gaon Hai (תשובות הגאונים ed. Lyck 1864, Nr. 28, S. 12, Resp. der Gaonim ed. Harkavy, Nr. 383, S. 199).

[1]) Gen. r. c. 8 g. A. ר׳ יהושע בשם ר׳ לוי אמר במלאכת שמים וארץ נמלך. Statt ר׳ לוי בשם ר׳ l. (בר לוי בדר לוי). Daß in der That J. b. L. — nicht Levi — als Autor dieses Ausspruches zu gelten hat, ist daraus ersichtlich, daß unmittelbar darauf, wie oft, ein Ausspruch des Samuel b. Nachman folgt, ferner, daß von Josua (aus Sichnin) im Namen Levi's (so Jalkut, nicht שמואל ר׳ בשם (ר״י דסכנין etwas weiter unten eine andere Erklärung des נעשה אדם folgt.

[2]) Gen. r. c. 10 g. Auf.
[3]) Jb. trad. von Simon: סבילתים היו העשים והיו מתחין והולכין.
[4]) Sch. tob zu 19, 5, nach der richtigeren Lesung im Jalkut z. St.
[5]) Sch. tob zu 19, 7 (bloß אר יהושע).
[6]) Berachoth 59 a, tradirt von Alexander.
[7]) Jb., tradirt von Alexander לא נבראו הרעמים אלא לפשוט עקמימות שבלב.
[8]) 36.

3, 8¹). — עליון Deut. 26, 19, beb. soviel als עלי in Prov. 27, 22: Sowie die Mörserkeule zerstampft, so wird Israel dereinst die vier Weltreiche bezwingen²). — Dereinst werden die Häupter der Stämme Israels vergebens gegen Esau (Rom) kämpfen, erst dem Haupte des Stammes Joseph wird er unterliegen, nach Obadja V. 18³). — Dereinst wird Gott die Völker den Taumelbecher trinken lassen aus dem Orte, von welchem das Urtheil ausgeht: „ein Strom geht aus vom Eden, um den Garten zu tränken, und von dort theilt er sich und wird den vier Häuptern zu Theil" (Gen. 2, 10), d. i. den vier Weltreichen: Babel, Medien, Griechenland, Rom⁴). — Die vier Becher des Pesachabend-Ritus entsprechen den vier Taumel-bechern, welche Gott dereinst den Heiden zu trinken giebt⁵), näm-lich die in Jer. 25, 15, Ps. 75, 9⁶), ib. 11, 6, Jes. 51, 22⁷) genannten Becher, und welchen entsprechend Israel vier Becher des

---

¹) Jer. Berach 5 a ob., Echa r. zu 1, 16.
²) Tanch. כי תבוא Ende.
³) Pes. r. c. 12 (49 b). In Baba Bathra 123 b ist dasselbe in einem Gespräche zwischen Chelbo und Sam. b. Nachman diesem in den Mund gelegt. In Pesikta r. 28 a, Gen. r. c. 73 (zu 30, 25) und c. 75 g. Anf. ist es ebenfalls S. b. N., der :die „agadische Ueberlieferung" (מסירת אגדה) tradirt „daß Esau nur durch die Hand der Nachkommen Rachels fällt".
⁴) Gen. r. c. 16 g. E., tradirt von Tanchum, Lev. r. c. 13, trab. von Tanchuma, nach Anderen von Menachema. Die Namen der vier Ströme werden dann einzeln in diesem Sinne gedeutet: פישון (vgl. ופשו Hab. 1, 8) = Babel, welches das Land חילה, d. i das zu Gott harrende (מיחלת) Land Israel umschloß (eroberte), wo das „Gold" der Thora und die Edelsteine der Traditionslehren sind; גיחון = Medien, der Name spielt auf Haman an, der auf dem Bauche (גחון Gen. 3, 14) schlich, wie eine Schlange; חדקל = Griechenreich (des Antiochus), welches in seinen Verordnungen gegen Israel „scharf" (חד) und „rasch" (קל) war; פרת = Edom, Rom, nach verschie-denen Etymologien. — Diese allegorische Deutung der vier Ströme des Paradieses wird in Lev. r. c. 13 durch Samuel b. Nachman citirt. Die Deutung von חוילה findet sich im Midr. vom Ableben Mose's B. H. VI, 74, be-sonders citirt.
⁵) כנגד ד' כוסות של תרעלה שהקב״ה משקה את העכו״ם; ebenso im vorhergehenden Ausspruche: עתיד הקב״ה להשקות כוס תרעלה לאומות.
⁶) Dieser Vers fehlt in Gen. r., ist aber aus dem jer. Talmud zu ergänzen, steht auch in Jalkut zu Jer. 25 und zu Ps. 75 an erster Stelle.
⁷) Dieser Vers ist wol am richtigsten an Stelle von Jerem. 51, 7 zu setzen, der in diese Reihe nicht paßt.

Heiles zu trinken bekömmt, nämlich die in Pſ. 16, 5, ib. 23, 5 und 116, 13[1]) genannten[2]). Dereinſt wird Israel von Gott gerichtet werden. Den Frommen giebt er die Erlaubniß, ins Paradies einzugehen, während er die Frevler in die Hölle gehen läßt. Dann aber führt er die Frevler zum Paradies und ſagt ihnen: Dies iſt der Ort für die Frommen, und es ſind noch freie Plätze darin; damit ihr nicht ſaget, daß ihr, wenn ihr Buße gethan hättet, keinen Platz gefunden hättet. Ebenſo wird den Frommen die Hölle gezeigt, nebſt ihren noch freien Plätzen, indem ihnen geſagt wird: Ihr dürfet nicht ſprechen, daß ihr im Falle euerer Verſchuldung keinen Platz mehr darin gefunden hättet. So aber mögen die Frevler die für ſie und die für euch bereitgehaltene Hölle erben, den „doppelten Theil", von dem Jeſ. 61, 7 geſprochen wird, und ihr möget das für euch und für ſie bereit gehaltene Paradies erben[3]). — Pſ. 84, 7. „Die da übertreten" den Willen Gottes, denen „tief" bereitet iſt die Hölle und die „weinen" und Thränen vergießen, wie ein „Quell mit reichlichem Zufluſſe"[4]), werden Gottes Urtheil als gerecht anerkennen und ausrufen: Herr der Welt, du haſt gebührend Recht geſprochen, freigeſprochen und verurtheilt und gebührenderweiſe die Hölle den Frevlern, das Paradies den Frommen bereitet[5]). — Die Hölle hat ſieben Namen: Unterwelt (Jona 2, 3), Untergang (Pſ. 88, 12), Gruft (Pſ. 16, 3), Grube des Toſens (Pſ. 40, 3), ſchlammiger Koth (ib.), Todesſchatten (Pſ. 107, 10), Land der Tiefe[6]).

---

[1]) Dieſer Vers zählt doppelt, wegen des Plurals ישׁישׁים.

[2]) (Gen. r. c. 88. In j. Peſachim 37 c oben iſt dieſe Deutung den רבנן zugeſchrieben, während J. b. L.'s Namen die nach Gen. r. Samuel b. Nachman gehörende Deutung trägt. In Sch. tob zu Pſ. 75 heißt es anonym: אתה מוצא ד׳ כיסות לטובה וד׳ לרעה.

[3]) Sch. tob zu 31, 2.

[4]) מעין יֹשִׁיתִיהוּ = מַעֲיָן שֶׁל שִׁיתִין des Textes.

[5]) Erubin 19 a. Im letzten Theil des Ausſpruches iſt der Paſſus גם ברכות יעטה מורה gedeutet: in Lobſprüche hüllt ſich der das Urtheil gefällt hat (מורה von הורה entſcheiden), nämlich Gott, dem Richter werden die ſeine Gerechtigkeit anerkennenden Lobſprüche der Frevler in Fülle gewidmet. Vgl. die ähnlichen Ausſprüche von Jochanan, Sch. tob zu Pſ. 84, 7 und Levi, (Exod. r. c. 7.

[6]) Erubin 19 a. Der ſiebente Name התחתית ארץ ſei nicht bibliſch

Pſ. 84, 5 iſt der bibliſche Beweis für die Auferſtehung der Todten: „ſie werden dich — dereinſt — dauernd lobpreiſen¹). — Aus demſelben Verſe geht hervor: Wer in dieſer Welt ein Loblied anſtimmt, der wird auch in der kommenden Welt deſſen würdig befunden werden²). — In der Zukunft wird es keinen Tod geben, weder für Israel, noch für die Völker der Welt, nach Jeſ. 25, 8³). — Zu Zach. 14, 6, als Deutung von יקרות וקפאון ⁴): Die Menſchenkinder, welche geehrt ſind in dieſer Welt, aber geringwerthig in der kommenden Welt⁵). — Dereinſt wird Gott jedem Frommen dreihundertundzehn Welten zum Beſitze geben, nach Prov. 8, 21 (יש = 310⁶).

8.
Joſua b. Levi in der Legende.

Die Legenden über Joſua b. Levi beziehen ſich auf ſeinen Verkehr mit dem Propheten Elija, auf den mit dem Todesengel und auf ſeine Wanderungen im Paradieſe. Was das erſtere Element betrifft, ſo verhielt es ſich damit urſprünglich nicht anders als mit den anderen paläſtinenſiſchen und babyloniſchen Schulſagen,

---

zu begründen, ſondern beruhe auf Tradition; vgl. jedoch Ezech. 31, 18. Ebendaſelbſt wird auch — durch Marion — ein Ausſpruch Joſua b. Levi's über die Pforten der Hölle tradirt, der aber nach anderer Ueberlieferung von Jochanan b. Zakkai herrührt (ſ. Ag. d. T. I, 44, Anm. 6). — Auf dem Ausſpruche J. b. L.'s über die Namen der Hölle beruhen die Stellen im Midraſch Konen B. H. II, 30, 35.

¹) Sanh. 91 b. Auf die Auferſtehung bezieht ſich auch ſeine Bemerkung (דברים בגו) zu Gen. 47, 29, ſ. Kilajim 32 c, Gen. r. c. 96 g. E.
²) Sanh. 91 b.
³) Gen. r. c. 26 Auf., gegen Chanina, ſ. oben S. 33, Anm. 5.
⁴) Peſachim 50 a, vorher Deutungen von Eleazar und Jochanan.
⁵) Daran knüpft ſich die auch in Baba bathra 10 b zu leſende Erzählung, wie J. b. L.'s Sohn Joſeph aus einem Zuſtande viſionärer Entrücktheit erwacht und berichtet, er habe die Oberſten unten und die Unterſten oben geſehen, alſo eine umgekehrte Welt (עולם הפוך), worauf ihm aber J. b. L. ſagt: Du haſt die wahre Welt (עולם ברור, in der Alles in die richtige Ordnung gebracht iſt) geſehen.
⁶) Am Schluß der Miſchna, Ende des Tractates Ukkazin. Im vierten

welche vom Verkehre verschiedener Weisen mit dem auf Erden wan=
delnden Propheten der Vorzeit erzählten. An die längst in der Vor=
stellung des Volkes lebende Anschauung von dem Fortleben Elija's
auf Erden knüpfte man in bewußter Dichtung an und erzählte Be=
gegnungen mit ihm, die irgend einem Gedanken zum verherrlichenden
und bestätigenden Rahmen dienen sollten[1]). Bei zum Mysticismus
neigenden Personen, wie auch Josua b. Levi eine war, trat auch
der Glaube an Träume[2]) und Visionen[3]) hinzu und ließ sie selbst
von ihrem Verkehre mit Elija reden. Solcher Aeußerungen bemäch=
tigte sich die Verehrung der Schüler für den Meister, die wunder=
gläubige Phantasie der Mit= und Nachlebenden, es wurde gewisser=
maaßen traditionell von Begegnungen mit Elija, von seinen Be=
suchen im Lehrhause, von den ihm verdankten Belehrungen zu er=
zählen und so entstanden die vielen hieher gehörigen Legenden und
Anekdoten über den Verkehr Elija's mit Tannaiten[4]) und Amoräern.

Eine der Josua b. Levi betreffenden alten (Elija=Legenden[5])
knüpft sich an eine schon oben[6]) erwähnte historische Begebenheit.
Als er, um Lydda zu retten, einen Flüchtling, der dort ein Asyl ge=
funden hatte, der Regierung auslieferte, 'stellte der Prophet Elija,

---

Jahrhundert befand sich der Satz noch nicht an dieser Stelle, denn D i m e
sagt zu A b a j i (Sanh. 100 a), daß man ihn im Namen A b b a (Rabba)
b. M a r i's in Palästina gelehrt und in dem agadischen Vortrage (in Baby=
lonien) vorgetragen habe. Urheber des Ausspruches ist jedenfalls J. b. L.,
in dessen Namen der genannte R a b b a b. M a r i auch sonst tradirt (Berach.
42 b, 44 a, Sukka 32 b) und aus dessen religiöser Praxis derselbe als
Augenzeuge bei seiner Heimkehr aus Palästina nach Babylonien einen Zug
mittheilt (Joma 78 a). S. noch Die Agada der babylon Amoräer, S. 126.

[1]) S. Ag. b. T. II, 163 Anm. 1.
[2]) S. oben S. 181 f.
[3]) S. oben S. 130, A. 1.
[4]) Fast nur der nachhadrianischen Zeit.
[5]) Hier sei noch der Ausspruch J. b. L. nachgetragen (Koh. r. zu 4 1), wonach Elija vor Gott der Sachwalter (אינו בנוס מלמד) der ob der Sünden ihrer Väter gestorbenen Kinder sein wird und es bewirkt, daß die sündigen Eltern um des Verdienstes der Kinder willen von der Höllenstrafe gerettet werden (nach Zach. 10, 9 b).
[6]) S. 127 f. aus j. Terumoth 46 b und Gen. r. c. 94 Ende. In Gen. r. findet sich die Erzählung in einer babylonischen Gestalt, wie das. aus סדר בדיסקי

der ihm sonst zu erscheinen pflegte, sein Erscheinen ein¹). Nachdem
J. b. L. viel gefastet hatte, erschien ihm Elija wieder. Auf die
Frage nach seinem Wegbleiben erwiederte er: Erscheine ich denn
Angebern?²) Als sich J. mit einer Mischna entschuldigt, welche das
Ausliefern eines Einzelnen, um die Gesammtheit zu retten, gestattet,
erwiedert ihm Elija: Ist das aber die Mischna der Frommen?³)
Die Vorwürfe Elija's erscheinen hier wie ein Reflex der Gewissens=
vorwürfe, welche sich J. b. L. machte, als er an das stricte Gesetz
sich haltend, eine Handlung begangen hatte, welche nach der Sitten=
lehre der Frommen nicht gestattet ist. — Eine andere Legende
knüpft sich an die Erklärung eines biblischen Wortes: בדכד, Jes.
54, 12⁴) welches Josua b. Levi mit dem ähnlich lautenden griechi=
schen καρχηδόνιον erklärte⁵). Diesen zur Verherrlichung des Je=
rusalems der Zukunft bestimmten Edelstein zu sehen, war ein Wunsch,
den J. b. L. vor Elija äußerte⁶) und der durch wunderbare
Fügung befriedigt wurde: In einem Schiffe, auf dem sonst nur
Heiden waren, befand sich ein jüdischer Knabe. Als ein großer
Sturm das Schiff bedrohte, erschien Elija dem Knaben und ver=

בתריה hervorgeht, wo ש' פריסתקי ב' zu lesen ist, zu welchem Ausdrucke die
bei Levy IV. 127 b citirten Stellen zu vergleichen sind.

¹) Jer. והוה אליהו זבור לטוב יליף מתגלי עלוי ולא אתגלי. Gen. r.
הוה קא משתעי אליהו בהדיה כיון דעביד הכי לא אתי נביה. In b. Makkoth
11 a wird berichtet: Drei Meilen entfernt vom Wohnorte Josua b. L.'s
habe ein Löwe Jemanden zerrissen, in Folge dessen sprach Elija drei Tage
lang nicht mit Jenem (ולא אשתעי בהדיה), weil er nämlich das den Ver=
unglückten betroffene Verhängniß nicht durch Gebet abgewendet hatte.

²) וכי חבר אני למסורות, Gen. r. dafür: וכי למסורות אני נגלה.

³) וכי משנת חסידים היא.

⁴) Pesikta 136 a, Pes. r. c. 32 (148 b); in der letzteren Quelle etwas
verschieden und rein hebräisch.

⁵) Ebenso auch Symmachus, s. Field Hexapla 3. St. In der oben
(S. 50) erwähnten Controverse der Söhne Chija's über dasselbe Wort
erklärt es der Eine mit שדה, der Andere mit ישפה. Letzteres (ἴασπιν)
hat auch die LXX (ebenso Peschita).

⁶) Nach Pes. r. sei er am Berge Karmel Elija begegnet; das ist ein
späterer Zusatz, da man sich den genannten Berg, der im Leben Elija's
eine so große Rolle spielte, auch als seinen nachmaligen Aufenthalt dachte.
In der ursprünglichen Fassung muß sich J. b L. nicht zum Karmel bemühen
um Elija anzutreffen.

sprach ihm, das Schiff zu retten, wenn er einen Auftrag an Josua b. Levi vollziehen wolle; er solle nämlich nach Lydda gehen und Josua ohne Zeugen in einer drei Meilen von Lydda entfernten Höhle den von ihm zu sehen gewünschten Edelstein zeigen. Das Schiff wurde gerettet und der Knabe that, wie ihm geheißen worden[1]). — Eine dritte Legende[2]) hat die Reise J. b. L.'s nach Rom[3]) zum Hintergrunde und scheint sich aus seinen Aeußerungen über den Messias entwickelt zu haben. Ihr Inhalt ist kurz folgender: J. b. L. trifft Elija mit Simon b. Jochai am Eingange vor des Letzteren Höhle[4]) stehen, denen sich unsichtbar die Gottesherrlichkeit beigesellte. „Wann kommt der Messias?" fragte J. Darauf Elija: Gehe hin, frage ihn selber! „Wo weilt er!" Am Eingange der Stadt Rom mitten unter wundenbedeckten Siechen. Josua erkennt an dem ihm gegebenen Zeichen den Messias und begrüßt ihn mit den Worten: Frieden mit dir, Herr und Meister! „Friede mit dir, Sohn Levis". Wann kömmst du? „Heute". Diese kurze Antwort des Messias erläutert ihm dann Elija durch den Hinweis auf Pf. 95, 7: „Heute" würdet ihr wieder Gottes Volk — wenn ihr seiner Stimme gehorchet![5]) — Eine vierte Legende[6]) zeigt Elija mit Josua b. L. mit Studium beschäftigt; als

---

[1]) In Pes. findet sich noch der für J. b. L. charakteristische Zug, daß der Knabe, als ihm der Auftrag gegeben wird, einwendet; J. b L. ist der größte Mann seiner Zeit und wird mir keinen Glauben schenken. Darauf Elija: Er ist demütig und wird dir glauben. Und in der That, als der Knabe ihn in dem große Lehrhause von Lydda (בסתיבתא רבא דלוד, durch Mißverständniß ist daraus in Pes. r. geworden: במדינה הגדולה בלוד) aufsuchte und ihn aufforderte, ihm zu folgen: אתי חסו עיינוניה דריב"ל דאול בחדריה תהלך תלתא מילין ולא אמר ליה מה את בעי מנאי.

[2]) Sanh. 98 a.

[3]) S. oben S. 5, 145.

[4]) Nach einer anderen Lesung (s. Dikd. Sofrim): „am Eingang des Paradieses," was mit den Sagen über J. b. L.'s Besuch im Paradiese zusammenhängt.

[5]) Der „Messias in Rom" ist ein Seitenstück zu dem Ausspruche über „Gott in Rom" (oben S. 146).

[6]) Pesikta 87 b, Gen. r. c. 35 Auf, Schocher tob zu Pf. 36, 11, Elemente daraus in b. Methub. 77 b (s. Ag. d. T. II, 75, Anm. 3). In Pes. ist Tradent der Legende Chizkija im Namen Jirmejas; doch scheint

sie zu einem Lehrsatze Simon b. Jochai's gelangten, giengen sie, diesen selbst über eine Schwierigkeit darin zu befragen: Wer ist das? fragte S. b. J. den Propheten. Es ist Josua b. Levi, der größte Mann seiner Zeit[1]). Doch will ihn Simon b. Jochai nicht gelten lassen, weil in seinen Zeiten der Regenbogen gesehen wurde, sein Verdienst allein also nicht genügte, um das Bundeszeichen der Errettung der Welt entbehrlich zu machen, wie das zu Simon b. J.'s Lebzeiten der Fall war[2]).

Die Rolle des Todesengels in der Legende über Josua b. Levi scheint ebenfalls auf dem Gebrauche zu beruhen, den er in seinen Aussprüchen thatsächlich von dieser Gestalt machte. Wenigstens ist ein Ausspruch dieser Art noch erhalten, in dem Josua b. Levi sich durch den Todesengel vor drei Dingen warnen läßt, welche er auf Grund eines vielleicht vom Dämonenglauben[3]) ausgehenden Aberglaubens für lebensgefährlich hielt[4]). Hier ist die Einkleidung noch durchsichtig genug, sowie es andererseits begreiflich ist, daß sich aus solcher Ausdrucksweise die Anschauung vom Umgange J. b. L.'s mit dem Todesengel herausgebildet hat. In der ältesten erhaltenen Legende dieser Art[5]) ist auch sein Verhältniß zu Elija verwendet. Die Legende knüpft sich an J.'s Glauben an die schützende Macht

---

dies aus den übrigen dort zu lesenden Erzählungen über Simon b. Jochai übernommen zu sein.

[1]) נדול הדור; so wird J. b. L. auch in der vorstehenden Legende vom Knaben, der ihm den Edelstein zeigte, bezeichnet.

[2]) S. Ag. b. T. II. 75. In Sch. tob wird hinzugesetzt: ואעפ״כ כל ימיו של בן לוי לא נראתה הקשת, auf Grund von dem in Kethub. 77 b Erzählten, wonach J. b. L. aus Bescheidenheit verschwieg, daß in seinen Tagen der Regenbogen nicht gesehen wurde.

[3]) S. oben S. 180, A. 1.

[4]) Berach. 51 a: שלשה דברים סח לי מלאך המות. Die ersten zwei befinden sich auch in einem ebendaselbst Ismael b. Elischa in den Mund gelegten analogen Ausspruch (der wol apokryph ist, s. Ag. b. T. I, 268 Anm). S. noch die Lesart der Münchener Handschrift (Ditd. Sofrim), wo die drei Dinge zu sieben erweitert sind. (Eines der hinzugekommenen רבר בעיר ואל תהלך באמצע הדרך findet sich auch in einer anderen Gruppe von Belehrungen, die der Todesengel J. b. L auf Befragen giebt, Midr. Maase Thora, B. H II, 94: ג׳ דברים שאל ריב״ל את מלאך המות.

[5]) Kethuboth 77 b, ganz aramäisch und von babylonischer Färbung.

des Thorastudiums¹). Zum Lohne dafür bekommt der Todesengel, als J. b. L.'s Ende herannaht, den Auftrag, ihm zu erscheinen und nach seinem Willen zu handeln. J. läßt sich, nachdem er dem Todesengel sein Messer abgenommen, bis an's Paradies führen, damit er den ihm bestimmten Platz sehe, weiß aber durch List in's Paradies selbst zu gelangen, den Todesengel draußen lassend und nur auf ausdrückliches Geheiß einer Himmelsstimme ihm sein Messer zurückgebend, weil die Menschen dessen bedürfen²). Im Paradiese bahnt Elija seinem Freunde den Weg mit den Worten: Machet Platz dem Sohne Levi's! Dann folgt noch eine Begegnung mit dem auf „dreizehn goldenen Thronen sitzenden" Simon b. Jochai, fast ganz wie sie in der vorher erwähnten Legende von der Begegnung Josua b. L.'s und Elija's mit Simon b. Jochai erzählt ist.

Der Besuch J. b. L.'s im Paradiese³), dessen er in dieser Legende kurz vor seinem Hinscheiden gewürdigt wird, hat wol den Umstand zur Grundlage, daß er in seinen Aussprüchen über die letzten Dinge derartige Schilderungen des Aufenthaltes der abgeschiedenen Frommen und Frevler⁴) gab, daß man dieselben als Schilderungen eines Augenzeugen betrachtete. Auch seine eigenen Redewendungen mögen dazu — wie zu der Annahme seines Verkehrs mit dem Todesengel — Anlaß geboten haben. Auf den drei oben hervorgehobenen Grundelementen der bisher betrachteten, im Talmud und der älteren Midraschliteratur zu findenden Legenden, nämlich dem Verkehre J. b. L.'s mit Elija und dem Todesengel und seinem Besuche im Paradies, beruhen auch die Sagen, wie sie in verschiedenen Produkten der späteren Midraschlitteratur niedergelegt sind. Zu dem Besuch im Paradiese tritt in denselben noch der

---

¹) S. oben S. 137.
²) Dieser Zug, daß Josua b. Levi beinahe den Todesengel in seinen Funktionen behindert, also den Tod aufhören gemacht hätte, kann auf seinem Ausspruche beruhen, daß es dereinst für die Menschen keinen Tod geben werde, s. oben S. 187.
³) In Derech erez zutta c. 1 Ende, Midr. Maase Thora B. H. II, 100 (vgl. Jalkut zu Ezech. 28) wird er als Einer Derjenigen genannt, welche während ihres Lebens in's Paradies eintreten durften. S. Gaster in Grätz' Monatsschrift, 1881, S. 413.
⁴) S. oben S. 186.

Besuch in der Hölle hinzu. Das vollständigste der erwähnten Literatur=
produkte¹) beginnt mit einer sehr treuen hebräischen Wiedergabe der
talmudischen Legende von J. b. L.'s Besuch im Paradies. Die Er=
zählung wird dann — vielleicht auf Grund älterer Quellen — in
folgender Weise weitergeführt. Der Todesengel geht zum Patriarchen
Gamliel²), um sich über Josua b. L. zu beklagen. Gamliel findet,
daß ihm recht geschehen sei, betraut jedoch den Todesengel mit einer
Botschaft an den im Paradiese weilenden Josua, er möge ihm eine
Beschreibung des Paradieses und der Hölle senden und besonders auch
darüber berichten, ob es Israeliten in der Hölle und Heiden im
Paradies gäbe. Josua durchzieht nun das Paradies in seiner ganzen
Ausdehnung³) und will dann auch die Hölle durchziehen, was ihm
jedoch nicht gestattet wird und er erhält nur am Thore der Hölle
Einblick in dieselbe. „Als ich — so schließt der Bericht, in dessen
zweiten Theile J. b. L. in erster Person erzählt — dies Alles ge=
sehen hatte, kehrte ich in's Paradies zurück, schrieb Alles auf und
schickte es an R. Gamliel und die Aeltesten Israels⁴). — Eine
ganz verschiedene Beschreibung des Paradieses und seiner Bewohner⁵)
ist ebenfalls Josua b. Levi zugeschrieben. Die Schilderung wird mit
den zwei Thoren aus ברכב (also demselben Stein, der in einer
oben besprochenen Legende⁶) Josua auf wunderbare Weise gezeigt
wurde) eröffnet, welche zum Paradiese führen. — In dem Tractat
von der Hölle⁷) erzählt J. b. L.: „Einmal zog ich des Weges und

---

¹) מעשה דר׳ יהושע בן לוי, B. H. II, 48—51.

²) Gemeint ist Gamliel III, der Sohn Jehuda's I. S. oben S. 135
Anm. 1.

³) Er sieht die sieben „Häuser" des Paradieses und deren Bewohner.
Im fünften derselben trifft er Elija und den Messias. Dieser fragt ihn,
was die Israeliten machten. „Sie harren täglich auf dich", war die Antwort.
Da fieng der Messias laut zu weinen an.

⁴) Eine Version dieser Legende, welche die Schilderung der Hölle nicht
enthält — vielleicht die ältere Form, in der von der Hölle noch nicht die Rede
ist, — hat die Ueberschrift: אגרת שלח ריב״ל ע״י מלאך המות מתוך ג״ע לר׳
גמליאל וזקני ישראל, s. Jellinek, B. H. II p. XIX.

⁵) סדר גן עדן, B. H. II, 52 f., beginnt: אמר ר׳ יהושע בן לוי.

⁶) S. oben S. 189.

⁷) מסכת גיהנם, B. H. I, 148. Vgl. von Tractat von den Grabesleiden,
B. H. I, 151.

begegnete dem Propheten Elija, der mich fragte, ob er mich an's Thor der Hölle stellen solle. Ich bejahte". Und nun folgt die Beschreibung verschiedener Höllenstrafen, die ihm Elija am Eingange der Hölle zeigte. — In einer aramäischen Schilderung der Hölle[1]) durchmißt J. b. L. auch die Räume der Hölle und beschreibt sie.

Eine Theodicee in Form der Legende bildet die vielfach bearbeitete und in veränderter Form schon im Koran (18. Sure) benützte Erzählung von der Wanderung J. b. L.'s mit Elija[2]).

Der Midrasch zu den Proverbien enthält zwei, wol pseudepigraphische Sätze im Namen J. b. L.'s[3]), Midrasch Vajjoscha einen[4]).

---

[1]) B. H. V, 43, eingeleitet mit אמר ריב״ל. Eine hebr. Version davon, mit Abweichungen im Midrasch Konen, B. H. II, 31.

[2]) S. Zunz, Gottesd. Vorträge S. 130, Anm. d., B H. V, 133, VI, 130. — S. auch J. Levi in Revue des Etudes Juives VIII, 67. f.

[3]) Zu 1, 12 (die zehn Märtyrer sühnten die Schuld der zehn Brüder bei der Verkaufung Joseph's, vgl. Midr. אלה אזכרה, B. H. II, 64); 25, 1 (s. Jalkut z. St. über die Leute Chizkija's, vgl. Aboth di R. N. c. 1).

[4]) B. H. I, 48, zu Exod. 11, 5 (vgl. Pesikta 64 b, Mechiltha zu Exod. 12, 12).

IX.
Alexander.

Im Namen Josua b. Levi's tradirt auch der den seltenen Namen Alexander[1]) führende Amora[2]), dessen Heimat im Süden dadurch bezeugt ist, daß „die Gelehrten des Südens" in seinem Namen tradirten[3]). Wenn eine merkwürdige Sage[4]) auf thatsächlicher

---

[1]) Der Name ist gewöhnlich ר' אלכסנדרי geschrieben, was aber nicht Alexanderi zu sprechen ist (Levy I, 86 a, Kohut I, 95 a), sondern Alexandrai, indem dem griechischen Namen — wie auch sonst — anstatt der griechischen Endung ος die Endung י_ angehängt wird. Daraus erklärt sich dann auch die Schreibung אלכסנדראי, z. B. Jalkut zu Psalm 5, 11 (§ 632) und sonst, Pesikta r. eb. Friedmann 202 b, s. auch Ditb. Sofr. IX, 264, N. 8, vgl. Rapoport's Briefe, ed. Gräber, S. 7, Zunz, Gottesd. Vorträge S. 407. Anm. a.), daraus gekürzt אלכסנדרא, und אלכסנדריי, z. B. j. Berach. 13 b (s. Kohut a. a. O.) Es findet sich auch die griechische Form des Namens ר' אלכסנדרוס, z. B. Pesikta r. c. 12 (51 a).
[2]) S. Berachoth 59 a zweimal, Sanhedrin 98 a zweimal. Die letzteren beiden Stellen enthalten Lösungen biblischer Widersprüche, die Al. im Namen J. b. L.'s tradirt (s. oben S. 152). In Pesikta r. c. 12 (51 a), Tanchuma כי תצא Ende (B. 17) wird ebenfalls eine solche Lösung tradirt, aber von Josua b. Levi im Namen Alexanders; offenbar muß man die Namen umkehren. Gleiche Umkehrung muß stattfinden j. N. H. 59 c und Pesikta r. c. 40 (167 b), womit dann auch die Notwendigkeit entfällt, Alexander zu den ältesten Amoräern zu rechnen (Frankel Mebo 64 a, Weiß III, 53).
[3]) (Gen. r. c. 63 (zu 25, 25): רבנן דרומאי בשם ר' אלכסנדרי ור' חייא בר אבא בר כהנא. Dieselbe zweifache Tradition auch Gen. r. c 71 g. E. (zu Hiob 15, 2), wie aus Jalkut zu Hiob § 907 (erg. ר' אבא זו חייא בר אבא) ersichtlich ist, während die unrichtige Leseart: רבנן דרומאי בשם ר' אלכי בשם ר' יוחנן den Schein erzeugt, als hätte Alexander auch im Namen Jochanan's tradirt, was aber nirgends der Fall ist. Auch in Nedarim 41 a, wo drei Aussprüche von „Alexander im Namen Chija b. Abba's" mitgetheilt sind, muß man umgekehrt lesen: אמר ר' חייא בר אבא אמר ר' אלכסנדרי. Zu einem dieser drei Aussprüche wird bemerkt, daß er auch dem Josua b. Levi zugeschrieben wird: wahrscheinlich tradirte ihn ursprünglich Alexander im Namen J. b. Levi's.
[4]) Kethuboth 77 b.

Grundlage ruht, so war er beim Tode Chanina b. Papa's, der ein agabischer Controversist Simon's, des hauptsächlichsten Tradenten Josua b. Levi's war, noch am Leben. Sonst ist von seinem Leben nichts überliefert. Nur seine Aeußerung über einen Jünger, der in seiner Nachbarschaft lebte und vorzeitig starb, wird berichtet: der frühe Tod sei eine Strafe dafür gewesen, daß er die Ehrfurcht gegen seine Lehrer verletzte[1]). Ferner wird von ihm erzählt, er habe öffentlich den Rath des Psalmisten, 34, 13 f., als Mittel das Leben zu verlängern, ausgerufen[2]). Von seinem Nachruhme zeigt außer der erwähnten Sage die Anekdote, wie der Amora Acha[3]) ihn im Traume zu sehen begehrte; Alexander sei ihm auch erschienen und habe ihn zwei Dinge gelehrt: die Märtyrer von Lydda, Julianus und Pappus, gehören zu den bevorzugtesten Seligen, die in Gottes Nähe weilen und: „Heil demjenigen, der hieher kömmt und sein Wissen in seiner Hand hat!"[4]).

Alexanders tägliches Privatgebet lautete: Herr der Welt! Es ist dir offenbar und bekannt, daß es unser Wille ist, deinen Willen zu erfüllen; aber uns hindert der Sauerteig im Teige (der böse Trieb[5]) und die Knechtung durch die Weltreiche. Möge es dein

---

[1]) Chagiga 5 a.

[2]) Aboda zara 19 b. (Eine andere Relation hierüber aus dem Leben Jannai's s. oben S. 37.

[3]) In Schir r. zu 8, 11 wird ein Ausspruch so eingeleitet: ר׳ פינחס ור׳ אחא בשם ר׳ אלכסנדרי; der Ausspruch selbst fehlt und nur der Text (Pf. 8, 2) ist stehen geblieben. S. auch Gen. r. c. 49; ר׳ יודן ור׳ אחא בשם ר׳ אלכסנדרי.

[4]) Koh. r. zu 9, 10. Nach dem bab. Talmud (Pesachim 50 a, Baba Bathra 10 b) hörte diese beiden Sätze Joseph, der Sohn Josua b. Levi's, als er in einem Zustande der Weltentrücktheit Einblick gewann in die Geheimnisse des Jenseits (s. Grätz, Geschichte der Juden IV,2 447). — Der genannte Julianus heißt im Sifri zu Lev. 26, 19 (111 d) לוליאנוס אלכסנדרי. Wenn man annimmt, daß אלכסנדרי nicht „Alexandriner" bedeutet, sondern davor בן zu ergänzen ist, so war vielleicht unser Alexander ein Nachkomme jenes Märtyrers und trug den Namen eines Ahnen; damit wäre erklärt, wie Acha dazu kam, aus dem Munde des ihm erschienenen Alexanders gerade die Verherrlichung des Julianus und Pappus zu vernehmen.

[5]) S. Ag. d. T. I, 112.

Wille sein, daß du diese demütigest vor uns und hinter uns, und daß du den bösen Trieb von uns beseitigst und ihn demütigest aus unserem Herzen, damit wir deinen Willen wieder mit vollkommenem Herzen erfüllen[1]). — Von der in reiner Absicht geübten Beschäftigung mit der Thora sagte er — nach einer Deutung von Jes. 27, 5 —, daß sie Frieden stifte unter Gottes Dienerschaar, der oberen (himmlischen) wie der unteren (irdischen[2]). — Der Lehrer empfängt nicht eher Lohn für seine Kenntniß der Lehre, als bis er sie auch Anderen übergiebt[3]). — Komm' und sieh', wie groß die Kraft der Erfüller der Gebote ist: überall in der heiligen Schrift wird das Verbum השקיף zum Fluche angewendet[4]), in dem Gebete nach der Leistung des Zehnten aber (Deut. 26, 15) bedeutet es Segen[5]). — In wem Hochmuth waltet, der wird von dem geringsten Windstoße in Verwirrung gesetzt; denn die Hochmüthigen gleichen dem Meere (Jes. 57, 20), das auch von geringem Winde bewegt wird[6]).

Israel spricht (Hoh. 3, 1): „Auf meinem Lager in den Nächten". Wenn ich schlief, Thora und Gebote vernachläßigte, dann reihten sich mir Nächte an Nächte[7]). — Lev. 13, 45 ist allegorisch auf die Zerstörung des Heiligthums zu deuten: Der „Aussätzige" ist der Tempel, der „Schaden" ist der Götzendienst, welcher gleich dem

---

[1]) Berachoth 17 a (nach dem vollständigen Texte, s. Ditb. S. I, 39 a). Nach einer anderen Version habe er das Gebet gesprochen, welches auch Hamnuna zugeschrieben wird. — Im jer. Talmud (Berach. 7 d unt.) ist das hier mitgetheilte Gebet, soweit es sich auf den bösen Trieb bezieht, dem Tanchuma b. Scholastikai (der sonst nirgends vorkömmt) zugeschrieben.

[2]) Sanh. 99 b: כל העוסק בתורה לשמה משים שלום בפמליא של מעלה ובפ' של מטה.

[3]) Schir r. zu 8, 12 (als Deutung der Worte האלף לך שלמה): אלף. אין הרב נוטל שכר על תלמודו עד שישלימנו לאחרים ist mit ar. אולפנא (= תלמוד) gedeutet und שלמה mit השלים, übergeben

[4]) Gemeint sind Stellen wie Pf. 14, 2; 53, 3; Exod. 14, 24; Gen. 18, 16. Auch Pf. 102, 20 und Echa 3, 50 kann so gedeutet werden, daß der Zornblick Gottes gegen Israels Unterdrücker gemeint ist.

[5]) J. Maaser scheni 56 c, tradirt von Huna b. Acha; ohne Tradenten und in erweiterter Version Exob. r. c. 41 Anf., Tanchuma כי תשא.

[6]) Sota 5 a.

[7]) Schir r. z. St., citirt von Levi.

Aussatze verunreinigt, die „Kleider" sind die priesterlichen Gewänder, „sein Haupt sei entblößt", s. Jes. 22, 8; „den Bart soll er verhüllen", d. h. von den unter die Heiden Exilirten konnte keiner Worte der Lehre aus dem Munde hervorbringen; „unrein, unrein", das zielt auf die erste und die zweite Zerstörung[1]). — Zu Exod. 2, 14. Moses sann darüber nach, was denn Israel gesündigt habe, daß es von allen Völkern geknechtet werde. Als er aber die Worte hörte: „Willst du mich etwa umbringen u. s. w." — da sagte er: Böse Zunge herrscht bei ihnen, wie sollten sie der Erlösung würdig sein? „Fürwahr bekannt wurde es" mir jetzt, weshalb sie geknechtet sind[2]).

Der größte Theil von Alexanders Schriftauslegungen bezieht sich auf das Buch der Psalmen. Zu 5, 11. Was liegt ihm (Nebukadnezar) an Jerusalem; aber er zerstörte es, „weil sie widerspenstig waren gegen dich, o Gott"[3]). — Zu 9, 9. „Er richtet die Völker durch die Redlichen" unter ihnen, indem er ihnen Rachab, Jethro und Ruth vorhält, die sich zu Gott bekehrten und trotz der vorhergegangenen Sünden aufgenommen wurden[4]). — Zu 10, 15. „Zerbrich den Arm des Frevlers", das zielt auf die Vertheurer der Lebensmittel; und da dies von David im 9. Psalme[5]) gesagt ist, wurde das Gebet um ein gesegnetes Jahr als neunte Benediktion des Achtzehngebetes eingesetzt[6]). — Zu 14, 7. „Warum frohlockt Jakob?" Er ist Gottes geladener Gast (Jes. 48, 12) zu der Mahl-

---

[1]) Echa r. Prooem. Nr. 21, חתם ר׳ אלכסנדרי. Ebendaselbst belegt er den Satz Jose b. Chalaftha's über die Dauer des Exils (Ag. b. T. II, 187) mit den Worten: „Soviel Tage als der Schaden an ihm ist, soll er unrein sein" (Lev. 13, 46).

[2]) (Exod. r. c. 1. ר׳ יהודה בר שלום בשם ר׳ חנינא הגדול ורבותינו בשם ר״א. —

[3]) Sch. tob. z. St. (vgl. Jalkut § 632): מה איכפת ליה בירושלים אלא כי מרו בך שסרבו בנגדך

[4]) Sch. tob z. St.: ילא קפת רית סנהין וירחב יתרו מנחין. Pesikta r. c. 40 (167 b) ausführlicher: דן את האומות בכשרים שלהם כרחב ביתרו ... ברות כיצד. Dann folgt die nähere Angabe über diese drei Bekehrungen S. auch j. R. H. 57 a.

[5]) Unser zehnter Psalm war der neunte, da 1 und 2 einen Psalm bildeten.

[6]) Megilla 17 b. Nach j. Berach. 5 a oben lautet die Begründung.

zeit, die er dereinst den Frommen geben wird[1]). — Zu 16, 10. Wer anhört, wie man ihm flucht und dazu schweigt, der wird ein Frommer genannt, darum wird auch David (s. II Sam. 16, 10) mit Recht als fromm bezeichnet[2]). — Wer schweigend hört, wie man ihm flucht, obwol er es hätte verhindern können, wird zum Verbündeten Gottes, der ebenfalls die Lästerungen der Heiden hört und sie in einem Augenblicke vernichten könnte, aber dennoch dazu schweigt. Deshalb sagt David mit Recht (86, 1): Behüte meine Seele, denn ich bin fromm![3]) — Gott verschmäht auch das nicht, was ein gewöhnlicher Mensch zu gebrauchen sich schämen würde: zerbrochene Gefäße; „er ist nahe denen, die gebrochenen Herzens sind" (Ps. 34, 19), „er heilet die gebrochenen Herzens sind" (147, 3), „ein gebrochenes und zermalmtes Herz" verachtet er nicht (51, 19[4]). — Zu 77, 11. Verletzt (חלותי) ist der Schwur der Bundesschließung am Sinai, „verändert ist die Rechte" (die helfende Macht Gottes[5]). — Zu 94, 12. Es giebt keinen Menschen, der nicht Leiden über sich ergehen lassen muß, „Heil dem Menschen", den um der Thora willen Leiden heimsuchen, „den du züchtigst, o Herr, und von deiner Lehre belehrst"[6]). — Zu 99, 4[7]). Zwei Eseltreiber, die einander

---

weil bei dem neunten der 18 Gottesnamen in Ps. 29 gesagt ist: Die Stimme des Ewigen zerbricht Cedern, das sind die Vertheurer der Lebensmittel.

[1]) Nach einer Deutung Simon b. Lakisch's: אבל ר' אלכסנדרי דרש דעת אחרת, Pesikta r. c. 41 Ende (174 b). In Schocher tob z. St. verschieden und als Ausspruch Rab's.

[2]) Sch. tob z. St., tradirt von Huna.

[3]) Sch. tob. z. St., tradirt von Abba und Acha (s. oben S. 196, Anm. 3).

[4]) Pesikta 158 b, Lev. r. c. 7 g. Auf.

[5]) Pesikta 130 a, vorher eine Erklärung von Samuel b. Nachman; in Echa r. zu 1, 2 sind die Autoren umgekehrt angegeben. Tanch. B. כי תשא 14 Al.'s Deutung wie in Echa r.

[6]) Gen. r. c. 92 Anf. In Tanch. B. מקץ 16 ist diese Deutung, anders ausgedrückt, dem ר' ביסנא zugeschrieben, während Alexander die in Gen. r. im Namen Hoschaja's ob. S. 100 stehende Deutung zugeschrieben ist.

[7]) Tanchuma B. משפטים Anf., mit kleinen Aenderungen Tanch. ib. In Schocher tob z. St. (s. auch B. H. V, 80) beginnt der Ausspruch so: אתה כוננת ישרות בעולמך, dann wird als Beispiel der friedenstiftende Einfluß des Rechtsprechens angeführt, dann erst das Beispiel vom erliegenden Esel, aber in etwas verschiedener Fassung.

haßten, giengen des Weges; da legte sich der Esel des Einen unter seiner Last nieder, der Andere sah es und gieng weiter. Als er jedoch vorübergegangen war, sagte er zu sich: Es steht in der Thora geschrieben (Exod. 23, 5): „Wenn du den Esel deines Feindes siehst u. s. w."; sofort kehrte er um und half Jenem aufladen. Der aber begann darüber zu sinnen, wie sehr ihn der Andere liebe, ohne daß er davon gewußt hatte. Darauf giengen sie zusammen in die Herberge und aßen und tranken mit einander. Wodurch ist der Friede zwischen ihnen gestiftet worden? Dadurch, daß der „Eine in die Thora Einblick gethan hatte¹). Darum heißt es im Psalm: „Du hast begründet die Geradheit (das Wohlwollen unter den Menschen). — Zu 102, 1. Der „Arme" ist der Arbeiter, der sitzt und zuwartet, indem er sein Werk ein wenig in die Länge zieht und es schließlich „für später läßt"²). — Zu 102, 8. „Ich harrte darauf" — spricht Gott — daß ich meine Herrlichkeit für immer im Heiligthum würde wohnen lassen, aber ich „wurde wie der Vogel", dem man seine Jungen weggenommen hat, und der „einsam auf dem Dache weilt": ich verbrannte mein Haus, zerstörte meine Stadt, ließ meine Kinder in die Verbannung ziehen und blieb allein³). — Aus Ps. 103, 3 ist zu entnehmen, daß kein Kranker von seiner Krankheit aufsteht, ehe ihm seine Sünden vergeben worden⁴).

---

¹) על ידי שנשתר מה שכתיב בתורה, Sch. tob על ידי שהביט זה בתורה.

²) Lev. r. c. 30 g. Anf. מה הפעיל הזה יושב ומשמר לכשיפלוני מלאכתי קימעא וילקישנה בסוף. Zur Erklärung von וילקישנה, welches dem יעטף des Textes entspricht, wird dann העטיפים (Gen 30, 42) citirt, das aramäische לקישיא übersetzt wird. Die von Lev v II, 526 b gegebene Uebersetzung des Ausspruches ist nicht richtig. Der Sinn desselben ist wol: Der betende Psalmist will gleich dem sein Werk erst in die Länge ziehenden, dann ganz aufschiebenden Arbeiter Gottes Strafgericht aufgeschoben wissen. In Sch. tob z. St. (danach auch Jalkut) fehlt der Haupttheil des Ausspruches.

³) Echa r. Prooemien Nr. 20 ר"א פתח (s. oben S. 198, Anm. 1). Die erste Deutung des Verses auf den Auszug aus Aegypten und die Einmüthigkeit Israels am Sinai stammt vielleicht ebenfalls von Alexander.

⁴) Nedarim 41 a, tradirt von Chija b. Abba (s. oben S. 195 Anm. 3). Daselbst findet sich ein ebenso tradirter Ausspruch über das Genesen von einer Krankheit: dasselbe sei ein größeres Wunder als das dem Chananja, Mischael und Azarja geschehene, denn diese entkamen aus gemeinem,

Zu anderen biblischen Büchern. Gen. 18, 18 יהיה hat den Zahlenwerth 30; damit sind die dreißig, Abraham gleichen Frommen angedeutet, derer die Welt nie entbehren kann.¹) — Gen. 18, 19. Unter dem, was Abraham seinen Kindern und seinem Hause gebieten soll, ist die Verabreichung der Trostmahlzeit an Leidtragende zu verstehen.²) — Gen. 19, 1. Die Engel erschienen dem Lot als solche, während sie Abraham, dem sie keine seltene Erscheinung waren, als „Männer" (18, 2, 16, 22) vorkamen.³) — Gen. 25, 25. באדרת שער deutet darauf hin, daß Esau (Rom) dazu bestimmt war, schließlich in den Wind (שער — טער) gestreut zu werden, wie Spreu von der Tenne (אדרא, Daniel 2, 35.⁴) — Gen. 38, 14. פתח עינים bedeutet die „Pforte" Abraham's, wo einst alle „Augen" hinblickten, um ihn zu sehen.⁵) — Jes. 11, 3. והריחו gehört zu ריחים: er belastet ihn, wie mit „Mühlsteinen", mit Geboten und Leiden.⁶) — Joel 3, 5. Ein Beamter (ἄρχων) Namens Alexandros, saß über einem Räuber zu Gerichte und fragte ihn, wie er heiße. Alexandros, war die Antwort. Darauf der Richter: Alexandros hat Alexandros freigesprochen. Wenn nun Jemand dadurch,

---

irdischen Feuer, das Jedermann löschen kann, während der Kranke aus Gottesgesandtem Feuer gerettet wird, das Niemand zu löschen vermag.

1) Gen. r. c. 49 g. Anf., s. Ag. d. T. II, 74. In j. Ab. zara 40 c. oben benützt diese Deutung Mana (tradirt von Nachman.)

2) Gen. r. ib, tradirt von Judan: .. הובריא (= הבראה), die anderen Gelehrten: ו. ביקור חולים. Vielleicht beruht die Deutung auf den Worten „nach ihm" also nach dem Tode (vgl. Koh. 6, 12); was nach dem Tode eines Familiengenossen als Liebesthat zu üben ist. Im Jalkut (§ 82) heißt es, wol als verallgemeinernde Umschreibung der ursprünglichen Lesart und mit directer Beziehung auf צדקה ומשפט : נמילות חסדים. — Muß- fia las הוברא und erklärt es mit εὐιέρεια = זריזות, was die Deutung mit יצוה in Zusammenhang brächte (s. Sifra zu Lev. 6, 2, Sifre zu Num. 5, 2).

3) Tanch. B. וירא 20; in Gen. r. c. 50 Auf. anders ausgedrückt von Tanchuma im Namen Levi's.

4) Gen. r. c 63 (s. oben S. 195, Anm. 3).

5) Sota 10 a. Eine ähnliche Deutung, zur Rechtfertigung Tamars, von Chija j. Sota 16 d, von Ammi Gen. r. c. 85 (s. Ag. d. T. II, 527).

6) Sanhedrin 93 b.

daß er den Namen seines menschlichen Richters trug, gerettet wurde, sollte nicht der Name Gottes den retten, der nach ihm sich nennt: „Jeder, der mit dem Namen des Ewigen sich nennt, wird gerettet".[1]) Zach. 12, 9. „Ich suche", nämlich ob sie — die Völker — Verdienste haben, in welchem Falle sie erlöst werden; wenn sie keine haben „vertilge ich sie".[2]) — Prov. 11, 17 b spricht von demjenigen, der ein frohes Ereigniß feiert und seine Verwandten (שארו), weil sie arm sind, nicht daran theilnehmen läßt.[3]) — Hiob 15, 2. Der erste Theil des Verses zielt auf Abraham, der auf die Stimme seines Weibes hörte (Gen. 16, 2), der zweite Theil auf Jakob, der Rachel barsch zurückwies (30, 2); da sagte Gott zu Jakob: Darf man bedrängten Frauen in solcher Weise antworten? Bei deinem Leben, einst werden deine Söhne vor Rachel's Sohne in Bedrängniß stehen und er wird ihnen mit dem Worte, das du gebraucht hast, sagen: Bin ich an Gottes Statt? (Gen. 50, 19.[4]) — Nach Hiob 18, 6. Wessen Frau zu seinen Lebzeiten stirbt, um den wird es finster in der Welt.[5]) — Aus Ruth 4, 1 folgt, daß der Geringe sich nicht niedersetzen darf, bevor ihm der Vornehme sagt: Setze dich.[6]) — Echa 3, 23. Daraus, daß wir „neu sind an jedem Morgen", erkennen wir, daß groß ist deine Treue" zur Wiederbelebung der Todten.[7]) Koh. 4, 17 warnt

---

[1]) J. Berach. 13 b ob., daraus Sch. tob zu Pf. 4, 2. Alexander benützt seinen eigenen Namen zu der Anekdote, die vielleicht auf einer wahren Begebenheit beruht. Bubers Bemerkung zu Sch. tob, der Autorname ר׳ אלכסנדרי sei irrthümlich aus dem im Ausspruche vorkommenden Namen geworden, ist unbegründet.

[2]) Aboda zara 4 a. אבקש wird ergänzt mit ביניו שלהם, was jedenfalls bedeutet: in dem Verzeichnisse, der Aufzeichnung dessen, was sie gethan. Das Wort selbst (Aruch ließt מיר, Jalkut z. St. § 580: מיר) ist räthselhaft.

[3]) Lev. r. c. 34 g. A.

[4]) Gen. r. c. 71 (f. oben S. 195, Anm. 3).

[5]) Sanh. 22 a.

[6]) Jer. Kethub 25 a, Ruth r z. St.

[7]) Echa r. z. St. Ausführlich Sch. tob. z. 25, 1 mit dem Gleichnisse von Gewändern, die man Jemandem neu übergiebt und abgenutzt zurückbekommt, während Gott dem Menschen, der ihm im Schlafe die ermüdete Seele übergiebt, dieselbe am Morgen mit neuer Kraft, wie neugeschaffen zurückgiebt, dann das Beispiel vom Arbeiter (f. S. 200 Anm. 2): הפעל יהי עושה מלאכה

vor körperlicher Unreinlichkeit des sich zum Gebete Anschicken=
den.¹)

Salomo begnügte sich, bevor er gesündigt hatte, mit der
Nennung seines eigenen Namens: Lied der Lieder Salomo's (Hoh.
1, 1); nachdem er gesündigt hatte, hängte er sich an das Verdienst
seines Vaters David (Koh. 1, 1.²) — Chizkija, der sich im Gebete
auf sein eigenes Verdienst berief (II Kön. 20, 4), wurde um seines
Ahnen David willen erhört (ib. V. 6); Moses, der sich auf die
Ahnen berief (Exod. 32, 13), bekam die Antwort (Num. 14, 20):
Ich verzeihe deinem Worte gemäß.³) —

Wo immer die Israeliten eingezogen sind, sind sie nicht mit
leeren Händen ausgezogen, so aus Aegypten, aus dem Kriege mit
Sichon und Og, aus dem Kriege mit den 31 Königen Kanaan's⁴).
— Drei sind zu ihrem Ursprunge zurückgekehrt: Israel (nach
Babylonien), die Schätze Aegypten's (I Kön. 14, 26), die Schrift
der Bundestafeln (als Moses die Tafeln zerbrach, schwebten die
Buchstaben gen Himmel⁵). —

Zwei Gleichnisse zum Schlußfeste.⁶) Ein König feiert ein

כל היום ונפשו יגיעה עליו ושחוקה וכשהיא ישן הוא ינע ומשלים נפשו להקב״ה
ונפקדת אצלו ולשחרית היא חוזרת בנופו בריה חדשה. — In Gen. r. c. 78
Anf. ist diese Deutung des Verses auf die Auferstehung dem S i m o n b.
A b b a zugeschrieben, während ihn Alexander auf die Befreiung vom Exil
deutet. In Echa r. ist letztere Deutung von S. b. Abba, in Sch. tob von:
ר׳ שמעון בשם ר׳ סימון.

¹) J. Berach. 4 d, j. Megilla 71 c.

²) Koh. r. z. St. tradirt von J u d a n. Das Gleichniß vom lebenden
und todten Ochsen ist nach Jalkut zu Koh. 1, 1 (§ 966) als besonderer
Ausspruch von J u d a n im Namen J i r m e j a s tradirt. Im Jalkut
ebendas. geht ein anderer von A ch a tradirter Ausspruch Alexanders voran,
der aus Sch. tob zu Ps. 102, 18 (s. auch Jalkut zu dieser Stelle) genommen
ist: אשרי אדם שיש לו יתד להתלות בה.

³) Pesikta 167 b, mit dem Gleichnisse: לשנים שהושיטו הדסים למלך
אחד הושיטו לשמו ויצאת לשם זקני ואחד הושיטה לשם זקני ויצאת לשמו.
Was bedeutet das Hinreichen der Myrten? Zur Parallele zwischen Moses
und Chizkija s. oben S. 117 Anm. 5.

⁴) In Bezug auf ריקם, Ruth 3, 17, Ruth r. z. St.

⁵) Pesachim 87 b.

⁶) Pesikta 193 b. Beide Gleichnisse beginnen mit: למלך שבאת לו

Freudenfest. Während der sieben Tage desselben giebt die Königin den Festtheilnehmern Winke, sie mögen was sie vom Könige für sich zu begehren haben, ihm während seiner Festesfreude (ίλαρία) vorbringen; doch verstehen sie die Winke nicht, da erwirkt sie ihnen noch einen festlichen Tag. Auch die Thora giebt Israel den Wink, während der Tage des Hüttenfestes um Regen zu bitten;[1]) der Wink wird nicht verstanden und die Thora giebt einen achten Festtag hinzu. — Ein König giebt ein Fest. Sieben Tage hindurch bemüht sich der Sohn des Königs um die Gäste; dann sprach der König zu seinem Sohne: Ich weiß, daß du dich die sieben Festtage hindurch um die Gäste bemüht hast, jetzt laß mich mit dir allein einen Tag fröhlich sein: ich will dich nicht sehr bemühen, nimm ein Huhn und eine Litra Fleisch! So beschäftigt sich Israel die sieben Tage des Hüttenfestes hindurch mit den für die heidnischen Völker dargebrachten Opfern (den Festfarren, 70 an der Zahl, gleich den 70 Völkern der Erde). Am Ende der sieben Tage spricht Gott zu Israel: Laßt mich nun mit euch mich freuen, bringet mir „einen Farren und einen Widder" (Num. 29, 30) dar.

Im Midrasch Mischle sind drei Aussprüche — wol pseudepigraphisch — Alexander zugeschrieben.[2])

שמחה. Vgl. oben (S. 202) den Ausspruch zu Prov. 11, 17: זה שמעית לי שמחה. —

[1]) Der Wink (מרמזא) besteht in dem Worte בם, welches sich aus Num. 29, 19, 31 und 33 ergiebt, laut der Deutung Jehuda b. Bathyra's in Sifre zu Num. 29, 13 (§ 150), b. Taanith 2 b.

[2]) Zu 8, 31: Ueber die zehn Namen der Erde in der heil. Schrift, mit etymologischer Erläuterung derselben; zu 11, 22 (שמירה טעמה תורה מסני); zu 16, 10, Paraphrase über Salomo's Weisheit.

X.
Jochanan.

Zu den Schülern Jehuda's I rechnete sich auch noch Jochanan, „der Sohn des Schmiedes,"¹) der allmählich zu dem bedeutendsten und einflußreichsten Schulhaupte Paläſtina's wurde und deſſen beherrschende Gestalt nicht bloß seine Zeitgenossen, sondern auch die folgenden Amoräergeschlechter des heil. Landes überragt.²) Der paläſtinenſiſche (jerusalemische) Talmud, dessen Abschluß beinahe anderthalb Jahrhunderte nach Jochanan's Tode erfolgte, galt späteren Zeiten³) als sein Werk, weil die Arbeit, die von ihm und seiner Schule zur Erläuterung der Mischna und zur Verknüpfung ihres Inhaltes mit dem sonſt überlieferten Lehrſtoffe geleiſtet wurde, die feste Grundlage des ganzen paläſtinenſiſchen Talmud's bildete, deſſen wesentlicher Inhalt mit dem von Jochanan Gelehrten und Tradirten gegeben war.⁴) Die Größe des Bedeutendſten unter seinen Nach=folgern soll nach einer babylonischen Schulsage⁵) Jehuda I prophezeit haben, als Jochanan noch im Mutterleib gehegt wurde, indem er gelegentlich auf das zu erwartende Kind die Worte von

---

¹) Jonathan nennt ihn hebräiſch בן הנפח, j. M. H. 58 b oben, Simon b. Lakiſch aramäisch בר נפחא, Kethuboth 25 b, Sanh. 96 a, Makkoth 5 b (f. auch B. M. 85 b und Chullin 54 b). Vgl. die beiden Namensformen בן הקפר und בר קפרא (A. b. T. II, 500).

²) Eine unvollendet gebliebene Biographie Jochanans von M. Horowicz iſt im Literatur=Blatt der „Jüdiſchen Preſſe" 1871, 1872, 1873 erschienen. Bei Verweisungen auf dieselbe wird im Folgenden nur Jahreszahl und Seite angegeben. Einen kürzeren biographischen Versuch über J. giebt Löwenmeyer in Frankel's Monatsſchrift, IV, 285, 321.

³) R. Abraham Jbn Daud im S. Hakkabbala, Maimuni in der Einleitung zum Miſchnacommentar.

⁴) S. Frankel, Mebo Hajjer. 48 a.

⁵) Joma 82 b.

Jeremias 1, 5 anwendete. In zwei Reminiscenzen, welche ebenfalls in babylonischen Berichten erhalten sind,[1]) gedachte Jochanan der Zeit, da er als unreifer Jüngling im Lehrhause des Patriarchen Zeuge des Ansehens war, welches ein älterer Schüler desselben, der nachmahlige R a b, bereits genoß, bevor er nach Babylonien heimkehrte. In Palästina erhielt sich bloß das hyperbolische Wort Jochanan's, er habe seine Thorakenntniß dem Glücke zu verdanken, daß ihm die Finger des Patriarchen zu sehen gegönnt war.[2])

Die Erziehung des nach dem Tode des Vaters geborenen und bald auch von der Mutter als Waise zurückgelassenen Jochanan[3]) scheint sein Großvater geleitet zu haben, auf dessen Rücken hockend er einmal dem Vortrage S i m o n b. E l e a z a r's beiwohnte.[4]) Vielleicht trat er diesem in der Halacha als Gegner Jehuda's I bekannten Tannaiten auch, als er herangewachsen war, näher und hörte von ihm, dem hauptsächlichsten Tradenten M e i r's die Aussprüche, die er dann im Namen des Letzteren tradirte.[5]) Im Namen eines anderen zu Jehuda's I Kreise gehörigen Tannaiten, E l e a z a r b. S i m o n, tradirt Jochanan häufig,[6]) noch häufiger aber im Namen des berühmten Vaters Eleazar's, S i m o n b. J o c h a i.[7])

---

1) Chullin 54 a und 137 b.
2) Jer. Beza 63 a. — Nach einer zweifelhaften Tradition in Pesach. 3 b soll Jochanan einmal als Schüler im Lehrhause durch die genaue Umschreibung einer halachischen Frage eine beifällige Aeußerung des Patriarchen hervorgerufen haben. Jochanan verherrlicht Jehuda 1, als den Inbegriff der sieben, den Schmuck der Frommen bildenden Dinge, sowie schon vor ihm Simon b. Menaßja, Beide einen Ausspruch Simon b. Jochai's zu Grunde legend, j. Sanh. 30 a, s. Ag. b. T. II, 85 und 490. Ueber einen Schüler Jehuda's I. erzählt er j. Chag. 77 a.
3) Kiddujchin 31 a.
4) Jer. Maaseroth 48 d. Auf gleiche Weise hörte S a m u e l b. N a ch m a n als Kind den Vortrag desselben Tannaiten, Gen. r. c. 9. — Horovicz (1871), 47 liest irrthümlich in Megilla 5 b unten לבכי statt לסביא.
5) S. Ag. b. T. II, 9 (Anm. 4), 12 (2), 21 (8), 25 (4), 36 (6); 52 (6), 64 (5).
6) S. Ag. b. T. II, 401 (7), 403 (3), 404 (4), 405 (4, 6), 406 (3).
7) S. Ag. b. T. II, 81 — 145, nahe an fünfzig Aussprüche Simon b. Jochai gilt Jochanan als Ideal des fleißigen Thorastudiums: שמעין ר׳ אימנתן שתורת וחביריו יוחי ב׳ Sabbath 11 a; f. unten Auf. des 3. Abschnittes.

Da Eleazar b. Simon wol geraume Zeit vor Jehuda I starb,¹) ist ein persönlicher Verkehr zwischen ihm und dem jungen Jochanan schwer anzunehmen. Die durch ihn tradirten — zumeist agadischen — Aussprüche Simon b. Jochai's und seines Sohnes mag er von einem Schüler des Letzteren überkommen haben, sowie auch die Aussprüche Eliezer b. Jose ha-Gelili's, dessen häufigster Tradent eben Jochanan ist²) wahrscheinlich durch Vermittlung Eleazar b. Simon's zu ihm gelangten.³) Von den älteren Tannaiten war es noch besonders Jose b. Chalaftha, dessen Aussprüche Jochanan tradirte⁴), aber auch Jehuda b. Ilai⁵) und Eleazar b. Jakob⁶). Auch ist es Jochanan, dessen Name vor vielen und wichtigen Traditionen über das Leben und Wirken der Tannaiten sich findet⁷), wie er auch sonstige historische Ueberlieferungen, die anderweitig nicht bezeugt sind, erhalten hat⁸). — Namentlich giengen von ihm die Berichte und sagenhaft ausgeschmückten Erzählungen über die Zerstörung Jerusalems durch die Römer und über den hadrianischen Krieg aus⁹). Das zeugt von seinem ungewöhnlichen Interesse für die Vergangenheit und von seinem Be-

---

¹) S. Baba Mezia 84 b, Pesikta 94 b.
²) S. Ag. b. T. II, 300 (4, 5, 6), 301 (2), 302 (4), 303 (2, 5) 304 (4), 305 (4), 307 (2).
³) Den die Agada El. b. Jose Gel.'s verherrlichenden Ausspruch El. b. Simon's trabirte Jochanan, f. Chullin 89 a (Ag. b. T. II, 292).
⁴) S. Ag. b. T. II, 15 (3), 158 (5), 179 (7), 182 (4), 183 (1, 3, 6), 188 (6). In Joma 54 a begründet er eine chronologische Angabe Jose's exegetisch. Chanina, der Lehrer Jochanan's verkehrte besonders mit Jsmael, dem Sohne Jose's, f. oben S. 3.
⁵) S. ib. II, 197 (4).
⁶) S. ib. II, 285 (1), 289 (4). Andere Traditionen Jochanan's im Namen von Tannaiten erwähnt Seder Hadboroth, vgl Weiß III, 72. Anm. 1., Ag. b. T. I, 251 (2), 330 (2), 379 (1), II, 560 (1).
⁷) S. Ag. b. T. I, 62 (1), 241 (4), 291 (1), 410 (6); II, 2 (1), 4 (4), 6 (2), 76 (4), 92 (1), 308 (4), 354 (3).
⁸) S. Weiß III, 72, Anm. 2.
⁹) S. j. Taanith 69 a b, Schir r. c. 2 Ende, Gen. r. c. 65, Echa r. zu 2, 2; b. Gittin 55 b, 56 a, 57 a, b. Taan. 29 a. Ueber die Priester des zweiten Tempels, Joma 9 a; Verschiedenes aus Jerusalem: Sabb. 63 b, Gittin 38 b, Pesachim 113 a, Pesikta r. c. 41 (f. Ag. b. T. II, 101). Jerusalems Schuld, B. Mez. 30 b. Wanderung des Sanhedrins R. H. 31 ab.

streben, historische Erinnerungen, wenn auch oft in sehr unhistorischer Einkleidung, lebendig zu erhalten. Vieles wird er durch die überlebenden Zeugen der nachhadrianischen Epoche, Vieles von Jehuda I und dessen Kreise und von seinen unmittelbaren Lehrern gehört haben.

Als Lehrer Jochanans dürfen gelten: J a n n a i[1]), C h a n i n a[2]), Beide in Sepphoris, vielleicht auch C h i j a[3]), ferner H o s c h a j a in Caesarea[4]). Der besonders als Agadist bekannte B e n a j a scheint ebenfalls sein Lehrer gewesen zu sein, da dessen Aussprüche zumeist durch Jochanan tradirt werden; nach Benaja's Tode hielt Jochanan im Lehrhause desselben Vortrag[5]). Auch S i m o n b. J e h o z a d a k kann als Lehrer Jochanan's betrachtet werden, dessen Aussprüche, halachische und agadische, ausschließlich durch Jochanan tradirt sind[6]). Sein Lehrer in der agadischen Schrifterklärung rühmte sich C h a n i n a zu sein. Auf C h i j a b. A b b a gestützt, sah dieser nämlich einmal, schon in hohem Alter stehend, wie alles Volk in Sepphoris dem Lehrhause Benaja's zueilte; da er vernimmt, daß Jochanan daselbst Vortrag hält, ruft er aus: Gepriesen sei Gott, daß er mich solche Früchte meiner Wirksamkeit erleben ließ: die ganze Agada habe ich ihn gelehrt, mit Ausnahme der zu den Sprüchen und zu Koheleth[7]).

Aus den Lehrern wurden Freunde und Collegen, mit denen Jochanan auf dem Fuße der Ebenbürtigkeit verkehrte. Das gilt so-

---

[1]) S. oben S. 36.
[2]) S. oben S. 6.
[3]) S. Chullin 54 a, j. Sanh. 18 a unten. Ueber das Verhältniß J.'s zu Chizkija, dem Sohne Chija's, f. oben S. 49.
[4]) S. oben S. 93.
[5]) S. Ag. d. T. II, 539.
[6]) S. oben S. 119.
[7]) Jer. Horajoth 48 b oben: בריך רחמנא דחסי לי סידין עד האנן ; בחיים וכל אגדתא פשיטת ליה חוץ ממשלי וקהלת in j. B. Mezia 8 d, ist die Erzählung am Anfang defect. Daß es Chanina b. Chama und nicht Chanina der „Bibelleser" (oben S. 5, Anm. 7) war, sieht man an der letzteren Stelle aus dem Zusammenhange mit der Erzählung von der Trauer J.'s um Chanina.

wol für Jannai[1], als für Chanina[2]. Mit Hoschaja, der in Caesarea wirkte, scheint Jochanan keinen Verkehr aufrecht erhalten zu haben. Hingegen finden sich Berichte über seinen Verkehr mit dem Meister von Lydda, Josua b. Levi[3]. Zu Jonathan b. Eleazar stand Jochanan ebenfalls in persönlichen Beziehungen[4]. Von seinen näheren Jugendgenossen ist Jlfa[5]) zu nennen, mit dem Jochanan gemeinsam fleißigem Studium oblag, bis sie beide unter dem Drucke der Armut das Studium verließen[6]); doch erkannte Jochanan seinen Beruf, kehrte bald zum Studium zurück, und erlangte die höchste Stufe der gelehrten Laufbahn, während Jlfa ihr untreu wurde und Geschäfte betrieb, aber noch nach Jahren im Stande war, für sämmtliche Lehrsätze der Traditionssammlungen Chija's und Hoschajas nachzuweisen, daß sie aus Lehrsätzen der Mischna abgeleitet werden können[7]). Jochanan führte in seinen ha-

---

[1]) Zu wiederholten Malen sagte ihm Jochanan: Wenn ich dir den Thonscherben nicht aufgehoben hätte, so hättest du die unter ihm liegende Perle nicht gefunden (Jebam. 92 b, Makkoth 21 b). Dieselbe sprichwörtliche — aramäische — Redensart wendet Joch. seinem Schüler Chija b. Abba gegenüber an, Baba Mezia 17 b, j. Maaseroth Ende.
[2]) S. oben S. 6.
[3]) S. oben S. 126. Einen mit Josua b. Levi gemeinsamen Ausspruch J.'s s. oben S. 138, Anm. 2.
[4]) S. oben S. 53. Nach j. Berach. 12 d giengen Beide (in Sch. tob zu Psalm 19, 2 ist Chanina statt Jochanan genannt) einmal, um in gewissen Ortschaften des Südens Frieden zu stiften; in einem dieser Orte fanden sie einen Vorbeter, der die Attribute Gottes häufte und sie hießen ihn schweigen, wie es nach einer anderen Erzählung Chanina gethan hatte (oben S. 12, Anm. 6).
[5]) אילפא, im jer. Talmud הילפא.
[6]) Vielleicht fallen in diese Zeit der Handelsunternehmungen die Seereisen J.'s, aus denen er Baba Bathra 74 a zwei Erlebnisse berichtet. Die Berichte haben die Farbe der babylonischen Schulsagen und in den ersten wird sogar Sura erwähnt. Sie haben wol durch Rabba b. b. Chana, den phantasievollen Reisenden, diese Gestalt bekommen.
[7]) Taanith 21 a, eine babylonisch gefärbte Schulsage; der Schluß auch Kethuboth 69 b. Kürzer ist die Relation im jer. Talmud. Kethub. 31 a oben und Kidduschin 58 d, woselbst Jlfa nur von der מתניתא דר' חייא רבא spricht. Grätz (Geschichte der Juden IV.² 488) findet in der Behauptung Jlfa's, er könne alle Lehrsätze Chija's aus der Mischna deduciren, einen

14

lachischen Vorträgen Bemerkungen seines ehemaligen Studiengefährten an¹).

Ein vieljähriges, auch durch Verschwägerung gefestigtes Verhältniß bestand zwischen Jochanan und Simon b. Lakisch. Dieses Verhältniß war der Gegenstand zahlreicher Anekboten, die besonders in den babylonischen Lehrhäusern tradirt wurden. In der halachischen Ueberlieferung ist es durch die zahllosen Controversen der Beiden über die verschiedensten Fragen der Mischnaerklärung, der Halacha verewigt, sowie auch durch gemeinsame Aussprüche, wol Ergebnisse vorhergegangener Discussion. Auch agadische Controversen zwischen Jochanan und Simon b. Lakisch sind in beträchtlicher Anzahl erhalten; doch wird ihnen hier keine besondere Darstellung zu Theil. Im nächsten Capitel über Simon b. Lakisch sollen dessen Beziehungen zu Jochanan näher beleuchtet werden. Hier sei nur erwähnt, daß Beide den agadischen Schrifterklärungen ganz besonderes Interesse zuwendeten²): es wird berichtet, daß sie am Sabbath in Agadaschriften lasen³). Als Beweis ihres eifrigen gemeinsamen Halachastudiums sei erwähnt, daß sie ein halbes Jahrsiebent hindurch den VII. Abschnitt des Sabbath-Tratates durchforschten und aus jeder der 39 — am Sabbath verbotenen - Hauptarbeiten ebensoviele Nebenarbeiten ableiteten⁴). Ein späterer Agabist knüpft an Ps. 45, 5, wol auf Grund zeitgenössischer Lobrede den Ausruf: Wie schön und herrlich sind die Lehrsätze Jochanans und Simon b. Lakisch's, wenn sie sitzen und mit einander die Halacha erörtern!⁵) Berechja, ein hervorragender Agabist des 4. Jahrhun-

---

principiellen Gegensatz zu Jochanan, der die Mischna nicht als ausschließliche Quelle der halachischen Entscheidung betrachtete.

¹) Zebachim 20 a, 21 a. Jb. 13 b finden wir Ilfa bei Bar Paba (Pedaja), dem Neffen Bar Kappara's, einen Ausspruch Jehuda b. Chija's citirend.

²) Agadische Dialoge zwischen J. und S. b. L. z. B. Lev. r. c. 13 g. Ende, Baba bathra 16 b.

³) (Gittin 60 a, Temura 14 b: אגדתא דבשבתא בשבתא קרינן

⁴) Jer. Sabbath 9 c oben.

⁵) Sch. tob zu Ps. 1, 2 (B. 16, Jalkut zu Ps. 45, 5): הדרה ישיבתה שמעתא של ר' יוחנן ור' שמעון בן לקיש שהן יושבין ומפלפלין בה (Var. בהלכה).

berts citirt eine Erklärung zu Gen. 1, 4 als von ihnen Beiden, den „Großen der Welt" herrührend[1]).

Ein Lieblingsthema der babylonischen Schulgespräche war auch die Erörterung des Verhältnisses Jochanans zu seinen älteren Zeitgenossen Rab und Samuel. Man sprach gerne davon, daß der große Meister Paläftina's den babylonischen Meistern seine Hochachtung nicht versagt habe. Man erzählte, daß er einmal Simon b. Lakisch gegenüber[2]), ein anderes Mal einem babylonischen Gaste gegenüber[3]) betonte, daß Rab schon zu des Patriarchen Jehuda I. Lebzeiten eine hohe Stufe des Wissens und Ansehens erlangt habe. In Briefen an Rab bediente sich Jochanan der Ansprache „Unserem Lehrer in Babylonien". An Samuel schrieb er: „Unserem Collegen in Babylonien", überzeugte sich aber nachher, daß auch Samuel es verdiene, von ihm als Lehrer angesprochen zu werden[4]). Der Schüler Rab's und Samuel's, Jehuda (b. Jechezkel), der Begründer der Schule zu Pumbeditha, erkannte seinerseits die Autorität Jochanans an[5]), der nach Rab's Tode zwei Lehrmeinungen des Letzteren in einer Botschaft an die babylonischen Schulhäupter widerlegte[6]).

---

[1]) Gen. r. c. 3 כך דרשו שני גדולי עולם ר"י ורשב"ל. Jn Echa r., Prooemien Nr. 2 folgen nach dem Eingange תרוייהו דאמרי ר"י ור"ל zwei verschiedene Ansichten von ihnen, Herleitungen desselben Gedankens aus zwei verschiedenen Bibelstellen.

[2]) Chullin 54 a.

[3]) Chullin 137 b.

[4]) Chullin 95 b. Daselbst wird auch erzählt, Jochanan hätte den Wunsch geäußert, Samuel zu besuchen, wäre aber daran durch den aus dem Munde eines Schulkindes vernommenen Vers: I Sam. 28, 3 „Samuel war gestorben" verhindert worden. Vgl. dazu j. Sabb. 8 c unten, wonach Jochanan mit S. b. Lakisch gemeinschaftlich nach Babylonien zu reisen beabsichtigte, um Samuel zu besuchen. Zu den Worten שמיעת בת קול נלך בתר im Jer. vgl. was Schefatja im Namen J.'s tradirt, Megilla 32 a: aus Jes. 30, 21 folge בבת קול שמשתמשין.

[5]) S. Kidduschin 39 a. Hingegangen war Chisda in Sura weniger geneigt, sich Jochanans Autorität zu beugen, s. Berachoth 24 b, Pesachim 33 b und sonst.

[6]) Jer. Makkoth 31 d (Midr. Samuel c. 25); vgl. b. Makkoth 12 a. Anspielung auf halachische Sendschreiben Jochanans nach Babylonien s. Sabbath 115 a oben — Chullin 84 a unten begründet J. die Mahnung

Im Allgemeinen hegte Jochanan keine Sympathien für die Babylonier, welche nach Palästina kamen, um seinen Lehrvorträgen zu folgen. Er hielt es für erlaubt, Stichelreden gegen sie zu führen, auf die schon des Propheten (Hosea 9, 17) Wort von den Gottverschmähten gemünzt sei[1]). Er bezeichnete sie gern, wenn er von ihnen oder zu ihnen sprach, als „Babylonier"[2]). Mit Hinblick auf Deut. 11, 21 wunderte er sich, daß es auch in Babylonien Leute gäbe, die ein hohes Alter erreichen; als man ihm erzählte, daß die Juden dort Morgens und Abends die Synagoge besuchen, schrieb er es diesem Verdienste zu, daß sie alt würden[3]). Doch gieng Jochanan in seiner Abneigung gegen die babylonischen Juden nicht so weit, wie Simon b. Lakisch. Als dieser, mit Beziehung auf die spärliche Betheiligung an der Rückkehr unter Zerubabel und Ezra, die babylonische Diaspora dessen beschuldigte, daß sie die gänzliche Wiederherstellung Israels verhindert hätten, sagte Jochanan, daß diese Wiederherstellung auch dann nicht erfolgt wäre, wenn Alle unter Esra zurückgekehrt wären, was er aus Gen. 9, 27 deducirt[4]). Auch sonst finden sich Aussprüche Jochanans, die ihn als Vertheidiger, ja Lobredner der Babylonier erscheinen lassen, aber vielleicht erst durch babylonische Tradenten diese Gestalt gewonnen haben[5]).

R a b's, nicht auf's Essen verschwenderisch zu sein: אבא ממשמשחת בריאים הוה. Sota 4 b unt. berichtigt er R a b's Deutung zu Prov. 11, 21.

1) Schir r. zu 8, 10. Als Beispiel solcher Stichelreden auf babylonische Schüler s. das Gen. r. 38 g. E. Erzählte: Einem aus Borsippa Stammenden, dem das Verstehen des ihm Erklärten schwer war, angeblich weil er seine Heimat verlassen habe, sagte Jochanan: Nicht בורסיף, sondern בלשיף müsse sein Heimatsort heißen, wegen בלל שפת, (Gen. 11, 9. Vgl. Oppenheim in Frankels Monatsschrift 1855, S. 80). S. auch Baba Bathra 107 b, zu Chija b. Abba: אדאכלת בפניתא בבבל.

2) בבלאי הדין, von Eleazar b. Pedath, jer. Berach. 4 b (Schef. 47 a, M. Katon 83 c, vgl. Midr. Sam. c. 19). חזית לבבלאה von Mahana B. K. 117 a. בבליא zu Zaffai, j. Sabbath 9 a ob. (9 c ob.), vgl. b. Sanh. 62 a; zu Chija b. Abba, j. Sukka 54 b unt., Maaseroth Ende, b. Sabbath 105 b unt.; zu Simon b. Abba, j. Sabb. 8 a.

3) Berach. 8 a.

4) Joma 9 b.

5) S. Sabbath 145 b, die Anekdote vom Gespräche zwischen Chija b. Abba und Assi über gewisse Eigenthümlichkeiten der Babylonier, die dann Jochanan in gutem Sinne deutet. — Sanh. 24 a: מאי בבל בללה

— Daß Israel gerade nach Babylonien in's Exil geschickt wurde, begründet Jochanan mit dem Gleichnisse von Jemandem, der über seine Frau erzürnt ist und sie in's Haus ihrer Mutter schickt: Babylonien war die Heimat Israels[1]). — Die Eroberung Babyloniens durch die Perser versetzte ihn in große Bestürzung, er bezog auf sie die Drohung von dem thörichten Volke, Deut. 32, 21: doch beruhigte er sich, als er vernahm, daß die neuen Machthaber Babyloniens der Bestechung zugänglich seien[2]). — J. hatte Kenntniß von dem sogenannten Nimrodsthurm, der ihm als Rest des babylonischen Thurmbau's galt[3]).

Zu den Babyloniern, welche nach Palästina kamen und zu Angehörigen der Schule Jochanans wurden, gehörte vor Allen Eleazar b. Pedath, der vorher Rab's und Samuels Schüler gewesen war[4]). Doch war ihr Verhältniß, wol in der ersten Zeit, kein ungetrübtes. Jochanan beklagte sich darüber, daß Eleazar ihm nicht den gebührenden Gruß biete und daß er seine Lehrsätze vortrage, ohne Jochanans, des Urhebers Namen zu nennen[5]). Das

---

מפני מה אין מצורעים b 77 Kethub. — .במקרא בלולה במשנה בלולה בתלמוד בבבל. — Menach. 100 a: in der Mischna Menachoth 11, 7 habe man aus Haß gegen die Babylonier diese anstatt der eigentlich gemeinten Alexandriner genannt; tradirt durch Chija b. Abba. — Nedarim 22 a: Jochanan wundert sich darüber, daß bei den Babyloniern die göttliche Androhung eines „zornmüthigen Herzens" (Deut. 28, 65) auch außerhalb Babyloniens sich bewähre. Vgl. dazu Schir r. zu 8, 10 כיון שעלו רוזני נתן יעלה עמהם.

[1]) Pesachim 87 b unt. Vgl. Ag. d. T. I, 34, Anm. 2, oben S. 15.
[2]) Jebam. 63 b.
[3]) Sanh. 109 a (s. Monatsschrift 1855, S. 79). In Gen. r. c. 38 und Tanch. נח ist als Autor Chija b. Abba genannt.
[4]) Temura 25 b sagt Hamnuna ausdrücklich ר' אלעזר תלמידיה דר' יוחנן, vgl. B. Bathra 135 b, ib. 154 b, j. Berach. 4 b. In j. Sanh. 18 b oben wird das Verhältniß Eleazars zu Jochanan als das eines חבר ותלמיד, College und Schüler zugleich, gekennzeichnet.
[5]) Jer. Berach. 4 b und die oben S. 212, Anm. 2 citirten Parallelstellen. Jakob b. Jdi, ein Schüler Jochanans entschuldigte Eleazars Vorgehen. Die babylonische Version dieser Anekdote, aber nur bezüglich der zweiten Anklage f. b. Jebamoth 96 b. In b. Joma 53 a unt. wird erzählt, wie ehrfurchtsvoll sich El. benahm, wenn er sich von Jochanan oder wenn dieser sich von ihm entfernte. Auch Simon b. Lakisch macht El. den Vorwurf, daß er einen Lehrsatz Jochanan's vortrug, ohne diesen zu nennen, Kethuboth 25 b.

Anerbieten Jochanans, ihn die Geheimlehre vom „Gotteswagen" zu lehren, nahm Eleazar nicht an, weil er sich noch zu jung dafür hielt[1]). Einmal bezweifelte J. die Richtigkeit eines von El. im Namen Hoschaja's tradirten Satzes[2]). Als El. an einer schweren Krankheit darniederlag, besuchte ihn J. und sie weinten Beide „über diese Schönheit, die bald im Staube zerfallen soll"[3]). — Es sind einige agadische Controversen zwischen Jochanan und Eleazar erhalten[4]). Nur ein einziges Mal findet sich E. als Tradent eines Agadasatzes Jochanans[5]).

In besonders nahem Verhältnisse standen zu Jochanan die beiden aus Babylonien stammenden Söhne Abba's, Simon und Chija. Den Ersteren finden wir bei intimeren Dienstleistungen für den Meister[6]), der sich darüber grämte, daß er dem wegen seiner Armut von ihm bebauerten[7]) und wegen seiner Frömmigkeit hochgeschätzten[8]) Jünger die Ordination nicht ertheilen konnte[9]). Simon b. Abba tradirte eine beträchtliche Anzahl von Jochanans Agadasätzen[10]). — Chija b. Abba ist viel häufiger in der Ge-

---

[1]) Chagiga 13 b. In Kidd. 71 a tradirt Rabba b. b. Chana die Regel J.'s über das Lehren der Aussprache des Tetragrammaton.

[2]) J. Jebam. 5 d unten.

[3]) Berach. 5 b.

[4]) S. 'Kethub. 111 b, Gen. r. c. 44, ib. c. 69 Anf. (Tanch. B. וישב 11), Pesikta 116 a, ib. 6 b. In den citirten Midraschwerken ist E.'s Name früher genannt (ר' יוחנן ור' אלעזר). S. auch Pesach. 50 a, zu Zecharja 14, 6. Beiden gemeinsame Aussprüche f. Berach. 10 a und öfters. Das Gleichniß, welches in b. Chag. 16 a Beiden zugeschrieben ist, hat in j. Chag. 77 c unt. bloß Eleazar zum Autor.

[5]) Tanch. תזריע (B. 12) ר' אלעזר בן עדת בשם ר' יוחנן. In Gen. r. c. 3 und Echa r. zu 2, 2 ist ר' אלעזר allein als Autor des Ausspruches genannt.

[6]) S. j. Sabb. 8 a unt., kürzer erzählt b. Sabb. 61 a ob.

[7]) Er wendete auf ihn die Worte von Koh. 9, 11: לא לחכמים לחם an, j. Bikkurim 65 d.

[8]) Jochanan äußerte über ihn: כל מי שלא יכיר מעשיו של אברהם אבינו יכיר מעשה אבותיו של זה.

[9]) S. Sanh. 14 a. — Mittheilung S. b. Abba's aus J.'s religionsgesetzlicher Praxis Moed Katon 18 a, Chullin 93 b.

[10]) Ungefähr 15 Sätze, keinen einzigen derselben im babylonischen Talmud.

sellschaft Jochanan's genannt, als Simon[1]). Auch ihm stattet der Lehrer, wie Eleazar, einmal einen Krankenbesuch ab, der von wunderbarer Heilwirkung ist[2]). Es finden sich agadische Discussionen zwischen ihnen[3]). Chija b. Abba ist einer der häufigsten Tradenten Jochanan'scher Aussprüche[4]). — Ein Babylonier war auch Assi (Jose), einer der bedeutenderen Jünger Jochanan's[5]), der mit Chija b. Abba zusammen zu seinem engeren Kreise gehörte[6]). Mit Assi im Vereine wird vielfach der Paläſtinenser A m m i genannt[7]), die auch später zu gleicher Zeit mit C h i j a b. A b b a die Schule Jochanans repräsentirten[8]). A m m i erscheint selten als Tradent Jochanan's, häufiger, besonders im bab. Talmud, A s s i. — Eine merkwürdige Sage knüpfte sich an die Berührung K a h a n a's, eines wegen Todtſchlages aus Babylonien geflüchteten Schüler Rabs, mit Jochanan[9]). — Von dem Adelsſtolze der babylonischen Familien, selbſt einem so gefeierten Paläſtinenser gegenüber, wie es Jochanan war, zeugt die Anekdote von der Weigerung Z e i r i's, die Tochter des Letzteren, den er als Lehrer verehrte, zur Frau zu nehmen[10]). Die Tendenz dieser Anekdote, sowie anderer ähnlicher, die Glorificirung der nach Paläſtina gezogenen Babylonier, zeigt sich auch in dem Berichte über das durch besondere Frömmigkeit ausgezeichnete Brüderpaar, C h a n i n a (ob. Chananja) und H o ſ c h a j a[11]), denen

---

[1] S. j. Sukka 54 b unt., j. Ab. zara 42 d, Lev. r. c. 30. Anf. (Schtr r. zu 8, 7, Pesikta 178 b. Tanch. B. כי תשא 19), Ab. zara 59 a. Sanh. 33 b, Baba Bathra 107 b, Bechoroth 18 a.
[2] Berachoth 5 b.
[3] Sabb. 105 b unten.
[4] Agadische Aussprüche J's tradirt er an sechzig Mal, darunter viele im babyl. Talmud. Zuweilen fehlt die genaue Bezeichnung בר אבא (bloß ר' חייא בשם ר' יוחנן).
[5] S. j. Berach. 6 a b (Schebiith 36 c), j. Kilajim 32 b, b. Gittin 37 a, Chullin 55 b, Meila 6 b.
[6] S. Sabb. 145 b (S. 212, A. 5). Jochanan spricht sie als דרדקי an.
[7] S. Jebam. 96 b, Kethub. 62 a.
[8] S. j. Erubin 23 c; j. Berach. 5 a; j. Megilla 74 a; j. Jebam. 6 a; j. Pesach. 30 b unt.; j. Chagiga 76 c; Echa r. zu 3, 41.
[9] Baba Kamma 117 a b.
[10] Kidduschin 71 b.
[11] Nach der im Talmud selbst nicht bezeugten Angabe bei Juchasin (ed. Filip. 186 b) waren sie die älteren Brüder Rabba b. Nachmani's,

Jochanan zu seinem Leidwesen die Ordination nicht ertheilen konnte[1]).

Unter den Schülern Jochanan's, welche Palästina ihre Heimat nannten, nimmt neben Ammi[2]) der nachher als Schulhaupt von Caesarea berühmte Abahu die erste Stelle ein[3]). Oft erzählt wurde die Anekdote, wie Abahu einmal mit strahlendem Antlitz aus Caesarea nach Tiberias kam, woraus Jochanan, dem das von seinen Schülern erzählt wurde, folgerte, er bringe irgend einen neuen Lehrsatz mit. In der That konnte ihm Abahu einen alten — bis dahin ihm unbekannten — Toseftasatz mittheilen. Jochanan wandte auf ihn die Worte in Koh. 8, 2 an: „Die Weisheit des Menschen macht sein Antlitz leuchten"[4]). Abahu erscheint oft als Trabant von Jochanans Aussprüchen[5]).— Jakob b. Idi war es, der Jochanan's Empfindlichkeit über Eleazar b. Pedath's Benehmen beschwichtigte[6]).

die ihn (nach Kethuboth 111 a unt.) einluden, ihrem Beispiele zu folgen und nach Palästina zu kommen. Sowol von ihnen (Sanh. 14 a) als von Rabba (R. H. 18 a) wird angegeben, daß sie priesterlicher Herkunft(von Eli) waren, wodurch jene Angabe bestätigt erschiene. Sie lebten als Schuster in Tiberias (Pesachim 113 b, die Tiberienser benützten den „Laden R. Hoschajas" — vgl. j. Taanith 64 a — zu einer Distanzbestimmung, j. Sabb. 8 a; Hoschajas Tod in Tiberias j Aboda zara 42 c oben) und sollen mit Hilfe des „Buches der Schöpfung" Wunder gewirkt haben (Sanh. 65 b, 67 b). Es ist unmöglich daß diese Chanina und Hoschaja identisch sein sollen mit den nach Baba Mezia 6 b gleichzeitig mit Rabba und Abaji in Pumbeditha lebenden אושעיא ורב חנינא. Danach ist auch das in Agada der babylonischen Amoräer, S. 98 unter d Ausgeführte zu berichtigen. Der in Tiberias lebende Hoschaja ist es wol, von dem in Echa r. zu 2, 1 (vgl Sabb. 55 a, Sch. tob zu Ps. 12, 5) erzählt wird, er habe Simon (פרים) an seine Pflicht gemahnt, den Mächtigen Moral zu predigen.

1) Sanh. 14 a. Sowol Chanina als Hoschaja wurden als חרדין bezeichnet, f. Frankel, Mebo Hajjeruschl. 75 a, 88 a b. Ein Neffe Hoschaja's hieß Chanania, f. Frankel ib. 88 b.

2) Weiß III, 96 hält ihn für einen Babylonier der Herkunft nach, doch ohne Begründung.

3) S. Berach. 24 b unt., B. M. 34 b unt.

4) Jer. Sabb. 11 a, Pesach. 37 a, Schekalim 47 c, Pesikta 38 a, Pesikta r. c. 14 (63 a), Koh. r. z. St., Tanch. B. חקת 19.

5) Ueber zwanzig Agadasätze J.'s tradirt er, nur zwei davon im bab. Talmud (Gittin 57 a, Sanh. 90 a).

6) J. Berach. 4 b, b. Jebam. 96 b (f. oben S. 213, Anm. 5). An der letzteren Stelle nennt ihn J. אין בכבוד... Idi war also ירשלמי

Die Agadisten überlieferten eine Frage, die er an Jochanan über Genesis 4, 23 richtete[1]). Er kommt auch als Tradent von J.'s Agadasätzen vor[2]).

Die nächst Jochanan durch ihre Productivität am meisten hervorragenden Agadisten unter den paläſtinenſiſchen Amoräern waren Levi und Jizchak, Beide ſeine Schüler. Der Erſtere war neben Jehuda b. Nachmani beſoldeter Prediger in der Synagoge Jochanans, dem die Aufgabe zufiel vor dem Sabbath-Vortrage des Meiſters die Gemeinde durch ſeinen Vortrag zuſammenzuhalten[3]). Die Fälle, in denen Levi agadiſche Ausſprüche Jochanans tradirt, ſind nicht zahlreich[4]). Jizchak tradirte die Agada Jochanans namentlich in Babylonien[5]), wo er beſonders in dem angeſehenen Oberrichter Nachman (b. Jakob) einen dankbaren Hörer fand[6]). Ihm, ſo wie anderen Schülern Jochanans, die nach dem Oſten kamen, iſt die ſo ungewöhnlich große Kenntniß der Jochanan'ſchen Agada in den babyloniſchen Lehrhäuſern, wie ſie durch den baby-

---

דרבנן (ſ. oben Anm. 1). Chag. 5 b unt. wird erzählt, welcher Auszeichnung ihn Jochanan wegen ſeines durch eine langwierige Reiſe ermöglichten Erſcheinens im Lehrhauſe theilhaftig werden ließ. S. unten Abſch. 8, zu Jeſ. 58, 2.

1) Gen. r. c. 23.

2) Im bab. Talmud fällt die Bezeichnung בר אידי meiſt weg (א"ר ויעקב א"ר יוחנן), ſ. Kethub. 5 a, Sabb. 145 b, Sanh. 22 a, ib. 74 b.

3) J. Sukka 55 a, Gen. r. c. 98 ר' לוי ויהודה בר נחמני הוון נסבין תרתין סלעין מצמתא קהלא קומי ר' יוחנן. Aus dem Weiteren iſt erſichtlich, was ihre Aufgabe war. צָמֵית heißt hier nicht „verſammeln" (Levy, IV, 201 b), ſondern zuſammenhalten, die Gemeinde durch Vortrag beſchäftigen, bevor Jochanan ſeinen Vortrag begann.

4) Nur in paläſtinenſiſchen Quellen: Eſther r. zu 2, 3; Koh. r. zu 1, 4 (wo emendirt werden muß: ר' יהושע דסכנין בשם ר' לוי בשם ר' יוחנן); Num. r. c. 2 (§. 12, ed. Wilna): א"ר לוי בשם ר' יוחנן (das Gleichniß, welches b. Taanith 5 b unten im Namen Jizchaks tradirt iſt); Schir r. zu 1, 1 Ende; (Eſther r. zu 1, 9; Pesikta r. c. 21 g. Auf.; vielleicht auch Gen. r. c. 42 (zu תדעל).

5) In paläſtinenſiſchen Quellen kommt er als Tradent derſelben gar nicht vor.

6) S. Die Agada der babyloniſchen Amoräer, S. 79 ff. Es hat ſich gar keine Angabe über perſönliche Beziehungen Jizchaks zu Jochanan erhalten. Doch findet ſich eine auf Beider Beinamen anſpielende Bemerkung Simon b. Lakiſch's, in welcher er der Erklärung des Schülers zu Gen.

lonischen Talmud bezeugt ist, zuzuschreiben¹). Unter diesen babylonischen Propagatoren der Agada des paläftinensischen Meisters sei noch besonders Rabba bar bar Chana genannt, der phantastische Erzähler, der nahe an dreißig Mal als agadischer Tradent Jochanans erscheint²). Von den babylonischen Amoräern war es besonders Rabba (b. Nachmani), der Agadasätze Jochanans vortrug³); aber auch Andere werden als Tradenten derselben genannt⁴).

Zum Jüngerkreise Jochanans gehörte wol auch der ebenfalls als Agadist bedeutende Abba b. Kahana, der zuweilen als Controversist Levi's erscheint. Auch er tradirt mehrere Agadasätze Jochanans⁵). Agadische Tradenten Jochanans sind ferner von bekannteren Amoräern des dritten Jahrhunderts: Samuel b. Nachman⁶), Simon⁷), Benjamin b. Jepheth⁸), Tanchum

---

14, 5 (לילה) den Vorzug vor der des Lehrers giebt אבא: טבא דחדא מדבר, Sanh. 96 a.

¹) S. ib., S. 85 ff.

²) Davon nur zweimal im jer. Talmud (Pesach. 36 a, Moed Katon 83 c), einmal in Echa r. Prooem. Nr. 33. — Berach. 44 a oben erzählt er von dem Obst am Genesareth-See, das von Jochanan und seinen Schülern in großen Mengen gegessen wurde.

³) S. Die Ag. der bab. Amoräer, S. 100. (Es ist jedoch dort nachzutragen, daß zu Baba Bathra 75 a statt רבה die Lesart רבה ב׳ ה׳ vorkömmt, während zu Sanh. 104 a u. b die Lesart רבה (nicht רבא) zwar auch handschriftlich bezeugt (f. Difd. Sofrim 3. St., Ziemlich in Berliner's Magazin, Jahrg. 1878, S. 192), aber aus inneren Gründen (f. Die Ag. der bab. Am., S. 120) die Lesart רבא vorzuziehen ist.

⁴) Chisda (Pesachim 117 a ob. vgl. ib. 65 f.), Raba (ib. 120, 122 f.), Rabba b. Mari (ib. 126). Ueber Ulla f. ib. 93 f. — Chija b. Joseph war ebenfalls ein Babylonier, der nach Paläftina kam und zu Jochanan in nähere Beziehungen trat, f. Frankel, 83 a.

⁵) Nur in paläftinensischen Quellen: j. Sota 22 d; Gen. r. c. 26 g. (Ende; Schir r. zu 4, 3; ib. zu 4, 4; Echa r. zu 5, 21.

⁶) S. j. Sota 22 d (gegen die Tradition Abba b. Kahana's; ib. 21 c oben (in der Parallelftelle Gen. r. c. 74 fehlt בשם ר׳ יהו); Lev. r. c. 4 g. E.; ib. c. 33 g. A. (ebenso Gen. r. c. 73, vgl. ib. c. 65 g. E., j. Jebam. 15 c, Midr. Samuel c. 18): S. b. N. tradirt eine Controverse zwischen Jochanan, Simon b. Lakisch und den Gelehrten.

⁷) (Esther r. zu 1, 1; ib. zu 1, 16. Joch. beantwortet eine Frage Simons j. Demai 23 a.

⁸) Pesikta 63 b, Pesikta r. c. 17 (86 b); Tanchuma B. לך לך 11;

b. Chija¹), Tanchum b. Chanilai²). Zwei Amoräer mit fremdartigen Namen und wol Schüler Jochanans sind fast nur als Tradenten seiner Aussprüche bekannt geworden: Parnach³) und Kruspebai⁴).

Außer den bisher Genannten werden in den die Quellen angebenden Bemerkungen dieses Capitels noch viele andere Tradenten der Agada Jochanans, zum Theil aus späterer Zeit, zu nennen sein. Es darf hier darauf hingewiesen werden, daß gerade Jochanan es war, der in dem Fortleben der Aussprüche unter dem Namen ihres Urhebers eine Verlängerung seines irdischen Daseins nach dem Tode erblickte. Wenn David, Ps. 61, 5, wünscht: „Ich möge auf ewig in deinem Zelte weilen" — so meint er damit: Es möge mir gegönnt sein, daß meine Worte unter meinem Namen in den Synagogen und Lehrhäusern gesagt werden⁵!) Und eine andere Be-

---

in Gen. r. c. 43 Anf. irrthümlich ר' יונתן statt ר' יוחנן; in Tanchuma לך בנימין bloß ר' בנימין als Autor genannt.

¹) J. Taanith 65 b (Pesikta 161 b).

²) Tanch. B. תוריע 11, wo die Namen umzustellen sind: ר' ברכיה בשם ר' תנחום בר חנילאי בשם ר' יוחנן. Ebenso heißt es Pesikta r. c. 21 Ende irrthümlich: ר' תנחום בר חנילאי בשם ר' ברכיה, anstatt ... ר"ב בשם.

³) פרנך ר' (der Name schon Num. 34, 25): Gen. r. c. 53 g. Ende; Tanch. B. משפטים 10 (ib. שלח Abbitam. 16); Moed Katon 9 a; Sabbath 14 a (Megilla 32 a); Baba Mezia 85 a. P.'s Sohn Chizkija als Tradent Jochanan's: Berachoth 63 a.

⁴) ר' קרוספדאי b. R. H. 16 b, in der Parallelstelle j. R. H. 57 a קרוספא ר', Pesikta 157 b כריספאה ר' S. ferner j. Sota 17 c (קריספא); j. Berach. 6 a (Moed Katon 83 a, mit '); j. R. H. 58 b; Midr. Samuel c. 5 (כריספא). Die volle Namensform mit ק findet sich noch Pesikta 54 a (j. R. H. 57 b dafür קריספא), mit כ: Gen. r. c. 81; Esther r. zu 3, 9 (c. 7); Jelamdenu Beth Hammidr. VI, 83, — die kürzere Namensform, aber mit צ statt ס: Koh. r. zu 4, 17; Lev. r. c 4. Die verschiedenen Namensformen, von denen die längere die ursprüngliche ist, bezeichnen dieselbe Person. קרוספדאי (oder כרוספדאי, s. noch Nidda 46 a, Sanh. 69 a) erklärt sich am einfachsten aus κράσπεδον — α, womit die LXX ציצת, Num. 15, 38 f. wiedergeben. ציצת selbst als Eigenname Gittin 56 a (s. Levy II, 413 b, Kohut IV, 337 b). Zur Umwandelung des α in י s. z. B. J. b. D. M. G. XXVIII, 40.

⁵) J. Berach. 4 b, (j. Moed Katon 83 c, Tradenten ר' פינחס ר' ירמיה); אזכה שיהו דברי נאמרין על שמי בבתי כנסיות ובב' מדרשות Schocher tob zu Ps. 1 (B. 8) wenig anders (Tradent ר' ירמיה). Nach Jebam. 96 b, Bechor.

trachtung Jochanans lautet: Wer einen Ausspruch nicht mit Namensnennung seines Urhebers vorträgt, von dem gilt der Spruch (Prov. 22, 22): Beraube nicht den Armen, weil er arm ist[1]). Es war schon erwähnt, daß Jochanan über Eleazar auch wegen Vernachlässigung dieser Mahnung bei der Aneignung seiner Aussprüche erzürnt war[2]).

Jochanan lehrte Anfangs in Sepphoris, seiner Heimat[3]), ließ sich aber nachher wegen Meinungsverschiedenheiten zwischen ihm und Chanina in Tiberias nieder[4]), welche Stadt von da an, und wol in erster Reihe durch Jochanan's und seiner Schule Ansehen, zum dauernden Mittelpunkte des paläftinenfischen Judenthums wurde. Jochanans Ansehn machte sich auch dem Patriarchen gegenüber, der ebenfalls in Tiberias residirte, geltend, so als einmal Simon b. Lakisch den Zorn desselben auf sich geladen hatte[5]). Doch erkannte er die Würde des Patriarchen als der des Schulhauptes überlegen an und fügte sich bei einer Gelegenheit einem vom Patriarchen angeordneten Fasten, obwol die Anordnung ohne sein Wissen erfolgt war[6]). Juda II empfing ihn eines Tages in einem baumwollenen Hauskleide; da bat ihn Jochanan, wol halb im

---

32 a gehört die Deutung R a b an (Jalkut zu Pf. 65 dafür: שמיאל). S. auch den oben S. 121 A. 1 gebrachten Ausspruch Simon b. Jehozadaks (Tradent Jochanan).

[1]) Tanch. B. במדבר 27'; Tradenten: Chizkija im Namen Jirmeja b. Abba's, nach anderer Version Ch. im N. J.'s im Namen Chija b. Abba's.

[2]) S. oben S. 213.

[3]) Aus dem Aufenthalte in Sepphoris wird j. Berach. 9 a erzählt, wie J. einmal in der Bibel lesend vor der Synagoge der Babylonier saß und einen vorüberziehenden römischen Machthaber (ארדכן) nicht durch Aufstehen begrüßte. Die Dienerschaft des Letzteren will den Rabbi schlagen, doch hält sie Jener mit den Worten ab: Laßt ab von ihm, er war mit dem Gesetze (בשלו) seines Schöpfers beschäftigt! — Eine Sage über Jochanan, Pesikta 136 b, knüpft sich an einen Vortrag, den er in der „großen Synagoge von Sepphoris" gehalten hatte.

[4]) S. oben S. 6.

[5]) J. Sanh. 19 d unt., Horajoth 47 a, Midr. Sam. c. 7; f. Grätz IV, 247.

[6]) Taanith 24 a. Der Patriarch ließ Jochanan beträchtliche materielle Unterstützung angedeihen, Sota 21 a. u.

Scherze, er möge sein besseres Gewand anziehen, die Worte von Jesaia 33, 17 citirend: den König in seiner Schönheit mögen deine Augen schauen!¹) Jochanan hatte gleich seinem Lehrer C h a n i n a ärztliche Kenntnisse und ertheilte ärztliche Rathschläge²). Sein Vermögen, das in Grundstücken, zwischen Sepphoris und Tiberias gelegen, bestand, hatte er in seinen jungen Jahren geopfert, um dem Studium obliegen zu können. Wie er nachher zu seinem Schüler C h i j a b. A b b a äußerte, hatte er das in sechs Tagen Erschaffene hingegeben, um das an Moses in vierzig Tagen Geoffenbarte zu erwerben³). Als angesehener Lehrer gelangte er wahrscheinlich auch in den Besitz eines entsprechenden Vermögens⁴). „Alle Glieder hängen vom Herzen ab,

---

¹) J. Sanh. 20 c. unt. — Einzelheiten aus J.'s amtlicher Thätigkeit in Tiberias s. Aboda zara 58 a,. j. R. H. 59 c, Taan. 68 b (die hier erwähnte Synagoge — כנישתא דכיפרא — wählte J. zum Lesen der Megilla, weil dort sich der Kern der alten Stadt befinde, j. Megilla 70 a); j. Beza 60 a unt.; j. Sanh. 21 a oben (Entscheidung in einer Streitsache zweier Antiochenser). — Reminiscenzen J.'s an die früheren Zustände in Tiberias Baba Bathra 91 b.

²) S. die in j. Sabb. 14 d, Aboda zara 40 d (etwas anders b. Joma 84 a und Ab. zara 28 a) zu lesende Erzählung, wie er ein von der Tochter eines Römers, Namens D o m i t i a n u s, vernommenes Heilmittel öffentlich bekannt machte. S. ferner Kethub. 77 b (מברין ר"י); Nedarim 41 b (בורדם); Taan. 5 b (בסעודה); (אין מטיחין) Chullin 84 b (כסא); Sabb. 67 a oben (ein sympathetisches Mittel mit Anwendung von Bibelsprüchen gegen das hitzige Fieber,; Sabbath 110 a b (בום עיקרין). — Aboda zara 28 a wird J. als רופא מומחה bezeichnet. Zur Erklärung von Ps. 25, 4 erzählt er ein Gleichniß von einem Arzt, der seinen Schüler in seiner Kunst unterweist, Sch. tob. z. St. — Pesachim 25 a b : בכל מתרפאים חוץ מעבודה זרה וגלוי עריות ושפיכות דמים. Jer. Sabbath 8 c : כל שהוא מרפא אינו משום דרכי האמורי (tradirt von A b a h u). — Ueber Heilungen am Sabbath, j. Sabb. 14 d. Halacha über einen חבר רופא j. Demai 23 b. — Kethub. 77 b. erklärt er, warum es keinen Aussatz in Babylonien gäbe, mit ihrer Lebensweise: sie essen תרדין (eine Art Rüben), trinken Dattelwein und baden sich im Euphratwasser. Diätetisches: Berach. 40 a (Senf, Linsen). 44 a (שרף). Mehrere der in den ärztlichen Beruf einschlagenden Daten über Jochanan näher besprochen bei H o r o v i c z (1873) 2, 11, 14.

³) S. die Erzählung in Pesikta 178 b, Lev. r. c. 30 Anf.; Schir r. zu 8, 7; hebräisch bearbeitet Tanch. B. כי תשא 29.

⁴) S. vorige S., Anm. 6.

das Herz selbst vom Beutel"[1]), — so sagte er einmal, halb scherz=
haft, halb im Ernste, als ihm ein empfindlicher Geldverlust drohte,
zu Simon b. Lakisch, der dann den Verlust von ihm abwendete[2]).
Er behauptete, daß man zur Erhaltung des körperlichen Wohles keine
Ausgabe bei der Beschaffung der Lebensmittel zu scheuen brauche[3]).
Die Pflege des Körpers war auch sonst Gegenstand seiner Sorgfalt.
Waschen der Hände und Füße in warmem Wasser ist nach ihm das
„Gute", welches der Klageliebdichter (Echa 3, 17) als vergessen be=
klagt[4]). — Trotz seines kräftigen Körpers liebte er es, sich beim
Gehen oder Treppensteigen auf seine Schüler zu stützen, indem er
sagte: Was bliebe sonst an Kraft für mein Alter übrig?[5]) —
Seine Schönheit war berühmt und gab Anlaß zu einer sehr poeti=
schen Schilderung ihres Glanzes; er selbst soll von sich gesagt haben,
er sei ein Erbe der Schönheit der Jerusalemier[6]). — Er pflegte
sich an den Eingang der Bäder zu setzen, damit die herauskommen=
Frauen ihn betrachten und seine Schönheit auf ihre zu erwartende
Nachkommenschaft von wohlthuender Wirkung sei[7]).— Seine Gewänder
nannte er seine „Ehrenwirker"[8]). — Von seinem Familienleben
kennen wir nur die beiden Angaben, daß er zehn Söhne in's Grab

---

[1]) בל האיברין תלויין בלב והלב תלי בכים.

[2]) J. Terum. 46 b unt.

[3]) Chullin 84 a. Als Kenner guter Fleischarten zeigen ihn seine
Bemerkungen zu I Kön. 5, 3, Baba Mezia 86 b.

[4]) Sabbath 25 b. S. Ag. d. T. II, 334, (5). - Jakob erwarb sich
die Gunst der Stadt Sichem (Deutung von ויחן את פני, s. Gen. r. c. 79)
nach J. dadurch, daß er ihnen Badehäuser einrichtete, Sabbath 33 b.

[5]) Kethub. 62 a. Zu. j. Beza 60 c unt. wird dasselbe von A b a h u
erzählt.

[6]) Baba Mezia 84 a.

[7]) Berach. 20 a, Baba Mezia 84 a. Als man ihn fragte, ob er sich
denn vor dem „bösen Auge" nicht fürchte, antwortete er: Ich bin vom
Stamme Josephs, dem böses Auge nichts anhaben kann, nach Gen. 49, 22.
Diese Antwort J.'s galt nach Berach. 55 b als schützender Spruch gegen
böses Auge; in Sota 36 b, Baba Bathra 118 a ist sie den Nachkommen
Joseph's (Josua 17) in den Mund gelegt.

[8]) Sabb. 113 a, Baba Kamma 91 b, Sanh. 94 a קרי למאניה מכבדותיה.
Demgemäß erklärte er בבודו Jes. 10, 16, Sanh. ib. Wie seine im Winter
und Sommer verschiedene Kopfbedeckung auf das Anlegen der Kopf=
Phylakterien von Einfluß war, ist j. Berach. 4 c oben erzählt; s. Levy

sinken sah¹) und daß er eine Tochter hatte, die er gerne dem Zeïri zum Weibe gegeben hätte²).

Die Agada nahm in den Studien und der Lehrthätigkeit Jochanans eine sehr bedeutende Stelle ein. Schon die Menge, aber auch die Vielseitigkeit und der innere Werth der unter seinem Namen überlieferten Agadasätze, welche in den folgenden Abschnitten vorgeführt werden sollen, stellt ihn in die erste Reihe der Agabisten, sowie er auch in der Halacha eine Autorität ersten Ranges war. Im Gegensatze zu Josua b. Levi³) war Jochanan ein Freund schriftlicher Agadasammlungen. Er pflegte zu sagen: Es darf wie ein festes Bündniß gelten, daß wer Agada aus dem Buche lernt, sie nicht so bald vergißt⁴). Solch ein Agadabuch pflegte er stets bei sich zu tragen und gab es seinen Schülern zu halten, wenn er einen Anstandsort aufzusuchen hatte⁵). — An seine öffentlichen Agadavorträge⁶) knüpften sich auch Sagen, so die von Serach, der Tochter Aschers (Gen. 46, 17), welche in's Lehrhaus, in dem er predigte, hineinblickte und eine eben von ihm vorgetragene Bemerkung aus eigener Erfahrung berichtigte⁷); ferner die von der wunderbaren Bestätigung eines Ausspruches über das künftige Heiligthum⁸).

Als Jochanan starb, sollen die Bildsäulen in Tiberias umge-

II, 30 b. Gegen die Ansicht seiner Collegen erlaubte er, am Sabbath mit Werg in den Ohren in's Lehrhaus zu gehen, Sabbath 65 a.

¹) Berach. 5 b, Baba Bathra 116 a.

²) S. oben S. 215.

³) S. oben S. 129.

⁴) Jer. Berach. 9 a ob.

⁵) So erzählt Rabba b. b. Chana, Berach. 23 b unt. Daß er sowie S. b. Lakisch am Sabbathe Agadabücher las, war schon oben, S. 210 erwähnt. — Hingegen perhorrescirte er das Niederschreiben von Halacha's, s. Temura 14 b, tradirt von Abba, dem Sohne Chija b. Abba's.

⁶) An die Worte „deine Lippen, Braut" (Hoh. 4, 11) knüpfte J. folgende Mahnung für den Volksredner: Wer öffentlich Worte der Lehre vorträgt und sie den Zuhörern nicht so lieb zu machen weiß, wie eine Braut dem Neuvermählten lieb ist, dem wäre es besser, er hätte sie nie vorgetragen. Schir. r. z. St.

⁷) Pesikta 86 b.

⁸) Pesikta 136 b, Pes. r. c. 32, b. Sanh 100 a, Baba bathra 75 a.

stürzt sein, und man sagte: Keine Bildsäule kam ihm — an Schönheit — gleich¹). Man wandte auf den hingegangenen Meister die Worte des Hohenliedes 8, 7 an: Wenn Jemand all sein Vermögen hingäbe für die Liebe, mit welcher Rabbi Jochanan die Thora liebte, so spottete man seiner²). — Jizchak b. Eleazar begann seine Klagerede um ihn mit den Worten: Hart ist dieser Tag für Israel gleich jenem Tage, an welchem — nach Amos 8, 9 — die Sonne am Mittag unterging; es war dies nach Jochanans Deutung der Tag, an dem Josija, der fromme König fiel³). — In einem späteren Werke⁴), vielleicht aber auf einer älteren Quelle beruhend, wird erzählt, er habe in der Todesstunde geweint und auf die Frage seiner Schüler geantwortet, er fürchte besonders darüber zur Rechenschaft gezogen zu werden, daß er sterbe, ohne einen Sohn zurückzulassen. — Im Traume sah Zeira, ein aus Babylonien stammender Lehrer der folgenden Generation, Jose b. Chanina, der ihm berichtete, er habe im Jenseits neben Jochanan, dieser neben Jannai, Jannai neben Chanina und dieser neben Chija seinen Ort. Neben Chija unmittelbar seinen Ort zu haben, dessen sei Jochanan nicht gewürdigt⁵). Die babylonische Vorliebe für den großen Chija scheute sich nicht davor, dem großen Amora Palästina's auch nach dem Tode seinen Rang weit hinter Chija anzuweisen. Dennoch ist es zumeist der babylonische Talmud, der Jochanans Bedeutung auf den Gebieten der Halacha und der Agada bekundet, und in den Aufzeichnungen der babylonischen Lehrhäuser fand sich auch sein Todesjahr verzeichnet⁶), die einzige chronologische Angabe, die wir über die Lehrer Palästina's besitzen.

---

1) J. Aboda zara 43 c oben.
2) Schir r. z. St., Lev. r. c 30 Anf.
3) Moed Katon 25 b. (Eine andere Klagerede um J., welche sich an die Legende von Elischa b. Abuja's (Achers) Grab knüpft, s. Chagiga 15 b.
4) Elija zuta c. 24.
5) Baba Mezia 85 b; Koh. r. zu 9, 10.
6) Mitgetheilt durch den Gaon Scherira in seinem Sendschreiben: 590 Seleucidarum, s. v. als 279 n. Chr. (s. Grätz, IV,² 414).

1.
Sentenzen und Sprüche.

Sechs Dinge giebt es, deren Früchte der Mensch in dieser Welt genießt, während der Hauptlohn für dieselben der kommenden Welt vorbehalten ist, und zwar: Gastfreundschaft, Krankenbesuch, Andacht im Gebet, früher Besuch des Lehrhauses, Erziehung der Kinder zum Thorastudium, Beurtheilung des Nebenmenschen nach der Wagschale des Verdienstes[1]). — Der Altar wird (Ezech. 42, 22 „Tisch") genannt. Damit wird angedeutet, daß seitdem es keinen Altar giebt, der Tisch des Menschen sühnende Kraft hat[2]). — Gastfreundschaft ist gleichwerthig mit Besuch des Lehrhauses[3]). — Wer einen Kranken besucht, nimmt ein Sechzigstel seiner Krankheit von ihm[4]). — Was ist Gott werther, Almosenspenden oder Uebung von

---

[1]) Sabbath 127 a unt., tradirt von Assi, in dessen Namen Jehuda b. Schela. In der Mischna Pea 1, 1 findet sich eine ähnliche Sentenz von vier Dingen (in Aboth di R Nathan c. 40 Auf. auch so formulirt ארבעה דברים): eines derselben (גמילות חסדים) ist gleichen Inhaltes wie die ersten beiden Jochanan's. In Kiddushin 39 b ist irrthümlich הכנסת אורחים aus J.'s Satze in den Mischnasatz eingedrungen.

[2]) Berach. 55 a, Menach. 97 a, zusammen mit Eleazar: עכשיו שלחנו של אדם מכפר עליו, in Chagiga 27 a mit Simon b. Lakisch. Im Talmud selbst wird dies auf an den Armen geübte Gastfreundschaft angewendet. Diese Auffassung erscheint mir richtiger als die von Epstein (Eldad Habani S. 126) bei Eldad gefundene und für richtig erkannte, wonach in der Gleichstellung des Tisches mit dem Altare in essäischer Weise die Heiligung der täglichen Mahlzeit ausgesprochen sei. Auch Jochanan b. Zakkai tröstete seine Schüler über die verlorene Sühnstätte damit, daß — nach Hosea 6, 6 — an Stelle der Opfer die Uebung von Liebeswerken geboten sei (Ab. bi R. N. c. 4, Ag. b. T. I, 39).

[3]) Sabb. ib. deducirt aus M. Sabbath 18, 1. In Sanh. 103 b nennt J. auf Grund biblischer Beispiele und im Anschluß an einen von ihm tradirten Ausspruch Jose b. Kisma's (s. A. b. T. I, 403) fünf Wirkungen der Ausübung, bez. der Nichtausübung der Gastfreundschaft (als לגימה, Essen bezeichnet).

[4]) Sch. tob. zu Pf. 41, 2, In b. Nedarim 39 b ist Acha b. Chanina als Autor genannt, in Lev. r. c. 34 Auf. Huna. Die Form des Satzes in Baba Mezia 30 b (... ואמר מר בן נילו נוטל) beruht auf der Erläuterung Raba's in Nedarim.

Liebeswerken? Aus Pf. 103, 17 ist zu ersehen, daß Uebung von Liebeswerken (חסד) werther ist als Spenden der Almosen (צדקה), denn von jener heißt es, daß sie in alle Ewigkeit währt, von diesen, daß ihre Wirkung bis auf Kindeskinder reicht[1]). — Einen Beweis der Nächstenliebe soll man mit einem größeren Beweise derselben erwiedern: Wenn dich dein Nebenmensch mit Linsen bewirthet hat, so bewirthe du ihn mit Fleisch; denn er bewies seine Freundlichkeit zuerst[2]). — Den Nebenmenschen eine freundliche Miene — eigentlich das Weiße der Zähne, nämlich beim Lächeln — zeigen, ist etwas besseres als ihm Milch zum Trunke reichen, nach einer Deutung von Gen. 49, 12[3]). — Der „Arme", dessen „Tage alle trübe sind" (Prov. 15, 15) ist der Mitleidige, der Fröhliche: wer starken Sinnes, den Qualen des Mitleids weniger unterworfen ist[4]). — Wer Hochmuth hegt, der wird schließlich zu Falle kommen und selbst die Sünde des Ehebruches begehen, nach Prov. 6, 26[5]). — Wer Hochmuth hegt, hat gleichsam Gott geleugnet, nach Deut. 8, 14 („und dein Herz sich erhübe und du vergäßest den Ewigen, deinen Gott"[6]). — Die Sünde der Verleumdung begeht, wer sie ausspricht,

---

[1]) J. Pea 15 c ob., tradirt von Jochanan b. Meria. In Sch. tob 3. St. (§ 15) אר יוחנן בשם ר' ליי החסד מן העולם ועד העולם אבל הצדקה עד שלשה דורות שני ... Bar.)

[2]) (Gen. r. c. 38 g. Auf. Darauf folgt ein Ausspruch Simon b. Abba's, der sich inhaltlich dem J.'s anschließt und auf Prov. 17, 13 Bezug hat. J.'s Spruch selbst hat mit dem Satz der Proverbien nichts zu thun. Auch ist die Einleitung des Absatzes ... ר' יוחנן פתח משיב irrthümlich, und es muß, wie aus dem Schluß ersichtlich ist, heißen: ר' ברכיה פתח.

[3]) Kethub. 111 b: טוב המלבין שנים לחברו יתר ממשקהו חלב. Ju dem citirten Verse ist מ in מחלב als comparativisch erklärt.

[4]) Baba Bathra 145 b. Jer. B. Kamma 6 c oben wird erzählt, J. habe vom Fleische, das er aß und vom Weine, den er trank, auch seinen Dienern gegeben, denn, so sprach er mit Hiob (31, 15): „Im Mutterleibe hat mein Schöpfer auch ihn erschaffen".

[5]) Sota 4 b, tradirt von Chija b. Abba. נפש יקרה ist als „hochmüthige Seele" gedeutet.

[6]) Jb., im Anschluß an einen von J. tradirten Ausspruch Simon b. Jochai's. Der von Joch. im Namen Jose b. Zimra's tradirte Ausspruch über die Verleumdung, nach Pf. 12, 5, findet sich ihm selbst zugeschrieben in Koh. r. zu 9, 12, zwischen Aussprüchen von Eleazar und

aber auch wer sie zur Kenntniß nimmt¹). — Die Pflicht, seinen Nächsten zurechtzuweisen, reicht nur so weit, bis der Zurechtgewiesene den Mahner erzürnt zurückweist²).

Komm' und sieh', wie groß die Kraft der Gewaltthätigkeit (gewaltsamer Aneignung fremden Besitzes) ist: trotzdem es alle Sünden begangen hatte, wurde über das Geschlecht der Sündfluth das Urtheil erst gesprochen, als sich die Hände nach geraubtem Gute ausstreckten, wie es geschrieben ist (Gen. 6, 13): voll ist die Erde der Gewaltthätigkeit; ferner (Ezech. 7, 11): die Gewaltthätigkeit erhob sich zur Zuchtruthe des Frevels³). — Wer nur einen Pfennig werth seinem Nächsten gewaltsam wegnimmt, dem wird das angerechnet, als hätte er ihm das Leben genommen; das ist verschiedenen Bibelstellen zu entnehmen: Prov. 1, 19 („er nimmt das Leben des Eigenthümers"), Jerem. 5, 17 („sie essen deine Ernte, dein Brod, als äßen sie deine Söhne und Töchter"), Joel 4, 19 („ob der Gewaltthätigkeit an den Kindern Juda's, indem sie unschuldiges Blut vergoßen"), II Sam. 21, 1 („das Haus des Blutvergießens", womit Verletzung erworbener Rechte gemeint ist⁴). — Nach Amos 9, 7. Wenn Gott das Strafgericht walten läßt, bestraft er die gewaltsame Aneignung fremden Gutes (בעצם) „an der Spitze von allen" übrigen Vergehen. Stellt man sich ein Maß voll mit Sünden vor, so ist es der Raub, der unter ihnen den An-

---

Jizchak; ebenso j. Pea 16 a ob. (tradirt von Assi) mit einem Zusatze (nach Ps. 73, 10), welcher inhaltlich dem Ausspruche Eleazar's entspricht. In Sch. tob zu Ps. 12, 5 ist Jose b. Chanina als Autor genannt.

¹) J. Pea 16 a. Darauf folgt eine Anekdote, in welcher J. ein in verleumderischer Absicht angewendetes Wortspiel auf einen Namen als ליש הרע בהצנע kennzeichnet.

²) Arachin 16 b. In einer Baraitha das. wird das auch Simon b. Azzai zugeschrieben. J. sagt einmal von sich דהכא עזאי בן אנא, j. Bikkurim 65 a ob. (Einen Spruch Ben Azzai's eignet sich J. an Berach. 48 b, Taan. 5 b, s. Ag. b. T. I, 414 (2).

³) Sanh. 108 a.

⁴) Baba Kamma 119 a. In Lev. r. c. 22 g. Anf. sind als Belegverse (קריין בניי ליה קריין ראית citirt: Jes. 66, 3 („wer einen Ochsen schlachtet, bringt einen Mann um"), Ezech. 19, 6 („Raub zu rauben, Menschen aß er"), außerdem die in B. K. citirten, mit Ausnahme von Jerem. 5, 17.

kläger macht¹). — Vierundzwanzig Sünden zählte der Prophet Ezechiel auf, und von allen wählt er den Raub, um damit die Strafrede zu beschließen (Ez. 22, 13 בצעך²).

Groß ist die Reue, welche das über den Menschen verhängte Strafgericht zerreißt (zu Nichte macht), nach Jes. 6, 10³). — Immer bete der Mensch darum, daß seiner Kraft von oben her Förderung und keine Gegnerschaft zu Theil werde⁴). — Auch wenn das scharfe Schwert auf dem Halse des Menschen liegt (in der äußersten Todesgefahr), lasse er sich nicht davon abhalten, Gottes Erbarmen zu erhoffen (nach Hiob 11, 15 a⁵). — Die Frommen sind größer als die Dienstesengel, nach Daniel 3, 25⁶). — Selbst um eines einzigen Frommen willen bleibt die Welt erhalten, nach Prov. 10, 25 („ein Frommer ist die Grundlage der Welt"⁷). — Gott sah, daß der Frommen nur Wenige sein werden, darum pflanzte

---

¹) Lev. r. c. 33 g. Anf., tradirt von Simon b. Abba, ebenso Koh. r. zu 1, 13, mit Anknüpfung an eine Deutung zu Deut. 19, 16, wo unter שדה בו לענות nach J. gemeint ist גזל של ישישיי, d. i. die Auflage wegen Raub; die Anknüpfung an Amos 9, 7 tradirt in Koh. r. Judan im Namen J.'s, während er in Lev. r. eine andere Veranschaulichung des Gedankens J.'s tradirt: משל לבני אדם שהיו עובדי ע"ז ומגלי עריות וישובי דמים וגזל שקול כנגד הבל.

²) Lev. r. ib: אחא ר׳ בשם אידי בר יעקב ר׳, Koh. r. zu 1, 13: ר׳ יעקב בר אדא, Jalkut zu Ez. 22 und zu Amos 9: אחא בר יעקב בשם ר"י בשם ר"י. — In Koh. r. zu 1, 13 tradirt Pinchas im Namen J.'s als Deutung zu בו לענות, Koh. ib., eine ähnliche Aeußerung über die Sünde des Raubes.

³) Rosch Haschana 17 b. In Joma 86 b sagt J. mit Beziehung auf Jer. 3, 1 (verglichen mit Deut 24, 4): גדולה תשובה שהרחתה את לא תעשה שבתורה. S. auch J.'s Deutung zu Ps. 45, 9 (בקציעות-בגדותיך), im Anschluß an einen Satz Simon b. Jochai's, j. Pea 16 b, Schir r. zu 5, 16. S. ferner Tanch. B. ויצא 22, zu Ez. 18, 21 (die Leseart ר׳ יהותן scheint die richtige zu sein, weil sich ein Ausspruch S. b. Lakisch's anschließt).

⁴) Paraphrase zu Hiob 36, 19, Sanh. 44 b. Nach j. Taan. 66 d deutete J. den Vers so: Wenn du „das Gebet wohl geordnet" hast, wirst du „keine Mißgunst" von oben erfahren, vielmehr werden „Alle deine Kraft fördern". (Eine andere Deutung zu בה מאמצי im Namen J.'s findet sich in Tanch. מקץ g. Ende.

⁵) Berach. 10 a unt., gemeinsam mit Eleazar.
⁶) Sanh. 93 a oben.
⁷) Joma 38 b, tradirt von Chija b. Abba.

er sie zerstreut in die einzelnen Generationen. Darauf zielt I Sam. 2, 8 b („des Ewigen sind die Säulen der Erde und er setzte auf sie die Welt"[1]). — Es scheidet kein Frommer von der Welt, ehe ein anderer Frommer wie er in's Dasein gerufen ist, nach Koh. 1, 5: ehe die Sonne Eli's erloschen war, strahlte die Sonne Samuels, des Propheten von Rama, auf[2]).

Wer sich selbst hienieden zur strengen Gerechtigkeit anhält, der wird auch von oben her mit strenger Gerechtigkeit beurtheilt, nach Psalm 85, 12 („Wahrheit aus der Erde sprießt, Gerechtigkeit vom Himmel blickt"[3]). — Wer die Thora ihrer Wahrheit nach ausübt, der wird so betrachtet, als hätte er sich selbst erschaffen, nach Deut. 4, 14 (das Suffix in לעשׂתכם als Object aufgefaßt[4]). — Der Tod der Frevler macht ihrem Gottes Zorn erregenden Thun ein Ende, der Tod der Frommen läßt sie von ihrem steten Kampfe gegen den bösen Trieb ausruhen, nach Hiob 3, 17 („dort hören die Frevler auf, Zorn [zu erregen], dort ruhen aus, deren Kraft [im Kampfe] ermüdet ist"[5]). — Mit dem Tode wird der Mensch frei von der Thora und den Geboten: „unter den Todten frei" (Ps. 88, 6[6]). — Wer bloß lernt, ohne das Gelernte zu bethätigen, für den wäre es besser, er wäre nicht in's Dasein getreten[7]). — Wenn der Mensch den größeren Theil seiner Lebensjahre verlebt hat, ohne zu sündigen, sündigt er fürder nicht mehr, nach I Sam. 2, 9 („die Füße — das Lebensende — seiner Frommen bewahrt er"[8]). — Weisheit giebt Gott nur demjenigen, in dem Weisheit schon vorhanden ist, nach Dan. 2, 21 („er giebt Weisheit den Weisen"[9]).

Bei folgenden Bibelstellen pflegte Jochanan, wenn er zu ihnen

---

[1] Jb, tradirt von Ch. b. Abba.
[2] Jb., tradirt von Ch. b. Abba. Vgl. Ag. d. T. II, 454.
[3] Taanith 8 a. S. b. Lakisch leitet denselben Gedanken aus Jes. 64, 4 ab (ib).
[4] Tanch. B. כי תבא 3.
[5] Gen. r. c. 9.
[6] Sabbath 30 a.
[7] Lev, r. c. 35 g. Auf.
[8] Joma 38 b, tradirt von Chija b. Abba.
[9] Berachoth 55 a.

gelangte, zu weinen. Wenn er Hiob 2, 3 las: „Du reiztest mich gegen ihn, um ihn zu verderben", sagte er: Giebt es eine Hilfe für einen Diener, dessen Herr sich gegen ihn aufreizen läßt? — Wenn er Hiob 15, 15 las, sagte er: Wenn Gott „seinen Heiligen nicht traut", wem sollte er trauen? — Wenn er Maleachi 3, 5 las, sagte er: Giebt es eine Hilfe für einen Diener, den sein Herr selbst „heranbringt, um ihm das Urtheil zu sprechen" und „sich beeilt, um gegen ihn zu zeugen!" — Wenn er Koh. 12, 14 las, sagte er: Giebt es eine Hilfe für einen Diener, dem sein Herr Irrthümer wie Absichtssünden anrechnet! — Wenn er Deut. 31, 21 las, sagte er: Giebt es eine Hilfe für einen Diener, den sein Herr selbst „Leiden und Drangsale finden" läßt!¹)

Wehe der Herrschaft, sie begräbt ihre Inhaber! Es gab keinen Propheten, der nicht vier Könige in's Grab steigen sah, s. Jes. 1, 1²). — „Einen Regenten habe jedes Zeitalter, nicht zwei Regenten"³). So sprach Gott zu Josua, Deut. 31, 23 (du — du allein — sollst das Volk in's Land bringen), nachdem ihm Moses, ib. 31, 7, gesagt hatte: du wirst mit diesem Volke in's Land kommen, ihn so mit den Aeltesten, den Vertretern des Volkes in eine Reihe stellend und ihn auf ihre Mitwirkung verweisend⁴). Die Regierungen folgen (in genau vorherbestimmten Zeiten) einander und keine erstreckt sich in die der anderen zugewiesene Periode auch um Haaresbreite⁵). — Nach Ps. 144, 14. Wenn die Großen die Kleinen tragen, dann ist das Gemeinwohl gesichert⁶).

---

¹) Chagiga 5 a.

²) Pesachim 87 b.

³) טיל מקל ידך, vorher noch: דבר אחד לדור ואין שני דברין לדור. על קדקדם דברים in etwas anderer Bedeutung bei dem Tannaiten Nechemia. Ag. b. T. II, 261.

⁴) Sanh. 8 a. Der Spruch erinnert an das homerische Εἷς κοίρανος ἔστω.

⁵) Ruth r. zu 1, 3 und zu 1, 18, tradirt von Simon b. Abba (zu 1, 3 שמואל statt שמעון): נכנם לתוך ארבי של ארבית הן ואין אחד מהן חברו אפילו כמלא נימא. Der Spruch ist in anderer Form in einer Sentenzengruppe Ben Azzai's zu lesen (b. Joma 38 a l.), in welcher Form er im bab. Talmud zweimal (Ber. 48 b, Taan. 5 b) in J.'s Namen vorkömmt (j. oben S. 227 Anm. 2.)

⁶) J. R. H. 58 b unt. J. erklärt: Wenn unsere Großen, Führer,

Dreierlei Wohlgefallen giebt es: das Wohlgefallen am Orte bei seinen Bewohnern, das an der Frau bei ihrem Manne, das an der Waare bei ihrem Käufer[1]). — Drei gehören zu den Erben der kommenden Welt[2]): wer im Lande Israels wohnt, wer seinen Sohn zum Thorastudium erzieht[3]), wer am Ausgang des Sabbaths den Scheidesegen über den Wein spricht[4]). — Dreier Verdienst wird von Gott täglich verkündet: des Junggesellen, der in der Großstadt wohnt, ohne zu sündigen, des Armen, der den verlorenen Gegenstand seinem Eigenthümer zurückgiebt, des Reichen, der seine Früchte im Geheimen verzehntet[5]). — Drei Dinge werden von Gott selbst angekündigt: Hungersnoth, nach II Kön. 8, 1 („Gott rief die H."), der Ueberfluß, nach Ez. 36, 29 („ich rufe das Getreide"), ein gutes Gemeindehaupt, nach Exod. 31, 1 („ich rief mit Namen Bezalel"[6]). — Drei Träume gehen in Erfüllung: der Morgentraum, der Traum, den Einem der Nächste geträumt hat, der Traum, der im Traume selbst gedeutet wurde[7]). — Ein Klimax der Gefahren: Hinter einem Löwen und nicht hinter einem Weibe, hinter einem Weibe und nicht hinter einem Götzen, hinter einem

---

belastet sind. Hingegen S. b. Lakisch: Wenn unsere Großen — von den Kleinen — getragen werden. Ruth r. zu 1, 2 umgekehrt.

[1]) Sota 47 a (Aruch s. v. חן III nennt Chanina als Autor). In j. Joma 41 b citirt Abin den Spruch als Baraitha (תנן). Vgl. auch unten bei Simon b. Lakisch, Ende des 1. Abschnittes.

[2]) Pesach. 113 a.

[3]) S. oben S. 225.

[4]) In Berachoth 33 a giebt J. eine Geschichte des Habdala-Ritus. Jb. 51 a deutet er Deut. 33, 23 a auf denjenigen, der über den „vollen" Becher den „Segen" spricht. S. auch Schebuoth 18 b, J.'s Deutung der Aufeinanderfolge von Lev. 11, 47 und 12, 2.

[5]) Pesachim 113 a.

[6]) Berach. 55 a.

[7]) Berach. 56 b. Andere Aussprüche J.'s über den Traum: Wer wegen eines Traumes betrübt ist, lasse ihn von drei Menschen deuten, Berach. 55 b. — „Gott hat es veranstaltet, daß man vor ihm fürchte" (Koh. 3, 14), das ist ein böser Traum, Berach. 55 a. — Der Traum richtet sich nach der Deutung, nur im Traume getrunkener Wein richtet sich nach der Person des Träumenden, j. Maaser scheni 55 c. (Echa r. zu 1, 1 (vgl. Berach. 56 b, J.'s Anwendung von Prov. 9, 5). — In j. Kilajim 32 b wird erzählt, wie ein Weber in's Lehrhaus kam und von einem

Götzen und nicht hinter der Synagoge, während in ihr die versammelte Gemeinde betet¹).

Mann und Weib zum Ehebunde zu vereinigen gilt für ein so schweres Wunder, wie die Spaltung des Schilfmeeres (nach einer Deutung von Pf. 68, 7²). — Wer eine Frau nimmt um des Himmels willen (ohne unlautere Nebenabsichten), dem wird es so angerechnet, als hätte er ihr das Dasein geschenkt (Deutung von הוליד I Chron. 2, 18³). — Der Ehebrecher wird durch die Untreue der eigenen Frau bestraft, nach Hiob 31, 10⁴). — Man darf die Tochter einer übelbeleumundeten Frau, keineswegs aber diese selbst heirathen⁵). — Das Weib eines Räubers ist dem Räuber gleich zu achten, das Weib des Chaber dem Chaber [...] nach Prov. 16, 7, Gott den ihm Wo'j!¹)
Micha 7, 6⁷). — Wem jeni[...], begräbt ihre Inhaber! Es gab keinen erfahren, als wäre in seinen Tagen das Heiligthum zerstört worden

---

Traume berichtete, in welchem er das Firmament sich senken und einen Schüler J.'s es stützen sah. — Wem beim Aufstehen ein Bibelvers in den Mund kömmt, kann dies als kleine Prophezeiung betrachten, Verach. 55 b unten. (vgl. oben S. 211, Anm. 4). — „Mit den Lippen ist ein Bund geschlossen", indem auch absichtslos ausgesprochene Voraussagung in Erfüllung geht, wie Gen. 22, 5 „wir werden zu euch zurückkehren": in der That kehrten Beide, Abraham und Isaak, zurück. M. Katon 18 a. — Hieher gehört auch J.'s Spruch: Seit der Zerstörung des Heiligthums ward die Prophetie den Narren, Wahnsinnigen und den Kindern verliehen. Was die Letzteren betrifft, vgl. oben S. 211, Anm. 4. Auf die den Wahnsinnigen zugeschriebene divinatorische Thätigkeit bezieht sich auch J.'s Deutung zu Hiob 12, 16 (s. unten, Ende des 6. Abschnittes).

1) Berach. 61 a unten.
2) Sota 2 a, Sanh. 22 a, tradirt von Rabba b. b. Chana. In palästinensischen Quellen (Pesikta 11 b und Parallelstellen) ist der Ausspruch nebst der Deutung Jose b. Chalaftha in den Mund gelegt, s. M. b. T. II, 169.
3) Sota 12 a.
4) Sota 10 a.
5) Sota 27 a.
6) Pesikta 80 a אשתי של לבעל לבעל אי' של חבר בחבר חבר. Den zweiten Theil des Spruches sagt nach Ab. zara 39 a Samuel; Schebuoth 30 b wendet ihn S.'s Schüler, Nachman, an.
7) Pesikta 80 a, Gen. r. c. 54 Anf.

(nach Ezech). 24, 21, verglichen mit V. 16¹). — Wäre die Thora nicht gegeben worden, so hätten wir Sittsamkeit von der Katze gelernt, Enthaltung vom Raube von der Ameise, eheliche Treue von der Taube, Anstand im Eheleben vom Hahne²).

Als Muster der Sündenscheu nannte J. eine Jungfrau, die er einmal folgendermaßen beten gehört hatte: Herr der Welt, du hast das Paradies geschaffen und die Hölle, du hast die Frommen geschaffen und die Frevler; es sei dein Wille, daß die Menschenkinder nicht durch mich zu Falle kommen! — Als Muster des Strebens nach göttlichem Lohne nannte er eine Wittwe, die obwol in der Nachbarschaft einer Synagoge wohnend, dennoch täglich in das entfernte Lehrhaus, der Ueberfluß, nach G. Als er sie fragte: Meine treibe"), ein gutes Gemeindehaupt, nach der Nachbarschaft? — da Namen Bezalel"⁶). —, Drei T... mir denn nicht der Lohn für die Schritte, die ich zu deinem Lehrhause mache, zu Theil?³).

Wem sein Vater ein Capital hinterlassen hat, der wird es am sichersten einbüßen, wenn er sich in Linnen kleidet, Glasgefässe benützt und Arbeiter miethet, ohne bei ihnen anwesend zu sein⁴). — Wer reich werden will, beschäftige sich mit Kleinviehzucht⁵). — Wem es im Geschäfte übel ergeht, dem nützt zuweilen Aenderung des Namens, ein anderes Mal Aenderung des Ortes⁶).

Harten Traum, harte Prophezeiung, unsinnige Trauer macht die Dauer der Zeit zu nichte⁷). — Wer die Uebung einer guten That beginnt, ohne sie zu beendigen, dem ist es beschieden, seine

---

¹) Sanh. 22 a.
²) Erubin 100 b, Chullin 57 b. — Mäßigkeit im ehelichen Umgange empfiehlt J.'s Spruch ... אבר קטן, Sukka 52 b (vgl. Sanh. 107 a).
³) Sota 22 a (s. Elija zuta c. 17 Ende).
⁴) Chullin 84 b.
⁵) Chullin 84 a b. — S. auch Pesachim 49 a: Wer reich werden will, heirate eine Aharonidin: Priesterthum und Thorakenntniß vereint, thun ihre Wirkung.
⁶) S. die Anekdote j. Sabb. 8 c d.
⁷) (Gen. r. c. 64 חלום קשה ונבואה קשה אבל שוטה אריכות ימים מבטלת. Zur Prophezeiung wird Ez. 2, 22 citirt, zur unsinnigen Trauer (oder unechten Trauer, vgl. die Ausdrücke שוטה בכור שוטה, הדס) Gen. 26, 8.

Frau und seine Kinder zu begraben. Das lehrt Jehuda's Beispiel, der Joseph zu retten anfieng (Gen. 37, 26) und die Pflicht gehabt hätte, ihn auf den Schultern zum Vater zu bringen. Er unterließ es und büßte auf die angegebene Weise (Gen. 38, 7, 10, 12[1]). — Nie weigere man sich dessen, zu einem Alten hinzugehen, um ihn zu segnen: Boaz war achtzig Jahre alt geworden, ohne Kinder zu haben; als die fromme Noemi für ihn gebetet hatte (Ruth 2, 20), wurde er mit Nachkommenschaft bedacht[2]).

2.
Das Studium der Lehre.

Wer daran geht, sich mit der Thora zu beschäftigen, betrachte sich so, als ob er im Feuer stünde (nach Deut. 33, 2 „Feuer des Gesetzes"[3]). — Die Thora ist in vierzig Tagen gegeben worden[4]), und die Seele des Menschen wird in den ersten vierzig Tagen nach der Empfängniß gebildet: wer die Thora bewahrt, dessen Seele wird bewahrt, wer die Thora nicht bewahrt, dessen Seele wird ebenfalls nicht bewahrt[5]). — Wer sich mit den Worten der Thora sättigt, der ist vor bösen Nachrichten behütet (nach einer Deutung von Prov. 19, 23 b[6]). — Die Worte der Thora gewähren ein Asyl (nach Deut. 4, 44 „dies ist die Lehre", unmittelbar nach dem Abschnitt über die Zufluchtsstädte[7]). — Wem es möglich ist, sich mit der Thora zu beschäftigen, ohne daß er es thut, über den ver-

---

[1]) Gen. r. c. 85, tradirt von Jehuda b. Simon und Chanin, Tanchuma B. וישב 13, tradirt von Chija b. Abba. In Sota 13 b hat dies Samuel b. Nachman. Vgl. Ag. d. T. II, 299.

[2]) Ruth r. zu 3, 10 (§ 5 g. E.): עצמו את ישמע אל אדם לעולם מלילה. Jalkut zu Ruth (§ 406) שיברכני וקן אחר מלילה... אצל וקן לברכו. Danach wäre der Alte der Segnende.

[3]) Pesikta 200 a, Tanch. B. הברכה ואת 8.

[4]) S. oben S. 221.

[5]) Menachoth 99 b (gemeinschaftlich) mit Eleazar). S. Aehnliches bei Bar Kappara, Ag d. T. II, 510.

[6]) Berach. 14 a unten, von Abba, dem Sohne Chija b. Abba's in seines Vaters Namen tradirt.

[7]) Makkoth 10 a.

hängt Gott schwere und störende Leiden (nach) Pf. 39, 3: schweige ich vom Guten — der Thora, Prov. 4, 2 —, dann ist mein Leiden störend[1]). — Leiden, mit denen nicht Abhaltung vom Thorastudium oder Abhaltung vom Gebete verbunden ist, sind als Schickungen der Liebe Gottes zu betrachten, der „wen er liebt züchtigt" (Prov. 4, 12[2]).

Man soll erst studiren und dann heirathen, denn kann Jemand „mit dem Mühlstein auf dem Halse sich mit der Thora beschäftigen?"[3]) — Wer lernt, ohne zu lehren, gleicht einem Myrthenbaume in der Wüste[4]). — Wer sich in selbstsüchtiger Absicht der Krone der Lehre bedient, der wird aus der Welt entwurzelt: wenn Belschazar, der sich der entweihten heiligen Gefässe bediente (Daniel 4, 2), vernichtet wurde, wie erst Jemand, der sich der niemals entweihten Krone der Lehre bedient![5]) — Die Worte der Thora erhalten sich nur bei dem, der seine eigene Person als Nichts betrachtet (nach Hiob 28, 12: „Die Weisheit wird vom Nichts gefunden"[6]). — Wer sich mit der Thora um ihrer selbst willen beschäftigt, der schützt — mit seinem Verdienste — die ganze Welt (nach einer Deutung von Jesaia 51, 16[7]). — Nach Maleachi 2, 7: Wenn der Meister — in seiner eigenen Lebensführung — „einem Engel des Herrn der Heerschaaren" gleicht, dann, und nur dann soll man Belehrung aus seinem Munde suchen[8]). — Zu Koh. 9,

---

[1]) Berachoth 5 a, als S. b. Lakisch auf Grund von Hiob 5, 7 gesagt hatte: Wer sich mit der Thora beschäftigt, von dem weichen die Leiden — und J. darauf erwiederte: Das wissen auch die Schulkinder, nämlich aus Exod. 15, 26).

[2]) Berach. 5 a, von Abba dem Sohne Chija b. Abba's, im Namen seines Vaters tradirt.

[3]) Kidduschin 29 b, gegen Samuel, s. Tossafoth daselbst.

[4]) R. H. 23 a. Dazu eine andere Version: Wer lernt und an einem Orte, wo es sonst keinen Weisenjünger giebt, lehrt, gleicht einem Myrtenbaume in der Wüste, der besonders werth ist. — „Die kleine Schwester, die keine Brüste hat" (Hoh. 8, 8) deutet J. auf die Diaspora in Elymais: שובתה ללמוד ולא ז ללמו, Pesachim 87 a, Kidduschin 49 b, Sanh. 24 a.

[5]) Nedarim 62 a.

[6]) Sota 21 b.

[7]) Sanh. 99 b.

[8]) Chag. 15 b, Moed Katon 17 a, citirt von Rabba b. b. Chana.

16. „Die Weisheit des Armen ist verachtet". War etwa die Weisheit (Gelehrsamkeit) Akiba's, weil er arm war, verachtet? המבסן bezeichnet vielmehr denjenigen, der seine eigene Lehre „gefährdet" (מפסיד), indem er das Gegentheil dessen thut, was er lehrt[1]). — Nach Deut. 30, 12 f. Die Thora „ist nicht im Himmel", sie findet sich nicht bei den Hochmüthigen; „sie ist nicht jenseits des Meeres", sie findet sich nicht bei den Handelsherren und Kaufleuten (die weite Reisen über's Meer unternehmen[2]). — Nach Jes. 59, 21 („aus dem Munde deines Samens und des Samens deines Samens in Ewigkeit"). Ein Weisenjünger, dessen Sohn und Sohnessohn ebenfalls Weisenjünger sind, darf hoffen, daß die Thorakenntniß nicht mehr aus seiner Nachkommenschaft schwindet[3]). — Wer sich vom Studium der Thora lossagt, der sinkt in die Hölle, nach Prov. 21, 16, vgl. Prov 9, 18[4]). — In dem Heiligthum, das Moses verfertigte, gab es drei Geräthe mit goldenen Kranzleisten: Altar (Exod. 30, 3), Lade (25, 11), Tisch (25, 24). Den Kranz des Altars (das Priesterthum) bekam Aharon, den des Tisches (das Königthum) David, der Kranz der Bundeslade (die Kenntniß der Thora) liegt frei, wer ihn holen will, hole ihn[5]).

Den Weisenjüngern, die sich des Nachts mit der Thora beschäftigen, rechnet es die heil. Schrift so an (Ps. 134, 1) als verrichteten sie den Dienst im Heiligthume[6]). — Der Sang der Thora (des Thorastudiums) erschallt in Wahrheit nur in der Nacht, wie es gesagt ist: Stehe auf, lasse deine Stimme ertönen in der Nacht

---

[1]) Koh. r. z. St., im Einzelnen ausgeführt und mit den Beispielen Simsons und Gideons erweitert. Im Einzelnen verschieden Ruth rabba zu 1, 1.

[2]) Erubin 55 a. Nach der Version in Scheelthot תילהית Nr. 19 ist dieser Satz von Raba, während J.'s Satz lautet: Sie findet sich nicht bei dem, dessen Sinn hoch wie der Himmel und weit wie das Meer ist.

[3]) Baba Mezia 85 a, tradirt von Parnach.

[4]) Baba Bathra 79 a, tradirt von Dime.

[5]) Joma 72 b. Vgl. Ag. d. Tann. II, 80, Anm. 1. Dazu gehört noch die Deutung J.'s zu dem Worte זר, welches wie זר gelesen und wie זר geschrieben sei: dem Würdigen wird das Thorastudium zur „Zierde", dem Unwürdigen wird es „entfremdet".

[6]) Menachoth 110 a.

(Echa 2, 19¹). — Wer die heilige Schrift ohne Melodie liest und die Mischna ohne Sangweise recitirt, von dem gilt das Wort der Schrift (Ez. 20, 25): Ich gab ihnen Gesetze, die nicht gut (klingen) und Rechtssatzungen, durch die sie nicht leben können²). — Es darf wie ein festes Bündniß (als gesichert) gelten, daß wer sich mit seinem Studium in der Synagoge müht, das Erlernte nicht so bald vergißt³). — Mit Hinblick auf die Verwendung des Oeles als Mittel des Luxus und der Verweichlichung und auf das Nacht= studium, das des Oeles bedarf⁴): Sowie die Olive das Studium von siebzig Jahren vergessen machen kann, so stellt sie das Studium von siebzig Jahren wieder her⁵). — In Tekoa war die Weisheit zu Hause, weil sie sich des Olivenöles bedienen; daher schickte Joab, II Sam. 14, 2, nach Tekoa⁶). — Warum werden die Worte der Lehre dem Feigenbaume (Prov. 27, 18) verglichen? Sowie man auf dem Feigenbaume, so oft man ihn absucht, immer Feigen findet, so wird man auch in den Worten der Lehre, so oft man über dieselben nachdenkt, immer einen Sinn (eine neue Er= klärung, Deutung) finden⁷). — Gebot und Lehre (Uebung und Studium) verhalten sich zu einander, wie Lampe und Sonnenlicht, nach Prov. 6, 23⁸). — Nie lasse sich der Mensch vom Lehrhause

---

¹) Lev. r. c. 19 Anf. In Schir r. zu 5, 11 wird auch Prov. 31, 15 als Belegvers angegeben. In Lev. r. (vgl Midr. Sam. c. 5) wird noch Folgendes erzählt: Wenn Simon b. Lakisch in der Bibelauslegung zu den genannten beiden Versen (Prov. 31, 15 und Echa 2, 19) gelangte, sagte er mit Beziehung auf die obige Deutung: יפה למדני ר' יוחנן (vgl. oben S. 31, A. 3); in Schir r. (wo נרנה Corruptel aus הרנה ist) bloß: אמר ר"ל יפה למדני ר' יוחנן שאין הרנה של תורה אלא בלילה. Zu der jedenfalls corrumpirten Stelle in Exod. r. c. 47, vgl. Levy I, 96 a (אימטיף), Fürst Glossarium, p. 92 f. החלוי II 138 f.

²) Megilla 32 a, tradirt von Schefatja. Vgl. Sofrim III, 10.

³) Jer. Berach. 9 a oben. Der Ausdruck ברית כרותה auch oben S. 223 und S. 232, Anm.

⁴) Vgl. „die 300 Krüge Oel", die Chananja b. Chizkija verbrauchte, als er das Buch Ezechiel rechtfertigte, Sabb. 13 b.

⁵) Horajoth 13 b.

⁶) Menachoth 85 b.

⁷) Erubin 54 a b, tradirt von Chija b. Abba.

⁸) Schocher tob zu Ps. 17, 7 (§ 8) מצוה בפני תורה כנר בפני חמה. — אור = Sonnenlicht.

und von den Worten der Lehre abhalten, ja selbst in der Todes=
stunde — nach Num. 19, 14: dies ist die Lehre, wenn der Mensch
stirbt — mögest du mit der Thora beschäftigt sein[1]).

Die „Bauleute" (Mischna Mikwaoth 9, 6) sind die Weisen=
jünger, welche sich in ihrem ganzen Leben mit dem Bau der Welt
beschäftigen[2]). — Ein Weisenjünger, wenn er auch Bastard ist,
geht einem Hohenpriester, der unwissend ist, im Range vor[3]). —
Wer ist ein Weisenjünger, dessen Arbeit seine Mitbürger zu verrichten
die Pflicht haben?[4]) Wer sein eigenes Geschäft ruhen läßt und den
Geschäften des Himmels obliegt[5]). — Weisenjünger heißt schon, wer
aus irgend einem Gebiete der Traditionslehre eine an ihn gerichtete
Frage nach der gültigen Satzung zu beantworten vermag[6]). Die

---

[1]) Sabbath 83 a, wo die richtige Lesart ר׳ יהבן (nicht ינחן ור׳)
Zu j. Sabb. 7 a leitet Jochanan (so ist auch dort statt ר׳ יינח zu lesen,
wie auch der Trabant, Jakob b. Idi, s. oben S. 216, Anm. 6, beweist)
eine Reminiszenz aus der Tannaitenzeit mit folgenden Worten ein ליכאל
לעי אל ימנע (א׳ Solchen Anfang .אל ימנע אדם עצמו מלילך לבית המדרש
עצמו) haben auch andere Ausprüche J.'s, s. oben S. 228, Anm. 5, S.
234, A. 2.

[2]) Sabbath 114 a. Vgl. Chanina's Deutung zu Jes. 54, 3, oben
S. 11. S. auch den oben S. 235 unter Anm. 7 gebrachten Satz J.'s.

[3]) So predigte in einem concreten Falle J. in der Synagoge Be=
naja's (s. oben S. 208), j. Sabb. 13 c unt., Hor. 48 c unt. Vgl. b.
Megilla 28 a, wo J. die Worte in Prov. 8, 36 h (משנאי — משניאי, die
mich zum Gegenstande des Hasses machen) auf einen Weisenjünger an=
wendet, der sich vor einem Unwissenden, und sei es auch der Hohepriester,
erniedrigt. (S. auch J.'s Deutung zu Lev. 22, 9 עליו לבחן תרימה הניתן,
הארץ), Sanh. 90 b.

[4]) In Joma 72 b wirft J. die Frage auf: Der Befehl zur Ver=
fertigung der Bundeslade lautet das eine Mal (Deut. 10, 1) ועשית לך, das
andere Mal (Exod. 25, 10) ועשו? Das deutet — so lautet die Antwort
darauf hin, daß dem Gelehrten obliegende Arbeit von seinen Mitbürgern
zu verrichten sei. Vgl. A. d. T. I, 123.

[5]) Sabb. 114 a: זה שמנית הפצי חפצך בחפצי שמים. In paläftine=
fischen Quellen (j. Moed Katon 83 b, Kob. r. zu 7, 7) tradirt Abahu
im Namen J.'s: איזהו תלמיד חכם כל שהוא מבטל עסקיו מפני משנתו.

[6]) Sabb. 114 a: איזהו ת״ח כל ששואלין אותו הלכה בכל מקום ואמרה
Zu den in voriger Anm. citirten paläst. Quellen heißt es nach dem ange=
führten Ausspruche J.'s תני כל ששואלין אותי הלכה משנתו) ומשיב עליה
(das Eingeklammerte nur in Koh. r.) Zu einer Baraitha, Taanith 10 b,

zweierlei Bäume in Deut. 20, 19 f. find ein Bild des würdigen und des unwürdigen Weisenjüngers: Von jenem „sollst du essen und ihn nicht umhauen"; diesen „sollst du verderben und umhauen"¹). — Die Heils= verkündigungen der Propheten gelten denen, die die Weisenjünger in Ehren halten, ihre Tochter einem Weisenjünger zur Frau geben, für ihn Geschäfte machen, ihm von ihrem Vermögen einen Vortheil zuwenden; aber vom Heile, welches die Weisenjünger selbst er= wartet, heißt es (Jes. 64, 3): kein Auge sah es außer dir, o Gott!²) — Wer lässig ist bei der Todtenklage um einen Weisen, der wird selbst nicht lange leben: Maaß für Maaß (mit Deutung von Jes. 27, 8³). — Einem Weisenjünger gereicht es zur Unehre, mit geflickten Schuhen auf die Straße zu gehen⁴). — Von dem

---

heißt es: תלמיד‎ ‎כל‎ ‎ששואלין‎ ‎אותו‎ ‎דבר‎ ‎הלכה‎ ‎בלמודו‎ ‎ואומר. Der Zusatz ‎ואפילו‎ ‎במסכתא‎ ‎דכלה, bedeutet nach der von Tossafoth zu Sabb. 114 a (s. v. ‎ואפילו) gebrachten Erklärung: sogar nur in dem gerade in den Lehr= versammlungen (‎כלה) behandelten Tractate (was eine leichter zu erfüllende Bedingung ist). Der Zusatz ist babylonisch, da nur in Babylonien solche Lehrversammlungen zweimal im Jahre stattfanden und kennzeichnet sich auch durch die aramäische Wortform als Zuthat. Die Lesart ‎במסכת‎ ‎כלה beruht auf der von Raschi zu Sabb. 114 a und Kibbuschin 49 b gegebenen Er= klärung, es sei der außertalmudische Tractat Kalla gemeint. In einer anderen Bar., Kibbuschin 49 b, lautet die Definition des תלמיד ebenso wie in Taanith 10 b (nur statt ‎דבר‎ ‎הלכה‎ : ‎דבר‎ ‎אחד‎ (‎בכל‎ ‎מקום, auch mit dem aramäischen (babylonischen) Zusatze, während die parallele Tosefta=Stelle (Kibbuschin 3, 9) lautet: ‎שבני‎ ‎עירו‎ ‎נוהגין‎ ‎בו‎ ‎בבוד. In Sabbath 114 a be= findet sich noch eine Version des Ausspruches Jochanan's, welche mit den erwähnten Baraitha's übereinstimmt: ‎איזהו‎ ‎ת"ח‎ ‎שממנין‎ ‎אותו‎ ‎פרנס‎ ‎על‎ ‎הצבור ‎זה‎ ‎ששואלין...

¹) Taanith 7 a, tradirt von Zeira. — In j. Moed Katon 83 c tradirt Abba (Rabba) b b. Chana im Namen J.'s, die halachische Zeit= maaßbestimmung ‎תוך‎ ‎כדי‎ ‎דבור bedeute: solange der Gruß des Schülers an den Lehrer — ‎שלום‎ ‎עליך‎ ‎רבי — dauert.

²) Berach. 35 a, tradirt von Chija b. Abba. Zum letzten Puncte (‎מהנה‎ ‎ת"ח‎ ‎מנכסיו) ist zu vergleichen J.'s Ausspruch, Pesachim 53 b (nach Koh. 7, 12): ‎כל‎ ‎המטיל‎ ‎מלאי‎ ‎לכיס‎ ‎תלמידי‎ ‎חכמים‎ ‎זוכה‎ ‎ויושב‎ ‎בישיבה‎ ‎של ‎מעלה.

³) Sabbath 105 b, tradirt von Chija b. Abba.

⁴) Sabbath 114 a, tradirt von Chija b. Abba; in Berachoth 43 b wird eine Baraitha angeführt, worin unter sechs Dingen, welche dem Weisenjünger zur Unehre gereichen, auch dieses genannt ist.

Weisenjünger, auf dessen Gewand ein Fettfleck gefunden wird, gilt das Wort der Sprüche 5, 36: die mich (meine Lehre) verhaßt machen (l. מְשַׂנְאִי), lieben den Tod (verwirken ihr Leben[1]).

Als Lehrer wird nur jener betrachtet, dem man das Meiste seines Wissens verdankt[2]). — Wer seinen Schüler daran hindert, ihn zu bedienen, der verweigert ihm gleichsam die Liebe (als Deutung von Hiob 6, 14[3]). — Wer in Gegenwart seines Lehrers eine Satzung entscheidet, der ist werth, daß ihn die Schlange beiße (auf Grund einer Deutung von ותלתי Hiob 32, 2 nach ותלי Deut. 32, 24[4]).

In einem Orte traf Jochanan den Schullehrer schlafend und erfuhr, daß derselbe faste. Darauf sagte er: Wenn es schon bei der Arbeit, die man Menschen leistet, verboten ist (zu fasten, und den Arbeitgeber zu schädigen), umwieviel eher bei einer Arbeit, die man für Gott leistet[5]). — Den Schullehrern verbot J., in den heißen Sommertagen die Schüler zu schlagen[6]). Die Bezahlung, welche die Bibellehrer für ihren Unterricht bekommen entgegen der Pflicht, unentgeltlich zu unterrichten , ist eine Entschädigung für die Mühe, mit der sie den Schülern die Eintheilung der Bibelverse in Absätze, wie sie der Inhalt erfordert, beibringen[7]).

Nach Prov. 24, 6: Bei wem findest du die „Kampfesrüstung" der Thora? Bei dem, der in seiner Hand die Sätze der Mischna „bündelweise" (תחבולות = חבילות) hält[8]). Wer sich als Kenner der mündlichen Lehre (שונה) ausgiebt, erweist seine Be-

---

[1] Sabb. 114 a tradirt von Chija b. Abba. שונאי deutet J. so auch oben S. 238, Anm. 3. Als Kennzeichen eines Weisenjüngers nennt J. auch die Sorgfalt beim Anlegen seines Kittels Sabb. 114 a, Taan. 10 b.

[2] J. Moed kat. 83 b, tradirt von Abahu, als Entscheidung J.'s in der Controverse zwischen Jehuda und Jose.

[3] Kethub. 96 a, tradirt von Ch. b. Abba.

[4] Erubin 63 a, tradirt von Ch. b. Abba.

[5] J. Demai 26 b.

[6] Echa r. zu 1, 3 (Ende, Schocher tob zu 91, 6 (§ 3). In Sch. tob fehlt למתניא: (Mischnalehrer) nach אלא לבעלי (Bibellehrer).

[7] Nedarim 37 a: שכר פיסוק טעמים. Nach Rab, ib., ist sie eine Entschädigung für die Mühe bei der Behütung der Schüler (שכר שימור).

[8] Sanh. 42 a, tradirt von Acha b. Chanina und Assi. Im nächsten Abschnitte wird eine andere Deutung J.'s zu diesem Verse zu erwähnen

hauptung als richtig, wenn er den traditionellen Midrasch zur Thora inne hat[1]). — Talmud, das ist die dialectische Erörterung der Traditionssätze, geht der Mischna, — der gedächtnißmäßigen Kenntniß dieser Sätze — im Range vor, nach Prov. 16, 16[2]). — „Für alle Zeit liege dies Israel ob" (II Chron. 2, 3). Damit ist angedeutet, daß die Weisenjünger, welche sich mit den Satzungen des Tempeldienstes beschäftigen, so betrachtet werden, als wäre das Heiligthum in ihren Tagen erbaut worden[3]). — In Zacharia 14, 6 findet sich eine Andeutung dessen, daß die Satzungen über Aussatz, Krankheiten und levitische Unreinheit, so „gewichtig" (יקרות) sie auch in dieser Welt sein mögen, in der kommenden Welt „gering an Werth" (קפאון) sein werden[4]). — „Für den, der hinausgeht und hineinkömmt ist kein Friede" (Zach. 8, 10), das gilt von Jenen, die von der einen Lehrweise, wie sie in Palästina heimisch ist, sich lossagen und in die andere, wie sie in Babylonien herrscht, sich begeben[5]).

3.
Das Gebet. Die Gebote.

Jochanan pflegte zu sagen: Wollte Gott, der Mensch könnte den ganzen Tag beten, denn Gebet schadet niemals[6]). — Nur Simon b. Jochai und seinen Genossen, denen „die Thora ihr

---

sein, aus Pesikta 176 a, Lev. r. c 21, wo ihr unmittelbar die Anwendung des Verses durch Benaja auf das Mischnastudium folgt, jedenfalls in dem Sinne der hier gebrachten Deutung J.'s. Danach ist Ag. b. T. II, 540, Anm. 6 zu ergänzen.

1) Kidduschin 49 a b.
2) Jer. Horajoth 48 c ob. תלמוד קודם למשנה. S. b. Nachman beweist das Gegentheil aus Prov. 4, 5. In beiden Versen ist חכמה als halachische Gelehrsamkeit, בינה als die Fähigkeit, dieselbe mit dem Verstande dialectisch zu erörtern, aufgefaßt. Es scheint, daß nach Jochanan נבחר מכסף einen höheren Werth angiebt, als טוב מחרוץ.
3) Menachoth 110 a.
4) Pesachim 49 a, vorher eine Deutung Eleazars, nachher eine von Josua b. Levi.
5) Chagiga 10 a.
6) Jer. Berach. 2 a b, 3 b, 8 a unten (Tradent Simon b. Abba).

„Handwerk" war, galt das Verbot, das Studium des Gebetes halber zu unterbrechen, nicht aber den Epigonen, die nicht so ausschließlich mit dem Studium beschäftigt sind[1]). — Die vollkommene Unterwerfung unter die Herrschaft des Himmels geschieht, indem man nach gehöriger leiblicher Vorbereitung[2]), die Phylakterien anlegt, die Schema-Abschnitte liest und das Gebet verrichtet[3]). Wer so thut, dem rechnet die Schrift es an, als hätte er einen Altar gebaut und auf ihm ein Opfer dargebracht (Deutung von Pf. 26, 6[4]). — Wer das Schema liest, ohne die Phylakterien anzulegen, der bringt gleichsam Ganzopfer ohne das dazu gehörige Speiseopfer, Schlachtopfer ohne das Trankopfer dar[5]). — Wer sein Gebet verlängert und sich andachtsvoll in es versenkt, wird im Herzen Schmerz empfinden (nach Prov. 13, 12 a), der aber durch Beschäftigung mit der Thora (dem „Lebensbaume", nach Prov. 3, 18) geheilt wird (ib. V. 12 b[6]).

Das Gebet soll an dem Orte, der für das Gebet bestimmt ist, verrichtet werden (nach Exodus 20, 24[7]). — Gott zürnt, wenn in der Synagoge nicht die vorschriftsmäßigen Zehn zum gemein-

---

j. Sabb. 3 a unt.; b. Berach. 21 a, wo — ebenso wie in Tanch. V. מקץ 11 — der Nachsatz שאין התפלה מפסדת fehlt. In Sch. tob zu Pf. 65 (bei Buber) ist es Jochanan, der durchführt, daß unter Gottesdienst (עבודה) das Gebet zu verstehen ist: מהי עבודתי של הקב"ה תפלה in Bezug auf Zeph. 3, 9 und mit Heranziehung von Deut. 11, 13, Pf. 100, 2, Dan. 6, 17 (s. Sifre zu Deut. § 41 (Ende).

1) J. Berach. 3 b, 8 a, j. Sabb. 3 a, b. Sabb. 11 a, vgl. Ag. d. T. II, 89 (7).

2) יבנה ויטיל ידיו; vgl. j. Megilla 71 c (Abba b. Simon im Namen J.'s) לא יעמוד אדם ויתפלל צריך לנקובי.

3) Berach. 14 b s. יו היא מלכות שמים שלמה ...

4) Berach. 15 a, tradirt von Chija b. Abba.

5) Berach. 14 b, tradirt von Chija b. Abba. Aus Exod. 13, 9 folgert J., zur Bekräftigung eines Ausspruches Eleazars, daß die Erfüllung des Gebotes der Phylakterien so angerechnet wird, wie fortwährende Beschäftigung mit der Thora, Sch. tob zu Pf. 1, 2 (§ 17).

6) Berach. 32 b, trad. von Ch b. Abba.

7) J. Berach. 8 b, 8 d unt., trad. von Abba im Namen Chija (b. Abba's); vgl. oben S. 234, Anm 6 und S. 235, A. 2.

samen Gebete versammelt sind (nach Jes. 50, 2¹). — Man stelle sich zum Gebete nicht an einen hohen Ort²). — Wer in seinem Hause betet, der umgiebt es gleichsam mit einer Schutzmauer aus Eisen³). — Die angemessenste Zeit des Gebetes ist die Zeit nahe dem Aufgang und nahe dem Untergang der Sonne⁴).

Wer das Gebet (die „achtzehn Benediktionen" unmittelbar nach der Benediktion über die Erlösung Israels folgen läßt, ist ein Sohn der kommenden Welt⁵). — Vor dem Gebete sage man Ps. 51, 17, nach dem Gebete Ps. 19, 15⁶). — Wer der Aufforderung des Vorbeters Folge leistend mit aller Kraft das Lob Gottes anstimmt, dem wird seine Sünde vergeben, auch wenn er der Schuld des Götzendienstes verdächtig wäre (Deutung von Richter 5, 2 und Exod. 32, 25⁷). — Wer ungebührlich viele Ausdrücke anwendet, um Gottes Ruhm zu verkünden, der verdient es aus der Welt entwurzelt zu werden (Deutung von Hiob 37, 20⁸). — Wer sein Gebet in aramäischer Sprache verrichtet, dem bieten die Dienstesengel keinen Beistand, denn sie kennen die aramäische Sprache nicht⁹). — Niemals weiche der Psalmvers 46, 8 aus deinem Munde¹⁰).

---

¹) Berach. 6 b; vgl. oben S. 232, A. 1.
²) J. Megilla 71 c, trad. von Abba b. Simon.
³) J. Berach. 8 d unten.
⁴) Berach. 29 b, Sabb. 118 b. trabirt von Chija b. Abba, מצוה להתפלל עם דמדומי חמה. Vgl. j. Berach. 7 b. Ag. b. T. II, 159, Anm. 3).
⁵) Berach 4 b, 9 b.
⁶) J. Berachoth 8 a unten, trabirt von Jose aus Sidon, b. Berachoth 4 b.
⁷) Sabbath 119 b, trabirt von Chija b. Abba, nach dem ähnlichen Ausspruche J. b. Levi's, oben S. 121. In Ri. 5, 2 beb. ברכו יי: die Aufforderung des Vorbeters, בהתנדב עם: die willige, kräftige Antwort der Gemeinde (אמן יהא שמיה רבה מברך, בפרוע פ׳: das Vergeben der Sünden und zwar selbst solcher, wie sie in Exob. 32, 25 durch פרעה bezeichnet sind.
⁸) Megilla 18 a, trabirt von Rabba b. b. Chana; wenig anders j. Berach 12 d, Sch. tob zu Ps. 19, 2, trabirt von Abahu. Vgl. oben S. 12.
⁹) Sabb. 12 a, Sota 36 b.
¹⁰) J. Berach. 8 d unten, trabirt von Chizkija, Jakob b. Acha

Die zehn Bibelverse, mit denen im Neujahrsgebete Gottes Herrschaft anerkannt wird, entsprechen den zehn Schöpfungsworten, mit denen er die Welt in's Dasein rief[1]. — Der 136. Psalm heißt das große Hallel, weil er zeigt, wie Gott in seiner Erhabenheit jedem Geschöpfe seine Nahrung austheilt[2]. — Die Benediktion über das Studium der Lehre erweiterte J. mit folgenden Sätzen: Lasse angenehm sein, o Ewiger unser Gott, die Worte deiner Lehre in deinem Munde und im Munde deines Volkes, des Hauses Israels, damit wir Alle, sowie unsere Nachkommen und die Nachkommen deines Volkes, des Hauses Israels, Kenner deines Namens seien und deiner Lehre obliegen; gepriesen seist du, Ewiger, der die Thora lehrt seinem Volk Israel[3]. — Die Benediktion nach der Purim-Megilla lautet (an die Gemeinde Israels gewendet): Gepriesen sei der deinen Streit gestritten, deine Rache gerächt hat, der dich erlöst und befreit hat aus der Hand deiner Tyrannen[4]. — Beim Besuch des Friedhofes ist zu sagen: Der euere Anzahl kennt, möge euch erwecken, er möge den Staub (des Grabes) von eueren Augen heben![5] — J.'s Privatgebet nach Beendigung des Pflichtgebetes lautete[6]: O Ewiger unser Gott, lasse es deinen Willen sein, daß du in unseren Wohnstätten[7] Liebe und Brüderlichkeit, Friede und

---

Assi. Andere Tradenten (Jose b. Abin, Abahu) nennen den Psalmvers 84, 13.

[1] R. H. 32 a, Megilla 21 b.
[2] Pesachim 118 a. Vgl. j. Pesachim 32 c unt., j. Taan. 67 a.
[3] Berach. 11 b Varianten s. bei Rabbinowitz, I, 25 b
[4] J. Megilla 74 d unt., tradirt von Zakkai dem Fleischer. In b. Megilla 21 b, wo ebenfalls J. als Autor zu ergänzen ist (s. Rabbinowitz z. St.) lauten die Absätze anders (dem Gebetstücke ואתה פאר entnommen) und in erster Person: הריב את ריבנו. Letzteres ist auch in der anonym gebrachten Version in Soferim 14, 5 der Fall, doch die einzelnen Absätze wie im Jer. Vgl. noch Müller, Masechet Soferim. S. 189.
[5] J. Berach. 13 d, tradirt von Chija (b. Abba). Zum Ausdrucke יגלה את העפר s. Ag. d. T. I, 166 und J. d. D. M. G. XLIII, 613 ff.
[6] J. Berach. 7 d unt., b Berach. 16 b (nach der richtigeren Autorangabe).
[7] בגבולינו von Raschi mit בגבולנו erklärt, also von פרץ (Esther 9, 24), was eine sehr auffallende, sonst schwerlich nachweisbare Anwendung dieses Wortes wäre. Auch die Schreibung פרץ (mit zwei ') im jer. Talmud

Freundschaft weilen lassest, unser Gebiet mit Schülern vermehrest, unser Ende glücklich sein lassest, zum erhofften Zwecke, unseren Antheil an's Paradies gebest¹); laß uns einen guten Gefährten und einen guten Trieb²) erwerben, damit wir früh morgens die Erwartung unseres Herzens erlangen, und möge uns von dir Beruhigung unserer Seele beschieden sein.

Immer betrachte sich der Mensch hinsichtlich der Uebung der Gebote wie einen Steuermann (der erwägt, wohin er das Schiff zu lenken habe), nach Prov. 24, 6 (תחבולות) im Sinne des Steuerns genommen³). — Wer ein Gebot seiner Wahrheit nach erfüllt, dem wird das so angerechnet, als wäre es ihm selbst vom Sinai gegeben worden⁴).

Warum werden die Federn auf dem zum Opfer dargebrachten Vogel belassen (Lev. 1, 17), da doch der Geruch verbrannter Federn auch dem gewöhnlichen Menschen widerlich ist? Dies ist deshalb vorgeschrieben, damit auch das Opfer des Armen in seinem Schmucke auf dem Altar erscheine⁵). — Das Gebot des Omer (Lev. 23, 10) sei nicht gering in deinen Augen; denn durch dieses Gebot verdiente es Abraham, das Land Kanana zu besitzen (nach einer Deutung

---

und im Cob. München spricht gegen die Erklärung. Vielleicht ist an פוּרְיָה (Levy IV, 17 b) in erweiterter Bedeutung zu denken: die Ruhebetten, auf denen die gelehrten Freunde saßen (vgl. Sabb. 121 b ob.) und sich unterredeten.

¹) Anstatt חלקנו בגן עדן ותשים hat Jer. ונשיש בחלקנו בגן עדן.

²) Anstatt ותקננו בחבר טוב ויצר טוב hat Jer. ותן לב טוב וחי טוב. S. auch die Varianten in D. S. I, 38 b.

³) Pesikta 169 a, Lev. r. c. 21.

⁴) Tanch. כי תבא Anf. unmittelbar vor dem oben S. 229 angeführten analogen Ausspruche. In Tanch. B. fehlt der hier gebrachte Satz und Buber hält ihn auch für irrthümliche Zuthat der Mantuaner Edition. Doch ist nach seiner Annahme die auch in seinem Texte zu lesende Bibelstelle ועשית אתם, Deut. 26, 16, unerklärt. Diese Bibelstelle bildet aber eben die Grundlage des oben umschriebenen Gedankens, der im Tanchumatexte auch noch anders umschrieben ist: כאלו היא תקנה „als ob er das Gebot eingesetzt hätte" (תקן = עשה). Die Deutung beruht auf dem neben ושמרת überflüssigen ועשית.

⁵) Lev. r. c. 3.

von Gen. 17, 8 f.¹). — Die Schwingungen mit den Erstlings=
broten (Lev. 23, 17) geschehen in der Richtung der Weltgegenden,
dem Herrn der Winde, und nach oben und unten, dem Herrn des
Himmels und der Erde zu Ehren²). — „Und meine Sabbathe
heiliget" (Ez. 20, 20). Womit? Mit Speise und Trank und reinem
Gewande³). — Wer den Sabbath nach seiner Satzung beobachtet,
dem wird selbst Götzendienst vergeben (nach Jes. 56, 2⁴). — Man
darf am Sabbath in die Synagogen und Lehrhäuser gehen, um über
öffentliche Angelegenheiten zu berathen⁵).

Zu Deut. 32, 35. „Mein ist die Rache und Vergeltung,
wenn ihr Fuß wankt". Erweist sich denn darin die Macht Gottes,
daß er an dem wankenden Israel Vergeltung übt? Der Sinn ist:
Wenn die unter ihnen üblichen Gebote aufhören geübt zu werden,
dann steht ihnen kein Verdienst zur Seite und die Vergeltung hat
Macht über sie⁶).

---

¹) Lev. r. c. 28, Psikta 71 a, mit einem entsprechenden Satze
S. b. Latisch's, tradirt von Mehreren. Die Deutung ist nicht klar, nach
D. Luria und S. Straschun zu Lev. r. wird תשמר (Gen. 17, 5, mit
ישמר, Jerem. 5, 24, in Zusammenhang gebracht. Vgl. einen ähnlich einge=
leiteten Satz J.'s tradirt von Simon b. Abba, Chag. 16 b: לעילם אל תהי
שבות קלה בעיניך.

²) Menach. 62 a, Sukka 37 b, tradirt von Chija b. Abba; s. ob.
S. 142, Anm. 4.

³) Schir r. zu 5, 16, Tanch. B. יצא 22, trad. v. Acha und Tan=
chum b. Chija.

⁴) Sabb. 118 b, tradirt von Chija b. Abba. Die Deutung
beruht auf der Lesung von: מחללו als מחל לו und der Auffassung von
אנוש nach Gen. 4, 26 (wo nach der traditionellen Erklärung vom ersten
Götzendienst die Rede ist.

⁵) Kethuboth 5 a, tradirt von Jakob b. Idi.

⁶) Esther r. zu 1, 1 tradirt von Simon; רגלם durch הגלית (מצית)
gedeutet.

4.

Israel. Heidenthum. Rom. Götzendienst. Polemisches. Proselyten.

Der Dornbusch, Exob. 3, 2, ist ein Bild Israels: sowie man den Dornbusch zur Einhegung des Gartens verwendet, so bildet Israel einen schützenden Zaun für die Welt[1]. — Israel wird in Jerem. 11, 16 dem Oelbaume verglichen: sowie man das Oel der Olive nur durch Pressen gewinnt, so wird Israel nur durch Leiden gebessert[2]. — Zu Echa 3, 21[3]). Ein König heiratete eine Matrone und verschrieb ihr viele Schmuckgegenstände und Schätze. Dann ließ er sie allein, reiste über's Meer in ein fernes Land und blieb dort viele Jahre. Da kränkten sie ihre Freundinnen und sagten ihr: Wie lange willst du so verharren, nimm dir einen Mann, so lange du jung bist. Sie aber gieng in ihr Haus, las ihre Heiratsverschreibung und tröstete sich. Als der König endlich zurückkehrte, fragte er sie: Meine Tochter, ich bin erstaunt, daß du all' diese Jahre hindurch ausgeharrt hast; da erwiederte sie: O Herr und König, wäre deine reiche Verschreibung nicht gewesen, meine Freundinnen hätten mich längst dir abwendig gemacht[4]). So kränken[5]) auch die Völker der Welt Israel und sagen: Wie lange lasset ihr euch um eures Gottes willen tödten, wieviel Schmerz und Leid bringt er über euch, kommet zu uns, ihr sollet Statthalter, Kriegsoberste werden! Israel aber geht in die Lehrhäuser und Synagogen, und wenn es die Verheißung in Lev. 26, 9 zu Gesicht bekömmt, tröstet es sich. Wenn dereinst die Erlösung kömmt, wird Israel ebenfalls zu Gott sprechen: Herr der Welt, wäre nicht das Buch der Lehre, das du uns geschrieben, gewesen, längst hätten uns die Völker der Welt von dir abwendig gemacht: „Dieses nehme ich mir zu Herzen,

---

1) Exob. r. c. 2 g. Ende.
2) Menachoth 53 b.
3) Pesikta 139 b, tradirt von Abba b Kahana, wenig erweitert in Pesikta r. c. 21 (106 a b); mit verschiedenen Aenderungen Echa r. z. St.
4) Sollte nicht die Erzählung von der auf ihren Odysseus Jahre hindurch treu ausharrenden Penelope als die Quelle dieses Gleichnisses betrachtet werden dürfen?
5) שטנין, der ständige Ausdruck für Angriffe auf das Judenthum.

darum harre ich." Und ebenso sagte David (Pf. 119, 92) : Wäre nicht deine Lehre mein Ergötzen, ich wäre umgekommen in meinem Elende. — Gott nennt Israel seine Taube (Hoh. 2, 14, Hosea 7, 11); aber den Völkern der Welt gegenüber werden die Stämme Israels mit starken Thieren verglichen (Genesis 49, 9, 14, 17, 21, Deut. 33, 17, 22). Denn die Völker kämpfen gegen Israel und sagen ihnen: Wozu beobachtet ihr den Sabbath, wozu die Beschneidung? Dem entgegen macht Gott Israel stark wie jene Thiere und bewirkt, daß die Völker vor Gott und Israel gedemüthigt werden[1]. — Es besteht ein Vertrag zwischen Gott und Israel, daß weder Gott sie, noch sie ihn verleugnen[2]. — Zu Psalm 36, 6[3]. Jemand machte sich in der Abenddämmerung[4] auf den Weg; als die Finsterniß hereingebrochen war, traf ihn Einer, der eine Lampe anzündete, doch die Lampe erlosch. Es kam ein Anderer mit einer Lampe, die ebenfalls erlosch. Da sprach der Wanderer: Von jetzt an will ich nur noch auf das Licht des Morgens warten. So folgten in Israels Geschichte nach der Erlösung durch Moses aus der egyptischen Knechtschaft neue Knechtschaften und Erlösung aus denselben: durch Daniel und seine Genossen (Babel), durch Mordechai und Esther (Persien), durch die Hasmonäer (Griechen). Als nun die Knechtschaft Roms anhielt, sprach Israel: Fortan wollen wir nicht mehr Erlösung durch Menschen erwarten, sondern Gott sei unser Erlöser; wir wollen nicht, daß uns Menschen Licht bringen, sondern „in deinem Lichte wollen wir Licht sehen. — Zu Psalm 4, 7 und 80, 20. Israel spricht vor Gott: Wenn wir nichts haben, als daß du uns dein Antlitz leuchten lässest, haben wir genug[5]. — Gott wird dereinst selbst für Israel das Wort führen (Pf. 50,

---

[1] Schir r. zu 2, 14; Exod. r. c. 21 g. Anf.

[2] Lev. r. c. 6. J. wendet das lateinische Wort compromissa an.

[3] Pesikta 144 a; anders Schocher tob z. St. Das Gleichniß ist nach Pesikta, die Anwendung nach Sch. tob wiedergegeben. In Pesikta zieht die Anwendung den Leuchter des mosaischen und die zehn Leuchter des salomonischen Heiligthums heran. Das Gleichniß in Sch. tob spricht von Jemandem, der sich selbst Licht anzündet, das aber immer wieder erlischt, so daß er es aufgiebt und beschließt, auf das Tageslicht zu warten.

[4] עם דמדומי חמה, vgl. oben S. 243, A. 4.

[5] Schocher tob zu beiden Stellen.

7 „ich will reden"): wenn die Fürsten (Schutzengel) der Völker gegen Israel die Anklage erheben, es habe gleich den übrigen Völkern gesündigt und der Anwalt Israels verstummt, dann spricht Gott (Jes. 63, 1): „Ich rede vom Verdienste" (Israels)! Von dem Verdienste nämlich, daß ihr euch um die Welt erwarbet, als ihr die Thora empfienget; denn sonst wäre die Welt wieder wüst und öde geworden[1]).

In der Gen. 15, 17 erzählten Vision ließ Gott Abraham sehen: die Hölle, die Weltreiche, die Offenbarung, das Heiligthum. Damit deutete er ihm an: Wenn deine Söhne mit den zwei letzteren beschäftigt sein werden, so seien sie vor den zwei ersteren gerettet, sagen sie sich von jenen los, werden sie durch diese bestraft[2]). — Für Israel giebt es kein — durch die Gestirne bestimmtes — Geschick[3]). Das folgt aus Jerem. 10, 2; vor den Zeichen des Himmels erschrecket nicht, mögen die Völker vor ihnen erschrecken![4]) — Das „Verdienst der Väter" verlor seine Wirksamkeit in den Tagen König Chizkija's, von dessen Herrschaft in Jes. 9, 6 gesagt ist: „Von nun an bis in Ewigkeit wird der Eifer des Herrn der Heerschaaren es wirken"[5]). — Nach Jes. 54, 1: Zijon (Israel)

---

[1]) Ruth r. Anfang. Die Deutung von Jes. 63, 1. (צדקה im Sinne von זבות) auch im Schocher tob zu Pf. 20, 2: an beiden Stellen sind ohne genaue Scheidung der Autoren (חד אמר וחד אמר) die beiden Deutungen Eleazars und J.'s zu Jes. 63, 1 angegeben (in Sch. tob ist Pinchas der Trabent: ר' פנחס ור' אלעזר ור' יוחנן). Was ich hier J. zugeschrieben habe, entspricht der Deutung J.'s zu Pf. 76, 9, tradirt von Chija b. Abba, Pesikta r. c. 21 (99 b). „Die Erde fürchtete", denn sie sprach: Wenn Israel die Thora nicht annimmt, kehre ich zu meinem ersten Zustande zurück. Ganz so erklärte den letzteren Psalmvers Chizkija (s. oben S. 56), wie in b. Sabb. 88 a, Ab. zara 3 a im Anschluß an einen Ausspruch Simon b. Lakisch's erwähnt wird. Dieser knüpfte denselben Gedanken an Gen. 1, 31, den Jochanan in Jes. 63, 1 und Pf. 76, 9 gefunden hatte.

[2]) Gen. r. c. 44, Pesikta 42 b, Pes. r. c. 15 (67 a), Sch. tob zu Pf. 38 (Ende und zu Pf. 52 Ende, tradirt von Simon b. Abba, anonym Exod. r. c. 51 g. E.

[3]) Sabbath 156 a, gegen Chanina, s. oben S. 14

[4]) Sabb. ib., Sukka 29 a.

[5]) Sabb. 55 a. In j. Sanhedrin 27 d, Lev. r. c. 36 Ende ist als Autor dieser Ansicht Juda n genannt. Im Widerspruch mit dieser Ansicht

hat in der Zerstörung mehr Fromme erstehen lassen, als zur Zeit seines Bestandes¹). — Den Früheren (zur Zeit des ersten Tempels), die offen sündigten, wurde auch das Ende des Exils offenbart, den Späteren (zur Zeit des zweiten Tempels), die heimlich sündigten, wurde die Endzeit der Erlösung nicht offenbart²).

Wer vier Ellen weit im Lande Israels wandelt, hat die Versicherung, daß er ein Sohn der künftigen Welt ist³). — Der Boden des heiligen Landes möge lieber brach liegen gelassen, als einem Heiden vermiethet werden⁴). — Nur wer vom Brode Israels ißt, weiß, wie Brod schmeckt, nach Pf. 14, 4⁵). .

Im Gegensatze zu Jehuda I, der erklärt hatte, daß die syrische (aramäische) Sprache im Lande J. Israel nicht berechtigt sei⁶), sagte

---

steht die andere, Sabb. ib. im Namen J.'s tradirte Meinung das „Taw" in Ezechiel 9, 4 bedeute: תחון ובית אבית. Vgl. Tosafoth das.

¹) Pesikta 142 a, tradirt von Acha, Schir r. zu 4, 3, tradirt von Abba b. Kahana.

²) Joma 9 b, zusammen mit Eleazar. Ebend. sagt J. und vertheidigt es auch gegen S. b. Lakisch: טיבה ציםורנים של ראשונים מבדם של אחרונים.

³) Kethub. 111 a, tradirt von Jirmija b. Abba. Vgl. oben S. 231 (aus Pesachim 113 a . In Midr. Mischle zu Prov. 17, 1 finden sich beide Sätze in erweiterter Form. — Ueber das Verlassen des heiligen Landes f. die Anekdote des jer. Talmuds (Berach. 6 a b, Schebiith 36 c, vgl. b. Kiddufchin 31 b, wie Affi J. fragt, ob er seiner aus Babylonien kommenden Mutter nach Bostra entgegenreisen solle. S. auch j. Demai 23 a (tradirt von Abba b. Chija): חבר שיצא חוצה לארץ אין דוחין איתי מחבורתו.

⁴) Auf die Frage Simon's, gegen die Meinung Josua b. Levi's. — Aussprüche J.'s zur Geographie Palästina's j. B. Bathra 74 b (trad. von Dime), vgl. Neubauer, la géographie du Talmud. S. 24 ff.; Bechor. 55 a; Sanh. 108 a (vgl. Neubauer ib. S. 34).

⁵) Sanh. 104 a, tradirt von Rabba. Im Sch tob z. St., angeführt, im Jalkut heißt es: רי סתר בשלחן אובלי עמי אבלי לחם; dann folgen die Namen dreier Brodarten: פת לושה פת עריבה פת קלאבאטי. פת ערך und ליש bezeichnen Kneten und Rollen des Teiges. Statt פת קלאבאטי bei Buber (wo רי יהודה רי in עמילה פת aufgelöst ist), f. Pesachim 37 a, Levy III, 662 b. — Der von Rabba tradirte Spruch und der in Sch. tob gehören jedenfalls zusammen. Ihr Inhalt ist das Lob des mit besonderer Sorgfalt zubereiteten Brodes am jüdischen Tische.

⁶) Sota 49 b, Baba kamma 82 b; f. Ag. d. T. II, 472.

Jochanan: Nicht möge die syrische Sprache in deinen Augen geringgeschätzt sein, denn in allen drei Theilen der heiligen Schrift kommt
sie vor, in der Thora: Gen. 31, 47, in den Propheten: Jerem.
10, 11, und in den Hagiographen: Daniel 2, 4[1]).
Gott bot die Thora vorher allen Völkern an, doch sie weigerten sich, sie anzunehmen; er bot sie Israel an und es nahm sie
willig an (nach Deut. 33, 2[2]). — Jedes Wort der Offenbarung
am Sinai theilte sich nach den siebzig Sprachen (Deutung von Ps.
68, 12[3]). — „Das Volk sah die Stimmen" (Exod. 20, 18): Die
Stimme Gottes theilte sich in siebzig Stimmen nach den siebzig

[1] J. Sota 21 c oben, tradirt von Samuel b. Nachman, dem
gewöhnlichen Tradenten Jonathan's; doch ist keine Veranlaßung, hier
יוחנן in יונתן zu emendiren. J. wendet die Redensart לא יהא קל בעיניך auch
oben S. 246, Anm. 1 an; und auch sonstige Aussprüche mit Heranziehung der drei Haupttheile der Bibel giebt es von ihm. In Gen. r. c. 74
g. E. (וכו פרסי Corruptel aus סורסי) und im Jalkut zu den drei Stellen
(I, 130, II. 286, 1060, an den beiden letzteren Stellen ארמית statt סורסי)
ist nur Samuel b. Nachman als Autor genannt. — Vom Gebete will
J. das aramäische ausgeschlossen sehen, s. oben S. 243. J. selbst bedient
sich in seinen Aussprüchen oft genug des Aramäischen. Vor einem hebr.
Ausspruche schwört er beim היכלא, Kidduschin 71 a. Aramäische Erklärungen
zu Bibelstellen von ihm z. B.: j. Sota 20 b (zu Chaggai 2, 14); j. Schebuoth 37 b (Prov. 13, 7); j. Sanh. 20 b (I Chr. 11, 13); Gen. r. c. 65
(Gen. 27, 16); ib. c. 90 (Gen. 40, 47); Pesikta 166 a (Num. 14, 17);
ib. 101 b (Ps. 18, 18); Schir r. zu 1, 4; Esth. r. Einleitung (Hiob 34,
30); ib. zu 1, 10; ib zu 1, 12. Sprüche und volksthümliche Redeweisen in
aramäischer Sprache: Gen. r. c. 39 (Gen. 22, 1); ib. c. 22 (Gen. 4, 9);
Schir r. zu 4, 8 (Exod. 14, 31); b Sabbath 145 b (אמרי אינשי); Sukka
53 a (s. unten, Cap. XIII. Absch. 1). Aramäische Aussprüche zur Heilkunde:
Sabb. 67 a oben, ib. 110 a b. Aramäische Erklärung von Mischnawörtern:
Taanith 6 b (zu Pea 8, 1); Kethub. 17 b (zu Kethub. 2, 1). Aramäische
Redensarten s. oben S. 209, Anm. 1; Kidduschin 33 a (כמה הרפתקי עברו
עלייהו); Aboda zara 58 b und 59 a (s. Ag. d. bab. Am. 96, Horowitz,
1872, 3)

[2] Aboda zara 2 b. Ausführlicher ist die anonyme Darstellung desselben Gedankens im Sifre z. St. (§ 343) und in der Mechiltha zu 20, 2
(66 b). Eine in denselben Gedankengang gehörende Deduktion J.'s aus
Deut. 33, 2 f. B. kamma 38 a.

[3] Sabbath 88 b, (Sch. tob. zu Ps. 92 anonym). In Exod. r. c.
28 Ende wird dieser Psalmvers als Beleg für die anderweitig deducirte
Ansicht J.'s citirt.

Sprachen, damit alle Völker der Welt sie vernehmen[1]). — Vom Choreb, der Stätte der Offenbarung, ward den heidnischen Völkern ihr vernichtender Urtheilsspruch (Deutung von חרוב יחרבו, Jes. 60, 12[2]). — Die Schlange behaftete Eva und mit ihr alle ihre Nachkommen, die Menschheit, mit einem Makel; von Israel wich er durch die Offenbarung am Sinai, den Völkern, die nicht am Sinai standen, verblieb er[3]). — Wehe den Völkern der Welt! „Anstatt des Kupfers bringe ich Gold, anstatt des Eisens bringe ich Silber...." (Jes. 60, 17); was aber bringen sie anstatt Rabbi Akiba's und seiner Gefährten, die den Märtyrertod erleiden mußten?) Von ihnen gilt Joel 4, 27: „Wenn ich ungerächt lasse, so lasse ich Jener Blut nicht ungerächt"[4]).

Daniel sah das vierte Thier, welches Rom bedeutet, in einem besonderen „Gesichte der Nacht" (Dan. 7, 7), weil Rom so mächtig ist, wie alle drei vorhergegangenen Weltreiche zusammen[5]). — Ebenso nennt Moses unter den unreinen Thieren das Schwein, in dem Rom angedeutet ist, in einem besonderen Verse (Deut. 14, 8), weil Rom so mächtig ist, wie die anderen Drei zusammen[6]). — Mit dem Schwein Ps. 80, 14, ist Rom gemeint, welches, je nach Israels Verdienst oder Schuld, bald schwach gegen Israel vorgeht, wie ein Thier, das aus dem Flusze (יאר) kömmt, bald mächtig und furchtbar, wie ein Thier, das aus dem Walde (יער) kömmt; das wird mit der zweifelhaften Schreibung des y in יער angedeutet.

---

[1] Exod. r. c. 5. Jb. c. 28 Ende wird der Gedanke an Deut. 5, 19 angeknüpft („eine große Stimme, die nicht aufhörte"). Auf beide Versionen geht zurück Neue Pesikta B. Ham. VI. 39 — Vgl. auch Ag. b. T. II. 347.

[2] J. Sota 21 d, tradirt von Abba b. Kahana, ebenso Schir r. zu 4, 4, Tanch. B. במדבר 7, ib. שמיני 10 (mit einem anderen Ausspruche verquickt), Tanchuma תצוה (ohne Tradenten). In j. Sota wird vorher von Samuel b Nachman eine ähnliche Deutung J.'s zu Jes. 33, 12 tradirt (סיד Anspielung auf Deut. 26, 4). — Den Ausdruck שלהב אפיכרסיס: בטל (ϰατόπϱαξις) gebraucht J. auch anderwärts (j. R. H 57 a).

[3] Sabbath 145 b, Jebam. 103 b, Ab. zara 22 b.

[4] Rosch Haschana 23 a unt. Vgl. die anonyme Deutung von Jes. 17, 6 auf עקיבא וחבריו, ר׳ Lev. r. c. 13 Ende

[5] Lev. r. c 13.

[6] Lev. r. ib.

Denselben Gedanken, auf die Weltreiche überhaupt und ihr Verfahren mit Israel angewendet, deuten die Worte in Dan. 7, 3 an: aufsteigend vom Meere, verschieden eines vom anderen¹). — Die „Augen" auf dem Horne, Dan. 7, 8, deuten darauf hin, daß Rom, das frevelhafte Reich, das böse Auge (die Scheelsucht) in das Vermögen der Leute bringen läßt: Jener ist reich — so sagt die Regierung — machen wir ihn zum Archonten; jener ist reich, machen wir ihn zum Rathsherrn²). — Von Rom ist Dan. 7, 23 gesagt: Es wird die ganze Erde fressen, indem das Ansehen Roms sich über die ganze bewohnte Welt verbreitet hat³). — „Das Thier des Rohrs" (Ps. 68, 32) ist Rom, das seine Acte mit einem und demselben Rohre (calamus), mit dem der Willkür und Ungerechtigkeit, schreibt; die „Mächtigen" der „Völker" schlachtet es hin, als ob sie herrenlose „Kälber" wären, es „streckt die Hand aus" (מתיר פס = מתרפס), um „Geld" zu nehmen, ohne aber dem Geber seinen „Willen" zu thun⁴)

Sem und Japheth wurden für die Schonung der Ehre ihres

---

¹) Lev. r. c. 13 Ende anonym (im Rahmen eines Ausspruches S. b Nachman's), ungenau Schir r. zu 3, 1, trad. von Chanina im Namen J.'s. — Die Paraphrase J.'s zu Ps. 60, 11 (Deut r. c 1 g. Ende) beruht auf der Gleichstellung der עיר מצור mit Rom.

²) Gen. r. c. 76. Anspielung auf die kostspieligen Magistraturen, zu denen reiche Bürger zwangsweise herangezogen wurden. Darauf beziehen sich auch zwei Sätze J.'s in j. Moed Katon 81 b, j. Sanh. 26 b oben: קובלין אם הזכירוך לבולי יהא הירדן בעל גבולך; רשות להיפטר מבולי j. Levy I, 199 a.

³) Ab. zara 2 b, Schebuoth 6 b; vgl. Neue Pesikta, B. H. VI, 50. — Die drei Rippen im Munde des zweiten Thieres (Persiens), Dan. 7, 5, erklärte J. als Anspielung auf Holwan (st. חלוין l. חלוין), Adiabene und Nisibis, die drei Provinzen, welche Persien „bald verschlingt, bald von sich giebt" d. i. an Rom verliert, Kiddushin 72 a; j. Neubauer, La Géographie du Talmud p. 374.

⁴) Pesachim 118 b, tradirt von Chija b. Abba. — Ps. 144, 8 wendet J. an, um zur Mischna Pesachim 8, 6 zu constatiren, daß diese unter der „Versicherung der Freilassung aus dem Gefängnisse" nicht die von Heiden gegebene meine, weil dieselbe unzuverläßig sei, j. Pesachim 36 a (tradirt von Abba b. b. Chana). — Aus בבשיהם, Jona 3, 8, schließt er, die Niniviten hätten das in ihren Kästen verwahrte, unrechte Gut nicht zurückgegeben, j. Taan. 65 b, Pesikta 161 a.

Vaters vermittels eines Gewandes (Gen. 9, 23) entsprechend belohnt: Sem, der mit dem Beispiele vorangieng, bekam den Mantel (Tallith) des Weisenjüngers, Jepheth, der Sem sich anschloß, das Pallium des Philosophen[1]). — Wer ein weises Wort äußert, und gehörte er auch zu den Heiden, wird Weiser genannt, nach Esther 6, 13 („seine Weisen", vorher „seine Freunde" genannt[2]). — Ein Götzendiener, der sich mit der Thora beschäftigt, ist todeswürdig: „Die Lehre hat uns Moses geboten, als Erbe" (Deut. 33, 4); uns, aber nicht ihnen ist die Thora ein Erbbesitz[3]). — Die Heiden im Auslande (außerhalb Palästina's) sind nicht als Götzendiener zu betrachten, da sie nur an der Religionsübung ihrer Väter festhalten[4]). — Nur eine solche Noth, in welcher nebst Israel auch die Heiden in Mitleidenschaft gezogen sind, ist wahre Noth; wenn Israel allein leidet („wenn du bedrängt bist" Deut. 4, 30), ist es keine wahre Noth[5]). — Die Völker der Welt haben nicht das wahre Gute, nach Koh. 8, 13: „Gutes giebt es nicht

---

[1]) (Gen. r. c. 36, Tanch. B. נח 21, לסיבך וזכה שם טלית ויפת לפיולא... Tanch. פיולא וליפת לשם טלית שברן לחם נתן. Das Fremdwort, das wahrscheinlich corrumpirt ist (Jalkut liest פלמריא) ist am besten durch pallium zu erklären (s. Grätz, IV, 259). Damit ist der vorzugsweise von den Philosophen getragene, gewöhnlich weiße Mantel aus Wollenstoff genannt, ein Seitenstück zu dem besonders als Ehrenmantel der Weisenjünger (טלית של תלמיד חכם) geltenden Talith. Beide bilden eine passendes Aequivalent der שמלה, mit welcher Sem und Japhet die Blöße ihres Vaters bedeckten. Josua b. Chanania erklärt in einer mehrfach gebrachten Anekdote (Gen. r. c. 70 g. Auf., Koh. r. zu 7, 8, Num. r. c. 8 Ende) dem Aklas, שמלה in Deut. 11, 18 bedeute den טלית, das Ehrengewand des Gelehrten, welches auch der Proselyt erreichen könne, nachdem ihm das „Brot" der Thora gewährt worden sei. — Mein Schüler Sam. Krauß schlägt vor, פיולא mit φιάλη, φυάλιον zu erklären, eine Art Kopfhülle, bei Ducange, Col. 1675. Bei Const. Porphyrogen. I, 528 (ed. Bonn) ist φιάλιν ein Staatskleid (Reiske in der Note dazu, II, 611: cucullus, Kutte).
[2]) Megilla 16 a (s. B. H. II, 57).
[3]) Sanh. 59 a.
[4]) Chullin 13 b, tradirt von Chija b. Abba.
[5]) Deut. r. c. 2, nach der durch J. tradirten Deutung Atiba's zu בצר דך (Ag. b. T. I, 830). Dann folgt die Angabe, J. habe gepredigt (דרש), ein Beispiel hiefür sei die Bedrängniß der Juden im persischen Reich (Esther 4, 3).

Die Heiden. Götzendienst. 255

für den Frevler¹); aber das Gute Israels ist ein vollkommenes, nach I Kön. 8, 66: „ob all' des Guten"²). — Ein Israelit und ein Heide wohnen in einem Hofe. Wenn der Heide einen vom Israeliten auf den Herd gesetzten Topf berührt, so ist dieser nicht unrein; berührt aber der Israelit einen Topf des Heiden, so sagt er: Unrein! Derselbe Heide, der ohneweiters aus einem Topfe ißt, in den allerlei Gewürm und Kriechthier hineingefallen ist, zerbricht den Topf, wenn der Israelit etwas von dem Seinigen hineingiebt³).

Wer den Götzendienst verleugnet, wird Jude genannt, nach Daniel 3, 12; darum wird (Esther 2, 5) auch Mordechai, obwol er aus dem Stamme Benjamin war, als Jehudi (Jude) bezeichnet⁴). — Jüdisches und heidnisches Gottesbewußtsein: Die Frevler (Götzendiener) nehmen ihren Standpunkt über ihren Göttern ein („Pharao stand über dem Nil" Gen. 41, 1); die Frommen sind sich dessen bewußt, daß ihr Gott über ihnen steht („der Ewige stand über ihm, Gen. 28, 13⁵). — „Mein Antheil ist der Ewige, spricht meine Seele" (Echa 3, 24). Das ist Israels Bekenntniß, den heidnischen Völkern gegenüber, die sich die Sonne, den Mond, Holz und Stein, Gottes vergängliche Geschöpfe zur Anbetung erkoren haben; Israel betet den Einen, Unvergänglichen an und bekennt täglich zweimal seine Einheit⁶). — Als sich Gott am Sinai

---
¹) Auf die Einwendung, es hieße Esther 1, 9 כטוב לב המלך, erwiedert er, das כ bedeute eben, daß das טוב kein wirkliches, sicheres wäre.
²) Esther r. zu 1, 9.
³) Esther r. zu 2, 3, tradirt von Levi, in dessen Namen von Josua aus Sichnin und Chanina aus Schilka. Die interessante Beobachtung wird als Beweis dafür gebracht, wie die Juden von den Heiden verachtet werden. — Jochanan erlaubte unter gewissen Umständen, von Heiden Gekochtes zu essen, Jebam. 46 a.
⁴) Megilla 13 a, tradirt von Rabba b. b. Chana.
⁵) Gen. r. c. 69 und c. 89.
⁶) Echa r. z. St., tradirt von Abahu; dazu das Gleichniß von einem Könige, der mit seinen Feldherren und Beamten in eine Stadt kommt; von den Großen der Stadt wählt sich jeder einen Anderen aus dem Gefolge des Königs, um ihn zu beherbergen, der Klügste von ihnen wählt sich den König selbst, denn כולא מתחלפין ומלכא איני מתחלף. Zu Deut. r. c. 2 g. Ende das Ganze hebräisch bearbeitet und im Namen von J.'s Schüler, Jizchak.

offenbarte, wurde dem nichtigen Götzenwesen die Fähigkeit verliehen, Gott zu huldigen, nach Pf. 97, 7 (השתחוו in der Vergangenheit[1]). — Das „zweifache Böse", das Israel nach Jeremias 2, 13 verübte, ist der eine Götzendienst, der aber so schwer ist, wie das von den beiden in V. 10 genannten Völkern verübte Böse zusammengenommen[2]). — Nach Jerem. 10, 8. „Durch Eines verbrennen" die Frevler in der Hölle; „die Lehre der Nichtigkeiten" (der Götzendienst wie in V. 15) „ist das Holz", auf dem sie verzehrt werden[3]). — Wenn ein Prophet irgend eines der Worte der Lehre zu übertreten gebietet, höre auf ihn; nur wenn er Götzendienst gebietet, und ließe er auch die Sonne mitten am Firmamente stille stehen, gehorche ihm nicht[4]). — Auch geringe Gebote müssen mit Gefährdung des Lebens beobachtet werden, wenn es gilt, bei einem von der Regierung verhängten Religionszwange für die Lehre einzustehn[5]).

An Bildsäulen haftet deshalb der Charakter des Götzendienstes, weil bei ihrer Aufstellung vor ihnen Weihrauch angezündet wird[6]). — Bei der Herunternahme der Bildsäulen darf man sie ansehen, nach Pf. 37, 34 f.[7]) — Das Verbot, den Namen fremder Götter

---

[1]) Sch tob zu Pf. 31, 2 (§ 4), der Belegvers wird von Tachlifa angeführt (ויהבתיב מטייע לו לר' יוחנן). J. will wahrscheinlich sagen, daß durch die Offenbarung den Wahnwesen, welche von den Heiden angebetet wurden, durch den Gegensatz zum wahren, nunmehr durch Israel angebeteten Gotte gleichsam Existenz verliehen wurde, aber nur zu dem Zwecke, daß ihre Nichtigkeit der Wirklichkeit des wahren Gottes huldige.
[2]) Taanith 5 a b, trad. von Jizchak an Nachman.
[3]) Taanith 5 a, trad. von Jizchak an Nachman.
[4]) Sanh. 90 a, trad. von Abahu; ohne biblische Belegstelle, doch jedenfalls nach Deut. 13, 3.
[5]) Sanh. 74 a unt., trad. von Dime. Rabin tradirt ebendas. im Namen J.'s, auch in gewöhnlicher Zeit dürfe man nicht das geringste Gebot verletzen, wenn eine öffentliche Verletzung desselben gefordert wird.
[6]) J. Ab. zara 42 b unt., tradirt von Aschian dem Zimmermann.
[7]) Ibid. — In j. Ab. zara 43 d unten wird erzählt, daß J. alle Bildsäulen in den Badehäusern zertrümmern ließ. — Hingegen that er, nach j. Ab. zara 42 d, nichts gegen die in seinen Tagen — in Palästina aufkommende Wandmalerei. Dem Chija b. Abba, welcher ein Gefäß (קוקי, καύκιον, f. Sachs, Beiträge II, 49) besaß, in dessen Innerem eine römische Gottheit (טימי דרומי, τυχή, sonst im Talmud und Midrasch „Werth"

Göhendienst. Polemisches.

zu erwähnen (Exod. 23, 13) hat keine Gültigkeit hinsichtlich der in der heiligen Schrift vorkommenden Namen[1]). — Das Verbot, Griechisch zu lernen, wurde gegeben, um das Ueberhandnehmen der Angeber — die ihre Kenntniß des Griechischen zu Angebereien bei der Behörde mißbrauchen — zu verhindern[2]). — Mädchen dürfen Griechisch gelehrt werden, weil dessen Kenntniß einen Schmuck für sie bildet[3]).

Die Pflicht, den Ungläubigen (Epikuräer) zu widerlegen (Eleazar b. Arach), Aboth 2, 14) bezieht sich nur auf Heiden, nicht aber auf Ungläubige jüdischer Herkunft, denn diese werden durch Eingehen in ihre Argumente noch dreister[4]). — Ueberall, wo die Minim (Christen) in der heiligen Schrift ein Argument für die Mehrheit in Gott zu finden behaupten, findet sich ihre Widerlegung gleich daneben: 1. Gen. 1, 26 „in unserem Bilde", gleich darauf (V. 27) „in seinem Bilde"; 2. Gen. 11, 7 „laßt uns hinuntersteigen", vorher (V. 5) „der Ewige stieg hinunter"; 3. Gen. 35, 7, Plural נגלו, vorher V. 3 „dem Gott, der mich erhörte"; 4. Deut. 4, 7, Plur. קרובים, daneben „so oft wir zu ihm rufen"; 5. II Sam. 7, 23, Plur. הלכו, daneben לו; 6. Daniel 7, 9 „Throne", daneben „der Alte der Tage setzte sich"[5]). — Aus den Worten „ich habe sein Herz verhärtet" (Exod. 10, 1) können die Minim ein Argument entnehmen, zum Beweise dessen, daß Gott die Reue Pharao's gar nicht

---

bedeutet hier s. v. als ar. דחלא, hebr. יראה, in der concreten Bedeutung Abgott, Götze) abgebildet war, erlaubte er dessen Gebrauch: מכיון שהמים צפין על גבה של דבר של בזיון הוא, j. Ab. zara 42 d. In b. Ab. zara 16 b sagt J, es gebe dreierlei Basiliken: die der Könige, die der Bäder und die der Schatzkammern.
1) Sanh. 63 b.
2) J. Pea 15 c, trad. von Abba, dem Sohne Chija b. Abba's im Namen Chija's.
3) J. Pea 15 c; j. Sabb. 7 d, j. Sota 24 c. oben, tradirt von Abahu. Simon b. Abba behauptet zwar, Abahu schreibe Jochanan den Ausspruch deshalb zu, weil er seine eigenen Töchter Griechisch lehren lassen wolle; doch schwur Abahu, daß er es wirklich von J. gehört habe.
4) Sanh. 38 b.
5) Sanh. 38 b. Vgl. die Fragen der Minim an Simlai, unten Capitel XV.

wünschte¹). — Der Plural גוים המורדים (Ez. 2, 3 deutet an, daß Israel nicht eher in's Exil wanderte, als es in viele ketzerische Sekten zerfiel²).

Nach Hiob 31, 32 „Draußen soll der Fremdling nicht weilen". Daraus folgt, daß man bei der Aufnahme von Proselyten mit der linken Hand abweisen, aber mit der rechten näherbringen soll, anders als Elischa mit Gechazi verfuhr (II Kön. 5, 27), indem er ihn mit beiden Händen verstieß³). Abraham wurde deshalb mit der Knechtschaft seiner Nachkommen bestraft (Gen. 15, 13), weil er die befreiten Sodomiten von sich ziehen ließ und so daran verhinderte, unter die Flügel der Gottesherrlichkeit einzugehen (sich zu Gott zu bekehren), nach Gen. 14, 21: „Die Seelen gieb mir"⁴).

5.

Die heilige Schrift. Schriftliche und mündliche Lehre. Normen. Etymologisches. Halachische Exegese.

Die Bücher der Propheten und Hagiographen werden dereinst ihre Gültigkeit verlieren, die fünf Bücher der Thora niemals; denn von der Offenbarung durch Moses ist gesagt (Deut. 5, 19): „eine große Stimme, die nicht aufhört"⁵). Jede prophetische Rede, welche nicht nur für ihre Zeit, sondern auch für die Zukunft von Bedeutung war, wurde veröffentlicht (in die prophetischen Schriften aufgenommen); eine prophetische Rede, die nur für ihre Zeit Bedeutung hatte, wurde nicht veröffentlicht. Dereinst aber wird Gott auch die zahllosen unbekannt gebliebenen Propheten mit sich bringen

---

¹) Erob. r. c. 13 g. Anf. Simon b. Lakisch widerlegt dann das Argument. Hier sind unter den Minim wol Gnostiker gemeint, nach deren Ansicht der Gott des Alten Testamentes das Gute nicht will. — Dem Beispiele Meir's folgend, deutete J. den Ausdruck εὐαγγέλιον mit hebr. עין גליון, Sabbath 116 a, f. Ag. d. T. II, 36.

²) Jer. Sanh. 29 c unt. שינוי׳ עד ד בתי דין של מינים ...

³) Jer. Sanh. 29 b. Halachisches über Proselyten, wobei J. humaner entscheidet, als S. b Lakisch s. bei Horovicz (1872), 2.

⁴) Nedarim 32 a. — S. auch Koh. r. zu 1, 7, J.'s Deutung zu Ez. 47, 23.

⁵) Jer. Megilla 70 d unten.

und ihre Reden zur öffentlichen Kenntniß gelangen lassen, nach Zach. 14, 5: „Kommen wird der Ewige, mein Gott, alle Heiligen mit dir"[1]). — Jeder Prophet, mit dessen Namen auch der seines Vaters genannt ist, hatte einen Propheten zum Vater; bei wem der Name des Vaters nicht genannt ist, dessen Vater war nicht Prophet[2]). — Jeder Prophet, bei dem der Name seiner Stadt nicht angegeben ist, war ein Jerusalemier[3]). — Von den vier zeitgenössischen Propheten Hosea, Jesaia, Amos, Micha trat Hosea zuerst als Prophet auf, daher heißt es Hos. 1, 2. „Der Anfang dessen, daß der Ewige redete, war mit Hosea"[4]). — Auch Jeremias macht keine Ausnahme von der Regel, daß die Propheten ihre Reden mit Tröstungen schloßen; denn die Worte: „bis hieher die Reden Jeremias" (Jer. 51, 64) sollen anzeigen, daß auch er, der immer wieder die Zerstörung des Heiligthums verkündete, seine Reden mit der Verkündigung des Sturzes seiner Zerstörer schloß, wie sie jenen Worten vorausgeht: „So wird Babel sinken und sich nicht erheben wegen des Unheils, das ich über sie bringe."[5]). — Die Widersprüche,

---

[1]) Schir r. zu 4, 11, tradirt von Jakob (b. Jdi), als Schluß einer hyperbolischen Angabe über die Anzahl der Propheten, welche Israel zur Zeit Elija's besaß; mit wenig Aenderungen in Ruth r. Einleitung. In b. Megilla 14 a als anonyme Baraitha (aus dem Seder Olam r. c. 21) ארבה נביאים עמדו להם לישראל כפלים כיוצאי מצרים אלא נבואה שהוצרכה לדורות נכתבה ושלא ה' לדי לא נכתבה. In Koh. r. zu 1, 9 ebenfalls anonym: Viele Propheten sind Israel erstanden, deren Namen nicht bekannt wurden, aber bereinst wird sie Gott mit sich bringen, nach Zach. 14, 5.

[2]) Lev. r. c. 6.

[3]) Echa rabba, Prooemien Nr. 22, zur Erhärtung der Erklärung von גיא חזיון, Jes. 29, 1, mit: גיא שכל החוזים עומדים ממנה. Beide Regeln über Vater und Herkunftsort der Propheten werden im babylonischen Talmud, Megilla 15 a, im Namen Ulla's, des Schülers J.'s mitgetheilt; s. Die Ag. d. bab. Amoräer, S. 95. Der Satz über die von Moses abgeleiteten vier Vorbedingungen der prophetischen Inspiration, Nedarim 38 a, wird Sabb. 92 a — etwas verschieden — anonym gebracht. Vgl. Ag. d. T. II, 86 (1). — Daran schließt sich der Satz J.'s, daß alle Propheten reich waren, bewiesen an Moses, Samuel, Amos und Jona, Nedarim ib.

[4]) Pesachim 87 a, Baba Bathra 14 b. In modificirter Form kennt diesen Ausspruch auch Hieronymus, Comm. in Hos. 1, 1 f. S. Rahmer in Frankel's Monatsschrift, XIV (1865), 220 f.

[5]) J. Berach. 8 b, Pesikta 116 a, Sch. tob zu Ps. 4, 9 (§ 12), gegen Eleazar.

zwischen Ezechiel 44, 31, 45, 18 und den betreffenden Gesetzen der Thora wird bereinst Elija deuten[1]). — Als Verfasser der Psalmen sind außer Adam, Abraham, Moses, David und Salomo noch Asaph (der mit Heman und Jedathun nur für eine Person zählt), die drei Söhne Korachs und Ezra anzunehmen[2]). — Das erste Halleluja wendete David als Psalmschluß an, wo er den Sturz der Frevler erblickte, Ps. 104, 35[3]). — Das „Buch der Redlichen", das in Josua 10, 13 und in II Sam. 1, 18 erwähnt wird, ist die Genesis: das Buch von Abraham, Isaak und Jakob, welche in Num. 23, 10 die Redlichen genannt werden[4]); die Andeutung auf das in Josua als im Buche der Redlichen enthalten Berichtete findet sich in Gen. 48, 18: „sein Nachkomme" (Josua) „erfüllt die Völker" (mit seinem Ruhme, als ihm die Sonne stillstand); die Andeutung auf das Lied vom Bogen (II Sam. 1, 18) ist in den Worten „deine Hand am Nacken der Feinde" (Gen. 49,

---

[1] Menachoth 45 a. S. Geiger, Jüd. Zeitschrift II, 22.

[2] Schir r. zu 4, 3, Koh. r. 7, 19, gegen Rab, dem die Söhne Korachs nur für einen Psalmdichter gelten, während Asaph, Heman und Jedathun für Drei zählen. In der Bar. Baba Bathra 14 b muten wird David als Eilfter neben den „zehn Alten" genannt, die nebst ihm Verfasser der Psalmen waren. Von den ersten Fünf, nach dem Midrasch Unbestrittenen fehlt in dieser Bar. außer David selbst noch Salomo, hingegen ist vor Abraham auch Malkizedek genannt (Ps. 110); ferner gelten sowohl die Söhne Korachs als Asaph, Heman, Jedathun für je Drei, wodurch die Zehnzahl voll wird. Ezra, dessen Erwähnung unter den Psalmdichtern, die alle vor oder gleichzeitig mit David lebten, sehr auffallend ist (der Commentator M. Samuel Jafe emendirt עזריה in עזרא, s. M. Katon 16 b unt., fehlt im Talmud. In Sch. tob zu Ps. 1, 1 (§ 6) werden mit Anknüpfung an Koh. 7, 19 (Autor Nechemia) als die zehn Verfasser der Psalmen genannt: Adam, Malkizedek, Abraham, Moses, David, Salomo, Asaph und die drei Söhne Korachs; als strittig sei noch Jedathun zu nennen, der nur nach Rab, nicht aber nach Jochanan als besonderer Psalmist zu zählen sei.

[3] Lev. r. c. 4 g. E., trad. von Samuel b. Nachman, im Jalkut zu Ps. 104 fast ebenso, doch als Autor Levi genannt (auf Grund irgend einer anderen Quelle); in Sch. tob zu Ps. 104 Ende ist als Autor Simon b. Abba genannt und als Belegvers Prov. 11, 10 b. In b. Berachoth 9 b unt. ist Jehuda, der Sohn Simon b. Pazzi's der Autor.

[4] Vgl. Gen. r. c. 7 Ende.

8), denn der Kampf mit den Bogen ist es, in dem die Hand gegen den Nacken des Gegners sich kehrt[1]).

In Exod. 34, 27 ist eine Andeutung der neben der schriftlichen Lehre (כתב לך) die Grundlage des Bundes Gottes mit Israel bildenden mündlichen Lehre (על פי הד׳) gegeben[2]). — Aus Deut. 9, 10 („und auf ihnen gemäß allen Worten") folgt, daß Gott dem Moses auch die Subtilitäten des Gesetzes, die Subtilitäten der Schriftgelehrten, und Alles was die Schriftgelehrten dereinst neu einführen werden, gezeigt hat[3]). — Nach Deut. 4, 9 („thue sie kund deinen Kindern und den Kindern deiner Kinder"): Wenn du eine Tradition durch die Kette der Tradenten bis auf Moses zurückführen kannst, dann thue es; wenn nicht, halte dich entweder an die ersten oder an die letzten Tradenten[4]). — Wenn dir eine Halacha unter die Hand kömmt und du verstehst ihren Sinn nicht, schiebe sie nicht auf einen anderen Gegenstand, denn viele Halacha's sind dem Moses am Sinai gesagt worden, die alle in die Mischna eingesenkt (und nicht sofort erkennbar) sind[5]). — Die Worte der

---

[1]) Ab. zara 25 a, tradirt von Chija b. Abba. Ebenso beb. ספר ייי, Jes. 34, 16, die Thora, s. unten Abschn. 8 zu dieser Stelle. — „Giebt es denn etwas in den Hagiographen, was nicht in der Thora angedeutet wäre", מי איכא, andere Version: מי איכא מידי דכתיבי בכתובים ולא רמיזי באורייתא), מילתא בכתובי ולא רמזה משה, so sagt J. hinsichtlich Prov. 19, 3 und findet die Andeutung darauf in Gen. 42, 28 („was hat uns Gott gethan!"), Taanith 9 a.

[2]) Jer. Pea 17 a, Megilla 74 d, Chag. 76 d, אם שימרת מה שבפה. ; וש' מה שבכתב אני כורת אתך ברית daneben ist als zweite Ansicht im Namen Juhan b. Simon's tradirt: אם שימרת מה שבפה וקיימת מה שבכתב אתה מקבל שכר. In b. Gittin 60 b lehrt J. auf Grund unseres Verses, daß von der Lehre רובה על פה ומיעוטה בכתב. Nach Tanch. B. כי תשא 18, Exod. r. c. 47 Anf. deducirte J. aus unserem Verse die Unstatthaftigkeit dessen, daß die schriftliche Lehre zur mündlichen, die mündliche zur schriftlichen gemacht werde. S. auch Tanch. וירא g. Anf., wo aber nur Jehuda b. Simon genannt ist. Die letztgenannten Texte sind ziemlich verworren.

[3]) Megilla 19 b, trab. von Chija b. Abba. Wenn J. in seiner Auslegung des Hohenliedes zu 5, 14 gelangte, pflegte er einen denselben Gedanken ausdrückenden Ausspruch Chananja's des Brudersohnes Josua's zu citiren, Schir r. z. St. s., Ag. b. T. I, 392 f.

[4]) Jer. Sabbath 3 a, trab. von Chizkija, Jirmeja und Chija (b. Abba).

[5]) J. Pea 17 a, j. Chag. 76 d, tradirt von Zeira. Vgl. in Bezug auf

Schriftgelehrten sind den Worten der Thora nahe befreundet und sind so werth wie sie (Deutung von Hoh. 7, 10 כ״י); oder auch — nach anderer Version — werther als sie (nach Hoh. 1, 2 מ״י¹).

Wo eine biblische Erzählung mit dem Worte ויהי eingeleitet wird, dort wird damit auf eine überaus erfreuliche oder eine überaus betrübende Begebenheit hingedeutet²). — Der Ausdruck היה bedeutet, daß die Person, bei welcher ihn die Bibel anwendet, vom Anfange bis zu Ende immer sich gleich blieb³). — Wo eine Erzählung mit וישב beginnt, soll auf eine betrübende Begebenheit hingewiesen werden: Num. 25, 1; Gen. 37, 1; Gen. 47, 27, s. B.

die exegetische Deduction zu M. Sabbath 9, 3 aus Exod. 19: מתיני למדו, j. Sabb. 12ᵃ ob.

¹) J. Berach. 3 b, j. Sanh. 30 a, j. Ab. zara 41 c: die erste Version tradirt von den „Genossen" (החברייא), die zweite von Simon b. Abba. In Schir r. zu 1, 2 sind die Tradenten umgekehrt angegeben; der erste Theil des Ausspruches (וחדים דברי סיפרים לדברי תורה) fehlt dort.

²) Gen. r. c. 42, Lev. r. c. 11, Einleitung zu Esther r wo ר׳ יניא in יוחנן ר׳ zu emendiren), Ruth r. Einl. g. Ende, Pesikta r. c. 7 (27 b), Num. r. c. 13, tradirt von Simon b. Abba: כל מקום שנאמר ויהי משמש צרה ישמחה אם צרה אין בייצא בו ואם שמחה אין בייצא בה. An den meisten der angeführten Stellen folgt die Angabe, daß Samuel b. Nachman (in Lev. r. ישמעאל ר׳, l. שמואל ר׳) den Ausdruck ויהי für betrübende, den Ausdruck והיה für freudige Begebenheiten in Anspruch genommen habe. Das geht auf den Einfluß der ebenfalls in den meisten citirten Stellen vorkommenden und von Samuel b. Nachman erörterten agadischen Norm Eleazars von Modiim über ויהי ביםי (s. Ag. b. T. I, 199) zurück. In Pesikta r. c. 5 (19 b) tradirt die letztere Norm Chija b. Abba im Namen J.'s, dann Simon b Abba ebenso die ihm auch in den anderen Quellen zugeschriebene Norm. Hierin stimmt Pes. r. mit b. Megilla 10 b überein, wo die Norm Eleazar's aus Modiim und zwar nur über ויהי (ohne ביםי) ebenfalls Jochanan (das ist die richtige Leseart, nicht Jonathan) und seinem Schüler Levi zugeschrieben wird.

³) Gen. r. c. 30: כל מי שנאמר בו היה מתחלתו ועד סוף היה צדיק mit Bezug auf Noach, Gen. 6, 9; Esther r. zu 2, 5 (c. 6 Anf.) allgemeiner ausgedrückt: כל מי שנאמר בו היה הוא תחלתו והוא סופו. In Tanch. שמות zu Exod. 3, 1 als Ausspruch Levi's (wo aber אםר ר׳ יוחנן zu ergänzen ist): תחלתו בישר וםופי בישר ... Die beiden letzteren Versionen sind vereinigt in Tanch. B. שמות 11: הוא היה בתחלתו והוא היה בםיפו ... ר׳ יוחנן. In Gen. r. und Esth. r. folgt dann הוא היה בתחלתו בישר ובםופו בישר

29; I Kön. 5, 5, f. 11, 14[1]). — Wo die Ausdrücke עני, אביון, דל, vorkommen, wird damit Israel bezeichnet[2]). — Wo der Ausdruck לולא vorkömmt, soll angedeutet werden, daß das Verdienst der Heiligung des göttlichen Namens seine Wirkung ausübte[3]). — Wo im Hohenliede der „König Salomo" genannt ist, dort ist wirklich Salomo gemeint; wo vom „Könige" allein geredet wird, dort ist Gott gemeint[4]). — Wo im Buche Esther der „König Ahasveros" genannt ist, dort ist dieser selbst gemeint; der „König" allein bezeichnet theils den persischen König, theils Gott[5]). — Von den zehn Ausdrücken, mit welchen in der heiligen Schrift die Prophetie bezeichnet ist, bedeutet דבר die härteste Weissagung, nach Gen. 42,

---

der Einwand aus Ezech. 33, 24 (היה) von Abraham, der im Anfang seines Lebens Götzendiener war). Die Antwort J.'s lautet: er war von Anfang an dazu bestimmt (מתוקן), die Menschen zu Gott hinzuleiten. Auf dieselbe Weise werden dann auch andere biblische Personen genannt, bei denen היה die von Anfang an ihnen gewordene Bestimmung bedeutet: Adam (Gen. 3, 22) מתוקן למיתה; die Schlange (3, 1) מ' לפורענות; Kain (4, 2) מ' לגלות; Hiob (1, 1) מ' ליסורין; Noach (6, 9) מ' לנס; Moses (Exod. 3, 1) מ' לגואל; Mordechai (Esther 2, 5) מ' לגאולה. Zu Tanch. B. שמות 11 beantwortet J. nur die zwei von der Schlange und von Kain hergenommenen Einwände, außerdem aber den von Jerem. 38, 28, wo er das והיה so deutet: es war ein gutes Zeichen für Jerusalem, denn wäre es nicht erobert worden, so wäre Israels Vernichtung erfolgt. Etwas erweitert ebenso in Tanch. שמות. Zu Exod. r. c 2 g. Anf. lautet die Regel auf Grund dieser Erläuterungen, und zwar anonym, so: כל מי שכתוב בו היה מתוקן לכך; darauf folgt ein Theil der Beispiele aus Gen. r.

[1]) Sanh. 106 a: כל מקום שנאמר וישב אינו אלא לשון צער.
[2]) Gen. r. c. 71 Anfang: בכל מקום שנאמר דל עני ואביון בישראל הכ' מדבר, zur Erklärung von Ps. 69, 34. In Sch. tob zu Ps. 5, 1 (§ 6) dasselbe (ohne דל) mit Jes. 41, 17 als Beweis, zur Erkl. von Ps. 86, 1. Jb. zu 9, 10 dasselbe (nur דך statt דל) und mit folgender Begründung: שאין עניות זה מהם משחרב בית המקדש.
[3]) Gen. r. c. 74 g. E. (כל מקום שנאמר לולי בזכות קדושת השם), nach der oben S. 144, Anm. 5 erwähnten Regel Josua b. Levi's. In Sch. tob zu Ps. 27, 19 lautet die Regel: המקום בזכות כל לולי, mit Jes. 1, 9 als Belegvers. S. auch Sch. tob zu Ps. 9 Ende.
[4]) Schir r. zu 1, 1 Ende, tradirt von Judan und Levi. Dem steht die Meinung der „Gelehrten" entgegen, מלך שלמה bedeute Gott, den „König, dessen der Friede ist" מלך allein die Gemeinde Israels.
[5]) Esther r. zu 1, 9, tradirt von Judan und Levi. In b.

30 (קשות . . רבר¹). — הבים heb. von oben hinunterblicken²).
— Zu Jerem. 8, 19. שועה hat drei Bedeutungen, außer der gewöhnlichen (Hilferuf) noch die zwei Bedeutungen des Schreiens und Stöhnens, wie aus Exod. 2, 23 zu ersehen, wo שועתם das Aequivalent von ויזעקו und von נאקתם ist³). — In Elihus Reden (Hiob 36 und 37) bedeutet אור Regenguß⁴). — Der Löwe hat in der heiligen Schrift sechs Namen⁵).

Als Assi einmal in einer halachischen Frage an Jochanan das Mischen des Weines mit מסך bezeichnete, hieß ihn Jochanan das Verbum מזג anwenden; als sich jener auf Prov. 9, 2 berief, sagte J.: Die Sprache der heil. Schrift ist für sich und die Sprache der Weisen (die Mischnasprache) ist für sich⁶). — Denselben Grundsatz sprach er aus, als ein anderer aus Babylonien gekommener Weisenjünger, Jssi b. Hini, in J.'s Gegenwart seinen Sohn in der Mischna unterrichtend, ihm in Chullin 11, 1 den Plural רחלים statt רחלות vortrug und sich, von J. des Besseren belehrt, auf Gen. 32, 15 berief⁷).

Megilla 15 b erklärt Tanchum, המלך 6, 1 bedeute Gott: Die Vorsehung wachte.

¹) Gen. r. c. 44, Schir r. zu 3, 4. Vorher die Meinung Eleazar's, חזין bedeute das Härteste nach Jes. 21, 2. Die letztere Meinung allein findet sich in Ag. Bereschith c. 14. Die zehn Ausdrücke für Prophetie finden sich auch in Ab. die R. N. c. 34: 1 משל, 2. מליצה, 3. חידה, 4. דבור, 5. אמירה, 6. תפארת, 7. ציווי, 8. משא, 9. נבואה, 10. חזון. In Gen. r. lautet die Reihenfolge: 9, 10 (חזון), השאה (die richtige Lesart für 6), 4, 5, 7, 8, 1, 2, 3. In Schir r.: 10, 9, 6 (השאה), 4, 5, 7, 8, 1, 2, 3. In Ag. Ber.: 5, 4, הגדה (an Stelle von 7), 3, 1, 2, 9, 8, 6 (השאה), 10. S. auch noch b. Makkoth 11 a, Ag. d. T. II. 37 (4).

²) Gen. r. c. 44, ib. c. 48, Tanch. שרה g. Ende, Exod. r. c. 38, Num. r. c. 2 (§ 12), zur Erhärtung dessen, daß Abraham in der Gen. 15, 5 erzählten Vision über das Himmelsgewölbe entrückt wurde. Tradent: Jehuda b. Simon im Namen Chanins. Die Regel lautet: אי הבטה אלא מלמעלה למטה.

³) Echa r. Prooemien Nr. 32 רבי זה משמש ג' לשונית זעקה שיעה נאקה . . .

⁴) Gen. r. c. 26 Ende; s. oben S. 101, Anm. 3.

⁵) Sanh. 95 a: ששה שמית יש לאריה ארי כפיר לביא שחל שחץ. Die Anordnung ist alphabetisch.

⁶) Ab. zara 58 b: לשין תירה לעצמה לשין חכמים לעצמה.

⁷) Chullin 137 b. — In Bezug auf die Ausdrücke in M. Nazir

Massoretisches. Im Buche Esther las J. יהודים, nicht יהודיים¹).
— Die drei mit יה zusammengesetzten Wörter הללויה, כסיה (Exod. 17, 16) und ידידיה (II Sam. 12, 25) sind als ein Wort zu lesen²).
— Die defecte Schreibung des Wortes צדיקם in Gen. 18, 24 ff. zeigt an, daß es nur geringwerthige Fromme sein konnten, ebenso die defecte Schreibung von זקננו in Jos. 9, 11, daß es unehrenhafte Aelteste waren³). — Die defecte Schreibung בסוסו, II Kön. 5, 9, deutet an, daß sich Naaman dem Propheten demütig „auf seinem Rosse" nahte⁴).

Die Berechtigung, einzelne Wörter der heiligen Schrift, nach der Notarikon-Methode, als abgekürzte Zusammenziehung mehrerer Wörter zu erklären, leitete J. von dem ersten Worte des Dekalogs ab: die vier Buchstaben von אנכי bedeuten ebensoviel mit ihnen beginnende Wörter, in denen Gott seine Urheberschaft der offenbarten Lehre bekundet⁵). — J. selbst macht von dieser Methode der Wortdeutung recht oft Gebrauch⁶). — Bemerkenswerth sind

---

1, 1 sagt J. (j. Nazir 51 a): לשונות שבירדו להן ראשונים אין רשות לבריה להוסיף עליהן.

¹) Jer. Megilla 73 a.

²) Pesachim 117 a, tradirt von Chisda. Ueber כסיה (nach der palästinensischen Massora ein Wort) s. Norzi zu Exod. 17, 16.

³) Gen. r. c. 49, tradirt von Chija b Abba.

⁴) J. Sanh. 29 b. Ebenso deutet er die defecte Schreibung von ובנך, (Gen 16, 5, Gen. r. c. 45.— Zu Gen. 9, 20—24 zählt er die 14 mit וי beginnenden Wörter: gleichsam ein vierzehnfaches Wehe über das Weintrinken. Gen. r. c. 36, s. Ag. d. b. Amoräer, S. 65, Anm. 28 — S. auch unten, Ende des 9. Abschnittes.

⁵) Sabbath 105 a: אנכי נוטריקון אנא נפשי כתבית יהבית (Ueber die Anwendung des Aramäischen bei dieser Deutung s. oben S. 251); anonym Pesikta 109 a, vgl. Pes. r. c. 21 (105 a).

⁶) Deutung von Eigennamen: אחשורש כל שזוכרו אומר אח לראשו, Megilla 11 a; בלאב, II, Sam. 3, 3, eigentlich Daniel, I Chr. 3, 3, s. v. als אב מבלים, Beschämer des Vaters, d. i. seines Lehrers Mephiboscheth, Berachoth 4 a; למואל, Prov. 31, 4 „gegen Gott", Lev. r. c. 12 Ende; מואב, Gen. 19, 17 aus מי אב, Gen. r. c. 51 Ende; צבעה, Gen. 40, 45, s. v. als לאמרם לו ונחות מופיע צפונות, Gen. r. c. 90. Die Deutung des Stadtnamens Borsippa s. oben S. 212, Anm. 1. — Andere Wörter: מכתם Ps. 56, 1 aus מך und תם, d. i. David, Sota 10 b; אדם aus אפר, מלתתא, II Kön. 10, 21 s. בושה סרוחה רמה בשר aus Sota 5 a; דם מרה.

auch seine etymologischen Deutungen verschiedener Eigennamen und sonstiger Wörter[1]). — Auch das Griechische zieht J. zu einzelnen Worterklärungen heran[2]).

In Bezug auf die biblische Begründung von Halachasätzen lautete eine Regel J.'s: Jede Sache, deren Ableitung aus irgend einer Bibelstelle nicht einleuchtend genug ist, wird durch mehrere Bibelstellen gestützt[3]). — Zum Zwecke der halachischen Deduction darf man den Bestandtheil eines am Anfange des Abschnittes stehenden Wortes von dort wegnehmen und ihn am Ende des Abschnittes verwenden[4]). — Bei Erörterung von tannaitischen Controversen

---

v. als דבר הנגלל ונמתח, Gittin 59 a (s. Levy III, 133 b); בשדים heißen deshalb so: שמחדשין פמליא של מעלה, Sanh. 67 b, Chullin 7 a. In Ps. 90, 5 erklärt er ותמו ותמר מת זרי mit ודמתה (Sch. tob z. St. (nach) Jalkut z. St. zu berichtigen). — Joma 75 b deutet er מבספם, (Erob. 16, 14, nach dem Zahlenwerthe (248) dahin, daß das Manna ganz von den Gliedern absorbirt wurde, (s. Ag. b. T. I, 254). In Sch. tob zu Ps. 78, 23 (in zweifacher Version § 2 und 3) hat die Deutung Simon b. Lakisch. S. auch unten, Abschn. 7, die Deutung von ש׳ר I Sam. 1, 1.

1) An Eigennamen s. die Etymologie von יהודית, Koh. r. zu 7, 19, Schir r. zu 4, 3; נחבי בן ופסי, Num. 13, 14, Sota 34 b (tradirt von Jizchak); רות, Berach. 7 b, Baba Bathra 14 b; שמשון, Sota 10 a; die drei letzten Städtenamen in Jos. 19, 35 (von Jochanan als er noch Kind war, gedeutet, Megilla 5 b f.; ידים Ps. 54, 2, Sota 48 b; נכר בת דבלים Hosea 1, 3, Pesach. 87 b (vgl. Hieronymus, in Frankels Monatschrift 1865, 220; גלית, Sota 42 b; die Töchter Hiobs, B. Bathra 16 b; die verschiedenen Namen des Simeoniten Zimri, Sanh. 82 b; דיא-רהיי, Sanh. 106 b; מעלתי, I Chr. 26, 5, Schir r. zu 2, 5, Num. r. c. 4 g. E.; die Namen in Esther 1, 10, Esth. r. z. St. c. 3. — Andere Wörter: הד, Esther 1, 6, Esth. r. z. St. (s. Ag. b. T. II, 348); ארית II. Kön. 4, 39, Joma 18 b (s. ib. II, 43), und ähnlich ריאה, die Lunge, Chullin 49 a; חם, Lev. 11, 18, Chullin 63 a; das neuhebr. אמרי, j. Bikkurim 63 d (in b. Berach. 39 a von Abahu).

2) S. den folg. Abschnitt zu Gen. 49, 5 und zu Ezech. 47, 12, ferner Abschn. 7, zu Gen. 30, 8.

3) Jer. Berach. 4 c: כל מילא דלא מחוורא מסתברין לה מן אתרין סני.

4) Zur Begründung verschiedener auf gewaltsamer Wortverstümmelung beruhender Deductionen citirt j. Sota 20 a ob., j. Nazir 53 d unt., j. Horajoth 46 a oben (Tradent Ammi): נדרשין לדריש הפרשה מתחלת הפרשה לסופה. Im b. Talmud lautet die scheinbar als tannaitisch citirte Regel מסיפיה ודרשי, so Bechoroth 44 b: in Bezug auf eine gewaltsame Deutung des

pflegte J. nachzuweisen, daß die einander gegenüberstehenden Meinungen auf der verschiedenen Deutung desselben Bibelverses beruhen¹). — Die Beispiele von J.'s eigener halachischer Exegese — besonders zum Zwecke der Mischnaerklärung — sind sehr zahlreich, sowol zu pentateuchischen Stellen²), als zu Stellen aus anderen biblischen Büchern³).

Chanina b. Antigonos; Zebachim 45 a: in Bezug auf eine Deutung Rabs; Baba Bathra 111 b: durch Raba (s. Ag. d. b. Am. S. 132, Anm. 87) auf die in einer Baraitha enthaltene Deduction angewendet. Originell, aber unrichtig ist die Erklärung R. Chananels zu dieser Stelle, citirt von Aruch f. v. נרע Auf. — Hier sei auch die Combination der beiden Lesearten חשרת und השבת, II Sam. 22, 12 und Pf. 18, 12 erwähnt, welche Jizchak b. Joseph im Namen J.'s trabirt (Taanith 10 a): שקול כ״ף ושדי רי״ש וקרי ביה השברת (wobei ח das ה vertritt).

¹) ושניהם (וכולן) מקרא אחד דרשו, s Pesachim 68 b, R. H. 8 a und 10 b, Joma 60 a, 61 a, Taan. 29 b, Megilla 19 a, Kiddufchin 52 b, Sanh. 102 b, Arachin 32 a. Einigemal auch im jer. Talmud, Joma 42 d unten (ושניהם מקרא אחד דורשן, trabirt von Abahu; Terumoth 46 b. trab. von demselben.

²) Zu Exod. 18, 10, Berach. 54 a; 21, 14, Joma 85 a b; 29, 29, j. Joma 38 d (trab. von Chija); Lev. 8, 5, j. Joma 88 a (trab. von Abba); 17, 11, j. Joma 43 a (trabirt von Abahu); 17, 14, ib. (trab. von Chija): 23, 2, j. R. H. 57 b, Pesikta 54 a (trab. von Kruspedai); 25, 2, j. Pesachim 31 b (trab. von Zeira); Num. 4, 47, Arachin 11 a (trab. von בלוטי, βουλευτής); 12, 14, j. M. Katon 82 c; 14, 27, j. Megilla 75 b (trab. von Abba und Affi; 24, 2, Baba Bathra 60 a; Deut. 1, 16, Sanh. 7 b; 2, 5, Kiddufchin 18 a; 16, 13, j. Sukka 52 b; 19, 14, Sabb. 85 a. Ueber das Verhältniß Jochanans zum Sifre zu Deuteronomium s. Hoffmann, Zur Einleitung in die halach. Midraschim, S. 70.

³) Josua 5, 13, Nedarim 56 b; Richter 9, 25, B. Kamma 79 b; 11, 39, Gen. r. c. 60, Lev. r. c. 37 Ende: 16, 16 j. Kethub. 30 b; I Sam. 5, 5, Ab. zara 41 b; 25, 5, 9, j. Erubin 19 c unt.; 25, 13, Sanh. 36 a; I Kön. 2, 28, j. Makkoth 31 d; 6, 1, R. H. 2 b, in j. R. H. 56 a aus II Chr. 3, 2 c. (vgl. Mechiltha zu 2, 1). Jes. 1, 15, Berach. 32 b; Jer. 30, 17, Sukka 41 a; Amos 4, 12, j. Berach. 4 d (trab. von Jbi b. Simon). — Psalm 55, 15, Joma 24 b (Sch. tob 3. St.); 71, 8, j. Berach. 10 b oben; 91, 5, j. Berach. 6 d unt.; 104, 19, R. H. 25 a; 106, 28, j. Sabb. 11 d oben (trab. v. Abahu). Prov. 7, 4, Sanh. 7 b (trab. von Chija b. Abba); 12, 18, Erubin 64 b; 14, 28, Lev. r. c. 3

6.
Exegetisches.

Genesis 1, 21. Die „großen Seethiere" sind die in Jes. 27, 1 näher bezeichneten[1]). — 3, 21. כתנות עור sind Gewänder, welche sich dem Körper (der „Haut") eng anschmiegen, wie die feinen Kleider aus Skythopolis[2]). — 4, 23. „Mann" an Körperentwicklung, „Kind" an Jahren[3]). — 6, 3 ידון gehört zu נדנה I Chron. 21, 27: Wenn ihre Seelen zu mir heraufkommen, werde ich sie nicht wieder in die „Scheide", das Behältniß, d. i. den Körper zurückkehren lassen[4]). — 6, 12. „Alles Fleisch hatte seinen Weg verderbt". In der unnatürlichen Zuchtlosigkeit hörte der Unterschied zwischen den Thiergattungen und der zwischen Thier und Mensch auf[5]). — 8, 19. „Nach ihren Geschlechtern" kamen sie aus der Arche heraus, nicht aber alle die Thiere selbst, die in die Arche gekommen waren[6]). — 11, 1. אחדים deutet darauf hin, daß sie die

---

g. (E. (vgl. Sifra z. St., Hoffmann, zur Einleitung in die hal. Midraschim 22, Anm. 2); 16, 4, j. Pesach. 33 a unt. (vgl. b. Sabb. 116 b); 19, 2, Lev. r. c. 4. Hiob 1, 20, j. M. Kat. 83 c (trad. von Judan b. Pazzi); 2, 13, ib. 83 a, j. Berach 6 a (trad. von Kruspedai); 3, 1, M. Katon 28 b unt. Kohel. 4, 17, Koh. r. z. St. (trad. von Kruspedai, in j. Berach. 4 d ist Alexander als Autor genannt). Esther 9, 28, j. Megilla 73 b; 9, 31 b. Megilla 2 a. II Chr. 20, 5, Horajoth 5 b. — Eine längere agabische Erörterung (von I Sam. 17, 55 f.) mit halachischer Pointe zur Begründung eines Mischnasatzes im Namen J.'s s. Jebamoth 76 b. —

1) Baba Bathra 74 b. In Gen. r. c. 8 erklärt Acha: בהמית ילית.
2) Gen. r. c. 20 g. E, wo, wie in Tanch B. 24, statt ר' יצחק gelesen werden muß ר' יוחנן. In Tanch. B. heißt es unrichtig ר' מאיר אומרים יוחנן; es ist — was Buber zu bemerken unterlassen hat — nach ר' מאיר dessen bekannte Deutung von ע"י mit א"י zu ergänzen, anstatt אומרים aber אומר zu setzen.
3) Gen. r. c. 23, auf die Frage Jakob b. Idi's.
4) Tanch. B. בראשית 40; in Gen. r. c. 26 ist Acha als Autor genannt (s. Anm. 1).
5) Sanh. 108 a. In Gen. r. c. 28 g. Ende anders ausgedrückt dasselbe von Jehuda b. Simon.
6) Sanh. 108 b. Nach dieser Erklärung kam zum Theile nur die in der Arche gezeugte Nachkommenschaft der Thiere hinaus. Hingegen beweist

Sprache des „Einen", Gottes, die hebräische redeten[1]). — 12, 1. „Aus deinem Lande", der Provinz, in der du lebst, „aus deiner Heimat", deinem Wohnorte. Das Ziel der Auswanderung offenbarte ihm Gott deshalb nicht, um es ihm noch werther erscheinen zu lassen und ihm für jeden Schritt, mit dem er sich ihm näherte, Lohn zu gewähren[2]). — 14, 1. Tideal heißt „König der Völker", weil er, der gewöhnlicher Herkunft war, von einer Völkerversammlung zum Könige ausgerufen wurde[3]). — 16, 12. „Ein Wildesel unter den Menschen". Alle sollen in bewohnten Gegenden, er soll in der Wüste leben[4]). — 20, 16. „Ein Gewand für die Augen". Er machte ihr ein so prächtiges Gewand, daß Alle nur dieses und nicht ihre Schönheit betrachteten[5]). — 24, 26. Das scheinbar überflüßige ואיש לא ידעה bedeutet, daß auch kein Mann je vorher sie begehrt hatte, im Sinne von Ps. 125, 3 a[6]). — 24, 28. „In's Haus ihrer Mutter". Ein Mädchen pflegt nur zur Mutter zu gehen. Rachel eilte mit ähnlicher Kunde zum Vater (29, 12), weil ihre Mutter schon gestorben war[7]). — 25, 17. Ismaels Lebensjahre sind deshalb angegeben, um nach ihnen die Chronologie in Jakobs Leben zu bestimmen[8]). — 25, 21 ויעתר bedeutet: er schüttete Gebete in

---

J. (ib.) aus 8, 16, verglichen mit 6, 18, daß den Menschen in der Arche die Fortpflanzung verboten war.

[1]) J. Megilla 71 b, entgegen der Ansicht Eleazars, wonach דברים אחדים gerade darauf hinweist, daß sie sämmtliche siebzig Sprachen redeten. In Gen. r. c. 38 findet sich eine andere Controverse zwischen Eleazar und J. zu אחדים: der Eine erklärt es von aram. אחר verschließen, der Andere von חד scharf.

[2]) Gen. r. c. 39 und 55. Ebenso erklärt er (ib.), warum Gott nicht Abraham die Stätte der Opferung Isaaks offenbarte (Gen. 22, 1).

[3]) Gen. r. c. 42, nach der ansprechenden Textberichtigung D. Luria's.

[4]) Gen. r. c. 45 g. E.

[5]) Gen. r. c. 52 g. E.

[6]) Gen. r. c. 60, Sch. tob z. St. Jn. j. Kethub. 25 b unten ist das Jizchak b. Eleazar zugeschrieben (s. oben S. 224). S. b. Lakisch (Gen. r. ib.) sieht in dem Ausdrucke die vollkommene Züchtigkeit Rebekka's gekennzeichnet, im Gegensatze zu den Töchtern der Heiden, welche משמרות עצמן ממקום ערותן ומפקירות ע' מ' אחר.

[7]) Gen. r. c. 60 und 70.

[8]) Megilla 17 a, Jebam. 64 a, trad. v. Chija b. Abba.

„reicher Fülle" aus[1]). — 25, 22. ויתרוצצו „sie liefen — eilten — gegeneinander", um sich gegenseitig umzubringen[2]). — 27, 35. במרמה mit der aus seiner Thorakenntniß geschöpften „Klugheit"[3]). — 28, 20. Die Bedingung in Jakobs Gelübde nimmt Bezug auf die ihm nach V. 15 vorher gewordene Verheißung[4]). — 30, 42. העטופים bed. die frühe Geborenen[5]). — 38, 14. Juda erkannte seine Schwiegertochter deshalb nicht, „weil sie — in seinem Hause — ihr Antlitz bedeckt hatte", er also mit ihrem Aussehen nicht vertraut war[6]). — 41, 47. לקמצים bed., daß man das Getreide wegen seiner Fülle nicht aufspeicherte, sondern gleichsam „aus der Hand" in die Mühle brachte[7]). — 42, 7. ויתנכר, er that, als wäre er ein Fremder[8]). — 46, 1. „Dem Gotte seines Vaters Isaak", und nicht dem Abrahams: Den Vater zu ehren ist man mehr verpflichtet als den Großvater[9]). — 47, 29 „Liebe und Wahrheit". Uebe an mir die Liebesthat, durch welche du die mir von Gott gegebene Verheißung (46, 4) zur Wahrheit machest[10]). — 49, 5. מכרותיהם ist griechisch μάχαιρα, ihre Messer, Schwerter

---

[1]) Gen. r. c. 63 Auf.
[2]) Gen. r. c. 63.
[3]) Gen. r. c. 67.
[4]) Gen. r. c. 70 Auf. ר׳ אבהו ור׳ יונתן, wo aber richtiger ר׳ יוחנן zu lesen ist. Die zweite der bloß mit unbestimmter Autorenangabe erwähnten Ansichten, welche wol für J. in Anspruch zu nehmen ist tritt der ersteren gegenüber, wonach das Gelübde der Verheißung vorausgieng und nur später erzählt wird.
[5]) Gen. r. c. 73 g. E. (בבירייא), gegen Simon b. Lakisch, der die auch vom Targum adoptirte Ansicht hat, die לקישי׳א seien Laban zugefallen.
[6]) Gen. r. c. 85 (wo א׳ ר׳ יוחנן zu ergänzen ist), Tanch. V. וישב 17.
[7]) Gen. r. c. 90 g. E. מקטצא לריחיא. wol sprichwörtliche Redensart. Anders Levy IV, 329 b.
[8]) Tanch. V. מקץ 17; in Gen. r. c. 41 anonym.
[9]) Gen. r. c. 94 g. Auf., auf Frage Josua b. Levi's, s. oben S. 126, Anm. 4. Nach S. b. L. brachte er Opfer dar, zum Danke für die wieder hergestellte Integrität des an Isaak geknüpften, Gen. 17, 19 „Bundes der zwölf Stämme", da nun Joseph wiedergefunden war und alle Jakobsöhne wieder vereinigt werden sollten.
[10]) Jelamdenu, V. H. VI, 83, tradirt von Kruspedai; statt רבי l. ר״י = ר׳ יוחנן.

(Gen. 34, 25¹). — 49, 28. Warum „zwölf Stämme", nachdem Ephraim und Menasse (nach 48, 5) für zwei zählen? Wo Levi mitgezählt wird, dort gelten sie nur für einen Stamm, vgl. Num. 1, 10²). — 50, 7 ff. Warum sind Anfangs (B. 7, 8) die Aegypter vor Joseph und nach den Seinigen genannt, während nachher (B. 14) die Brüder Josephs vor den Uebrigen genannt werden? Weil ihnen die Aegypter erst dann Ehre erwiesen, als sie gesehen hatten, welcher Ehren sie bei der Bestattung Jakob's theilhaftig geworden³).

Exob. 3, 10. לכה bed.: „dir ist die Sache übergeben"⁴). — 5, 21. „Ihr habt uns übelriechend gemacht", wörtlich zu nehmen, nämlich durch die Schläge, die ihr uns verursacht habt (B. 14⁵). — 7, 15. „Stelle dich ihm entgegen". Er ist ein Bösewicht, darum sei unehrerbietig gegen ihn⁶). — 14, 28. Sobald der Letzte von Israel aus dem Meere hervorgekommen war, stieg der Erste von den Aegyptern hinab⁷). — 15, 26. Dieser Vers erklärt sich durch sich selbst⁸): Wenn du hören wirst auf die Stimme des Ewigen, will ich die Krankheiten, die ich auf Aegypten legte, nicht auf dich legen; wenn du aber — das ist hinzuzudenken

---

¹) Gen. r. c. 99; Tauch. z. St. anonym.
²) Tauch. B. ויחי 16, auch Tauch. ויחי g. Ende.
³) Sota 13 a.
⁴) Tauch. B. שמות 17.
⁵) Exob. r. c. 5 g. Ende.
⁶) Zebachim 102 a, entgegen der Ansicht S. b. Lakisch's: Er ist ein König, darum mache ihm ein freundliches Gesicht. Nach anderer Tradition sind die Autoren umzukehren, weil S. b. L. Exob 11, 8 in entgegengesetztem Sinne erklärt habe: בחרי אף bedeute, daß Moses dem Pharao im Zorne einen Schlag versetzt habe.
⁷) Exob. r. c. 22 g. Auf. Hingegen S. b. Lakisch: Auch Israel war bereits vom Meere eingeschlossen, aber Gott zog es mit mächtiger Hand aus den Fluthen, nach Pf. 18, 17. Nach Sch. tob z. St. (§ 20) wendete J. diesen Vers an, während S. b. L. das doppelte ימינך in Exob. 15, 6 deutete.
⁸) המקרא הזה מעצמו נדרש. Er enthält nämlich den scheinbaren Widerspruch, daß Gott sich den Arzt Israels nennt, nachdem soeben gesagt ist, daß Israel von den Krankheiten Aegyptens bewahrt sein, also keines Arztes bedürfen werde.

— nicht hören wirst, will ich sie auf dich legen, aber auch dann „bin ich der Ewige es, der dich heilt"¹). — 19, 3 „Das Haus Jakobs" bed. den großen Rath, wie auch in Jes. 2, 5²). — 24, 11. Sie „aßen" wirklich, indem — im Sinne von Prov. 16, 15 — im Lichte der göttlichen Herrlichkeit, dessen Anblickes sie theilhaftig wurden, Leben war, belebende, nährende Kraft, als ob sie äßen³). — Lev. 13, 2 hängt mit dem vorhergehenden Abschnitte inhaltlich zusammen. Gott spricht: Ich habe dich geheißen, das für Geburten vorgeschriebene Opfer zu bringen; du hast es nicht gethan, wahrlich, du wirst auf andere Weise gezwungen sein, zu dem Priester zu kommen⁴). — Num. 5, 11 ff., der Abschnitt vom verdächtigten Eheweibe, folgt nach dem über die veruntreuten Priestergaben, 5, 5—10, um zu sagen: Wer die dem Priester gebührenden Gaben nicht entrichtet, wird schließlich genöthigt sein, wegen seines der Untreue verdächtigten Weibes den Priester in Anspruch zu nehmen⁵). — Dem Abschnitt von der Teighebe, Num. 15, 19 ff., folgt unmittelbar der über den Götzendienst, 15, 22 ff., um zu sagen: Wer jenes Gebot erfüllt, dem wird das angerechnet, als hätte er den Götzendienst beseitigt, wer es unerfüllt läßt, dem wird das angerechnet, als hätte er den Götzendienst aufrechterhalten⁶). — Deuteronomium 1, 9. „Zu jener Zeit", nämlich zur Zeit des Besuches Jethro's (Exod. 18⁷). — 7, 2 לא תחנם „du sollst ihnen kein Wohlgefallen zuwenden", nicht Gefallen an ihnen finden⁸).

---

¹) Sanh. 111 a, von Rabba b. Mari dem Raba mitgetheilt. Anders lautet die Antwort des Tannaiten Jizchak in der Mech. z. St. s. Ag. d. T. II, 398.

²) Exod. r. c. 29 g. Anf.

³) Gegen Hoschaja, an den oben S. 98, Anm. 2 citirten Stellen.

⁴) Lev. r. c. 15, trad. von Abin.

⁵) Berachoth 63 a, tradirt von Chizkija, dem Sohne Parnach's.

⁶) Lev. r. c. 15.

⁷) Deuter. r. c. 1.

⁸) Jer. Berach. 13 c oben, trad. von Chija und dessen Sohn Abba, während es Zeira im Namen Jose b. Chanina's tradirt. Tobija b. Eliezer z. St. citirt anonym: (Jer. עליהם לא תתן חן אסר ר׳ יהודה אבי׳ ר׳) חן, mit dem Nachsatze: במה נאה שיאמר לו אדם, כלומר בזבוז. Vielleicht stammt dies aus der Mechiltha zum Deuteronomium (s.

— 9, 9. ואשב steht nicht in Widerspruch mit עמדתי, 10, 10; denn es bedeutet nicht sitzen, sondern verweilen, wie ותשבו in 1, 46[1]). — Josua 3, 16. Zwischen der Ortschaft Adam und der Ortschaft Zarthan sind zwölf (römische) Meilen[2]). — Richter 1, 25. Er zeigte ihnen den Eingang mit dem Finger[3]). — I Sam. 5, 2. Die Philister wollten die Bundeslade ehren, sie sagten: Es komme der Gott und wohne beim Gotte[4]). — ib. 7, 17. „Dort war sein Haus": wo er immer hingieng, gieng sein Hauswesen mit ihm[5]). — 9, 24. והאליה bedeutet den der Keule nächsten Körpertheil, den Fettschwanz[6]) — 17, 1, (ebenso I Chr. 11, 13). אפס דמים bed. „rothes Gefilde"[7]). — 26, 10. Der Schwur Davids galt dem eigenen Triebe, der ihn zur Annahme des Anerbieten Abischai's drängte[8]). — II Sam. 2, 23. חמש ist die fünfte Rippe, an der Stelle, an welcher Leber und Galle hängen[9]). — 6, 6 נכון war die spätere Benennung der Tenne, deren ursprünglicher Name (כידון) in I Chron. 13, 9 gegeben ist[10]). —

Hoffmann in der Hildesheimer-Jubelschrift). Der Nachsatz zieht aus der in Rede stehenden Erklärung von לא תחנם dieselbe Consequenz wie der jerusalemische Talmud, der sie gegen den Patriarchen Gamliel heranzieht, von dem erzählt wird, daß er die Schönheit einer Heidin bewunderte.

1) Megilla 21 a.
2) J. Sota 21 d unt.
3) Sota 46 b; s. oben S. 55, Anm. 6.
4) Midr. Sam. c. 11.
5) Als Beweis für Samuels Uneigennützigkeit, Berach. 10 b, trab. von Jizchak; Nedarim 38 a, Raba zugeschrieben, als Beweis für S.'s Reichthum, zur These Jochanan's vom Reichthum der Propheten (oben S. 259, A. 3).
6) Aboda zara 25 a, Schocher tob zu 7, 1. Um eine Emendation in והאליה handelt es sich hier natürlich nicht, wie Levy I, 84 a meint, sondern על wird im Sinne von nahe an (סמוך) erklärt.
7) Jer. Sanh. 20 b unt., Ruth r. c. 5 Anf., Midr. Sam. c. 20 Anf., הקל סמקתא war wol eine bekannte Bezeichnung.
8) Lev. r. c. 23 g. (E.; dagegen Simon b. Lakisch: לאבישי נשבע. Zu Ruth r. zu 3, 13 (c. 6 Ende), Schocher tob zu Ps. 7, 1 erscheinen als Urheber der beiden Meinungen Eleazar und Sam. b Nachman.
9) Sanh. 49 a.
10) Sota 35 b; s. Raschi z. St.

6, 7 השל beb. Versehen, Irrthum[1]). — I Kön. 18, 1. Die „vielen Tage" wären drei Monate des ersten Jahres, das zweite Jahr und drei Monate des dritten Jahres; weil es Tage des Leidens waren, werden sie als „viele" bezeichnet[2]). — 22, 21. „Der Geist", nämlich der des Naboth[3]). — II Kön. 2, 24. „Er sah sie", nämlich, daß kein zum Leben berechtigender Saft einer von ihnen zu erwartenden religiösen Pflichterfüllung in ihnen war[4]). — 8, 1. Die Hungersnoth der sieben Jahre: im ersten Jahre aßen sie die Vorräthe in den Häusern, im zweiten die auf den Feldern, im dritten das Fleisch der reinen Thiere, im vierten das der unreinen Thiere, im fünften Kriechthiere und Würmer, im sechsten das Fleisch ihrer Kinder, im siebenten erfüllte sich, was in Jesaia so ausgedrückt ist (9, 19): Jeder essen sie das Fleisch des eigenen Armes[5]). — 17, 32. מקצתם ist zu erklären aus קוץ Dorn: aus den Dornhaften, Geringwerthigen, unter ihnen[6]). — Von den Söhnen Josia's ist Jochanan (1 Chr. 3, 15) identisch mit Joachaz (II Kön. 23, 30), und er wird nur hinsichtlich des Königthums, das er zuerst erlangte, als „Erstgeborener" bezeichnet; Schallum ist identisch mit Zidkija, er heißt „Dritter" in der Geburtsfolge, „Vierter" im Königthum, beide Namen sind symbolisch, sein eigentlicher Name war Mattanja (II Kön. 24, 17[7]).

Jes. 17, 11. כי אנוש beb. eine „schwächende" Krankheit[8]). — 20, 2. „Nackt", d. h. in abgenützten Gewändern, „barfuß", d. h. in geflickten Schuhen[9]). — 21, 11. משעיר wegen Seir's[10]).

---

[1]) Sota 35 a, gegen Eleazar.
[2]) Lev. r. c. 19, trad. von Berechja und Chelbo, ebenso Esther r. c. 2 (zu 1, 4), wo jedoch nur „ein Monat" statt drei.
[3]) Sabbath 149 b, Sanh. 89 a.
[4]) Sota 46 b, vorher eine Erklärung Jizchak's.
[5]) Taanith 5 a, von Jizchak dem Nachman mitgetheilt.
[6]) Kiddischin 75 b, tradirt von Rabba b. b. Chana.
[7]) Jer. Schekalim 49 d oben. Er hieß Schallum: שלשי שבטי מלכות בית דוד, Zidkija: שצדק עלי מדת הדין.
[8]) Lev. r. c. 18 (מתשת); dagegen die „Gelehrten": siegreich (נצחת), Beide Erklärungen anonym Num. r. c. 7.
[9]) Sabbath 114 a, tradirt von Chija b. Abba..
[10]) Jer. Taanith 64 a.

— 44, 27. צולה ist eine Benennung Babels; denn in der Gegend des künftigen Babels versanken (צללו) alle in der Sündfluth Umgekommenen, s. Jerem. 51, 49 b[1]). — Jerem. 34, 5 „In Frieden sollst du sterben. Dies gieng insoferne in Erfüllung, als Nebukadnezar noch zu Lebzeiten Zidkija's starb[2]). — 40, 1. Das „Gotteswort", das hier erwähnt wird, ist das 31, 9 zu lesende, und zwar erstreckt es sich bis V. 16[3]). — Ezech. 16, 61. לבנות, zu Dörfern, abhängigen Ortschaften[4]). — Jb. בריתך beb. hier das vertragsgemäße Heiratsgut der Frau (φερνή); nicht als solches wird Jerusalem die anderen Städte bekommen, sondern als freiwillige Morgengabe von Gott[5]). — 22, 26. Ihre Priester, weil sie die Thora nicht kennen, wissen nicht zwischen Heilig und Unheilig zu unterscheiden. Ebenso 22, 8: Meine Heiligthümer hast du verachtet, indem du meine Sabbathe nicht zu beobachten verstandest[6]). — 28, 13. Das Gold, als am Ende stehend, ist das geringstwerthige unter den aufgezählten Kostbarkeiten[7]). — 47, 12 תרופה ist das griechische θεραπεία[8]). — Hosea 2, 18. Du wirst mich אישי nennen, wie eine junge Frau ihren Mann im Hause ihres Schwiegervaters, nicht aber בעלי, wie sie ihn im Hause ihres eigenen Vaters nennt[9]).

---

[1] Jer. Berach. 7 b. unt., Echa r. Prooemien 23 Ende, Koh. r. zu 12, 7; b. Sabbath 113 b נצטללו), Zebachim 113 b (wo J's Ausspruch Simon b. Lakisch zugeschrieben ist und umgekehrt).

[2] Moed Katon 28 b.

[3] Pesikta 113 b (s. Buber z. St.), Echa r. Prooemien 34 g. E. (s. Einhorns Comm. z. St.).

[4] Schir r. zu 1, 5 לכופרנין. Mit diesem Worte übersetzt das Targum בנות in der geographischen Bedeutung.

[5] Jb. לא סן פרניך אלא מן פרני דידי.

[6] Tanch. תרומה Anfang, trad. von Jizchak.

[7] Baba Bathra 75 a.

[8] Jer. Schekalim 50 a: לתרפיה, Schir r. zu 4, 15, Deut. r. c. 1 Auf. und nach der richtigen Leseart auch Sanh. 100 a: לתרפין. An den ersteren beiden Stellen findet sich ein erklärender Nachsatz מציין עליה תרף מזניה, was bei Levy IV, 674 b unbefriedigend erklärt wird. Wenn man mit Mathn. Kehunna מוריה liest (im Sinne von Hosea 5, 13), so wäre der Sinn: ein Blick darauf heilt die Krankheit, so wunderbare Heilkraft hat das Blatt. S. auch Pirke R. El. c. 51.

[9] Pesachim 87 a. S. unten Abschnitt 9, zu Hoh. 8, 8.

18*

— Amos 6, 6. מזרקי ייו sind kleine Becher¹). — Jona 1, 3. Er miethete das ganze Schiff allein²). — Aus Chaggai 1, 13 ist zu ersehen, daß die Propheten von Haus aus, vermöge ihres Berufes, Engel, Gottesboten genannt werden³). — 2, 9. „Größer", was den Bau betrifft⁴). — Zacharia 14, 20. Was Israel bis zur Stunde, in welcher das Roß im Laufe noch Schatten wirft, erbeutet, wird geweiht sein⁵). — Mal. 2, 16. Gott „haßt das Wegschicken": gehaßt ist, wer von seiner Frau sich trennt⁶). — 3, 8. Ihr hindert mich daran — indem ihr Zehnten und Hebe veruntreuet — meine Hand über die Welt zu breiten und ihr Ueberfluß zu spenden⁷). — 3, 10. עד בלי די, Segen, bei dem es unmöglich zu sagen ist: Genug des Segens!⁸)

Psalm 50, 7. Gott spricht zu Israel: Ich bin Richter (אלהים⁹), aber auch dein Schutzherr, patronus (אלהיך¹⁰). — 60, 2 a. David verpflanzte die Bevölkerung von Aram-Naharajim

---

¹) Lev. r. c. 5, gegen Rab. — J.'s Erklärung zu Amos 8, 9 s. oben Seite 224.

²) Nedarim 38 a, als Beweis für die These vom Reichthum der Propheten. Vgl. Mdr. Jona, B. H. I, 97.

³) Lev. r. c. 1 Anf.; anonym Gen. r. c. 68 (zu 28, 12).

⁴) Baba Bathra 91 b, dagegen Eleazar: was die Dauer betrifft. Nach Anderen war das eine Controverse zwischen Rab und Samuel.

⁵) Pesachim 50 a, gegen Josua b. Levi oben S. 150, der על ebenfalls als Zeitbestimmung (=עד) erklärt, jedoch diese auf die dereinstige Ausdehnung des heiligen Gebietes von Jerusalem anwendet.

⁶) Gittin 90 b; s. oben S. 49, Anm. 3.

⁷) Sch. tob zu Ps. 57, 3. קבעים so angewendet, wie von El. b. Azarja in M. Jadajim 4, 3.

⁸) Jer. Berach. 14 c unt., trad. von Jose und Simon b. Abba; Lev. r. 35 Ende, tradirt von Jona und [Simon oder Chija] b. Abba.

⁹) S. die Regel Simon b. Jochais über diesen Gottesnamen, Ag. b. T. II, 105 f.

¹⁰) Ruth r. Anf., nach der richtigen Lesart, die auch in Pesikta 108 b. f. zu erkennen ist: דיין אני פטרונך אני. Hiegegen erklärt Simon b. Lakisch: Ich bin Richter, obgleich ich dein Patron bin, denn was nützt der Patron im Gerichte.

Exegetisches: Amos - II Chronik.

nach Aram-Zoba und umgekehrt[1]). — 84, 12. Gott spendet Licht wie die „Sonne" und beschützt wie ein „Schild"[2]). — Prov. 13, 7 stellt einander gegenüber: Jemand, der draußen, auf dem Markte reich und im Hause arm ist und Jemand, der in seinem Hause reich und auf dem Markte arm ist[3]). — Hiob 12, 16. משגה ist Abstractum; שוגג ומשגה beb. die Wahnsinnigen und ihr Wahn[4]). — Esther 9, 31. Die letzten Worte des Verses sind gleich dem ersten Worte des folgenden Verses als Object zu קים gehörig[5]). — Dan. 3, 1. Es ist auffallend, daß eine Bildsäule, deren Höhe das Zehnfache ihrer Dicke war, stehen konnte, während sonst die Dicke den dritten Theil der Höhe betragen muß[6]). — 5, 8. Die Geheimschrift, welche Daniel lesen konnte, bestand darin, daß die Worte in umgekehrter Reihenfolge der Buchstaben geschrieben waren, אנם für מנא u. f. w.[7]) — II Chr. 34, 28. „Du wirst in Frieden eingethan werden in deine Grabstätte". Insoferne in Frieden, als das Heiligthum nicht zu seinen Lebzeiten zerstört wurde[8]).

---

[1]) Schocher tob z. St. anonym, Jalkut z. St. ר' יוחנן. Es scheint eine Deutung von בהצותו zu Grunde zu liegen.

[2]) Schocher tob zu Pf. 1, Jalkut z. St., tradirt von Chija b. Abin (vielleicht in b. Abba" zu verbessern). Statt אמר רבי lies ר"י אמר ר' יוחנן =, wie oben S. 270 Anm. 10 (Anders Buber z. St., § 4).

[3]) Jer. Schebuoth 37 d.

[4]) Sch. tob zu Pf. 7, 1 (§ 3) ישטיא ושטיותא. S. oben 231. Anm. 7 Ende. S. b. Latisch erklärt: נביאים ונבואותיהם, Propheten und ihre Weissagungen, wahrscheinlich שוגג ומשגה nach dem lautverwandten משגע, einem Epitheton der Propheten (II Kön. 9, 11, Jer. 29, 26, Hof. 1, 7) erklärend. Auch Jochanan erklärt nach משגע, das in II St. 9, 11 vom Targum mit שטיא wiedergegeben ist.

[5]) Megilla 16 b.

[6]) Echa r. Prooemien 23, Koh. r. zu 12, 5. Die Lösung der Schwierigkeit wird in Echa r. von Levi und Jizchak gegeben, in Koh. r. ist statt des Ersteren ר' בני genannt, wofür nach Jalkut zu Ezech. 7, 19 (§ 346) — vgl. Raschi zu Dan. 3 1 — ר' ביבי zu lesen ist. — Zu Dan. 3, 19 f. Sch. tob zu Pf. 28, 1 (§ 2).

[7]) Sanh. 22 a.

[8]) Moed Katon 28 b.

7.

Zu den biblischen Personen und Erzählungen.

Abel war stärker als Kain; aus dem Ausdrucke „er erhob sich" (Gen. 4, 8) ist zu erkennen, daß Kain bereits besiegt am Boden gelegen war, aber Abels Mitleid zu erregen wußte, und — kaum von dem Stärkeren losgelassen — aufstand und ihn tödtete. Daher das Sprüchwort: Dem Bösen thue kein Gutes, dann wird dir nichts Böses zukommen[1]). — Das Mark des Schenkelknochens eines der Riesen (6, 4) maß achtzehn Ellen[2]). — Während der zwölf Monate der Sündfluth fungirten die Himmelskörper nicht[3]). — Noach war nur „in seinen Zeiten" (6, 9) fromm, wäre aber in anderen Zeiten nicht für fromm angesehen worden[4]). — Noach war mangelhaften Glaubens: wäre ihm das Wasser nicht schon bis zu den Knöcheln gestiegen, er wäre nicht in die Arche hineingegangen[5]). — Wäre Noach des Nachts in die Arche gegangen, so hätten die Menschen gesagt: Wenn wir das gewußt hätten, so hätten wir ihn

---

[1]) Gen. r. c. 22. Das Sprüchwort lautet: (מי חן נותן אדם) (מי חן נותן אדם בטוב) לבישא לא תעביד וביש לא יטמי לך. In Lev. r. c. 22 lautet das Sprüchwort (ברייתא אמרי) erweitert: Gutes dem Bösen gethan ist Böses, thue dem Bösen kein Gutes u. s. w. Es wird dort auf Jemanden angewendet, der aus Babylonien kommend die Wirkung eines wunderbaren belebenden Krautes an einem Löwen erprobte und dann von diesem zerrissen wurde Es ist das ein Seitenstück zu der bekannten Fabel Aesop's vom Landmann, der von einer mitleidig geretteten Schlange getödtet wird (Fabulae Aesopicae ed. Hahn. Nr. 97).

[2]) Gen r. c. 26 g (E., tradirt von Abba b Kahana. Nidda 62 a sagt J., הדלית, Gen. 14, 13, sei Og, der aus der Sündfluth gerettete Riese (f. Ag. d. T. II, 121, 511), und in Deut. r. c. 1 g E. sagt er von Og: אמה ; in Tanch. B. דברים Additam. 7: קומתו של גוברין של יה אמות היה

[3]) Gen. c. r. 25 (ebenso 33 und 34); dagegen Jonathan, f. oben S. 78, Anm. 1. und 60, A. 1.

[4]) Sanh. 108 a. Vgl. Ag. d. T. II, 269. In Tanch. B. לך לך 26 hat Jochanan über das Verhältniß Noachs und Abrahams zu Gott (auf Grund von Gen. 6, 9 und 17,) dasselbe Gleichniß, das in Gen. r. c. 30 g E. Jehuda (b. Ilai) zugeschrieben ist, und Simon b. Lakisch das Nechemja zugeschriebene.

[5]) Gen. r. c. 32.

Zu den biblischen Personen und Erzählungen.

nicht hineingehen gelassen, darum gieng Noach „an eben diesem Tage" hinein (7, 13¹). — In der Arche bewirkten Edelsteine und Perlen mittaggleiche Helle (צהר 6, 16²). — Der Name Noachs, der mit seiner Deutung durch ינחמנו (5, 29) nicht in Einklang ist³), deutet auf die Art der Tröstung hin, die mit ihm den Menschen zu Theil wurde: die bei der Feldarbeit verwendeten Thiere waren seit Adams Sünde widerspenstig gewesen; als Noach erstand, „beruhigten sie sich" (vgl. ינוח, Exod. 23, 12) und leisteten willig ihre Arbeit⁴).

In den zwanzig Generationen seit Adam war kein Frommer erstanden, bis Abraham kam, der sich, um den Namen Gottes zu heiligen, in den Feuerofen werfen ließ und im heiligen Lande Gastfreundschaft übte, die Wanderer bewirthete, die Menschen zu Gott bekehrte und Gottes Herrlichkeit in der Welt verkündete. Womit soll ich dich segnen, so sprach Gott zu ihm, da du und dein Weib und deine Hausleute des Segens nicht mehr bedürfen. Der Segen für dich bestehe darin, daß „eben so deine Nachkommen sein mögen" (15, 5), dir gleich an Frömmigkeit. So zieht ein Wanderer viele Tage, ohne ein gastliches Haus, einen Baum oder einen Quell zu finden; endlich erblickt er einen Baum, der an einer Quelle steht und bei dem er Labung, Kühlung und Erquickung findet. Womit soll ich dich segnen, fragt er beim Scheiden den Baum, da du doch alle Segensfülle in dir vereinigst? Laß' mich dir das Eine wünschen, daß alle Schößlinge, die von dir erstehen, dir gleich sein mögen⁵).

---

¹) Gen. r. c. 32. In Sifrē zu Deuteron. 32, 48 (§ 337) findet sich — anonym — diese Deutung von בעצם היום הזה im Zusammenhange mit zwei anderen, ebenso gedeuteten Stellen, in denen derselbe Ausdruck vorkömmt: Exod. 12, 41 und Deut. 32, 48. In Gen. r. c. 47 wird auch Gen. 17, 26 so gedeutet, von Berechja, der zum Schlusse denselben aramäischen Spruch anwendet, wie hier J.: דרגיש ימליל („wer es bemerkt, der rede"), dem im Sifrē entspricht: „wer Macht zu hindern hätte, komme und hindere."

²) Sanh. 108 b. In Gen. r. c. 31 spricht Levi, J.'s Schüler, nur von einer Perle.

³) לא הישם הוא המדרש ולא המדרש הוא השם. Der Name hätte נחם lauten sollen, oder statt ינחמנו: יניחנו.

⁴) Gen. r. c. 25 g. E.

⁵) Num. r. c. 2 (§ 12), trad. von Levi. Der andere große Agadist

— Nachdem 18, 11 schon erwähnt war, daß Abraham alt geworden, heißt es 24, 1 noch einmal, daß er alt wurde, weil ihm Gott inzwischen eine zweite Jugend gewährt hatte¹). — Abrahams Gebet, zu Gen. 22, 14: Herr der Welten, dir ist bekannt und offenbar, daß ich dir auf den Befehl, meinen Sohn zu opfern, hätte erwiedern können: Gestern sagtest du, daß in Isaak mein Same genannt werden solle (21, 12), und nun soll ich ihn zum Opfer darbringen! Ich that nicht so, bezwang meine Natur und vollführte deinen Willen. So möge es auch dein Wille sein, daß wenn die Kinder meines Sohnes Isaak in Noth sind und keinen Fürsprecher haben, du selbst ihr Fürsprecher seist! „Der Ewige möge sehen"; gedenke der Opferung ihres Vaters Isaak und sei voll des Erbarmens über sie!²) — Ismael that zu Lebzeiten seines Vaters Abraham Buße, denn diesen begruben seine beiden Söhne (25, 9³).

Esau begieng an dem Tage, an dem er die Erstgeburt verkaufte, Gen. 25, 29 ff., fünf Sünden, die in den einzelnen Ausdrücken angedeutet sind: „Vom Felde" deutet auf das in Deut. 22, 25 erwähnte Verbrechen; „müde" auf Mord (nach Jerem. 4, 31); למה זה לי ist nach אלי זה, Exod. 15, 2 zu verstehen: er leugnete Gott; mit den Worten „siehe ich gehe hin um zu sterben" leugnete er die Auferstehung der Todten; endlich „verachtete er die Erstgeburt"⁴). — Als Jakob bei seinem Vater eintrat, brachte er

aus J.'s Schule, Jizchak, wendete das schöne Gleichniß, ohne Beziehung auf Abraham, an, als ihn sein babylonischer Gastfreund, Nachman b. Jakob, um einen Abschiedssegen bat. S. Taanith 5 b. Zu Taana bibe Elija zuta, c. 25 findet sich das Gleichniß wie hier auf Abraham angewendet, und zwar mit ר׳ יוסי דרש eingeleitet (ר׳ יוסי vielleicht aus ר׳ יוחנן corrumpirt). — Ueber das Alter Abraham's, als er Gott erkannte, s. oben S. 23, Anm. 3.

¹) Gen. r. c. 48 g. Ende.
²) Jer. Taanith 65 d oben, tradirt von Bibi b. Abba, mit verschiedenen Abweichungen (Gen. r. c. 56 (wo der Tradent nicht genannt ist), Lev. r. c. 29 g. E. (wo die Frage vorausgeht: Wozu der Schwur in V. 16?), Pesikta 154 a b (wie in Lev. r.), Pesikta r. c. 40, 171 b (gekürzt, als Autor ר׳ ירמיה, falsche Auflösung von ר״י), Tanch. וירא Ende ausführlicher, anonym), Schocher tob zu Ps. 29 (kurz, anonym).
³) Baba Kamma 16 b.
⁴) Baba Bathra 16 b. Zu Tanch. שמות Auf. und Exod. r. c. 1

den Geruch des Paradieses mit sich, darum pries Isaak den Duft, der von ihm ausströmte (27, 27), während doch Ziegenfelle (V. 10) einen sehr schweren Geruch haben; als Esau eintrat, brachte er den Geruch der Hölle mit[1]), deshalb erschrack auch Isaak so sehr bei seinem Kommen (V. 33[2]). — Während der Gotteserscheinung im Traume (28, 13) wurde Jakob von Engeln in die Höhe gehoben; darauf zielt Ps. 91, 12[3]). — Jakob war so stark, daß er den zum Denkmal bestimmten Stein (31, 45), der so groß war wie die „Felsspitze von Tiberias", allein in die Höhe hob[4]), ja sogar wie einen Pfeil hinschleuderte (31, 51[5]). Seine Arme glichen den zwei Säulen im öffentlichen Badehause von Tiberias[6]). — Die Augen Lea's (Gen. 29, 17) waren vom Weinen trübe geworden; denn es

---

Auf. anonym mit שנינו eingeleitet. Vgl. auch die Deutungen von Levi, Pesikta 22 b, Gen. r. c. 63 g. Ende. — Esau ist Typus Rom's und der götzendienerischen, sittenlosen Heidenwelt überhaupt.

[1]) Mit dem Belegvers Prov. 11, 2, קלון von קלה verbrennen (Jer. 29, 22) abgeleitet wird.

[2]) Gen. r. c. 65 g. E. und Fortsetzung ib. c. 67 Auf., Schir r. zu 4, 11 (ohne die Fortsetzung). In Tanch. B. תילדות 22 ist der auf Jakob bezügliche Theil von „Nathan dem Genossen" im Namen Acha's und von Jehuda b. Schalom im Namen Jochanan's tradirt, der auf Esau bezügliche mit ר' אחא זר' יוחנן אמרו eingeleitet; statt Prov. 11, 2 ist Prov. 18, 3 citirt. Nach Tanch. הברכה ואת g. Auf. sagte Eleazar b. Pedath: Isaak sah, als Esau eintrat, die Hölle geöffnet.

[3]) Sch. tob z. St., tradirt von Abahu (ausführlicher im Jalkut z. St.).

[4]) (Gen. r. 74, g. E., Tanch.) וישלח Auf.: Deutung von וירימה (anstatt ויקימה oder ויציבה). הוה של טבריה שן muß irgend ein bekannter Felsen bei Tiberias gewesen sein.

[5]) Ib. Deutung von ירית. — Auch in Gen. 29, 6 findet J. einen Beweis für Jakob's Stärke: er wälzte den Stein so leicht weg, wie wer einen Stöpsel von einer Flasche entfernt, Gen. r. c. 70.

[6]) Tanch. ויחי zu Gen. 48, 17. Diese Lesart שבתוך עמודין שני רמוסין של שבטבריה) ist schon wegen der Analogie mit dem vorhergehenden Satze (in beiden ist Locales für die Tiberienser zum Vergleiche herangezogen) der anderen in Gen. r. c. 65 (zu 27, 16) vorzuziehen. Diese lautet: כתרין עמודין דיפראסופא. Die Erklärung „wie zwei Saphirsäulen" (Levy IV 126 b) ist schwerlich richtig. Es scheint der Name einer Localität zu sein oder die corrumpirte Erweiterung von דימוסין zu dem nicht seltenen דייפרוסופין (s. Levy I, 394 b). —

hieß, daß von Rebekka's Söhnen der Aeltere die ältere Tochter Labans, der Jüngere die jüngere Tochter zur Frau bekommen solle, deshalb weinte sie stets und betete, daß sie nicht jenem Frevler (Esau) zufallen möge¹). — In dem Worte נפתלתי, 30, 8, deutet Rachel darauf hin, daß sie vor ihrer Schwester hätte heirathen sollen. „Hätte ich ihm sagen lassen: Gieb Acht, sie betrügen dich, so hätte er sich nicht von mir getrennt; aber ich dachte: wenn ich nicht würdig bin, daß durch mich (meine Nachkommenschaft) die Welt erbaut werde, so werde sie es durch meine Schwester"²). — Um Rachel vor Beschämung zu bewahren, verwandelten sich durch ein Wunder die Teraphim (31, 35) in Geräthe, die dem suchenden Laban in die Hände kamen³). — „Er kam unversehrt" (33, 18) hinsichtlich seiner Kenntnisse, während Joseph das Gelernte in Aegypten vergaß, nach 41, 51, wo עמל, vgl. Prov. 16, 26, das Studium bezeichnet⁴).

Daß Jakob nach Aegypten ziehe, war unbedingte Nothwendigkeit, und wenn er in Eisenketten gefesselt hätte hingebracht werden müssen; sein Verdienst bewirkte es, daß seine Auswanderung nach Aegypten auf so gnadenvolle Weise sich fügte. Gott zog ihn — nach Hosea 11, 4 — „mit Stricken der Liebe"⁵). Als

---

¹) (Gen. r. c. 70 g. Ende, Tanch. B. ויצא 20, anknüpfend an die Anekdote, wie J. seinen Amora hart zurechtwies, als er das Wort רכות mit רכיב übersetzte, also Lea's Augen weich, zerflossen nannte. In B. Bathra 123 a ist es R a b, der auf dieselbe Weise, nur ausführlicher erzählt, wie Lea's Augen trübe wurden.

²) (Gen. r c. 71 g. E. In היה לי לעשית לפני אחותי (תפלתי) liegt eine Deutung des ersten Bestandtheiles des Wortes (נפ), sowie Simon b. Lakisch (M. H. 26 a) mit demselben griechischen Worte נפ, Psf. 48, 3, erklärt und J. selbst (Tanchuma B. ויצא) נפש, Hoh. 4, 11. Wie er den zweiten Bestandtheil (תלתי) deutete, ist nicht ersichtlich, wahrscheinlich mit תלית, ich schob auf.

³) (Gen. r. 74. Damit soll der Schluß von V. 39 erklärt werden.

⁴) (Gen. r. c. 79; s. auch Gen. r. c. 69 g. E. wo J. משה רבינו mit ממשמש erklärt.

⁵) Sabbath 88 a, tradirt von Chija b. Abba. Dasselbe — mit anderem Schlusse — tradirt in Sch. tob zu Pf. 105, 15 Jehuda b. Nachman im Namen Simon b. Lakisch's, dazu ein Gleichniß von Pinchas b. Chama, mit Anwendung von Hos. 11, 4. In Gen. r. c.

Pharao Joseph erhöhte, sträubten sich die Weisen Aegyptens, den ehemaligen Sklaven als der Herrschaft würdig anzuerkennen, bis er ihnen seine Würdigkeit durch seine Kenntniß aller siebzig Sprachen bewies, ja sogar eine Sprache redete, die sie nicht kannten, die hebräische; darauf bezieht sich Pj. 81, 6¹). — Als Benjamin von Joseph festgenommen wurde (Gen. 44), erhob der erzürnte Juda ein solches Geschrei, daß es 400 Parasangen weit gehört wurde, Chuschim, der Sohn Dans aus Kanaan herbeieilte und nun Beide Löwen gleich brüllten (j. Gen. 49, 9 und Deut. 33, 22) und Josephs Krieger in Schrecken versetzten; darauf zielt Hiob 4, 10²).

Die Dienerinnen der Tochter Pharao's wollten diese am Rettungswerke hindern, indem sie sie ermahnten, als Tochter des Königs seine Verordnung zu achten. Da kam der Engel Gabriel und streckte die Hinderinnen nieder, was in הלבית (Exod. 2, 5, vgl. Gen. 25, 32) angedeutet ist³). — Mit dem Worte „dieses" (2, 6) prophezeite sie, ohne es zu wissen: Dieses, und fortan kein Anderes von den Hebräerkindern wird in das Wasser geworfen werden (indem die Verordnung Pharao's von jenem Tage an außer Kraft gesetzt wurde⁴). — Bei der zweiten egyptischen Plage entstanden Fröjche (Exod. 7, 29), wo es nur irgend Staub und einen

---

86 g. Auf. tradirt Berechja im Namen Jehuda b. Simon's zuerst das erwähnte Gleichniß (ohne Hof. 11, 4), dann die nähere Anwendung auf Jakobs providentiell gefügte Auswanderung nach Aegypten. In Tanch. שמי steht erst eine Betrachtung Jochanan's zu Pj. 92, 6, mit Anwendung dieses Verses auf Gottes „tiefen Plan", der in Gen. 15, 13 Abraham kund gegeben wird, dann im Namen Jehuda b. Schalom's, jehr verändert, der obige Ausspruch über Jakob.

¹) Sota 36 b, tradirt von Chija b. Abba, in erweiterter, in's Aramäische übergehender Darstellung des in Pesikta 34 b anonym innerhalb eines größeren Ausspruches Jizchak's zu I Kön. 5, 10 ff. Enthaltenen. Nur das beiden Quellen Gemeinsame habe ich hier wiedergegeben. Aus der babylonischen Version ist besonders der Zug hervorzuheben, daß der Engel Gabriel Joseph die 70 Sprachen lehrte, was vielleicht von J. herrührt, der Gabriel gerne heranzieht; ferner die Deutung des ה in יהוסף, endlich der Dialog zwischen Pharao und Joseph, auf Grund von Gen. 50, 5.

²) Gen. r. c. 93, vor dem Ausspruche Joshua b. Levi's zu Hiob 4, 11 (oben S. 158, Anm. 4).

³) Sota 12 b, Exod. r. z. St. (c. 1).

⁴) Sota 12 b.

Tropfen Wasser gab¹). — Die Aegypter hatten die Plage der
Heuschrecken zu ihrem Vortheile wenden wollen, indem sie dieselben
zu sammeln und in Fäßer zu legen beabsichtigten; darum ließ sie
Gott durch einen starken Wind in's Schilfmeer tragen, so daß nicht
eine Heuschrecke zurückblieb (10, 20²).

Als die Israeliten das erste Wort, das Gott am Sinai
sprach, vernahmen, entflog ihre Seele; da kehrte das Wort zu Gott
zurück und sprach: Herr der Welt, du lebst ewig, deine Thora lebt
ewig, und mich hast du zu Entseelten geschickt! Darauf milderte —
„versüßte" — Gott seine Stimme, was in Pf. 29, 4 angedeutet
ist³). — Moses lernte die Thora und vergaß sie immer wieder,
bis sie ihm als Geschenk verliehen wurde, nach Erod. 31, 18
(ויתן⁴). - Moses schlug sein Zelt außerhalb des Lagers auf (33,
7), indem er sich wie ein Gebannter von Israel fern hielt, denn
er dachte: Wer von dem Meister (Gott) in den Bann gelegt ist⁵),
der ist es auch für den Schüler (Israel⁶). — An zwei Morgen
war alles zur Arbeit des Heiligthums Nothwendige herbeigebracht
(Deutung von בבקר בבקר, Erod. 36, 3⁷). — Das Brustschild

---

¹) Erod. r. c. 10 g. Anf.; darauf bezieht sich eine Bemerkung
Chiskija b. Chija's, der meinte, daß bei J.'s Annahme die Paläste der
Großen, welche aus Marmor und Mosaik (שיש: ששים) bestehen, verschont
geblieben wären. Ch.'s eigenen Ausspruch s. oben S. 54, Anm. 6.

²) Erod. r. c. 13 Ende, Tanch. ארא.

³) Schir r. z. 5, 16, tradirt von Azarja und Acha. J.'s Ausspruch über die Krönung Israels am Sinai s. Ag. d. T. II, 118, Anm. 3.

⁴) Jer. Horajoth 48 b, b. Nedarim 38 a, an der ersteren Stelle
mit der Nutzanwendung את הטשטיש לחתיר בדי לחתיר בך יכל, also zur
Ermuthigung der am Geiste Schwachen.

⁵) S. unten Cap. XIV, Abschn. 6 zu Erod. 32, 7.

⁶) Erod. r. c. 45, nach der im Commentar ידי משה vertretenen
Auffassung dieses Ausspruches. In Sch tob zu Pf. 25 (§ 6) ידרש מנידה
לתלמיד מנדה לרב, an einen Ausspruch S. b. Lakisch's angefügt und, wie
es scheint, in der Auffassung, daß unter רב und תלמיד Gott und Moses,
unter dem Gebannten Israel zu verstehen sei. In Sabb. 88 a schließt Joch.
aus dem unmittelbaren Folgen dieses Verses („Moses nahm") nach der in
B. 6 erzählten Abnahme der Kronen Israels (gemäß der von J. berichteten
Deutung Sinai's, des.), sämmtliche Kronen Israels habe Moses an sich
genommen.

⁷) Tanch. B. תרומה 3, פקודי 2, נשא 29, Erod. r. c. 41 g. A., c.

des Hohenpriesters ertheilte die Antwort durch Hervorspringen der das betreffende Wort bildenden Buchstaben[1]). — Das Manna war rund wie Koriander und weiß wie eine Perle (zu Num. 11, 7[2]). — Der Brunnen, der durch Mirjams Verdienst Israel in der Wüste begleitete, ließ ihnen allerlei Pflanzenarten hervorsprießen; daher klagen sie sofort nach Mirjams Tode (Num. 20, 4): es ist kein Ort der Saat, des Feigenbaumes, Weinstockes und Granatbaumes. Auch andere Genüsse gewährte ihnen der Brunnen, sogar die wohlduftenden Salben, mit denen sich die Frauen schmückten, um ihre Männer zu erfreuen[3]). — Die Kundschafter beabsichtigten von Anfang an die Schmähung des gelobten Landes (Deutung von ויחפרו, Deut. 1, 22, nach ותחפרה Jes. 24, 23[4]). — Korach gehörte weder zu den von der Erde Verschlungenen (Num. 16, 32), noch zu den Verbrannten (Num. 26, 10[5]). — Bileam war früher Prophet, nachher Wahrsager (Josua 13, 22[6]). — Er war auf einem Fuße lahm (Deutung von שפי Num. 23, 3[7]). — Aus dem Segen Bileam's, Num. 24, 5—8, kannst du entnehmen, wie er Israel zu fluchen gedacht hatte[8]). — Was machte Bileam unter den Midjaniten (Num. 31,

---

51 g. (E., Sch. tob zu Pf. 101, 8; an letzterer Stelle sieht J. im Worte לבקרים eine Anspielung auf die „an zwei Morgen" bewiesene Opferwilligkeit Israels. — Ueber die Aufstellung des Heiligthums s. oben S. 24, Anm. 5. — Ueber das Thier תחש wird in Koh. r. zu 1, 10 g. Ende im Namen J.'s tradirt, was anderwärts Simon b. Lakisch in Meir's Namen lehrt (Ag. b. T. II, 52).

[1]) Joma 73 b. Nach Simon b. Lakisch verbanden sich die Buchstaben zu Worten (ib.).

[2]) Joma 75 a, tradirt von Assi (in den Ausgaben ist אמר ר' יוחנן ausgefallen). Ueber מחסםם s. oben S. 265, Anm. 6.

[3]) Schir r. zu 4, 15.

[4]) Sota 34 b, trad. von Chija b. Abba (in den Ausgaben ist אמר ר' יוחנן ausgefallen).

[5]) Sanh. 110 a. — Der erste der citirten Verse schließt Korach von den Verschlungenen, der andere von den Verbrannten aus. Er kam vielmehr — wie Raschi erklärt — in der Seuche (Num. 17, 14) um.

[6]) Sanh. 106 a. — Jb. 105 a wird בנו בעור Num. 24, 3 von J. so gedeutet: אביו בנו הוא לו בנביאות.

[7]) Sota 10 a, S. oben S. 4 und unt. S. 288, A. 1.

[8]) Sanh. 105 b. Es wird dann im Einzelnen angegeben, was Bileam sagen wollte, als Gegentheil dessen, was er wirklich sagte: Sie sollen keine

8)? Er war gekommen, den Lohn für die 24000 Gefallenen in Jsrael (Num. 25, 19) zu empfangen, die in Folge seines Rathes umgekommen waren[1]. — Als Pinchas seinen Eifer in der Tödtung des schuldigen Paares bekundete (Num. 25, 7 f.), geschahen ihm sechs Wunder[2]. — Als Moses starb, sagte Gott: Woher wird nun die Weisheit gefunden werden? (Hiob 28, 12[3]).

Als die Kanaaniten hörten, daß Jsrael heranziehe, zerstörten sie alle Baumpflanzungen; erst als sie vernahmen, daß Jsrael in der Wüste bleibt, glaubten sie, daß das Volk die Wüste zum dauernden Aufenthalte wählen wolle, und legten neue Baumpflanzungen an, die groß wurden, während die vierzig Jahre zu Ende giengen[4]). אדרת שנער, Jos. 7, 21, bed. babylonischen Purpur; der König

---

Synagogen und Lehrhäuser haben (אהלים), Gottes Herrlichkeit weile nicht unter ihnen (ישכנתי), ihr Königthum habe keine Dauer (בנחלים בט) u. s. w. —

[1] Sanh. 106 a, Tanch. B. בלק 5. — „Amalek kam" (Exod. 17, 8), nämlich von Bileam, bei dem er sich Rathes erholt hatte, was in einem Dialoge ausgeführt wird, (Esther r. zu 3, 9 (c. 7), trad. von Mrospedai. Das beruht auf einer ähnlichen Ausführung Jose b. Chalafthas z. St. (Mechilta, s. Ag. d. T. II, 180), in der aber Bileam nicht erwähnt wird.

[2] Sanh. 82 b. Zwei dieser Wunder bestehen in der Mithilfe von Engeln.

[3] Sota 13 b. Die Legende von Moses Tode, welche Horowitz (1872, 15) Jochanan zuschreibt, ist späteren Ursprunges. Das Anfangsstück derselben, das in Deut. r. c. 11 mit Jochanans Namen bezeichnet ist (עשי מיתת בתיבת על משה) findet sich Pesikta Ende (200 b) anonym, unmittelbar nach einer Deutung Jochanans zu Hiob 3, 19, was auch die Bezeichnung in Deut. r. veranlaßt hat. Ueber den Ausspruch J.'s, Megilla 19 b, vom Lichte, das die Höhle am Choreb erfüllt, s. Ag. d. T. II, 120.

[4] (Exod. r. c. 20 g. E. tradirt von Simon b. Abba. Mit anderen Einzelheiten (die Kanaaniter zerstören auch die Bauten, verstopfen die Quellen und stellen dann Alles wieder her, — vgl. auch Simon b. Jochai in Sifrè zu Deut. 11, 10, § 38, Ag. d. T. II, 121 — findet sich der Ausspruch schon in der Mechiltha zu 13, 17 (23 b); der Form in Exod. r. nahe, aber anders umschrieben, im Namen eines spöteren Amora, Jizchak b. Merion, in Koh. r. zu 3, 11; anonym nach Mech. in Tanch. בשלח Anf. und ראה zu Deut. 12, 20. — In Exod. r. folgt unmittelbar, mit ורבינו הגדול אמר eingeleitet, eine andere Ursache des vierzigjährigen Wüstenaufenthaltes: Die wunderbare Leitung, welche Gott während des-

von Babylon hatte nämlich auch in Jericho seine Residenz und
der in der Beute gefundene Purpur hatte ihm gehört[1]).

Der Name Simsons (שמשון) ist einer Benennung Gottes entlehnt, der — Ps. 84, 12 — die „Sonne" genannt wird: sowie Gott
die Welt beschützte, so beschützt S. in seiner Zeit Israel[2]). — Simson

---

selben Israel zu Theil werden ließ, sollte den Völkern Furcht einflößen,
nach Exod. 15, 16 f. Unter „unseren großem Lehrer" ist wol Jehuda I zu
verstehen und vielleicht ist es Jochanan selbst, der seinen Ausspruch
so citirte.

[1]) Tanch משפטים g. E., tradirt von Parnach, ohne Tradenten
Tanch. B. משפטים 10. In Gen. r. c. 85 Ende wird zuerst die Erklärung
von ‎אדרת שנער‎ im Namen Huna's gebracht (in der parallelen Stelle,
Schir r. zu 8, 11: Chanina b. Jizchak), dann folgt die Begründung
mit einem תני ר' שמעון בן יוחי überschriebenen Ausspruche, wonach jeder
ausländische König in Palästina Besitz hatte und der ‎אנטיקיסר‎ des Königs
von Babylon in Jericho resibirte. In Tanch. ראה (zu 12, 29), ebenso Tanch.
B. שלח Abditam. 16 findet sich im Namen J.'s von Parnach tradirt eine
Beantwortung der Frage, wie es komme, daß Jericho und Ai, die nur drei
— römische — Meilen von einander entfernt seien, besondere Könige hatten,
— und zwar im Sinne jenes Ausspruches in Gen. r. und mit Heranziehung
des bab. Purpurs. Die Frage selbst anonym auch in Exod. r. c. 32 g. A.
Sie bezieht sich natürlich auch auf die übrigen Stadtgebiete des von Josua
eroberten Landes, und auf alle bezieht sich die ebenfalls von Parnach
(und außerdem Chelbo und Berechja) tradirte Deutung Jochanan's des
אחד in der Liste Josua 12, 9—24: ‎מה ת"ל אחד אלא הוא ואנטיקיסר שלי‎.
Das will sagen: in den betreffenden Städten residirte bloß der Viceregent
des eigentlichen Herrschers, der gleich dem König von Babylonien im Auslande herrschte, aber auch im Lande Kanaan seine Stadt besaß. Diese
Anschauung, welche an mehreren der erwähnten Stellen die das heil. Land
verherrlichenden Worte in Jeremia 3, 19 (Land der Lust u. s. w.) illustriren
soll, dient zur Verherrlichung Palästinas und findet sich auch im Sifrè zu
Deut. 11, 10 (§ 37), wo Jehuda b. Ilai ähnlich — aber ohne die Ausnahme eines Viceregenten — die 31 Könige Kanaans versteht (s. Ag. d.
T. II, 216). Der Ausdruck ‎אנטיקיסר‎ (in Schir. r. l. l. steht dafür קצין)
findet sich nur an den angeführten zwei Stellen (bei Simon b. Jochai
und Jochanan) außerdem auch in einem dem römischen Staatsleben entnommenen Gleichnisse Simon b. Jochai's in Sifrè zu Num. 10, 33
(§ 82). S. Ag. d. T. II, 138, Anm. 3.

[2]) Sota 10 a. Ebend. deutet J. באחד im Segen für Dan, Gen.
49, 16: שמשון דן את ישראל כאביהם שבשמים. Aehnlich Josua b. Reche-
mia in Gen. r. c. 98.

war auf beiden Füßen lahm (Deutung des Wortes שפיפן, Gen. 49, 17¹). — Jonathan, der Enkel Moses (Ri. 18, 30) heißt I Chr. 26, 24 שבאל, weil er mit ganzem Herzen zu Gott zurück=
gekehrt war (שב לאל²). — Als die übrigen Stämme den Be=
schluß faßten, Benjamin aussterben zu lassen (Ri. 21, 1, 18), be=
riefen sie sich auf Gen. 48, 5, da durch die Gleichberechtigung der
beiden Joseph=Stämme mit den übrigen die Zwölfzahl der Stämme
unversehrt blieb; als sie Benjamin als Stamm zu erhalten be=
schlossen (Ri. 21, 17) beriefen sie sich auf Gen. 35, 11, wo mit
גוי auf Benjamin gezielt sei³). — Das Heiligthum von Schilo
wird bald Haus genannt (I Sam. 1, 24), bald Zelt (Ps. 78, 60
und 67); es hatte nämlich keine Dachbalken, sondern bestand aus
einem steinernen Unterbau und Zeltvorhängen⁴).

In der Ahnenliste Samuels (I Sam. 1, 1) ist Toch̄u identisch
mit Asaph⁵). — Samuel mußte vorzeitig altern, damit er den
Sturz des von ihm zum König eingesetzten Saul nicht erlebe⁶). —
Gott verzieh dem Könige Saul seine Schuld; denn Samuel sagt
zu ihm (I Sam. 28, 19): Morgen bist du bei mir, d. i. in
meiner Abtheilung⁷). — Abner war so stark, daß es leichter war

---

¹) Sota ib., S. oben S. 285, Anm. 7.

²) Baba Bathra 110 a.

³) Echa r. Prooemien 33; in j Taanith 69 c und Gen. r. c. 82 fehlt אמר ר׳ יוחנן.

⁴) Zebachim 118 a, tradirt von Chija b. Abba. In j. Megilla 72 c unten tradirt das Pinchas im Namen Jose b. Ilai's, in Midr. Samuel c. 3 Eleazar im Namen Jose b. Chanina's; in Schocher tob zu Ps. 78 (§ 18): ר׳ אליעזר ור׳ יוסי בר חנינא שניהם אמרים.

⁵) Pesikta r. c. 43 (181 b). Nach der Buchstabentauschmethode את בש ist תחי = אסף. Die Methode bezeichnet J. als נוטריקון d. h. γραμματικόν, von γραμματικός, wie das ebenso gebildete נישרייקון von notarius. Beide Termini sind eigentlich gleichbedeutend und bezeichnen die verschiedenen Arten der abgekürzten oder der Chiffreschrift, wie sie die notarii (γραμματεῖς) anwendeten. Vgl. Ag. d. T. II, 299, A. 3.

⁶) Taanith 5 b, von Jizchak tradirt, in ausführlicher Darstellung, deren einzelne Bestandtheile — der Hinweis auf Ps. 99, 6 (vgl. Joch.'s Deutung zu אנשים 1, 11, Berach. 31 b), der Satz אין טלטית נוגעת בחברתה אפילו כמלא נימא (s. oben S. 230, Anm. 5) — auch anderweitig als von J. herrührend bezeugt sind.

⁷) Erubin 53 b, vgl. Berach. 12 b, Lev. r. c. 26 g. Ende.

eine sechs Ellen dicke Wand von der Stelle zu rücken, als einen Fuß Abners (zu I Sam. 26, 15[1]). — Jonathan wurde vor der Wirkung des Schwures Sauls dadurch geschützt (I Sam. 14, 45), daß das Volk darauf hinwies, er habe ja nicht „Brot gegessen", sondern Honig[2]).

Als David Gottes Segen erflehte (II Sam. 7, 29), wurde ihm der Bescheid: Keine Grube wird wieder voll von dem, was aus ihr ausgegraben wurde, man muß, um sie zu füllen, einen Graben in der Nähe ziehen; so führe auch du Krieg gegen die Völker und erlange Wohlstand für dich und die Deinen[3]). — Drei Dinge machten David bekümmert, Gott aber befreite sein Gemüth durch beruhigende Verheißungen[4]): 1. Der Ort des künftigen Heiligthums, s. Ps. 132, 1 ff., und I Chr. 21, 31[5]); 2. Die Versündigung mit Bathscheba, s. II Sam. 12, 13; 3. die Thronfolge des Sohnes der Bathscheba, s. I Chr. 22, 8[6]). — Als David den Grund zum künftigen Tempel aushöhlte, drohte die unterirdische Fluth mit Ueberschwemmung, da sprach er die 15 Stufenpsalmen (Ps. 120—134) und die Fluth zog sich zurück[7]). —

---

[1]) Koh. r. zu 9, 11, tradirt von Assi.

[2]) Midr. Sam. c. 17.

[3]) Midr. Sam. c. 27: eine Deutung des Nacheinanders der beiden Verse 7, 29 und 8, 1 und auch des Ausdruckes מתג האמה. In anderer Form, mit Anwendung desselben Bildes findet sich diese nationalökonomische Begründung der Kriege Davids b. Berach. 3 b unten.

[4]) Sch. tob zu Ps. 4, 2 zur Deutung der Worte בצר הרחבת לי שלשה, דברים. Zum Ausdrucke והרחיב הקב״ה דעתו בהן s. Berach. 57 b: מרחיבים דעתו של אדם. Es wird damit Befreiung, Aufheiterung des Gemüthes bezeichnet. In j. Taanith 65 d ist der Ausspruch in kürzerer Form Abahu zugeschrieben.

[5]) David erkennt die göttliche Billigung dieses Ortes für das künftige Heiligthum daran, daß ihn Gott daselbst erhört hatte (V. 27).

[6]) Bei 2 und 3 wird Davids Kummer durch die feindseligen Stimmen des Volkes hervorgerufen. Zu 2: היו מלוין עליו ואמרו אי אפשר ששבה את. Zu 3: הכבשה והרג את הרועה והפיל ישראל בחרב יש לו תשועה עולמית. מה דוד סבור שתשתתל מלכותו על בנה של בת שבע.

[7]) Sukka 53 a, von einem Agadisten vor Chisda vorgetragen. Ueber eine Einwendung Ch.'s giebt er eine andere Version der Legende, welche anderwärts (Makkoth 11 a) im Namen Rabs tradirt ist. Ueber

David nannte Achitophel Anfangs seinen Lehrer (Pj. 55, 14 אלוף), dann seinen Gefährten (ib. V. 15 יחדו), endlich seinen Schüler (Pj. 41, 10 אוכל לחמי ¹). — Zu II Sam. 6, 7. Uzza wurde der kommenden Welt nicht verlustig; das ist angedeutet in den Worten „mit der Lade Gottes": sowie diese dauernd besteht, so gieng auch er zum dauernden Dasein ein²). — Palti (I Sam. 25, 44) hieß auch Paltiel (II Sam. 3, 15), weil ihn Gott vor Sünde rettete (פלטו אל): zwischen sich und Michal, die ihm von Saul zur Ehe gegebene Frau Davids, steckte er ein ihre Lagerstätten trennendes Schwert³), und sagte: mit diesem Schwerte werde durchbohrt, wer Jener sich nähert⁴). — I Kön. 2, 22. Abischag hätte von Salomo geheiratet werden können, war aber seinem Bruder Adonija versagt; denn sich des Königsscepters zu bedienen ist wol dem Könige erlaubt, aber dem Privatmanne verboten⁵).

Der Baumeister des Tempels, Chiram (I Kön. 7, 14) kann als Beweis dafür dienen, daß der Mensch nicht dem von den Vätern überkommenen Handwerke untreu werden solle; denn er war der Sohn einer Danitin (II Chr. 2, 13) und ein Danite war auch einer der Künstler des ersten Heiligthums in der Wüste (Exod. 31,

---

die שׁתין, die Grundhöhlungen des Tempels f. J.'s Ausspruch Sukka 49 a, tradirt von Rabba b. b. Chana. — Die in Sukka 53 a zu lesende Legende von den in I Kön. 4, 3 genannten Schreibern König Salomo's wird im jer. Talmud, Kilajim 32 c, Kethub. 35 b, Chama b. Chanina zugeschrieben.

¹) Sanh. 106 b.
²) Sota 35 a.
³) Vgl. das Schwert, welches Siegfried zwischen sich und Brunhilde legte.
⁴) Sanh. 69 b. Ebendaselbst giebt J. einen Klimax der drei Tugendhelden: Joseph (Gen. 39), Boaz (Ruth 3. 8), Palti (תוקפו של יוסף עניתניות של בעז ט' של פלטי בן ליש) und wendet darauf Prov. 31, 29 an (Vgl. dazu Lev. r. c. 23 g. Ende). Wie nahe Joseph daran war, zu unterliegen, das findet J. in den Worten לעשית מלאכתו (Gen. 39, 11) angedeutet, Sota 36 b. Vgl. Samuel b. Nachman in Gen. r. 3. St. (c. 87). Hingegen deuten die Worte באיתן קשתו (Gen. 49, 24) nach J. (Gen. r. 98 g. E.) auf Josephs siegreichen Widerstand (קשיו) hin.
⁵) Sanh. 22 a.

Zu den biblischen Personen und Erzählungen.

6¹). — Die Cherubim standen mit einander zugewendetem Gesichte²). — Zu I Kön. 8, 65. Im Jahre der Tempelvollendung hielten die Israeliten den Versöhnungstag nicht und waren darob besorgt; da ergieng eine Himmelsstimme und sagte: Alle seid ihr zum Leben der kommenden Welt bestimmt!³).

Weshalb erlangte Jarobeam das Königthum: Weil er Salomo wegen seiner Befestigungsbauten zurechtwies. Und weshalb wurde er bestraft? Weil er ihn öffentlich zurechtwies (nach I Kön 11, 27⁴). — Obwol das Geringste, was Achab sündigte (הנקל I Kön. 16, 31) schwerer war, als die schwerste Sünde Jarobeams, wird dennoch dieser als der größte Sünder unter den Königen Israels hingestellt, weil er der Beginn des Verderbens war⁵). — A b i j a wurde deshalb bestraft (ויגפהו II Chron. 13, 20), weil er Jarobeam öffentlich beschämt hatte (ib. V. 6 ff.⁶). — Weshalb erlangte Omri das Königthum? Weil er dem Gebiete des Landes Israel eine Stadt hinzufügte (I Kön. 16, 24⁷). — Weshalb durfte Achab das Königthum 22 Jahre lang inne haben? Weil er die mit den 22 Buchstaben gegebene Thora ehrte; das ist angedeutet in I Kön. 20, 6,

---

¹) Arachin 16 b. מנין שלא ישנה אדם מאומנתו ומאוי אבותיו. In Pesikta r. c. 6 Ende, Exod. r. c. 40 Ende, (wo nur ר' חנינא) deducirt dieselbe Lehre auf gleiche Weise Chama b. Chanina (Tradent Levi), doch anders ausgedrückt: לעולם אל יהא אדם מניח בצרו, Exod. r. מכאן שאין אדם צריך להיות מחליף בצירו. Der in dieser Bedeutung (Lebensberuf, gleichsam Festigkeit) nicht wieder vorkommende Ausdruck wird in beiden Quellen mit Hiob 22, 25 in Verbindung gesetzt. In Exod. r. sagt Gott auch: אל תניחו בצרכן ולא בצרן של אבותיכם.

²) B. Bathra 99 a; dagegen Eleazar: פניהם לבית.

³) Moed Katon 9 a, tradirt von Parnach.

⁴) Sanh. 101 b.

⁵) Sanh. 102 b.

⁶) Jer. Jebamoth 15 c, Lev. r. c. 33 g. A., Gen. r. c. 73, ib. c. 65 g. E. (wo die Autoren umgekehrt genannt sind), Midr. Sam. c. 18. In Jer. ist שחימד in שחיישר corrumpirt. S. b. Lakisch giebt als Ursache an: weil er den Propheten Achija geschmäht hatte (V. 7). Als Tradent beider Ansichten und noch einer dritten (רבנן) anonymen erscheint Samuel b. Nachman (im Jer. bloß ר' שמואל).

⁷) Sanh. 102 b.

wo unter מחמד עיניך die Thora zu verstehen ist¹). — Achab hat deshalb keinen Antheil an der kommenden Welt, weil er an die Thore Samaria's die Inschrift setzte: Achab hat den Gott Israels geleugnet!²) — Elischa wirkte doppelt soviel Wunder als sein Meister Elija (nach II Kön. 2, 9), auch eine zweifache Todtenbelebung, denn als solche gilt auch die Heilung Naamans vom Aussatze (nach Num. 12, 12 כמת³). — Weshalb wurde Gechazi bestraft? Weil er seinen Lehrer mit dem Namen genannt hatte (II Kön. 8, 5⁴). — Wozu gieng Elischa nach Damaskus? Um Gechazi zur Reue zu bringen; aber vergeblich, denn Jener sprach: Ich habe es als Ueberlieferung, daß wer sündigt und Andere sündigen machte, nicht die Möglichkeit der Reue habe⁵). — Die vier Aussätzigen, II Kön. 7, 3, waren Gechazi und seine drei Söhne⁶). — Weshalb verdiente es Jarobeam, der Sohn Joasch's, mit den Königen Juda's aufgezählt zu werden (Hosea 1, 1)? Weil er die Anklage gegen Amos nicht annahm (Amos 7, 12⁷). — Der Prophet Jona, als Sohn des Weibes von Zarphath (I Kön. 17, 9), war vom Stamme Ascher, denn Z. gehörte zu Sidon, also nach Josua 19, 28 und Richter 1, 31 zu Ascher⁸). — Pekach, der König von Israel aß blos zum Nachtisch vierzig Maaß junge Tauben, während Chizkija, der König von Juda, sich zur Mahlzeit mit einem Pfunde

---

¹) Sanh. ib.
²) Sanh. ib., als Deutung von להכעיס, I Kön. 16, 33.
³) Chullin 7 b, trad. von Abaji.
⁴) Sanh. 100 a.
⁵) Sota 47 a. Sanh. 107 b. — Vgl. oben S. 258.
⁶) Sota 47 a.
⁷) Pesachim 87 b.
⁸) Gen. r. c. 98. Nach der Version in j. Sukka 55 a (s. oben S. 217, Anm. 3) war dies Levi's Meinung, während R. Jona als aus Gath-Chefer stammend (II Kön. 14, 25) von Zebulun herkommen ließ (nach Jos. 19, 13). — Daß die Wittwe von Zarphat die Mutter Jona's war, ist hier als bekannt vorausgesetzt. Die Angabe findet sich — wahrscheinlich auf Grund einer älteren Quelle — in Pirke R. Eliezer c. 33 Anf.; aus einem „Midrasch" citirt sie D. Kimchi zu I Kön. 17, 9. In Jalkut zu Jona (§ 550 Anf.) wird in die — nach der Version des Gen. r. gebrachte — Jeruschalmi-Stelle die Bemerkung eingeschoben: אמת בן ירמיה ר' אליעזר היה אלמנה צרפתית בן, was ein Citat aus Pirke R. El. ist. S. auch noch

Gemüse begnügte; auf ihren Gegensatz zielt Prov. 3, 33¹). — Weshalb verdiente es Sancherib, der „große und angesehene אסנפר" (Esra 4, 10) genannt zu werden? Weil er nichts Schmähendes über das Land Israels sprach (II Kön. 18, 32²). — Aus der Katastrophe, die Sancherib ereilte, blieben nur fünf Gerettete (Jes. 17, 6 חמשה die letzte Zahl), und zwar: Sancherib selbst und seine beiden Söhne, Nebukadnezar und Nebuzaraban³). — Der Tag, an dem Chizkija genas, war um ebensoviel länger, als der Tag, an dem sein Vater starb, kürzer gewesen war, nach II Kön. 20, 11⁴). — Der Ausdruck נבאתו, II Kön. 20, 13, bedeutet eine wunderbare Art von Waffen, die Ch. den Abgesandten des Königs von Babylonien zeigte⁵). — Wer dem Könige Manasse den An= theil an der kommenden Welt abspricht, entmuthigt dadurch die Buß= fertigen⁶). — Das Götzenbild, welches Manasse verfertigte, hatte zuerst nur ein Antlitz, dann wurde es zu einem viergesichtigen gestaltet, daher II Chr. 33, 7 פסל und V. 19 פסלים⁷). — Die große Schuld König Amons (II Chr. 33, 23) bestand darin, daß er die Thora verbrannte⁸). — Chulda mußte deshalb befragt werden, II Kön. 22, 14, weil Jeremias damals bei den zehn Stämmen

---

Hieronymus, Praefatio in Jonam: Tradunt autem Hebraei hunc esse filium viduae Saraptanae.

¹) Sanh. 94 b. Warum gerade Pekach als Typus eines gefräßigen Herrschers (wie es etwa der Kaiser Vitellius war) hingestellt ist, weiß ich nicht.

²) Sanh. 94 a אסנפר = ספור אן. Vgl. die Worte und Buchstaben versetzenden Deutungen, oben S. 266, Anm. 4.

³) Sanh. 95 b. Echa r. Proveinien 30; oben S. 168, Anm. 2.

⁴) Sanh 96 a. Der Tag, an dem Achaz starb, war auf außer= ordentliche Weise verkürzt worden, damit — wie Raschi erklärt — keine Zeit bliebe, ihm die letzten Ehren zu erweisen; der Tag der Genesung Chizkija's wurde durch das von ihm erbetene Wunderzeichen verlängert.

⁵) Sanh. 104 a (ויין אוכל היו), Schir r. zu 3, 4 ('ה בולע 'וי).

⁶) Sanh. 103 a.

⁷) Sanh. 103 b.

⁸) Sanh. 103 b (wahrscheinlich daraus gefolgert, daß unter Amon's Sohne Josija die Thora gefunden werden mußte). Die andere Meinung, von Eleazar, findet sich in Lev. r. c. 19 g. Ende als Meinung J.'s über die Schuld Jojakims.

weilte, um sie zurückzubringen; über die Zurückgekehrten herrschte, wie aus II Kön. 23, 15 ersichtlich ist, Könige Josija[1]). — Solange Nebukadnezar lebte, fand sich in keines Menschen Munde ein Lachen; als die Erde von seiner Tyrannei Ruhe hatte (Jes. 14, 7) „brachen sie in Jubel aus[2]). — Jochanan b. Kareach und sein Anhang (Jerem. 42), die treulos das heilige Land verließen, haben keinen Antheil an der künftigen Welt; auf sie zielt Hosea 5, 7[3]).

„An den Strömen Babels saßen wir und weinten" (Ps. 137, 1). Sie weinten über die Todten, die dem Schwerte Nebukadnezars und dem Wasser des Euphrat, dessen Genuß ihnen, den an das Quellen- und Regenwasser Palästina's Gewöhnten tödtlich geworden, zum Opfer gefallen waren. Der Tyrann aber saß mit allen seinen Großen, auf einem Schiffe, umgeben von allerlei Musikinstrumenten (Jes. 43, 14: auf den „Schiffen ihrer Lust"), und am Ufer des Stromes giengen die Prinzen Juda's nackt und in Eisenfesseln. „Warum gehen Jene ohne Last?" So fragte, als er sie erblickte, Nebukadnezar. Da belud man sie mit schweren Lasten, bis ihre stolze Gestalt sich darunter beugte, und sie klagten (Echa 5, 5): Auf unserem Halse werden wir verfolgt[4]). — Als Chananja, Mischael und Azarja sich weigerten, das Götzenbild anzubeten, sagte ihnen Nebukadnezar: Bei euch, in Samaria und Jerusalem, war die Hauptstätte des Götzendienstes (nach Jes. 10, 10), und hier wollt ihr mein Götzenbild verödet (unangebetet) lassen? Ferner: Als ihr in euerem Lande wart, schicktet ihr zu uns, um euch Abbilder unserer Götter kommen zu lassen und sie bei euch nachzubilden (Ezech. 23, 14), und hier wollt ihr mein Götzenbild verödet lassen?[5]) — Ch, M. und A. zogen nachher nach Palästina, heiratheten dort und

---

1) Megilla 14 b, Arachin 33 a. J. nimmt an, daß ein Theil der zehn Stämme, Jeremia's Rufe (Jer. 3, 12) folgend, unter Josia zurückkehrte.

2) Sabb 149 b. Ebendaselbst tradirt Jizchak im Namen J.'s: אך לעמוד בביתי של אותו רשע, wegen Jes. 13, 21.

3) Jer. Sanh. 29 c.

4) Pesikta r. c. 28 (135 a), Sch. tob. zu Ps. 137. Vgl. Josua b. Levi, oben S. 145. Eine andere Dichtung J.'s über die Grausamkeit Neb.'s (die Todten, die Jechezkel belebte) s. Sanh. 92 b.

5) Lev. r. c. 33 g. E., eine zweifache Deutung von בצלמא (Dan. 3,

hatten Kinder¹). — Hiob gehörte zu den aus dem babylonischen Exil Heimgekehrten, und sein Lehrhaus war in Tiberias²). Als die Erlaubniß zur Rückkehr gegeben war, gieng Cyrus eines Tages in der Stadt spazieren und fand sie veröbet. Er fragte erstaunt, was denn geschehen sei, wo die Goldarbeiter, die Silberarbeiter wären. Da erwiederte man ihm: Du hast ja verordnet, daß die Juden auswandern und ihr Heiligthum aufbauen mögen; auch die Gold- und Silberarbeiter haben von dieser Erlaubniß Gebrauch gemacht. Darauf erließ er den Befehl: Wer schon über den Euphrat gezogen ist, dem ist das Auswandern gestattet, wer noch nicht drüben ist, darf auch nicht hinüber. Zu den Ersteren gehörten auch Daniel und seine Freunde, zu den Letzteren Ezra, der nicht früher weggezogen war, weil er noch sein Studium bei Baruch b. Nerija beendigen wollte; Baruch aber zog deshalb nicht weg, weil er ein sehr alter, vornehmer Mann war, der die Reise nicht einmal auf einer Sänfte hätte machen können³). — Die Männer der großen Versammlung schrieben eine Urkunde, in der sie sich freiwillig zu Hebe und Zehnten verpflichteten und breiteten sie in der

---

14) = הצדו „Veröbung". Im zweiten Satze ist mit Jalkut zu Dan. 3 טופסין = (דפוסי) zu lesen, was Uebersetzung von צלמי in (Ezech). 23, 14 ist (vgl. טופסא דפעור, Targ. Jer. zu Num. 25, 1); daraus wurde durch einen leichten Lapsus טופרין (Nägel) und dieses Wort wurde Veranlassung daß auch „Haare und Knochen" hinzugesetzt werden, offenbar unter der Einwirkung des Gedankens, daß es sich bei den Nägeln um einen Reliquiencultus handele, wo natürlich Haare und Knochen noch eher am Platze sind. (Ein Beweis dafür, daß שער ועצמות nicht ursprünglich zu טופרין gehört, liegt in dem Umstande, daß dieses aramäisch, die anderen zwei Wörter hebräisch sind; anderseits beweist der Umstand, daß der ganze Satz mit Ausnahme von טופרין hebräisch ist, daß dies wirklich nicht ursprünglich da war, sondern Corruptel aus טופסי ist.

1) Sanh. 93 a. Ebend. fragt Jochanan: Wo war damals Daniel? Antwort: In Alexandrien, um von dort Zuchtschweine zu bringen. S. Halévy in Revue des E. J. VIII, 54 f.

2) Baba Bathra 15 a unt., zusammen mit Eleazar. In j. Sota 20 d: מעולי גולי היה וישראל היה (J. allein); dazu die Bemerkung, J. habe Einzelheiten der rituellen Trauer von Hiob gelernt. Beide Versionen sind combinirt in Gen. r. c. 57 Ende.

3) Schir r. zu 5, 3.

Tempelhalle aus: am anderen Morgen fanden sie die Urkunde mit der himmlischen Bekräftigung versehen (Deutung von החתום Neh. 10, 1¹).

Zu Esther 1, 16. Memuchan — nach V. 14 der Letzte der sieben Räthe — nahm zuerst das Wort, weil ihn die Königin Waschti beleidigt hatte, oder weil er eine Tochter hatte, die er zur Königin erhoben sehen wollte²). — Zu 2, 8. Esther wurde dieselbe Vergünstigung zu Theil, wie nach Daniel 1, 16, Daniel und seinen Freunden³). — Zu 2, 21. Bigthan und Theresch waren aus Tarsus und verabredeten in der Sprache ihrer Heimat den Plan, den König zu vergiften. Mordechai, der als Mitglied des großen Rathes alle Sprachen kannte, war Zeuge des Gespräches und entdeckte den Anschlag⁴). — Zu 5, 2. Drei Engel standen Esther in dieser wichtigen Stunde zur Seite: der Eine hob ihren Hals in die Höhe, der Andere zog den Faden der Anmuth über sie, der Dritte bewirkte, daß sich ihr das Scepter entgegenstreckte⁵). — Zu 6, 1. Parschandatha, der Sohn Hamans war der Geheimschreiber des Königs, der ihm das Buch der Chronik vorlesen sollte; als er zu dem Berichte über Mordechais Verdienst gelangte, wollte er denselben überspringen, aber die Rolle rollte sich gegen seinen Willen zurück, oder — wie Andere sagen — die Schrift wurde von selbst vernehmbar⁶).

---

¹) Ruth r. zu 2, 4 (c. 4), vorher ein dazu gehöriger Ausspruch von Kruspedai, קריצי ר׳. (Tradent Berechja), der wohl auch hier (s. oben S. 219, A. 4) als Tradent J.'s zu betrachten ist.

²) (Esth. r. z. St. ר׳ יוחנן אמר תלתא אמוראי. Nach dem Einen hatte sie ihn mit dem Schuh auf's Gesicht geschlagen; nach dem Anderen hatte sie seine Frau nicht zur Mahlzeit (V. 9) geladen; nach dem Dritten hatte er eine Tochter, die er zur Königin machen wollte.

³) Megilla 13 a.

⁴) Megilla 13 b; ib. 7 a von Chija b. Abba, der als Tradent zu gelten hat.

⁵) Megilla 15 b.

⁶) Midr. Abba Gorion z. St. (B. H. I, 15). Vgl. dazu Megilla 15 b unt. (anonym): יהיו נקראים כלכד שנקראים מעליהם.

8.
Homiletisches.

(Gen. 3, 24. Gott verstieß Adam, wie wenn eine Priesters=
gattin von ihrem Manne verstoßen wird und nicht mehr — nach
Lev. 21, 7 — zu ihm zurückkehren darf[1]). — 6, 1. Indem den
Menschen Töchter geboren wurden, kam die Vermehrung auf die
Welt[2]). — Der Ausdruck רבה (groß) bezeichnet die Sünde des
Geschlechtes der Sündfluth (6, 5) und auch ihre Strafe (7, 11[3]).
— 12, 15. „Die Frau wurde gebracht in das Haus Pharao's",
d. i., wie der Ausdruck ותקח andeutet, die Fürsten Pharaos boten
wetteifernd immer höhere Preise um die Gunst, sie hinbringen zu
dürfen[4]); aber auch in ihrer Erniedrigung widerfährt den Frommen
in Israel solche Auszeichnung, wie Jeremias beweist (Jerem. 38,
13 ויעלו), und dereinst wird dieselbe Auszeichnung ganz Israel von
Seiten der Völker zu Theil werden, nach Jes. 14, 2 (ולקחום[5]). —
14, 14. Als der fromme Stammvater nach Dan kam, erlahmte
seine Kraft, denn er sah seine Nachkommen an diesem Orte Götzen=
dienst treiben (I Kön. 12, 29). In Dan war es auch, wo Nebu=
kadnezar, gegen Jerusalem heranziehend, seine Kraft zunehmen fühlte
(Jerem. 8, 16[6]). — Der Ausdruck רבה, der auf die Schuld
Sodoms ebenso angewendet ist (18, 20) wie auf die des Sünd=
fluthgeschlechtes (6, 5) deutet darauf hin, daß die Strafe, die über
die Einen verhängt wurde, zur Strafe der Anderen hinzutrat:

---

[1] Gen. r. c. 21; hingegen S. b. Lakisch: wie die Frau eines
Israeliten (Nichtpriesters), die, nachdem sie von ihrem Manne geschieden war,
zu ihm zurückkehren darf. So nach der im „Raschi"=Comm. zu Gen. r.
gebotenen Lesart (כהן בראשת). Vgl. die Controverse zwischen Jehuda und
Nechemja, etwas vorher (Ag. d. T. II, 269).

[2] Baba Bathra 16 b. Töchter bewirken raschere Vermehrung des
Stammes (Raschi).

[3] Sanh. 103 a.

[4] Dieselbe Deutung ebenso ausgedrückt, anonym zu Esther 2, 16,
Esth. r. z. St.

[5] Gen. r. c. 40 g. E.

[6] Sanh. 96 a. In Gen. r. c. 43 g. Anf. anonym Aehnliches.

Feuer zur Sündfluth, Fluth zum Feuerregen Sodoms[1]). — Auch eine passende Ausdrucksweise läßt Gott nicht unbelohnt: Von den Töchtern Lots nannte die Aeltere ihren Sohn מואב, ohne Scham ihre Sünde bezeichnend, darum ergieng wol das Verbot, Moab im Kriege zu befehden (Deut. 2, 9), nicht aber auch das, es anderweitig zu bedrängen; hingegen nannte die Jüngere in verhüllender Weise ihren Sohn עמי, darum durfte Ammon weder mit Krieg befehdet, noch sonst bedrängt werden[2]). — 25, 30. Mit den Worten „von diesem Rothen, dem Rothen", sprach Esau eine Blasphemie aus: das zweite האדם zielt auf Gott (Hoh. 5, 10, Jes. 63, 2[3]). — 27, 37. איפוא nach אפה, backen, zu deuten: Dir Esau (Rom) bäckt allenthalben der Ofen, d. i. überall steht dir die Fülle der leiblichen Güter zur Verfügung[4]). — Typisch=allegorische Deutung zu 29, 2. Der Brunnen ist der Sinai; die drei Herden sind die drei Stände Israels: Priester, Leviten, Israeliten; vom Brunnen tränkten sie die Herden: vom Sinai wurden die zehn Worte verkündet; es müssen alle Herden versammelt sein: zur Offenbarung am Sinai durfte — nach einem Ausspruche Simon b. Jochai's[5]) — kein

---

[1]) Gen. r. c. 27 g. E. und c. 49, mit Anwendung des Terminus לגזרה שוה.

[2]) Nazir 23 b, Hor. 10 b, tradirt von Chija b. Abba: מנין שאין הקב״ה מקפח אפילו שכר שיחה נאה; mit mehreren Abweichungen B. kamma 38 b: אין הקב״ה מקפח שכר כל בריה אפילו ש׳ נ׳. Die Deutung beruht darauf, daß nach תתגר nur in Deut. 2, 9, מלחמה folgt, nicht aber in B. 19; in Gen. r. c. 51 Ende findet sie sich, anders umschrieben, von Judan im Namen Aibo's.

[3]) Gen. r. c. 63 a. Das ist wohl die einzig mögliche Erklärung der Worte: מניה ומן סטרוניה. Gott, der ebenfalls אדם Genannte ist der Schutz= herr, patronus, f. oben S. 276, A. 10) des „rothen" Linsengerichtes. Es ist damit Rom's (dessen Typus Esau) in rohen Wuthausbrüchen zum Aus= bruck gelangter Haß gegen den Gott Israels gezeichnet (vgl. die Titus in den Mund gelegte Blasphemie, Gittin 56 b). S. b. Lakisch's מניה דבותיה drückt denselben Gedanken nur anders aus. — Es ist schwerlich daran zu denken, daß J. das eine האדם wie האדון las und dies mit patronus übersetzte.

[4]) Gen. r. c. 67. Zu פירנתא אפייה vgl. Beza 34 a בבירני אופין. Die Erkl. Levy's IV, 120 a ist unhaltbar.

[5]) S. Ag. b. T. II, 93, Anm. 3.

Einziger von Israel fehlen¹). — „Volk und Versammlung von Völkern" (35, 11). Das ist ein Hinweis auf das auch in Deut. 33, 19 angedeutete Opfer Elija's auf dem Karmel (I Kön. 18): den übrigen Völkern gleich wird einmal das von dir stammende Volk unter göttlicher Billigung ein Höhenopfer darbringen²). — Der Schuld Jehuda's, die er mit den Worten „Erkenne doch" (37, 32) begieng, folgte die Buße, die ihn traf, als er von Tamar mit denselben Worten (38, 26) beschämt wurde³). Daher folgen auch die beiden Abschnitte auf einander⁴). — Besser für Israel in Aegypten war die eine Thatsache, daß Pharao seinen Ring abnahm und ihn Joseph übergab (41, 42), als die vierzigjährige Thätigkeit Moses' als Prophet, denn jene Thatsache brachte Israel Befreiung, nicht so die Thätigkeit Moses'⁵). — Der Ausdruck והכן weist auf והכינו, Exod. 16, 5, hin: es war der Rüsttag zum Sabbath, der auch in Josephs Hause gefeiert wurde⁶). — 47, 2. Die fünf Brüder, welche Joseph dem Pharao vorstellte, waren dieselben Fünf, deren Namen im Segen Moses' doppelt genannt ist (Deut. 33, 18, 20, 22, 23, 24⁷). — 48, 15. „Der Gott, vor dem meine Väter gewandelt". Die Väter glichen in ihrem Verhältnisse zu Gott der

---

¹) Gen. r. c. 70 ר״י פתר לה בסיני.

²) Gen. r. c. 82 Anf., tradirt von Judan und Aibo (f. S. 298, Anm. 2) und ר' משין בן נגרי, welcher Name wahrscheinlich im נגרא אשיאן ר' zu emendiren ist (f. oben S. 256, Anm. 6).

³) Gen. r. c. 84 und c. 85. In b. Sota 10 b: Chama b. Chanina.

⁴) Gen. r. c. 85 Anf. כדי לסמוך הכר להבר. In Tanch. B. וישב 11 ist J. irrthümlich die gegentheilige Meinung Eleazar's zugeschrieben.

⁵) Echa r. zu 4, 22; darauf eine ähnliche Antithese von Simon b. Lakisch, die in Megilla 14 a Abba b. Kahana zugeschrieben ist.

⁶) Tanch. B. נשא 33, Num. r. c. 14 g. Anf.; anonym Mech. zu 13, 14, Gen. r. c. 92.

⁷) B. Kamma 92 a, von Rabba b. Mari dem Raba mitgetheilt. Auf den Einwand, daß auch Juda (33, 7) doppelt genannt sei wird erwiedert, dies habe seinen besonderen Zweck. In Wirklichkeit ist auch Joseph doppelt genannt (33, 13 und 16), der aber allerdings hier nicht in Betracht kommen kann. Thatsächlich findet sich in Gen. r. c. 95 Ende, anonym, die Meinung, daß Joseph die fünf im Segen Moses' nicht verdoppelt genannten Brüder vorgestellt habe. Im Sifrè zu den oben citirten fünf Versen (§ 354

Herde, die vor dem Hirten einherzieht[1]). — 49, 7. „Verflucht ihr Zorn, denn er ist stark", damit deutet Jakob an, daß in diesen Stämmen viele mit dem weißen Ausschlag Behaftete sein werden, die leicht zum Zorn erregbar sind[2]).

Zu Exod. 2, 4[3]). In den einzelnen Wörtern dieses Verses liegt ein Hinweis auf die Gegenwart des göttlichen Geistes, der Mirjam erfüllte[4]). — In אסרה נא, 3, 3, ist angedeutet, daß Moses nur fünf Schritte that, um der Erscheinung näher zu treten, denn als treuer Hirte wollte er sich von der Herde nicht entfernen[5]). — Zu 12, 2. Die Verkündigung des Neumondes, wie sie nach

---

f.) ist die von Rabba b. Mari mitgetheilte Meinung vertreten. Vgl. Raschi's Comm. zu Gen. 47, 2.

[1]) Tanch. B. לך לך 26.

[2]) Gen. r. c. 98 tradirt von Azarja und Chunia. S. Kohut, Aruch II, 24 a b.

[3]) Jer. Sota 17 b unt., b. Sota 11 a (wo Jizchak als Autor genannt ist), Exod. r. c. 1 (mit wenig Aenderungen, wie in B.).

[4]) Jer. פסוק זה בלי על שם שבינה כ׳ B. פסוק זה ברוח הקדש נאמר. Zu ותתצב ist herangezogen: צב: Amos 9, 1, (in B. I Sam. 3, 10), zu אחותו Prov. 7, 4, zu מרחוק Jer. 31, 2, zu לדעה Jes. 11, 9 (in B. I Sam. 2, 3), zu יעשה מה Amos 3, 7 (in B. noch besonders zu מה Deut. 10, 12 und zu לי Mi. 6, 27). In Mech. zu Exod. 15, 20 (44 a) wird aus diesem Verse bewiesen, daß Mirjam Prophetin war; die Beweisstellen sind dieselben wie im Jer., nur fehlt die zu אחותי ganz und zu ותתצב sind beide Beweisstellen gebracht, außerdem eine dritte, Deut. 31, 14. Mit diesen drei Stellen und ותתצב als Beweisen wird Mech. zu 14, 13 in Bezug auf התיצבו gesagt: אין יציבה בכל מקום אלא רוח הקדש. S. auch Midr. Mischle zu 14, 1. Friedmann, Beth Talmud I, 40, hat die Stelle in der Mechiltha übersehen.

[5]) Exod. r. c. 2 Ende. Die Andeutung liegt wohl im ה des Wortes אסרה; nach Simon b. Lakisch nahm sich Moses auch zu den fünf Schritten nicht die Zeit, sondern wendete bloß seinen Kopf, um hinzusehen: אסרה נא ist demnach nur Wunsch geblieben. Was folgt, bezieht sich auf beide Meinungen: Gott sah dies und sprach: Dieser ist würdig, Israels Hirte zu sein. In Tanch. z. St., Tanch. B. שמות 13 sind die Deutungen zu אסרה נא so aufgefaßt, als sollten sie die Bereitwilligkeit Moses' bezeichnen, der Erscheinung näher zu treten; dem entsprechend sagt Gott: בצערה לראות הייך שאני נגלה עליו. Doch ist das jedenfalls eine mißverständliche Auffassung, da weder fünf (in Tanch. drei) Schritte noch die Wendung des Kopfes als צער betrachtet werden können.

Aufnahme der Zeugenaussagen in Israel stattfinden soll, zeigte Gott dem Moses und Aharon mit Beobachtung aller Formen, wobei die Engel Michael und Gabriel als Zeugen fungirten[1]). — 12, 3. Warum sollten die Pesachlämmer schon vom zehnten des Monates an vorbereitet sein? Wenn die Aegypter, zu den Israeliten eintretend, diese Vorbereitung zur Befreiung bemerkten, entflog ihre Seele (vor Angst[2]). — 13, 19. עמו deutet an, daß Moses Bemühen um die Gebeine Josephs ihm dadurch belohnt wurde, daß Gott ihm selbst den letzten Liebesdienst erwies[3]). — 16, 7. Größer ist, was bei Moses und Aharon, als was bei Abraham gesagt ist: dieser sprach: „ich bin Staub und Asche", Jene: „Wir sind Nichts"[4]). — Jb. מה weist auf Hiob 26, 7 hin, um anzudeuten, daß die Welt um Moses' und Aharons willen bestehen blieb[5]). — 30, 12. Wenn die Verleumdung der Frau mit Geldbuße bestraft wird (Deut. 22, 19), um wie viel mehr hätte die Verleumdung Gottes durch Israel (Exod. 32, 4) eine solche verdient![6])

Lev. 26, 25. „Die Rache ob des Bundes". In diesen Worten ist auch die Vergeltung ob einer anderen, nicht in der Uebertretung des am Sinai geschlossenen Bundes bestehenden Sünde angedeutet, nämlich die Blendung des letzten Königs von Juda, Zidkija, womit seine Uebertretung des dem Nebukadnezar geleisteten Schwures gerächt wurde, s. (Ezech. 17, 19[7]). — 26, 43. Der Ausdruck יען וביען

---

[1]) Pesikta 55 a, Pes. r. c. 15 (78 a b), tradirt von Berechja und Chija. Ebenso knüpft J. (R. H. 17 b) an Exod. 34, 6 (ויעבר על פניו) im Sinne von (עובר לפני התבה) die von ihm selbst als kühn bezeichnete Bemerkung, Gott habe dem Moses in aller Form das Rituale der Bußgebete gezeigt.

[2]) Pesikta 55 a; in Pes. r. 78 b anonym. Der Ausdruck ונפשם פורחת מעליהם auch oben an der S. 284, Anm. 3 citirten Stelle.

[3]) Jer. Sota 17 c, tradirt von Kruspedai עם נפשך את עבד, d. h. „an dir selbst übst du" diesen Liebesdienst. Vgl. Mech. z. St. (24 b).

[4]) Chullin 89 a, von Anderen Raba zugeschrieben.

[5]) Jb., ebenso.

[6]) Pesikta 19 a, Tanch. B. כי תשא 6, dem Moses beigelegter Gedanke, als er von dem „Sühngelde" hörte (s. unten Abschn. 9).

[7]) Lev. r. c. 6, tradirt von Azarja und Acha. Zum Theil (anonym) in Sifré z. St. (112 a).

hat den Sinn des Spruches „Maaß für Maaß" und deutet darauf hin, daß das Zeitmaaß des Exils der Dauer von Israels Sünd=haftigkeit entspricht[1]). Nach Num. 7, 1. Bevor das Heiligthum errichtet war, gab es Feindschaft, Eifersucht, Streit auf der Welt, als es errichtet war, wurde Liebe, Zuneigung, Freundschaft, Gerechtigkeit und Frieden in die Welt gesetzt, nach Pf. 85, 9: Laß mich hören, was Gott, der Ewige redet, wenn er Frieden redet seinem Volke und seinen Frommen![2]) -- Ib. Mit der Errichtung des Heiligthums schwan=den die Schadegeister (Dämonen) aus der Welt, nach Pf. 91, 10: „Schaden naht nicht deinem „Zelte"[3]). — Num. 7, 3. Die sechs Wagen, welche die Fürsten darbrachten, weisen hin auf die sechs dem Könige gegebenen Gebote (Deut. 17, 16 und 16, 19.) und auf die sechs Stufen des Königsthrones: sowie der König zum Throne hinanstieg wurde bei jeder Stufe je eines jener Gebote ausge=rufen; wenn er oben angelangt war, rief ein Herold aus: Wisse

---

[1]) Echa r. Prooemien Nr. 21, mit Beziehung auf den Ausspruch Jose b. Chalaftha's (Ag. b. T. II, 137), j. oben S. 198, Anm. 1. — Dieselbe Deutung von ציון durch J. j. unten S. 304, zu II Sam. 24, 6. S. auch oben S. 239.

[2]) Pesikta 7 a. Dazu Simon b. Lakisch: Wozu das anderwärts entnehmen, da wir es unserer Stelle selbst entnehmen können? Da unmittelbar der Segen vorangeht (6, 26): er verleihe dir den Frieden. In Pes. r. c. 5 (22 a) ist anstatt J. als Autor genannt Eleazar (Tradent Josua b. Nechemja). die Deduction aus Ps. 85, 4 geschieht mit Heranziehung von B. 10: „daß die Herrlichkeit in unserem Lande wohne"; S. b. L.'s Ent-gegnung lautet: מה ל׳ ולספר תהלים דבר תורה היא. Voran geht in Pes. r. ein ähnlicher Ausspruch von Jehuda b. Simon, der den Gedanken auf die Liebe zwischen Gott und seinen Kindern (Israel) anwendet. In dieser Form schreibt Tanch. נשא (B. 25) den Ausspruch ebenfalls Eleazar zu (Tradent Josua Kohen, d. i. b. Nechemja). In S. b. L.'s Ent-gegnung folgt noch: ואני בקשיבתם אישי הסרה בלים. Daraus hat Num. r. c. 12 Anf. geschöpft, wo aber, anstatt J., Jehuda b. Simon als Autor genannt ist (Tradent Berechja). — Die Deutung beruht wie beim folgenden Ausspruche auf der Annahme eines besonderen Objects zu מלת.

[3]) Pes. r. c. 5 (21 b), Tanch. נשא (B. 27), mit einer Abschweifung über Ps. 91, Num. r. c. 12, Sch. tob zu Ps. 91, 6. Dagegen eine ähnliche Entgegnung S. b. L.'s, wie die in der vorigen Anmerkung angeführte

vor wem du sitzest¹). — 12, 10. Mirjam sündigte mit dem Munde und büßte an allen Gliedern²). — 14, 1. Es war der Vorabend des 9. Ab, als die ganze Gemeinde weinte; da sprach Gott: sie weinen aus nichtiger Ursache, bereinst sollen sie an diesem Tage Grund zu jährlich wiederkehrendem Weinen haben³). — 14, 34. Warum dauerte die Strafe vierzig Jahre, obwol sie nur vierzig Tage lang gesündigt hatten? Wer im Jahre wenn auch nur an einem Tage eine Sünde begeht, dem wird es so angerechnet, als hätte er sie im ganzen Jahre begangen⁴). — Deut. 2, 7. דבר ist nach Hosea 14, 3 (דברים) zu verstehen: es fehlte dir nichts als die Reue⁵). — 14, 22. In עשר תעשר liegt die Mahnung: Gieb Zehnten, damit du reich werdest (תתעשר)⁶). — 28, 59. Die von Gott gesandten Krankheiten sind „böse" in ihrer Sendung und „zuverlässig" in der Erfüllung ihres Auftrages⁷). — 33, 7. Mit den Worten „Höre, Ewiger, die Stimme Juda's" verlieh Moses dem ganzen Stamme Juda die Gabe des erhörten Gebetes⁸). — 33, 23. Wer über den „vollen" Becher „Gottes Segen" anstimmt, dem wird unbegränzter Besitz zu Theil, „Westen und Süden wird sein Besitz"⁹).

Josua 8, 13. Josua gieng בתוך העמק, d. i. „vertieft" in die Halacha¹⁰). — Richter 15, 18. Simson war so erschöpft, daß

(er verweist auf 6, 24 „er behüte dich"). In Pesikta 6 b ist der Ausspruch Eleazar, die Entgegnung Jochanan selbst zugeschrieben.

¹) Pesikta 7 b. Vgl. Esther r. zu 1, 2 und Num. r. c. 12, wo II Chr. 9, 18 den Text bildet und Huna der Autor ist.
²) Lev. r. c. 16.
³) Sota 35 a, Sanh. 104 b, tradirt von Raba.
⁴) Chagiga 5 b; s. unten zu Jes. 58, 2.
⁵) Sch. tob zu Ps. 23, 1 (§ 3 Ende).
⁶) Taan. 8 b; vgl. A. d. T. II, 409, Anm. 4.
⁷) Ab. zara 55 a.
⁸) Sch. tob zu Ps. 102, 1; dagegen: Chanina, daß die Gabe nur dem Hause David's verliehen sei.
⁹) Berach. 51 a unt. Dazu Jose b. Chanina: זכה ינחל שני עולמים הע' הזה וה' הבא. In j. Berach. 11 d oben: Chanina („Jose b." zu ergänzen). Zu נחלה בלי מצרים s. oben S. 111, Anm. 2.
¹⁰) Erubin 62 b, Sanh. 44 b; mit Bezug auf V. 9 (ויל) Megilla 3 a.

er nicht einmal die Hand hätte auszustrecken vermögen, wenn ein Wassergefäß zu seiner Seite gewesen wäre; darum „rief er zum Ewigen"[1]). — I Sam. 17, 8. איש לכם ברו involvirt eine' gotteslästerliche Herausforderung dessen, der איש מלחמה (Exod. 15, 3) genannt ist; dem entsprechend läßt Gott den Lästerer in die Hände dessen fallen, der als בן איש bezeichnet wird (V. 12²). — 17, 16. „Morgens und Abends", um sie vom Lesen des Schema's abzuhalten; „vierzig Tage" entsprechend den vierzig Tagen, während welcher die Thora gegeben wurde[3]). — II Sam. 3, 27. „Er lenkte ihn ab in's Thor" das will sagen, daß Abner von Joab nach allen Formen Rechtens verhört und überführt wurde. „Warum hast du Asael umgebracht?" Er war ein Verfolger. „Du hättest ihn um den Preis eines seiner Glieder am Leben lassen sollen." „Ich konnte das nicht. „Du konntest genau auf die fünfte Rippe den Streich führen und solltest nicht im Stande gewesen sein, eines seiner Glieder zu treffen?"[4]). — 24, 6. Das Wörtchen ויען nach דנה weist darauf hin, daß am Stamme Dan hinsichtlich seiner Vermehrung gut gemacht wurde, was sein Stammvater zu leiden hatte: Maaß für Maaß[5]); Dan konnte seinem Vater nur einen einzigen Sohn[6]) (Gen. 46, 23) zuführen, darum wuchs die Anzahl seiner Nachkommen auf 62000 (Num. 1, 39), während Benjamin, der bei Jakob mit zehn Söhnen eintrat (Gen. 46, 21), nur 35000 Nachkommen hatte (Num. 1, 37[7]).

---

[1]) Gen. r. c. 98, tradirt von Chanina und Azarja.

[2]) Sota 42 b. In Midr. Samuel c. 20 steht die erste Hälfte des Ausspruches im Namen Simon b. Lakisch's.

[3]) Jb. Vgl. oben S. 234, Anm. 4. In Midr. Samuel c. 20 läßt J. den Goljath sagen: אין אתם אומרים שהילד ניצר ארבעים יום הרני מחתי לכם מ' יום.

[4]) Sanh. 49 a. Das „Thor" war Sitz der Gerichtsverhandlungen.

[5]) S. oben S. 301, zu Lev. 26, 43.

[6]) צלמוניתי, wol mitleidiges Diminutivum: „sein Ebenbildchen" (s. Gen. 5, 3). Die Erklärung Levy's IV, 194 a ist unhaltbar.

[7]) Midr. Sam. c. 30; anonym in Gen. r. c. 94 und Midr. Sam. c. 32, an welchen Stellen die Zahlen zu 70000 und 40000 abgerundet sind, vielleicht weil die Zahl der Benjaminiten in Num. 26, 41 zu 45.000 angewachsen ist. Mitbestimmend bei dieser Gegenüberstellung der beiden

Jesaia 1, 23. „Die Sache der Wittwe kömmt gar nicht zu ihnen". Wenn Jemand mit einem Processe nach Jerusalem kam, hieß ihn der Richter Holz spalten und Wasserfässer füllen, so daß seine Reisekosten aufgiengen und er unverrichteter Weise heimkehren mußte; traf ihn dann eine Wittwe und hörte sie auf ihr Befragen, wie es ihm ergangen, da sprach sie: Wenn dieser, der ein Mann ist, nichts gerichtet hat, wie sollte ich, eine Wittwe, etwas erwarten![1]) — Wer vier Musikinstrumente zum Gastmahle spielen läßt, bringt fünf Heimsuchungen über die Welt, nach Jes. 5, 12 ff.: die vier Instrumente sind in B. 12 genannt, dann folgen die fünf Heimsuchungen: Exil (גלה), Hungersnoth (רעב), Vergessen der Lehre (צמא allegorisch, s. Amos 8, 11), Erniedrigung des göttlichen Ansehens (וישפל איש, nach Exod. 15, 3²), Erniedrigung Israels (תשפלנה³). — 8, 20. Gott warnt Israel, sie mögen den heidnischen Völkern sagen: „ein solches Ding (wie der Götze) hat kein Morgenroth" (kann euch kein Licht erglänzen lassen⁴). — 14, 25. אבוסנו ist aus אבום abzuleiten: Es komme Sancherib mit seinem Anhange herbei und werde zur Mästung (Bereicherung) für Chizkija und sein Gefolge⁵). — 17, 2. Was soll Aroer's, der zu Israel gehörigen moabitischen Stadt, Erwähnung im Zusammenhange mit Damaskus? In Damaskus gab es 365 Götzentempel, nach Anzahl der Tage des Sonnenjahres, und jeder Tempel hatte seinen Tag im Jahre; Israel aber vereinigte den Cultus aller dieser Tempel einträchtiglich (ὁμονοίᾳ) und betete alle Götzen zusammen an, nach Richter 10, 6. Darum nennt der Prophet eine Stadt Is-

---

Stämme wirkte wol auch der Umstand, daß sie sowol in Gen. 46, als in Num. 1 und 26 unmittelbar nebeneinander stehen.

1) Pesikta 123 a.

2) S. oben S. 304, zu I Sam. 17, 8.

3) Sota 48 a.

4) Lev. r. c. 6. In Tanch. אמור Anf. (Tanch). B. אמור 3) lautet die Deutung J.'s anders: Wenn ihr nicht so zu den heidnischen Völkern sprechet, giebt es kein Morgenroth für euch.

5) Sanh. 94 b. Raschi erklärt ויעשה אבום in wörtlicher, etwas abenteuerlicher Weise.

raels so, als gehörte sie zu Damaskus¹). — 34, 16. Die Versammlung der Thiere ist im Sinne des in Ezech. 39, 17 Geweissagten zu verstehen; "vom Buche des Ewigen", das ist von der Thora, und zwar der Erzählung der Sündfluth "folgert es (דרשו) und leset": wenn die Thiere freiwillig herbeikamen, um sich auf zwölf Monate in der Arche einsperren zu lassen, wie werden sie erst herbeieilen, um sich vom Fleisch der Helden zu mästen!²) — 58, 2. Sucht man denn Gott nur am Tage und nicht auch in der Nacht? Es soll gesagt werden: Wer sich auch nur einen Tag im Jahre mit der Thora beschäftigt, dem rechnet es die Schrift so an, als hätte er sich das ganze Jahr hindurch mit ihr beschäftigt³).

In Jerem. 5, 6 sind die vier Weltreiche angedeutet: der Löwe ist Babylonien, der Wolf Medien, der Leopard Griechenland, in ישרף ist auf Rom's Alles zerreissende Gewalt angespielt⁴). — 15, 2. In diesem Verse ist die nachfolgende Strafe immer härter als die vorher genannte; Schwert schwerer als Tod (nach Ps. 116, 15, oder weil das Schwert den Körper entstellt), der Hunger schwerer als das Schwert (nach Echa 4, 9, oder weil der Hunger mehr peinigt), die Gefangenschaft schwerer als alle, denn alle sind in ihr enthalten⁵). — 30, 10. Unser Vater Jakob ist nicht todt; er ist hier seinem Samen gleichgestellt: sowie dieser am Leben ist, so ist auch er am Leben⁶). — Ezechiel 34, 31. Wenn es zu strafen gilt, verfährt Gott mit Israel milde wie mit einer "Herde"; gilt es zu lohnen, behandelt er sie wie "Menschen"⁷).

---

¹) Echa r. Prooem. Nr. 10, Esther r. c. 3, an beiden Stellen im Zusammenhange mit einer Ausführung Jizchaks; ferner Schir r. zu 1, 6.
²) Gen. r. c. 32.
³) Diese Deutung trug J., nach Chag. 5 b, zum Ruhme Jbi's vor, den man den "Eintagsstudenten" (בר בי רב דחד יומא) nannte, weil er nothgedrungen nur einen Tag lang im Lehrhause dem Studium obliegen konnte (s. oben S. 216, Anm. 6); und im Anschlusse daran die analoge Deutung zu Num. 14, 34 (s. oben S. 303).
⁴) Lev. r. c. 13.
⁵) Baba Bathra 8 b.
⁶) Taan. 5 b, von Jizchak dem Nachman mitgetheilt. In Tanch. ויחי Auf. (B. 4) sagt Simon b. Lakisch: נשם א״ל הקב״ה חייך חייך אתה שובב ואין אתה מת, אתה יאין אתה מת, in Gen. r. c. 96: חייך אתה שובב ואין אתה מת.
⁷) Tanch. B. בשלח 15: צאן לעינשים ואדם למתן שכר. — Ez. 21,

Hosea 5, 2 (העמיקו). Sie sind in ihrer Abtrünnigkeit tiefer (gründlicher) — so spricht Gott — als ich in meinem Gebote: nach diesem macht sich, wer nicht zum Heiligthum hinaufzieht, nur der Uebertretung eines Gebotes schuldig; sie aber sagten: Wer hinaufzieht zum Feste, soll mit dem Schwerte durchbohrt werden[1]). — 14, 9. Dialog zwischen Gott und Israel: „Ephraim, was hast du noch mit dem Trieb zum Götzendienste zu schaffen?" — Ich bin durch ihn bezwungen worden; aber habe ich nicht Gesänge vor dir angestimmt (um ihn zu sühnen)? — „So will ich denn den Trieb niederbeugen, wie eine Cypresse"[2]). — Zacharia 1, 8. „Ich sah", Gott wollte die Welt in „Nacht" verwandeln, „einen Mann auf rothem Rosse" d. i. Gott[3]) wollte die Welt in Blut verwandeln (zerstören), da „stand er zwischen den Myrthen", d. i. erblickte die Frommen, Chananja, Mischael und Azarja, „in der Tiefe", d. i. in Babel (s. Jes. 44, 27) und die „rothen, dunkelfarbigen Rosse" wurden „weisse", der Rathschluß der Vernichtung gieng in Milde über[4]). — 10, 9. Zum Lohne dafür, daß sie meinen Namen erwähnen, lasse ich sie bei mir wohnen, vgl. Jer. 31, 20[5]). — 10, 11. צרה enthält eine Anspielung auf das Götzenbild Micha's (Ri. 17), das mit Israel durch's Meer zog[6]). — 11, 12. Die dreißig Silberstücke sind die dreißig Gebote, welche die heidnischen Völker bereinst übernehmen werden[7]).

---

12 wendet J. auf die den ganzen Körper des Menschen in Mitleidenschaft ziehende Wirkung des Jammerns, Berach. 58 b, Kethub. 62 a.

1) Sanh. 102 a.
2) Schir r. zu 1, 17, mit Anknüpfung an eine Bemerkung J.'s über das Cypressenholz, daß es sehr biegsam sei; anonym Schir r. zu 7, 8. Die oben gegebene Uebersetzung giebt wol den Sinn der Paraphrase J.'s richtig wieder: עניתי deutet er mit עוניתי לו, was nur in Ephraims Mund gehört, ואשורנו deutet er mit אשירנו und umschreibt (fragend): לא אמרנו לך שירה, also „ich singe ihn hinweg," führe ihn mit Gesang.
3) S. oben S. 304, zu I Sam. 17, 8 und S. 305, zu Jes. 5, 12.
4) Sanh. 93 a.
5) Sanh. 103 b. S. oben S. 71 Anm. 3.
6) Schocher tob zu 70, 1 (B. H. V. 7 b); im Jalkut zu Ps. 70: Eleazar.
7) Gen. r. c. 98, dagegen Rab: שלשים גבורים (d. i. die 30 Frommen, ohne welche die Welt nicht bestehen kann). In j. Ab. zara 40 c ist J.'s

Pfalmen. 12, 9. Die „Erniedrigung" (זלות), in der man auf Andere angewiesen ist, verändert das Angesicht und läßt es vielerlei Farben zeigen[1]). — 16, 6. „Mein Erbgut", d. i. der Lohn für die von mir erfüllten Gebote[2]). — 17, 2. David spricht: Herr der Welt, du bist König und ich bin König, es ist angemessen, daß ein König den König richte, „von dir gehe mein Urtheil aus"[3]). — 18, 20. Dieser Vers bezieht sich auf die Offenbarung am Sinai[4]). — 19, 3 ff. In diesen Versen ist die Feststellung des Kalenders durch die Weisen Israels verherrlicht: die Tage und Nächte des Jahres sind innerhalb der vier astronomischen Jahreszeiten in fortwährendem „Borgen und Zahlen" begriffen, bis die Tage und Nächte in der Frühlings- und Herbstwende ausgeglichen sind. Diese Darlehen und Zahlungen geschehen „ohne Worte und Verhandlungen." Wenn die Jahresberechnung durch die Weisen beendet ist „geht über die ganze Erde ihre Richtschnur", wann Neujahr, wann die Feste seien, „und bis Ende der Welt ihre Worte:

Ansicht dem Rab, und die zweite den רבנן zugeschrieben. Für die Richtigkeit der Autorenangabe in Gen. r., welche dort noch besonders bezeugt ist (לרב ויוחנן לא שמיעא לרב) spricht die entsprechende Controverse in b. Chullin 92 a unten, wo Jehuda (Rab's Schüler) die Deutung auf die Frommen giebt und Ulla (der Schüler Jochanans) — im Jalkut zu Zach. § 579 Raba — die auf die 30 Gebote. Beide Deutungen haben in Chullin eine andere Wendung. Es ist nicht angegeben, welches die 30 Gebote wären (s. Raschi zur l. St.); im Sch. tob zu Pf. 21 Auf. wird Jef. 11, 10 (אלי גוים ידרשו) ganz wie in Gen. r. a. a. O. auf die Belehrung der Heiden durch den Messias angewendet und zwar werden sie 30 (statt שש l. שלשים, s. Buber 3. St.) Gebote erhalten, wie z. B. Laubhütte, Palmzweig, Phylakterien. Als Autor ist in Sch. tob Chanina (Var. Tanchuma) genannt.

[1]) Berach. 6 b, zusammen mit Eleazar. Nach der daselbst gebrachten Angabe D i m e's wäre ברים Name eines erotischen Vogels, der mit Sonnenaufgang allerlei Farben spielt. Es ist fraglich, ob J. selbst an einen solchen Vogel gedacht hat. Jedenfalls wird der Deutung das griechische χροῦμα (Farbe) zu Grunde liegen.

[2]) Sch. tob. z. St.

[3]) Sch. tob. z. St.

[4]) Pesikta 101 b (Aruch) s. v. אומא): טוטא דידיה היא סליקת ביה אורייתא לי למתן. Keine der bisherigen Erklärungen dieses Ausspruches (s. Litteraturblatt des Orients V, 26, aus einer handschriftlichen Glosse, Sachs Beiträge II, 180, Buber z. St. Levy IV, 19 a) befriedigt, be-

wann der Neumond, wann die Sonnenwendezeit sei¹). — 22, 20. Esther betete: Wie du einst herbeieiltest, die Ahnen am Meere zu schützen, so eile auch zu mir herbei, um mich zu retten²). — 28, 7. Israel, nach dem Durchzug durch das Schilfmeer, sprach: „Von meinem Liede will ich ihm danken", von den Dankliedern, die er mir gegeben hat³). — Die „Zeit des Findens", auf welche sich das Gebet jedes Frommen beziehen soll — nach 32, 6 — ist die Beerdigung, das „Finden" der Ruhe im Grabe, nach Hiob 3, 22⁴). — 41, 2. „Heil dem, der für den Armen sorgt"; das ist: wer einen Pflichttodten — der keine Angehörigen hat, die an ihm die letzten Liebespflichten üben könnten — beerdigt⁵). — Zu 50, 12. Hast du je sagen hören: Tränket diesen Oelbaum mit Oel, damit er viel Oel bringe, — tränket diesen Weinstock mit Wein, damit er viel Wein bringe? Meine Geschöpfe bedürfen einander nicht, wie sollte ich meiner Geschöpfe bedürfen!⁶) — 50, 20. Wenn du „gegen deinen Bruder", der es nur von Vaters Seite ist, Verleumdung sprichst, wirst du sie schließlich auch „gegen den Sohn deiner Mutter" sprechen⁷). — 56, 1. Die „stumme Taube" ist Tamar, die Ahnin David's, welche schwieg, als die beweisenden Zeichen ihrer Unschuld

---

sonders weil nach keiner ersichtlich ist, wie durch J. die Textworte gedeutet werden. Vielleicht ist פיומא = πεισμα, Ueberredung, Vertrauen, Zuversicht, und entspräche dem חפץ des Textes. Gottes Vertrauen in mich stieg auf in ihm, daß er mir die Thora gebe. Zu Pf. 22, 9 hat Sch. tob (§ 22 Ende) ebenfalls: פיומא דיליה סליק als Aequivalent der Textworte: כי חפץ בו. — J.'s Deutung zu Pf. 18, 17 f. oben S. 271, Anm. 7.
¹) Sch. tob z. St. Vgl. Lev. r. c. 22 g. Auf.
²) Sch. tob z. St.
³) Sch. tob z. Stelle. Sollte J. gelesen haben ומשירו (vgl. Pf. 42, 9)?
⁴) Berach. 8 a; der Vers aus Hiob ist von Chanina herangezogen. Oft wird das Bild erwähnt, mit dem J (ein Bild Chanina's dafür nur wenig modificirend) das schwere Scheiden der Seele vom Körper veranschaulicht: wie ein Tau aus dem Loche des Mastbaumes, Lev. r. c. 4, Koh. r. zu 6, 7, Tanch. B. מקץ 15, Moed Katon 29 a, anonym in Berach. 8 a. S. oben S. 30, Anm. 5.
⁵) Lev. r. c. 34 Anf.
⁶) Pesikta 57 b, Pes. r. c. 16 (80 a), tradirt von Chija b. Abba.
⁷) Tanch. פקודי. S. oben S. 177.

(Gen. 38, 25) „entfernt" wurden[1]). — Nach 65, 11. Groß ist ein Tag des befruchtenden Regens, sogar die Kriegstruppen (גדודי) feiern an ihm[2]). — 68, 36. Wenn Gott an „seinen Geweihten" (מִמִּקְדָּשֶׁיךָ) das strafende Urtheil vollzieht, ist er „gefürchtet" (נורא), gepriesen und erhoben[3]). — 76, 9. „Die Erde fürchtete", als Gott die Lehre offenbarte; sie sagte: Adam übertrat das eine Gebot, das ihm gegeben wurde, und ich wurde um seinetwillen verflucht (Gen. 3, 17), um wieviel mehr muß ich fürchten, daß ich für die Uebertretung der 248 Gebote und 365 Verbote zu leiden haben werde![4]). — Zu 78, 72. David saß und rechnete aus, daß von den Priesterabtheilungen nicht die eine mit der anderen dasselbe Grundstück zugewiesen erhalte[5]). — 92, 16. Das Lob, welches die Frommen Gott spenden, er sei „redlich", wird ihnen von ihm zurückgegeben, Zeph. 3, 13[6]). — Das fünfmalige „Preise meine Seele", das David anstimmte (Ps. 103 und 104), entspricht den fünf Büchern der Thora[7]). 104, 15. Die Cedern des Libanons, d. h. ursprünglich nur für das auch „Libanon" genannte Heilig-

---

[1]) Sota 10 b.

[2]) Taanith 8 b (nach Hs. München trabirt von Jizchak).

[3]) Zebachim 115 b, trabirt von Chija b. Abba. Ohne Trabenten Sch. tob zu Ps. 3 Anf. mit der Erläuterung במקדשי לא נשא כנים לאחרים על אחת כו״כ. Vgl. J.'s Ausspruch zu Ps. 9, 12, Sch. tob z. St. und zu 99, 1.

[4]) Pes. r. c. 21 (99 b), trabirt von Levi. Das. trad. Chija b. Abba und Pinchas zwei andere Deutungen J.'s zu dieser Stelle: 1. Die Erde fürchtete, sie werde, wenn Israel die Thora nicht annehme, in ihren ersten Zustand (Gen. 1, 2) zurückkehren (s. oben S. 249, A. 1). 2. Die Erde fürchtete, es sei die Zeit der Wiederbelebung der Todten gekommen und Gott fordere die Wiedergabe der ihr anvertrauten Körper.

[5]) Sch. tob z. St., trabirt von Abahu. Der Ausspruch gehört hier zu בתבונה כפיו, worunter wahrscheinlich das Rechnen an den Fingern der beiden Hände gemeint ist. S. auch j. Sukka 55 d und j. Taanith 68 a oben (Abahu allein). Vgl. Pinchas b. Chama's Deutung zu Ps. 26, 11, Sch. tob z. St. (. . ומחשבין בישראל . . .).

[6]) Sch. tob. z. St.: הוא קילע על ראש ויראי קילעים לי. Der Sinn ist klar, doch diese sprichwörtliche Anwendung von קלע (j. Richter 20, 16) sonst nicht bezeugt.

[7]) Lev. r. c. 4 g. Ende.

Homiletisches: Psalmen, Prov., Hiob.

thum erschaffen¹). — Nach 126, 4. Groß ist ein Tag des befruchtenden Regens, wie der Tag der Heimkehr der Exulanten²). — 126, 5 enthält eine Anspielung auf die von den Zeitgenossen des Propheten Joel erfahrene wunderbare Wirkung des Regens³). — Weshalb giebt es im alphabetischen Psalme 145 keinen mit נ beginnenden Vers? Weil mit diesem Buchstaben die Verkündigung von Israels Sturz beginnt (Amos 5, 2⁴). — 148, 11. Sowie der Mensch zuletzt erschaffen wurde, so wird er unter den Gott lobpreisenden Geschöpfen an letzter Stelle genannt⁵).

Prov. 10, 2 und 11, 4. In dem einen Spruche ist die Wohlthätigkeit (צדקה) gemeint, welche vor ungewöhnlicher Todesart rettet, in dem anderen („Tag des Zornes", vgl. Zeph. 1, 15) jene, welche vor der Höllenstrafe rettet⁶). — 10, 27. Der Vers ist anwendbar auf den Gegensatz zwischen den gottesfürchtigen, langlebenden Hohenpriestern des ersten Tempels, derer in 410 Jahren achtzehn fungirten und den frevlerischen Hohenpriestern des zweiten Tempels, derer es in 420 Jahren mehr als dreihundert gab⁷). — Nach 25, 14. Der Regen wird zurückgehalten ob der Schuld Solcher, die öffentlich wohlthätige Spenden bestimmen, sie aber zurückhalten⁸).

Hiob 1, 2. Größeres ist von Hiob ausgesagt, als von Abraham: dieser wird „gottesfürchtig" genannt (Gen. 22, 12), Hiob aber „fromm und redlich, gottesfürchtig und vom Bösen weichend"⁹).

---

¹) Gen. r. c. 15 Anf.; in Sch. tob z. St. und Exod. r. c. 35: Chanina. Ueber diese sehr alte Anwendung des Namens לבנון auf das Heiligthum f. A. b. T. I, 26, Anm. 2.

²) Taan. 8 b; nach anderer Leseart, auch Sch. tob z. St. ist Jizchak der Autor, vgl. vorige Seite, Anm. 2.

³) Taanith 5 a, tradirt von Jizchak.

⁴) Berach. 4 b.

⁵) Lev. r. c. 14 g. Anfang.

⁶) Baba Bathra 10 a, tradirt von Chija b. Abba.

⁷) Joma 9 a, tradirt von Rabba b. b. Chana; daran schließen sich historische Angaben. In j. Joma 38 c, Lev. r. c. 21, Pesikta 177 a ist diese Anwendung von Prov. 10, 27 Acha zugeschrieben.

⁸) Taan. 8 b (tradirt von Jizchak).

⁹) Baba Bathra 15 b.

— 2, 3. Man dürfte es nicht aussprechen, wenn es nicht geschrieben stünde: „Du verführtest mich", wie wenn sich ein Mensch von Anderen verleiten läßt[1]). — 3, 19. Hier ist von der Todesstunde die Rede, vor der kein Reicher, Weiser, Mächtiger sich retten kann (Koh. 8, 8); der „Kleine" ist David (I Sam. 17, 15), der „Große" Moses (Exod. 11, 3), „der von seinem Herrn befreite Diener", das ist Israel, denn der Tod befreit von der Erfüllung der Gebote[2]). — 27, 12. בלבם חיתם, verglichen mit ונחה בך Hoh. 7, 1, ist ein Hinweis auf die Sittenlosigkeit der Zeitgenossen Hiobs[3]). — 34, 30. Wenn ein ruchloser König über die Menschen regiert, so ist es wegen der Hartnäckigkeit und der Sündhaftigkeit der Menschen, die den Willen des Weltenschöpfers nicht erfüllen[4]).

Ruth 1, 1. „In den Tagen, da man die Richter richtete." Sprach der Richter: Nimm den Splitter von deinem Auge weg" — so antwortete man ihm: nimm du den Balken von dem deinigen![5]) Sprach er (Jes. 1, 22): „Dein Silber ist zu Schlacken geworden" — so war die Antwort: „dein Getränk mit Wasser gemischt!"[6]) — 1, 7. „Sie zogen des Weges", auch als sie eigentlich nicht hätten ziehen dürfen, nämlich am Festtage[7]). — 2, 14. Sechserlei — davon fünf typische — Deutungen der Worte Boaz' an Ruth und seiner Fürsorge um sie[8]): 1. Auf Davids Schicksale als König; 2. auf Salomo's Königthum; 3. auf Chizkija; 4. auf Manasse; 5. auf den Messias; 6. auf Boaz selbst[9]).

---

[1]) Baba Bathra 16 a. S. oben S. 230.
[2]) Pesikta 200 b. Den Satz בי"ד שמי שמן עושה אדם חסר ותצית המ findet J. — j. Sabb. 30 a und 151 b, Nidda 61 b — in den Worten במתים חפשי, Ps. 88, 6, ausgesprochen.
[3]) Baba Bathra 15 b.
[4]) Esth. r. Einleitung.
[5]) S. Ag. d. T. I, 353, Anm. 3.
[6]) Baba Bathra 15 b.
[7]) Ruth r. z. St., tradirt von Jehuda [b. Simon]. Die Deutung beruht wol auf בדרך, den ganzen Weg ohne Unterbrechung.
[8]) Ruth r. z. St. (c. 5): ר' יוחנן פתר בה שית שטין.
[9]) Die Deutungen haben einen stereotypen Rahmen und sind von

Homiletisches: Hiob, Ruth, Koh., Chron., Hoh. 313

— Zweierlei Deutungen zu Koh. 4, 9: 1 Besser Zwei, Mann und Weib, als Jeder für sich; als Dritter bedenkt sie Gott mit Kindersegen. 2. Besser Zwei, Amram und Jochebed, denen ein „guter" Lohn zu Theil wird: Moses, der „gut" genannt ist (Exod. 2, 2¹). — Koh. 10, 2. Der „Weise" ist Jakob, der zuerst seine Kinder, der „Thor" Esau, der zuerst seine Frauen versorgte²). — Zu חבל חבלנו לך („wir haben dir verpfändet"), Neh. 1, 7, sind die erste und die zweite Zerstörung des Tempels angedeutet: durch uns selbst ist das Pfand verfallen³). — Nach I Chr. 4, 18 (der Inhalt des Verses: Moses durch die Tochter Pharao's erzogen, dieses mit ילדה ausgedrückt): Wer eine Waise erzieht, dem rechnet es die Schrift so an, als hätte er ihr das Dasein gegeben⁴). — 21, 15. Was „sah der Ewige?" Das Heiligthum, das einst an jener Stelle erbaut werden sollte, vgl. Gen. 22, 14⁵).

9.

Zum Hohenliede⁶) und den Klagelidern. Prooemien. Gleichnisse. Gruppensätze.

Hohelied 1, 1. שיר השירים: laßt uns Lieder und Hymnen anstimmen dem, der einst den heiligen Geist über uns wird ruhen lassen (להשרות⁷). — 1, 2 spricht das der Offenbarung am Sinai gewärtige Israel: er lasse uns Küsse (die Gottesworte) aus seinem Munde kommen!⁸) — 1, 3 spricht von Abraham; derselbe glich

---

verschiedenen Bemerkungen unterbrochen. Zum Theile finden sich die Deutungen auch bei Eleazar, b. Sabb. 113 b רמז רמז לה).

¹) Koh. r. z. St. ר"י אמר בה תרתין.
²) Gen. r. c. 74 und 82; Koh. r. z. St. anonym.
³) Schir r. zu 1, 4, tradirt von Menachema; vgl. Samuel b. Martha in Exod. r. c. 51 g. Anf.
⁴) Sanh. 19 b.
⁵) Berach. 62 b.
⁶) S. oben S. 263.
⁷) Schir r. z. St.
⁸) Schir r. z. St. Nachher folgt im Namen J.'s eine andere Deutung der „Küsse" am Sinai: Jeden Israeliten fragte Gott bei jedem Worte der

einem Fläschchen mit „wohlriechendem Oele", das in einem Winkel stand und keinen Geruch verbreitete, bis Jemand kam, es von seiner Stelle entfernte und seinen Duft sich verbreiten ließ: so ließ auch Gott Abraham aus seiner Heimat wegziehen, damit „sein Name groß werde" (Gen. 12, 2¹). — 1, 4. Nachdem du uns in ein gutes und geräumiges Land geführt hast — so spricht Israel — wollen wir eilend dir in das gute Land folgen, das vorzugsweise Wohnstätte genannt ist²). — 1, 6. Die Gemeinde Israels spricht: Wer hat mir bewirkt, daß ich die Weinberge hüten muß? Ich selbst, dadurch daß ich meinen eigenen Weinberg nicht gehütet habe. Wer hat bewirkt, daß ich in Syrien zwei Festtage halte? Ich selbst, da ich im heiligen Lande den einen Festtag nicht gehalten habe. Wer hat bewirkt, daß ich in Syrien doppelte Hebe vom Teige gebe? Ich selbst, weil ich im heiligen Lande die einfache Hebe nicht gab. Dennoch wird mir ob der doppelten Erfüllung des Gebotes nur einfacher Lohn zu Theil³). — 1, 13. „Myrrhe" ist eine Anspielung auf den

---

Offenbarung, ob er dasselbe mit allen dazu gehörigen Satzungen annehme, ferner ob er die Gottheit des offenbarenden Gottes (אלהיתי של הקדיש ברוך הוא) annehme. Auf die bejahende Antwort folgte ein Kuß auf den Mund des Israeliten. Die Vorstellung von den am Sinai nach Anzahl der Israeliten erschienenen Engel findet sich auch in dem Ausspruche J.'s über die Krönung Israels am Sinai, Schir r. zu 4, 4. S. darüber Ag. b. T. I, 118 f. und 545 (Sinai).

¹) Schir r. z. St. In Gen. r. c. 39 g. Auf. in einem Prooemium Berechja's dasselbe; in Tanch. לך לך Auf., ebenso Tanch. B. לך לך 3, ist Abin als Autor genannt. Vgl. Sanh. 108 a, wo Hoschaja, der Schüler Jochanans ein ähnliches Gleichniß zur Illustrirung der Ansicht J.'s über Noach (oben S. 278, Anm. 4) verwendet.

²) Schir r. z. St., vor der oben S. 179, Anm. 1 gebrachten Deutung Josua b. Levi's. Beide erklären משכני mit מישב, als Epitheton des heil. Landes; nur ist das Wort nach J. b. L. Vordersatz zu אחריך נרוצה, nach Jochanan bilden die drei Wörter den Nachsatz zu הביאני המלך חדריו.

³) Jer. Erubin 21 c, Schir r. z. St., Pesikta 118 a, tradirt von Chija b. Abba (im Jer. als zweiter Tradent Abba, in Pes. Abin); in Pes. ist יוחנן in ינאי verschrieben. — Es folgt noch an allen drei Stellen der Zusatz, J. habe auf diese vermehrte Last der Geboterfüllung im Auslande Ez. 20, 25 angewendet (דרי קרי עליהו).

Weihrauch des Tempels, zu dessen eilf Bestandtheilen sie gehört; ebenso in 3, 6[1]). — 1, 17. Hier lehrt dich „die Thora" die Regel, mit Cedern zu bälken und mit Cypressen zu täfeln[2]). — 2, 6. Ein Bild des innigen Umfassens Israels durch die Gottesherrlichkeit, wie sie in Deut. 11, 22 (ולדבקה בו) angedeutet ist. Dem entsprechend ist der Leuchter, nach Exod. 26, 35 zur linken Seite des Vorhanges angebracht[3]). — 2, 10. רעיתי ist eine Andeutung der von Israel dargebrachten täglichen Opfer (Exod. 20, 31[4]). — Dreierlei Deutungen zu 2, 12 : 1. Der gute Wegekünder (תייר=תור) ist Moses, dessen Stimme vernehmbar wird und zum Aufbruch mahnt (Exod. 11, 4 ff); die frühreifen Feigen sind die während der drei Tage der Finsterniß umgekommenen Abtrünnigen von Israel, die duftenden Weinstöcke sind die Uebrigen, die reuig und erlösungswürdig sind; 2. Der Wegekünder ist Josua, der den Aufbruch in's heil. Land verkündet (Jos. 1, 10); die Feigen sind Anspielung auf die Erstlinge, die Weinstöcke auf die Gußopfer. 3. Der Wegekünder ist Cyrus, der zur Heimkehr auffordert (Ezra 1, 1[5]). — 2, 14. Die Aufforderung ergeht an die Stammmütter (Sara, Rebekka, Rachel), denen lange Kindersegen versagt blieb, weil Gott ihre Gebete zu hören wünschte[6]). — 3, 6. Israels Erhöhung (עולה) kömmt von der Wüste, wo es die Thora empfieng und aller Erweisungen der göttlichen Gnade theilhaftig wurde; in in Vorahnung dessen trieb Moses (Exod. 3, 1) seine Herde in die Wüste[7]). — 3, 7. Hier ist der große Rath (Sanhedrin) an-

---

[1]) Schir r. zu beiden Stellen.
[2]) Schir r. z. St. למדתך תורה דרך ארץ שיהא אדם מקרה בארזים ומרהיט בברותים.
[3]) Schir r. z. St.
[4]) Tanch. B. בא 7: .. רעיתי שכתיב את הכבש האחד תעשה. Es scheint רעיתי mit רעה, weiden, in Verbindung gebracht zu sein (רועה = פרנס).
[5]) Schir r. z. St., Pesikta 50 a b (Nr. 3 anonym), Tanch. B. בא 7 Ende (nur 1).
[6]) Schir r. z. St., Gen. r. c. 45, Tanch. תולדות: Levi im Namen Schela's aus Kefar Tamartha und Chelbo im Namen J.'s. Vgl. den Ausspruch Jizchak's in Jebam. 64 b : מפני מה היו אבותינו עקורים מפני שהקב״ה מתאוה לתפלתן של צדיקים.
[7]) Tanch. z. St., Exod. r. c. 2 Anf. In Schir r. zu 3, 6 und 8, 5 anonym.

gedeutet: מטתו (l. מטותי) die Stämme Israels, die in ihm vertreten sind; die „60 Helden" sind die in II Kön. 25, 19 erwähnten „60 Mann vom Volke des Landes"; „von den Helden Israels", das sind die übrigen 11 Mitglieder des großen Rathes die II Kön. 25, 18 und 19 erwähnt sind[1]). — 4, 1. Israel am Sinai („die Herde") stand nicht mit fröhlichem Sinne[2]) da, sondern mit Furcht, Zittern und Zagen, und sie zogen sich bei jedem der offenbarten Gottesworte bange zusammen (לצמתך = מצמצמין עצמן[3]). — 5, 3. Am Tage, an welchem Nebukadnezar Israel besiegte, entkleidete er es zweier wichtiger Gewänder, derer des Priesterthums und des Königthums[4]). — 7, 2. In der zweiten Hälfte des Verses sind die unterirdischen Höhlungen des Tempels (חלאים = חללים) angedeutet, die bis zur unteren Fluthmasse reichen, „Werk der Hände des Werkmeisters," das ist des Weltschöpfers sind[5]). — 7, 3. „Dein Leib", das ist ein Hinweis auf das die Mitte der Thora einnehmende Buch Leviticus, das voll von Satzungen über die entsündigenden (הטים = הטאים) Opfer ist[6]). — 7, 10. Als Chananja, Mischael und Azarja die Glaubensprobe im Feuerofen bestanden, rief Gott die Dienstesengel und sagte ihnen: Küsset die Lippen ihrer Väter („die Lippen der Schlafenden"), denn so wie die Väter sich im Feuer bewährten (Abraham vor Nimrod, Isaak auf dem Altare), so haben es auch die Nachkommen gethan[7]). — 8, 8 ff. Die „kleine Schwester"

---

[1]) Schir r. z. St. Num. r. c. 11. Vgl. oben S. 154, A. 2.

[2]) אלריא = hilaria, ἱλαρία. Denselben Ausdruck wendet einmal Alexander an, s. oben S. 204.

[3]) Schir r. z. St.

[4]) Schir r. z. St, mit Chanina. Voran geht eine, die allegorische Erklärung von את בתתתי ששתי rechtfertigende Bemerkung J.'s: אדרי ולבוש לפשוט יודע שבתמות תמה. Etwas weiter unten dieselbe Bemerkung von Jochanan (vielleicht ידן zu lesen) „im Namen Simon b. Lakisch's" und mit der Erklärung, es sei eine Anspielung auf die kurze Nacht und den süßen Schlaf Israels vor der Offenbarung.

[5]) Sukka 49 a.

[6]) Tanch. כי תשא Auf, Tanch. B. כי תשא 2, in Schir r. anonym. Dazu gehört die ausführlichere, unter J.'s Namen gebrachte Deutung zu ביה in Pes. r. c. 10 (35 a b).

[7]) Schir r. z. St.

Zum Hohenliede. Zu den Klageliedern.

ist Sodom (nach Ezech. 16, 46), „sie hat keine Brüste", säugt keine Pflichtübungen und guten Werke groß; „was konnte für sie geschehen am Tage, als über sie — das Urtheil — ausgesprochen wurde"? Wenn Israel „einer Mauer gleich" die guten Werke um sich aufstellt, so wird ihm Schutz und Rettung, wenn aber seine Worte beweglich — schwankend — gleich der Thüre sind, so soll es gleich dem Bilde (נצור—צורה) auf einer Cedertafel vergänglich sein. Israel aber spricht: „Ich bin wie von einer Mauer" von Gebetübungen und guten Werken umgeben, ich werde dereinst immer neue Schaaren von Frommen in deiner Welt erstehen lassen („gleich Thürmen"); „da war ich in seinen Augen, wie eine die Frieden findet," wie eine Königstochter, die das erste Fest nach ihrer Verehelichung außerhalb ihres Hauses verbrachte, nämlich in ihrem Vaterhause, aber dann in Frieden in ihr Haus zurückkehrt[1]).

Echa 1, 1. Weshalb wurden die Israeliten mit dem Worte איכה bestraft? Weil sie die die 36 (das ist der Zahlenwerth von איכה) mit Ausrottung zu bestrafenden Sünden begangen haben[2]). — Warum wurden sie mit dem Alphabet (den alphabetisch geschriebenen Klageliedern) bestraft? Weil sie die mit dem Alphabet gegebene Thora übertraten[3]). — Israel wurde למה, weil es dem am Sinai (סיני hat denselben Zahlenwerth: 130) geschlossenen

---

[1]) Schir r. z. St. Das Gleichniß von der Königstochter ist Israel als Antwort an die Völker in den Mund gelegt, welche Israel kränken (מוני, f. oben S. 247, A. 5) und ihnen sagen: Wenn ihr so sehr auf euere Verdienste bauet, warum hat euch Gott aus seinem Lande verbannt und sein Heiligthum zerstört. Das „erste Fest nach der Verehelichung" רגל רדופים wird von Jochanan selbst in j. Pesachim 35 d und j. Keth. 31 b so genannt. In b. Pesachim 87 a, Kethub. 71 b ist der Terminus unbekannt, die Sache selbst wird ebenfalls von J. an Hoh. 8, 9 mit anderer Deutung von שלום angeknüpft: כלה שנמצאת שלמה בבית חמיה ורדופה לילך להגיד שבחה בבית אביה. Daran schließt sich eine entsprechende Erklärung J.'s zu Hosea 2, 18 (f. oben S. 275, A. 9). In Pesach. 87 a wird noch eine andere Deutung J.'s zu 8, 10 gebracht: אני חומה זו תורה ושדי כמגדלים אלו תלמידי חכמים; dieselbe wendet er B. Bathra 7 b an. Oben S. 235, Anm. 4 war noch eine specielle Deutung J.'s zu 8, 8 erwähnt.

[2]) Sanh. 104 a. In Echa r. zu 1, 1 sagt dies Levi. S. auch Ag. b. T. I, 423.

[3]) Sanh. 104 a. Vgl. oben S. 291 (Achab).

Bunde untreu wurde¹). — Im Gegensatze zu der Verheißung, Deut. 33, 28, daß Israel in Sicherheit für sich (בדד) wohnt, ist nun ihr Wohnsitz vereinsamt (בדד²). — „Die Volkreiche". Der Kinderreichthum wurde dadurch erzielt, daß Mann und Frau verschiedenen Altersstufen angehörten³). — „Fürstin unter den Ländern". Selbst die in Gefangenschaft gerathenen Jerusalemier wurden — vermöge ihrer Intelligenz — die Herren ihrer Besitzer⁴). — 1, 2 בכה תבכה Warum zweifaches Weinen? Ob des ersten und ob des zweiten Heiligthums⁵). — בלילה „um jener Nacht willen," da Israel ohne Ursache weinte (Num. 14, 1⁶). — „Ihre Thräne auf ihrer Wange," wie wenn eine Frau den Mann ihrer Jugend beweint (Joel 1, 8⁷). — 1, 5. „Ihre Dränger sind zum Haupt geworden." Wer Israel bedrängen soll, gelangt vorher zur Macht⁸). — „Nicht euch — geschehe solches — ihr Wanderer!" Dieser Ausruf ist die biblische Grundlage der Sitte, Anderen das eigene Leid wegzuwünschen⁹). — Zu dem Verse 2, 2 pflegte Jochanan sechzig verschiedene Erzählungen aus dem Untergange Jerusalems vorzutragen¹⁰). — 2, 8 „Gott hatte gedacht, zu zerstören," nicht erst jetzt, sondern von jeher, wie aus Jerem. 32, 31

---

1) Echa r. z. St.
2) Sanh. ib.
3) Sanh. ib. In Echa r. z. St. anonym Aehnliches.
4) Sanh. ib. Dazu als Beispiel eine Baraitha, deren Inhalt in Echa r. zu 1, 1 in der siebenten der mit חד מאתים beginnenden Anekdoten — mit Aenderungen — aramäisch wiedergegeben ist. S. darüber Grätz Monatsschrift 1870, S. 69 f., Revue des Études Juives XI, 209—223.
5) Sanh. 104 b. Vgl. oben S. 313, zu Neh. 1, 7.
6) Sanh. ib. S. oben S. 303.
7) Sanh. ib.
8) Sanh. ib.; im Anschluße daran eine ähnliche Deutung J.'s zu den ersten Worten von Jes. 8, 23: Wer Israel bedrängt, der ermüdet nicht. In Echa r. z. St. wird Echa 1, 5 von Hillel b. Perechja so gedeutet.
9) Sanh. ib.: סבא לקיבלנא מן התורה. S. Levy IV, 239 a. Der Ausdruck ist sonst nicht bezeugt.
10) Jer. Taan. 68 d, Echa r. z. St. (s. Ag. d. T. II, 472, A. 4). Vgl. Gittin 57 a, den von Rabin zu diesem Verse tradirten hyperbolischen Bericht J.'s über die Städte König Jannai's.

erſichtlich iſt¹). — 2, 17. Das פה geht in der alphabetiſchen Reihenfolge der Verſe dem עין voran, weil die Kundſchafter (Num. 13) mit dem „Munde" geſagt, was ſie nicht mit dem „Auge" geſehen hatten²). — 4, 6. Wenn Jeruſalems Schuld „größer war, als die Sünde Sodoms", warum traf ſie nicht gleiche Strafe? Jeruſalems Strafe war darin größer als die Sodoms, daß ſogar „barmherzige Frauen die eigenen Kinder kochten" (4, 10), während Sodom — nach Ez. 16, 49 — bis zu Ende in Ueberfluß und Sorgloſigkeit lebte³).

Prooemien⁴). Zu Gen. 1, 14. Deutung von Pſ. 104, 19⁵). der Mond iſt nur zur Beſtimmung der Zeiten erſchaffen worden⁶). — Zu Gen. 1, 26. Deutung von Pſ. 139, 5⁷): „Nachher und vorher haſt du mich gebildet;" das iſt für dieſe und die kommende Welt, wenn ſich der Menſch deſſen würdig erweiſt; wenn aber nicht „ſo legſt du auf mich deine Hand" (vgl. Hiob 13, 21), d. i. du ziehſt mich bereinſt zur Rechenſchaft. — Zu Exod. 19, 1. Deutung von Hoſea 3, 2⁸): ואכירה = ואכרה (ich erkannte

---

¹) Echa r. z. St., wo die richtige Leſung הוא (corr. כרון) לא מן כדון durch Gen. r. c. 22 Anf. beſtätigt wird.

²) Sanh. 104 b. Echa r. zu 2, 17 und zu 3, 46 dasſelbe anonym, aber ohne Beziehung auf die Kundſchafter. Dieſe Beziehung iſt auch in der Deutung zu 1, 2 (בלילה) gegeben. Die Sünde der Kundſchafter war die erſte große Verſündigung Iſraels am heil. Lande, welche in der durch die Klagelieder beweinten Kataſtrophe ihre Strafe fand.

³) Sanh. ib. So nach der zweiten Erklärung Raſchi's. Mit der erſten Erklärung ſtimmt überein, was in Echa r. zu 4, 6 (Schir r. zu 1, 4, Gen. r. c. 28) im Namen Tanchuma's zu leſen iſt.

⁴) Die mit פתח ר' יוחנן eingeleiteten Ausſprüche.

⁵) Gen. r. c. 6 Anf.; Peſikta 41 b als Einleitung zum Abſchnitt החדש (Exod. 12, 1), aber ohne פתח eingeführt.

⁶) Es iſt die Deutung von עשה ירח למועדים; darauf folgt eine von Schela aus Kefar Tamartha tradirte Deutung J.'s der folgenden Worte שמש ידע מבואו (auch in j. R. H. 58 b unten, Sch. tob z. St.). In Peſikta wird auch angegeben, J. habe ſeine Meinung, nur die Sonne — nicht der Mond — ſei zum Leuchten erſchaffen, mit der Schreibung מארת ſt. מארות begründet.

⁷) Gen. r. c. 8 Anf.; Lev. r. c. 14 Anf. und Tanch. תזריע Anf. (ohne פתח); Sch. tob z. St.

⁸) Peſikta 102 a.

sie als die Meine an); die Zahl 15 beb. den 15. Nissan, den Tag der Befreiung, die beiden Maasse (חמר = 30 Sea, לתך = 15 Sea) nebst dem Ausdrucke ימים רבים bedeuten die 50 Tage zwischen diesem Tage und dem der Offenbarung; „buhle nicht u. s. w." beb. das zweite der offenbarten Gebote[1]). — Zu den Klageliedern. Deutung von Jes. 22, 1 ff. und von Jer. 13, 16 f.[2]). — Zu Esther. Deutung von Ps. 98, 3. Wann „sahen alle Enden der Erde die Hilfe unseres Gottes?" In den Tagen Mordechai's und Esther's[3]).

---

[1]) In Pes. 51 b und Pes. r. c. 15 (76 a) findet sich ebenfalls mit פתח רי״ eingeleitet eine andere Deutung der Zahlen 15+30+15=60 auf die 60 Gebote (Verse), welche nach Simon b. Jochai (Ag. d. T. II, 107) der Abschnitt vom Pesach (Exod. 12, 1—13, 10) enthält.

[2]) Echa r., Prooemien Nr. 24 und 25. Einiges aus beiden Prooemien (die mit verschiedenen Aussprüchen Anderer, auch Späterer untermengt sind). 1. Zu Jes. 22, 1 ff. גיא חזיון: im Sinne des Satzes J.'s über die jerusalemische Herkunft der Propheten (s. oben S. 259, Anm. 3); zu תשואות die lexikalische Bemerkung El. b. Jakobs (Ag. d. T. II, 289); קרתא מערבבתא ק׳ חדייתא aramäisch übersetzt עיר הומיה קריה עליזה; מקשת = מקשיותם (vgl. oben S. 290, Anm. 4). Den Schluss bilden lange — zum Theil legendenhafte — Ausführungen zu V. 12. — 2. Zu Jer. 13, 16 f. Auf den Tod Chizkija's und die ihm gewordenen letzten Ehren gedeutet; daran anknüpfend die Drohung des kommenden Unterganges. Dann folgt die Darstellung des allmählichen Wegziehens der Gottesherrlichkeit durch zehn Stationen von den Cherubim bis zum Oelberg, mit Bibelstellen belegt. Diese Darstellung (עשר מסעות נסעה השכינה) findet sich auch — mit Abweichungen — in b. R. H. 31 a im Namen J.'s tradirt von Jehuda b. Idi, anon. Pesikta 114 b f. (= Echa r.) und Ab. bi R. N. c. 34 (= Babli). In M. H. trägt J.'s Namen auch der Ausspruch vom Verweilen der Gottesherrlichkeit an der letzten Station, während in Echa r. und Pesikta Jonathan als Autor genannt ist, (s. oben S. 82, A. 3). — Der Schluss von V. 16 ist auf die Weltreiche gedeutet: וקויתם לאיר בבבל וישטה לצלמות בסדי וישית בערפל ביון ואם לא תשמעוה באדום. Die Deutung zu עדר: die Wegführung habe den Unterschied zwischen den drei Ständen des Volkes (Priester, Leviten, Israeliten), den „drei Herden", aufgehoben, stimmt zu der Deutung J.'s zu den „drei Herden" in Gen. 29, 2 (oben S. 298). Keine der beiden Prooemien Jochanans schliesst mit dem üblichen Uebergang zum Textworte איכה.

[3]) Megilla 11 a. (Ebendaselbst, als letztes der dort gebrachten Prooemien, wird erwähnt, dass Chija b. Abba im Namen Jochanans

Prooemien. Gleichnisse.

Gleichnisse[1]). Ein König hat zwei Strategen, der eine sollte des Tages, der andere des Nachts befehligen; als sie miteinander darob stritten und jeder den Tag für sich haben wollte, rief der König den Einen und sagte ihm: Der Tag sei dein Gebiet, und den Andern und sagte ihm: die Nacht sei dein Gebiet. So "trennte" auch Gott Licht und Finsterniß von einander, indem "er das Licht rief" und ihm sagte: "Tag" sei dein Gebiet "und die Finsterniß rief" und ihr sagte: "Nacht" sei dein Gebiet (Gen. 1, 4 f.[2]). — Ein König baut einen Palast und überblickt die oberen Theile desselben mit einem Blicke, die unteren Theile mit einem besondern Blicke; "Gott aber sah Alles, was er geschaffen", (Gen. 1, 31) obere und untere Wesen, mit einem Blicke[3]). — Ein König warb um eine Frau aus edlem Geschlechte, die seinem Gesandten erwiederte: Ich bin nicht würdig, seine Sklavin zu sein, doch möchte ich die Werbung aus seinem eigenen Munde hören. Der Gesandte kam mit heiterem Gesichte zum König, aber seine Rede war nicht vernehmlich, woraus der König schloß, daß seine Werbung zwar angenommen sei, die Frau aber ihn selbst zu hören wünsche. So lautete auch der Wunsch Israels, den Moses als Antwort des Volkes vor Gott nicht ausdrücklich zu wiederholen wagte (Exod. 19, 8), Gott möge sich ihnen selbst offenbaren[4]). — Ein König hatte zwei Söhne. Er zürnte über den Ersten, züchtigte und verbannte ihn und rief aus: Wehe ihm, aus welch' glücklichem Zustande muß er verbannt sein; als er aber auch über den Zweiten zürnte, ihn züchtigte und verbannte, rief er: Ich bin es, dessen Erziehungswerk mißlungen ist. So als Gott die zehn Stämme in's Exil schickte, rief er: Wehe ihnen, daß sie von mir hinweggezogen sind! (Hosea 7, 13). Als

---

(f. D. Sofrim z. St., die Ausgaben nur חי״ר) zur Einleitung in's Estherbuch Num. 33, 56 deutete.

[1]) Die in anderem Zusammenhange gebrachten Gleichnisse Jochanan's sind mit Hilfe des Sachregisters ("Gleichnisse") leicht zu finden.

[2]) Gen. r. c. 3, tradirt von Berechja als J. und S. b. Lakisch gemeinsam (f. oben S. 211, Anm. 1). Es folgt dann noch als Bemerkung J.'s: darauf beziehe sich Hiob 38, 12 b.

[3]) Gen. r. c. 9 g. Anf.

[4]) Schir r. zu 1, 2. — Ein anderes Königs-Gleichniß zur Offenbarung am Sinai tradirt Abahu im Namen J.'s, Pesikta r. c. 21 (100 a).

aber auch Benjamin und Juda exilirt wurde, sagte Gott — wenn man so sprechen darf — (Jer. 9, 17): Wehe mir, ob meines Unglückes!¹) — Ein König saß und rechnete die Zeitrechnung aus; da meldete man ihm, sein Sohn sei in Gefangenschaft gerathen, wodurch seine Rechnung in Verwirrung kam. Da sprach er: Möge mit diesem Tage ein neuer Abschnitt in der Rechnung beginnen. So wird der Tag der Zerstörung Jerusalems, eigentlich der neunte Ab, in Ez. 26, 1 als „der erste des Monates" bezeichnet²). — Ein König hatte zwei grausame Strafrichter (quaestionarii), die er zur Züchtigung schuldiger Provinzen auszusenden pflegte. Einst sollten sie in eine der Provinzen geschickt werden, da baten die Bewohner: Unser Herr, o König, züchtige uns wie du willst, nur jene Beiden halte fern von uns. So sagt das sündige Israel (Ps. 6, 2): Herr der Welt, nicht mit deinem Zorne strafe mich, nicht mit deinem Grimme züchtige mich³). — Einem Königssohn giebt man einen dicken Balken zu tragen; da sieht es sein Vater und spricht: Gebet ihn mir, laßt mich ihn tragen! So spricht Gott: Wälzet euere Sünden mir zu (Ps. 22, 6), ich trage sie!⁴) — Ein Machthaber, der Urtheil spricht, sei es zu Gunsten, sei es zu Ungunsten des Angeklagten, fürchtet, daß man gegen sein Urtheil an den Höheren Machthaber appelliren könne, und auch dieser fürchtet vor dem Höheren, sogar der König fürchtet vor Gott. Du aber — so spricht David zu Gott, Ps. 5, 5 fürchtest in deinem Urtheile vor Niemanden (יגורך von יגורתי Deut. 9, 19), denn wer ist größer als du! (Koh. 8, 4⁵). — Jemand zog des Weges und sah Einen, dem er sich beigesellt und endlich mit ihm Freundschaft schloß; so „fand

---

¹) Pesikta 120 a, Echa r. Prooemien 2.

²) Jer. Taan. 68 c. S. b. Lakisch hat das. ein ähnliches Gleichniß zu dem selben Zwecke.

³) Sch. tob z. St.

⁴) Sch. tob z. St. (§ 22).

⁵) Tanch. B. תורייע 9. — Andere zwei Erklärungen von יגורך im Namen J.'s ib. 11: 1 (tradirt von Berechja im Namen Tanchum b. Chanilai's, wie es richtig heißen muß): der Böse (der böse Engel) weilt nicht bei dir; 2. אין הרעה אחר מגיד אלה אין הרעה גורדת אחריך. Der dann folgende Passus אצלך (ידה) ייה: אינה gehört zur vorhergehenden Erklärung.

Noach Gunst in den Augen des Ewigen" (Gen. 6, 8, vgl. 39, 4[1]). — Zwei Leute haben zwei Maaß Weizen und Gerste; da sprach der Eine: wenn der Weizen mein ist, so ist die Gerste dein, ist die Gerste dein, so ist der Weizen mein, jedenfalls ist der Weizen mein. So ist die Rede Abrahams an Lot zu verstehen (Gen. 13, 9): jedenfalls gehe ich zur Rechten[2]). — Ein Weiser öffnet seinem Sohne einen Parfumladen in einer Gasse von Buhlerinnen; die Gasse that das Ihre, das Gewerbe that das Seine und auch die Jugend des Sohnes that das Ihre, er ergab sich der Sittenlosigkeit. Einmal kam der Vater und überraschte ihn mit einer Buhlerin. Ich bringe dich um, schrie er. Da legte sich ein Freund in's Mittel und sprach: Du hast deinen Sohn in's Verderben gestürzt, indem du ihn gerade dieses Gewerbe gelehrt und ihm gerade in dieser Gasse einen Laden geöffnet hast. So sprach Moses: Herr der Welt, gerade in Aegypten hast du deine Kinder dienstbar sein lassen, ist es ein Wunder, daß sie Jener Beispiele folgend, das Kalb angebetet haben? Deshalb sagte er (Exod. 32, 11): „das Volk, das du aus Aegypten herausgeführt hast"[3]). — Zwei Leute brieten ihre Pesachlämmer, der Eine aß es, um die Pflicht zu erfüllen, der Andere aus Gefräßigkeit; auf einen solchen Fall zielt Hosea 14, 10: Die Frommen wandeln in ihnen, die Abtrünnigen straucheln durch sie[4]). — „Einem Raben, der in sein eigenes Nest Feuer trägt" glich Jakob als er (Gen. 27, 20) sprach: Gott hat es gefügt; denn Isaak erkannte daran, das könne nicht Esau sein, der Gottes Namen nicht zu erwähnen pflegte[5]).

---

[1]) Gen. r. c. 29. Es soll damit gesagt sein, daß Noach „Gunst fand," ohne sie eigentlich zu verdienen (s. oben S. 278) S. b. Lakisch hat das. ein ähnliches für Noach günstiges Gleichniß, mit Heranziehung von Esther 2, 15 zur Deutung von חן.

[2]) Gen. r. c. 41. Es scheint, daß in dieser Erklärung ואשמאילה als Imperativ (= והשמאילה) aufgefaßt ist.

[3]) Exod. r. c. 43 g. Ende, tradirt von Huna. Vgl. das kürzere Gleichniß J.'s, tradirt von Chija b. Abba, in Berach. 32 a.

[4]) Nazir 23 a, Horajoth 10 a.

[5]) Gen. r. c. 65, Tanch. B. תולדות 15. In Tanch. B. מקץ 17 wendet J. dieses Gleichniß auch auf die Brüder Josephs an, welche ihm mit ihrer Antwort, Gen. 42, 13, Anlaß zu weiteren Fragen boten.

Drei Dinge sind der Welt von Gott als Geschenk gewährt worden (es ist der Ausdruck נתן bei ihnen angewendet): die Thora (Exod. 31, 18), die Himmelsleuchten (Gen. 1, 15), der befruchtende Regen (Lev. 26, 4¹). — Drei Schlüssel sind in der Hand Gottes, die keinem Abgesandten übergeben sind (wo nämlich in der heil. Schrift gesagt ist, daß Gott selbst „öffnete"): der Schlüssel des Regens (Deut. 28, 12), der Schlüssel des Mutterleibes (Gen. 30, 22) und der Schlüssel der Todtenbelebung (Ez. 37, 12 f.²) — Drei Dinge hörte Moses aus dem Munde der Allmacht und war darüber bestürzt: 1. „Sie sollen mir ein Heiligthum bauen, daß ich in ihrer Mitte wohne" (Exod. 25, 8). „Herr der Welt, den die Himmel und die Himmel der Himmel nicht fassen (I Kön. 8, 27), wie wäre es möglich, dir eine Wohnstätte zu errichten?" Gott beruhigte ihn: Ich will hinabsteigen und meine Herrlichkeit auf engen Raum zusammenziehen (Ex. 25, 52). 2. „Mein Opfer, meine Speise sollt ihr mir darbringen" (Num. 28, 2). „Herr der Welt, wenn ich alle Thiere der Welt vereinigte und alle Bäume der Welt zur Feuerung verwendete (Jes. 40, 10), wäre es auch nur für ein, deiner würdiges Opfer genügend?" Gott beruhigte

---

¹) Gen. r. c. 6, Exod. r. c. 41, Lev. r. c. 35 (ר' יוחנן); in Sch. tob zu Pf. 18, 15 (§ 28) anonym.

²) Taanith 2 a b, mit dem Zusatze, daß man in Palästina noch einen vierten Schlüssel dazu nenne, den des Lebensunterhaltes, nach Pf. 145, 16; J. nenne diesen nicht besonders, weil er mit dem des Regens dieselbe Bedeutung habe. In Gen. r. c. 73 g. Auf. findet sich der Ausspruch von den drei Schlüsseln mit Bibi als Autor (Tradent Tanchuma) und mit der Angabe: Einige nennen noch einen vierten Schlüssel, wie im Babli. In Sch. tob zu Pf. 78, 35 (§ 5) tradirt Acha im Namen Jochanans (corrumpirt zu יוחנן) den Satz mit der Erweiterung בשרה ריצה מוסרה לצדיקים, nämlich Elischa, der der Sunnemitin die Oeffnung ihres Mutterleibes verkündigt (II Kön. 4, 16), Elija, Elischa und Jecheskel, welche Todte beleben (I Kön. 17, 22, II Kön. 4, 34, Ez. 37, 3), Elija, der über den Regen schaltet (I Kön. 17, 1). In Tanch. B. אמר 16 steht der Satz unter J.'s Namen in dieser erweiterten Form (doch ist zur Todtenbelebung nur Jecheskel genannt) und mit dem „vierten Schlüssel" (פרנסה של כלכלה) vermehrt, den Gott einmal dem Noach übergeben habe (Gen. 6, 21). In Deut. r. c. 7 (§ 7) ist ר' יוחנן als Autor genannt.

ihn: Es sollen nur zwei Lämmer täglich sein, und auch diese an zwei Mal, Morgens und Abends (Num. 28, 3). 3. „Sie sollen geben das Sühngeld ihrer Seele?" (Exod. 30, 12). Herr der Welt, wo giebt es Lösegeld für die Seele? (Ps. 49, 6). Gott beruhigte ihn: Diese kleine Münze, den halben Schekel soll Jeder geben (30, 13¹).

Ueberall, wo du Gottes Größe gepriesen findest, dort findest du auch seine Herablassung; das ist in der Thora geschrieben (Deut. 10, 17 f.), es ist wiederholt in den Propheten (Jes. 57, 15) und zum dritten Male bestätigt in den Hagiographen (Ps. 68, 5 f.²). — In der Thora, in den Propheten und in den Hagiographen finden wir es, daß Israel nur um des Verdienstes seines Stammvaters Jakob willen den Jordan überschritten hat, um das heilige Land in Besitz zu nehmen, nämlich Gen. 32, 11, Jos. 4, 22 (wo ישראל „Israel den Alten" meint) und Ps. 114, 7 („vor dem Gotte Jakobs"³).

Zwei Männer der Vorzeit, Abraham und David, sagten dasselbe. Abraham betete (Gen. 15, 2): Herr der Welt, „was willst du mir geben?" Wenn es mir beschieden sein soll, Kinder zu haben, welche dich erzürnen, so ist es mir besser, daß „ich kinderlos hingehe". David betete (Ps. 139, 23 f.): Herr der Welt, erkenne meine Sprößlinge⁴); wenn ich Kinder haben soll, die dich erzürnen (עצב), so ist es mir besser, du „leitest mich den Weg der Ewigkeit"⁵). — Gott ließ den Herrn über seine Diener zürnen, zum Wohle des Frommen, nämlich Josephs (Gen. 40, 2); und er ließ die

---

¹) Pesikta 20 a und 61 b, tradirt von Jehuda b. Simon, ebenso Pes. r. c. 16 Ende (84 b) Tanch. נשא (B. 19), Num. r. c. 12 g. A.; in Sch. tob zu Ps. 91, 1, Tanch. כי תשא ist יוחנן ר׳ בשם ausgefallen. — Zu Nr. 3 vgl. oben S. 301, Anm. 6.

²) Megilla 31 a.

³) Gen. r. c. 76, tradirt von Jehuda b. Simon, Schir r. zu 4, 2 (Tradent יודן ר׳ = יהודה ר׳). — Zur Form der beiden letzteren Sätze s. auch oben S. 251, J.'s Ausspruch über das Aramäische; ferner S. 261, Anm. 1.

⁴) Nach D. Luria's richtiger Bemerkung ist ממני הפורשים die Paraphrase zu שרעפי; vgl. oben S. 293, A. 2.

⁵) Gen. r. c. 44, tradirt von Judan und Aibo.

Diener über ihren Herrn zürnen (Esther 2, 21), damit er dem Frommen, nämlich Mordechai ein Wunder wirke[1]). — Gott bestätigt die Worte der Frommen. Moses sagte (Exod. 11, 4): „um die Mitte der Nacht", obwol Gott nur gesagt hatte (12, 12): „in dieser Nacht"; aber es geschah, nach Moses' Wort „in der Mitte der Nacht" (12, 29). Ebenso sagte Moses: „Seid bereit für den dritten Tag" (Exod. 19, 11) und wirklich „war es am dritten Tage" (V. 16[2]). — An zwei Stellen finden wir die Frommen darum beten, daß sie nicht mit den Frevlern hinweggerafft werden, nämlich im Gebete Daniels (Dan. 2, 18) und in dem Davids (Pf. 26, 9[3]).

Achtundvierzigmal findet sich in der heiligen Schrift das Wort באר, entsprechend den 48 Dingen, durch welche die Thora erworben wird, die in Hoh. 4, 15 der „Brunnen lebendigen Wassers heißt[4]).

10.
Gott und Welt.

Moses bat Gott[5]): Laß mich doch deine Wege erkennen (Exod. 33, 13); die Bitte wurde ihm gewährt (Pf. 103, 7). Hierauf bat er: Laß mich deine Herrlichkeit sehen (Exod. 33, 18), d. h. die

---

[1]) Megilla 13 b.
[2]) Neue Pesikta, B. H. VI, 41.
[3]) Sch. tob zur St.
[4]) Schir r. zu 4, 15. Gemeint sind die 48 „Stufen" des Thorastudiums im Aboth 6, 5. — Die Zahl 48 ist ungenau. — Hier ist auch noch der in Deut. r. c. 11 (s. auch Midrasch vom Ableben Moses', Jalkut zu Deut. 31, 14, B. H. I, 121) im Namen J.'s stehende Ausspruch über die zehnmalige Erwähnung des Todes Moses' zu erwähnen: zehnmal sei der Tod und das Nichtbetreten des heiligen Landes über Moses verhängt worden, ohne daß der Beschluß endgiltig war, bis endlich der Beschluß des „großen Gerichtshofes" בית דין הגדול, s. Ag. d. T. I, 207, Anm. 2) ihm offenbart wurde. In Pesikta 200 b findet sich, anonym, die Aufzählung der zehn Stellen, aber es fehlt die daran geknüpfte Deutung.
[5]) Sch. tob zu Pf. 25, 4 (trad. von Berechja), als Anwendung des oben S. 221, Anm. 2 erwähnten Gleichnisses vom Arzte, der seinen Schüler alle Heilmittel bis auf eines gelehrt hat. In Jalkut zu Exod. 33

Weise, nach der du die Welt regierst!¹) Da wurde ihm die Antwort: Du kannst die Weise meines Waltens nicht begreifen²). — Das Auge ist weiß, nur seine Mitte ist schwarz; das Sehen aber geschieht nicht, wie man meinen sollte, durch das Weiße, sondern durch das Schwarze des Auges; wenn schon das Sehen deines eigenen Auges dir unbegreiflich ist, wie solltest du das Walten Gottes zu begreifen suchen!³) — Der Name Gottes wird beim Guten, nicht beim Bösen erwähnt: bei der Benennung des Lichtes und der Finsterniß (Gen. 1, 5) findet sich Gottes Name nur beim Licht; ebenso ist Gottes Name wol bei der Segnung des ersten Menschenpaares genannt (Gen. 1, 28), nicht aber, als Gott sie verfluchte (Gen. 3, 16 f.⁴). — Auch im Augenblick seines Zornes ist Gott des Erbarmens eingedenk, nach Hosea 2, 25 (לא את ורחמתי ⁵רחמה). — „Es sei groß die Kraft des Ewigen" (Num. 14, 27) d. i. stark sei die Macht deines Erbarmens, es siege die Eigenschaft des Erbarmens über die Eigenschaft des Rechtes!⁶) —

---

ist die Anwendung vom Gleichniß getrennt, § 394 Ende und 395 Anfang. In Jalkut zu Pf. 25 fehlt der Schluß der Anwendung.

¹) מנהג ישאתה מנהג, andere Lesart: מדה שאתה מנהיג בה העולם. Vgl. Gen. r. c. 39 Anfang (in einem Ausspruche Jizchaks): תאמר שהעולם הזה בלא מנהיג.

²) אין אתה יכול לעמוד על מדותי.

³) Tanch. תצוה Anf. (B. 4): ועל אור העינים אי אתה יכול לעמוד . . . ואתה מבקש לעמוד על דרכו של הקב״ה Vgl. oben S. 32, Anm. 1.

⁴) Tanch. תזריע (B. 12), tradirt von Eleazar b. Pedath. Es folgt noch eine Reihe anderer Beispiele. In Gen. r. c. 3 steht der Satz mit dem ersten Beispiel von Gen. 1, 5 mit Eleazar als Autor; s. auch Echa r. zu 2, 1.

⁵) Pesachim 87 b. In Berach. 54 b sagt J. ähnlich, mit Beziehung auf Gen. 19, 29: זוכר את הצדיקים . . . אפילו בשעת כעסו. — S. auch J.'s Paraphrase zu Jer. 15, 15, Jalkut zu Pf. 74, 1 (im Sch. tob z. St. anonym).

⁶) Pesikta 166 a tradirt von den „Gelehrten", während Jakob b. Acha es im Namen Jose b. Chanina's tradirte. In der oben S. 280, Anm. 2 gebrachten Stelle heißt es im Gebete Abrahams zum Schluße: ועמוד מכסא הדין לכסא הרחמים ותתמלא עליהם רחמים. Die dreizehn göttlichen Eigenschaften, Exob. 34 6, nennt J. י״ג מדות של רחמים, Pesikta 57 a (doch wäre nach den bei Buber erwähnten Parallelstellen Simon der Autor). — Zu Pf. 56, 11 erklärt er die beiden nur durch die Gottesnamen

Gott sieht alle Weltbewohner und ihre Handlungen mit einem Blicke[1].

Gott hat die Welt „mit dem ה" erschaffen (בהבראם, Gen. 2, 5 = בה' בראם): sowie unter allen Buchstaben das ה der einzige ist, der ohne die Zunge in Anspruch zu nehmen, mühelos ausgesprochen wird, so schuf Gott seine Welt ohne Mühe und Arbeit, durch sein bloßes Wort und den „Hauch seines Mundes" (Pf. 33, 6[2]). — Gott schuf die oberen wie die unteren Wesen zugleich mit einem einzigen Schöpfungsakte[3]. — Ein menschlicher Bildner fängt

---

sich unterscheidenden Vershälften so, daß in der einen von מדת פורענות, in der anderen von מדת טובה die Rede sei, Berach. 60 b (trad. von Rabba b. b. Chana, Bar.: Samuel b. Nachman; in Sch. tob zu Pf. 101: Tanchuma im Namen Judans). מדת פורענות bei Jochanan f. Chagiga 5 b (oben S. 303). J.'s Deutung zum Ausdrucke ארך אפים (anstatt ארך אף doppelte Langmuth), trad. Acha und Tanchuma b. Chija, j. Taanith 65 b, Pesikta 161 b (wo die Autoren umgekehrt angegeben sind). Simon b. Lakisch gegenüber vertritt J. die mildere Auffaßung des göttlichen Waltens im Richten und Strafen in Bezug auf die Prophetenworte: Jef. 5, 14. Zach. 13, 8, Jer. 3, 14, mit der ständigen Entgegnung: לא ניחא לסרייהו דאמרת להו הכי, Sanh. 111 a. S. auch zu Jerem. 5, 1, (Ber. r. c. 49 Ende (tradirt von Jehuda b. Simon und Chanin). Das strenge Urtheil Akiba's über das Geschlecht der Wüste und die zehn Stämme, die von der kommenden Welt ausgeschlossen seien, weist J. mit den Worten zurück: שבקה ר"ע לחסידותיה, Sanh. 110 b (tradirt von R. b. b. Chana).

[1] R. H. 18 a, את אחת נסקרין בסקירה יכולל, tradirt von Rabba b. b. Chana zur Erklärung des Mischnaausdruckes (R. H. 1, 2) עוברין לפני כבני מרון. S. auch das oben S. 321 unter Anm. 3 gebrachte Gleichniß.

[2] Gen. r. c. 12, g. E. tradirt von Abahu Jb. c. 12 g. Auf. wird der erste Theil des Ausspruches von Pinchas im Namen Levi's tradirt, der zweite Theil ib. c. 3 Auf. von Berechja im Namen Jehuda b. Simons. Anstatt Pf. 33, 6 ist in Tanch. B. בראשית 16 (ebenfalls Abahu im Namen J.'s) Jef. 40, 28 als Belegvers genannt; daselbst wird auch die Aussprache des ה anders gekennzeichnet: אדם מוציאה מתיך פיו בלא קומץ את פיו. In Sch. tob zu Pf. 62 (wo der Satz anonym steht) heißt es dafür: אין בה לא ריחוש שפתים ולא חריצת לשון. In j. Chagiga 77 c (vgl. Pesikta r. c. 21, 109 a b tradirt Abahu im Namen J.'s die Deutung zu ביה, Jef. 26, 4, welche nach Gen. r. c. 12 Eleazar angehört und Menach. 29 b Jehuda b. Ilai zugeschrieben wird (Ag. b. T. II, 222).

[3] Gen. r. c. 12 g. E., vorher das Gleichniß von einem König, der

Gott und Welt.

seine Arbeit beim Kopf und bei den Ohren oder sonst einem Gliede der zu bildenden Gestalt an; Gott aber bildete den ganzen Menschen auf einmal, „denn er ist der Bildner des Ganzen" (Jerem. 10, 16¹). — Zwei Dinge giebt es, die kein Zauberer hervorbringen kann und beide lobpreisen Gott, nach Pf. 103, 1: die Seele und die Eingeweide; ein menschlicher Bildner schafft ein Bild, das ihn nicht lobpreisen kann, aber was Gott gebildet hat, lobpreist ihn, nach Pf. 150, 6²). — Bei der Schöpfung schrieb Gott dem Meere die Bedingung vor, daß es sich einst vor Israel spalte³).

Die Engel sind am zweiten Schöpfungstage erschaffen worden, was aus Pf. 104, 3 f. zu entnehmen ist⁴). — Gott thut nichts, ohne sich mit seiner himmlischen Dienerschaft (familia) zu berathen,

---

einen Palast erbaut und erst die oberen, dann die unteren Theile des= selben baut (f. oben S. 321, zu Gen. 1, 31): הקב״ה ברא את התחתונים ואת העליונים בריאה אחת. In j. Berachoth 2 c d wird in J.'s Namen ein anderes Gleichniß vom Zelt gebracht, angewendet auf die Schöpfung des Himmels, nach Jef. 40, 22 und Hiob 37, 18, welches in Gen. r. ib. Jizchak zum Autor hat. Doch scheint die Leseart des Jeruschalmi die richtige zu sein; beiden Gleichnissen steht ein entsprechendes von Simon b. Lakisch zur Seite. S. noch J.'s Antwort auf die Frage; ביצד ברא הקב״ה את עולמו, Gen. r. c. 10 Auf. (A. b. T. I, 177, Anm. 3). Das Gleich= niß, das in Chagiga 16 a zur Erklärung der Mischna Chag. 2, 1 J. und Eleazar zugeschrieben wird, gehört nach j. Chag. 77 c. unten Eleazar allein an.

¹) Midr. Samuel c. 5 tradirt von Kruspedai; anonym Mechiltha zu Exod. 15, 11 (42 a). — S. auch den embryologischen Satz J.'s zu Pf. 139, 3, Lev. r. c. 13 (in Nidda 31 a: Chanina b. Papa).

²) Midr. Samuel ib., tradirt von Simon (ft. שמואל l. שמעון) b. Abba. Vgl., wie Simon b. Pazzi auf Mar Utba's Frage Pf. 103, 1 deutet, Berach. 10 a (f. oben S. 130, Anm. 2).

³) Gen. r. c. 5, als Deutung von לאיתנו, Exob. 14, 27 = לתנאי. (Versetzung der Buchstaben wie S. 293, Anm. 2). In Exob. r. c. 21 g. Anf. ist diese Deutung Eleazar Hakappar zugeschrieben. In Gen. r. ist der Gedanke, daß das Wunder der Meeresspaltung im Schöpfungsplane mitenthalten, gleichsam praestabilitirt war, durch Jirmeja b. Eleazar auch auf die anderen biblischen Wunder angewendet.

⁴) Gen. r. c. 1 Auf., Tanch. B. בראשית 1, 12, gegen Chanina (oben S. 31, Anm. 5), Sch. tob zu Pf. 24, 1 (§ 4).

nach Dan. 4, 14¹). — Vor Gott stehen — dienend — nur die Engel des Friedens, die Engel des Zornes sind ferne von ihm, nach Jes. 13, 5²). — Größer ist die Würde der Frommen als die der Engel des Dienstes, nach Dan. 3, 25³). — Der „Eine" unter den Seraphim in Jes. 6, 6, ist Michael, nach Dan. 10, 13 („Michael, der Eine unter den Fürsten"⁴). — Der Strengste unter den Engeln, an den der Befehl in Ezech. 9, 5 ergeht, ist Gabriel⁵). — Der Engel, der über die Geister der Abgeschiedenen gesetzt ist, heißt Duma (Jes. 21, 11⁶). —

¹) Sanh. 38 b; zum Ausdrucke פמליא של מעלה (in j. Sanh. 18 a unten, wo Dan. 10, 1 als Belegvers gegeben ist, dafür: בית דין של מעלן) vgl. die Etymologie J.'s zum Worte באשים (oben S. 265, A. 6), ferner seine Deutung von כל פניו, Jerem. 30, 6: פמליא של מעלה יש של מטה, Sanh. 98 b.

²) Tanch. תזריע (B. 11), tradirt von Berechja im Namen Tanchum b. Chanilai's (wie die richtige Reihenfolge lauten muß, s. oben S. 322, Anm. 5); eingefügt ist eine damit zusammenhängende Deutung des Ausdruckes ארך אפים.

³) Sanh. 93 a ob.

⁴) Berach. 4 b unt. Auch der „Engel des Ewigen" in Exod. 3, 2 ist nach J. Michael. Exod. r. c. 2 g. E., ebenso der „eine Heilige" in Dan. 8, 13, Tanch. B. בראשית 23.

⁵) Echa r. zu 2, 1. Gabriel läßt J. wirken in der Legende von Merodach-Baladan, Sanh. 96 a, ferner in der Legende von Abraham's Rettung aus dem Feuerofen, Pesachim 118 a (s. Diḳd. Sofr.); Gabriel, mit einer Art Gurt bekleidet (מתקרא בסין חגור, fascia), wie ein Metallarbeiter, zeigt Moses die Arbeit des Leuchters, Menach. 29 a (tradirt von Chija b. Abba). S. auch oben S. 283, unter Anm. 3. Gabriel und Michael fungiren zusammen in der oben S. 301, unter Anm. 1 gebrachten Legende. S. auch B. Bathra 74 b unten: Gabriels Jagd auf den Leviathan.

⁶) Sanh. 94 a: מלאך הממונה על הרוחות דומה שמו. Vgl. Sabb. 152 b (Samuel): אלו ואלו לדומה נמסרין. S. auch Chag. 5 a oben und Berach. 18 b (beides babylonische Schulsagen). Zu רוחית s. oben S. 274 zu I Kön. 22, 21. — Andere spezielle Engel in Jochanans Agada: לילה (nach Hiob 3, 2) in Gen. 14, 15, Sanh. 96 a; מלאך שהוא ממונה על התאוה, der auf Juda einwirkte, als den Stammvater von Davids Geschlechte, zu Gen. 38, 15, Gen. r. c. 85 (vgl. Schuba b. Simon, Gen. r. c. 53); מלאך יסמעינה על החמה (Esth. r. zu 1, 10 und zu 1, 12 (c. 3), in Midr. Abba Gorion (B. H., I 4) steht an letzterer Stelle ר׳ חנינא statt ר׳ יוחנן. Zu Esth. 5, 2: שלשה מלאכי חבלה, Megilla 15 b; Sanh. 106 b: ב׳ מלאכי השרת נזדמנו לה.

Gott und Welt.

Der Westen ist der Sitz der Herrlichkeit Gottes, nach Hiob 23, 8[1]).

Drei Bücher giebt es — vor Gott —, in welche die Menschen nach ihrem Verdienste und ihrer Schuld verzeichnet sind: das Buch der vollkommenen Frommen, das der vollkommenen Frevler und das der Mittleren (Zweifelhaften); die Frommen wie die Frevler empfangen ihr Urtheil (ἀπόφασις[2]) am Neujahrstage, dem Tage des Gerichtes, die Einen zum Leben die Anderen zum Tode, über die Mittleren bleibt das Urtheil in Schwebe bis zum Versöhnungstage: haben sie bis dahin Buße gethan, werden sie zu den Frommen, wenn nicht, werden sie zu den Frevlern geschrieben[3]). — Den Einzelnen ist Freiheit gewährt, ob sie Gott bekennen wollen oder nicht, was in dem Gottesnamen אהיה אשר אהיה (Exod. 3, 14) angedeutet ist, aber die Gesammtheit (Israels) wird gegen ihren Willen, mit Zwang dazu geführt, Gottes Herrschaft anzuerkennen, nach Ezech. 20, 33[4]).

Die Hälfte sämmtlicher erschaffener Gewässer befindet sich im Ocean; die andere Hälfte im oberen Weltraum[5]). — „Er schafft Frieden in seinen Höhen" (Hiob 25, 2): niemals sah die Sonne

---

נזדמנו לו לדואג. Zu Echa r. zu 1, 3 g. Ende beschreibt J. den Dämon קטב (Pf. 91, 6), wobei ein Zug dem Mythos vom Argus entnommen ist (מלא עינים). Einen dunkeln Ausspruch über Dämonen von J. s. Gittin 68 a (Sch. tob zu Pf. 78, § 12).

[1]) Tanch. B. בראשית 13: מכאן אתה למד שהשכינה במערב. Vgl. Abahu in Baba Bathra 25 a.

[2]) Zum Ausdrucke נטל אפוסין f. oben 252, Anm. 2.

[3]) Jer. R. H. 57 a, tradirt von Kruspedai, ebenso b. R. H. 16 a, wo die griechischen Ausdrücke beseitigt sind (ג' ספרים נפתחין בר"ה statt נטלו אפוסין שלהן statt נכתבין ונחתמין לאלתר, נ'פינקסאות הן. Der Belegvers am Schluß, Pf. 69, 29, in Jer. anonym, gehört nach Babli Abin an. In Pesikta 157 b nur der Anfang und Schluß wie im Jeruschalmi; außer Pf. 69, 29 ist noch Dan. 12, 2 als Belegvers gebracht. S. auch noch Neue Pesikta, B. H. IV, 61 (wie in Babli), wo ר' יהודה Corruptel aus ר' יוחנן.

[4]) Exod. r. z. St. אהיה לאשר אהיה ביחידים אבל במרובים על כרחם שלא בטובתם כשהם משובדות שניהם אני מולך אליהם.

[5]) Gen. r. c. 4, als Deutung von פלג, Pf. 65, 10 (= aram. פלג Hälfte). Einige Sätze weiter wird das als Ansicht der רבנן, gegen Simon

die Verdunkelung — die dunkle Seite — des Mondes, niemals die dunkle — concave — Seite des Regenbogens¹). — Die Worte von Pf. 36, 7, „deine Wohlthätigkeit ist bis an die Berge Gottes" sprach Jochanan, wenn er eine Ameise erblickte (die Gott bei ihrer Winzigkeit mit den wunderbaren, sie auszeichnenden und zu ihrer Erhaltung dienenden Gaben ausgestattet hat); die folgenden Worte „deine Urtheile bis in die große Wasserfluth" sprach er, wenn er den Seeraben (שלך Lev. 11, 17) sah, (der seine Nahrung, die Fische, aus der Tiefe des Wassers heraufholen muß²).

b. Pazzi, mit den Worten trabirt: מצה על מצה. Es ist möglich, daß dabei an πέλαγος, Meer, gedacht ist (Fürst, Gloss. 170). Aus Tan. 7, 13 („Wolken des Himmels") schließt J., (Gen. r. c. 13, Sch. tob zu Pf. 135, von Tanchuma in j. Sukka 52 b unt. ohne Bibelstelle angeführt), daß die Wolken, die Behälter des vom Himmel stammenden Regens, nicht von der Erde aufsteigen, sondern ebenfalls im Himmel ihren Ursprung haben: wie wer seinem Nächsten Wein und das Gefäß dazu mitschenkt (W. Einhorn bringt dieses Gleichniß mit dem oben S. 324, Anm. 1, gebrachten Ausspruche „der Regen ein Geschenk Gottes" in Verbindung). S. auch J.'s Bemerkung zu מעילים, Pf. 104, 13, Taanith 9 b ; ferner Sch. tob zu Pf. 18 12 (§ 16) über das Wunderbare der Herabkunft des Regens (zum Theil dasselbe, was in Taanith 9 b Josua b. Chananja, s. Ag. d. T. I, 136).

¹) Jer. R. H. 58 a (wo der Passus vom Regenbogen fehlt), b. R. H. 23 b unt., wo vom Talmud eine Erläuterung hinzugezogen wird. Im Jer. folgt eine andere Betrachtung zu Hiob 25, 2 (das Firmament aus Wasser und die Sterne aus Feuer weilen in Frieden zusammen) als תר ויחי בן ר"ש (so auch Pesikta 3 a), welche in Schir r. zu 3, 11 zugleich mit dem Satze מעולם לא ראתה חמה פניכתה של לבנה Jochanan zugeschrieben wird. In Pesikta 3 a wird J. der letztere Satz zugeschrieben und dazu (vgl. Num. r. c. 12) die weitere Betrachtung von den Sternbildern, die aber nach j. R. H. 58 a, Schir. r. l. l. und Deut. r. c. 5 J.'s Schüler, Levi gehört. Der Grundgedanke, welcher den Betrachtungen J.'s und Levi's zu den Worten Hiob's vom Frieden in den Höhen zu Grunde liegt, die durch Neid und Ueberhebung ungestörte Eintracht zwischen den Himmelskörpern findet sich auch in dem jüdisch=hellenischen Gedichte des Photylides, V. 71 ff., s. Bernays' Abhandlung über dieses Gedicht (Jahresbericht des jüd.=theol. Sem. in Breslau 1856 p. X, (Gesammelte Schriften I, 208).

²) Chullin 63 a. Die zweite daselbst von Rasch erwähnte Erklärung entspricht der oben S. 145 gebrachten Anwendung des Psalmverses durch Josua b. Levi.

11.
Messianisches. Eschatologisches.

Pf. 95, 7. Gott spricht zu Israel: Obwol ich eine feste Endzeit für euere Erlösung bestimmt habe, die gültig ist, ob ihr Buße thuet oder nicht, so würde doch ein einziger Tag wahrer Buße, durch euch Alle gethan, die Erlösung auch vor der Zeit herbeiführen: „an dem Tage, an welchem ihr auf meine Stimme höret!"[1]). — Immer bestrebe sich der Mensch, zur Begrüßung des einziehenden Königs zu eilen, selbst des heidnischen Herrschers, damit er, wenn ihm das Glück gegönnt würde, die messianische Zeit zu erleben, zwischen dem Glanze der Könige von Israel und dem der heidnischen Könige unterscheiden könne[2]). — Messias, der Sohn Davids, kömmt nur in einer Zeit, die durchaus fromm oder in einer solchen, die durchaus schuldbeladen ist[3]). — Vorzeichen der messianischen Zeit: Die Weisenjünger werden weniger, die Augen der Uebriggebliebenen vergehen vor Gram und Jammer, viele Drangsale kommen über die Gesammtheit, die harten Verordnungen erneuern sich fortwährend, noch besteht die eine und es schließt sich ihr unmittelbar eine andere an[4]). — Nach Hosea 12, 13. Jakob ist vorbildlich für seine Nachkommen: sowie Jakob diente,

---

[1]) Exod. r. c. 25 g. E. In der Fortsetzung wird der Gedanke auf den Sabbath angewendet, der allen übrigen Geboten gleichgeachtet sei. S. Sabbath 118 b, Jochanan im Namen Simon b. Jochai's (Ag. d. T. II, 95). S. auch oben S. 190.

[2]) Berach. 9 b, 19 b, 58 a. Im jer. Talmud, Berach. 6 a und Nazir 56 a, tradiren Jirmeja und Chizkija den Satz J's in anderer Form: מצוה לראות גדולי מלכות לכשתבוא מלכות בית דוד יהא יודע להפריש בין מלכות למלכות.

[3]) Pesikta 51 b, Sanh. 98 a, mit den Belegversen Jes. 60, 21 (כלם צדיקים) und 59, 16 (אין איש).

[4]) Pesikta 51 b, Sanh. 97 a oben, Pesikta r. c. 15 (75 b). Was in Sanh. unmittelbar als Baraitha folgt (ת"ר) und in Pesikta 51 a, Pes. r. 75 a vorher mit אמרי רבנן eingeleitet ist, schreibt Schir r. zu 2, 13 J. zu. In Sanh. 98 a finden sich diese Zeichen in anderer Form ebenfalls im Namen J.'s.: חכה לו שטמטעט דור ראית הולך אם, wegen II Sam. 22, 28 a; חכה בנהר עליו באות רבית שצרירת דור ראית אם, wegen Jes. 59, 19 f. נואל לציון ובא ... צר כנהר). Jb. 98 b wird der Wunsch J.'s mit-

bevor er ein Weib nahm und auch nachher, so dauert Israels
Knechtschaft auch fort, nachdem der Erlöser bereits geboren ist[1]).

Aus der Strenge, mit der Gott an Zijon das Strafgericht
übte, sein eigenes Haus nicht verschonend, läßt sich auf die Strenge
schließen, mit der das Strafgericht an den Völkern, den Zerstörern
seines Hauses geübt werden wird, nach Ps. 99, 2 und 9, 12[2]).
— Paraphrase zu Num. 24, 23: Wehe der Nation, welche hinderlich im Wege ist, wenn Gott seinem Sohne (Israel) die Erlösung
bereitet! Wer wirft sein Gewand zwischen Löwe und Löwin, die im
Begriffe sind, sich zu vereinigen[3]). — Groß ist der Tag, an dem
das zerstreute Israel aus dem Exil heimkehren wird, gleich dem
Tage, an welchem Himmel und Erde erschaffen wurden, nach Hosea
2, 2 (יום Hinweis auf Gen. 1, 5[4]).

Jerusalem wird einst die Hauptstadt (μητρόπολις) aller Länder
werden; diese heißen im Hohenliede (1, 5) die Töchter Jerusalems,
vgl. Jos. 15, 47[5]). — Jerusalem wird einst bis an die Thore
von Damascus reichen, nach Zachar. 9, 1[6]). — In das Jerusalem der kommenden Welt wird nicht Jeder Zutritt haben; blos die
dazu Berufenen, Eingeladenen, werden hinaufziehen dürfen (מקראיה

---

getheilt: der Messias möge kommen, doch mag ich es nicht erleben (wegen der
vielen ihm vorhergehenden Leiden).

1) Gen. r. c. 70 Ende. Unter dem Erlöser ist sowol Moses als der
Messias zu verstehen.

2) Sch. tob zu beiden Stellen. Vgl. oben S. 32, Anm. 5, S. 310,
Anm. 3.

3) Sanh. 106 a. In Jer. 30, 6 findet J. den Schmerz der himmlischen
und irdischen Diener Gottes (s. oben S 330, Anm. 1) ausgesprochen über
das mit Israels Erlösung verbundene Strafgericht an den Völkern. Gott
spricht bei dieser Gelegenheit: Die Einen wie die Anderen sind das Werk
meiner Hände, wie soll ich diese um jener willen vernichten! — Vgl. den
oben S. 252, Anm. 4 gebrachten Weheruf.

4) Pesachim 88 a.

5) Schir r. zu 1, 5, Exod. r. c. 23: in Schir r. folgt noch:
והן עתירות, wofür richtiger so zu lesen ist: ולהמשיך כנהר אליה לכבודה,
להמשך כנהר אליה לכבודה, was eine Paraphrase zu ונהרי Jes. 2, 2,
Micha 4, 1 sein mag. S. auch oben S. 275, zu Ez. 16, 61.

6) Schir r. zu 7, 5. Das erhöhte Niveau des bereinstigen Jerusalems
leitet J., Baba Bathra 75 b (Tradent: Raba), von Zach. 14, 10 ab.

Jes. 4, 5[1]). — Jeder Akazienbaum, den einst die Heiden aus Jerusalem weggenommen haben, wird ihr von Gott wiedergegeben werden, nach Jes. 41, 19, wo מדבר wie in Jes. 64, 9 Jerusalem bedeutet[2]). — Gott wird einst die Häuser der Frommen, über welche mit der Zerstörung des Heiligthums Zerstörung verhängt war (Jes. 5, 9), wiederherstellen, nach Ps. 125, 1[3]). — Die Thore Jerusalems werden aus riesigen Edelsteinen und Perlen verfertigt werden, nach Jes. 54, 12[4]). — In den Schlußworten von Deut. 30, 6 ist angedeutet, daß Israels Gebiet zur messianischen Zeit größer sein wird als zur Zeit der Väter und daß der letzten Erlösung keine weitere Knechtschaft folgen wird, wie der Erlösung Jener. Auf dieses zielt auch die Frage in Jer. 30, 6 : Sowie ein Mann nicht gebärt, so werdet ihr, einmal erlöst, nicht wieder geknechtet sein[5]). — Tiberias bildet die letzte der zehn Sitze des Synedrions; auf sie, als die am tiefsten von allen gelegene Stadt zielt Jes. 29, 4: „Erniedrigt wirst du von der Erde sprechen und tief vom Staube wird deine Rede kommen." Und von hier aus wird auch die Erlösung ausgehen, nach Jesaia 52, 2 : Vom „Staube"

---

[1]) Baba Bathra 75 b, tradirt von Raba.

[2]) Rosch Haschana 23 a.

[3]) Berach. 58 b, von Ulla dem Chisda mitgetheilt. — Ein himmlisches Jerusalem erwähnt J. in der Deutung zu Hosea 11, 9, auf Grund von Ps. 122, 3, Taanith 5 a (tradirt von Jizchak); s. darüber Epstein, Eldad ha-Dani, S. 79.

[4]) Baba Bathra 75 a, Sanh. 100 a. Daran knüpft sich eine ähnliche Legende, wie die oben S. 189, unter Anm. 4 erwähnte über Josua b. Levi. Ein Schüler spottet über die riesengroße Edelsteine, erfährt aber auf einer Seereise die Thatsächlichkeit derselben, leistet heimgekehrt dem Meister Abbitte, der aber ihn mit seinen Blicke zu einem „Knochenhaufen" verwandelt. In Pesikta 136 b (hebr. Pesikta r. c. 32, 149 a) findet sich die ganze Erzählung mit wenig abweichenden Zügen. Es handelt sich um das östliche Thor des Heiligthumes und der spottende Zuhörer ist ein Ketzer (מינא). In Sch. tob zu Ps. 87 ist die Version des Babli benützt.

[5]) Jer. Schebiith 36 b unt., tradirt von Chelbo und Simon b. Abba; zum Theile in Gen. r. c. 44 Ende. Vgl. oben S. 248, zu Ps. 36, 10.

erhebe dich!¹) — Dereinst werden die Frommen mit dem Namen Gottes benannt werden, nach Jes. 43, 7²).

Alle Weissagungen der Propheten gelten nur den Zeiten des Messias, aber von den Herrlichkeiten der kommenden Welt ist gesagt (Jes. 64, 3): Kein Auge hat es gesehen, o Gott, außer dir! Alle Weissagungen der Propheten gelten nur den reuigen Sündern, aber von den vollkommenen Frommen ist gesagt: Kein Auge hat es gesehen, o Gott, außer dir!³) — Sowol die Frommen als die Frevler gelangen vor Gottes Angesicht. Den Frevlern, die von Gott abgefallen sind, zeigt man in der Todesstunde die Herrlichkeit Gottes und sagt ihnen: Kommet und sehet das Angesicht des Königs, von dem ihr abgefallen seid und der euch bestrafen wird! Und auch den Frommen zeigt man in ihrer Todesstunde die Herrlichkeit Gottes und sagt ihnen: Kommet und sehet das Angesicht des Königs, dem ihr dienet und der euch eueren Lohn geben wird⁴). — Wenn Gott zu Gerichte sitzt und den Frommen das Paradies zuerkennt, die Frevler zur Hölle verurtheilt, sagen die Letzteren: Er hat uns nicht

---

¹) R. H. 31 b. In Midrasch vom Segen Jakobs (B. H. II, 79, Jalkut zu Gen. 49, 13, § 161 Anf., vgl. Jalk. zu Jes. 26, 5, § 276) lautet J.'s Ausspruch טבריא היא משלחת למשיח (B. H. למלכנו), was wol heißen soll, Tiberias übergiebt das Sanhedrin dem Messias, der es nach Jerusalem bringt. An der zweiten Stelle des Jalkut ist durch Mißverständniß daraus geworden: טבריה משלחת לימות המשיח. Als Belegvers ist im genannten Midrasch für die Niedrigkeit Tiberias', Jes. 26, 5 gebracht (in Babli citirt diesen Vers Eleazar) und als Beweis dafür, daß aus Tiberias die Erhebung kommen solle: 26, 6 in Verbindung mit Jes. 16, 5, wobei אחרי כתיב מה für einen zehn Capitel früher stehenden Vers unverständlich ist. Es ist aber das Bindeglied beider Verse ausgefallen: תרמסנה in 26, 6 weist auf תמו רימס in 16, 4 hin und nach diesem folgt unmittelbar: והוכן בחסד כסא.

²) Baba Bathra 75 b, tradirt von Rabba. — Die Phantasie über die wunderbaren Produkte des heil. Landes zur messianischen Zeit, welche in Sch. tob zu Ps. 72 Ende Chija b. Joseph (Assi) im Namen J.'s tradirt, findet sich in Kethub. 111 b Chija b Joseph selbst zugeschrieben (vgl. Sabb. 30 b).

³) Berach. 35 a, tradirt von Chija b. Abba. S. noch S. 239, unter Anm. 2.

⁴) Sch. tob zu Ps. 22, 31 (§ 32).

nach Gebühr das Urtheil gefällt und hat nach Willkür freigesprochen und verurtheilt. Darauf sagt Gott: Ich wollte euere Schuld nicht offen verkündigen. Dann läßt er ihre Anklageschrift (Sündenregister) verlesen und sie fahren zur Hölle hinab[1]). Die Wiederbelebung der Todten ist biblisch durch Jes. 52, 8 bewiesen. Es heißt nicht: „deine Schaaren" haben insgesammt gejubelt, sondern: „sie werden insgesammt jubeln"[2]). —. Aus demselben Prophetenworte folgt, daß dereinst alle Propheten einstimmig einen Lobgesang anstimmen werden[3]). — Wer sich in dieser Welt mit der Thora beschäftigt, den läßt man auch in der Zukunft nicht schlafen: man führt ihn in's Lehrhaus des Sem und Eber, in das der drei Stammväter, in das Moses' und Aharons, bis er „einen großen Namen sich erworben, gleich dem Namen der Großen auf Erden" (II Sam. 7, 9[4]). — Nicht wie diese Welt ist die kommende Welt; jetzt sagt man bei guten Nachrichten: Gepriesen sei der Gute und Gutes Uebende, bei schlechten Nachrichten: Gepriesen sei der wahrhafte Richter! In der kommenden Welt wird man immer sagen: Gepriesen sei der Gute und Gutes Uebende. Nach Zach. 14, 9 („sein Name einer"[5]). — Die Schranken, welche in dieser Welt

---

[1]) Sch. tob. zu Pf. 1 Ende. Zu אלוניך s. oben S. 85, Anm. 7. S. auch J.'s Satz zu Pf. 6, 11, Sch. tob zu Pf. 31, 2 (§ 3). Ueber die Höllenstrafe der Frevler s. J.'s Deutung zu Pf. 73, 20, (Esther r. zu 1, 12 (oben S. 87, Anm. 5). S. ferner oben S. 256, die Deutung zu Jerem. 10, 8. Ueber das aus der Hölle aufsteigende Lob Gottes findet sich in Sch. tob zu Pf. 84, 7, Exod. r. c. 7, ein Ausspruch Jochanans, der, in Einzelheiten verschieden, anderwärts Josua b. Levi's Namen trägt, s. oben S. 186.

[2]) Sanh. 91 b, tradirt von Chija b. Abba. Jb. 90 b steht unter J.'s Namen eine andere Beweisführung, aus Num. 18, 28; doch ist die Einführung אמר ר' יוחנן schlecht bezeugt. — In Kethub. 111 b lesen wir ein Gespräch zwischen J. und Eleazar über die Auferstehung der עמי הארץ, nach Jes. 26, 19.

[3]) Sanh. 91 b, trad. von Chija b. Abba.

[4]) Schir r. zu 6, 2; Koh. r. zu 5, 11. Vgl. Exod. r. c. 2 Ende.

[5]) Pesachim 50 a, tradirt von Assi, s. D. Sofrim 3. St. — מעין העולם הבא gab Gott dem Hiob zu verkosten, in dem ungemein raschen Wachsthum seines Ackers, aus Hiob 1, 14 gedeutet, Baba Bathra 15 b. In Pesikta 65 b, Pes. r. c. 17 (88 b), Ruth r. zu 1, 5 ist Chama b. Chanina Urheber dieser Deutung (Lev. r. c. 17 anonym).

zwischen den oberen und unteren Wesen bestehen, daß diese sterben, jene nicht, hören dereinst auf, indem nach Jes. 25, 8 der Tod überhaupt für immer beseitigt sein wird. Das ist angedeutet in den Worten von Deut. 32, 39: Ich habe Schranken gezogen (מחצתי von מחיצה) und ich werde heilen, d. i. diese Schranken entfernen[1]).

12.
Pseudepigraphisches.

In Pirke R. Eliezer ist Jochanans Name viermal benützt[2]). Häufig begegnen wir ihm im Midrasch zu den Proverbien[3]). — In den „Abschnitten vom Messias" findet sich ein vielleicht echter und einer älteren Quelle entnommener Ausspruch J.'s über den Wein[4]). — Der Tractat von der Hölle beginnt mit einem Satze Jochanans, der eine andere Deutung zu Ps. 84, 7 enthält, als die oben stehende[5]); ferner trägt daselbst J.'s Namen eine Deutung von

---

[1]) Koh. r. zu 1, 4, tradirt von Levi, während Chanina es im Namen Simon b. Lakisch's tradirt. Es muß nämlich heißen: ר' חייא אמר ר' יוחנן בשם ר' שמעון בן לקיש ור' חבנין בשם ר' לוי בשם ר' יוחנן. Zur Auffassung von Jes. 25, 8 in diesem Sinne s. den Schluß des Mischnatractates Moed Katon und Ulla's Ausspruch in Sanh. 91 b, ferner Josua b. Levi oben S. 187. — Hier sei noch auf die theils von Rabba b. b. Chana (nach der besseren Lesart), theils von Dime tradirten Phantasien J.'s über den Leviathan und seine Benützung zum Besten der Frommen in der Zukunft hingewiesen, deren exegetische Grundlage verschiedene Verse in Hiob 40 und 41 bilden, Baba Bathra 75 a (ebendaselbst auch eine Deutung von Jes. 4, 5 im ähnlichen Sinne). Vom Behemoth, nach Ps. 50, 10, s. J.'s Ausspruch, Pesikta 58 a, Lev. r. c. 22 g. Ende.

[2]) Einmal c. 51, bei einem auch sonst bezeugten Ausspruche J.'s, s. oben S. 275, Anm. 8; ferner c. 21 g. E. (wie Kain seinen Bruder Abel begräbt), c. 29 (Proselyten), c. 33 (die falschen Propheten in Babel).

[3]) Einmal zu 22, 28, eine Bemerkung J.'s zu dem Ag. b. T. II, 146, A. 7 besprochenen Satze; ferner zu 11, 20; 11, 21 (ein Gleichniß); 11, 23; 22, 4. Was zu 13, 25 unter J.'s Namen steht, ist eine Paraphrase seiner oben S. 336 gebrachten Bemerkung zu Jes. 64, 3. Der Name Jochanans ist an einigen dieser Stellen aus Jalkut zu ergänzen.

[4]) Beth Hammidrasch III, 77: טיב ירין לוקחים מחלב לתינוקת.

[5]) B. H. I, 147, s. oben S. 337, A. 1.

Hiob 11, 20, welche mit seiner im bab. Talmud tradirten Anwendung dieses Verses nichts gemein hat¹), und eine Schilderung der Höllenstrafen²). — Die aus byzantinischer Zeit stammende Beschreibung des Thrones und Hippodromes König Salomo's³) nennt mit offenbarer Absichtlichkeit Jochanan am häufigsten als Urheber einzelner Schilderungen⁴).

---

1) B. H. I, 148; s. R. Haschana 31 a unten.
2) B. H. ib.
3) B. H. V, 34—39, s. Perles in Grätz' Monatsschrift 1872, S. 122—139.
4) Vielleicht bot Anlaß dazu der oben S. 302, zu Num. 7, 3 gebrachte echte Ausspruch J.'s über die Symbolik der sechs Stufen des Thrones, der aber hier Eleazar zugeschrieben wird (S. 35, Perles 132). Es werden in unserem Stücke auch Fragen der Schüler Jochanan's an ihn erdichtet (S. 35 zweimal). Die Einzelheit, wie J.'s Schüler über seine Schilderung künftiger Herrlichkeit erstaunt sind (S. 38, Perles 135) hat wahrscheinlich die oben S. 335, Anm. 4 erwähnte Legende zum Vorbilde. Einmal stellt J. an den späteren Amora Zeira eine Frage! (B. H. V, 37, Perles 134).

XI.
Simon b. Lakisch.

Den Namen Lakisch, der durch Simon b. Lakisch zu einem der meistgenannten der Traditionslitteratur wurde, finden wir nur noch als Vatersnamen eines der letzten Tannaiten wieder[1]). Abgesehen von dem Namen seines Vaters, fehlen alle Nachrichten über Simons Herkunft. Gleich Jochanan soll auch er seine Thorakenntniß dem Glücke zugeschrieben haben, daß es ihm noch vergönnt war, den Patriarchen zu sehen[2]). In seinen jungen Jahren scheint Simon b. Lakisch seinen Studien im Süden obgelegen zu haben. Es ist zwar nirgends gesagt, daß er ein Schüler Bar Kappara's war, aber dieser ist es, in dessen Namen er am häufigsten tradirt[3]), und es ist wahrscheinlich, daß er auch in persönlichem Schülerver=

---

[1]) Jehuda b. Lakisch, s. Ag. b. T. II, 494 f. Weiß (III, 80) hält לקיש für einen Ortsnamen „vielleicht das biblische לכיש." Doch müßte unser Amora dann nach der Analogie ähnlicher Bezeichnungen ר"ש איש לקיש oder ר"ש דלקיש heißen. Daß auch aramäisch בר לקישא gesagt wurde (vgl. Ag. b. T. II, 503, Anm. 2), bildet keinen Beweis für W.'s Annahme, da man eher bedeutungsvolle Personennamen, als Ortsnamen aramäisch umgeformt findet. Auch den Umstand, daß man die Namensform oft kürzte und בן ausließ (ריש לקיש, ר"ש לקיש) kann W. nicht als Argument für seine Annahme geltend machen, da die Weglassung des בן vor dem Ortsnamen gerade so regelwidrig ist, wie vor dem Vatersnamen, ja noch auffallender, da dann ר"ש לקישאה am Platze wäre.

[2]) J. Beza 63 a, s. oben S. 206, Anm. 2. Simon b. Lakisch als Tradent eines Ausspruches Jehuda's I, Pesachim 119 a. In der in Koh. r. zu 3, 9 erzählten Anekdote erinnert ihn ein Jugendgefährte, Thorwart von Tiberias, an die Zeit דהוינא אנא ואנת אולין לבי נישתא בחדא.

[3]) S. Ag. b. T. II, 121 (2), 504, 510 (3), 511 (6, 7), 512 (1, 4), 514 (6), 516 (1), 520 (1).

hältniß zu ihm stand¹). Einmal wird erzählt, daß er in Gemeinschaft mit Schülern Chanina's nach dem Süden reiste und dort die Meinung des Schulhauptes Ephes in einer halachischen Frage erbat²). Vielleicht als Reminiscenz aus dem Aufenthalte S.'s im Süden hat sich eine halachische Discussion erhalten, in welcher S. b. L. einen siegreichen Einwand gegen eine Lehrmeinung der Gelehrten des Südens vorbrachte³). Auch dem Lehrhause Hoschaja's, der Bar Kappara's und Ephes' Schüler war, scheint S. b. L. angehört zu haben; er war der Erste, der Hoschaja den Ehrennamen „Vater der Mischna" beilegte⁴).

---

¹) Ein Schwestersohn Bar Kappara's, Chija b. Abba, war Schüler (in Ag. b. T. II, 506 und 513 habe ich irrthümlich angegeben: Lehrer) Simon b. Lakisch's, der ihm eine schöne Leichenrede hielt, Schir r. zu 6, 2 (wo אויא statt ארא), ausführlicher j. Berach. 5 b unt., Koh. r. zu 5, 11. Es ist auffallend, daß dieser Neffe Bar Kappara's, der schon zu Lebzeiten seines Oheims erwachsen war und mit diesem auch disputirt (s. Ag. b. T. II, 513), auch als Schüler S. b. L.'s erscheint. Nach Kethub. 111 b war er der Lehrer von S. b. L.'s Kindern, doch scheint dort חייא בר אבא gelesen werden zu müssen.

²) Erubin 65 b. Da es nicht anzunehmen ist, daß diese Begebenheit noch in Jehuda's I Lebzeiten fiel, Ephes aber nach des Patriarchen Tode, als Vorgänger Chanina's, die Würde des Schulhauptes von Sepphoris innehatte (Kethuboth 103 b, s. oben, S. 2), so muß man annehmen, daß Ephes nicht sofort nach dem Tode Jehuda's I diese Würde einnahm, sondern noch eine Reihe von Jahren vergieng, bis er aus dem Süden nach Sepphoris übersiedelte. In dieser Zwischenzeit mag Simon b. Lakisch mit einigen Schülern Chanina's nach dem Süden zu Ephes gezogen sein. Die Angabe in Tossaphoth zu Erubin 65 b (s. v. ר"ל), Ephes habe Jehuda I nur um 2½ Jahre überlebt, beruht auf einem Mißverständnisse: in Kethub. 103 b ist bloß gesagt, daß Ephes um 2½ Jahre älter war als Chanina. Im jer. Talmud, Erubin 23 c, findet sich ein von der Erzählung im b. Erubin 65 b ganz verschiedener Bericht (zur selben halachischen Frage): Chanina und Jonathan legten im Badeorte bei Gabara die Frage den ebenfalls dort befindlichen Gelehrten des Südens vor; als S. b. L. deren Entscheidung vernahm, erklärte er sie für unrichtig.

³) Zebachim 22 b, tradirt von Ulla: תקע להו ר"ל לדרומאי. Raschi erklärt dieses תקע mit צעק להם קול גדול, was an die Kiddusch. 44 a berichtete Einzelheit erinnert: צווח ר"ל בי כרויא.

⁴) S. oben S. 89. S. b. L. tradirt im Namen H.'s: Kiddusch. 80 a, Bechoroth 13 a, Meila 7 b. — Daß S. b. Lakisch an verschiedenen

Gleich Jochanan unterbrach auch Simon b. Lakisch, wol unter dem Drucke ungünstiger Verhältnisse, seine Beschäftigung mit dem Studium und fand in einer ungemein weltlichen Beschäftigung seinen Lebensunterhalt. „Er verkaufte sich" den Leitern der öffentlichen Kampfspiele (ludii, ludiarii), wo er seine ungewöhnliche Körperkraft zur Geltung bringen konnte, aber auch sein Leben im Kampfe mit den wilden Thieren des Circus fortwährend auf's Spiel setzte[1]). An diese Episode in S. b. L.'s Leben[2]) knüpften sich verschiedene Anekdoten. So soll er auf sehr groteske, eines Gladiators würdige Weise seine Freiheit erlangt haben[3]). Ferner wird erzählt, daß seine Lebensweise dauernd durch das wol längere Zeit hindurch geübte Gladiatorenthum beeinflußt war. Er war ein sehr starker Esser und brachte es in Folge dessen nicht dazu, Vermögen zu sammeln; er pflegte sich mit dem Psalmverse zu rechtfertigen (49, 11), der diejenigen tadelt, die „Anderen ihr Vermögen lassen"[4]). Er liebte

---

Orten seine Kenntnisse erwarb, ist in der Erzählung j. Kilajim 32 b unt. mit den Worten גלי מילי ausgedrückt.

[1]) Gittin 47 a: נפשיה ללודאי זבין ר״ל. Obwol schon 1866 Grätz im IV. Bde. seiner G. b. J. (S. 261, A. 4) die richtige Erklärung dieses לודאי im Namen S. Nissens veröffentlichte, wonach es identisch mit dem von Sachs (Beiträge I, 120 f.) erklärten לד״י (Exod. r. c. 30 Ende) ist, wiederholen — mit Variationen — Levy (II, 479) und Kohut (V, 17 f.), auch Wünsche die Erklärung Raschi's und Aruch's von dem als „Menschenfresser" verrufenen Volke der „Lybier" oder Lybbenser. Jastrow hat, ohne Grätz zu erwähnen, in der Revue des É. J. XVII, 308 f. auf die richtige Auffassung des auch sonst in der Bedeutung von Gladiator vorkommenden Ausdruckes לודאי, לודים hingewiesen.

[2]) Vielleicht waren die Schauplätze dieser Episode Tyrus und Caesarea, deren Reichthum und Wohlfeilheit S. b. L. rühmt, j. Kilajim 32 c.

[3]) Gittin ib. Der „letzte Tag" daselbst ist natürlich nicht der Tag, „bevor er gegessen werden sollte," sondern der Tag vor dem mit fast sicherem Tode drohenden Kampfspiele, an dem er auftreten sollte.

[4]) Gittin ib.: יתיב קאכיל ושתי, nach der richtigen Erkl. Raschi's. Wünsche (Der babyl. Talmud II, 145) übersetzt irreführend so, als ob von einem einzigen, unmittelbar nach seiner Befreiung stattgefundenen Vorgange die Rede wäre. Als Essenszeit der לודים, d. i. der Gladiatoren, wird die erste Tagesstunde angegeben, dann folgen die Räuber (לכטי״ם), welche in der zweiten Tagesstunde essen, Bar. Sabb. 10 a und 12 b.

die stark gewürzten Speisen, und als einzige Habe blieb nach seinem
Tode ein Mäßlein Saflor zurück¹). Wenn ihm seine Tochter einen
Polster anbot, um sich auf ihn zu legen, lehnte er ihn mit dem
Wortspiele ab: Mein Bauch ist mein Polster (כרסי כרי) und legte
sich platt hin auf den Boden²). In derselben Positur soll er
sich einmal auch im Lehrhause an einer halachischen Discussion be=
theiligt haben³). Er selbst sprach unbefangen von jener Zeit, in
der er sein Leben feilgeboten hatte: wenn Jemand ihn fragte, ob
er in unbedecktem Gefäße gestandenes Wasser trinken solle (mit Hin=
blick darauf, daß Schlangen oder sonstige giftige Thiere damit in
Berührung gekommen sein könnten), antwortete er mit dem Scherze:
Wenn du dich den Gladiatoren verkauftest, so thätest du's wenigstens
um theueres Geld, so aber giebst du dein Leben um geringen Preis
hin⁴). In einigen seiner Gleichnisse lassen sich ebenfalls Reminis=
cenzen an die Zeit erkennen, da er Circuskämpfer war⁵). — Und
doch war es ein böser Scherz Jochanan's über seines Collegen
und Schwagers einstiges Gewerbe, welchen sich dieser — bereits hoch=

---

¹) Gittin ib. S. über מוריקא Löw's Aram. Pflanzennamen.
S. 218.

²) Gittin ib.

³) Zebachim 5 a oben, רמי ר״ל על מעודי בי מדרשא מקשי (vgl.
Tossafoth zu Gittin 47 a, f. v. כריסי). — An den ehemaligen Circus=
kämpfer gemahnt auch die Anekdote in j. M. K. 83 b, wie S. b. L. einem
lästernden Samaritaner einen Stoß in's Herz versetzt.

⁴) Jer. Terumoth 45 d oben אלו ובנת גרמך ללודנין הוה מזבין להון
בדמין יקרים ... Vielleicht ist לודנין aus ל׳ודרין corrumpirt. Daß diese
Art, sich aus dringender Noth zu befreien, bei den Juden Paläftina's
damals nichts Seltenes war, sieht man aus der Entscheidung Abahu's, j.
Gittin 46 b oben, man müße auch an Jemandem שמכר את עצמו ללודים
die Pflicht des Loskaufes üben, denn מה נעשה מפני חיי עשה. Hingegen
mußte Ammi, ein Zeitgenosse Abahu's, einen ähnlichen Unglücklichen
(דזבין נפשיה ללודאי), der um Loskauf bat, abweisen, f. b. Gittin 46 b
unten. —

⁵) S. Tanch. ויגש Anf.; משל לשני אתליטין Exod. r. c. 21, Ende
ebenso; vielleicht auch) Gen. r c. 22 g. E. (wo aber aus רשב״ל geworden
ist רש״י, f. Ag. b. T. II, 139) ebenso; Sch. tob zu Pf. 105, 24 לשני
גבורים. — Wie eine Nachwirkung des alten Berufes, zur öffentlichen Be=
lustigung beizutragen, erscheint das in Koh. r. zu 9, 15 (לשחוק עושים לחם)
über S. b. L. Erzählte.

betagt — so sehr zu Herzen nahm, daß er krank wurde und starb. Als nämlich einmal darüber disputirt wurde, wann die verschiedenen Arten von Messern, Waffen und Schneidewerkzeugen als vollständig verfertigt zu betrachten seien, damit sie die rituelle Eignung zur levitischen Unreinheit erlangen, äußerte S. b. L. eine von J.'s Ansicht verschiedene Meinung, worauf dieser sagte: der Räuber kennt sein Räuberhandwerk. Damit spielte er auf S. b. L.'s einstiges Gladiatorenthum an, da zu demselben besonders die Handhabung scharfer Waffen gehörte, mit denen die Thiere im Circus erlegt wurden[1]). Die von Jochanan gebrauchte Redensart zog nicht nur die erwähnten verhängnißvollen Folgen nach sich[2]), sie sollte auch für S. b. L.'s Nachruf verhängnißvoll werden. Auf dieser, jedenfalls sprichwörtlich angewendeten Redensart[3]) beruht nämlich allein die Meinung, daß Simon b. Lakisch in seinen jungen Jahren ein Räuber oder Räuberhauptmann gewesen sei[4]). Sonst findet sich dafür nirgends der geringste Anhalt[5]).

---

[1]) Baba Mezia 84 a. Die ludarii hatten die wilden Thiere im Circus mit Messern zu tödten. S. Sachs a. a. O. S. 121. S. auch die syrische Sentenz in Land, Anekdote Syr., citirt bei J. Fürst, Glossarium Graeco-Hebraeum, 131 b: Wenn dein Sohn von Jugend an entartet ist ... laß ihn das Gladiatorenhandwerk (לודרותא) lernen, gieb in seine Hand ein Schwert und ein Messer (חרבא וסכינא), vgl. והסבין השייף an unserer Talmudstelle) und bete, daß er bald seinen Tod finde.

[2]) Die Erzählung ist sehr pointirt und reflectirt gewiß nur die in den babylonischen Schulen über den tragischen Tod S. b. L.'s und den ebenfalls tragischen Tod Jochanan's traditionell gewordene Mischung von Dichtung und Wahrheit.

[3]) לסטאה בלסטיותיה ידע. Die Redensart ist umso treffender angewendet, als לודים und לסטים in der Werthschätzung einander sehr nahe standen (s. auch S. 342, Anm. 4). Wenn S. b. L. in seiner Antwort sagt: התם רבי קרו לי, meint er nicht רבן של לסטים (Raschi), sondern wahrscheinlich den Titel „Meister" (רבי), den man auch den Meistern des Circus gab.

[4]) S. schon in Pirke R. Eliezer, c. 43, wo Simon b. Azzai, der 100 Jahre vor Simon b. Lakisch lebte, diesen als Muster echter Buße rühmt: בא וראה כח התשובה שר"ש בן לקיש שהיה הוא ושני רעיו גוזלים וחומסים כל אשר יעבור עליהם בדרך

[5]) Bei Frankel, Mebo Hajjeruschalmi, p. 130 a heißt es zwar: וכבר בא בבלי בהרבה מקומות שר"ל היה לסטים, doch hat schon Weiß

Auch die Wiederkehr S. b. L.'s zum Thorastudium und der Beginn seiner vom höchsten Ansehen umgebenen Laufbahn als Mitglied der Schule von Tiberias ist in den Schulen Babyloniens auf sehr romantische, den Gegensatz des neuen zum bisherigen Leben grell hervortreten lassende Weise erzählt worden[1]). Als Kern dieser Erzählung darf die Thatsache gelten, daß es Jochanan war, der den zur geregelten und der Beschäftigung mit der Lehre gewidmeten Lebensweise Zurückgekehrten in jeder Beziehung förderte. Er gab ihm seine Schwester zur Frau und führte den mit bedeutendem Scharfsinne begabten und wahrscheinlich noch reiche Reste seiner ehemaligen Kenntnisse bewahrenden Simon b. Lakisch wieder in das Studium ein. Jochanan durfte also mit Recht als Lehrer Simon b. Lakisch's gelten[2]), wenn auch die verschiedenen Angaben über ihre Beziehungen zu einander und ihren Verkehr sie auf dem Fuße collegialer Gleichheit zeigen. Aus der ersten Zeit, in welcher S. b. L. mit ungewöhnlichem Fleiße und mit der ihm eigenen Energie sich auf das Studium warf und unter der Belehrung und Leitung Jochanan's sich zu dessen ebenbürtigem Genossen[3]) in der Meisterschaft der Traditionswissenschaft heranbildete, stammt die Angabe, daß er, bevor er sich zu J. begab, den zu behandelnden Abschnitt der Mischna vierzig Mal für sich wiederholte, entsprechend

---

p. 84, Anmerkung, auf das Irrthümliche dieser Behauptung hingewiesen. Weiß selbst will in der Redensart Jochanans לסטים mit Räuberverfolger, Häscher erklären; doch ist die Begründung dieser Auffassung ungenügend und diese entspricht weder dem Wortlaut des Satzes noch dem Zusammenhange der Erzählung. — Ich will hier noch bemerken, daß auch die Auffassung des in Moed Katon 17 a über Simon b. L. Erzählten (s. die Parallele dazu in j. M. K. 81 d unten) bei Weiß, p. 83, irrig ist, da dort von S. b. L.'s eigenem Obstgarten die Rede ist und der Vorfall in die Zeit seines Ansehens als anerkannter Gelehrter gehört.

[1]) Baba Mezia ib.

[2]) S. Chullin 139 a רי׳ רביה, ebenso Berach. 31 a. In einer Discussion, Gittin 19 a, sagt S. b. L. zu Joch.: והלא למדתנו רבנו. S. auch oben S. 237, Anm. 1.

[3]) S. J.'s Ausdruck, Kethuboth 54 b und 84 b: מה עשה שכנגדי חלוק עלי.

den vierzig Tagen, in denen die Thora gegeben wurde¹). Noch bevor Jochanan sich in Tiberias niederließ und während er gleichzeitig mit Chanina in Sepphoris lehrte, hatte Simon b. Lakisch sich zum gleichberechtigten Mitgliede der Schule und des Rathes emporgeschwungen²). Auch im Namen Jannai's, des anderen Sepphorenser Lehrers Jochanans, tradirt S. b. L.³) An Jonathan richtet er einmal Fragen über verschiedene Bibelverse⁴). Wahrscheinlich gleichzeitig mit Jochanan ließ auch er sich dauernd in Tiberias nieder⁵). Er besaß neben seinem älteren und angeseheneren Schwager die größte Autorität an diesem Mittelpunkte des paläſtinenſiſchen Judenthums⁶) und machte von derselben mit dem größten Freimuthe selbst dem Patriarchen gegenüber Gebrauch⁷).

---

¹) Taanith 8 a. Vgl. oben S. 234, Anm. 5. S. unten Abschn. 2, die Aussprüche S. b. L.'s über den Eifer im Studium.

²) S. j. Sanh. 18 c: ר׳ חנינא דתח רי ורל׳ התתמי. Eine Chanina und S. b. L. gemeinsame Erklärung ist oben S. 19, Anm. 7 erwähnt. Eine halachische Frage S. b. L.'s an Chanina j. Schebiith 36 c d. S. noch oben S. 8. Anm. 3, S. 9, A. 7; S. 11, A. 8.

³) S. oben, S. 36, Anm. 4; S. 40, A. 1; S. 44. Anm. 5, S. 46, Anm. 2; S. 42, A. 3.

⁴) S. oben S. 60, Anm. 3 und S. 84, Anm. 1. S. auch S. 76 Anm. 5. — S. b. L. rühmt die Fruchtbarkeit des Gebietes von Sepphoris, Megilla 6 a, Kethub. 111 b.

⁵) In Gen. r c. 34 Ende findet sich eine interessante Anekdote, wie er an der Landstraße außerhalb des Thores von Tiberias sitzend studirt und das Gespräch zweier Frauen anhört, die froh waren, die schlechte Luft von Tiberias hinter sich zu haben. In Koh. r. zu 3, 9 wird erzählt, daß er an der genannten Landstrasse seinen ständigen Studirplatz hatte und von dem Thorwärter (s. S. 340, A. 2) täglich mit einem Trunke Wasser gelabt wurde. S. auch j. Berach. 9 a: Wenn S. b. L. in's Studium vertieft war, gieng er im Gedanken auch über die Sabbathgrenze und bewahrheitete das Wort, Prov. 5, 19 b: „in deiner Liebe zu ihr (der Thora) irrst du."

⁶) S. die oben S. 345, Anm. 3 angeführten Stellen: nach Jochanans Entscheidung in concreten Rechtsfällen wenden sich die Parteien an S. b. L. und des Letzteren Entscheidung wird auch von J. anerkannt. S. auch j. Kethub. 33 a oben, wo sich S. b. L. zur Vollstreckung seines Urtheils der Diener des Patriarchen bedient. — Ein Strafurtheil S. b. L.'s s. j. B. Kamma 6 c oben. S. noch j. Sukka 53 c (ויזל גמליאל).

⁷) S. die Anekdote in Gen. r. c. 78 g. E., wo רבי natürlich nicht Jehuda I, sondern Jehuda II ist, s. Grätz, IV, 247. — Taanith 24 a:

Einmal erregte er durch eine im Lehrhause abgegebene Meinung, welche die Patriarchenwürde zum Gegenstande hatte, so sehr den Zorn ihres Trägers (Jehuda II), daß er, um Maßregeln gegen seine Person auszuweichen, nach dem nahen Magdala flüchtete. Jochanan setzte es durch, daß der Patriarch selbst in seiner Begleitung das Asyl S. b. L.'s aufsuchte und ihn zurückberief. Diese Huld erwiederte S. b. L. mit der schmeichelhaften Bemerkung, der Patriarch gleiche dem Schöpfer, der ebenfalls nicht durch einen Abgesandten Israel befreite, sondern selbst durch Aegypten hinzog (Exod. 12, 12), um sein Volk zu erlösen. Dann aber vom Patriarchen wegen jener Lehrmeinung zur Rede gestellt, sagte er: Glaubt ihr etwa, daß ich aus Furcht vor euch die Lehre Gottes zurückhalten könnte![1] — Mit strengen Worten mahnte er den Patriarchen an seine Pflicht, für den Jugendunterricht in den einzelnen Städten zu sorgen; er sagte ihm: Ich habe es von deinen Vätern her überkommen, daß eine Stadt, in welcher es keine Schulkinder giebt, zerstört wird[2]).

Von Simon b. Lakisch's Thatkraft zeugt seine mit eigener Lebensgefahr bewerkstelligte Rettung Assi's, der von Jochanan bereits als Todter betrachtet wurde[3]). Durch sein kräftiges Eingreifen schützte er einmal Jochanan vor einer gewaltthätigen

---

S. b. L. schlägt J. vor, das vom Patriarchen angesagte und ihnen nicht vorher angezeigte Fasten nicht anzuerkennen.

[1]) מה אתון סברין מידחיל הוינא מנע אולפניה דרחמנא, j. Sanh. 20 a oben, j. Horajoth 47 a. Grätz ib.

[2]) Sabb. 119 b unten אמר ר״ל לר׳ יהודה נשיאה כך מקובלני מאבותיך (für מאבותיך ist auch כל עיר שאין בה תינוקות של בית רבן מחריבין אותה die Variante מאבותי tradirt und für מחריבין sagt Rabina: מחרימין). Vorher stehen zwei andere, ebenfalls die Wichtigkeit des Jugendunterrichtes betreffende Aussprüche mit der Angabe: אמר ריש לקיש משום ר' יהודה נשיאה. Da es aber unwahrscheinlich ist, daß S. b. L. im Namen Jehuda's II tradirte (das einzige Beispiel hiefür j. Moed Katon 82 c, Gen. r. c. 100, zu Amos 8, 10 ist strittig, vgl. unten Abschn. 4 g. E.), da ferner die drei Sätze äußerlich und innerlich zu einander gehören, so darf man annehmen, daß auch die ersten zwei Sätze ursprünglich so eingeleitet waren, wie der dritte: אמר ר״ל לר׳ נשיאה.

[3]) Jer. Terumoth 46 b. Nach Grätz IV, 249 fällt die Begebenheit in die Zeit Zenobia's, also die letzten Jahre S. b. L.'s. Damals

Schädigung seines Vermögens¹). Sein Einfluß scheint besonders in Bostra (Bozra) groß gewesen zu sein²), dem ehemaligen Sitze der nabatäischen Könige³). Die dortige jüdische Gemeinde ließ sich von ihm, als er einmal hinkam, einen Weisenjünger babylonischer Herkunft empfehlen, der alle religiösen Funktionen zu versehen habe⁴). Er verbot den Juden von Bostra, unverzehntetes Getreide zu essen und Wasser, welches Gegenstand heidnischer Verehrung war, zu trinken, mußte sich jedoch beider Entscheidungen wegen von J o c h a = n a n eine Berichtigung gefallen lassen, da er irrthümlich Bozra für das zu Palästina gehörige biblische Bezer gehalten und weil er nicht bedacht hatte, daß öffentlichen Zwecken dienendes Wasser durch abgöttischen Mißbrauch desselben nicht unbrauchbar wird⁵). Auch die Einwohner von Magdala wandten sich mit einer Frage über eine öffentliche Angelegenheit an S. b. L.⁶). — Eine seiner civilrechtlichen Lehrmeinungen wurde durch seinen Schüler, den Schulmeister E p h r a i m⁷),

---

war Jonathan nicht mehr am Leben; deshalb muß a. a. O. ר' יוחנן statt ר' יונתן gelesen werden.
¹) Jer. Terum. 46 b unten, s. ob. S. 222.
²) Einmal benützt S. b. L. seine Kenntniß des nabatäischen Dialektes. Um die in der Mischna Nedarim 1, 2 als Nebenformen für קונם erwähnten Ausdrücke (קינח, קונח) zu erklären, sagt er, es wären dialektische Abweichungen von der Grundform (אומות, לשון), sowie z. B. die Nabatäer (נביותאי) statt des gewöhnlichen החמה (Thonscherben) sagen בחמה, j. Nedarim 37 a und j. Nazir 51 a. Mit dem Nabatäischen kann übrigens S. b. L. auch im Süden Palästina's bekannt geworden sein, s. Ag. b. T. II, 498, A. 7 und 524, A. 3.
³) Nach Grätz wäre es sein Geburtsort (IV, 261).
⁴) J. Schebiith 36 d oben. Sie verlangen Jemanden, der Prediger, Richter, Schulmeister und Synagogenbeamter (דרוש, דיין, ספר, חזן) sein solle.
⁵) Aboda zara 58 b. Das zweite Verbot bezog sich nach dem parallelen Berichte des jer. Talmuds, Schebiith 38 b c, auf ein öffentliches Bad, in welchem vor einer Bildsäule der Aphrodite (vgl. Ag. b. T. I, 90) Wasser gesprengt wurde.
⁶) J. Megilla 73 d. S. b. L. in Magdala, s. oben S. 347.
⁷) אפרים ספרא תלמידו של רשב"ל. Vgl. die oben S. 2, Anm. 4 erwähnten, mit dem Titel ספרא bezeichneten: Nattai und Hamnuna, die ältesten, mit Namen bekannten Väter der Massora. Dieser Ephraim (ein Name, der nur noch als der eines Schülers Meirs vorkömmt (א' מקשאה)

in Babylonien bekannt und gelangte — vielleicht durch Samuel
— zur Kenntniß König Schabur's I, dem sie so gefiel, daß er
Simon b. Lakisch seinen Beifall zu vermelden befahl[1]).
Gegen die Babylonier hatte S. b. L. eine ausgesprochene
Antipathie. Als ihm einmal Rabba b. b. Chana die Hand
reichte, um ihm beim Heraussteigen aus dem Jordan, wo er ge=
badet hatte, behilflich zu sein[2]), lohnte ihm S. b. L. den Beistand
mit retrospectiver Strafrede an die babylonischen Juden: Bei Gott
ich hasse euch! Wäret ihr — nach Hoh. 8, 9 — in Ezra's Zeit
Alle in geschlossenen Reihen „wie eine Mauer" aus Babylonien
heimgekehrt, so wäret ihr dem kostbaren „Silber" gleich geworden,
das keinem Moder unterliegt; ihr aber zoget heim, wie „durch
Thüren", die geöffnet, aber auch bald wieder geschlossen werden, darum
gleichet ihr der „Ceder", deren Holz dem Moder unterworfen ist[3]).
— Er sprach auch der Behauptung der babylonischen Juden, sie
wären von reinerem Geschlechtsadel, als die Paläſtinenſer[4]), jede
Berechtigung ab und machte sich erbötig, selbst nach Babylonien zu

---

darf wahrscheinlich in eine Reihe mit den Genannten gestellt werden. Ohne
den Titel ססרא erscheint Ephraim auch in j. Baba Mezia Ende, wo er im
Namen S. b. L.'s die hier in Frage stehenden Halacha tradirt.

1) Baba Mezia Ende (119 a). Raschi entscheidet sich mit guten
Gründen für die Meinung, daß unter שבור מלכא nicht der Amora
Samuel, dem man in jüdischen Kreisen Babyloniens auch den Namen
des ihm wohlgesinnten Perserkönigs beizulegen pflegte, sondern dieser
König selbst (regierte 241—272) zu verstehen sei. Das wird auch durch den
Umstand bestätigt, daß der Beifall des Königs mit einem persischen, nur
hier im Talmud vorkommenden Worte (āfrīn) bezeichnet ist. Nach der
richtigen Leseart (s. Dikduke Sofrim z. St.) sagte der König: זילו רבו ליה
אפרין לר' שמעון בן לקיש. Es ist möglich, daß hier zugleich ein Wortspiel
zum Namen Ephraim gebildet werden soll (s. Kohut I, 239 a).

2) Auch die entscheidende Begegnung zwischen Jochanan und S. b.
L. (Baba Mezia 84 a) hat ein Flußbad im Jordan zum Hintergrunde.

3) Joma 9 b. S. oben S. 212. In Schir r. zu 8, 9 wird erzählt:
Wenn S. b. L. die babylonischen Jünger in geschlossener Gruppe auf der
Straße erblickte, rief er ihnen zu: Zerstreut euch! Ihr seid seiner Zeit
nicht „wie eine Mauer" heraufgekommen, warum solltet ihr jetzt wie eine
Mauer dastehen!

4) Vgl. oben S. 215, Anm. 10.

gehen, wenn ihn Jemand dessen vergewisserte, daß es daselbst eine echte Stammrolle zu holen gäbe; in Wirklichkeit aber würden auch sämmtliche dazu vereinten Meister der Thora von dort keine Stammrolle zu bringen vermögen[1]). Es bildete sich später in den babylonischen Schulen sogar die Anschauung, daß Simon b. Lakisch sich mit keinem Babylonier in ein Gespräch eingelassen habe, nicht einmal mit dem in Palästina zu so hohem Ansehen gelangten Eleazar b. Pedath[2]); auf Grund dieser Anschauung wurde sogar dies erwähnte Gespräch zwischen ihm und Rabba b. b. Chana in Zweifel gezogen[3]). — Mit umso größerem Stolze citirte man den Ausspruch Simon b. L.'s, in dem er die große Bedeutung der in Palästina heimisch gewordenen berühmten Babylonier rühmte. Er soll gesagt haben: Ich möge als Sühne dienen für R. Chija und seine Söhne; denn so wie einst Ezra und später Hillel aus Babylonien gekommen waren, um die in Vergessenheit gerathene Thora in Israel neu zu begründen, so kamen auch R. Chija und seine Söhne aus Babylonien, um die Thora neu zu begründen[4]).

---

[1]) Jer. Sanh. 28 a unten.

[2]) Joma 9 b. In Wirklichkeit werden im bab. Talmud auch zwischen S. b. L. und Eleazar stattgefundene Unterredungen mitgetheilt, s. Kethuboth 25 b, B. Kamma 100 a (wo S. b. L. sich von Eleazar die Echtheit einer Goldmünze bestätigen läßt), Zebachim 5 a, Menachoth 93 b. — Eine halachisch-exegetische Discussion zwischen S. b. L. und Kahana wird j. Kilajim 27 a unten, genauer Gen. r. c. 7 (Ende berichtet mit der Schlußbemerkung Jose b. Abun s (in Gen. r. anonym): „Hier bereitete K. sein Netz über Ben Lakisch und fieng ihn" (in Gen. r. auch in umgekehrter Folge: Hier bereitete S. b. L. u. s. w.). Kahana als Tradent S. b. L.'s Sabbath 63 a unten. — S. noch Lev. r. c. 29 Ende: R. wird von J. und S. b. L. um Lösung einer halachischen Frage ersucht.

[3]) Joma ib. Daselbst wird auch behauptet, daß Jemand, mit dem sich Simon b. Lakisch auf der Gasse in ein Gespräch einließ, unbedingten Credit hatte.

[4]) Sukka 20 a הריני כפרת ר׳ חייא ובניו. Das ist die Segensformel, mit der man, nach der Bar. Kiddusin 31 b, die Verehrung für den verstorbenen Vater ausdrückt. Hier hat sie dieselbe Bedeutung, wie wenn Rab verdienstvolle Männer der Tannaitenzeit mit den Worten כפרת בר׳... erwähnt, s. Ag. d. bab. Amoräer, S. 15, Anm. 92. Ueber beide

Auch in Paläſtina erzählte man¹), S. b. L. habe dreihundert Mal gefaſtet, um Chija im Traume zu ſehen²), doch ohne Erfolg. Hat er etwa — ſo rief er ſchmerzlich aus — ſich mehr um das Studium der Lehre bemüht als ich? Darauf antwortete man ihm: Er hat mehr zur Verbreitung der Thora in Israel gewirkt als du, und er ſcheute auch das Wandern nicht, um die Thora zu lehren³).

In dieſer Parallele zwiſchen dem Wirken Chija's und Simon b. Lakiſch's iſt das Urtheil der Zeitgenoſſen über die Schranken ſeiner Bedeutung als Geſetzeslehrer zum Ausdrucke gelangt. In der That wirkte S. b. L. nicht als ſelbſtſtändiges Schulhaupt, ſondern erſcheint in den Schulüberlieferungen als das bedeutendſte Mitglied der Schule Jochanan's, des Meiſters und Collegen Ausſprüche und Lehrmeinungen auf Schritt und Tritt mit ſeiner Kritik, ſeiner entgegengeſetzten Anſicht begleitend. Den babyloniſchen Schulen ſchil=
derte Ulla die Macht ſeiner ſiegreichen Dialektik mit den Worten: Wer S. b. L. im Lehrhauſe ſieht, dem kömmt er vor wie Jemand, der Berge entwurzelt und ſie aneinander zermalmt⁴). Für Jocha=

Segensformeln ſ. Zunz, Zur Geſchichte und Liter. S. 308. Im jeruſ. Talmud (Maaſer ſcheni 56 d) ſagt S. b. L. (Tradent: Ammi): Seit Chija und ſeine Söhne nach Paläſtina gekommen waren, blieben die Flachspflanzungen unbeſchädigt und wurde der Wein nicht ſauer. Vgl. Ag. b. T. II, 521, A. 2.

¹) Jer. Kilajim 32 b unt., j. Kethub. 35 a. Vgl. Ag. b. T. II, 522, Anm. 1.

²) Durch vieles Faſten erwirkt ſich Joſua b. Levi das Er=
ſcheinen des Propheten Elija, ſ. oben S. 189.

³) S. den parallelen Bericht, b. B. Mezia 85 b: S. b. L. gelingt es nicht, die Grabhöhle Chija's zu finden. Da ruft er: Herr der Welt, habe ich nicht Thora ſtudirt (בלהתי, vgl. Raba's Spruch, Sabbath 31 a) gleich ihm! Darauf ergieng eine Himmelsſtimme: Die Thora ſtudirt haſt du wol gleich ihm, aber ſie nicht gleich ihm auch verbreitet. Man ſieht, was im jer. Talmud die Meinung der Collegen S. b. L.'s iſt, wird im bab. Talmud in die beliebte legendariſche Form der Himmelsſtimme ge=
kleidet. Vgl. Ag. b. T. I, 23 f, 88, Anm. 3.

⁴) Sanh. 24 a (ſ. Ag. b. bab. Amoräer S. 93). In Kidduſchin 44 a erzählt Abba dem Aſſi: in einer Frage ſtimmte das ganze Collegium der Anſicht Jochanans bei, da habe S. b. L. das Bibelwort, mit dem er ſeine abweichende Anſicht begründete, laut „wie ein Kranich"

nan war die gemeinsame geistige Arbeit mit S. b. L. unentbehrlich geworden¹). Als dieser auf die oben erwähnte Weise aus dem Leben geschieden war, wies Jochanan den Versuch Eleazar b. Pedath's, den Verstorbenen bei dem ob des Verlustes verzweifelten Meister zu ersetzen, bald zurück²); er soll fortwährend gerufen haben: Wo ist Bar Lekischa, wo ist Bar Lekischa; ja es heißt, daß er trübsinnig wurde und dem Unentbehrlichen bald im Tode nachfolgte³).

Daß Simon b. Lakisch nicht nur auf dem Gebiete der Halacha, sondern auch auf dem der Agada der Studiengefährte Jochanan's war, beweisen die Beispiele agadischer Discussionen zwischen ihnen⁴) und die viel zahlreicheren Fälle, in denen die Ansicht Jochanans zugleich mit der abweichenden Ansicht S. b. L.'s tradirt wird⁵). Die Aussprüche S. b. L.'s, welche die agadische Ueberlieferung erhalten hat, reichen an Menge und wol auch an Bedeutung bei weitem nicht an die Agada Jochanan's, aber sie sind zahlreich und bedeutend genug, um ihn auch auf diesem Gebiete in die vorderste Reihe seiner Zeitgenossen zu stellen. Es hat sich auch der Name des Agadisten erhalten, der sein „Dolmetsch", Sprecher war. Es ist Jehuda b. Nachmani⁶), der auch als Tradent von S. b. L.'s Agadasätzen öfters vorkömmt⁷), und der gleich

---

in die Versammlung hineingeschrieen, doch habe Niemand darauf geachtet. Vgl. oben S. 341, Anm. 3.

¹) Vgl. die S. 347, Anm. 1 citirte Erzählung; s. auch oben S. 210.

²) Er sagte: Vierundzwanzig Fragen wußte Ben Lakisch an mich zu stellen, wenn ich eine Meinung vortrug und vierundzwanzig Lösungen wußte ich darauf zu geben, bis der Gegenstand geklärt war.

³) Baba Mezia 84 a. Interessante Einzelheiten zum gegenseitigen Verhältniß J.'s und S. b. L.'s s. noch: Meila 7 b (J. bezeichnet S. als ינוקא); Berach. 5 a, Gittin 20 b, Chullin 81 b (J. sagt ihm: „Das wissen auch die Schulkinder"); Lev. r. c. 29 Ende; die oben S. 205, Anm. 1 erwähnten Stellen.

⁴) S. oben S. 210, Anm. 2.

⁵) S. auch oben S. 210, Anm. 3.

⁶) יהודה בר נחמני מתורגמניה דר״ל, s. Chagiga 16 a, Gittin 60 b, Sota 37 b. Er pflegt auch mit dem Titel רבי genannt zu sein.

⁷) S. Pesikta 45 b, Exod. r. c. 47 g. E. und andere in den Anmerkungen der folgenden Abschnitte citirte Stellen.

seinem Meister auch das Patriarchenhaus nicht mit seinem Tadel verschonte[1]). Als Tradenten von S. b. L.'s Agadasätzen sind außerdem in paläſtinenſiſchen Quellen besonders A b a h u genannt[2]) und der große Agadiſt L e v i[3]). Auch C h i j a b. A b b a, der S. b. L.'s Kinder unterrichtete[4]), erscheint als sein Tradent[5]); ebenso tradiren, freilich selten genug, auch andere Jünger der Schule J o ‑ ch a n a n's seine Aussprüche[6]).

---

[1]) S. Sanh. 7 b; Grätz IV, 248 f.

[2]) S. j. Sabb. 2 d oben; Pesikta 131 b; Sch. tob zu Ps. 104, 23; Tanch. יחי Anf.; ib. תצוה Ende. In Schir r. zu 1, 6 wird erzählt, wie S. b. L. mit A b a h u nach Caesarea kömmt; s. auch j. Pea 20 a unten (mit den Beiden noch J o s e b. C h a n i n a unterwegs). In j. Maaser scheni 56 d, j. Taanith 68 d berichtet A b a h u über Controversen zwischen Jochanan und S. b. L.

[3]) S. j. Megilla 70 d unten; j. Jebam. 9 c unten; j. Kidd. 65 b unt.; Gen. r. c. 22 g (E.; Pesikta 19 b; Koh. r. zu 4, 8; Tanch. משפטים Anf.; Midr. Samuel c. 9. Ohne Noth und mit unverständlicher Berufung auf Frankel Mebô p. 111 verändert Kohut (Aruch III, 497, A. 2) in Koh. r. zu 4, 8 ר' לוי בשם ר' in ר' בשם ר"ל, wofür es — wie natürlich — gar kein Beispiel giebt.

[4]) S. Kethub. 8 b, wo S. b. L. in Begleitung Jehuda b. Nach‑ mani's Ch. b. Abba, der seine Kinder in der b. Schrift, nach Anderen in der Mischna unterrichtete, besucht, um ihn über den Tod eines Kindes zu trösten. Auch Kethuboth 111 b (vgl. B. H. III, 77) ist wol ר' חייא בר אבא zu lesen statt רב חייא בר אדא (s. S. 341, A. 1). Jechiel Heilprin (S. Habb. unter Chija b. Abba) möchte umgekehrt auch Kethub. 8 b רב חייא בר אדא lesen. Sein Argument, daß Ch. b. A b b a nirgends als Tradent S. b. L.'s erwähnt ist, wird durch die in der nächsten Anmerkung citirten Stellen hinfällig. Ein Sohn S. b. L.'s überlebte ihn; er war noch un‑ mündig und Jochanan pflegte sich mit ihm über Bibelstellen zu unter‑ reden, Taanith 9 a.

[5]) S. j. Moeb katon 82 c, 83 c oben.

[6]) S. verschiedene Anmerkungen der folgenden Abschnitte. — In Sabb. 63 a ist A b b a zu einer ganzen Gruppe von Agadasätzen S. b. L.'s als Tradent genannt.

1.

Sentenzen und Sprüche.

Der böse Trieb sucht fortwährend die Oberhand über den Menschen zu gewinnen und ihn zu tödten; nur Gottes Beistand hilft den Sieg über ihn davontragen, nach Pf. 37, 32 f.[1] — Stets bringe der Mensch den guten Trieb in Zorn gegen den bösen (Pf. 4, 5: „zürnet, damit ihr nicht sündiget"); besiegt er ihn nicht, so beschäftige er sich mit der Thora („saget in euerem Herzen"); nützt das nicht, so lese er das Schema („auf euerem Lager", vgl. Deut. 6, 7); wenn er auch so nicht siegt, erinnere er den bösen Trieb an den Tag des Todes („und seid stille"[2]). — Der „Stein des Dunkels" (Hiob 28, 3) ist der böse Trieb (das „Herz aus Stein", Ezech. 36, 26), der dem Menschen Dunkel und Leiden bewirkt[3]). — Der Satan, der böse Trieb, der Todesengel sind identisch[4]). — Kein Mensch begeht eine Sünde, wenn nicht vorher der Geist der Bethörung (der Narrheit) in ihn eingezogen ist (nach Num. 5, 12: תשטה = תשטה[5]). — Die geringfügig scheinenden Sünden, auf die der Mensch in dieser Welt mit „seinen Fersen" tritt, werden ihn dereinst am Tage des Gerichtes anklagend „umringen", nach Pf. 49, 6 b). — Der ersten Sünde, die unsere Stammeltern (Adam und Eva) begiengen, sind wir Dank schuldig, denn ohne sie wären wir nicht zur Welt gekommen; das ist in Pf.

---

[1]) Sukka 52 b, Kiddushin 30 b (wo לי aus לקיש corrumpirt ist). רשע in Pf. 37, 32 ist der יצר הרע.

[2]) Berachoth 5 a, tradirt von Levi b. Lachma (nach der richtigen Lesart). Ueber diesen f. Cap. XIII, Anf.

[3]) Tanch. B. מקץ 1 (vgl. B. H. VI. 91).

[4]) Baba Bathra 16 a: הוא שטן הוא יצר הרע הוא מלאך המות. Diesen tiefen Gedanken begründet er auch exegetisch: aus Hiob 2, 6 geht hervor, daß der Satan auch die Seele Hiob's zu nehmen die Macht gehabt hätte, daß er also der Todesengel sei, und das Wörtchen רק beim Satan, Hiob 1, 12, weist auf das in Gen. 6, 5 vom bösen Triebe Gesagte hin: רק רע. Vgl. noch Ag. d. T. I, 42, Anm. 3.

[5]) Sota 3 a. Zur Deutung (ש — ש) vgl. Jochanan zu Deut. 14, 22, oben S. 303.

[6]) Ab. zara 18 a.

Sentenzen und Sprüche.

82, 6 und 7 angedeutet[1]). — Die Heimsuchungen (Leiden) gleichen dem Salze, von beiden ist der Ausdruck „Bündniß" angewendet (Lev. 2, 13, Deut. 28, 69[2]): dem Salze ist es beschieden, das Opfer zum Darbringen tauglich zu machen, so ist es den Heimsuchungen beschieden, die Sünden zur Sühne geeignet zu machen; und wie das Salz das Fleisch durchdringt und reinigt, so durchdringen und reinigen die Heimsuchungen den Körper des Menschen[3]).

Wer sich der Spötterei schuldig macht, verfällt der Hölle, nach Sprüche 21, 24 (wo עברה nach Zeph. 1, 15 verstanden ist[4]).

— Wenn ein Mensch sich vom Zorne fortreißen läßt, weicht von ihm, wenn er ein Gelehrter ist, seine Gelehrsamkeit, wenn er ein Prophet ist, seine Prophetengabe; das erste an Moses' Beispiel gezeigt, der in Zorn gerieth, Num. 31, 14, und darum dem Eleazar die Beantwortung einer religionsgesetzlichen Frage überlassen mußte (ib. V. 21); das zweite am Beispiele Elischa's, II Kön. 3, 13 f., der Joram erzürnt anredete und dann genöthigt war, den prophetischen Geist in sich durch Musik zu erwecken, ib. V. 15[5]). — Wer seine Hand gegen seinen Nächsten erhebt, auch wenn er ihn nicht wirklich schlägt, wird Frevler genannt, nach Exod. 2, 13[6]). — — Wer Verleumdung redet, häuft das Maaß seiner Sünden bis an den Himmel, nach Ps. 73, 9[7]). — Wer gegen Unschuldige Verdächtigung ausspricht, der erleidet am eigenen Körper die Strafe dafür[8]): Moses' Hand wurde aussätzig (Exod. 4, 6), weil er den Verdacht ausgesprochen hatte (V. 1), die Israeliten würden ihm

---

[1]) Ab. zara 5 a.

[2]) Oder Ezech. 20, 37 (s. Ditb. Sofrim z. St.).

[3]) Berach. 5 a, nach der vollständigen Leseart (D. S.): מלח ממתקת את הקרבן . . . יסורין ממתקין את החטא . . . מלח ממרקת את הבשר . . . יסורין ממרקין כל גופו של אדם.

[4]) Ab. zara 18 b.

[5]) Pesachim 66 a. חכם, חכמה bezeichnet hier, wie auch sonst häufig, halachische Gesetzeskunde, da es sich bei dem gebrachten Beispiele um eine gesetzliche Entscheidung Moses' handelt.

[6]) Sanh. 58 b; s. oben S. 9, Anm. 7.

[7]) Arachin 15 b. Vgl. unten Abschn. 6, zu Koh. 10, 11.

[8]) החושד בכשרים לוקה בגופו. In Exod. r. כל החושד חברו בדבר ואין בו לוקה בגופו.

nicht glauben; Gott sprach zu ihm: Sie sind Glaubende (Exod. 4, 31), Kinder von Glaubenden (Gen. 15, 6), du aber wirst einmal die Schuld begehen, nicht zu glauben (Num. 20, 12[1]). — Angesichts des Todten soll man nur Worte des Todten sprechen[2]).

Groß ist die Reue, denn den Bereuenden werden die vorsätzlichen Sünden wie Irrthümer angerechnet, nach Hosea 14, 2, wo es heißt: Kehre um, o Israel, denn du „bist gestrauchelt" (ein Ausdruck für unabsichtliche Vergehungen) in deiner Sünde; ja die vorsätzlichen Sünden werden nach geschehener Reue als Verdienste angerechnet, nach Ezech. 33, 19: um jener — der bereuten Sünden — willen wird er leben[3]). — Die wirksame Reue muß von dem fortwährenden Gefühl des Bedauerns über das Geschehene begleitet sein[4]). — Die Frevler kehren auch am Eingang der Hölle nicht in

---

[1]) Sabb. 47 a; in Joma 19 b (wo die richtige Lesart ריש לקיש, nicht ר' יהושע בן לוי) nur die Sentenz selbst. In Exod. r. c. 3 g. Ende folgert Levi (Tradent Josua aus Sichnin) die Sentenz (s. vorige Anm.) in gleicher Weise aus Exod. 4, 6, doch ohne den Hinweis auf Exod. 4, 31 und Num. 20, 12. Bemerkenswerth ist die Umschreibung dieses Hinweises הן מאמינים בני מאמינים יאתה אין סופך להאמין.

[2]) Berach. 3 b, tradirt von Ammi und Zerika (die gewöhnliche Lesart unrichtig: Josua b. Levi). Ammi im Namen S. b. L.'s j. Berach. 3 c, b. Berach. 53 b.

[3]) Joma 86 b, wo der Gegensatz zwischen beiden Aussprüchen so ausgeglichen wird, daß der erstere die Reue aus Furcht, der andere die Reue aus Liebe im Auge hat. Der zweite Satz allein findet sich in anderer Form, ebenfalls in S. b. L.'s Namen, Tanch. B. ויצא 22 (s. oben S. 228, Anm. 3 (Ende): שתקבה עשיה איתם לו ובית והיא חי בבם . . .

[4]) הראשונות ובתשובה על, j Pea 16 b, Schir r. zu 5, 16 und b. Midbuschin 40 b, als Bemerkung zu S. b. Jochai's Ausspruch über die Reue. Ag. b. I. II, 83). — הרהר Ps. 46, 11 deutet er (Pesikta 163 b, Schir r. zu 5, 2, Tradenten Tanchuma, Chanina, Aibo oder Abahu) so: עשי תשובה בדרך עז, thuet Buße wie in einem Augenblicke, d. i mit plötzlichem Entschlusse. Sollte man hier nicht daran denken dürfen, daß S. b. L. selbst mit plötzlichem Entschlusse der sündhaften Episode seines Lebens ein Ende machte und zur Thora und Frömmigkeit zurückkehrte? Das stete „Bedauern über das Geschehene," das er dem Reuigen zur Pflicht macht, wird vielleicht die wahre Ursache gewesen sein, warum er nie aus vollem Munde gelacht hat, s. Berach. 31 a. — S noch unten Abschnitt 6 zu Anfang.

Reue um, nach Jes. 66, 24, wo הפשעים (nicht אשר פשעו) die dauernde Verstocktheit in der Sünde anzeigt¹).

Schmücke dich selbst, nachher schmücke die Anderen (d. i. bessere dich selbst, bevor du Andere zur Besserung ermahnest, Deutung von Zeph. 2, 1 התקששו וקשו²). — Zurechtweisung bringt zum Frieden, nach Gen. 21, 25³). — Friede, der nicht mit Zurechtweisung verbunden ist, ist kein wahrer Friede⁴). — Auch der Friede ist eines der von Gott der Welt als Geschenk gewährten Dinge, nach Lev. 26, 6⁵). — Daß man nicht an Parteiung festhalten solle, lehrt Moses' Beispiel (Num. 16, 25), der noch im letzten Augenblicke Dathan und Abiram aufsuchte, um sie umzustimmen⁶). — Wenn die Kleinen die Großen ertragen, ist das Gemeinwohl gesichert, nach Ps. 144, 14⁷). — Aus Deut. 17, 9 folgt, daß man nur der

---

¹) Erubin 19 a; Sch. tob zu Ps. 1 Ende, tradirt von H u n a.

²) Baba Mezia 107 b. B. Bathra 60 b, Sanh. 18 a und 19 a: קשט עצמך ואחר כך קשט אחרים (die Lesart קשיט an den ersten zwei Stellen ist unrichtig). In j. Taanith 65 a unten wird erzählt, einer der Jünger Jochanans, Josija, habe einmal, um die Urheber einer gegen ihn erhobenen Verleumdung zu beschämen, die Worte aus Zephanja in diesem Sinne gedeutet: נתקושש נרמן עד דלא נקושש הורנין. In der parallelen Erzählung in Echa r. zu 3, 40: נקשש עצמנו ואח״כ נקשש אחרים. D a v i d K i m c h i im Comm. zu Zeph. 2, 1 citirt, ohne Quellenangabe: נקשש נרמין עדלא נקשש אחרנין. Kimchi giebt die richtige Erläuterung zu dieser Auffassung des Prophetenwortes; die Version im Jer. folgt der Etymologie des hebräischen Wortes: Stoppeln auflesen, in der Bedeutung des Suchens der eigenen (התקששו) und der fremden (קשש) Fehler. In der anderen, gewöhnlichen Version, die — nach Kimchi — auch im Jer. vorhanden war, ist der Gleichklang von קשש mit קשט die Grundlage der Deutung.

³) Gen. r. c. 54.

⁴) Gen. r. ib. Man denke an das Verhältniß S. b. L.'s zum Patriarchen, s. oben S. 346 f.

⁵) Lev. r. c. 35 (tradirt von A z a r j a), Sch. tob zu Ps. 18, 36 (§ 28), tradirt von Z e i r a, Exod. r. c. 41 (wo בן לקיש nach ר׳ שמעון zu ergänzen ist), Gen. r. c. 6 (wo als Autor Jehuda b. S i m o n genannt ist, der aber wol ursprünglich nur als Trabent des Ausspruches S. b. L.'s genannt war, wie in Sch. tob zu Ps. 90, 1 und zu 16, 5). Der Ausspruch schließt sich dem oben S. 324, Anm. 1 gebrachten Joch.'s an.

⁶) Sanh. 110 a.

⁷) J. R. Haschana 58 b unten, gegen Jochanan. Der Ausdruck

Entscheidung des zur Zeit das Richteramt Führenden Gehorsam schuldet[1]). — Wer einen unwürdigen Richter einsetzt, dem wird das so angerechnet, als hätte er eine Ascherah in Israel gepflanzt; das Verbot, letzteres zu thun (Deut. 16, 21), folgt unmittelbar dem Gebote, würdige Richter einzusetzen (V. 18 ff.[2]). — An den Richter ist in Deut. 1, 16 die Mahnung erlassen: Erwäge den Rechtsfall nach den Anforderungen der Gerechtigkeit, dann entscheide ihn[3]). — Nach Deut. 1, 17 („sowol klein als groß"): der Rechtsfall, bei dem es sich um einen Pfennig handelt, sei dir so werth, wie der um hundert Minen[4]). — Das doppelte צדק in Deut. 16, 20, entgegen dem einfachen in Lev. 19, 15, soll den Richter zu doppeltem Eifer in der Beurtheilung solcher Rechtsfälle mahnen, bei denen ein Betrug angenommen werden kann[5]).

Wer barmherzig ist, wo er grausam zu sein die Pflicht hätte, wird einmal grausam sein, wo er barmherzig sein sollte; dies zeigt das Beispiel Sauls, der gegen Amalek Barmherzigkeit übte (I Sam. 15) und an den Priestern von Nob Grausamkeit (ib. 22[6]). — Größer ist, wer Darlehen gewährt, als wer Almosen spendet; wer aber durch Betheiligung an einem geschäftlichen Unternehmen Hilfe leistet, ist ein größerer Wohlthäter, als Beide[7]).

מסרס קראי, welcher hier zur Einführung der Deutung S. b. L.'s angewendet ist, soll sagen, daß מסבלים in der umgekehrten Bedeutung wie von Jochanan erklärt ist. S. zur Sache oben S. 96, Anm. 5.

[1]) Koh. r. zu 1, 4 אין לך לשמוע אלא שופט שבדורך. Vgl. Tos. R. H. 2, 3, Bar. R. H. 26 b. Was in Koh. r. ib. Jochanan zugeschrieben ist (zu I Sam. 12, 11), findet sich anonym ebendaselbst in Tos. und Bar.

[2]) Sanh. 7 b, Ab. zara 52 a. Vgl. unten Abschn. 6, zu Jes. 59, 3.

[3]) Sanh. 7 b, als Paraphrase zu צדק את הדין: ישפטתו צדק ואח"כ חתכהו. Der Ausdruck צדק את הדין ist hier in ganz anderem Sinne als gewöhnlich angewendet.

[4]) Sanh. 8 a.

[5]) Sanh. 32 b.

[6]) Koh. r. zu 7, 16: כל מי שנעשה רחמן במקום אכזר סוף שנעשה א' במקום ר. In Midr. Sam. c. 18 (wo statt ריב"ל wol רשב"ל zu lesen) lautet der Satz — und zwar mit Beziehung auf Doeg, nicht Saul (im Sinne von Bar Kappara's Ausspruche zu I Sam. 15, 9, s. Ag. d. T. II, 519) — nach nothwendiger Umkehrung des Wortlautes: כל שהוא רחמן על האכזרים סוף שהוא נעשה אכזר על הרחמנים.

[7]) Sabbath 63 a, trad. von Abba.

„Die vor dem Herrn der ganzen Erde stehen", Zach. 4, 14, das sind die Frommen, welche kraft der Gebote, die sie erfüllen, und der guten Thaten, die sie üben, vor Gott hintreten[1]). — In Jes. 46, 12 sind Jene angesprochen, durch deren Verdienst der Welt alle göttlichen Wohlthaten und Tröstungen zu Theil werden, die aber selbst von denselben keinen Genuß haben („die fern sind von der Wohlthat"[2]). — Wenn Gott sich von den Frommen in dieser Welt abwendet, daß es scheint, als hätte er sie gänzlich aufgegeben, wendet er sich ihnen immer wieder zu und erbarmt sich ihrer[3]). — Nach Prov. 3, 34: Wer kömmt, um sich zu verunreinigen, dem öffnet man (die Zugänge zu den Stätten der Unreinheit), wer kömmt, um rein zu werden, dem steht man bei[4]), d. h. dem Vorsatze des Menschen zum Bösen bietet sich die Gelegenheit zur Verwirklichung dar; der Vorsatz zum Guten wird des göttlichen Beistandes theilhaftig[5]).

---

[1]) Jer. Maaser scheni 56 d oben; dieser Ansicht steht die andere gegenüber: אלו שהן באין בטרוניא, die mit Gewalt, gleichsam auf ihre Rechte pochend, vor Gott hintreten. Als Urheber der beiden Ansichten sind Jochanan und Simon b. Lakisch genannt, doch ohne genaue Zutheilung (חד אמר והורנא אמר), Trabent Abahu. Die Grundlage der Deutung bildet der ungewöhnliche Ausdruck עמד על.

[2]) Jb., ebenso trabirt wie der vorhergehende Spruch; die erste, Jochanan zuzutheilende Ansicht lautet: שכל באי עולם באים בצדקה ואלין באין בזרוע, wobei unter זרוע dasselbe zu verstehen sein wird, was in dem vorigen Ausspruch טרוניא genannt ist, wie denn Berechja, Lev. r. c. 23 Anfang בזרוע, Ps. 77, 15, mit בטרוניא erklärt. Als Beispiel dieser selbstlosen Frommen ist — vielleicht durch S. b. L. selbst — ein Mar Zutra genannt, der stets für Andere, niemals für sich, betete und fastete; dieser Fromme ist nach Frankel (Mebô 77 a), identisch mit dem in b. Nedarim 7 b erwähnten מר זוטרא חסידא. In b. Berachoth 17 b findet sich — mit geringen Abweichungen — die Controverse über Jes. 46, 12 Rab und Samuel, nach Anderen Jochanan und Eleazar zugeschrieben.

[3]) משהקב"ה מתייאש מן הצדיקים בעולם הזה. חוזר ומרחם עליהם, mit fünf Versen des dritten Capitels der Klagelieder bewiesen: 3, 18, 22, 27, 31, Echa r. zu allen fünf Stellen. An der ersten dieser Stellen ist aus משהקב"ה geworden: מלמד שהקב"ה.

[4]) בא ליטמא פותחין לו בא ליטהר מסייעין אותו. Statt פותחין giebt es auch die Variante פתחו s. Levy II, 164 b.

[5]) Sabbath 104 a, Joma 38 b, Ab. zara 55 a, Menach. 29 b.

Nimmer öffne der Mensch seinen Mund dem Satan, d. h. er rede nichts (auch im Gebete), was auf Unheil hinweist und dem Satan gleichsam Anlaß bietet, dieses herbeizuführen[1]). — Das Beschreiten einer Brücke oder eine ähnliche hart an Gefahren vorüberführende Gelegenheit erprobt das Schicksal des Mannes[2]).

Der Mann bekömmt die Frau, die er vermöge seiner Handlungen verdient, „denn nicht ruht der Stab des Frevels über dem Lose der Frommen" (Ps. 125, 3[3]). — Auch wer nur mit dem Auge die Sünde des Ehebruchs begeht, wird Ehebrecher genannt, nach Hiob 24, 15 („das Auge des Ehebrechers"[4]). — Gott spricht von den Ehebrechern: Nicht genug, daß diese Frevler meine Münze

---

Vgl. S. b. L.'s Beispiel zur Illustrirung von Hosea 14, 10, Nazir 23 a. S. besonders seinen Ausspruch über Pharao's Herzensverhärtung, unten Abschn. 3. g. E.

1) Berach. 19 a unten, 60 a, Kethub. 8 b: לעולם אל יפתח אדם פיו לשטן, jedesmal mit der Angabe, der Satz sei auch im Namen Jose's (b. Chalaftha's) tradirt worden. Zu Berach. 60 a verzeichnet Rabbinowitz (T. S. I, 192 a) im Vorhergehenden den Satz: שלא ליתן פתחון פה לשטן; diesem entsprechend wäre in unserem Spruche אל יפתח פיו nicht die Bezeichnung des Sprechens, sondern Ausdruck für das Bieten eines Anlasses.

2) Sabb. 32 a, mit Beziehung auf M. Sabb. 2, 6 (die schwere Stunde des Gebärens erprobt das Schicksal des Weibes, nach Jose b. Chanina, Tanch. ויגש Anf., weil אין השטן מקטרג אלא בשעת הסכנה). Vgl. j. Sabbath 5 b und die Aussprüche Sam. b. Nachman's und Levi's in Koh. r. zu 3, 2. In Pesachim 111 a zählt S. b. L. vier Dinge auf, deren Verübung lebensgefährlich ist; sie gehören in's Gebiet des Aberglaubens: wer zwischen einem Palmbaum und einer Mauer seine Nothdurft verrichtet, wer zwischen zwei Palmbäumen hindurchgeht, wer geborgtes Wasser trinkt, wer über ausgeschüttetes Wasser hinschreitet.

3) Sota 2 a: אין מזווגין לו לאדם אשה אלא לפי מעשיו. Mit diesem Ausspruche leitete S. b. L. den Abschnitt von der verdächtigten Ehefrau (Num. 5) ein. In Sch. tob 3. St. bloß דרש ר״ל.

4) Lev. r. c. 23 g. Ende, Pesikta r. c. 24 Anf. (124 a.): שלא תאמר שכל מי שהוא [נואף] בגופו נקרא נואף [אפילו] הני בעיניו נ׳. Vgl. Ev. Matth. 5, 28: πᾶς ὁ βλέπων γυναῖκα πρὸς τὸ ἐπιθυμῆσαι αὐτῆς ἐμοίχευσεν αὐτὴν ἐν τῇ καρδίᾳ αὐτοῦ. Der gleiche Gedanke liegt der Sentenz zu Grunde, welche im babylonischen Talmud, Joma 74 b in S. b. Lakisch's Namen vorkömmt: טוב טראה עינים באשה יותר מגופו של מעשה.

unbefugt mißbrauchen, sie bemühen mich sogar und nöthigen mich, meinen Stempel darauf zu drücken¹). — Die Frau ist dem Manne im Traume gegeben worden (Gen. 2, 21), darum erscheint sie auch dem Manne so oft im Traume²). — Die Frauen pflegen zu sagen: Besser selbander zu leben, als im Wittwenstande³). — Zur Physiologie der Ehe: Ein Hochgewachsener soll keine Hochgewachsene nehmen, damit sie keinen „Mastbaum" zeugen, ein Zwerg keine Zwergin, damit kein „Fingerling" (Däumling), ein Hellfarbiger keine Hellfarbige, damit kein Albino, ein Dunkelfarbiger keine Dunkelfarbige, damit kein „Rußtopf" die Frucht sei⁴).

Ein Bündniß ist von Gott den verschiedenen Klimaten zu Theil geworden, vermöge dessen die Bewohner einer Gegend, deren Luft noch so schädlich ist, ihr vor einer anderen Gegend mit besserer Luft den Vorzug geben⁵).

---

¹) Ab. zara 54 b, s. Raschi z. St. (die von R. erwähnte Deutung zu Deut. 32, 18 findet sich nicht in Tanch., sondern in Lev. r. und Pes. r. a. a. O.) — Dieser auf die Frucht des ehebrecherischen Umgangs sich beziehende Ausspruch ist durch S. b. L.'s Deutung zu Hiob 10, 3 zu ergänzen, die sich an den in der vor. Anm. citirten Stellen an die von Hiob 24, 15 anschließt. Nur ist bort der Gedankengang ein anderer: Gott prägt der Frucht des Ehebruches die Gesichtszüge (χαρακτήρ, s. Levy III, 342 b) des Ehebrechers ein, um seine Schuld offenkundig zu machen.

²) Gen. r. c. 18, nach der Erklärung D. Lurias.

³) Jebamoth 118 b und die daselbst angegebenen Parallelstellen: טב למיתב טנדו מלמיתב ארמלו. Dieser oft citirte Reimspruch enthält das Compositum טנדו = persisch „ten dû," des Reimes wegen anstatt des richtigeren dû-ten gesagt. Die richtige Erklärung hat schon Raschi; vgl. auch die Erkl. in den von Harkavy edirten Responsen der Gaonim Nr. 33: בלשון פרסי שני בני אדם. Es ist immerhin merkwürdig, daß gerade der Paläſtinenſer Simon b. Lakisch dieses Wort gebraucht. Vielleicht war es ein bei den babylonischen Juden gebräuchlicher Spruch, den er adoptirte.

⁴) Bechoroth 45 a. — Einen sehr interessanten Ausspruch S. b. L.'s über die Wirkungen des Ueberreichthums der verschiedenen Säfte im Menschen tradirt ib. 44 b Rabba b. Huna im Namen Ketina's. S. auch Lev. r. c. 14, die embryologische Deutung zu ברית, Ps. 139, 3.

⁵) Gen. r. zu 9, 7, c. 34 Ende ברית נחלקה לאוירות; dazu die oben S. 346, Anm. 5 erwähnte Anekdote, an deren Schluß S. b. L. ausruft: ברוך שנתן חן המקום על יושביו.

2.

Das Studium der Lehre. Gebet. Gebote.

Die Thora gieng der Erschaffung der Welt mit zwei Jahrtausenden voraus, nach Prov. 8, 30 (םוי םוי im Sinne von Pf. 90, 4: Gottes Tag ein Jahrtausend[1]). — Die Thora ist als abgeschlossenes Ganzes gegeben worden, nach Deut. 31, 26[2]). — In Exod. 24, 12 bedeutet der Ausdruck „Tafeln" die zehn Worte, „Lehre" die heilige Schrift (Pentateuch), „Gebot" die Mischna, „die ich geschrieben habe", die Propheten und Hagiographen, „sie zu lehren" den Talmud: sie alle sind dem Moses vom Sinai gegeben worden[3]). — Die sechs Abtheilungen (Ordnungen) der Mischna sind in den einzelnen Worten von Jes. 33, 6 angedeutet: auch von dem, der sie alle inne hat, gilt, daß „Gottesfurcht sein Schatz" ist[4]).

Wer sich mit der Lehre beschäftigt, dem wird es angerechnet, als hätte er alle Arten der Opfer dargebracht, nach Lev. 7, 37 „Dies ist die Lehre"[5]). — Wer sich mit der Lehre beschäftigt, von dem weichen die Leiden, nach Hiob 5, 7, wo ףוע die Thora (nach einer Deutung von Prov. 23, 5) bedeutet und ףשר die Leiden (nach Deut. 32, 24[6]). — Das Wort Gottes läutert (erprobt) den, der sich dessen — durch Frömmigkeit — verdient macht, zum Leben, sonst zum Tode[7]).

---

[1]) Gen. r. c. 8 g. Auf.; Schir r. zu 5, 11, Lev. r. c. 19 Anf., tradirt von Huna; in Sch. tob z. St. (§ 12) zugleich auf die den Gottesthron tragenden היח (Ez 1) bezogen. Den Gedanken der Praeexistenz der Thora findet Hoschaja im selben Verse der Proverbien ausgesprochen, s. oben S. 107.

[2]) Gittin 60 a (gegen den von Jochanan tradirten Ausspruch Benaja's, Ag. d. T. II, 541): הנתנ המיתח הרות. Vgl. auch unten Abschn. 5 über die dem Moses gegebene Thora.

[3]) Berachoth 5 a, tradirt von Levi b. Lachma. Während im späteren Sprachgebrauche ארקמ im Gegensatze zu הרות die nicht pentateuchischen Theile der heil. Schrift bezeichnet, ist hier damit der Pentateuch zum Unterschiede von Proph. und Hag. gemeint.

[4]) Sabbath 31 a.

[5]) Menachoth 110 a.

[6]) Berachoth 5 a, s. oben S. 235, Anm. 1.

[7]) Joma 72 b, s. oben S. 76, Anm. 4 und 5.

Wenn du siehst, daß einem Jünger das Studium hart ankömmt, als wäre es Eisen, so schreibe es dem Umstande zu, daß er die Lehrsätze nicht in gehöriger Ordnung sich angeeignet hat. Es giebt nur ein Mittel dagegen: fleißiges Lernen[1]). — In der Rolle der Frommen fand sich geschrieben: Einen Tag verläßest du mich, ich verlasse dich zwei Tage[2]). Zwei Wanderer, der eine von Sepphoris, der andere von Tiberias kommend, begegnen sich in einem Weiler und setzen dann, jeder in seiner Richtung, die Wanderung fort; wenn jeder eine Meile weit gegangen ist, sind sie bereits zwei Meilen weit von einander entfernt. Wenn Jemand die Absicht hat eine Frau zu heirathen, wartet sie auf ihn; sowie er die Absicht aufgiebt, hört auch sie zu warten auf und heirathet einen Anderen[3]). — „Der mit einem Weibe buhlt, der Unverständige" (Prov. 6, 32), das zielt auf Jemanden, der nur zeitweise Thora lernt und so das Gegentheil dessen thut, was in Prov. 22, 18 empfohlen ist[4]). — Die Worte der Lehre erhalten sich nur bei Jemandem, der sich um der Thora willen „tödtet", nach Num. 19, 4: Dies ist die Lehre, wenn ein Mensch stirbt im Zelte"[5]). — Wer sich des Nachts mit der Thora beschäftigt, über den zieht Gott am Tage den Faden der Huld[6]), nach Ps. 42, 9: „Des Tages entbietet der

---

[1]) Taanith 7 b unten, als Deutung von Koh. 10, 10. Andere Deutungen dieses Verses, ebenfalls auf das Studium, hat Koh. r. z. St.

[2]) Jer. Berachoth 14 d: במגלת חסידים מצאו כתוב יום תעזבני יומים אעזבך. In Midr. Sam. c. 1 Anf. (wo Samuel b. Jizchak als Autor angegeben ist): במגלת ... אם יום תעזבה יומים תעזבך. In der ersten Version ist die Thora als sprechend eingeführt. Die beiden Gleichnisse gehören nicht mehr zu dem in der Rolle der Frommen Gefundenen.

[3]) Ueber S. b. L.'s Ausspruch nach Deut. 4, 9 (כל המשכח), Menach. 99 b, s. Ag. d. T. II, 21, Anm. 7.

[4]) Sanh. 99 b. Die nur von Zeit zu Zeit geübte Beschäftigung mit der Lehre gleicht dem durch keinen gesetzmäßigen Bund geheiligten Verkehr mit einem Weibe.

[5]) Berach. 63 b, Sabb. 83 b, Gittin 57 a.

[6]) הקב״ה מושך עליו חוט של חסד. Jochanan gebraucht den Ausdruck Megilla 15 b: als Esther vor Ahasverus hintrat, Esth. 5, 1, hob ein Engel ihren Hals in die Höhe, ein anderer משך חוט של חסד עליה; damit ist חן paraphrasirt, sowie einmal bei Jonathan, oben S. 62, Anm. 4. Hier ist חסד die Grundlage des Ausdruckes, dessen eigentliche

Ewige feine Huld, wenn des Nachts fein Lied mit mir ift"[1]). — Ein Weifenjünger darf nicht faften, weil er damit die Arbeit des Himmels verringert[2]).

Der Weifenjünger foll der Braut gleichen (Hoh. 4, 11): Sowie zum vollen Schmucke einer Braut vierundzwanzig Zierraten[3]) gehören, fo muß ein Weifenjünger in allen 24 Büchern der h. Schrift bewandert fein[4]); fo wie eine Braut fittfam und fromm ift,

---

Bedeutung nicht recht klar ift. Jedenfalls ift an allen drei Stellen die Anmuth und Wohlgefälligkeit des Gefichtsausdruckes gemeint, welche als Zeichen des göttlichen Wohlgefallens fich bemerkbar macht und das Wohlgefallen der Menschen erregt.

[1] Chagiga 12 b, Ab. zara 3 b. Simon b. Lakifch deutet שירה in demfelben Sinne, wie Jochanan ר״י (Echa 2, 19, oben S. 237, Anm. 1. Es wird auch berichtet, daß S. b. L. diefe Deutung J.'s beifällig zu citiren pflegte (f. ib.) In Lev. r. c. 19 wird doch erzählt, S. b. L. habe gefagt: Seht ihr nicht, wie meine Lehre in meinem Antlitze leuchtet (d. i das חסד של איש des Talmud's), es ift weil ich mich (bei Tag und) bei Nacht mit ihr befchäftigte. Nach Schir r. zu 5, 11 fagt er: Wenn ich mich mit der Thora (bei Tag und) bei Nacht befchäftigte, erleuchtete fie mich, (nach Jofua 1, 8) Aus diefem Verfe — והגית בו יומם ולילה — folgerte auch S. b L., daß fowol Tag als Nacht die Zeit für das laute Studium fei, Lev. r. l. l, Schir r. l. l. Vielleicht war dies die urfprüngliche Meinung S. b. L.'s, bis er fich zu der J.'s bekehrte. Die eingeklammerten Worte find harmonifirende Zufätze. — Hieher gehört auch S. b. L.'s Spruch) (Erubin 65 a): לא איברי סיהרא אלא לגירסא, der Mondfchein ift für das nächtliche Studium da. In Chagiga 12 b ift noch eine andere Verfion des Ausfpruches tradirt: Wer fich in diefer Welt, welche der Nacht gleicht, mit der Thora befchäftigt, über den zieht Gott in der kommenden Welt, die dem Tage gleicht, den Faden der Huld.

[2] Taan. 11 b. Prov. 11, 17 a deutet er (ib.): Wer fich felbft wol thut (nicht faftet), wird fromm genannt, (nach Tofafoth's Erkl. f. v. נומל).

[3] In Jef. 3, 18—23 find nur 21 weibliche Toilettegegenftände genannt; es find noch die in V. 24 genannten hinzuzunehmen, mit Ausnahme von מעשה מקשה und קרחה, um die Zahl 24 voll zu machen.

[4] Schir r. z. St., tradirt von Huna und Chalaftha aus Caefarea; (Erob. r. c. 41, tradirt von Levi (ftatt לוי: ר״י); Tauch. ב תשא wie in (Erob. r. (סקה וזרי); Tauch. P. תשא ב 11 tradirt von Huna (ר״י).

so muß es auch ein Weisenjünger sein¹); sowie eine Braut in ihrer — nur der jungfräulichen Braut gebührenden — Sänfte²) sitzt und gleichsam spricht: Sehet, daß ich rein bin, dies ist das Zeugniß, das für mich zeugt: so darf auch an dem Weisenjünger kein Makel haften³). Sowie die Braut ihrem Gatten angenehm ist und er ihre Worte zu hören begehrt, so soll ein Weisenjünger nur dann öffentlich Vortrag halten, wenn die Worte der Lehre aus seinem Munde den Hörern angenehm sind⁴).

Zwei Weisenjünger, die auf einander in der Erörterung der Religionssatzung (Halacha) hören, bewirken, daß Gott auf ihre Stimme hört, nach Hoh. 8, 13; wenn sie nicht auf einander hören, bewirken sie, daß die Gottesherrlichkeit sich aus Israel entfernt, nach ib. V. 14 ("Fliehe, mein Freund"⁵). — Zwei Weisenjünger, die gegen einander in der Erörterung der Halacha nachgiebig sind, bewirken, daß Gott ihnen zuhört, nach Mal. 3, 16, wo נדברו das gegenseitige Sichunterwerfen bedeutet (vgl. ידבר Ps. 47, 4⁶) —

---

¹) Schir r. ib., trab. von Huna. Ueber צנוע s. Ag. d. T. II, 5, Anm. 1.

²) פוריא, hier als Beweis der Unbescholtenheit der Neuvermählten, ist wol identisch mit פורייםא s. Kethub. zu I, 1 (26 a). Vgl. Perles in Frankel's Monatsschrift IX (1860), 343.

³) Schir r. ib., trab. von Chalaftha (aus Caesarea). In Erob. r. (S. b. L. ohne Trab.) und beiden Tanch. (B. ר' לוי) findet sich anstatt der beiden letzteren Aussprüche ein anderer, der Elemente aus beiden ent= hält: Sowie die Braut in ihrem Vaterhause sich sittsam verbirgt (מצנעת), so daß sie Niemand kennt, wenn sie aber in's Brautgemach eintreten soll, ihr Antlitz enthüllt, als wollte sie sagen: Wer irgend ein Zeugniß gegen mich auszusagen hat, komme und zeuge: so soll auch der Weisenjünger sittsam (צנוע) sein, aber auch allbekannt (מפורסם) durch seine gute Handlungen. Offenbar reflectirt Schir r. die ältere Sitte, während in den jüngeren Quellen die spätere Sitte die Grundlage der Vergleichung bildet.

⁴) Schir r. ib., Tanch. ib. In Erob. r. ib. ist diejenige Form des Ausspruches im Namen S. b. L.'s gegeben, welche in Schir r. ib. Jochanan zugeschrieben ist, s. oben S. 223, Anm. 6.

⁵) Sabb. 63 a, trab. von Abba.

⁶) Sabb. ib. tradirt von Jirmeja. In Schir r. zu 8, 14 lautet der Ausspruch verschieden: שני חברים שהיו עוסקין בדבר הלכה ונכבשין זה לזה בהלכה... Als Autor ist ר' חייא רבה, als Tradent ebenfalls Jirmeja genannt. Jedenfalls ist statt ר' חייא רבה zu lesen ר' חייא בר

Wenn zwei Kaufleute, von denen der Eine Seide, der Andere Pfeffer hat, ihre Waaren austauschen, so hat jeder von ihnen nur diejenige Waare, welche der Andere nicht hat; wenn aber zwei Weisenjünger, von denen der eine eine Abtheilung der Mischna, der andere eine andere Abtheilung der Mischna inne hat, sich gegenseitig belehren, ihre Kenntnisse austauschen[1]), so verbleibt jedem die Kenntniß beider Abtheilungen: giebt es ein schöneres Kaufgeschäft, als dieses. Daher heißt es von der Thora, sie sei ein „guter Kauf" (Prov. 4, 2[2]).

Wer den Sohn seines Nächsten Thora lehrt, dem rechnet es die Schrift so an, als hätte er ihn in's Dasein gerufen, nach Gen. 12, 5 (die Seelen, die sie gemacht hatten, d. i. belehrt und zu Gott bekehrt[3]). — Man darf den Jugendunterricht auch wegen des Baues des Heiligthums nicht unterbrechen[4]). — Die Welt besteht nur um des Hauches willen, der aus dem Munde der Schulkinder kömmt[5]).

Wenn ein Weisenjünger so empfindlich für erlittene Kränkung

אבא, wie denn Jirmeja gewöhnlich Aussprüche Chija b. Abba's tradirt. Ju Sch. tob. zu Pf. 30 g. Ende ist der Satz mit ר׳ חייא בשם ר׳ אבא eingeleitet, was aus ר׳ חייא בר אבא entstanden ist. Was sich in Schir r. unserem Satze noch anschließt (... ולא עוד) wird in Sch. tob. von Jakob b. Zabbai im Namen Abahu's tradirt. Ju Berach. 6 a ist es Jizchak, der Mal. 3, 16 ähnlich deutet. Ju Makkoth 11 a ist die Bemerkung über דברו: als Baraitha zu lesen. — Sabb. 63 a tradirt noch Abba den Ausspruch S. b. L.'s (nach Hoh. 2, 4): שני ת״ח המדגילים זה לזה בהלכה הקב״ה אוהבן.

1) Vgl. was von Chija's Lehrthätigkeit erzählt wird, Kethub. 103 b (Ag. b. T. II, 521).

2) Tanchuma תרומה Auf. (Jalkut zu תרומה Auf. und zu Prov. 4, 2 anonym). Ju Midrasch Mischle zu 2, 4 sagt S. b. L. אם אין אדם הולך אחר דברי תורה הם אין הולכין אחריו, dazu ein Gleichniß: לאדם שיש לי פרקמטיא, also mit demselben Ausdrucke wie in unserem Ausspruche.

3) Sanh. 99 b. Vgl. oben S. 64, Anm. 4 und S. 114, Anm. 2.

4) Sabb. 119 b unt.; s. oben S. 317, Anm. 2. — Vgl. Kethub. 111 b, wie S. b. L. dem Lehrer seiner Kinder dreitägige, um der Weinlese willen gehaltene Ferien verübelt.

5) Jb.; s. oben ib. Wahrscheinlich bildet Pf. 8, 3 a ursprünglich die exegetische Grundlage dieses Spruches.

ist, wie Nachasch¹), schließe ihn dennoch fest an dich²); wenn ein Unwissender fromm ist, wohne nicht in seiner Nachbarschaft³). — Wenn ein Weisenjünger eine Sünde begangen hat, so züchtigt man ihn nicht öffentlich darob nach Hosea 4, 5 (wenn auch der Prophet bei dir gestrauchelt ist, so [bedecke es gleichsam in] Nacht⁴). — „Wer sich der Krone bedient, kömmt um". Dieser Satz Hillels (Aboth 1, 13) zielt auf Jemanden, der sich des Kenners der Halacha's, dieser Krone der Thora, bedient⁵).

Nach Hiob 36, 19. Wenn du das „Gebet wol geordnet" hast, mache deinen Mund „nicht enge" (לא בצר) — d. h. schränke deine Wünsche nicht ein — sondern (Ps. 81, 11) „thue weit auf deinen Mund, daß ich ihn fülle"⁶). — Wer mit ganzer Kraft Amen sagt, dem öffnet man die Thore des Paradieses, nach Jes. 26, 2⁷). — Wer regnen sieht und spricht: πολύ, κύριε, ἔβρεξεν

---

¹) S. oben S. 120, Anm. 6. Statt נוקם ונוטר hat die Münch. Hs. נוטר איבה.

²) Der Ausdruck חגרהו על מתניך basirt vielleicht auf נחש, das zwar hier den Ammoniterkönig bedeutet, aber auch so das Bild der Schlange hervorruft, welche sich Schlangenbändiger wie einen Gürtel um die Lenden wickeln.

³) Sabb. 63 a, tradirt von Abba.

⁴) Moed Katon 17 a, Menach. 98 b (wo אין מבין אותו statt אין מרדין א').

⁵) Meg. 28 b. Dazu eine Anekdote, wie S. b. L. einmal von Jemandem über ein Wasser getragen wurde, den er nachher als Kenner von vier Abtheilungen der Mischna kennen lernte. Was ib. als תנא דבי אליהו gebracht wird, die Deutung von הליכות, Hab. 3, 6, mit הלכות, findet sich in anderem Zusammenhange in j. Megilla 70 d unt. als von S. b. L. herrührend.

⁶) Jer. Taan. 66 d (s. oben S. 228, Anm. 4). In Sanh. 44 b lautet die Deutung S. b. L.'s, auf den ganzen Vers bezüglich: כל המאמין עצמו בתפלה מלמטה אין צרים לו מלמעלה; in Exod. r. c. 21 g. E. — wie aus beiden Versionen combinirt —: עריך שועך כלפי בוראך בדי שלא יהו לך צרים מלמעלה.

⁷) Sabb. 119 b; שומר אמנים ist so gedeutet, wie zu ähnlichem Zwecke von Meir, Ag. b. T. II, 22.

(„Viel, o Herr, regnet es"), übertritt das Verbot des unnützen Eides[1]).

Man soll an den Geboten nicht vorübergehen (d. h. nicht die Erfüllung eines Gebotes um der eines anderen willen bei Seite lassen[2]). — Zuweilen ist die Aufhebung der Thora — in Bezug auf irgend ein Gebot derselben — ihre Befestigung[3]). — Wer das Gebot der Schaufäden streng beobachtet, dem werden bereinst 2800 Diener zu Gebote stehen, nach Zach. 8, 23[4]). — Wer die Phylakterien anlegt, verlängert sein Leben, nach Jes. 38, 16 („Der Herr ist auf ihnen, sie werden leben"[5]). — Beim Eintritt des Sabbath wird dem Menschen von Gott eine besondere Seele verliehen, die ihm beim Ausgange des Sabbaths wieder genommen wird. Das ist angedeutet in den Worten (Exod. 31, 17) שבת וינפש: „Wenn die Sabbathruhe vorüber, dann wehe, Seele!"[6]) — Nimmer sei das Gebot des Omer gering in deinen Augen, denn vermittelst einer dem Omer entsprechenden Opfergabe führt Gott den Frieden zwischen Mann und Weib herbei (Num. 5, 15[7]).

---

[1]) J. Nedarim 38 a ob., trad. von Chaggai, j. Schebuoth 34 d, trad. von Menachem; Pesikta r. c. 22 (113 a), wo beide Tradenten genannt sind.

[2]) אין מעבירין על המצות, Joma 33 b und andere Stellen. Vgl. Josia zu Exod. 12, 17 (Mech.) z. St, Ag. b. T. II, 359).

[3]) Menach. 99 a unt. פעמים שביטולה של תורה יסודה, mit Anwendung der auch Sabb. 87 a im Namen S. b. L.'s vorkommenden Deutung von אשר שברת (Exod. 34, 1) mit יישר [כחך] ששברת; vgl. zu dieser Deutung Ag. b. T. II, 344.

[4]) Sabb. 32 b: Zehn Mann von allen (70) Sprachen der Völker erfassen jede der (4) Ecken seines Gewandes, $10 \times 70 \times 4$. Vgl. Ag. b. T. I, 379, Anm. 2, wo das Citat „Sifré zu Num. 15, 38, § 115" nachzutragen ist.

[5]) Menach. 44 a b.

[6]) Beza 16 a, Taan. 27 b. Mit dieser besonderen Seele ist die Sabbathweihe, die gleichsam in mysteriöser Weise den Menschen beschleicht, in sehr poetisch kräftiger Weise ausgedrückt. Die Deutung des Wortanfangs י mit וי Wehe auch bei Jochanan, oben S. 265, A. 4.

[7]) An den oben S. 246, Anm. 1 citirten Stellen.

3.
Israel.

Die Menschen pflegen bloß reiche Verwandte anzuerkennen, arme zu verleugnen; Gott aber nennt Israel auch in der tiefsten Erniedrigung „Brüder und Freunde" (Pf. 122, 6[1]). — Mit den drei Ausdrücken, welche in Gen. 34 für die Liebe gebraucht werden (V. 3, 8 und 29), findet sich auch die Liebe Gottes zu Israel bezeichnet: דבק, Deut. 4, 4, חשק, ib. 7, 7, חפץ, Mal. 3, 12[2]). — Ein König lud sich Gäste ein und fragte seinen Sohn, ob er mit ihnen speisen wolle; der aber sagte: laß mich mit dir speisen. So fragte auch Gott Israel: Wollt ihr mit den Völkern der Welt gemeinsame Mahlzeit halten? Mit Pf. 141, 4 antwortet Israel: „Laß mein Herz sich nicht zum Bösen neigen . . . . ich mag nicht ihre angenehmen und leckern Speisen essen", laß mich von deinen Speisen genießen![3]) — Ein König hatte eine Tochter, die ein Unebenbürtiger zum Weibe begehrte, aber vergebens; als ein würdiger Freier kam, sagte der König zu seiner Tochter: Auf, erglänze, denn es kömmt dein Licht! Mit diesen Worten (Jes. 60, 1) sprach Gott Jerusalem an, als Israel, das von Gottes Licht erleuchtete, sich — nach dem Exile — mit Gott ihr nahte, um sich mit ihr zu vereinigen[4]. — Gott schlägt Israel nicht, er hätte denn schon vorher

---

[1]) Jer. Berach. 13 b. Dann folgt ein anderer von Abun und Acha tradirter Ausspruch S. b. L.'s ähnlichen Inhaltes, zu Psalm 148, 14, wo Gott ganz Israel „seine Verwandten" nennt (עם קרובו), während sich die Menschen nur eines solchen Verwandten zu berühmen pflegen, der es zu etwas gebracht hat, wie z. B. eines Philosophen (f. das vom Philosophenmantel Gesagte, oben S. 254). Der erste Ausspruch auch in Sch. tob zu Pf. 4, 2 (bloß ר' שמעין).

[2]) (Gen. r. c. 80 Sch. tob zu Pf. 22, 9 (§ 22): ואנו למדים אותה מפרשה של רשע הזה . . . Vgl. unten Abschn. 6, zu Gen. 41, 40.

[3]) Pesikta 144 b. Die Deutung zu להתעולל ist in der Uebersetzung weggeblieben. מנעמיהם ist nach Buber als Notarikon mit מנות נעימית erklärt. In Sch. tob. zu Pf. 36, 10 (§ 6) statt מבקשים אתם רציונכם לסעוד : (über ססת, essen s. Levy III, 579 b).

[4]) Pesikta ib. Die Pointe, nämlich die Anfsprache Jerusalems, der „Tochter" Gottes mit קומי אורי, ist im Texte verwischt; dafür sagt Gott zu Israel : הואיל ואורי הוא אורכם ואורכם הוא אורי אני ואתם נלך ונאיר לציון.

das Heilmittel für es geschaffen, nach Hosea 7, 1 („wie ich heilte"); für die Völker der Welt aber schafft er das Heilmittel nach dem Schlage, nach Jes. 19, 22 („schlagen und heilen"[1]). — Daß Israel „keine Ruhe fand" (Echa 1, 3), als es in die Verbannung zog, bot die Gewähr für seine Heimkehr; denn auch die Taube Noachs kehrte nur zurück, weil „sie keine Ruhe fand für ihren Fußballen" (Gen. 8, 9), und mit denselben Ausdrücken ist auch Israels Ruhelosigkeit in der Verbannung vorhergesagt, Deut. 28, 65[2]). — Die Gemeinde Israels klagt vor Gott: Deine Kinder haben mich dem Wiesel gleich gemacht, das im Verborgenen, am „Grunde des Hauses" (עקרת הבית) wohnt. Deutung zu Ps. 113, 9 a[3]). — Von den Stammvätern Israels ist es Jakob, der sowol die Strafgerichte an Israel als das ihm zu Theil werdende Heil mitempfindet, nach Echa 2, 3 und Ps. 14, 7[4]).

---

[1]) Megilla 13 b.

[2]) Echa r. z. St., tradirt von ר׳ יודן בר׳ נחמיה, l. Jehuda b. Nachmani (s. oben S. 352) oder Josua b. Nechemia.

[3]) Die „Gemeinde Israels" (כנסת ישראל) ist die Personification des jüdischen Volkes, die „Synagoge", das ideale Israel, welches hier den einzelnen Gliedern des Volkes gegenübergestellt wird und sie anklagt, durch ihre Sünden die Erniedrigung Israels zu bewirken; so wie etwa der zweite Jesaia den das ideale Israel darstellenden „Knecht des Ewigen" den einzelnen Volksgenossen gegenüberstellt; oder — was die wahre Grundlage der personificirten „Gemeinde Israels" bildet — die Propheten (Hosea 2 4 ff., Jes. 50, 1) gleichzeitig die Gesammtheit Israel's als Mutter, die Einzelnen als Kinder darstellen. Die Gestalt der כנסת ישראל (s. oben S. 143) begegnet uns auch sonst in S. b. L.'s Agada, s. Berach. 32 b.

[4]) Echa r. zur St. Die Grundlage des Ausspruches bildet für beide Verse der Umstand, daß neben „Israel" auch „Jakob" erwähnt wird. In Pesikta r. c. 41 Ende (174 b) lautet der Ausspruch: Wenn Israel hier sündigt, fühlt Jakob in der Höhle Machpela die Züchtigung (ohne Bibelstelle dazu), darum wird, wenn einst die Erlösung kömmt, sich Jakob mit ihnen freuen (Ps. 14, 7). In Sch. tob zu Ps. 14, 7 lautet der erste Theil des Satzes: בשעה שישראל החטאין מרגיש גם מכפלה (also zum Theile wie in Echa r.) und als Belegstelle dazu ist Hosea 5, 3 citirt; der zweite Theil: לכשתבוא השמחה לישראל ישמח יעקב מכל האבית. Daran schließt sich (im Jalkut mit דבר אחר eingeleitet) die oben S. 198 gebrachte Deutung Alexanders. Zur Anschauung von Jakobs Fortleben nach dem Tode s. oben S. 306, A. 6

Israel gleicht einem Weinstocke¹): die Reben an ihm sind die Hausväter, die Trauben die Weisenjünger, die Blätter die Unwissenden, die Ranken die Leeren, d. i. die aller Verdienste an guten Thaten oder Thorakenntniß Baaren²). — Gott hat nicht Wohlgefallen an Jemandem, der gegen Israel Verleumdungen ausspricht³). — Drei Starke (Hartnäckige, Starrsinnige, aber auch mit besonderer Lebenskraft Begabte) giebt es: Israel unter den Völkern, der Hund unter den Vierfüßlern, der Hahn unter den Vögeln⁴). — Die späteren Geschlechter Israels verdienen den Vorzug vor den frühern, weil sie sich trotz der Unterjochung durch die Weltreiche mit der Thora beschäftigen⁵).

Aus Gen. 33, 10 folgt, daß man — wie es Jakob Esau gegenüber that — in dieser Welt den Frevlern, bei denen die Macht ist, schmeicheln darf⁶). — In dem Worte des Schöpfers, das die

---

¹) אומה זו כנסן נמשלה. Den Ausdruck אומה זו gebraucht S. b. L. auch sonst.

²) Chullin 92 a. Von der letzten Kategorie sagt S. b. L., Hoh. 4, 3 und 6, 7 (רקתך) so deutend wie Jonathan oben S. 67, A. 3 אפילו הריקנים שבך מלאים מצות כרמן, Erubin 19 a, Chagiga 27 a, Sanh. 37 a. Schir r. zu beiden Stellen anonym: הריקן שבכם רצוף מצות כר׳. S. auch unten Abschn. 6, zu Hoh. 7, 3.

³) Schir r. zu 1, 6: אין הקב״ה רוצה במי שאומר דלטוריא על ישראל. Das sagte S. b. L. zu Abahu, als dieser, im Begriffe mit ihm in Caesarea einzuziehen, ausrief: Siehe da, wir sollen die Stadt der Schmähungen und Gotteslästerungen betreten. S. b. L. stieg von seinem Esel herab, nahm eine Handvoll Sand und gab sie in Abahu's Mund, auf dessen erstaunte Frage, was das zu bedeuten habe, er dann jene Worte sprach. Die Handvoll Sand in einen Mund, der Ungebührliches gesprochen, erinnert an die Redensart „Staub in den Mund," von der ich Z. b. D. M. G. Bd. XLIII gehandelt habe.

⁴) Beza 25 b שלשה עזים הם. Vorher der Ag. b. T. II, 27 Anm. 3 gebrachte Ausspruch Meir's. In Erob. r. c. 42 g. E. von רב יקים (sicherlich Corruptel aus ר״ש לקיש) . . . . ג׳ חצופים הם, dazu eine Bemerkung Ammi's, daß sei in bonam partem gemeint.

⁵) Joma 9 b, gegen Jochanan, der behauptet hatte: טובה ציפורנן של ראשונים מכריסן של אחרונים.

⁶) Sota 41 b מותר להחניף לרשעים בעולם הזה, welche These vorher durch Simon b. Pazzi anders bewiesen wird; dann folgt eine Erklärung zu Gen. 33, 10, mit welcher Levi die Folgerung S. b. L.'s ab-

Schöpfung abschloß: „und siehe es war sehr gut", liegt ein Hin=
weis auf das Reich des Himmels (die göttliche Weltregierung) und
auf das Reich der Erde (das römische Weltreich[1]). Dieses wird
als „sehr gut" bezeichnet, weil es den Menschen zu ihrem Rechte
verhilft. Darauf zielt auch Jes. 45, 12 a[2]). — Rom, das Daniel
(7, 7) in einem besonderen Gesichte erblickte, ist mächtiger als alle
drei früheren Weltreiche[3]).

In Ps. 60, 9 sind vier Classen von Ungläubigen durch kurze
Andeutungen widerlegt[4]): Den Leugnern der Auferstehung der
Todten sagt Gott: „Mein ist Gilead", d. i. der Gileabite Elija,
durch den ich Todte belebte; denen, die behaupten, daß Gott die
Reuigen nicht aufnimmt, sagt er: „Mein ist Manasse", d. i. der

---

weist. Unter רשעים sind wahrscheinlich die römischen Machthaber gemeint,
die „Nachkommen Esau's," so daß Jakob's Beispiel noch näher zutrifft.

1) In der Wilnaer Ausgabe heißt es sogar מלכות רומיים statt מלכות
ארץ, was aber nur Censuränderung zu sein scheint, nicht zur Beseitigung
von Anstößigem, sondern zur Hervorhebung des für Rom Günstigen.

2) Gen. r. c. 9 Ende. In diesem Ausspruche liegt eine unbedingte,
von großer Einsicht und Unbefangenheit zeugende Anerkennung des Berufes
Rom's, welcher darin besteht, daß es das Recht beschützt und die Rechts=
sicherheit begründet hat. In der Anwendung des Verses aus Jesaia hat
S. b. L. vielleicht אדם wie אֱדֹם gelesen, also: Ich habe die Erde gemacht
und Rom (zur Herrschaft) über sie erschaffen. Ebenso las auch Eleazar
b. Pedath bei einer Gelegenheit: אָנֹכִי אֶרֶץ תִּחְתִּי, Jes. 43, 4 (s. j.
Berach. 8 c unt., Lev. r. c. 22, b. Berach. 62 b).

3) Lev. r. c. 13 g. E. gegen Jochanan (oben S. 252, Anm. 5).
Dieser habe — wird dann berichtet — für seine Ansicht, daß Rom's Macht
der der übrigen drei Reiche zusammen gleich sei, Ez. 21, 19 citirt, doch habe
S. b. L. in diesem Verse seine eigene Ansicht bestärkt gefunden. Es ist nicht
genau ersichtlich, wie sie zu diesem Zwecke den genannten Vers erklärt
haben, s. die Commentare. — Dieselbe Meinungsverschiedenheit mit der=
selben Controverse zwischen J. und S. b. L. wird ebend. auch in Bezug
auf die Bezeichnung Rom's durch das Schwein (Deut. 14, 8) gebracht.

4) Tanch. B. נשא 30; Jalkut zur St. (§ 779) ohne Quellenangabe
(לוי ר' שמעון בן ist — wie auch sonst — zu ריש בן לקיש zu emendiren);
in Tanch. נשא ohne Autor. In Agad. Bereschith c. 52 Anfang ist Berechja,
der Tradent vieler älterer Aussprüche (vgl. oben S. 211, Anm. 1) als
Autor genannt. In Num. r. c. 14 g. Auf. das Ganze, mit ביסא בר בתיה
als Tradenten (D. Luria emendirt: אבא בר רקתא). Die Einkleidung der

König M., dessen bußfertiges Gebet ich erhörte (II Chr. 33, 13); denen, die Gottes Macht, Unfruchtbaren Kindersegen zu verleihen, leugnen, gilt der Hinweis auf „Ephraim", d. i. den auf dem Gebirge Ephraim wohnenden Elkana und seine Frau Channa (I Sam. 1); denen, die Gottes Macht, aus dem Feuer zu retten, leugnen, gilt der Hinweis auf „Jehuda", d. i. die von Jehuda stammenden Chananja und seine Genossen, die aus dem Feuerofen errettet wurden (Daniel 3¹). — Die etwa in dir aufsteigenden Bedenken über die Opfergesetze²) laß' von den Worten (Num. 28, 6) „das beständige Opfer, welches auf dem Berge Sinai bereitet wurde" zum Schweigen bringen: da auf dem Sinai keine Opfer dargebracht wurden, sind diese Worte als Hinweis auf Moses' Aufenthalt daselbst aufzufassen, während dessen er nicht aß und nicht trank (Exod. 34, 28), und dies als Beweis dafür, daß es „vor Gott kein Essen und kein Trinken giebt"³).

---

vier Sätze lautet im Tanch. B. und Jalkut: אמור ... אם יאמרו לך המינים
להם, Tanch. hat עכו״ם statt מינים; in Ag. Ver.: ... ואם יאמרו לך ...
ist כתות (nach) ד׳ כתות הן אחת אומרת ... אמר הקב״ה ואחת אומרת ...
wol zu ergänzen: של מינים s. oben S. 258, A. 2). In Ag. Ver. steht der vierte Satz vor dem dritten.

¹) Das „Retten aus dem Feuer" bezieht sich vielleicht auf das Feuer der Hölle; das Aufnehmen der Reuigen kann sowol individuell gemeint, als auf das reuige Israel zu beziehen sein. S. auch die oben S. 258, A. 1 erwähnte Stelle, wo S. b. L. das von Pharao's Beispiel zu entnehmende ketzerische Argument gegen das Aufnehmen der Reuigen widerlegt (יסתם של מינים (פיה): Pharao ist mehrfach gewarnt worden; erst als das nicht nützte, sprach Gott: Du hast deinen Nacken hart gemacht und dein Herz starrsinnig, so will ich denn auch „Unreinheit zu deiner Unreinheit fügen". Denn Gott warnt den Sünder einmal, zwei und drei Mal; wenn er nicht umkehrt, verschließt Gott sein Herz vor der Reue, damit er ihn ob seiner Sünden züchtige, s. Prov. 3, 34 a. Zu dem Ausdrucke הריני מוסיך לך טימאה על טומאתך s. oben S. 359, Anm. 4.

²) Tanch. אמור (B. 20): אם בא יצרך להרהר ולומר אילולי שיש לפניו
אכילה ושתיה לא היה אומר שאקריב ואנסך לו; Pesikta r. Anh. eb. Friedmann 194 a: אם באת להרהר ולומר שמא יש אוי״ש לפני; Pesikta 57 b, Pesikta r. c. 16 Auf. (80 a) an das Textwort anknüpfend: וכי יש לפניו אכילה ושתיה
אם תאמר שיש לפני אוי״ש למד בלוֹß .Num. r. c. 22 g; אם תאמר שיש ממשה.

³) Im Tanch. folgt noch die Angabe über den Zweck der Gott dar-

Der Proselyt ist Gott werther als das am Sinai versammelte Israel; denn dieses hätte ohne die Wunder der Offenbarung nicht das Reich des Himmels (die Herrschaft des Gottesgesetzes) angenommen, während Jener, ohne ein einziges der Wunder gesehen zu haben, kam und sich Gott übergab[1]) und das Reich des Himmels annahm[2]). — Wer das Recht des Proselyten beugt, dem wird es angerechnet, als hätte er das Recht der Gottheit gebeugt, nach einer Deutung von Maleachi 3, 5[3]).

4.
Exegetisches.

Viele Bibelverse giebt es im Pentateuch, welche scheinbar ganz bedeutungslos sind und verbrannt werden könnten, und dennoch gehören sie zum Wesen der Thora[4]). — Der Held des Buches Hiob hat nie existirt[5]). — Den 100. Psalm verfaßte Moses, als ihm

---

zubringenden Opfer: בשביל לזבותך, um dein Verdienst zu mehren; לזבות את ישראל ist nach Chanania b. Akaschja ein Zweck der Lehre und Satzung, s. Ag. d. T. II, 376.

[1]) והשלים עצמו להקדוש ברוך הוא. Bei Levy IV, 563 b fehlt diese aus dem Aramäischen stammende Bedeutung des nachebr. השלים. Beispiele dafür sind noch oben S. 197, Anm. 3, S. 202, A. 7 und S. 336, A. 1 zu finden; auch die oben S. 51, A. 52 citirte Stelle aus Tanch. B. Pesikta: משלימין את נפשותיהן

[2]) Tanch. לך לך g. Auf., Tanch. B. לך לך 6.

[3]) Chagiga 5 a. — In halachischer Beziehung adoptirte S. b. L. die Ansicht Josa b. Chalaftha's, daß für den Proselyten mit seinem Uebertritt eine neue Existenz beginne, daß er dem neugeborenen Kinde gleich zu achten sei, s. Jebam. 62 a und dazu j. Jebam. 4 a oben.

[4]) Chullin 60 b, הרבה מקראות שראויין לישרף והן הן גופי תורה. Wenn in M. Chagiga 1, 8 גופה של תורה die richtige Lesart ist (s. D. Sofrim zu Chagiga 10 a und 11 b), so wird auch hier so zu lesen sein. Als Beispiele solcher scheinbar bedeutungsloser, aber doch wichtigen Sinn enthaltender Stellen bringt und erklärt S. b. L. Deut. 2, 23. Num. 21, 26, Deut. 3, 11, Gen. 47, 21. S. unten zu den einzelnen dieser Stellen.

[5]) Gen. r. c. 57 Ende: איוב לא היה ולא נהיה, j. Sota 20 d oben: לא היה ולא עתיד להיות. Auf die Frage, daß ja S. b. L. im Namen Bar Kappara's tradirte, Hiob sei ein Zeitgenosse Abrahams gewesen, wird

das Gebot in Lev. 5, 5 „und er bekenne was er gesündigt" offenbart wurde[1]). — Das Wörtchen כי hat vier Bedeutungen: wenn (temporell), wenn etwa (conditionell), sondern, denn[2]). (Gen. 4, 21. Unter עוגב ist das ὑδραυλις genannte Instrument (Wasserorgel) zu verstehen[3]). — 6, 3. Die Worte „Nicht soll mein Geist u. s. w." bedeuten: Ich erschaffe keine Seele mehr für die Menschen[4]). — 10, 6. Wir hätten gemeint, daß Phut, dieses im Folgenden unter den Chamiten nicht noch einmal erwähnte Volk in den anderen Chamiten aufgegangen sei; doch der Prophet Ezechiel (30, 5) erwähnt es als besonderes Volk neben Kusch[5]). — 10, 11. Aus diesem Lande — Schinear — zog Aschur hinweg, nämlich von dem in Schinear geplanten Unternehmen (Gen. 11, 2 ff.[6]). — 14. 14. וירק ist nach ירקרק Ps. 68, 14 zu erklären: er hüllte sie in Rüstungen, die von Edelsteinen und Perlen glänzten[7]). — 16, 12. „Ein Wildesel gegen Menschen", indem er nicht Güter,

---

seine These so erklärt, Hiob habe wol existirt, aber die Leiden seien ihm bloß angedichtet, um zu sagen, daß er vermöge seiner Frömmigkeit, wenn ihm solche Leiden zugeschickt worden wären, die Probe bestanden hätte. In Baba Bathra 15 a ist es ein Ungenannter, der vor Samuel b. Nachmann sitzend, die These aufstellt: היה משל אלא נברא ולא היה לא איוב. Vgl. darüber Frankl in Grätz' Monatsschrift, 1872, S. 310.

[1]) Jer. Schebuoth 33 b, tradirt von Tanchuma. תודה in Ps. 100 1 ist als Substantiv zu והתודה genommen. Ueber die Moses-Psalmen s. oben S. 164.

[2]) R. H. 3 a, Taan. 9 a, citirt von Abahu: כי משמש בד' לשונות אי דילמא אלא דהא; Schebuoth 49 b, citirt von Ammi. Angewendet wird die Regel über כי noch in Gittin 90 a, Pesachim 93 b.

[3]) Jer. Sukka 55 c unt.

[4]) Tanch. B. בראשית 40 איני בורא עוד נפש לאדם. Es scheint damit gemeint zu sein, daß von da ab bis zur Sündfluth keine Menschenseele mehr erschaffen, also die weitere Fortpflanzung sistirt werde. Auch S. b. L. erklärt wie Jochanan (oben S. 268) ידון nach נדנה, Scheide.

[5]) Gen. r. c. 37 Anf.

[6]) Pes. r. c. 33 (156 a), in Gen. r. c 37 anonym.

[7]) Gen. r. c. 43 Anf.: באבנים טובות ומרגליות הוריקן. In Tanch. z. St. anonym und verschieden: Er bedeckte sie mit Silber und Gold, um ihre Lust an der im Kriege zu machenden Beute zu verringern. In b. Nedarim 32 a unt. Samuel: זהב ישהוריקן.

sondern Menschen raubt¹). — 21, 33. Abraham legte einen Park an und pflanzte darin allerlei kostbare Baumarten²). — 27, 36. Mit הכי ist das zornige Gebahren Esau's geschildert: er räusperte sich und spie aus³). — 30, 36. הנתרות ist wie הַנְּתָרוֹת zu lesen, es waren die kraftlosen Thiere, theils kranke, theils unfruchtbare, theils hinfällige⁴). — 38, 2. בנעני bedeutet nicht Kanaaniter, da doch Jehuda nicht gegen das Verbot Abrahams (Gen. 24 3) und Isaaks (28, 1) gehandelt haben kann, sondern Kaufmann, vgl. Hosea 12, 8, Jes. 23, 8⁵). — 47, 21. Die hier berichtete Maß= regel Josephs hatte zum Zwecke, daß die Aegypter seine Brüder nicht Exulanten nennen sollten, indem sie alle ihre alten Wohnsitze mit anderen vertauschten⁶). — 50, 11. Die Theilnahme der Landes= bewohner an der Trauer um Jakob bestand darin, daß sie die Schultern entblößten⁷).

Exodus 5, 21. Der „üble Geruch" rührte von den in den Bau Versenkten und dort um's Leben gekommenen her⁸). — 12, 36. Sie machten Aegypten einer Wassertiefe (מצולה, daraus וינצלו) gleich,

---

¹) Gen. r. c. 45 g. E. ברא אדם ווראי שהבל בווין סטין והוא בוז נפשות.
²) Sota 10 a, s. Ag. d. T. II, 248. — Zu Gen. 24, 26 s. oben S. 269, Anm. 6.
³) Gen. r. c. 67. Vgl. Pesikta 27 b, Tanch. כי תצא Ende (B. 14). Vgl. eine ähnliche onomatopoetische Exegese Simon b. Jochai's Ag. d. T. II, 109, Anm. 5.
⁴) Gen. r. c. 73 g. E. ...מנהון בישין מנהון עקרין מנהון קווסרין Tanch. B. ויצא 24: הוקנית העקרות החילות, wobei הוקנית den קווסרין (causariae) entspricht. — Zu 30, 42 s. oben S. 270, A. 5.
⁵) Pesachim 50 a; Gen. r. c. 85 anonym תניא ברא נבלא, daselbst wird auch שוע als Appellativum erklärt und zwar mit אבייניס (so die richtige Lesart, s. Straschun's Bem. zur St., daraus ist ביציגא corrumpirt), d. i. εὐγενής, also = שוע der Vornehme. — Zu Gen. 46, 1 s. oben S. 270, Anm. 9.
⁶) Chullin 60 a.
⁷) Jer. Sota 17 b unt., Gen. r. c. 100. Zu Tanch. ויחי Ende sagt dies Sam. b. Nachman.
⁸) Exod. r. c. 5 g. E. Zu בבניין משתקעין vgl. Sanh. 111 a, Ag. d. T. II, 413, A. 1. — Zu 7, 15 und ebenso zu 11, 8 s. oben S. 271, Anm. 6.

in der es keine Fische giebt¹). — 25, 11. Die Bundeslade bestand aus einem einzigen Kasten, der von innen und außen mit Gold überzogen war²). — 26, 6 bezieht sich auf die Zusammenstellung des Zeltes behufs Messung desselben, B. 11 auf die behufs seiner Salbung³). — 33, 13: Moses sprach vor Gott: Als ich dir klagte (Exod. 17, 4): Noch ein weniges und sie steinigen mich! — besänftigtest du meinen Unwillen gegen sie; ebenso gestatte, daß ich jetzt, da du gegen deine Kinder zürnest, deinen Unwillen gegen sie beschwichtige!⁴)
Lev. 6, 25. „An dem Orte, an welchem das Ganzopfer geschlachtet wird, werde auch das Sündopfer geschlachtet". Dies hat den Zweck, die Sünder, die das Sündopfer darzubringen haben, nicht — durch Anordnung eines besonderen Ortes — offenkundig werden zu lassen⁵). — Num. 11, 22 זרא beb. die אסכרא genannte, Erstickung herbeiführende Krankheit⁶). — 13, 2. Das Gebot, Kundschafter auszuschicken, gieng nicht von Gottes Willen aus, daher „schicke dir" d. h. nach deinem Willen⁷); darum sagt Moses, Deut. 1, 23: „Die Sache erschien für gut in meinen Augen" — nicht in den Augen Gottes⁸). — 14, 37. „Sie starben" eines außergewöhnlichen Todes⁹). — Ib. Mit den Worten „die

---

¹) Berach. 9 b.

²) Jer. Schekalim 49 d, Sota 22 d, Schir r. zu 1, 11, gegen Chanina b. Gamliel, s. Ag. d. T. I, 439.

³) Pesikta 7 a, gegenüber der anderen Ansicht, der eine Vers beziehe sich auf die Verbindung der einzelnen Teppiche des Zeltes, der andere auf die des Ganzen. Als Autor dieser Controverse sind genannt: Juda u im Namen Levi's und Tachlifa aus Caesarea (s. oben S. 364, A. 4) im Namen S. b. L.'s.

⁴) Sch. tob zu 25, 4, tradirt von Zeira. Es soll damit Moses' Bitte „laß mich deine Wege erkennen" erklärt werden.

⁵) Jer. Jebam. 9 c unt. שלא לפרסם את החטאים. Zum Ausdrucke vgl. מפרסמין את החנפים Tos. Joma 5(4), 12; b. Joma 86 b.

⁶) Lev. r. c. 18 Ende, Num. r. c. 7 g. Auf.

⁷) Dazu die sprichwörtliche Redensart: כי אדם זה בורר חלק רע לעצמו, d. h. wählt sich Jemand selbst einen schlechten Antheil? Hätte Gott Kundschafter aussenden lassen, die solches Unheil bewirkten?

⁸) Sota 34 b.

⁹) Sota 35 a.

den bösen Ruf des Landes ausbrachten" ist die Ursache ihres Todes angegeben¹). — 16, 1. ויקח er that einen schlimmen „Kauf"²). — 21, 26. Die Thatsache, daß Sichon den Moabitern einen Theil ihres Landes wegnahm, ist deshalb von Bedeutung, weil es Israel verboten war, Moab zu bekämpfen (Deut. 2, 9), während sie das durch Sichon eroberte, ehemals moabitische Gebiet in Besitz nehmen durften³). — Deut. 2, 23. Das hier Berichtete ist von Bedeutung, weil Abraham mit dem Könige der Philister einen auch für die Nachkommen giltigen Bund geschlossen hatte; deshalb mußten die Awwiten, d. i. die Philister von den Kaphtoriten vertrieben werden, wodurch es Israel gestattet wurde, ihr Land in Besitz zu nehmen⁴). — 3, 9. Sirjon und Senir sind Namen von im Lande Israels gelegenen Bergen; diese Namen gaben die hier genannten Nationen den von ihnen an je einer Seite des Chermon erbauten Städten; so werth war das Land Israels in ihren Augen⁵).

Josua zählte in der Beschreibung der Stammgebiete nur die mit Mauern umgebenen Städte auf⁶). — Richter 4, 3. בחזקה beb., nach Mal. 3, 13, „mit Schmähungen und Lästerungen"⁷). — I Sam. 5, 2. Die Philister stellten die Bundeslade lästernd neben Dagon; sie sprachen: Es komme der Besiegte und diene dem Sieger!⁸) — 5, 9 b. Die Plage der Philister bestand darin, daß der äußere Mitteldarm „sich versteckte"⁹). — II Sam. 18, 18. לקח beb. er

---

¹) Arachin 15 a, tradirt von Rabba.
²) Sanh. 109 b: לקח מקח רע לעצמו, d. h. es war ein böser Handel, den er mit seinem Unternehmen machte. Dann folgt die symbolische Deutung der Namen Korachs und seiner Ahnen, f. unten S. 381, A. 3.
³) Chullin 60 a, f. oben S. 374, Anm. 4.
⁴) Ib., f. ib.
⁵) Ib., auf Grund einer tannaitischen Ueberlieferung. Zum Grundgedanken dieser historischen Fiction vgl. oben S. 287, A. 1.
⁶) Jer. Megilla 70 a.
⁷) Tanch. B. בהר 7, wo ריש בן לקיש zu ר' שמעון בן לוי emendirt werden muß. Vgl. oben S. 372, A. 4.
⁸) Midr. Sam. c. 11, gegen Jochanan, f. oben S. 273.
⁹) Midr. Sam. c. 11 בית מעיהם החיצונה בסתרה, dagegen S. h. Nachmann ב' הפנימית ב' ם. Die Deutung beruht auf יישתו. Zu בית מעיו f. die bei Levy II, 360 b übersetzte Stelle aus Lev. r. c. 3, Koh. r. zu 7, 19

that einen schlimmen Kauf¹).— Jb. 21, 2. „Es suchte David das Antlitz Gottes" d. h. er befragte die Urim und Tummim²).

Jesaia 3, 16. מסקרות mit rother Augensalbe (collyrium) färbend³). — Jb. 66, 3. Je zwei Satzglieder dieses Verses müssen umgestellt werden, also: Wer einen Mann umbringt, der schlachtet den Ochsen, wer einem Hund den Nacken bricht, der opfert das Lamm, wer Blut des Schweines [genießt], der bringt Speisopfer dar, wer Nichtigkeit preist, läßt Weihrauch duften⁴).— Ezechiel 9, 4. Das ת (תו) ist der Endbuchstabe von אמת, dem Siegel Gottes⁵). — Jb. 28, 13. Die genannten Edelsteine sind eilf an Zahl, da auch die einleitenden Worte כל אבן יקרה als Bezeichnung eines besonderen Edelsteines zu zählen sind⁶).

Pj. 18, 2. David wollte alle die in V. 3 gebrauchten Be=

über den Weg der Nahrung im Menschen. In Sch. tob zu Pj. 93, 3 ist נסתרה zu נשרת geworden. Buber (z. St.) nimmt mit Unrecht an, daß מעידם Glosse zu בנת sei. Zu I Sam. 26, 10 j. ob. S. 273, Anm. 8.

¹) Sota 10 b, Sanh. 109 b, j. oben S. 378, Anm. 2.
²) Jebamoth 78 b.
³) Pesikta 132 a, Lev. r. c. 16 Auf., Echa r. zu 4, 15.
⁴) Lev. r. c. 22, nach der Deutung Jochanan's: ור״ל הווה מסרס קרייא. Vgl. oben S. 357, Anm. 7.
⁵) Sabbath 55 a, f. oben S. 8, Anm. 3.
⁶) Lev. r. c. 20, Pesikta 37 a, Pes. r. c. 14 (62 a), Koh. r. zu 8, 1, Tanch). אחרי מות zu Anf., Tanch. B. חקת 17. Vorangeht die Meinung Chama b. Chanina's, es seien dreizehn Edelsteine, zum Schluße die der „Gelehrten", es seien nur zehn. An allen diesen Stellen wird auch angegeben, was die Grundlage der Controverse bilde: Ch b. Chanina, habe die drei Worte כל אבן יקרה als Andeutung von drei besonderen Edelsteinen aufgefaßt, S. b. L. in der oben angegebenen Weise, die Gelehrten überhaupt nicht mitgezählt. In Gen. r. c. 18 Auf. ist die Meinung Ch. b. Chanina's zu ergänzen. Anstatt der Begründung aller drei Meinungen ist dort nur die S. b. L.'s und Ch. b. Chanina's gemeinsam motivirt, und zwar vermittelst der Regel vom Allgemeinen und Besonderen in einer eigenthümlichen Modification: עשה את הכלל מוספת לפרט, d. h. die allgemeine Einführung der besonders aufgezählten zehn Edelsteine — כל אבן יקרה — vermehrt die Anzahl der letzteren, nach S. b. L. — damit ist Gen. r. zu ergänzen — um eins, nach Ch. b. Chanina um drei. In Baba Bathra 75 a unt. ist Ch. b. Chanina die Ansicht der „Gelehrten" und dem bab. Amora Mar Zutra (j. Ag. d. bab. Amor. S. 147) die S. b. L.'s zugeschrieben.

zeichnungen Gottes in einem einzigen zusammenfassen und er sagte חוקי¹). — Pf. 78, 47. Die Hagelstücke kamen wie Beile (πέλεκυς) und fällten die Bäume²). — Prov. 12, 11. „Wer seinem Boden dient", d. i. nur wenn sich der Mensch gleichsam zum Sklaven des Bodens macht, wird er satt des Brodes, sonst nicht³). — Hiob 38, 28. אגלי טל bed. die perlenartigen Thautropfen⁴). — Koh. 9, 12. מצודה רעה ist die Angel⁵). — Jb. 11, 9. Im ersten Theil des Verses wird die Beschäftigung mit der Thora empfohlen, im zweiten Theile („wisse...") das Ueben guter Handlungen⁶). — I Chr. 29, 19. בירה ist der Name des ganzen Heiligthums⁷).

Worterklärungen. Die Wolken heißen שחקים, weil sie die

---

¹) Sch. tob 3. St., tradirt von Nechemja (?): אמר דוד [אימא] סלתא כל אילין find jedenfalls דמתפרשא לכל אילין ורוח הקדש אוסרת לי חוקי. Mit die Epitheta in B. 3 gemeint. Durch Inspiration fügte David den umfassenden Ausdruck hinzu, der in II Sam. 22 fehlt.

²) Sch. tob 3. St. (§ 13) und zu Pf. 105, 33, tradirt von Huna. Statt ר׳ יודן in dem darauf folgenden Ausspruche ist wol ר׳ יהודה oder ר׳ יוחנן zu lesen. In Exod. r. c. 12 und Tanch. ויארא (B. 19) ist Pinchas die Erklärung S. b. L.'s zugeschrieben und die dem folgenden Ausspruche entsprechende Deutung von חכמל Jehuda b. Schalom.

³) Sanh. 58 b. Damit ist entweder die volle Hingebung an die Landwirthschaft, die alle Kräfte des Menschen in Anspruch nimmt, empfohlen, oder die Klage über die Knechtung des Menschen durch den Ackerbau ausgedrückt. Im Anschluße daran wird die merkwürdige Anwendung von Gen. 8, 22 durch S. b. L. mitgetheilt: Ein Heide, der in der Arbeit sich einen Ruhetag erlaubt, ist todeswürdig, denn es heißt לא ישבתו „sie sollen nicht feiern." Gegen die dem Menschen auferlegte Pflicht des Ackerbaues wendet sich auch S. b. L.'s Bemerkung zu dem oben S. 156, A. 2 gebrachten Ausspruche Josua b. Levi's: אשריו אם עמדנו בראשינה (Pesach. 118 a), wofür es in Gen. r. c. 20 g. Ende (wo ר׳ לוי unrichtige Auflösung von ר״ל ist) heißt: נוח היה לו אם היה עימד בקללתי הראשינה. S. b. L. preist also den Zustand glücklich, in welchem der Mensch von den ohne Arbeit sich darbietenden Früchten der Erde seine Nahrung findet.

⁴) Gen. r. c. 12.

⁵) Sanh. 81 b; Koh. r. z. St.

⁶) Sabb. 63 b. In diesem Sinne erklären in Koh. r. z. St. Judan und Pinchas.

⁷) Joma 2 a. — Zu Pf. 50, 7 s. oben S. 276, A. 10; zu Hiob 12, 16 S. 277, Anm. 4.

Waſſermengen „zerreiben"¹). — ילפת, Lev. 22, 22, wird ſo genannt, weil dieſer Ausſchlag den Menſchen fortwährend „umwickelt" (מלפפת) bis an ſeinen Tod²). — פרוים heißt das Gold, deſſen röthliche Farbe dem Blute des Stieres (פר) gleicht³). — Der Ausdruck für Gebet עתר, Gen. 25, 21, hängt mit dem Namen der Gabel zuſammen, mit der man das Getreide umwendet (עתרא), weil auch das Gebet das Verhängniß wendet⁴).

Deutungen nach Notarikonart. מצורע, Lev. 14, 2 = מוציא שם רע⁵). — מחספס, Exod. 16, 14, was ſich auflöſt (נימוס) auf der Handfläche (פס⁶). — אנרטלי, Ezra 1, 9, ſind die Gefäße, in denen man das Blut des Opferthieres (טלה) aufnimmt (אגר⁷).

Fremdſprachliche Etymologien. נוף, Pſ. 48, 3 bedeutet Braut, denn dieſe nennt man im Gebiete von Kanniſchraja (Kenneſerin) נינפי (νύμφη); ebendaſelbſt wird der Hahn שכוי genannt, wie in Hiob 38, 36⁸). — למס, Hiob 6, 14, heb. nach dem griechiſchen

---

¹) Gen. r. c. 13; Sch. tob zu Pſ. 18 (§ 16).
²) Bechoroth 41 a.
³) Jer. Joma 41 d, Schir r. zu 3, 10. — S. auch ſeine Bemerkung zu קטרת, Kerithoth 6 b. — Die etymologiſche Deutung der Namen Korachs und ſeiner Verfahren in Num. 16, 1, Sanh. 109 b, züchtigt das Unheilvolle ſeines Beginnens. Z. B. בן לוי בן שנעשה לויה בניהנם. — Den Namen für Babel: שנער deutet er שששם ננערו מתי דור המבול, j. Berach. 7 b unt., Echa r. Prooem. Nr. 23 Ende, Koh. r. zu 12 b.
⁴) Gen. r. c. 63. In b. Sukka 14 a ſagt dasſelbe (nur iſt das hebr. Wort עָתָר herangezogen, ſ. Levy III, 714 b) Eleazar, in Jebam. 64 a Jizchak.
⁵) Arachin 15 b; in j. Sota 17 d ſagt dies Jizchak, in Lev. r. c. 16 wird dieſe Deutung als bekannt vorausgeſetzt.
⁶) Joma 75 b; ſ. Ag. b. T. I, 204 Anm. 3 und oben S. 265, Anm. 6.
⁷) J. Joma 41 a oben (wo der Text corrumpirt ſcheint, denn dieſelbe Deutung der Worte wird beim erſten אנרטלי S. b. Nachman, beim zweiten S. b. Lakiſch zugeſchrieben). — S. noch die Deutung von זרמתם, Pſ. 90, 5, Sch. tob z. St., und im nächſten Abſchnitte zu Gen. 25, 21 und zu Richter 4, 18. — Als Beiſpiel der Deutung nach dem Zahlenwerthe ſ. S. b. L.'s Ausſpruch über den Bann חרם, der in alle 248 Glieder des Körpers einzieht, aber ſie auch, wenn an die Stelle des Bannes das Erbarmen (רחם) kömmt, alle verläßt.
⁸) R. H. 26 a.

Hund: wer einen Hund im Hause hält, entzieht seinem Nächsten die Liebe, indem er sein Haus für die Armen schwer zugänglich macht[1]).

Halachische Exegese. Gen. 1, 21. Der Ausdruck „nach ihren Arten", beweist, daß das Verbot, die Arten zu mischen, sich auch auf die im Meere lebenden Säugethiere bezieht[2]). — Aus Deut. 14, 23, wo ואכלת sich auch auf den „Zehnten des Mostes" bezieht, ist ersichtlich, daß das Trinken im Begriffe des Essens mitenthalten ist[3]). — Amos 8, 10. „Ich wandle eure Feste in Trauer". Sowie die Festzeit sieben Tage dauert, so soll auch die Trauer sieben Tage dauern[4]). — Ps. 104, 22 f. „Die Sonne geht auf.... es geht der Mensch hinaus zu seiner Arbeit". Daraus folgt, daß der Arbeiter nach Sonnenaufgang, also bereits innerhalb der dem Arbeitgeber gehörenden Zeit an die Arbeit geht; hingegen dauert die Arbeit „bis zum Abend" und die Heimkehr des Arbeiters vom Felde hat nach Eintritt der Finsterniß, innerhalb der bereits dem Arbeiter gehörigen Zeit zu erfolgen[5]). — Als einmal S. b. L. vor einer

---

[1]) Sabbath 63 a b, tradirt von Assi oder Abba. In j. Baba Kamma findet sich die Deutung des Verses selbst, im Namen Jose b. Chanina's, doch ohne die Bemerkung, daß לככ im Griech. Hund bedeute. Das betreffende griechische Wort ist nach Kohut V, 44 b λαγνός, eig. Gefräßigkeit.

[2]) Jer. Kilajim 27 a unt., Gen. r. c. 7 Ende, s. oben S 350 Anm. 2.

[3]) Joma 76 a.

[4]) Jer. M. Kat. 82 c, tradirt von Jona und Chija (b. Abba); nach Jose: Chija im Namen S. b. L.'s der es im Namen des Patriarchen ינאי נשיא (also Jehuda II, doch) hat (Gen. r. c. 100 in der entsprechenden Traditionskette ר׳ יהודה הנשיא, also Jehuda I, vgl. oben S. 346, Anm. 7). In Gen. r. c. 100 tradiren diese Deduction Jirmeja und Chija b. Abba im Namen S. b. L.'s. Eine andere Deduction der Trauerzeiten, aus Deut. 34, 8, tradiren in jer. Moed Kat. ib. sowol Jirmeja und Chija (b. Abba) als Abahu und Jose b. Chanina im Namen S. b. L.'s, während in Gen. r. ib. die Traditionskette lautet: Berechja und Josua im Namen S. b. L.'s im Namen Jehuda's des Patriarchen (ר׳ יהודה הנשיא, s. das eben Bemerkte).

[5]) Baba Mezia 83 b oben. In j. B. Mezia 11 b sagt Ammi

Schule vorübergehend den Vers I Chron. 29, 21 recitiren hörte, bemerkte er, daß in demselben für die in der Mischna Beza 2, 4 gebrachten Ansichten der beiden Schulen Hillel und Schammai ein Beweis enthalten sei, je nachdem ob man bei dem Worte זבחים nicht absetzt und es so auf למחרת היום mitbezieht, oder ob man bei dem genannten Worte absetzt¹).

5.

Zu den biblischen Personen und Erzählungen.

Adam wurde nicht eher aus dem Garten Eden vertrieben, als er geschmäht und gelästert hatte; es erfüllte sich an ihm das Wort,

---

im Namen Jehuda's (des bab. Amoräers): תנאי בית דין הוא שתהא השכמה [מ]של פועלין והערבה [מ]של בעל הבית, mit Berufung auf unsere Psalmstelle, aus der also die gegentheilige Folgerung gezogen wäre: der Arbeiter muß mit Beginn des Tages, d. i. mit Sonnenaufgang bereits bei der Arbeit sein und am Abend mit Eintritt der Finsterniß von seinem Tagewerk bereits heimgekehrt sein. In diesem Sinne wird auch Simon b. L.'s Satz von R. Chananel erklärt (j. Tosafoth zu B. M. 83 b), und so findet er sich bereits in Schocher tob z. St. (§ 18) umschrieben. Daselbst sagt Abahu im Namen S. b. L.'s (Var. מכאן אמרו חכמים וכך דרשו ח') שתהא היציאה משל בעל הבית והכניסה משל פועל, dazu die Erklärung: die Sonne muß ihn bei ihrem Aufgange schon auf dem Felde bei der Arbeit treffen und beim Untergang der Sonne soll der Arbeiter schon heimgekehrt sein: יצא ist also hier vom Verlassen der Arbeit, כניסה vom Antreten der Arbeit gesagt. In Gen. r. c. 72 ist die andere (oben im Texte gegebene) Auffassung zur Geltung gebracht, als Autor Mana genannt, während Ammi im Namen S. b. L.'s hinzufügt: am Rüsttage des Sabbath sei dem Arbeiter die frühere Heimkehr zu gestatten, um noch das Nöthigste für den Sabbath vorbereiten zu können. Im jer. Talmud findet sich dieser Zusatz anonym, aber gemäß der Abweichung in der Hauptregel modificirt: ערבית בין השכמה בין הערבה משל בעל הבית.

¹) Jer. Beza 61 c oben, j. Chag. 78 a, erzählt von Jose b. Abun: מאן דמפסק לה בבית שמאי מאן דקרי כולה, בבית הלל ... — Andere Beispiele von S. b. L.'s halachischer Exegese: Gen. 2, 6, Sukka 11 b; Exod. 25, 2. Tanch. תרומה Anf. B. 2 (in j. Terum. Anf.: Samuel

Jef. 5, 2: Statt Trauben Herlinge¹). — Die Röcke, die Adam und seine Frau von Gott erhielt (Gen. 3, 21), hatten Aehnlichkeit mit dem Firmamente²). — Kajin wurde in der Ungewißheit drohender Bestrafung gelassen, bis die Sündfluth kam und auch ihn mit allen Wesen hinwegschwemmte; eine Andeutung hierauf birgt das Wort יקום, Gen. 7, 23, welches auf קין ויקם, 4, 8, hinweist³). — Der Name Noachs deutet an, daß die Todten in ihren Gräbern, die

---

b. Nachman); Exod. 25, 22 und 20, 22, j. Sabb. 2 d ob., Sutta 51 d; Lev. 19, 9, j. Pea 16 b unt. (zwei Versionen von Jona und Jose); Lev. 23, 29, Joma 80 b; Lev. 24, 6, Chag. 26 b und Par.; Num. 12, 14, j. M. K. 82 c; Deut. 12, 8, Zebach. 114 a (trad. von Ilaa); Deut. 25, 15, Baba Kam. 88 b; I Samuel 14, 26, j. Schebiith 39 d; II Sam. 1, 11, j. M. K. 83 c oben; Jef. 38, 16, j. Terum. 40 b; Jer. 9, 7, Chullin 30 a; Pf. 31, 19, Baba Mez. 75 b; Pf. 34, 22, Sanh. 81 b (ויהיבא רמיזא); Pf. 119, 62 und 148, j. Berach. 2 d. b. Berach. 3 b (trad. von Ammi und Zerika f. oben S. 356, Anm. 2). Ich weiß nicht, was die Controverse in Sch. tob zu Pf. 19, 10: צדקו יחדו ר"ש ב"ל אומר מקל וחומר ורבנן אמרו מגזירה שוה bedeuten soll. Vielleicht hängt sie mit Jannai's oben S. 41 unter Anm. 1 gebrachtem Ausspruche zusammen.

¹) (Gen. r. c. 19 Ende; ebenso in Tanch. B. בראשית 25: לא יצא אדם מגן עדן עד שחרף וגדף, doch mit der Deduktion aus der Analogie der hier (Gen. 3, 24) erwähnten Cherubim mit einem Ausdrucke im Gebete Chizkija's gegen die Lästerungen Sancherib's (II Kön. 19, 15): Chizkija ruft Gott, „der bei den Cherubim wohnet" an, als Erinnerung an die Cherubim, die dem lästernden Adam den Eingang zum Garten Eden wehrten. In Pef. r. c. 7 (26 b), wo dieselbe Deduction steht, lautet der Satz בין שיצא מן הדין התחיל מחרף ומג׳, ebenso in Num. r. c. 13 g. A.

²) Tanch. B. בראשית 24: במעשה השמים; darunter ist entweder die Farbe des Himmels gemeint, oder, was dem מעשה eher entspricht, die Art des Stoffes. Vielleicht ist dabei עור gedeutet, denn diesem Wort ist sinnverwandt גלד (f. Levy I, 33, 11 vgl. Hiob 16, 15), und mit dem Verbum גלד (fest werden, erstarren) wird die Art der Entstehung des Himmels (מעשה השמים) bezeichnet, f. Rab in j. Berach 2 c unt.: יגלד הרקיע und Samuel b. Nachman in Gen. r. c. 4 Anf.: גלדה טפה האמצעית ונעשו שמים. In Gen. r. c. 20 Ende ist S. b. L. eine andere Erklärung zu כתנות עור zugeschrieben, f. Buber zu Tanch. B. l. l. Zu berichtigen ist demgemäß die Angabe in Ag. b. T. II, 254, A. 2. Ueber den Satz S. b. L.'s, Gott habe dem Adam die Folge aller kommenden Menschengeschlechter sehen lassen, Sanh. 38 b, Aboda zara 5 a f. Ag. b. T. I, 236, Anm. 1, ib. 272, ib. II, 313. S. auch unten Abschn. 6, zu Hiob 38, 4.

³) (Gen. r. c. 22 g. E. und c. 22, tradirt von Levi; anonym in

bis dahin durch die aufsteigenden Fluthen aus ihrer Ruhe gestört wurden (Deutung zu Psalm 88, 6 und Amos 5, 8; 9, 6), zur Ruhe gelangten, vgl. ינוחו Jes. 57, 2¹). — Noach war „in seinen Zeiten" fromm, wie sehr wäre er es in anderen, besseren Zeiten gewesen²). — Abraham war drei Jahre alt, als er Gott erkannte; das ist in dem Worte עקב, Gen. 26, 5, angedeutet, dessen Zahlenwerth 172 um drei weniger ist als die Zahl der Lebensjahre Abrahams³). — Abraham ließ alle bei ihm einkehrenden Wanderer den Namen Gottes anrufen (in Gen. 21, 33 l. ויקרא): wenn sie, nachdem sie gegessen und getrunken hatten, sich erhoben, um ihn zu preisen, sagte er ihnen: Habt ihr denn von meinem Eigenthum gegessen und nicht vielmehr von dem, was dem „Gotte der Welt" zu eigen ist, danket ihm und preiset den, dessen Wort die Welt ins Dasein rief!⁴) — Die Steine, welche Jakob unter sein Haupt legte (Gen. 28, 11), vereinigten sich während der Gotteserscheinung in seinem Traume wunderbarerweise zu einem einzigen Steine (nach V. 18⁵). — Wie wenn zwei Athleten ringen und der Eine merkend,

---

Koh. r. zu 6, 3 und Exod. r. c. 31. Zum Ausdrucke תלאו ברסיו s. Levy IV 462 b.

¹) Gen. r. c. 25; s. oben S. 242, A. 8. Der Ausspruch S. b. L.'s ist ganz so eingeleitet, wie der Jochanan's.

²) Sanh. 108 a gegen Jochanan (oben S. 279, A. 3). — In Sanhedrin 108 b wird im Namen S. b. L.'s ein Gespräch zwischen Noach und dem Raben gebracht (תשובה נצחת השיבו עורב לנח), von dem eine andere Version in Gen. r. c. 33 gegen Ende Jehuda b. Simon zugeschrieben wird.

³) Gen. r. c. 30 (trad. von Levi), ib. c. 64, ib. c. 95, Schir r. zu 5, 16, Pes. r. c. 21 (105 a), Tanch. B. בהר 3. In Esther r. zu 2, 5, Tanch. לך לך g. Anf. ist dies Chanina zugeschrieben, in Nedarim 32 a unt. Ammi b. Abba.

⁴) Sota 10 a b (s. oben S. 376, A. 2). Zu Gen. r. c. 54 Ende dasselbe anonym und kürzer, im Anschluß an Nechemia's Erklärung des Wortes אשל. Was in Gen. r. c. 43 Jizchak mit Beziehung auf Gen. 14, 19 ausführt, enthält unseren Ausspruch zum Theile wörtlich.

⁵) Tanch. ויצא Anf., tradirt von Abahu. S. die Controverse zwischen Jehuda und Nechemia, Gen. r. c. 68 (Ag. b. T. II, 271); in Chullin 91 b ist Jizchak als Autor genannt. Das andere Wunder, das nach Jizchak (Chullin ib.) während des Traumes Jakob's geschah,

daß er unterliegen muß, aus Furcht, eine beschämende Niederlage zu erleiden, dem Stärkern die Hand küßt und seine Kampfeswuth stillt: so fürchtete auch Joseph, als er Juda's Zorn wahrnahm, ihm zu unterliegen und vor den Aegyptern eine Beschämung zu erleiden; darum gab er sich plötzlich seinen Brüdern zu erkennen[1]). — Jochebed, die Mutter Moses', wurde während des Einzuges Jakobs und seiner Familie in die Hauptstadt Aegyptens geboren und vervollständigte die Zahl der Familie Jakobs zu siebzig[2]).

Die Thora, welche Gott dem Moses gab, war ganz Feuer (nach Deut. 33, 2): das Pergament weißes Feuer, beschrieben mit schwarzem Feuer; die Lehre selbst Feuer, mit Feuer gemengt, aus Feuer gehauen, aus dem Feuer gegeben[3]). — Als Moses die Thora schrieb, führte er das Schreibrohr, in dem ein wenig Tinte geblieben war, über seinen Kopf; daher stammten die Glanzstrahlen seines Antlitzes (Exod. 34, 29[4]). — Zu Num. 27, 7. Moses

---

wird in Gen. r. c. 69 von Simon (b. Lakisch) im Namen Bar Kappara's tradirt (s. Ag. b. T. II, 512, A. 4) und in Tanch. B. ויצא 9 heißt es in Bezug darauf: אמר ריש לקיש נסים עשה הקב״ה עמו בשעה שראה את החלום; unter נסים sind vielleicht beide hier erwähnten Wunder zu verstehen.

1) Tanch. ויגש Anf. Zum Gleichnisse s. oben S. 343, A. 5.
2) Tanch. B. במדבר 19 (Tanch. hat לוי ר׳ שמעון). In Sota 12 a, Baba Bathra 120 a und 123 b wird diese Meinung, mit welcher die Schwierigkeit in Gen. 46, 27 gelöst werden soll, Chama b. Chanina, in Gen. r. c. 94 Sam. b. Nachman zugeschrieben.
3) Jer. Schekalim 49 d und j. Sota 22 d, tradirt von Pinchas; Schir r. zu 5, 11 Ende: כתיבה statt חריתה. Erweitert, bez. erläutert in Tanch. יתרו Ende: auch חיישה של אש של, d. i. die Näthe, welche die Pergamentstücke (עירותיה) verknüpfen, — die Engel, die bei der Offenbarung herunterkamen, Feuer (Ps. 104, 4), — gegeben von Gott, der dem verzehrenden Feuer gleicht (Deut. 4, 24), — und das Wort der Lehre kam aus dem Feuer (ib. 4, 36). In dieser merkwürdigen Dichtung über die erste Thorarolle soll der himmlische Ursprung der Thora und die ihr innewohnende, Alles besiegende, Alles durchdringende Gluth veranschaulicht werden.
4) Exod. r. c. 47 g. Ende, tradirt von Jehuda b. Nachmani. In der in der vorigen Anmerkung citirten Version im Tanchuma lautet ein Passus: פני משה נעשו והברהור של אש (mit Berufung auf Exod. 34, 29). — In Deut. r. c. 3 sind beide Sätze zu einem verbunden im Namen S. b. L.'s gebracht: התירה שנתנה למשה עורה של אש לבנה וכתיבה באש שחורה יתישה באש מלופפת באש ועם שבתיבה קינה את הקולמוס בשערו ומשה נטל

hätte über die ihm vorgelegte Rechtsfrage sofort Bescheid zu geben gewußt, aber weil die Frage erst den untersten Instanzen vorgelegt worden, und diese sie aus Achtung vor den höheren Instanzen an die letzteren gewiesen hatten und so fort, bis sie zu Moses gelangte, sprach Moses: Wenn ich nun entscheide, greife ich in Jener Recht ein, darum sagte er: Es giebt Jemanden, der größer ist als ich, „und er brachte ihre Sache vor Gott¹). — Der Rauchaltar litt wunderbarerweise von dem auf ihm angezündeten Rauchwerk keinen Schaden, es verzehrte nicht ihn, vielmehr „verzehrte er das Rauchwerk", was in מַקְטִר (Exod. 30, 1 activisch zu nehmen) an= gedeutet ist²).

Die Verantwortung der Gesammtheit für die verborgenen Sünden (Deut. 33, 28) der Einzelnen übernahm Israel beim Ueber= schreiten des Jordans. Josua sprach: wenn ihr sie nicht übernehmet, kommen die Fluthen und schwemmen euch hinweg!³) — Ruth war vierzig Jahre alt und als Frau Machlons ohne Kindersegen ge= blieben; das Gebet Boaz' (Ruth 3, 10) bewirkte, daß sie mit Leibesfrucht gesegnet wurde⁴). — Der Großvater Sauls, Abiel (I Sam. 9, 1) wurde auch Ner genannt (I Chr. 8, 34), weil er zu öffentlichem Gebrauche Lampen (נר) anzündete, und um dieses Verdienstes willen wurde seinem Enkel das Königthum zu Theil⁵). — Saul war ein Thorakundiger, denn — nach Prov. 8, 15 — durch die Thora wird Königen das Königthum gewährt⁶). — Als

---

רב שמואל in. In Tanch. כי תשא Ende muß nach Exod. r. ויי הפנים verbessert werden. In Tanch. B. כי תשא Ende (ר' שמעון בן לקיש) ר' שמ' ב"ל ist der Tradent als Autor genannt: (Var. נחמן) ר' יהודה בר נחמיה, s. oben S. 370 A. 2.

¹) Tanch. פנחס (B. 9), Num. r. z. St. (c. 21).
²) Jer. Chagiga Ende (79 d), Lev. r. c. 7. — Ueber das Wunder der Urim und Tummim s. oben S. 285, Anm. 1.
³) Jer. Sota 22 a oben. Dazu bringt Simon b. Zabbai den Beweis von Achans verborgener Sünde, ob deren die Niederlage bei Ai erfolgte. Vgl. b. Sanh. 43 b, Jochanan im Namen Eleazar b. Simon's (Ag. b, T. II, 405).
⁴) Ruth r. c. 6 g. Auf.
⁵) J. Schebiith 34 b, Lev. r. c. 9.
⁶) Midrasch Sam. c. 17. יהודה בר נחמן בשם ר' שמעון בן לקיש .. שהיה בן תורה. Auch von Jischai, dem Vater David's sagt S. b. L.

Saul, der die Zauberer aus dem Lande entfernt hatte (I Sam. 28, 7), selbst eine Zauberin aufsuchte, glich er einem Könige, der alle Hähne schlachten ließ und als er des Nachts abreisen wollte, sich nach einem Hahne umsah, der ihn wecken sollte[1]). — Saul bei Gott schwörend, während er die Todtenbeschwörerin befragt, gleicht einer Frau, die sich bei ihrem Liebhaber befindet und beim Leben ihres Mannes schwört[2]). — Als Saul mit Ergebung in das ihm bevorstehende Geschick in den Kampf gieng, sprach Gott zu den Dienstesengeln: Kommet und sehet, welch' ein Geschöpf ich in meiner Welt erschaffen habe! Selbst zu einem Hochzeitsmahle nimmt ein Mensch nicht gerne seine Söhne mit, um böses Auge fernzuhalten, und dieser geht in die Schlacht, wissend, daß er sterben muß und nimmt auch seine Söhne mit sich, weil er sich in das Walten der ihn treffenden göttlichen Gerechtigkeit willig ergiebt[3]). — Abners Ermordung war eine Strafe dafür, daß er in seiner Botschaft an David (II Sam. 3, 12) seinen Namen früher setzte als den Davids[4]).

(ib. c. 19), שהיה בן תורה, auf Grund der Bezeichnung בית הלחמי (I Sam. 16, 1), welche auf לחמי, Prov. 9, 5 hinweise. Auch bei diesem Ausspruche lautete die Einführung ursprünglich יהודה בר נחמן בשם רשב"ל, aber es wurde durch einen leicht begreiflichen Irrthum יהודה zum unmittelbar vorhergehenden מבית לחם gezogen, das verbleibende בר נחמן ergänzte Jemand zu רבי שמואל בר נחמן, während im Jalkut 3. St. daraus wurde: ר' נחמיה. — Der für Saul ungünstige Ausspruch היה שקמה של גרוסית, gehört nicht, wie aus j. Aboda zara 40 c. hervorgienge, Simon b. Lakisch an, sondern Samuel b. Jizchak, wie aus Gen. r. c. 25 g. Ende und c. 40 zu Auf., Midr. Samuel c. 28 ersichtlich ist; in Ruth r. c. 1 g. Anf. bloß שמואל ר', in Gen. r. c. 64 Anf. irrthümlich Samuel b. Nachman. Die Leseart des Jeruschalmi mag so entstanden sein, daß רשב"י zu רשב"ל wurde. Was unter שקמה של גרוסית (eig. Propfreis einer Sykomore, von dem keine genießbare Frucht zu erwarten ist) zu verstehen sei, sieht man Tanch. בחקתי g. Ende, wo der Ausdruck auf Jiphtach angewendet ist, zur Bekräftigung seiner Qualificirung als ריש בתורה: also gerade das Gegentheil des von S. b. L. über Saul Ausgesagten.

1) Lev. r. c. 26, Tanch. אמור (B. 4); anonym Midr. Sam. c. 24 Auf.
2) An den in der vor. Anm. genannten Stellen.
3) Lev. r. c. 26 g. (E., Tanch. אמור (B. 4).
4) S. oben. S. 165, Anm. 8.

Salomo herrschte zuerst über die oberen Wesen, nach I Chr. 29, 23 („auf dem Throne des Ewigen"), dann herrschte er über die unteren Wesen (I Kön. 5, 4), dann nur über Israel (Koh. 1, 12), dann nur über Jerusalem (ib. 1, 1), dann nur über seine eigene Lagerstätte (Hoh. 3, 7), endlich nur über seinen Stab, nach Koh. 2, 10: „dieser" ist mein Antheil von all' meiner Arbeit!¹) — Abija wurde deshalb bestraft, weil er den Propheten Achija geschmäht hatte²). — Die Buße der Niniviten (Jona 3, 4) war eine geheuchelte³). — נכאתו, II Kön. 20, 13, bedeutet Elfenbeinpaläste, die elastisch waren, wie Wachs⁴). — Am Tage, an welchem Gebini b. Charson starb, wurde Belschazar, Senator von Babel geboren⁵).

6.

Homiletisches.

Gen. 1, 2 enthält einen Hinweis auf die Weltreiche und den Messias⁶): תהו ist Babel (Jer. 4, 23), בהו Medien (ויבהילו Esther 6, 14), חשך ist das Reich der Griechen, welches die Augen Israels mit seinen Verordnungen „verfinstert" hat⁷), תהום ist das frevel-

---

¹) Sanh. 20 b.
²) S. oben S. 291, A. 6.
³) Jer. Taan. 65 b, Pesikta 161 a: תשובה של רמאות עשו אנשי נינוה.
⁴) Schir r. zu 3, 4: בתי השן נמשכין בשעוה הראה להם; s. Gen. r. c. 91 (Ende, wo נכאת (Gen. 43, 11) mit שעוה erklärt wird. — S. oben S. 293, Anm. 5.
⁵) Koh. r. zu 4, 8. Ich verzichte darauf, die räthselhafte historische Notiz erklären zu wollen. Daß חרסן an Crösus erinnert, der in der That ein Zeitgenosse Belschazars war, trägt nicht zum Verständnisse der Notiz bei. S. Kohut, Aruch III, 497.
⁶) Gen. r. c. 2: רשב״ל פתר קרייא במלכיות. Anonym und erweitert in Pesikta r. c. 33 (152 b).
⁷) שהחשיכה עיניהם של ישראל בגזירותיה; als solche Verordnung wird angeführt כתבו לכם על קרן השור שאין לכם חלק באלהי ישראל. Ebenso auch Josua b. Levi in dem oben S. 185, A. 4 gebrachten

hafte Reich (Rom), das unergründlich ist, wie die Tiefe; der Geist
Gottes ist der König Messias (Jes. 11, 2). Durch welches Verdienst
naht das Reich des Messias? Durch das Verdienst der Reue (Buße),
die dem „Wasser" gleicht (Echa 2, 19¹). — 1, 31. יום הששי (statt
יום ששי) weist auf den „sechsten Tag" des dritten Monats hin,
an dem die Thora offenbart wurde; Gott stellte den Werken der
Schöpfung die Bedingung: wenn Israel die Thora empfängt, wer=
det ihr Bestand haben, wenn nicht, so lasse ich euch in's Nichts zu=
rückkehren!²) — 2, 6. Wenn die Zerknirschung (שבר=אד) von der
Erde aufsteigt (im Gebete), tränkt der Regen die Fläche der Erde³).
— 2, 12. Das Gold ist nur um des Heiligthums willen, das es
bereinst schmücken sollte, geschaffen worden: „das Gold jenes Landes"

Ausspruche. In der Mechiltha zu Exod. 20, 18 (71 b). lautet die zweite
Deutung zu חשבה (Gen. 15, 12): כי שלהבת שהתחשבה עיניהם של ישי
בתעניות. In Gen. r. c. 44 ist dafür unser Satz zu lesen, während in Lev.
r. c. 13, Exod. r. c. 51 חשבה — gemäß der ersten Deut. in Mech. —
auf Medien bezogen wird. In Sch. tob zu Ps. 52, in der Erläuterung zu
dem oben S. 249, A. 2 citirten Ausspruche Jochanans, bloß השבה ני ין.
Samuel b. Nachman wendet unseren Satz modificirt in der Deutung von
בהרת, Lev. 13, 2, auf יין an, Lev. r. c. 15 (Ende, anonym Tanch.) תרדיי
Ende, wo die Verordnung lautet: כל מי שיש לו שיר יחקק על קרן הישי
שאין לי חלק באלהי ישראל. Im Scholion zu Meg. Taanith c. 2 (Ende
heißt es von der griechischen (syrischen) Tyrannei יתביען על מצחו של ישי
שאין חמד של מצחו לבעליהם חלק באלהי ישראל. — Wenn wie er=
klärt worden ist קרן הישיר in der ursprünglichen Fassung des Satzes, nicht
„Horn des Rindes" (etwa des Opferthieres) sondern „Ecke der Mauer"
(שור) bedeutet, dann darf an die Inschrift erinnert werden, welche nach
Jochanan (ob. S. 292) Achab an die Mauern Samarias setzte.

¹) Daß die Erlösung Israels von der Buße abhängt, war eine
These des Eliezer b. Hyrkanos s. Ag. d. T. I, 144. S. b. L. über Reue
s. oben S. 356.

²) Sabbath 88 a, Aboda zara 3 a, 5 a; Tanch. בראשית. Auf. (wo
vor אמר רשב"ל sonderbarerweise תניא steht). In Tanch. wird die Deutung
des ה in הששי nicht so aufgefaßt, wie es oben nach Raschi's Erklärung
umschrieben ist, sondern als Anspielung auf die ה׳ ספרים der Thora. Zur
Sache s. Chizkija zu Ps. 76, 9 (oben S. 56), Jochanan oben S. 249, A. 1.

³) J. Taan. 65 b oben; in Gen. r. c. 13 g. (s. Berechja als
Autor genannt (s. oben S. 372 A. 4). איד wird in der ganzen heil.
Schrift vom Targum mit תְּבַר (= hebr. שֶׁבֶר. z. B. Prov. 6, 18) wieder=

ist für den „guten" Berg (Deut. 3, 25¹). — 3, 22. „Wie der Eine" d. i. wie Jona²): sowie dieser vor Gottes Befehle floh, so floh auch Adam vor dem göttlichen Gebote, und sowie Jona nicht über Nacht in seiner Herrlichkeit verblieb (Jona 4, 8), so blieb auch Adam nicht über Nacht in der ihm zu Theil gewordenen Herrlichkeit (Pf. 49, 13³). — 12, 2. In den drei ersten Gliedern dieses Verses ist die Verheißung enthalten, daß in den Gebeten Israels Gott als Gott Abrahams, Isaaks und Jakobs gepriesen werden soll⁴). — 17, 16. Der Sara verheißene Segen bestand darin, daß die ihr fehlende Gebärmutter sich neu bildete⁵). — 25, 22. ויתרוצצו nach Notarikonart gedeutet: Der Eine (Esau, Rom) löst (התיר) die Gebote (צווי) des Anderen (Jakob's, Israels) auf und umgekehrt⁶). — 27, 37. איפוא nach אף zu deuten: Dir, Esau (Rom) sind Zorn und Grimm übergeben, d. i. die Tyrannei über die Völker⁷). — 27, 38. Esau war Einer von den Dreien, die mit Trugargumenten gegen Gott auftraten; er sprach: Wären wir beide (ich und Jakob) fromm, hätte dein Gott nicht genug der Segnungen für uns Beide?⁸) — 31, 3. „Kehre zurück in das Land deiner Väter und ich werde mit dir sein", d. i. erst dort soll mein Segen in deinem Besitze walten, denn in dem Besitz des Aus-

---

gegeben (Ausnahmen bilden nur Hiob 18, 12 und 31, 3: צערא und II Sam. 22, 19 = Pf. 18, 19: טלטולי d. i. (נודי), hier von S. b. L. im Sinne von תבר רוח (= שבר ר' Jef. 65, 14) gedeutet.

¹) (Gen. r. c. 16 Anf.; f. Jochanan zu Pf. 104, 15, oben S. 311, Anm. 1.

²) Nach Seder Olam c. 18 Anf. ist Jona unter dem „Einen" der Prophetenjünger in II Kön. 9, 1 zu verstehen.

³) Gen. r. c. 21 Anf. — Zu Gen. 3, 24 f. oben S. 297, Anm. 1.

⁴) Pesachim 118 a. והיה ברכה. beb. dann: werde zum Inhalte der Benedection.

⁵) Gen. r. c. 47 גלף לה הקב"ה עיקר מיטרין, tradirt von Judan.

⁶) Gen. r. c. 63. — Zu Gen. 25, 30 f. oben S. 298, Anm. 3.

⁷) Gen. r. c. 67, nach der richtigen Lesart מסירין לך. W. Einhorn meint, daß zu איפוא auch מה zu ziehen ist und beide Wörter in אף וחימה gedeutet sind.

⁸) Tanch. B. תולדות 24 זה אחד מג' בני אדם שבאו בעקיפין על הקב"ה. Gemeint ist die Baraitha in Sanh. 101 b: שלשה באו בעלילה אלו הן קין עשו ומנשה.

landes waltet nicht der rechte Gottessegen[1]). — 32, 7. עמו „gleich ihm"; jeder der Vierhundert befehligte gleich Esau je vierhundert Mann[2]). — Der Selbstüberhebung Jakobs, welche in 33, 20 berichtet ist[3]), folgte die Strafe in der durch Dina erlittenen Beschimpfung (34, 1 ff.) auf dem Fuße[4]). — 41, 40. Die Worte Pharao's „nur um den Thron bin ich größer als du" bilden eine Erläuterung zweier Schriftworte über das Verhältniß Israels zu Gott: Deut. 28, 13 „du sollst oben sein", aber meine Größe ist über der eurigen; Lev. 19, 2 „ihr sollt heilig sein", aber meine Heiligkeit ist über der eurigen[5]). — 41, 50. „Bevor das Jahr der Hungersnoth kam", denn in Jahren der Hungersnoth ist ehelicher Umgang verboten[6]). — 48, 15, „vor dem meine Väter gewandelt". Wie vor dem Fürsten seine Räthe einherziehen und seine Würde bekanntgeben, so zogen die Väter vor Gott einher und verkündeten seine Herrlichkeit[7]).

Exod. 1, 12. Warum יפרץ, ירבה anstatt רבו, פרצו? Der heilige Geist ist es, der die Worte spricht, als frohe Botschaft: so

---

[1] Gen. r. c. 74 Auf., tradirt von Ammi: אין היצה לארץ נכסי (בהם ברכה (אינם בכלל ברי. (Jalk.

[2] Gen. r. c. 75; in Tanch. B. וישלח 6 sagt dies S. b. Nachman. In einer anderen Serie von Aussprüchen zu diesem Verse in Gen. r. c. 75 g. E. sagt S. b. N. ארבע מאות קיסרי מלכים בתרים היו עמו (Esau erscheint da als Typus des römischen Kaisers, der Könige in seinem Gefolge hat) und Jannai: ארבע מאות ראשי גייסות היו עמו, also ungefähr dasselbe, was hier S. b. Lakisch. Dieser Satz Jannai's ist oben S. 42 nachzutragen.

[3] Gen. r. c. 79 Ende. S. b. L. erklärt לי mit „sich." Jakob „nannte sich selbst Gott," er sagte zu Gott: אתה אלוה בעליונים ואני אלוה בתחתונים. Ebenso deutet Pinchas die Worte אל ישראל, Gen. 49, 2, mit אל הוא ישראל אביהם, Gen. r. c. 98.

[4] Jb. tradirt von Huna: „Nichteinmal ein Synagogenaufseher nimmt sich selbst seine Würde und du thust es, morgen soll deine Tochter u. s. w. . . .

[5] Gen. r. c. 90 Auf., Lev. r. c. 24 Ende. שתי פרישיות הבתיב לי משה בתורה ואני לסדין מפרשת פרעה הרשע. Vgl. oben S. 369, A. 2.

[6] Jer. Taan. 64 d oben (wo ל־ל in ל־ל׳ aufgelöst ist), b. Taan. 11 a.

[7] Tanch. B. לך לך 26 gegen Jochanan, ob. S. 299. ישי und קני beb. wol den Patriarchen und die Gelehrten von Tiberias.

mögen sie sich vermehren¹). — 3, 13. Mit אנכי spielt Moses auf die Vermittlerrolle an, die er bei der mit אנכי beginnenden Offenbarung zwischen Gott und Israel zu führen berufen ist²). — 4, 19. Gestorben, d. i. verarmt³). — 8, 17. ערוב sind vermengte Schaaren von Gewild und Vögeln. Gott sprach zu den Aegyptern: Ihr habt feindliche Schaaren gegen meine Kinder gebildet, so lasse ich auch gegen euch die Vögel des Himmels und die Thiere der Erde Schaaren bilden⁴). — 15, 1. כי גאה גאה denn er ist stolz über alle stolzen Wesen: König unter den wilden Thieren ist der Löwe, König unter den Hausthieren der Stier, König unter den Vögeln der Adler, stolz erhebt sich über sie der Mensch, aber über sie alle und über die ganze Welt erhebt sich stolz die Macht Gottes⁵). — 33, 13. „Thue mir deine Wege kund". So wie du mich beschwichtigtest, als ich über Israel zürnte (Exod. 17, 4 f.) so gestatte, daß ich jetzt deinen Zorn beschwichtige⁶). — 34, 1. Die Worte אשר שברת enthalten die Billigung der Zerbrechung der Bundestafeln⁷).

Lev. 11, 2. תאכלו auch als תְּאָכְלוּ zu lesen⁸): Wenn ihr es verdienet, werdet ihr die Weltreiche (חיה) verzehren, wenn nicht,

---

¹) Sota 11 a, Exod. r. c. 1. — Zu Exod. 3, 3 s. oben S. 300, Anm. 5.

²) Exod. r. c. 3, tradirt von Simon (סימון), in dessen Namen Simon aus Lydda. Moses als סרסור oben S. 386, Anm. 4, Levy III, 595 b.

³) Nedarim 64 b.

⁴) Exod. r. c. 11 g. Anf. In Sch. tob. zu Ps. 78, 45 (§ 11) anders gewendet: אתה בקשת לערבב את זרע אברהם אוהבי אני מערבבך מן העולם. —

⁵) Chagiga 13 b. שירו למי שמתנאה על הגאים. In Mech. 3. Stelle (35 b), aber mit ganz anderer Anwendung: מתנאה הוא על המתנאים. Die Erläuterung, welche — nach Raschi's Bemerkung — auf Ezech. 1, 10 beruht, wäre nach dem vorangehenden דאמר מר ein Citat, doch stehen die beiden Worte nicht in der Münchener Hs.

⁶) Sch. tob zu Ps. 25, 4, tradirt von Zeira.

⁷) Sabbath 87 a, s. oben S. 368, Anm. 3. — Zu Exod. 30, 12 s. Pesikta 19 a, Aehnliches wie Jochanan oben S. 301.

⁸) S. Jes. 1, 19 f.

werdet ihr von ihnen verzehrt werden¹). — Num. 3, 47. Zur Sühne dafür, daß Jakobs Söhne den Erstgeborenen Rachels (Joseph) um 20 Silberstücke verkauften (Gen. 37, 28), wurde den Nachkommen das Gebot, jeden Erstgeborenen mit 20 Silberstücken, d. i. fünf Schekel auszulösen²). — Das Gesetz von der treulosen Frau, Num. 6, 11, folgt nach dem über die dem Priester gebührenden Weihegaben, um zu sagen: Gieb deine Gabe dem Priester; wenn du's nicht thust, fürwahr ich nöthige dich, deine Frau zum Priester zu bringen (V. 15³). — Num. 11, 32 וישטחו als וישחטו gelesen, deutet an, daß Israel sich einer todeswürdigen Sünde schuldig gemacht hatte⁴). — In Num. 16, 29 liegt eine Andeutung der Pflicht des Krankenbesuches⁵). — Deut. 11, 17 (ועצר). Wenn der Himmel verhindert wird, Regen zu spenden, gleicht er einem Weibe, das kreist und nicht gebärt⁶). — 26, 16. „An diesem Tage". Nach dem Gebete (V. 15) ergeht eine Himmelsstimme und sagt: Mögest du im kommenden Jahre wieder bringen, wie an diesem Tage; so sagt man Jemandem, der uns eine neue Frucht schenkt: Mögest du auch im kommenden Jahre schenken können!⁷) — Zu 28, 12 und 24. Gott spricht: Wenn du deinen Zehnten aus dem Besten entrichtest, werde auch ich dir „meine gute Vorrathskammer öffnen"; wenn du mir ihn aber von geringwerthigen Fruchtarten zukommen läßt, erhältst auch du von mir „Staub und Sand" statt Regens⁸). —

---

¹) Lev. r. c. 13.

²) Pesikta 19 b, Tanch. B. כי תשא 7, tradirt von Berechja und Levi.

³) Lev. r. c. 15 g. E. — Vgl. oben S. 302, A. 2.

⁴) Joma 75 a; er erklärt vielleicht להם וישחטו sie zogen sich selbst (s. S. 392, A. 3) die Strafe des Geschlachtetwerdens zu S. Ag. d. T. II, 208, 317.

⁵) Nedarim 39 b חולים מן התירה לבקר רמז. Die Erläuterung der Deduction giebt daselbst Raba: פקדת כל אדם beh. den Besuch der Menschen beim Kranken, der auf seinem Lager dessen gewärtig ist „gleich allen Menschen zu sterben."

⁶) Taan. 8 a unten, dazu eine von S. b. L. im Namen Bar Kappara's tradirte Parallele zwischen Regen und Weib.

⁷) Tanch. כי תבא Auf. (V. 2).

⁸) Pesikta 100 a, Tanch. ראה (V. 17). Eine kürzere — wol auch

33, 10. Das „Rauchwerk" ist eine Anspielung auf Aharons sühnendes Rauchwerk, mit welchem er der Seuche Einhalt that (Num. 17, 12¹).

Richter 4, 18. „Wir haben die ganze heilige Schrift durchgenommen" und kein Geräth gefunden, das שמיכה hieße; das Wort ist als שְׁמִי כֹּה zu deuten: mein Name ist Zeuge, daß jener Frevler Jael nicht berührte²). — I Sam. 1, 6 בעבור הרעימה „um sie murren zu machen" nämlich gegen Gott. Gott aber sprach zur böswilligen Urheberin der Kränkung Channas: Wozu machst du sie gegen mich murren (wörtlich „donnern"), fürwahr dem Donner soll Regen folgen! Du wirst die Veranlassung sein, daß ich ihr Kindersegen zu Theil werden lasse³). — II Sam. 24, 25. ויעתר ist hier sowie Gen. 25, 21 angewendet: sowie dort die Erhörung des Gebetes die Geburt von Zwillingen herbeiführte, so ist auch hier reicher Kindersegen die Folge der Erhörung, und die in den Tagen Davids entstandenen Lücken in der Bevölkerung wurden in den Tagen seines Sohnes Salomo reichlich ausgefüllt, nach I Kön. 4, 20⁴).

Jes. 5, 14. לבלי חק, gegen den, der auch nur ein Gesetz unerfüllt läßt⁵). — 8, 20. Gott heißt Israel den heidnischen Völkern sagen: Wenn der Zauberer nicht sich selbst Klarheit erglänzen lassen kann, wie sollte er es Anderen thun!⁶) — 38, 2. קיר ist die Wand des Herzens, nach Jerem. 4, 19⁷). — 42, 21. „Gott will" daß

---

inhaltlich abweichende — Version dieses Ausspruches hat Gen. r. c. 51 g. A.: .... אוצרו הטוב מכאן ישיש אוצרות רעית

¹) Tanch. תצוה Ende, trad. von Abahu.
²) Lev. r. c. 23 g. E. כה als Betheuerungs-, Schwurpartikel genommen.
³) Midr. Sam. c. 1. g. Ende; anonym Pes. r. c. 43. Ende (182 b).
⁴) Pes. r. c. 11 (44 b), tradirt von Jehuda b. Simon. Im Midr. Sam. c. 32 fehlt diese Deutung. — Die Deutung von I Sam. 24, 14, mit welcher S. b. L. den Lehrvortrag über Exod. 21, 12 einleitete (Makkoth 10 b), findet sich auch in der Mechiltha zu Ex. 21, 12 (80 a).
⁵) Sanh. 111 a. Dagegen Jochanan (oben S. 327, A. 6 Ende).
⁶) Lev. r. c. 6 Ende. In Tanch. אמור Anf. (V. 3) umschrieben:
האובות והידעונים על עצמן אין מעלין את השחר שהן נתונין באופל וכל שכן על אחרים.
⁷) Berach. 10 b.

seine Geschöpfe „siegen" (צדק). Wenn ich siege — so spricht Gott
— büße ich ein und wenn ich besiegt werde, gewinne ich: Ich siegte
über das Geschlecht der Sündfluth und verlor all' jene Menschen=
massen, ebenso beim Geschlechte der Sprachentheilung und bei den
Sodomitern; als mich aber Moses bei der Sünde des Goldkalbes
mit seinem Gebete (Exod. 32, 11) besiegte, gewann ich all' jene
Menschenmassen[1]). — 49, 14 f. Die Gemeinde Israels[2]) spricht
vor Gott: Selbst wenn ein Mensch eine zweite Frau zur ersten
nimmt, gedenkt er des Thuns der Ersten, du aber hast mich ver=
lassen und vergessen! Darauf Gott zum Propheten: Gehe hin und
sage der Gemeinde Israels: ich habe zwölf Sternbilder erschaffen
mit zahllosen Sternen[3]), sie alle habe ich um deinetwillen erschaffen,
und du sagst, ich hätte dich vergessen und verlassen[4]). Darauf

---

[1]) Pes. r. c. 40 (166 b).

[2]) S. oben S. 370, A. 3.

[3]) Im Texte wird die Welt der Gestirne als organisirtes Heerlager
beschrieben mit zum Theil unzweifelhaft erkennbarer Nachahmung des
römischen Kriegswesens. Das sonst nicht vorkommende רהטי, das eine
merkwürdige, aber hier schwerlich in Betracht kommende Aehnlichkeit mit
dem arabischen „rahtun" (רהט) zeigt, wäre nach Sachs, Beiträge I, 112,
Levy IV, 431 a: צדרוטפ ruta, manipulus militum: wahrscheinlich aber
sind רהטין und קרטין nichts anderes als eine Doppelform desselben Wortes,
welche auf die römische Cohorte zurückgeht. Ferner muß קסטרא (= castra)
aus sachlichen Gründen an die erste Stelle gerückt werden und die Organi=
sation hätte demgemäß folgende Gestalt: Zu jedem der 12 Sternbilder
gehören dreißig Heere (Armeen), zu jedem Heere dreißig Castra (Lager),
zu jedem dieser Castra dreißig Legionen, zu jeder Legion dreißig Cohorten,
zu jeder Cohorte 365 Sterne (das gäbe im Ganzen 3,547,800,000 Sterne).
Die Sterne entsprechen den einzelnen Soldaten. Wenn רהטי besonders zu
rechnen wäre und der Manipel entspräche, so würde der Schluß lauten:
„zu jeder Cohorte dreißig Manipeln, zu jeder Manipel 365 Sterne. Es
soll mit dieser hyperbolisirenden (eine Lesart hat sogar anstatt 365
ebensoviele אלפי רבוא) Uebertragung der römischen Kriegsverfassung auf
die Sternwelt (hebr. צבא השמים, das Heer des Himmels) der Gedanke der
in der letzteren herrschenden vollkommenen Ordnung zum Ausdrucke ge=
bracht werden, zugleich zur Erhärtung dessen, das es kein Vergessen bei Gott
giebt, dem jedes einzelne Glied dieser ungeheueren Armee fortwährend
gegenwärtig ist (s. Jesaia 40, 26).

[4]) Hier folgt die Deutung von V. 15 a, wonach עזלה = עילה und

sprach die Gemeinde Israels: Da es vor dem Throne deiner Herrlichkeit kein Vergessen giebt, wirst du wol auch die Schuld des Goldkalbes mir nicht vergessen? „Diese (אלה, Anspielung auf Exod. 32, 5) sollen vergessen werden". Sollteft du aber mir das Verdienst vom Sinai (die willige Annahme der Lehre) vergessen? „Ich (אנכי, Anspielung auf das erste Wort des Dekalogs) vergesse dich nicht"[1]). — 59, 3. „Eure Hände sind mit Blut befleckt", das geht auf die Richter, „eure Finger mit Sünde" auf die Gerichtsschreiber, „eure Lippen reden Lüge" auf die Rechtsanwälte, „euere Zunge spricht Ungerechtigkeit" auf die Proceßführenden[2]). — 66, 24. Die Frevler verharren auch an den Pforten der Hölle in ihrer Abtrünnigkeit, denn es heißt הפושעים und nicht אשר פשעו[3]). — Jerem. 25, 9 (27, 6). Warum nennt Gott Nebukadnezar, gleich David, seinen Knecht? Gott wußte, daß Israel einst darüber klagen werde, an Nebukadnezar verkauft worden zu sein; darum nennt er ihn schon lange vorher seinen Knecht, denn wem gehören die Güter, die der Knecht erworben hat?[4]) — Ezech. 1, 10. Warum ist in 10, 14 anstatt des Stieres der Cherub genannt? Auf des Propheten Gebet wurde das an die Sünde vom Goldkalbe mahnende Stiergesicht in ein Cherubgesicht verwandelt[5]). — Amos 2, 9 b geht auf die Horniffen (Exod. 23, 28, Jos. 24, 12), welche die Kanaaniter „oben" blendeten und „unten" castrirten[6]). — Zephanja 2, 3, אשר משפטו פעלו. Wo Gottes Gericht waltet, dort bringt er auch

---

רחם = רָחַם, das Ganze auf die Opfer und Erstgeburtweihen Israels in der Wüste hinweist; den ersten Theil dieser Deutung hat in Pesikta 133 b Abahu.

[1]) Berachoth 32 b; im Anschluß daran wird der oben S. 99, A. 4 gebrachte Ausspruch Hoschaja's angeführt.

[2]) Sabbath 139 a, tradirt von Eleazar b. Malai. — Zu Jes. 64, 4 s. oben S. 229, A. 3.

[3]) Erubin 19 a. Anders ausgedrückt Sch. tob zu Ps. 1 Ende (שמעון ר׳ בשם הונא ר׳ :והולכין פושעין שעדיין).

[4]) Sanh. 105 a. Vgl. Berechja's Deutung zu Gen. 27, 37, Gen. r. c. 67.

[5]) Chag. 13 b. Ezech.'s Gebet lautet: Herr der Welt, kann der Ankläger ein Vertheidiger werden?

[6]) Sota 36 a.

das was die Richtenden des Guten gewirkt haben, zur Geltung¹).
— Zach. 10, 1. Das Wort לאיש beweist, daß Regen zuweilen auch
um des Bedürfnisses eines Einzelnen willen gewährt wird²).
Pfalm 3, 8. Für שברת lies שרבבה, verlängerst du³). —
16, 5 f. Das Loos ist das am Sinai erhaltene, die Antheile
(חבלים) sind die mündliche und schriftliche Lehre⁴). — 35, 16. Ob der
Schmeichelei, mit der die Anhänger Korachs ihm schmeichelten, weil
er sie bewirthete (מעוג), fletschte der Fürst der Hölle gegen sie die
Zähne⁵). — 43, 3. „Sende dein Licht" d. i. Moses, nach Exod.
34, 29, „und deine Wahrheit", d. i. Aharon, nach Deut. 33, 8⁶).
— 44, 23. „Deinetwillen werden wir alle Tage getödtet", das sind
die Weisenjünger, welche die Satzungen vom Schlachten am eigenen
Halse zeigen⁷). — 47, 6. Wenn — am Neujahrsfeste, dem Tage
des Gerichts — der Schofar geblasen wird, wandelt Gott die
Eigenschaft der Gerechtigkeit in die des Erbarmens⁸). — 77, 11.
Israel spricht: Sind es „Krankheiten", durch die ich leide, dann
giebt es Hoffnung, denn wer krank ist, darf hoffen gesund zu wer=
den; ist es aber „Veränderung der Rechte des Höchsten" (vollstän=

---

¹) Jebam. 78 b. In j. Kiddufchin 65 c oben ist Eleazar als
Autor dieser Deutung genannt.

²) Taan. 9 b.

³) Berach. 54 b, Meg. 15 b, Sota 12 b, mit Beziehung auf eine
Legende von Moses' Kampf mit Og. S. b. L. scheint aber seine Deutung
unabhängig von dieser Beziehung gegeben zu haben, vielleicht in dem Sinne,
daß die Frevler vergeblich Begierde hegen, ihre Zähne lang machen. — Zu
Pf. 14, 7 f. oben S. 176, A. 7.

⁴) Sch. tob z. St., tradirt von Jehuda (im Jalkut ר"ש בן לוי).
— Zu Pf. 18, 17 f. oben S. 271, A. 7.

⁵) Sanh. 52 a.

⁶) Pesikta 45 b, trad. von Jehuda b. Nachman; als Prooemium
zu Exod. 12, 2.

⁷) Gittin 57 b.

⁸) Pesikta 151 b, Pesikta r. c. 40 (168 b), Sch. tob z. St., tradirt
von Jehuda b. Nachman; in Lev. r. c. 29 ist der Tradent als Autor
genannt: יהודה בר נחמני פתח. Die Grundlage der Anschauung bildet der
Wechsel der Gottesnamen in unserem Verse nach dem bekannten Kanon
אלהים = מדת הרחמים = יהוה, מדת הדין =

bige Abwendung Gottes von mir), dann giebt es keine Hoffnung¹). — 91, 46. Ein „Schild" werde ich — spricht Gott — demjenigen, der sich „beschäftigt mit der Wahrheit" der Thora²). — 93, 3. Als die Philister die Lade gefangen weggeführt hatten, überhoben sie sich³) und sagten: Nicht die Lade allein, auch ihren Herrn haben wir gefangen. „Es erhoben die Ströme — die Philister⁴) — ihre Stimme". Darauf sagte Gott: „Erheben (bekommen) sollen die Ströme ihre Zermalmung" durch schwere Heimsuchungen⁵). — Der 98. Psalm war das Lied, das die den Wagen mit der Lade aus dem Lande der Philister ziehenden Kühe sangen⁶). — 101, 6. Wer mir in dieser Welt gedient hat, der „wird mir dienen" in der kommenden Welt⁷). — 105, 24. Beide waren mächtig, aber der Eine mächtiger als der Andere, wie wenn von zwei großen Getreidehaufen auf dem Markte der eine größer ist als der andere,

---

¹) Pesikta 130 b, Echa r. zu 1, 2 aramäisch; der erste Theil muß in Pes. lauten: אין חלאין הן אית סברא דמאן דתשיש סופיה דמתסיא (in Echa r. כל דחשש סופיה סבריא ..). In Tanch. B. תשא 14 steht bloß dieser Theil des Ausspruches, hebräisch: אם חולים הם יכולים הם להתרפאות.

²) Tanch. נשא (B. 28): (עוסק = סוחר) צנה אני עושה לכל מי שהוא סוחר בתורה. In Sch. tob z. St. und Num. r. c. 12 g. Auf. זיין (Corr. כן) statt צנה, statt בתורה באמתה של תורה, was dem Textworte Rechnung trägt. In Tanch. משפטים Ende (B. 10 Ende): כל מי שמשמר את התורה צנה וסוחרה אמתו, b. i. die Thora bewahrt den, der sie bewahrt.

³) התחילו מתגאין, s. oben S. 393, A. 5.

⁴) ואין נ' אלא פלשתים שני הנגי מעלה עליך את [Jalk. מי] הנהר וכו'. Dieses Pseudo-Citat verbessert Buber zu Jes. 8, 7, wo aber nicht von den Philistern die Rede ist.

⁵) Sch. tob z. St. (אני מדבם = דבים). Dann wird die Art dieser Heimsuchung nach der oben S. 378, A. 9 gebrachten Controverse angegeben.

⁶) Aboda zara 24 b, in Bezug auf die Deutung Meirs וישרנה, I Sam. 6, 12 (Ag. d. T. II, 52·; vorher die Meinung Jochanan's: Jesaia 12, 4 f., nachher die von Eleazar: Ps. 99, und die von Samuel b. Nachman: Ps. 93. In Gen. r. c. 54 hat Joch. Ps. 96, Eleazar Ps. 105 (= Jes. 12, 4), die Gelehrten Ps. 97, Samuel b. Jizchat (Tradent Jirmeja) drei Psalmen: 96, 98, 99. In Midr. Sam. c. 12 wie in Gen. r., nur statt Eleazar: Simon b. Lakisch.

⁷) Sch. tob z. St., tradirt von Chama, nach Anderen von Nechemja.

ober von zwei Helben der eine ſtärker als der andere[1]). — 110, 4. Gott ſpricht: „Dir der Thau für deine Nachkommenſchaft." Als ihr Ahne Abraham meinen Willen erfüllte, „ſchwur ich ihm zu und bereue es nicht", daß ich ſeinen Kindern niemals den Thau ent= ziehen werde[2]). — 146, 5 שברו beb. Joſeph, die Hoffnung der Welt; während er in Aegypten war, ſah Jakob durch den heiligen Geiſt, daß dort „ſeine Hoffnung" ſei. In Gen. 42, 1 iſt שבר wie שבר zu leſen[3]).

Prov. 28, 15. Der Löwe iſt Nebukadnezar, nach Jer. 4, 7, der Bär Ahasverus, Dan. 7, 5, der böſe Regent Haman, über das arme Volk, d. i. das an Geboterfüllung arme Israel[4]). — Nach Hiob 34, 30: Beſſer iſt es für die Menſchen, ſich Flügel wachſen zu laſſen und in die Luft zu fliegen, als daß ſie der Herrſchaft eines ruchloſen Königs ausgeliefert werden[5]). — 38, 4. Gott fragt Hiob: Sage mir, an welchem Orte des Urmenſchen deine Natur= anlage (איפה εὐφυΐα) haftete, an ſeinem Haupte, ſeiner Stirne oder irgend einem ſeiner Körpertheile; wenn du das weißt, darfſt du mit mir rechten[6]). — 38, 15. Das ſchwebende ע in מרשעים, wodurch das Wort von unten geſehen מרשים (= מראשים), von oben ge= ſehen מרשעים bietet, will andeuten: Wenn der Menſch unten (auf

---

[1]) Sch. tob. 3. St. Das erſte Gleichniß lautet nach Jalkut z. St. לשני כריין שהיו בסידקי (vgl. Echa r. zu 1, 1: לבדי שהיה עומד בסידקי), daraus corrumpirt: לשני ישרים שהיו בבשילקי.

[2]) Jer. Berach. 9 b, j. Taan. 63 d.

[3]) Tanch. zu Gen. 42, 1; in Gen. r. c. 91 Auf. anonym und anders ausgedrückt.

[4]) Megilla 11 a, als Prooemium.

[5]) Eſther r. Einl., ſ. Jochanan oben S. 312. Ju Deut. r. c. 5 iſt S. b. L.'s Deutung J. zugeſchrieben, während S. b. L.'s Name zwar genannt, aber keine Deutung von ihm mitgetheilt wird. Der Aus= ſpruch lautet dort: אם ראית חנף ורשע מנהיג את הדור נוח לו לדור לפרוח באויר ולא להשתמש בו; daran ſchließt ſich die Erläuterung: מטיקשי עם bedeute das Fliegen, nach Amos 3, 5.

[6]) Erob. r. c. 40 g. Auf., zur Erhärtung eines anonymen aber an einen Satz S. b. L.'s (ſ. oben S. 384. A. 2 Ende) anklingenden Aus= ſpruches: עד שאדם הראשון מוטל גולם לפני הקב״ה כל צדיק יצדיק שעתיד לעמוד ממנו יש שהוא תלוי בראשי של אדם ויש שהוא ת׳ בשערי ויש במצחו ויש בעיניו ויש בפיו ויש בחוטמו ויש באזני׳.. יש. Adam ent=

Hohelied 1, 13. Die Gemeinde Israels spricht vor Gott: צרור du haſt die Aegypter bedrängt (הצרת) in ihren Erſtgeborenen, המור du haſt ihnen Bitterkeit bewirkt (המרת) in ihrer Seele; ſelbſt wenn der Aegypter den Israeliten bat, ſeinen Erſtgeborenen unter den eigenen Kindern zu verbergen, „zwiſchen meinen Brüſten", traf ihn auch dort der Würgengel[2]). — 6, 2. „Mein Freund", d. i. Gott, „gieng hinab in ſeinen Garten", die Welt, „zu den würzigen Beeten", zu Israel, „um zu hüten in den Gärten", den Völkern der Welt „und abzupflücken Lilien", das ſind die Frommen, die er durch den Tod aus ihrer Mitte entfernt[3]). — 7, 3. Der Volks=

---

hält im Keime alle künftigen Menſchengeſchlechter, ſpeziell die Frommen derſelben, und deren natürliche Beſchaffenheit iſt durch den Theil des Ur= menſchen beſtimmt, dem ſie im Keime inhärirten. Es iſt das ein merk= würdiges, vielleicht nicht zufälliges Zuſammentreffen mit der indiſchen Idee, daß aus den verſchiedenen Körpertheilen des Brahma die verſchiedenen Kaſten hervorgiengen, aus ſeinem Haupte die Brahmanen, aus ſeiner Bruſt die Krieger, aus ſeinem Unterleibe die Ackerbauer und aus ſeinen Füßen die Çudras. An unſerer Stelle deutet S. b. L. איפה (vgl. oben S. 391 zu Gen. 27, 37) im Sinne des ſonſt in der Form אפי oder אופי vorkommenden Wortes, ſ. Levy I, 140 a, Kohut I, 213 b.

¹) Sanh. 103 b, nach der Erklärung bei Blau, Maſſoretiſche Unterſuchungen, S. 56, die durch die Leſeart der Münchener Handſ. כיון שנעשה אדם רש מלמטה נעשה רשע מלמעלה beſtätigt wird. Der Sinn iſt: Wer zur irdiſchen Herrſchaft gelangt, den läßt der Mißbrauch der Herr= ſchaft früher oder ſpäter vor Gott als Frevler erſcheinen. Die Frage ולא נכתביה כלל bedeutet: Möge dann bloß מרשים (= מראשים) geſchrieben werden? Denn dann ergäbe ja der Sinn des Verſes ſchon von ſelbſt den eben ausgeſprochenen Gedanken, da geſagt iſt, daß denen, die zur Herrſchaft gelangen, ihr Licht entzogen und der erhobene Arm zerbrochen wird. Darauf antworten Jochanan und Eleazar, der Eine: es ſei mit Rückſicht auf David, der Andere, es ſei mit Rückſicht auf Nechemja nöthig geweſen, durch das ſchwebende y darauf hinzuweiſen, daß nur von ſolchen Herrſchern die Rede iſt; die als רשעים bezeichnet werden können, nicht aber von Frommen, wie David, bez. Nechemja.

²) Schir r. z. St. — Zu Hoh. 5, 3 ſ. oben S. 316, Anm. 4; zu 6, 7 (4, 3) S. 371, A. 2.

³) Aus einer Grabrede über Chija b. Abba an den oben S.

körper Israels wird mit dem Weizenhaufen verglichen: sowie bei diesem die Abfälle mitgemessen werden so zählen auch bei Israel Alle mit, selbst „die Holzhauer und Wasserschöpfer" (Deut. 29, 9 f.[1]). — Echa 5, 22. Ist Israel von Gott „verworfen", dann giebt es keine Hoffnung, ist es aber nur ein „Zürnen", dann giebt es Hoffnung, denn wer zürnt, wird sich versöhnen lassen[2]). — Koh. 5, 12. „Der Reichthum, der seinem Eigenthümer zum Unheile bewahrt wird", das ist der Reichthum Korachs, s. Deut. 11, 6[3]). — 10, 11. Dereinst werden alle Thiere zur Schlange kommen und sie fragen: Der Löwe, der Wolf zerreißen ihre Beute, um sie zu verzehren, welchen Vortheil hast du von deinen Bißen? Die Antwort der Schlange lautet: „Der Verleumder hat auch keinen Vortheil" und verleumdet dennoch[4]). — Esther 3, 9. Gott sah voraus, daß Haman dereinst für Israel Geld zahlen werde, und sprach: Es ist besser, daß das Geld (der halbe Schekel) meiner Kinder dem Gelde jenes Frevler vorangehe! Darum liest man vor Purim den Abschnitt vom Schekel[5]). — Die in Ezra 2, 59 Genannten hätten es verdient zu einem „Salzhaufen" zu werden, jedoch schwieg die göttliche Gerechtigkeit und verschonte sie[6]).

341, Anm. 1 angeführten Stellen. Das Gleichniß, das in j. Berach. 5 c oben sich anschließt, gehört nach Schir r. Samuel b. Nachman an.

[1]) Schir r. z. St., verschieden ausgedrückt Tanch. אשׂא ב׳ Auf. (B. 2). In Sch. tob zu Pf. 2, 13 ist S. b. L. die Deutung zugeschrieben, welche nach Schir r. Jizchak gehört. Zur Sache s. oben S. 371, A. 2.

[2]) Pesitta 130 b, Echa r. z. St. und zu 1, 2 (wo ביש״ל gelesen werden muß statt ריב״ל). Es ist ein Seitenstück zu der Deutung von Pf. 77, 11 (oben S. 398).

[3]) Pesach. 119 a, Sanh. 110 a. In Koh. r. z. St. sagt dies ר׳ יהושע, in Exod. r. c. 31 ist es anonym.

[4]) Taan. 8 a, Arachin 15 b. Vgl. Samuel b. Nachman unten (Cap. XIV, Auf. des 1. Abschn.

[5]) Jer. Megilla 70 d unten, 74 a, tradirt von Levi; in anderer Version (ohne Tradenten) b. Megilla 13 b.

[6]) Jer. Kiddushin 65 b unt., trad. von Levi.

7.
Gruppensätze. Gleichnisse. Agadische Kühnheiten.

Von Dreien steht geschrieben, daß ihnen ein „gutes Greisenalter" beschieden war, von Abraham (Gen. 25, 8) und David (I Chron. 29, 28), denen es gebührte, und von Gideon (Ri. 8, 32), dem es nicht gebührte, weil er im Alter zum Götzendienste Anlaß gab (ib. V. 27[1]). — Drei verleugneten ihre Prophetengabe, damit Gottes Walten offenkundig werde: Moses, Num. 16, 29, Elija, I Kön. 28, 37, Micha, ib. 22, 28[2]). — Sieben mit Licht gefeierte Weihefeste gab es an den sieben Tagen der Weltschöpfung: am ersten Tage sprach Gott: Es werde Licht! (Gen. 1, 3); am zweiten Tage, als das Firmament erschaffen und gleichsam der feste Grund des Weltgebäudes gelegt wurde, war es das Licht der Thora (Prov. 6, 23), das zu dem Werke leuchtete; am dritten wurde unter den Bäumen auch der lichtspendende Oelbaum erschaffen (Exod. 28, 20); am vierten nebst den Himmelsleuchten der Thron David's, die „Leuchte des Gesalbten" (Ps. 89, 37 f., ib. 132, 17): am fünften Tage die leuchtenden Blitze (Ps. 77, 7); am sechsten Tage das erste Menschenpaar, mit der Leuchte Gottes, der Seele (Prov. 20, 27); am siebenten Tage war es Gott selbst, der leuchtete, wie wenn ein König seine Tochter verheiratet und freudestrahlend im Hochzeitsgemache steht[3]). Dieses „Licht der sieben Tage" ist erwähnt in Jes. 30, 27[4]). — Den preisenden Erwähnungen der Frommen

---
[1]) Gen. r. c. 44, 62.
[2]) Jer. Sanh. 28 a oben: פי׳ שלשה כפרו בנבואתם מפני פורעניא beb. nach N. Brüll φανέρωσις.. — An den citirten Stellen knüpft der betreffende Prophet seine Vorhersagung eines Ereignisses an irgend eine Bedingung, verleugnet also seine Fähigkeit, das Eintreffen des Ereignisses prophetisch vorauszuwissen.
[3]) S. oben S. 85.
[4]) Jelamdenu in Jalkut zu Gen. § 47 Ende, vgl. B. H VI, 88 דרש רשב״ל שבע חנכות הן; anonym findet sich ein Ausspruch mit gleicher Einleitung Pesikta r. c. 2 Ende (7 b), wo aber die sieben Weihefeste der Weltschöpfung, des Wüstenheiligthums, des ersten und zweiten Tempels, der Mauern Jerusalems, der Hasmonäer, der kommenden Welt aufgezählt werden, letzteres ebenfalls nach Jes. 30, 27; ebenso anonym ib. c. 2 Auf. (wo die Reihenfolge ist: 1, 5, 4, 6, 7, 2, 3).

stehen ähnlich ausgedrückte schmähende Erwähnungen der Frevler gegenüber¹): Bezalel und Achan, Beide „vom Stamme Jehuda" (Exod. 31, 2, Jos. 7, 1); Oholiab und der Sohn der Schelomith, Beide „vom Stamme Dan" (Exod. 31, 6, Lev. 22, 11); Mirjam und Amalek, bei Beiden der Ausdruck זכור (Deut. 24, 9, ib. 25, 17); Mordechai und Haman, bei Beiden die Ausdrücke איש (Esther 2, 5, ib. 7, 6) und כי (Esther 10, 3, ib. 9, 24); David und Jarobeam, Beider Väter als אפרתי bezeichnet (I Sam. 17, 12, 1 Kön. 11, 26); Elkana und Micha, Beide „vom Gebirge Ephraim (I Sam. 1, 1, Ri. 17, 1²). — Wenn Gott den Frommen erwähnt, erwähnt er ihn zum Guten, wie Abraham (Gen. 18, 18), Moses (Jes. 63, 11), wenn er aber den Frevler erwähnt, so geschieht es zum Bösen, wie Amalek (Exod. 17, 14), dessen Missethat „zum Gedächtnisse" eingeschrieben ward, ebenso wie die Frommen in's „Buch des Gedächtnisses" (Mal. 3, 16) eingeschrieben sind³).

---

¹) Lev. r. c. 32 g. E. אמר ריש לקיש מדברין ימנחין מ׳ ומשחקין. Der Ausdruck מניחין bezieht sich auf die Euphemie bei der Erwähnung der frommen Verstorbenen: נוחי נפש, welche im paläftinensischen Talmud einige Mal vorkömmt (s. Zunz, Zur Gesch. und Lit. S. 340), משחקין auf die bei der Erwähnung von Frevlern übliche Form: שחיק עצמיה (s. oben S. 82, zu Esth. 2, 6). In Midr. Sam. zu 1, 1 beginnt unser Ausspruch אמר ר׳ מדברין ומניחין [בן] לקיש [ב] שמעין; dann folgt מדברין מ׳ משבחין מ׳ ושחקין, eine in den Text gedrungene Glosse, welche zum Aequivalent dieses Ausdruckes, zו משבחין ימ׳ gehört. In Exod. r. c. 48 und Tanch. ויקהל g. A. stehen blos einige Beispiele aus unserem Ausspruche anonym, u. zw. in Exod. r. mit מ׳ ימשחקים, מ׳ ימנחין eingeleitet, in Tanch. mit מובדין ומשחקים, מ׳ ימשבחים. Außerdem setzen die beiden letzteren Quellen zu den einzelnen Beispielen noch das erläuternde לשבח, bezieh. לגנאי hinzu.

²) Die Reihenfolge der Beispiele nach Midr. Sam., in Lev. r. steht das zweite an letzter Stelle, weil der ganze Ausspruch dort wegen Lev. 22, 11 angeführt ist. In Exod. r. und Tanch. stehen bloß die ersten Beispiele in umgekehrter Folge. Beim dritten Beispiele hat Lev. r. anstatt des allein richtigen זכור in Deut. 24, 9 das gar nicht passende זכר Num. 3, 15, vielleicht veranlaßt durch das in Midr. Sam. zu seiende, aber gewiß nicht ursprüngliche Beispiel (s. darüber die zweitnächste Anmerkung): זכר bei Sara (Gen. 21, 1) und bei Amalek (I. Sam. 15, 2). In Exod. r. ist durch Versehen eines Abschreibers aus Lev. r. פקד את בני לוי an die Stelle von (Exod. 31, 2 getreten.

³) Pes. r. c. 12 Auf. (47 a).

— Gott spricht: Ich bin ein Bewahrer des mir Anvertrauten: Abraham und Sara gaben mir Seelen zur Bewahrung (Gen. 12, 5), ich gab ihnen Seelen wieder (Gen. 21, 1); Amalek gab mir Dornen zur Bewahrung (Exod. 17, 8, Deut. 25, 18), er bekam von mir Dornen wieder (I Sam. 15, 2¹).

Gleichnisse²). — Ein Königssohn wurde von den Barbaren gefangen genommen und über die Maaßen geknechtet; endlich befreite der König seinen Sohn aus ihrer Hand und sprach: Mein Sohn, ich freue mich wol deiner Befreiung, aber Genugthuung finde ich erst, bis ich Jene so geknechtet habe, wie sie dich knechteten. So freute sich Gott über die Befreiung Israels aus Aegypten, aber der Untergang Pharao's und seines Heeres sollte die volle Genugthuung ob der maaßlosen Unterdrückung Israels gewähren³). — Eine Legion empörte sich gegen den König; was that der Feldherr des Königs? Er nahm das königliche Feldzeichen (signum) und entfloh. So nahm Moses, als Israel von Gott abgefallen war, das Zelt und zog aus dem Lager (Exod. 33, 7⁴). — Ein König zürnte über seine Frau und verstieß sie; später wollte er sie wieder zurückkehren lassen, sie aber sprach: Möge er mir erst mein Heirathsgut verdoppeln und mich dann zurückkehren lassen. So sprach Gott zu Israel: Am Sinai habe ich ein einmaliges אנכי gesprochen, in Jerusalem aber werdet ihr durch ein doppeltes אנכי, Jes. 51, 12, wieder mein werden⁵). — Ein König schickte seinen Sohn zum Krämer und gab ihm ein Geldstück und eine Flasche mit; der Sohn

---

¹) Pes. r. c. 43 (181 a), trad. von Acha; in Gen r. c. 53 findet sich eine kürzere Version des Ausspruches mit Acha als Autor, ebenso Midr. Sam. c. 18 (ר' ארא in ר' אחא zu emendiren). Der Ausspruch, zu dem auch ein Gleichniß gegeben ist, von Jemandem, der den Leuten das zurückgiebt, was er zur Aufbewahrung übernommen, Gold oder Dornen, beruht auf der Analogie der Ausdrücke פקד bei Sara und פקדתי bei Amalek und deren Deutung im Sinne des Aufbewahrens (בעל פקדונית).

²) Die in anderem Zusammenhange gebrachten Gleichnisse S. b. L.'s sind mit Hilfe des Sachregisters („Gleichnisse") leicht zu finden.

³) Exod. r. c. 20 g. Ende, zu Exod. 13, 17, wahrscheinlich, gleich den das. vorhergehenden Gleichnissen als Deutung des Wortes בהם (=בהתנם).

⁴) Exod. r. c. 45, Tanch. B. כי תשא 15.

⁵) Pesikta 139 b.

zerbrach die Flasche und verlor das Geldstück, da zog ihn der Vater beim Ohr und beim Haar, gab ihm Flasche und Geldstück zum zweiten Male und sagte: Nimm dich in Acht, daß du nicht auch diese verlierest, wie die ersten! So hatte Israel in der Wüste das mit זכור eingeleitete Sabbathgebot verloren, Gott gab es ihnen ein zweites Mal und leitete es mit שמור ein, zur Einschärfung dessen, daß sie es besonders behüten mögen¹).

Eine Frau sitzt auf dem Gebärstuhle und leidet große Schmerzen, da sagte man ihr: Der deine Mutter erhört hat, der wird auch dich erhören! Ebenso sagte David zu Israel (Ps. 20, 2): Der deinen Ahnen Jakob erhört hat, der wird auch euch in der Noth erhören!²) — Eine Frau mußte, als der Untreue verdächtig, das bittere Wasser trinken und wurde rein befunden; da sagte Einer: Heil meiner Mutter, die überhaupt nicht in die Lage kam, das bittere Wasser zu trinken! Ebenso als David gesagt hatte: Heil dem, dessen Sünde vergeben ist (Ps. 32, 1), sprach Gott zu ihm (ib. V. 2): Heil dem Menschen, dem Gott überhaupt keine Schuld anrechnet!³) — Von zwei Athleten besiegte der Starke den Schwächeren und gewann dadurch den Kranz; wer hat zu diesem Triumphe des Stärkeren beigetragen? Nicht der Schwächere? So war es auch Pharao, durch dessen Niederwerfung Gott „verherrlicht" wurde (Exod. 14, 17⁴). — Ein Schüler spricht, so lange ihn der Lehrer unterrichtet, das vom Lehrer Vorgesprochene nach; hat er das Vorgetragene bereits erlernt, dann fordert ihn der Lehrer auf, mit ihm den Gegenstand gemeinschaftlich darzulegen; so wurde auch Moses, nachdem ihn Gott die Thora gelehrt hatte, aufgefordert, „mit ihm" zu reden (Exod. 31, 18⁵). — In einer Provinz lebte ein Arzt; wer immer

---

¹) Pes. r. c. 23 Auf., trad. von Judan und Aibo. — In Sch. tob zu Ps. 6 (§ 3) findet sich ein Gleichniß S. b. L.'s von einem König, der schwört seinen Sohn hundertmal mit einem Strick zu schlagen und dann, aus Schonung für den Sohn und um seinen Schwur dennoch zu halten, den Strick hundertfach verschlingt und damit den Sohn einmal schlägt. Die Anwendung des Gleichnisses fehlt.
²) Sch. tob z. St., Deut. r. c. 2 (§ 11).
³) Pes. r. c. 45 Ende (186 a.).
⁴) Exod. r. c. 21 Ende. Zum Gleichnisse s. oben S. 343.
⁵) Exod. r. c. 41, Tanch. z. St. Wie hier את, so deutet S. b. L.

eine Wunde oder eine Krankheit hatte, kam zum Arzte und der heilte sie; als nun der Arzt die Provinz verließ, riefen alle Bewohner derselben: Wehe! So waren auch die Aegypter, wenn eine Plage über sie kam, zu Moses gekommen, der mit seinem Gebete die Plage entfernte; als nun Israel aus Aegypten zog, riefen die Aegypter! Wehe, daß entlassen hat Pharao das Volk!¹).

Agadische Kühnheiten²). — Wenn du gegessen und dafür Gott gepriesen hast, so hast du gleichsam vom dem dir Gehörenden gegessen, nach Ps. 16, 2: Wenn du zum Ewigen gesagt hast: Du bist mein Herr, dann liegt es — so spricht Gott — dir nicht ob, es mir zu Gute zu halten, mir Dank zu wissen³). — „Des Ewigen Gläubiger wird wer dem Armen spendet, und sein Thun bezahlt er ihm" (Prov. 19, 17). Stände es nicht geschrieben, so wäre es unmöglich es zu sagen, „dem Gläubiger ist der Entlehnende Diener" (ib. 22, 7⁴). — Zu Num. 13, 31. ממנו ist 1. Pers. Plur., sie zogen die Gottheit mit hinein und sagten: Er ist stärker als wir⁵). — Zu Gen. 28, 13. Stünde es nicht geschrieben, so

עמו, Nech. 9, 8, Schir r. zu 4, 6 (שמעון ר' אבון בשם ר', zu ergänzen ist: בן לקיש).

¹) Tanch. B. בשלח 6, ויהי mit וי gedeutet, s. oben. S. 265.

²) Zumeist solche, bei denen der Ausdruck כביכול oder die einleitende Bemerkung: אלמלא מקרא כתוב אי אפשר לאמרו die Kühnheit des Gedankens zu mildern bestimmt ist. S. diese Ausdrücke z. B. bei Josua b. Levi, oben S. 149.

³) Jer. Berach. 9 d unt., Tradenten: Chizkija, Jirmeja, Abun (Sch. tob. z. St. ohne Tradenten): (Sch.) t. (כאילו) אם אכלת וברכת כביכול משלך אכלת. Wie der Vers dabei gedeutet ist, sieht man aus der anonymen Deutung im Jelamdenu, gebracht im Jalkut z. St. (§ 667): אמר הקב"ה אם אכלת ואמרת ברוך אתה יי טובתי בל עליך אל תחזיק לי טובה שאכלת משלי אלא משלך אכלת.

⁴) Lev. r. c. 34 g. Auf., trad. von den „Gelehrten" (während es Tanchuma im Namen Chija b. Abba's, Nachman im N. Judan b. Simon's tradirte): אלמלא מקרא כת ובאי אפשר לאומרו כביכול דרכו של לוה להיות עבד למלוה. In Baba Bathra 10 a unt. ist Jochanan als Autor genannt. In Exod. r. c. 31 werden die beiden Verse einfach mit einander in Verbindung gesetzt.

⁵) Jer. Taan. 68 d: דברו דברים כלפי מעלן אמרו כביכול לא יכול להו. In b. Sota 35 a und Parall. sagt dies Chanina b. Papa, mit der Angabe: אל תקרי מסנו אלא ממנו. Nur die babylonischen Juden unterschieden

wäre es unmöglich zu sagen: Gott „stand über" dem schlafenden Jakob, wie Jemand seinem schlafenden Kinde Luft zufächelt¹). — Deut. 33, 1, „der Mann Gottes". Stünde es nicht geschrieben, es wäre unmöglich es zu sagen: sowie ein Mann seiner Frau vorschreibt und sie thut nach seiner Anordnung, so thut Gott nach Moses' Anordnung²). — Als in Folge der Sünden Israels die Feinde in Jerusalem eindrangen, die Helden Israels gefangen und ihre Hände nach rückwärts gefesselt wurden, da sprach Gott: „Mit ihm bin ich in der Noth", meine Kinder weilen in Drangsal, sollte ich in Freiheit sein? Da „wandte er seine Rechte nach rückwärts wegen des Feindes" (Echa 2, 3). Das wurde dem Daniel offenbart mit den Worten לקץ הימין (Dan. 12, 13) „zum Endziel der Rechten", jener Rechten, die unterworfen war; mit der Erlösung meiner Söhne habe ich auch meine Rechte erlöst³). — Ein König hatte zwei Söhne, er zürnte über den Ersten und schlug ihn bis er starb, dann wehklagte er über ihn; als aber auch der Zweite an

---

מסמנו der ersten Pers. Plur. von מסמ der dritten Pers. Sing. in der Aussprache, s. Dunasch, Kritik gegen Saadja Nr. 108 Ende, Abulwalid, Luma, 192, 27, mein Abr. Ibn Esra als Gramm. p. 38.

¹) Chullin 91 b כאדם שמניף על בנו ... Vgl. Baba Mezia 86 a, Simon b. Chalaftha sagt zu seiner Tochter an einem heißen Tage: הניפי עלי במניפא.

²) Pesikta 199 b, Tanch. z. St. In Sch. tob zu Pf. 90, 1 (Trad. Jehuda b. Simon), Exod. r. zu 32, 11 (c. 43) wird die Bezeichnung nach Num. 30, 14 gedeutet, an ersterer Stelle: מה האיש אם מבקש להפר נדר אשתו מפר ואם מבקש מקיים ... כך בכביכול משה אמר להקב״ה קומה י״י שובה; an der anderen Stelle: לומר שהתיר נדרי לאלהים כן יחל משה. In Tanch. (V. 2) heißt es euphemistisch: בך הקב״ה נדר על משה statt כך משה נדר על הקב״ה. — Als Illustration zu diesem Ausspruche s. S. b. L.'s Deutung zu Num. 14, 14, in Tanch. B. שלח Abbit. 6, Deut. r. c. 5 g. (L. tradirt von Acha).

³) Pesikta 131 b, tradirt von Azarja und Abahu. In Pes. r. c. 31 (144 b und 145 a) sind die beiden Hälften des Ausspruches als zwei besondere Aussprüche S. b. L.'s (beide Male tradent Abahu) gegeben. In Pes. ist der zweite Theil eine ausführlichere Paraphrase zu Dan. 12, 13. Die Deutung von Pf. 60, 7 in demselben Sinne steht in Pes. am Schlusse des Ganzen, in Pes. r. am Schlusse des ersten Ausspruches. Zum Gedanken vgl. Simon b. Jochai, Ag. d. T II, 98. S. auch oben S. 398, zu Pf. 77, 11.

der Züchtigung starb, sagte der König: Ich habe keine Kraft, zu wehklagen, rufet mir die Klagefrauen, daß sie über ihn die Klage anstimmen. So stimmte auch Gott, als die zehn Stämme in's Exil giengen, die Klage an (Amos 5, 1); als aber auch Juda und Benjamin in's Exil giengen, sprach er (Jerem. 9, 16): Rufet die Klagefrauen u. s. w.[1]). — Jer. 6, 26 zielt auf jene Hohepriesters= tochter, welche als Sklavin verkauft, betete: Herr der Welt, wenn du nicht uns schonen willst, warum schonst du nicht die Heiligkeit deines mächtigen Namens. Gott aber spricht: „Plötzlich ist der Ver= wüster über uns gekommen"[2]). — Nach Prov. 20, 3. Gott spricht: Es hätte mir zur Ehre gereicht, wenn ich diese Nation (Israel) in Ruhe gelassen hätte! Als Israel unter die Heiden exilirt war „kam Gott selbst zu den Völkern, zu denen sie gekommen waren" (Ez. 36, 20), um zu hören, was die Heiden sprächen. Die aber „entweihten den heiligen Namen", sie sagten: Der Gott dieser Nation hat Pharao, Sisera, Sancherib und Andere gezüchtigt, aber — so fahren sie fort — ist er denn ewig jung, er scheint alt geworden zu sein![3]). — Warum begiebt man sich zum Fastengottesdienst auf die Straße? Um anzudeuten: Wir sind exilirt, unser Exil möge Sühne für uns sein? Warum giebt man Asche auf die Lade? Um anzudeuten, was der Prophet sagt (Jes. 63, 9): „In aller ihrer Bedrängniß ist auch er bedrängt"[4]).

Warum steht nur bei dem zum Sühnopfer dienenden Bocke des Neumondtages der Ausdruck „für den Ewigen" (Num. 28, 15)? Gott spricht: „Dieser Bock sei zur Sühne für mich, weil ich den Mond verringert habe"[5]). — Einem Priester fiel eine Hebe in

---

[1]) Pesikta 120 b, Echa r. Proomien 2, mit Betonung des עמעסיני, עינינו עלינו. S. oben S. 321.

[2]) Gittin 58 a, mit Betonung des עלינו (statt עליך).

[3]) Echa r. Proomien 15. Der Schluß lautet: וחזרין ואומרין זלעולם נער הוא כביכול הזקינו הדברים הה"ד ויבוא אל הגוים . . . כביכול הוא עצמו.

[4]) Taan. 16 a, zu Mischna Taan. 2.

[5]) Schebuoth 9 a, Chullin 60 b, an der letzteren Stelle zur Be= kräftigung der Legende Simon b. Pazzi's über die Verringerung des ursprünglich mit der Sonne in gleichem Range stehenden Mondes, an deren Schlusse Gott sagt: הביאו עלי כפרה שמיעטתי את הירח. In Gen. r. c. 6 trad. Pinchas im Namen Simons (סימון = ר' סימון בן פזי, ר' שמעין), s. oben S.

den Friedhof. Was soll ich thun — sprach er —, es geht nicht an, daß ich mich verunreinige (indem ich die Hebe heraushole), es geht aber auch nicht an, daß ich meine Hebe dort lasse; jedoch ist's besser, wenn ich mich dieses eine Mal verunreinige und mich dann reinigen lasse, als daß ich meine Hebe einbüße. So war auch Israel Gottes geweihte Hebe (Jerem. 2, 3) und befand sich mitten unter Gräbern. Gott sprach: Es geht nicht an, sie dort zu lassen, ich will hinabsteigen und sie befreien (Exod. 3, 8). Nachdem Israel befreit war, rief Gott Aharon, um den Reinigungsact zu vollziehen (Lev. 16, 16, 33) „das Heiligthum zu sühnen"[1]).

8.

Gott und Welt. Eschatologisches.

Gottes Zeichen ist die Wahrheit: sowie das Wort אמת aus dem ersten, mittelsten und letzten Buchstaben des Alphabets besteht, so umfaßt Gott — nach Jes. 44, 6 — den Anfang, den Verlauf und das Ende alles Geschehens[2]). — Ein einziges Wort Gottes rief die Welt in's Dasein (Ps. 33, 6[3]), dennoch wird der Ausdruck ברא, durch mühevolles Schaffen hervorbringen, angewendet, um die Erschaffung der Welt zu bezeichnen: dadurch sollte die Schuld

---

130 f) den Kern der Legende, während ihm selbst die Deutung S. b. L.'s zu Num. 28, 15 zugeschrieben ist.

[1]) Exod. r. c. 15 g. Anf. mit der Einleitung: גדולה הבתן של ישראל שנגלה הקב״ה במקום עבודה זרה. ובמקום טנופת ובמקום טומאה בשביל לגאלן. Als Autor ist ר' שמעון genannt, doch ist mit D. Luria (nach dem Citat bei Bachja b. Ascher) בן לקיש zu ergänzen, wofür auch die offenbare Analogie dieses mit dem vorigen Ausspruche beweisend ist. Aegypten ist als Stätte des verunreinigenden Götzendienstes mit einem Friedhofe verglichen, der Hinweis auf Exod. 12, 30, Num. 33, 4 im Texte des Midrasch ist unnöthige Glosse.

[2]) Gen. r. c. 81 g. Anf. Vgl. oben S. 8 Das מ ist der mittelste Buchstabe des großen, auch die fünf Endbuchstaben enthaltenden Alphabets.

[3]) כביכול היה הקב״ה מוציא דבר מפיו וכבר נעשי, andere Version: כביכול דבר היה מפי הקב״ה.

Gott und die Welt.

der Frevler, welche die Welt vernichten, schwerer Strafe, sowie das Verdienst der Frommen, welche die Welt erhalten, größeren Lohnes würdig erscheinen[1]). — Ein König, der ein Schiff baut, schafft nacheinander Balken, Cedernstämme, Anker, endlich auch die Schiffs=mannschaft herbei, Gott aber erschuf die Welt auf ein Mal und gleichzeitig ihre bewegenden Kräfte (die Engel), ihre „Schiffsleute", nach Jes. 42, 5, wo נוטהם nach griechisch ναυτής zu erklären ist[2]). — Wenn ein Mensch einen Spiegel gießt[3]), so wird er nothwendiger=weise mit der Zeit rostig werden[4]), der von Gott erschaffene Himmel aber glänzt stets so wie im Momente des Gußes, nach Hiob 37, 18[5]). — אל שדי, Gen. 17, 1, 35, 11, bedeutet „Gott, der der Welt (bei der Schöpfung) sagte: Genug!"[6]).

---

[1]) Tanch. B בראשית 11. Vgl. M. Aboth 5, 1.

[2]) Gen. r. c 12 g. E. Vgl. oben S. 328, Anm. 3.

[3]) בשר ודם מוסך בולם; aus בולם ist in den Ausgaben כלים gewor=den, statt מוסך hat Jer. נוסך, Gen. r. מוצק. בולם ist βῶλος, s. Fleischer, bei Levy I, 284 b. Kohut's persisches Wort (Aruch II, 100 b) ist bei diesem, übrigens nur in paläſtinensischen Quellen vorkommenden Worte un= anwendbar.

[4]) אנגקי על ידי שהות הוא מעלה חלודה. Die Bedeutung von אנגקי sowol in diesem als in dem unmittelbar vorhergehenden Ausspruche Jocha=nan's ist von Levy (I, 112 a), Kohut (I, 150 b) und Fürst (Glos-sarium 60 a) mißverstanden und dadurch sehr gezwungen erklärt worden; es gehört nicht zum vorhergehenden (wie auch Aruch hat), sondern zum folgen=den Satze und bedeutet die Naturnothwendigkeit, daß etwas geschehe: ἀνάγκη (ἐστί), oder ἀνάγκη.

[5]) Jer. Berach. 12 d oben: בכל שעה ושעה הן נראין בשעת יציקתן, Gen. r. c. 12 dafür: נראים כמין תרקיא. Das Wort תרקיא wäre also Aequi=valent für ראי מוצק.

[6]) Chagiga 12 a: אל שאמרתי לעולם די. In Gen. r. c. 5 g. E. und c. 46 g. Auf. wird das im Namen Acha's und Jizchak's tradirt. Diese Etymologie von שדי, aus די genug, liegt — wenn auch in anderem Sinne — der Wiedergabe des Wortes bei den griechischen Uebersetzern durch ἱκανός zu Grunde. In Chagiga ib. wird von anonymen Tradenten (איכא דאמרי) eine Deutung S. b. L's zu Nachum 1, 4 gebracht, welche jene Erklärung des Gottesnamens שדי illustrirt: בשעה שברא הקב"ה את הים הגדול היה מרחיב והולך עד שגער בו הקב"ה ויבשי. — Der in Chagiga S. b. L.'s Namen tragende Ausspruch von den sieben Himmeln gehört, wie Ag. b. T. II, 65 gezeigt ist, Meir an. — Gegen J.'s Ansicht von den Wolken schließt S. b.

Die Engel tragen in ihren Namen — רפאל, גבריאל, מיכאל — den Namen Gottes als Zeichen ihrer Zugehörigkeit an sich, „der Ewige ist in ihnen", Pf. 68, 18[1]). — Die Kenntniß der Namen der Engel ist von Israel aus dem babylonischen Exil mitgebracht worden; denn Jesaia (6, 6) spricht nur von „Einem der Seraphim", während Daniel die Engel Michael und Gabriel nennt[2]). — In Hiob 25, 2 ist unter „Herrschaft" der Engel Gabriel, unter „Schrecken" der Engel Michael gemeint, Gott stiftet Frieden zwischen ihnen[3]).

Nachdem am ersten Schöpfungstage Himmel und Erde erschaffen waren, kamen an den folgenden Schöpfungstagen abwechselnd zum Himmel und zur Erde gehörige Schöpfungen: am zweiten das Firmament, am dritten die Gewässer, am vierten die Himmelsleuchten, am fünften die Lebewesen der Erde. Es verblieb noch der sechste Tag, an dem Gott, um sowol dem Himmel als der Erde Genüge zu thun, den Menschen erschuf, der mit seinem Körper der Erde, mit seiner Seele dem Himmel angehört[4]). — Nach Pf. 139,

L. (an den oben S. 331, A. 5 citirten Stellen) aus Pf. 135, 7, daß sie von der Erde stammen und den vom Himmel gesandten Regen aufnehmen; dazu das Gleichniß vom Priester, der die ihm zugedachte Hebe in dem von ihm selbst beigestellten Gefäße bekommt (so j. Sukka, in Gen. r. und Sch. tob von Jemandem, der in seinem eigenen Gefäße Getreide zum Darlehn bekömmt).

[1]) Pesikta 108 b. Der Ausdruck טבלא יש לו על לבו של בל מלאך (ebenso Tanch. B. יתרו 14, Sch. tob zu Pf. 68, 18; Pes. r. c. 21, 104 b: טבלרין של י הקוקה על לבם) wird — wie es scheint — am treffendsten von Fürst (Gloss. 63 f. 116 a) erklärt: ein Einsatzstück auf dem Oberkleide, auf dem der Name (das Bild) des Herrschers angebracht war. In Tanch. משפטים zu (Exod. 23, 21 sagt S. b. L.: שמו של הקב״ה משיתף עם כל מלאך ומלאך שני בי שמי בקרבו.

[2]) Jer. R. H. 56 d unt.: אף שמות המלאכים עלו בידם מבבל, mit Beziehung auf Chanina's Ausspruch über die Namen der Monate, oben S. 19.

[3]) (Gen. r. c. 12. In Deut. r. c. 5 g. E. heißt es אמר ר״ל מיכאל בילו שלו גבריאל בילו אש ועומדים זה אצל זה ואינם מזיקין זה את זה. (Gabriel als שר של אש, Pesach. 118 a unten, s. auch Schir r. zu 3, 11). — S. noch Echa r. zu 2, 1: S. b. L. deutet אלי, Ezech. 9, 3, als hieße es אלי und erklärt: גבריאל אמר זה למלאך קשה שביניהם.

[4]) Tanch. B. בראשית 15, tradirt von Azarja; in Gen. r. c. 12

Engel. Schöpfung.

5. Der Mensch war wol, als am letzten Schöpfungstage erschaffen, „zuletzt" (אחור) da, aber er gieng dennoch im Schöpfungsplane dem Werke des ersten Tages voran (קדם[1]). — Was Gott am Menschen erschaffen hat, dem Aehnliches verlieh er auch der (Erde[2]): Der Erde wird ein Kopf zugeschrieben, Prov. 8, 26, ebenso Augen, Exod. 10, 5, Ohren, Jes. 1, 2, Mund, Num. 16, 32, Essen, Num. 13, 32, Trinken, Deut. 11, 11, Ausspeien, Lev. 18, 28, Hände, Gen. 34, 21, Hüften, Jer. 31, 7, Nabel, Ezech. 38, 12, Scham, Gen. 42, 9, Füße, Koh. 1, 4[3]). — Zur Aufbewahrung verschiedener Flüßigkeiten werden aus mehreren Abtheilungen bestehende Gefäße (τρικελλάριον) verfertigt, da man nicht verschiedene Flüßigkeiten aus demselben Raume herauskommen lassen kann; Gott aber läßt Alles von einem Orte, vom Himmel, kommen: das Feuer zur Züchtigung Sodoms (Gen. 19, 24), den Thau (Micha 5, 6), das Manna (Exod. 16, 4), die Strafen der Frevler (Jos. 10, 11, Ri. 5, 20) und die Segnungen für Israel (Deut. 28, 12, ib. 26,

in anderer Version: ר' עזריה בשם רבי, wo nach Bubers richtiger Annahme שמעון בן לקיש ausgefallen ist.

[1]) Gen. r. c. 8 g. A., dazu die Deutung S. b. L.'s von רוח אלהים (Gen. 1, 2 (s. oben S. 389), Lev. r. c. 14 Anf., Tanch. תזריע Anf. (B. 2), Sch. tob z. St.

[2]) Koh. r. zu 1, 4, trad. von Berechja: כל מה שברא הקב"ה באדם ברא בארץ לדוגמא לו.

[3]) In Sch. tob zu Ps. 19, 2 (vgl. Jalk. z. St.) lautet der Ausspruch ganz anders. Ohne allgemeine These fängt er an: מי שאין לו ראש בפני הבריות יש לו ראש בפני הקב"ה, nämlich der Kopf der Erde in Prov. 8, 26; dann folgen ebenso: die Augen des Meeres, Ps. 114, 3, die Ohren der Erde, Jer. 22, 29, die Hände des Meeres, Ps. 104, 25, das Herz des Himmels, Deut. 4, 11, das Herz des Meeres, Exod. 15, 8, der Nebel der Erde, Ez. 38, 12, die Füße und Hüften der Erde, Koh. 1, 4, Jerem. 31, 7, der Mund der Erde, Num. 16, 32, der Mund des Himmels, Ps. 19, 2. In dieser Version ist der Grundgedanke des Ausspruches deutlicher erkennbar; er besteht darin, daß die Welt (die sichtbare Natur) vor Gott, wenn auch nicht dem Menschen erkennbar, ein belebtes Wesen, nach Art des Menschen ist. In Ab. bi N. N. c. 31 Ende wird umgekehrt (von Jose dem Galiläer, nach der handschriftlichen Leseart, bei Schechter p. 46 a) der Mensch — nicht auf Grund von Bibelstellen — als Mikrokosmos dargestellt: כל מה שברא הקב"ה בעולמו ברא באדם. Darauf beruht zum Theil die von Jellinek als „Agada vom קטן עולם," bezeichnete „Baraitha," B. H. V, 57.

15¹). — „Gott wirkt Wunder, ohne daß wir es wissen" (Hiob 37, 5). Die Hirschkuh hat eng an einander geschlossene Glieder²) und das Gebären kömmt ihr schwer an; Gott fügt es nun, daß sie von einer Schlange gebissen werde und ihre Glieder sich ausweiten, nach der Geburt fügt es Gott, daß sie ein Kraut finde, dessen Genuß sie heilt³). — Die Hirschkuh hat — nach der Geburt — schwache Glieder und sucht Wasser, fürchtet aber vor den Raubthieren, darum läßt sie Gott mit ungewöhnlicher Begierde erfüllt sein, so daß sie mit den Füßen und dem Geweih einen starken Lärm macht, vor welchem die Raubthiere entfliehen⁴).

Die Zeit der messianischen Erlösung hat Gott selbst den Dienstesengeln nicht kundgegeben, nach Jes. 63, 4⁵). — In Jes. 1, 7 findet sich eine Andeutung für die Dauer des Exils⁶). — Einen Vorgeschmack des in Amos 5, 19 das Herannahen der messianischen Zeit ankündigenden schrecklichen Zustandes erhält man auch in der Gegenwart⁷): Jemand geht auf's Feld hinaus und trifft dort den Feldhüter, als hätte ihn ein Löwe angefallen; in die Stadt zurückgekehrt fällt ihn, einem Bären gleich, der Steuereinnehmer an; kömmt er dann nach Hause, so trifft er seine Söhne

---

¹) Exod. r. c. 25 Anf. Eine kürzere und auch inhaltlich verschiedene Version des Ausspruches (ebenfalls mit S. b. L. als Autor) findet sich Tanch. וירא: aus dem miliarium (מיליאר, s. darüber Levy III, 49 a, auch Dozy, Supplément II, 615 b) kann man nach Bedarf kaltes oder warmes Wasser fließen machen, ebenso ließ Gott vom Himmel das Manna herabkommen, aber auch Schwefel und Feuer.

²) איבריה צפופים, dem entspricht in Baba Bathra 16 b oben רחמה צר.

³) Midr. Sam. c. 9. tradirt von Levi. Vgl. B. Bathra a. a. O. zu Hiob 39, 1.

⁴) Jb., tradirt von Levi.

⁵) Sanh. 99 a: ללבי גליתי למלאכי השרת לא גליתי.

⁶) Echa r. Proemien 21. כנגדכם im Sinne von „euch entsprechend," d. h. so lange als ihr das Land genossen habet, genießen es die Fremden. Vgl. die Bedeutung von נגד in der 27. der Zweiunddreißig Regeln des R. Elieser b. Jose Gel., Ag. d. T. II, 297, Anm. 3 und 4.

⁷) Sanh. 98 b; auf Jochanan's Aeußerung, er möchte nicht das Kommen des Messias erleben, sagt ihm S. b. L.: אלישא מטים דכתיב באשר ינים ... בא וארך דוגמתו בעי הזה.

und Töchter dem Hunger preisgegeben und es schmerzt ihn, als hätte ihn eine Schlange gebißen[1]). — Zu Dan. 2, 34[2]). Der Stein, der sich losriß, ist der König Messias, der alle Weltreiche, die dem Götzenbilde (לצלמא) dienen[3]), zermalmt; er wird dem Steine verglichen, um des Verdienstes Jakobs willen, nach Gen. 49, 24[4]). — Zu Dan. 7, 9. Gott spricht: Wenn ich mich rein mache (כעמר נקא) von dem den Völkern für die geringen Verdienste, die sie erworben, gebührenden Lohne und die Trauben des Weinberges nicht mehr unreif sind[5]), dann keltere ich den Weinberg, Jes. 63, 3, ihr aber stimmet mir den Lobgesang an, Jes. 27, 2, und ich erlöse euch, so daß ihr nicht wieder unterjocht werdet, Nachum 1, 12 b[6]). — Der Schutzengel Edoms (Roms) wird bereinst drei Irrthümer hegen; er wird nach Bozra (Bostra) flüchten, in der Meinung, dies sei die Zufluchtsstadt, die Deut. 4, 43 genannt ist, während dort vielmehr Bezer gemeint wird[7]); er ist ein vorsätzlicher Mörder und weiß nicht, daß nur Todtschlägern aus Versehen ein Asyl gewährt wird; endlich gilt das Asylrecht nur für Menschen, nicht aber für Engel[8]).

---

[1]) Der Satz über die Vorzeichen der Messiasankunft, welcher in Schir r. zu 2, 13 (Ende S. b. Latisch zugeschrieben wird, gehört nach b. Sota 97 a Jehuba b. Ilai an. S. Ag. b T. I, 97 II, 222. In Pes. 51 b ist Abin als Autor genannt.

[2]) Tanch. תרומה (B. 6).

[3]) שהן נתונות בצלם. In Tanch. B. שהם עובדות לצלם, also צלמא in der Bedeutung von צלמות; auf diese zweite Version geht das nach עובדות לצלם als Glosse stehende בצלמות zurück.

[4]) So Tanch. B.; eine andere Version, in Tanch. an erster Stelle: um der Steintafeln des Gesetzes willen.

[5]) עד די כרסון רמיו ist mit Umstellung der Buchstaben (s. oben S. 293, A. 2) so gedeutet: עד עכשו הברם בוסר.

[6]) Tanch. משפטים g. Auf., trab. von Levi. In Esther r. zu 1, 1 g. E. ist nur ein Fragment des Ganzen erhalten: שאין לכל בריה אצלי כלום, statt רשב"ל: S. b. Nachman (רשב"ן).

[7]) S. oben S. 348. Nach j. Schebiith 36 b oben war es S. b. Latisch selbst, der diesen Irrthum hegte und von Jochanan berichtigt wurde.

[8]) Makkoth 12 a. Der שרה של אדם ist die Personification des von Blutschuld verfolgten und bereinst vergebens ein Asyl suchenden Rom. — Der Ausspruch S. b. L.'s in Koh. r. zu 10, 11 über ממלתה של אדום auf Grund

Warum ist der Tod über Fromme und Frevler verhängt? Um den Einen doppelten Lohn, den Anderen doppelte Strafe zu bewirken: die Frommen, die es nicht verdient hätten, zu sterben und den Tod über sich nahmen, erben darum verdoppelte Seligkeit (Jes. 61, 7); die Frevler, die den Tod verdient haben, um deren willen er aber auch über die Frommen verhängt ist, erlangen verdoppeltes Unheil (Jer. 17, 18[1]). — Ein König hielt seinen Einzug in die Stadt und mit ihm seine Feldherren, Oberbeamte und Kriegsobersten; obwol nun alle durch dasselbe Thor einzogen, bekam doch Jeder in der Stadt eine Wohnung nach seinem Range zugetheilt: so ist auch allen Menschen derselbe Tod beschieden[2]), aber Jeder geht „zu dem Hause seiner Welt" (Koh. 12, 5), „Jeder hat eine Welt für sich"[3]). — Jes. 64, 3, „kein Auge sah es", das ist das — irdische — Paradies (עדן), welches noch kein Auge je erblickt hat[4]).

---

von Jer. 46, 22 findet sich anonym in der Baraitha von den Zweiunddreißig Regeln (Nr. 12) und in Gen. r. c. 20 g. Anf. (statt אדיב richtig מצרים).

[1]) Gen. r. c. 9. — Ueber den Zustand der Frommen nach dem Tode sagt S. b. L. (j. Aboda zara 42 c): אין ביניהן ובין צדיקים אלא דבור פה בלבד.

[2]) בכל טועמין טעם מיתה, derselbe Ausdruck, der im vorhergehenden Ausspruche zu wiederholten Malen angewendet wird.

[3]) Koh. r. 3. St. כל אחד ואחד יש לו עולם בפני עצמו. In Erub. r. c. 52 ist diese Deutung von עולמו בית עולמו der Frau des Simon b. Chalaftha in den Mund gelegt: כל צדיק וצדיק היה לה עולם בעצמו; ebenso in der älteren Version dieser Sage, Ruth c. 3 Anf. (zu 1, 18), wo sogar S. b. L. ausdrücklich als Autor des Spruches citirt wird, in der Form כל צדיק וצדיק יש לו מדור בפני עצמו. In Lev. r. c. 18 g. Anf. folgt die Deutung nebst Gleichniß unmittelbar der Anekdote über die Art, wie sich S. b. Chalaftha bei Jehuda I wegen seines Ausbleibens mit Koh. 12, 5 entschuldigt, so daß sie als S. b. Ch. in den Mund gelegt erscheint; daß sie nicht dazu gehört, ergiebt sich aus den Parallelstellen für die Anekdote: Koh. r. 3. St. und b. Sabb. 152 a. An der letzteren Talmudstelle, sowie b. Baba Mezia 83 b ist es Jizchak, dem sowol Deutung als Gleichniß zugeschrieben ist; der Spruch lautet da: כל צדיק וצדיק עושים לו מדור לפי כבודו. Vgl. auch Lev. r. c. 27, Eleazar b. Menachem zu Ps. 36, 9 (עדניך): כל צדיק וצדיק יש לו עדן בפני עצמו.

[4]) Sanh. 99 b, Berach. 34 b (wo ebenfalls ישביח statt ישב zu lesen ist). Es folgt noch die Erläuterung, Adam habe nicht im Eden gewohnt, sondern im Garten, der nach Gen. 2, 10 von jenem verschieden sei. — S. noch S. b. L. Ausspruch über das irdische Paradies, Erubin 19 a: Ist es im Lande Israel, so ist Beth-Schena (Skytopolis) sein Ein-

— Das Feuer der Hölle¹) hat keine Gewalt über die Abtrünnigen in Israel, wie man vom goldenen Altare schließen kann: wenn dieser, der nur von einer dünnen Goldplatte überzogen war durch so viele Jahre vom Feuer unversehrt blieb²), um wie eher widerstehen der Gewalt des Feuers die Abtrünnigen in Israel, die noch immer voll von erfüllten Geboten sind, wie ein Granatapfel voll der Kerne³). — Der Widerspruch zwischen Jes. 35, 6 und Jer. 31, 7 ist so zu lösen, daß bei der Auferstehung der Todten die mit leiblichen Fehlern behaftet Gewesenen mit diesen Fehlern auferstehen, dann aber von denselben geheilt werden⁴).

Die kommende Welt ist in den Worten „und siehe, es war sehr gut", Gen. 1, 31, angedeutet, mit denen Gott die Schöpfung abschloß: Gott übersah mit einem Blicke diese und die kommende Welt⁵). — Dereinst wird Gott Israel die ihm am Sinai abgenommenen Kronen (Exod. 33, 6⁶) wieder zurückgeben, nach Jes.

---

gang, ist es in Arabien, so ist בית נרם sein Eingang, ist es zwischen den Strömen so ist דורמסקנין (Damaskus) sein Eingang s. Neubauer, la Géogr. du Talmud p. 175, 296, 383.

¹) S. oben S. 44, Anm. 5, S. b. L.'s mit Jannai gemeinsamer Ausspruch über die Gluth des Weltgerichtes.

²) S. oben S. 387.

³) Erubin 19 a, Chag. 27 a; zum Schlusse die Deutung von רקתך Hoh. 6, 7, s. oben S. 371, A. 2. Zu der von Simon b. Lakisch tradirten Ansicht über das „Land der Lebenden" (Palästina), dessen Todte zum Leben erstehen werden, wird berichtet, Ammi habe S. b. L. gefragt (und dieselbe Frage habe Chelbo an Ammi und Berechja an Chelbo gerichtet), ob auch Jarobeam b. Nebat (und die ihm gleichen); darauf antwortete S. b. L. mit den Worten נפרית ומלח, auf Deut. 29, 22 verweisend. Abweichend — ohne S. b. L. — wird das in j. Kilajim 32 c, j. Kethub. 35 b berichtet. Nach der an letzteren Stellen gegebenen Erläuterung Berechja's wäre der Sinn der Antwort: die im Boden des heiligen Landes ruhenden Frevler aus Israel hätten die Höllenstrafe bereits durch die Gluth, welche das heil. Land verzehrte (ישרפה כל ארצה), abgebüßt, würden also auferstehen.

⁴) Sanh. 91 b. — Zur Auferstehung s. noch S. b. L.'s Deutung zu Jes. 42, 5, Tanch. B. ויחי 6 (vgl. Ag. d. T. II, 510).

⁵) Gen. r. c. 9 Anf. — S. b. L.'s Deutung von Ez. 21, 31 auf die kommende Welt s. Ruth r. c. 3 Anf.

⁶) S. Ag. b. T. II, 545, oben S. 284, Anm. 6.

35, 10: „die Freude, die von der Vorzeit her ist, auf ihrem Haupte"[1]). — Jerusalem wird dereinst eine unermeßliche Ausdehnung haben[2]).

Pseudepigraphisch ist Simon b. Lakisch's Name fast gar nicht nachzuweisen[3]). Nur einmal wird in Pirke R. Eliezer das Beispiel seiner Buße in anachronistischer Weise Simon b. Azzai in den Mund gelegt[4]).

---

[1]) Sabbath 88 a. — Die Anwendung von Jes. 65, 20 auf die messianische Zeit s. Sch. tob zu 1, 1.

[2]) Baba Bathra 75 b. Die arithmetische Hyperbolik dieser Schilderung erinnert an S. b. L.'s Schilderung des Himmelsheeres (oben S. 396). Der Text derselben bietet große Schwierigkeiten. In Sch. tob zu Ps. 48 Ende findet sich eine anonyme Version, die weniger dunkel ist. Einen Excurs darüber s. bei King, The Jalkut of Zecharja, p. 109—118. S. auch Fürst, Glossarium, p. 118 f.

[3]) Midr. Mischle zu 1, 4 hat ר״ש בן לקיש, wofür aber nach Jalkut z. St. ר״ש בן גמליאל zu lesen ist.

[4]) S. Ag. d. T. I, 424, Anm. 4, oben S. 344, A. 4.

XII.
Jose b. Chanina.

Zu den angesehensten Mitgliedern der Schule von Tiberias gehörte Jose b. Chanina, den man von dem Tannaiten gleichen Namens unterscheiden muß[1]). Er war Richter[2]), der in seinen Entscheidungen auch an das sittlich-religiöse Gefühl der Partei appellirte[3]). Bekannt und viel erwähnt wurde besonders seine Anwendung der seinerzeit in Uscha von den versammelten Gesetzeslehrern ausgesprochenen Norm, daß der Mann das Recht hat, nach dem Tode seiner Frau den durch sie verkauften Besitz, an dem auch

---

[1]) S. Tossafoth zu Nazir 29 a, s. v. הכי גרסינן, Seder Habboroth Art. ר' יוסי בן חנינא Ende. Die gegentheilige Behauptung von Weiß (III 90, Anm. 15) ist den sonstigen, von ihm unberücksichtigt gelassenen Daten gegenüber unhaltbar. In Ag. b. T. II, 558 habe ich aus Sifrè und Toseftha (vgl. dazu Bar. Sukka 40 a, Kidd. 20 a und Arachin 30 a) zwei Agabasätze dieses Tannaiten gebracht; denselben ist noch seine, einem Ausspruch Abba Benjamins (ib. II, 547) sich anschließende Deutung von Jes. 48, 18 f. (Baraitha Berach. 6 a) beizufügen, ferner seine Deutung von Lev. 19, 26 a in Sifra z. St. (90 a), Sanh. 63 a. — Wenn die Vermuthung Rabbinowitz' (Dikd. Sofrim III, 35 a, Anm. 20) richtig ist, so ist in Taan. 13 a unt. von dem Tannaiten J. b. Chanina die Rede; doch sind die Referenten Abba Kohen und Jose Kohen anderweitig (N. H. 15 b) als jüngere Zeitgenossen von Jochanan und S. b. Lakisch, also auch von J. b. Ch., dem Amora genannt.

[2]) Raba sagt von ihm, B. Kamma 39 a unten: דיינא הוה ונחית לעומקיה דדינא.

[3]) S. j. Baba Mezia c. 6 Ende (11 a), wo berichtet wird, J. b. Ch. habe durch die Anwendung der Worte in Prov. 2, 20 einen Act der Selbsthülfe gut machen und eine über das Recht hinausgehende Zahlung gewähren lassen. In b. B. Mezia 83 a wird das übrigens von Rab erzählt.

ihm Eigenthumsrecht zustand, den Käufern abzufordern¹). Die Ueberlieferung eines großen Theiles der anderen Bestimmungen von Uscha knüpft sich an den Namen Simon b. Lakisch's²), mit dem Jose b. Chanina besonders nahe Beziehungen unterhielt³). — Zwei andere Bestimmungen von Uscha werden von Jochanan tradirt⁴),

---

¹) Das ist die תקנת אושא, von welcher Abahu, J. b. Ch.'s Schüler, dem Jizchak b. Joseph auf Befragen angiebt, der Vertreter der sie bebetreffenden Tradition (מרה דשמעתא) sei J. b. Chanina, Kethuboth 50 a. In der That ist es Jose b. Chanina, in dessen Namen die Norm allein vorkömmt: Keth. 50 a, 78 b, B. Kamma 88 b, B. Mezia 35 a, 96 b, B. Bathra 50 a, 139 b. Im jer. Talmud wird sie nicht erwähnt. Der genannte Jizchak (b. Joseph) war ein Schüler Abahu's, der palästinensische Traditionen nach Babylonien brachte, und an dessen Namen sich auch die Kenntniß einer anderen Norm von Uscha knüpft, Keth. 50 a (wo ר׳ יצחק = ר׳׳י בן יוסף). In j. Kethub. 28 b wird eine der Normen von Uscha in ergänzter Form durch Abahu im Namen Jose b. Chanina's „oder Jehuda b. Ch.'s" tradirt.

²) S. b. L. tradirt vier Normen von Uscha im Namen Jehuda b. Chanina's (oder Chananja's) j. Kethub. 28 d. Drei derselben werden b. Kethub. 49 b, 50 a von dem jüngeren Zeitgenossen Abahu's, Ilaa, (ר׳ אילעא, s. Frankel, Mebo 75 b) im Namen Simon b. Lakisch's tradirt; bei der ersten dieser Traditionen ist auch noch angegeben, daß S. b. L. sie im Namen Jehuda b. Ch.'s lehrte, bei der dritten (auch an den Parallelstellen Kethub. 67 b, Arachin 28 a) fehlt auch der Name S. b. L.'s. Der genannte Jehuda b. Chananja, auf den so in letzter Linie die Ueberlieferung der Normen von Uscha zurückführt, ist wol kein Anderer als der Tannait dieses Namens, dessen Agadasätze im Sifré erhalten sind (s. Ag. d. T. II, 555). Einen „Amora der zweiten Generation" aus ihm zu machen (Frankel a. a. O. 94 b), dazu giebt der Umstand, daß S. b. L. in seinem Namen lehrt, kein Recht.

³) S. b. Lakisch, J. b. Ch. und Abahu bei einem gemeinsamen Spaziergange j. Pea 20 a unten (in b. Kethub. 112 a wird dasselbe von J. b. Ch., Chelbo und Awira erzählt). — Als Jemand einmal Jose b. Chanina beleidigte, legte ihm S. b. L. ein hohes Bußgeld auf, j. B. Kamma 6 c oben (wo ר׳ יהודה בר חנינא in ר׳ יוסי בר חנינא emendirt werden muß); er befolgte damit eine der von ihm tradirten Normen von Uscha (j. Kethub. 28 d unt.). J. b. Chan. in Unterredung mit S. b. L. j. Jebam. 9 d. Er tradirt öfters S. b. L.'s Meinungen, gegen die Jochanan's, z. B. Nazir 28 d unt. Controversen zwischen Beiden j. Meg. 70 a unt. J. b. Ch. erklärt eine Meinung S. b. L.'s, Zebach. 14 a.

⁴) S. j. Pesachim 27 d; in b. Sabbath 15 d referirt darüber

zu dem Jose b. Chanina eher in collegialem als im Schülerverhältniße stand¹). Er pflegte vor Jochanan tannaitische Traditionen vorzutragen²). Es haben sich Controversen zwischen ihnen erhalten, sowol halachischen, als agadischen Inhaltes³). Ziemlich oft schwankt die Tradition über den Autor eines Ausspruches zwischen J o c h a = n a n und Jose b. Chanina⁴). In einer Anekdote aus dem Lehrhause J o c h a n a n'ß wird erzählt, wie dieser einmal durch Jose b. Ch. dazu gebracht wurde, einem von dem Letzteren wohlgelittenen

---

Ulla, J.'s Schüler. Die in der Toseftha (Schebiith 4 Ende) und Baraitha (R. H. 15 a, Sukka 40 a) erwähnte Norm von Uscha hat in j. Bikkurim 65 a unten Jochanan zum Tradenten.

1) S. Weiß III, 90.
2) S. Meila 16 b, וקילוסיה ... קמיה דר״י ... תני, es ist eine hal. Deduktion aus Lev. 20, 25, die im Sifra nicht vorkömmt. Vgl. j. Schekalim 45 d unten: תנא ריב״ח הדא מתניתא, nämlich eine Deutung zu Exod. 25, 17, die wol dem Midrasch der Schule Ismaels entstammt. In Tanch. B. שלח Additamente 19 wird die in Sifre zu Deut. 1, 27 (§ 24) anonym zu lesende Deutung mit Anwendung eines Volksspruchwortes (משל הדיוט) von Jose b. Chanina im Namen Ismaels tradirt: אמר ריב״ח שנה אותה בשם ר׳ ישמעאל. — Die Bemerkung, daß Lev. 16, 23 der einzige Vers dieses Abschnittes sei, welcher nicht an die richtige Stelle gesetzt ist, j. Joma 44 b, findet sich anonym in Sifra 3. St. (82 b) und in der Bar. Joma 32 b, 70 b. Die Folgerung an Lev. 25, 7 (Pesach. 52 b) findet sich anonym im Sifra z. St. (106 c).

3) S. B. Kamma 39 a, Sabb. 59 a ob., Kethub. 79 b mit. (j. Keth. 32 a ob.), ib 84 a; Sota 21 b. An einigen der citirten Stellen steht die Meinung J. b. Ch.'s vor der Jochanans (vgl. oben S. 216, Anm.). J. b. Ch. erläutert die Meinung Jochanans, Chullin 73 a mit., stellt Fragen an ihn, Jebam. 27 b, j. B. Bathra 14 a. In B. Kamma 112 b erzählt Assi, wie Jos. b. Ch. eine von Jochanan nicht angenommene Lehrmeinung für gewisse Fälle anerkannt habe.

4) S. j. Berach. 13 c (oben S. 272, A. 8), Pesikta 166 a (oben S. 327, A. 6), Lev. r. c. 33 g. E. (die oben S. 294, A. 5 gebrachte Deutung J.'s zu הצדא, Dan. 3, 14 wird ib. auch im Namen J. b. Ch.'s mitgetheilt); s. ferner oben S. 288, A. 4. In Tanch. שמית Anf. ist J. b. Ch. als Autor eines Ausspruches genannt, den nach Sanh. 70 b Jochanan im Namen Simon b. Jochai's tradirte (Ag. b. T. II, 123, 2); dasselbe gilt von Jose b. Ch.'s Deutung zu Gen. 18, 10 in Gen. r. c. 46 (Ag. b. T. II, 126, 1). — Nach Berach. 10 b hätte Jochanan im Namen J. b. Ch.'s Aussprüche Eleazar b. Jakob's tradirt (Ag. b. T. II, 285, 2),

Jünger die Ordination zu ertheilen¹). Von den zum Kreise Jochanans gehörenden Gelehrten stand J. b. Ch. besonders zu Eleazar b. Pedath in Beziehung²). Assi spricht mit großer Hochachtung von ihm als einem „großen Manne"³). Als sein eigentlicher Schüler darf Abahu gelten⁴), der viele seiner Agadasätze tradirt⁵). Der aus Babylonien stammende Zeïra, Abahu's Schüler und Freund, sah J. b. Ch. im Traume und ließ sich von ihm erzählen, daß er — im Jenseits — seinen Ort unmittelbar neben Jochanan zugewiesen erhalten habe⁶). — In den babylonischen Schulen galt es als Kanon, daß wo in der Schultradition berichtet werde, „man habe im Westen (Palästina) darüber gelacht", d. i. über einen babylonischen Lehrsatz gespottet, damit Jose b. Chanina gemeint sei⁷). — Von seinen sonstigen Lebensumständen ist sonst nur weniges

---

doch ist der Text dort corrupt (s. Difd. Sofr. I, 23 a b); ebendaselbst ist für andere Sätze El. b. Jakob's Jose b. Chanina selbst der Tradent.

¹) Die Version der Anekdote in j. Sanh. 21 d oben (wo יחנן in יוחנן zu emendiren ist, berichtigt die in b. Sanh. 30 b, wie Weiß (III, 90) richtig vorschlägt: Nicht Simon b. Eljakim (Jakim) verhalf dem angesehenen Jose b. Ch. zur Ordination, sondern umgekehrt Dieser Jenem.

²) In der Agada stehen ihre Ansichten oft einander gegenüber (s. verschiedene Anmerkungen der folgenden Abschnitte), auch in der Halacha, s. Erubin 103 a; vgl. j. Bikkurim 63 a unt. In Berach. 22 b stehen als Urheber gegentheiliger Meinungen J. b. Ch. dem Eleazar und zugleich Jochanan dem Josua b. Levi gegenüber. Eleazar tradirt in J. b. Ch.'s Namen, oben S. 288, Anm. 4.

³) B. K. 42 b (nach der berichtigten Lesung, D. S. XII, 45 a): הא מילתא סבירקיה דגברא רבא שמיעא לי ימני ריב״ח.

⁴) S. j. B. Mezia 9 d unten, vgl. oben S. 420 A. 1.

⁵) Als Tradent seiner Agada kommt auch Chija (b. Abba) vor: Lev. r. c. 6, vielleicht Sch. tob zu Ps. 24, 7 (ר׳ חייא בשם ר׳ יוסי); ferner Acha, Pesikta 39 b und Parall. Wahrscheinlich muß auch j. Terumoth 43 unten gelesen werden אחא בשם ר׳ יוסי ר׳ חנינא בן (st. יהודה) ר׳ הוקיה ר׳ אחא בשם ר׳ יוסי בר׳ חנינא, vgl. S. 420, A. 3.

⁶) Baba Mezia 85 b, Koh. r. zu 9, 10; s. oben S. 224.

⁷) Sanh. 17 b, מחייכי עלה במערבא ריב״ח. Daß der Kanon nicht überall anwendbar sei, bemerkt Tof. J. St. Berliner in Gräß' Monatsschrift, 1873, S. 183, giebt den Kanon ungenau wieder und macht J. b. Ch. ohne Noth zum „Ueberbringer paläftinensischen Lehrstoffes" scil. nach Babylonien. J. b. Ch. war aber niemals in Babylonien.

noch überliefert¹). Er scheint wohlhabend gewesen zu sein²). Seine Kinder starben zu seinen Lebzeiten, und er scheute sich nicht, während der sieben Trauertage kalt zu baden³). Er betete genau beim Aufgange der Sonne, „damit den ganzen Tag die Furcht des Himmels über ihm sei"⁴). — Als er einmal nach Akko kam, küßte er das Meeresufer und rief aus: Bis hieher reicht das Land Israel!⁵)

1.

Sentenzen. Studium der Lehre. Gebet. Gebote.

Zurechtweisung bringt zur Liebe, nach Prov. 9, 8 b⁶). — Liebe, mit der sich nicht Zurechtweisung verbindet, ist keine Liebe⁷). — Wer mit der Herabsetzung seines Nächsten für sich Auszeichnung sucht, hat keinen Antheil an der kommenden Welt, geschweige erst Jemand, der mit der Herabsetzung der Gottheit Ehre anstrebt⁸).

---

¹) Da er fast immer ausdrücklich als „Sohn des Rabbi Chanina" (בירבי ח' oder בר ר"ח, nicht בר חנינא) bezeichnet wird, ist es möglich, daß auch er, gleich Chama b. Ch., ein Sohn Chanina b. Chama's war. Jedoch weist sonst auch nicht das geringste Anzeichen auf dieses Verhältniß hin.

²) S. Baba Bathra 90 b.

³) Taanith 13 a, s. S. 419, Anm. 1 Ende.

⁴) Jer. Berach. 7 b, ר"י בן חנינה היה מתפלל עם דמדומי חמה כדי שיהא עליו מורא שמים כל היום. S. oben, S. 242.

⁵) J. Schebiith 35 c ריב"ח מנשק לכיפתא דעכו ואמר עד כה היא ארעא דישראל (עד כה ist Wortspiel zu עכו, vgl. oben S. 23). In b. Kethub. 105 a heißt es: ר' אבא מנשק כיפי דעכו.

⁶) Gen. r. c. 54.

⁷) Jb. כל אהבה שאין עמה תוכחה אינה אהבה. Vgl. oben S. 357, Anm. 3 und 4.

⁸) Jer. Chag. 77 c, Gen. r. c. 1. כל המתכבד בקלון חברו אין לו (בכבוד) חלק לעוה"ב המתכ' בכבוד חי העולמים לא כל שכן בקלון) ist Euphemismus für בקלון). Der Ausspruch wird auf das prahlerische Vortragen solcher zur Geheimlehre von der Schöpfung gehöriger Sätze angewendet, die geeignet sind die Vorstellung von Gottes Erhabenheit zu verdunkeln, Gottes Würde herabzusetzen.

— Wer von seinem Nächsten Verzeihung erbittet, thue es — wenn die Bitte nicht sofort Erfolg hat — nicht mehr als drei Mal, nach Gen. 50, 17 (wo das Wörtchen נא drei Mal angewendet ist[1]).

Viererlei Klassen lassen sich bei den Namen unterscheiden[2]: Es giebt Personen mit schönen Namen, und schönen Handlungen, wie die zwölf Söhne Jakobs[3]); solche mit häßlichen Namen und häßlichen Handlungen, wie die Kundschafter[4]); häßliche Namen bei

---

[1]) Joma 87 a.

[2]) Gen. r. c. 71 ד׳ מדות נאמרו בשמות. Ohne diese Einleitung und mit einigen Abweichungen Tanch. שמות Anf. (B. 1); anonym in Tanch. שלח (B. 10) und Num. r. c. 16.

[3]) J. b. Chanina giebt in einem besonderen Ausspruche (nur Gen. r.) die von der in der heiligen Schrift selbst gegebenen abweichende Etymologie der ersten zwei Namen; Reuben: ראו בין בן הבנים (vgl. Aehnliches bei Eleazar b. Pedath, Berach. 7 b), Simon: שימע בקול אבי שבשמים. Er nimmt also an, daß diese „schönen" Namen nicht erst auf Grund der auf sie sich beziehenden Aeußerungen Lea's gebildet wurden, sondern bereits vorhanden waren und die Aeußerungen sich den den Neugeborenen ertheilten schönen Namen anpaßten. Im Anschluße daran sagt J. b. Ch. noch: אין שמותם של שבטים עבור להם אלא חמות להם. Nach der von S. Straschun z. St. im Namen seines Sohnes Mathias Str. citirten Erklärung bedeutet dies: Die Namen der Jakobsöhne waren nicht wie ein Kleid das eigens gemacht wird (st. עבור l. עבוד oder vielmehr aram. עביד), sondern wie ein Kleid, das bereits fertig war und dem Körper sich anschmiegt (חמית, s. in Midr. Sam. c. 21 Anf. החמיתי von Sauls Gewand und Rüstung, die David anlegt). — Man darf hiebei an Goethe's Aeußerung erinnern (Dichtung und Wahrheit 10. Buch, bei Gelegenheit von Herders Spottversen auf seinen Namen): „Der Eigenname des Menschen ist nicht etwa wie ein Mantel, der bloß um ihn her hängt und an dem man allenfalls noch zupfen und zerren kann, sondern ein vollkommen passendes Kleid, ja wie die Haut selbst ihm über und über angewachsen."

[4]) Beispiele: סתור, Num. 13, 13 beb. בן סתרים; גדי בן, ib. V. 11 beb. דבר זה. מסורת בידינו מאבותינו. In Sota 34 b sagt Jizchak: גידין ומררין סתור על שם מעשיהם נקראו שאני לא עלה בידינו אלא אחד, nämlich מיכאל בן. Daran knüpft Jochanan die nachtheilige Deutung des Namens נחבי בן וסי, V. 14 (s. oben S. 266, A. 1); in Tanch. שמית ist dieser letztere Name als Beispiel angegeben, in Tanch. B. שמית: סתור בן מיכאל, aber ohne die Deutung, in Tanch. שלח und Num. r. סתור mit der Deutung: שסתרו אל מן העולם.

Sentenzen. Studium der Lehre.

schönen Handlungen, wie die heimgekehrten Exulanten¹); schöne Namen, bei häßlichen Handlungen, wie Esau und Jsmael²). Das Wohnen in den Großstädten ist nachtheilig; deshalb „segnete das Volk die sich freiwillig zum Wohnen in Jerusalem Melbenden" (Neh. 11, 2³). — Daß man auf der Reise seine Herberge nicht verändern solle, lernt man von Abraham, der bei seiner Rückkehr aus Aegypten „zu seinen früheren Aufbruchplätzen gieng", (Gen. 13, 3⁴). — Im Augenblick der Gefahr tritt der Satan als Ankläger gegen den Menschen auf, — d. h. wenn der Mensch in Gefahr ist, kömmt etwaige Schuld, die ihn der Rettung aus der Gefahr unwürdig macht, zur Geltung⁵).

Jer. 50, 36 a wendet sich gegen die Weisenjünger⁶), welche einsam für sich (בדים) sitzend sich mit der Thora beschäftigen, sie werden verdummt (נואלו), ja werden sogar als Sünder betrachtet (Num. 12, 11, נואלנו neben חטאנו⁷). — Die Worte der Thora erhalten sich nur bei dem, der sich gleichsam nackt, aller Nebenge-

---

¹) Beispiele: die Namen in Ezra 2, 51, ohne Deutung, in Tanch. die in 2, 53.

²) עשו beb. עושה (der Gottes Willen ausübt), die anonyme Version: עושה רצון, er selbst aber אינו עושה; ישמעאל beb. שומע (der Gottes Wort hört), die anonyme Version: שומע אל, er selbst aber אינו שומע. Tanch. שמות hat als Beispiel אבשלום, „der den Vater in Frieden läßt," seine Handlungen waren dem entgegengesetzt.

³) Kethub. 110 b, ישיבת כרכים קשה.

⁴) Arachin 16 b, in Gen. r. z. St. anonym: במסעות שהלך בהן חור.

⁵) Tanch. וירא Auf. in Bezug auf den Mischnasatz, Sabb. 2, 6, von den drei Sünden der Frauen, wegen deren die gefährliche Zeit des Gebärens ihnen den Tod bringen kann. In j. Sabb. 5 b ist das anonym, s. oben S. 360, A. 2. In Gen. r. c. 91 g. E. ist es Eleazar b. Jakob, der den Satz auf Gen. 41, 38 anwendet. Es ist zu beachten, daß J. b. Chanina verschiedene Sätze des genannten Tannaiten tradirt, s. Berach. 10 b (oben S. 421, Anm. 4). — Hier sei noch J. b. Ch.'s Annahme erwähnt, daß die meisten Krankheiten auf Schleim und sonstige Absonderungen des Körpers zurückgehen, daher erklärt er Deut. 7, 15: כל הלי זו צואה, V. Mezia 107 b, zwischen ähnlichen Erklärungen von Chanina und Eleazar.

⁶) חרב על צוארי שונאיהם של תלמידי חכמים, nach der vollständigen Leseart; של שונאיהם ist euphemistisch.

⁷) Berach. 63 b, Taan. 7 a, Makkoth 10 a.

danken baar, ihnen hingiebt, nach Prov. 8, 12: „Ich Weisheit wohne bei der Nacktheit"¹). — Wer öffentlich Worte der Lehre vorträgt und es nicht versteht, sie den Hörern so angenehm wie Honig zu machen, dem wäre es besser, er hätte sie nicht vorgetragen, nach Hoh. 4, 11: „Honigseim mögen deine Lippen träufeln"²). — Vor dem Sarge, in dem der Todte ruht, darf man nicht halachische Fragen besprechen³).

Aus I Sam. 1, 13 kann man vier Bedingungen des Gebetes lernen. Sie „redete in ihrem Herzen", daraus folgt, daß das Gebet der Andacht bedarf; man muß beim Gebete „die Lippen regen"; man darf die Stimme nicht laut werden lassen; der Trunkene darf nicht beten⁴). - Auf Pf. 2, 11 „dienet den Ewigen mit Furcht" beruht die Vorschrift (M. Berach. 5, 1), daß man mit Schwere des Hauptes — demütigen Sinnes beten solle⁵). - „Zur Zeit des Wohlgefallens erhöre ich dich", Jef. 49, 8, das ist die Zeit, in welcher die Gemeinde zum Gebete versammelt ist⁶).

Wie sehr werden die Ausüber der Gebote von Gott verwöhnt und welche Redefreiheit genießen sie!⁷) Wer beim Könige etwas zu thun hat, giebt oft ein Vermögen hin, um nur vor den König gelangen zu können; ist er bis zum Könige gelangt, so ist es zweifelhaft, ob dieser seine Bitte gewährt. Wie anders verfährt Gott! Jemand geht in sein Feld hinaus, erblickt eine Weintraube, die zuerst gereift ist, eine frühreife Feige oder Granatfrucht, legt sie in seinen

---

¹) Sota 21 b, darauf folgt der ähnliche Ausspruch Jochanan's, oben S. 235.

²) Schir r. z. St., vorher ein ähnlicher Ausspruch von Eleazar (שמעון ב"ר in der einleitenden Bemerkung daselbst ist irrthümlich).

³) J. Berach. 6 b und j. Nazir 56 a unt., tradirt von Josia und Jose dem Galiläer; Dieser (ר' יסי הגלילי) war ein Schüler J. b. Chanina's, j. Frankel Mebô 101 b.

⁴) J. Berach. 7 a. In b. Berach. 31 b werden diese Deductionen im Namen Hamnuna's gebracht.

⁵) J. Berach. 8 d unt.; nach b. Berach. 30 b zog J. b. Ch. zu diesem Zwecke Pf. 5, 8 heran.

⁶) Berach. 8 a; vorher Aehnliches Jochanan im Namen Simon b. Jochai's. — Ueber die drei Hauptgebetszeiten s. oben S. 139.

⁷) ...בא יראה כמה כחם סתחתאין וכמה יש להן פתחון פה לעושי המצות.

Korb, stellt sich in die Mitte des Feldes hin und betet für sich, für Israel und das Land Israels (Deut. 26, 15); ja er spricht: Ich rühre mich nicht von hier weg, bis du, o Gott, nicht die Bedürfnisse des heutigen Tages gewährt hast (ib. V. 16 „an diesem Tage"[1]). — Die Schwingungen mit den Erstlingsbroten (Lev. 23, 17) geschehen nach der Richtung der Weltgegenden, um böse Winde fernzuhalten, und nach oben und unten, um böse Thaunieberschläge fernzuhalten[2]). — Wer die Früchte seines Feldes genießt, bevor er die Hebe und Zehnten abgesondert, dem wird das angerechnet, als äße er das Fleisch von zerrissenem oder gefallenem Viehe: das Gebot der Zehnten (Deut. 14, 21) folgt unmittelbar nach dem Verbote des gefallenen Viehes[3]). — Am Sabbath darf man auch bis zur 6. Stunde (Mittag) nicht fasten[4]). — Eine Frau, welche am Sabbath das Haar flicht, übertritt das Verbot, am Sabbath einen Bau aufzuführen[5]).

---

[1]) Tanch. כי תבוא Anf. (V. 2), tradirt von Abahu. In j. Maaser scheni 56 c steht bloß der Schluß des Ausspruches, unmittelbar nach der ähnlichen Betrachtung Alexanders zu Deut. 26, 15 (oben S. 107): אמר ריב״ח ולא עוד אלא שכתוב בה היום הזה תניי יומא („Bedingung ist heute"). Wahrscheinlich ist der Haupttheil des Ausspruches unmittelbar nach dem ebenfalls mit ובא וראה beginnenden Alexander'schen aus dem Texte des Jeruschalmi durch Versehen ausgefallen.

[2]) Menach. 62 a, Sukka 37 b, tradirt von Chama b. Utba, mit den Worten מתנו הכי במערבא, dem oben Seite 246 gebrachten Ausspruche Jochanans angeschlossen. מתנו beb. hier nicht das Lehren eines tannaitischen Traditionssatzes, sondern einfach Lehren, vgl. darüber meine Bemerkung, Die Agada der babylonischen Amoräer, S. 5, A. 23. J. b. Ch.'s Ausspruch wird mit demselben Tradenten auch in palästinensischen Quellen gebracht: Pes. 70 b, Pes. r. c. 18 (92 a), Lev. r. c. 28, f. oben S. 142.

[3]) Pesikta 99 a, Tanch. ראה g. E. (V. 16), tradirt von Azarja, Jonathan b. Chaggai, Jizchat b. Marion (f. ob. S. 10, Anm. 3). Vgl. Sifre zuta z. St. bei Jalkut § 895 Anf.

[4]) J. Taan. 67 a, j. Nedarim 40 d, tradirt von Acha, Abahu.

[5]) J. Sabb. 12 c unt., trab. von Abahu, im Zusammenhang mit der von Jochanan tradirten Meinung, ויבן, Gen. 2, 22, bedeute flechten, frisiren, f. Ag. d. T. II, 108, A. 2.

2.
Israel. Heidenthum. Messianisches.

Bei der Bundesschließung am Sinai (Exod. 24) verpflichteten sich Gott und Israel gegenseitig mit einem Schwure (Ezech. 16, 8, Deut. 29, 11¹). — Ein König hatte einen Garten, in dem er alle Arten Bäume pflanzte, den er aber behütete und von Niemandem betreten ließ. Als seine Söhne herangewachsen waren, sagte er ihnen: Diesen Garten habe ich behütet und von Niemandem betreten lassen, fortan werdet ihr ihn behüten. So sprach Gott zu Israel: Noch bevor ich die Welt erschaffen hatte, bereitete ich die Thora vor (Prov. 8, 30); diese aber gab ich keinem der Völker, sondern behielt sie Israel vor. Als Israel sprach: „Wir wollen hören und üben" (Exod. 24, 7), da gab ihm Gott die Thora. Darauf bezieht sich Ps. 147, 19 f.²) — Vier Urtheile hat Moses gegen Israel ausgesprochen, die nachher von vier Propheten entkräftet wurden³): Israel soll nur dann in Sicherheit wohnen, wenn „Jakobs Quell einsam" — nicht unter die Völker gemengt — ist, Deut. 33, 28, Amos kam und entkräftete das (7, 2 f.); Israel soll unter den Völkern keine Ruhe finden, Deut. 28, 65, Jeremias kam und entkräftete das (31, 1); Gott „ahndet die Schuld der Väter an den Kindern" (Exod. 20, 5), Ezechiel kam und entkräftete das (18, 4); „Ihr werdet untergehen unter den Völkern", Lev. 26, 38, Jesaia kam und entkräftete das (27, 13). — Israel „übertrat gleich Adam den Bund" (Hosea 6, 8): Sowie Adam in den Garten Eden gesetzt wurde (Gen. 2, 15), von Gott Gebote erhielt (V. 16), diese übertrat (3, 11) und darum vertrieben (V. 24) und weggeschickt (V. 23) wurde; so wurde Israel in den Fruchtgarten des gelobten Landes gebracht (Jeremia 2, 7), erhielt Gebote, übertrat sie (Daniel 9, 11) und wurde vertrieben (Hosea 9, 15) und

---

¹) Lev. r. c. 6., tradirt von Berechja, Chija.
²) Exod. r. c. 30 (§ 9).
³) Makkoth 24 a ארבעה גזרו משה רבינו על ישראל באו ארבעה נביאים ובטלום. Es ist beachtenswerth, daß die drei großen Propheten in der Reihenfolge des Kanons nach der bekannten Baraitha (B. Bathra 14 b) genannt sind.

weggeſchickt (Jer. 15, 1). So wie über Adam (איכה Gen. 3, 20), ſo ſtimmte Gott über Iſrael die Klage an (איכה, Klagel. 1, 1¹).
— Als die zehn Stämme in's Exil giengen, ohne Jehuba und Benjamin, ſagten ſie: Warum hat Gott uns und nicht auch dieſe in's Exil geſchickt? Etwa weil ſie ſeine Palaſtgenoſſen ſind, ſollte hier Parteilichkeit obwalten? Als dann aber auch die beiden Stämme exilirt wurden, ſagten Jene: Das iſt unſer Gott, er iſt der Mäch=tige, der Wahrhaftige, auch für ſeine Hausgenoſſen kennt er keine Rückſicht. Darauf zielt Hoſea 5, 9²)

Die Gemeinde Iſrael³) ſpricht vor Gott: „Die Völker der Welt haben mir eine Falle gelegt" (Pſ. 140, 6); indem ſie mir ſagen, ich möge den Götzen dienen; gehorche ich ihnen, verfalle ich deiner Strafe, gehorche ich ihnen nicht, ſo tödten ſie mich! Ein Wolf, den es nach Waſſer dürſtete, fand am Eingange zur Quelle eine Falle gelegt und ſprach: Gehe ich hinab, um zu trinken, ſo bin ich gefangen, gehe ich nicht hinab, ſo ſterbe ich vor Durſt⁴). — Ninive iſt typiſcher Name für alle Weltreiche, weil ſie alle durch Iſrael ſich verſchönern (מתנאות — נינוה⁵). — Nach Koh. 5, 7. Wenn du ſiehſt, wie Eſau „in der großen Stadt" Rom⁶) „Unter=drückung des Armen und Vergewaltigung des Rechtes" begeht und

---

¹) Peſikta 119 a, tradirt von A b a h u, als Prooemium zum erſten Verſe der Klagelieder. In Echa r. iſt es die vierte Nummer der Prooemien, doch bloß mit dem Namen des Tradenten. In Gen. r. c. 19 א״ר אבהו בשם ר' חנינא, wo vor חנינא ergänzt werden muß: יוסי בר.

²) Echa r., Prooemien Nr. 6, tradirt von A b a h u. Der Vers in Hoſea wird demnach ſo gedeutet: Ephraim wird zur Verwüſtung, am Tage, da ſie darob mit Gott rechten; aber unter den Stämmen Iſraels —, wenn auch J. und B. exilirt ſind (worauf der folgende Vers hinweiſt) thue ich die Wahrhaftigkeit — in Gottes Verfahren — kund. In Num. r. c. 13 g. Anf. ſteht das Ganze anonym und in modificirter Geſtalt. — Zwei andere Prooemien J. b. Ch.'s zu Echa 1, 1 f. im folgenden Abſchnitt.

³) כנסת ישראל, ſ. oben S. 370, A. 3.

⁴) Eſther r. c. 7, als Prooemium zu 3, 2. In Abba Gorion z. St. iſt als Autor des Ausſpruches ר' יוסי, als der des Gleichniſſes ר' חנינא ge=nannt.

⁵) Gen. r. c. 16 g. E.

⁶) במדינה iſt die Stadt, urbs, κατ' ἐξοχήν.

Gott ihm dennoch Wohlstand in Fülle zuströmen läßt, dann „wundere dich nicht darob", daß der „Wille" des Alten (der Segen Isaaks, Gen. 27, 30) in Erfüllung geht, denn wenn auch „der Höhere über dem Hohen wacht", die Feldherren, Statthalter und Kriegsobersten Roms, so ist über ihnen Allen der Höchste, der ewiglebende König!¹)

Jedes Gebot, welches den Noachiden gegeben und am Sinai wiederholt wurde, hat für Israel und für die Noachiden (Heiden) Geltung; ein Gebot, das den Noachiden gegeben, aber nicht am Sinai wiederholt wurde, gilt nur für Israel. Für das Letztere giebt es nur ein einziges Beispiel: das Verbot der Spannader (Gen. 32, 33²). — Die Opfer, welche die Noachiden darbrachten, waren Ganzopfer³). — Den Propheten der Heiden offenbart sich Gott nur zu

---

¹) Koh. r. z. St. — Zu Gen. 36, 31 bemerkt J. b. Ch.: בשעה שזה מלכים זה מ' שופטים ובשעה שזה אלופים זה מ' נשיאים. Das heißt: als Esau Könige hatte, da gab es in Israel Richter, und als Esau Kaiser (die אלופים V. 40—43 werden in der Agada als Hinweis auf die Kaiser betrachtet) hatte, da gab es in Israel Patriarchen.

²) Sanh. 59 a. In Chullin 91 a deutet J. b. Ch. Jes. 9, 7 auf dieses Verbot: „Ein Wort schickte der Ewige an Jakob und es verbreitete sich (נתפשט=כבד) in Israel". S. ebendas. seine Deutung zu Gen. 43, 16. Sanh. 59 b findet er in Gen. 17, 14 eine Andeutung darauf, daß das Gebot der Beschneidung auch den Nachkommen der Ketura gelte. Am Schlusse des oben S. 428 aus Exod. r. c. 30 gebrachten Gleichnisses zu Pf. 147, 19 findet sich eine vielleicht noch dazu gehörige Aufzählung der successive vor der Offenbarung gegebenen Gebote von Adam bis Jakob, dazu ein Gleichniß, mit der Angabe אמר ר' פינחס בשם ר' חנינא, wo wahrscheinlich die Angabe über den Autor so zu ergänzen ist, wie S. 429, A. 1: Ein König hat eine gedeckte Tafel vor sich; wie seine Diener einzeln eintreten, giebt er Jedem eine der Speisen, als aber sein Sohn kam, stellte er ihm die ganze Tafel zur Verfügung. So bekam Israel die ganze Thora, nachdem die Noachiden einzelne Gebote erhalten hatten. Dieses Gleichniß findet sich in verkürzter und auch unrichtiger Form in Schir r. zu 1, 2, wo es aber den רבנן zugeschrieben ist, während vorhergehend J. b. Ch. ein anderes Gleichniß hat.

³) Jer. Megilla 72 b unt., Gen. r. c. 22 g. A., ib. c. 34 g. A., Lev. r. c. 9, Schir r. zu 4, 16, Pes. r. c. 5 Anf. Num. r. c. 13 g. A. Gegen Eleazar, der die Opfer der Noachiden für Schlachtopfer hält. In der tradirten Discussion darüber führt Eleazar drei Verse an, die gegen J. b. Ch. zeugen; dieser

einer Zeit, in der die Menschen sich von einander zu trennen pflegen (Hiob 4, 13¹).

Die drei Beschwörungen in Hoh. 2, 7, 3, 5 und 8, 4 wenden sich an Israel, daß sie nicht in geschlossenen Reihen „wie eine Mauer"²) nach dem heiligen Lande hinaufziehen, und daß sie sich nicht gegen die Völker empören, sowie an die Völker der Welt, daß sie Israel nicht übermäßig knechten³). — Israel wird mit dem Weizen verglichen (Hoh. 7, 3), denn sowie der Weizen das Wasser aufsaugt, so wird Israel dereinst die Besitzthümer der Völker aufsaugen, nach Deut. 7, 16, Jes. 61, 6⁴). — Zach. 9, 7. „Ich beseitige sein Blut aus seinem Munde und seine Abscheulichkeiten von seinen Zähnen hinweg", das sind die Götzentempel, die dereinst beseitigt werden⁵); „auch er verbleibt unserem Gotte", das bedeutet

---

deutet die Stellen in dem Sinne seiner Ansicht: 1. Gen. 4, 4 beb. חלביה nicht die Fettstücke, sondern die fetten Stücke der Herde; 2. Exod. 24, 5 (gehört in die Zeit vor der Offenbarung) beb. שלמים „vollständig" dargebracht; 3. Exod. 18, 12 (וזבחים) gehört in die Zeit nach der Offenbarung (Chija's Meinung, Ag. b. T. II, 528). In Zebachim 116 a steht die Controverse ebenfalls, doch ohne genaue Sonderung der Autoren: für die eine Meinung, daß die Noachiden Schlachtopfer darbrachten, wird Gen. 4, 4 als Beweis gebracht, für die andere Hoh. 4, 16: „erwache Nord", Hinweis auf die Heiden, welche nur Ganzopfer (die an der Nordseite des Altares geschlachtet wurden) darbringen dürfen. Diese Deutung wird in anderer Umschreibung unten in Schir r. anonym als Argument für J. b. Ch. gebracht.

¹) Gen. r. c. 74; in Gen. r. c. 52 g. A. und Lev. r. c. 1 g. E. nur ר׳ יוסי. Eliphaz der Temanite wird auch als heidnischer Prophet betrachtet.

²) S. oben S. 349.

³) Kethub 111 a. In Schir r. zu 2, 7 nimmt J. b. Ch. nur zwei Beschwörungen an, wol auf Grund von 2, 7 und 3, 5, und zwar: an Israel, daß sie sich nicht gegen die Völker empören, und an die Weltreiche, daß sie Israels Joch nicht zu hart machen, da sie sonst das vorzeitige Erscheinen der Endzeit bewirkten.

⁴) Schir r. z. St. Vielleicht hängt mit dieser Anschauung zusammen J. b. Ch.'s Deutung von הופיע, Deut. 33, 2, mit הורידן מנשיה, j. B. K. 4 b; vgl. zu derselben die Deutung Jochanan's, B. Kamma 38 a (oben S. 252). — In Pes. r. c. 34 (158 b f.) ist vielleicht statt רבי בר חנינא zu lesen ר׳ בר יוסי חנינא; es ist ihm eine kurze Paraphrase zu Jes. 61, 9 zugeschrieben.

⁵) בית כריא und בית גליא erscheinen hier als coordinirte Benennungen

die Synagogen und Lehrhäuser in Rom, „und er wird sein wie ein Fürst in Juda", das bedeutet die Theater und Circusse der Heiden, in denen einst die Fürsten Juba's öffentlich Thora lehren werden¹).

Das dreimalige אהיה in Exod. 3, 14 deutet auf Gottes Barmherzigkeit (Liebe) hin, die sich kundgab in der Erschaffung der Welt, kundgiebt in der Regierung der Welt, kundgeben wird in der messianischen Zeit (Zach. 1, 16²).

3.
Exegetisches und Homiletisches.

Gen. 3, 21. כתנות עור sind Kleider aus zottigen Fellen³). — 4, 12. „Dir ihre Kraft zu geben", aber auch Anderen nicht⁴). — 8, 10. Er wartete „noch sieben andere Tage". Die Wartezeit betrug drei volle Wochen⁵). — 15, 5. כה weist auf die Offenbarung an Moses hin, welche die Befreiung aus Aegypten einleitete (Exod. 4, 22⁶). — 17, 16. „Sie soll den Völkern sein" zum Gegenstande der Verehrung, so daß sie sie nicht kränken und „Unfruchtbare" schimpfen⁷). — 18, 9. Die Engel

---

von Götzentempeln, während nach Aboda zara 46 a, Temura 28 b der erstere Name die absichtliche, und zwar schimpfliche Entstellung des zweien Namens wäre. Ueber die Versuche, die beiden Namen zu erklären s. Kohut II, 65.

¹) Megilla 6 a.
²) Sch. tob zu Pf. 72 Auf, אמר הקב״ה ברחמים בראתי את עולמי (so l. st. ברחמים אני סנהגו) עתיד לנהגו) וברחמים אני עתיד לחזור ליורשלם. S. oben S. 327. A. 1.
³) Gen. r. c. 20 Ende, Tanch. B. בראשית 24; über סידינין, wie die richtige Lesung lautet, s. Levy III, 515 a.
⁴) Gen. r. c. 22 g. E., gegen Eleazar, nach dem die Verfluchung der Erde nicht allgemein war (לאחר ניתרה).
⁵) Gen. r. c. 33 g. E. Es scheint, daß J. b. Ch. die Häufung der Ausdrücke עור und אחרים so gedeutet hat.
⁶) Gen. r. c. 43 g. E., gegen Eleazar. — Ueber die Deutung von Gen. 13, 10 f. in Gen. r. c. 41 g. E. s. Ag. b. T. II, 116, 1.
⁷) Gen. r. c. 47 g. A., tradirt von Abahu: ניתן אני יראתה על כל איםית העילה דלא יהון סנין לה וצווחין דא עקרתא. Wiederholt in Gen. r. zu 21, 1, c. 53, wo aber nur Abahu genannt ist.

fragen nach Sara, um ihr den Segensbecher — nach Beendigung der Mahlzeit — zu schicken¹). — 29, 2. In diesem Verse ist das Exil angedeutet²). — 48, 16. „Sie mögen den Fischen gleich sein." Sowie die Fische des Meeres das Wasser bedeckt, so daß das Auge keine Macht über sie hat, so hat auch das — böse — Auge keine Macht über die Nachkommen Josephs³).

Exodus 2, 6. Das Objectsuffix in ותראהו bezieht sich auf die Herrlichkeit Gottes, welche sie „mit dem Kinde" sah⁴). — Ib. Daß es eines „von den Kindern der Hebräer" sei, erkannte sie an der Beschneidung⁵). — 4, 6 f. Heil ist schneller da, als Unheil; denn aussätzig wurde Moses' Hand erst, als er sie ganz herausgezogen hatte, während sie gesund schon in seinem Schooße wurde, bevor sie ganz draußen war⁶). — 6, 2. Der Wechsel der Gottesnamen deutet an, daß Gottes Gerechtigkeit sich strafend an den Aegyptern, seine Gnade rettend an Israel bekunden solle⁷). — 12, 2. Ein König-hatte eine Wächterhütte⁸), die er dann seinem Sohne übergab. So übergab Gott Israel den Mond, zur Beobachtung der Zeiten⁹). — 15, 1. Der Gesang wurde so ausgeführt, daß Moses den Anfang jedes

---

¹) Baba Mezia 87 a.

²) Gen. r. c 70. „Vor dem Zorne" (חרון = חרן) Gottes fliehen „wir". „Kennet ihr" Ihn, der einst euere Sünden „weiß" wie Schnee machen wird? „Ist Friede" zwischen euch und ihm? „Es ist Friede". Durch welches Verdienst? Um „Rachels" willen (Jer. 31, 14).

³) Berach. 20 a, 55 b, Sota 36 b, B. M. 84 a, B. B. 118 b (nach A b a h u); in Gen. r. c. 97 anonym.

⁴) Sota 12 b, Exod. r. c. 1. — Die Deutung zu 1, 17 (Sota 11 b, Exod. r. c. 1) beruht nach S. Straschun (zu Exod. r.) nicht auf אליה statt להן, sondern auf דבר statt אמר, da דבר als euphemistischer Ausdruck für unsittlichen Verkehr gebraucht wird.

⁵) Sota ib., Exod. r. ib.

⁶) Sabbath 97 a, nach anderer Version von Raba. Die Deutung beruht auf dem Unterschiede zwischen ויציאה V. 6. und ויוצאו מחיקו V. 7. In Exod. r. z. St. c. 3 anonym.

⁷) Exod. r. c. 6. S. die Deutung von Jes. 3, 10 a in Verbindung mit Exod. 3, 14, Sch. tob zu Pf. 72 g. Anf.

⁸) שומרה s. Levy IV, 580 b.

⁹) An den oben S. 172, A. 1 angegebenen Stellen, unmittelbar nach dem analogen Gleichnisse Josua b. Levi's. Der Mond gleicht einer

Verſes ſprach und das Volk darauf den ganzen Vers ſang[1]). — Nach 25, 15 ſollten die Stangen in die Ringe der Lade ſo be=
feſtigt ſein, daß ſie nicht von ihr weichen, während nach V. 14 die
Stangen immer wieder in die Ringe gefügt wurden, um die Lade
zu tragen? Der Widerſpruch iſt durch die Annahme zu löſen, daß
die Stangen in den Ringen beweglich waren, aber ſich nicht von
ihnen losmachten[2]). — 30, 12. Zu den Worten „wenn du erhebſt
das Haupt der Kinder Israels" birgt ſich die Andeutung auf den
Segen, mit welchem Moſes einſt das Haupt, den Erſten der Stämme
(Reuben, Deut. 33, 6) heranziehen ſollte[3]). — 32, 11. „Warum
entbrennt dein Zorn?" Du wußteſt ja, als du ſie erlöſteſt, daß ſie,
unmittelbar nachdem ſie deiner Offenbarung theilhaftig geworden,
ſündigen werden, warum zürnſt du jetzt darob?[4]). — 35 19. Der
Ausdruck שרד deutet an, daß ohne die Prieſtergewänder (das Prieſter=
thum) von Israel kein Ueberreſt (שריד) geblieben wäre[5]).

Lev. 5, 1. Der Vers enthält Andeutungen auf das Geſetz
von dem der Untreue verdächtigen Eheweibe[6]). — Num. 14, 19.

Wächterhütte, die an einem hochgelegenen Orte des Weinberges oder Feldes
zu ſein pflegt.

¹) J. Sota 20 c, trabirt von Abahu. בהדין פסוקא ſcheint das
Verfahren beim Bibelunterrichte zu bezeichnen: der Lehrer ſpricht den
Anfang des Verſes und die Schüler darauf den ganzen Vers.

²) Joma 72 a. Die Emendation, daß als zweiter Vers nicht 27, 7,
ſondern 25, 14 geſetzt werde, iſt nothwendig. S. übrigens Toſſafoth z. St.

³) Peſikta 15 b, Tanch). רמז שהוא עתיד לקרב ראשון של : כי תשא
שבטים.

⁴) Exod. r. c. 43 Ende, trabirt von Pinchas (b. Chama) im
Namen Abahu's. Der Ausſpruch beginnt mit der Deutung der Worte
ראה ראיתי, (Exod. 3, 9, mit denen Gott Moſes ſagte, daß er nicht nur das
gegenwärtige Elend Israels ſehe, ſondern auch wie ſie dereinſt Gott in
der Herrlichkeit ſeines Wagens (Pſ. 68, 18) erblicken werden und aus dem
Viergeſpann deſſelben (τετραούλα, Ez. 1, 10) eines der Thiere losmachen,
um es anzubeten (vgl. oben S. 397). Dieſe Ausführung zu Exod. 3, 9
findet ſich anonym in Exod. r. c. 3 und 42, Tanch). ב׳ תשא. Das hier
gebrauchte halb griechiſche, halblateiniſche Wort kommt ſonſt nicht vor.

⁵) Joma 72 a, nach der beſſer bezeugten Leſung ר׳ ייבי בר חנינא, ר׳
nicht ר׳ חמא ב׳ ח.

⁶) Lev. r. c. 6 ריב״ח פתר קרייא בסוטה; das wird an den einzelnen
Worten durch Analogien mit Stellen von Num. 5, 12 f. durchgeführt;

"Von Aegypten bis hieher". Das sagt Gott zu Moses: von Aegypten bis hieher haben sie vor mir gesündigt![1]) — 19, 2. In dem Worte „zu dir" wird Moses bedeutet, daß die von ihm bereitete Asche der rothen Kuh für alle Zeiten bestehen werde, während die anderen vergehen[2]). — Deut. 4, 41. Gott sprach zu Moses: Lasse „die Sonne aufgehen" für den Todtschläger und sondere ihm eine Zufluchtsstadt aus, durch die ihm Rettung komme, wie die Sonne der Welt Licht bringt[3]). — 8, 15. הגדול והנורא sind Epitheta Gottes, dessen Größe sich erwies, als er Israel durch diese Wüste voll giftigen Gethieres sicher hindurchführte[4]). — 28, 63. ישיש ist factitiv: Gott freut sich wol nicht über den Sturz

---

nur die Worte ונפש כי תחטא werden ohne solche Analogie gedeutet: die „sündigende Seele" ist die untreue Gattin, welche von ihrem Manne ernährt und erhalten wird, während sie hingeht und mit einem Andern sündigt.

[1]) Pesikta 167 b; dagegen Samuel b. Nachman: Moses sagt es zu Gott: Sowie du ihnen bisher fortwährend verziehen hast, verzeihe ihnen auch jetzt.

[2]) Pesikta 39 b, Pes. r. c. 14 (64 b), Tanch. חקת (B. 24), Num. r. c. 19: רמז שכל הפרות בטלות שלך קיימת (s. vor. S., Anm. 3). An allen citirten Stellen findet sich auch eine andere Deutung des Wortes אליך: nur dir sei das Geheimniß dieser Satzung enthüllt, den Andern ist es eine Satzung (חקה), deren Ursache unergründlich. Als Autor dieser Deutung ist in Tanch. und Num. r. Jose b. Chanina genannt, in den beiden Pesikta's ר' יוסי ברבי (mit mehreren Trabanten), wo aber offenbar חנינא zu ergänzen ist. — Im Zusammenhange mit dieser Agada zum Gesetze von der rothen Kuh wird an den angeführten Stellen von Acha eine von J. b. Ch. zum ersten Satze des Mischnatractates Para gedichtete Legende tradirt, die gleich anderen Legenden dieser Art mit den Worten beginnt: בשעה שעלה משה למרום. Der Zweck der Legende ist die Verherrlichung Eliezer's (b. Hyrkanos); Moses bittet, es möge sein Nachkomme sein, mit dessen Ausspruch der genannte Tractat beginnt. Darauf erhält er die Antwort: Es wird auch dein Nachkomme sein, was auch in den Worten (Exod. 18, 4): ושם האחד אליעזר angedeutet sei (האחד = אותו המיוחד, jener Ausgezeichnete).

[3]) Deut. r. z. St., Deutung der Worte מורחה השמש. Zu Makkoth 10 a ist Simlai als Autor genannt, der nach Midr. Sam. c. 9 eine andere Deutung zu Deut. 4, 43 gab.

[4]) Tanch. B. בשלח 17; vorhergeht eine Beschreibung der „Schlangen und Skorpionen" zu demselben Verse von [בן חנינא] ר' יוסי. Zu Exod. r. c. 24 Ende sind beide Sätze verbunden, s. auch Tanch. בשלח zu Exod. 15, 22.

des sündhaften Israels, aber er läßt sich andere darüber freuen¹).
— 33, 16. Die Worte ורצון שכני סנה enthalten eine Andeutung darauf, daß bereinst ein Heiligthum zu dem Stammgebiete Joseph gehören werde²). Josua zählte in der Beschreibung der Stammgebiete nur die der Grenze nahen Städte auf³). — Ri. 10, 6. Sie dienten den verschiedensten Göttern „und verließen den Ewigen und dienten ihm nicht." Gott sprach: Hätten meine Kinder mich wenigstens dem Nachtisch (γκρίσμη) gleich geachtet, welcher zuletzt, nach allen Speisen kömmt!⁴) — I Sam. 1, 11. Mit dem dreimal wiederholten אמתך deutet Channa auf die drei Pflichten des Weibes, von deren vorhergegangener Erfüllung in der schweren Stunde der Geburt ihr

---

¹) Sanh. 39 b, unmittelbar nach dem oben (S. 66) gebrachten Ausspruche Jonathans. Nach Megilla 10 b wendete J. b. Ch. diese Deutung als Prooemium zu Esther 1, 1 an; es muß nämlich dort gelesen werden: ר' יוסי בר חנינא פתח לה פיתחא להאי פרשתא מהכא und ebenso ר' יוסי בר חנינא אומר (anstatt א' ר' אלעזר), s. Pilv. Soferim 3. St.

²) J. Megilla 72 d oben, tradirt von Jona, Abahu: קדשים הארצים נאבלים בחלקו של יוסף (was sich auf Schilo beziehen kann); darauf folgt eine von Abbimi aus Sepphoris vorgetragene Tradition (vgl. Chama b. Chanina, Zebachim 53 b), daß ein Landstück in Form eines Stierkopfes aus dem Gebiete Josephs in das Gebiet Benjamins hineinreichte und auf ihm der Altar gebaut war. Eine zweite von demselben Tradenten überlieferte Deutung J. b. Ch.'s lautet daselbst: ששרת שכינה בנאיו של יוסף; damit ist offenbar שכני סנה gedeutet, während in dem ersten Satze רצון gedeutet war. Was בנאיו hier bedeuten soll, ist nicht erkennbar; die Erklärung bei Levy III, 550 a unt. kann nicht die richtige sein. Im b. Talmud, Zebachim 118 b, wird folgende Deutung der drei Worte von J. b. Ch. gegeben (vorher ein ähnlicher Ausspruch von Abahu): עין שלא רצתה ליהנית מדבר שאינו שלו תזכה ותאכל בין השנאין (השינאי), was (nach Raschi) auf das Heiligthum in Schilo geht, dessen Opfer auch von den anderen Stämmen anerkannt wurden. Zu Deut. 33, 23 s. oben S. 303, Anm. 9.

³) J. Megilla 70 a unten, gegen Simon b. Lakisch (oben S. 378): הסמוכות לספר סנה. In b. B. Bathra 56 a ist dies Rabs Ansicht: העומדות על הגבולין.

⁴) Echa r. Prooem. Nr. 10, Esth. r. zu 1, 9. Die Grundlage der Deutung bilden die Worte ולא עבדוהו, welche nach י'' את יעזובי eigentlich überflüssig sind. Sie sind aber gleichsam eine Klage darüber, daß Israel nach den vielen anderen Göttern, denen es diente, dem wahren Gotte nicht einmal nebenbei seine Verehrung bezeigte.

Leben abhängt¹); sie habe auch nicht eine dieser Pflichten übertreten²). — I Kön. 1, 1. Wer die Kleidungsstücke verächtlich behandelt, dem bereiten sie schließlich keinen Genuß: David hatte einst (I Sam. 24, 5) von Sauls Gewande einen Zipfel abgeschnitten, am Ende seines Lebens „bedeckte man ihn mit Gewändern, aber es wurde ihm nicht warm"³). — 1, 6. Adonija, der Sohn der Chaggith, wird als von der Mutter Absaloms geboren bezeichnet, weil er so handelte wie dieser und sich gleich ihm gegen den Vater empörte⁴). — 10, 27 (II. Chr. 9, 27). Wurden diese großen Silberklumpen, die „wie Steine" frei lagen, nicht gestohlen? Dazu waren sie zu schwer, 10 Ellen und acht Ellen groß⁵). — II Kön. 4, 9. Von hier ist zu schließen, daß die Frau die Gäste besser kennt, als der Mann⁶).

Jes. 3, 17. ושפח ist nach ספחת (Lev. 12, 2) zu erklären⁷). — 3, 26. אנו und אבלו sind die zwei Arten der Trauer, die stille und öffentliche, פתחיה deutet auf die Zerstörung des ersten und des zweiten Tempels, ונקתה auf die Ursache derselben: rein, entblößt von den Worten der Prophetie, von den Frommen, vom Ueben der Gebote und guten Handlungen; deshalb „sitzt sie auf der Erde" (wie Echa 2, 10⁸). — 55, 7. וירחמהו (nicht וירחם עלינו) beb. s.

---

¹) S. oben. S. 425, A. 5.
²) Berach. 31 b, nach anderer Lesart von Eleazar. — Zu 1, 15 ib. [ואיתימא ר"י בר חנינא] אמר עולא; das Eingeklammerte fehlt in mehreren alten Quellen.
³) Berach. 62 b.
⁴) Baba Bathra 109 b, nach einem ähnlichen, von Jochanan tradirten Satze S. b. Jochai's.
⁵) J. Sanh. 20 c, Pesikta 169 a, Schir r. zu 1, 1, Tanch. אחרי Auf. (B. 2).
⁶) Berach. 10 b.
⁷) Sabbath 62 b, gegen Eleazar, ebenso Pes. r. c. 16 (145 b); in Pesikta 133 a, Lev. r. c. 16 g. Auf., Echa r. zu 4, 15 sind die Autoren umgekehrt angegeben. Für die hier angenommene Version spricht der Umstand, daß J. b. Ch. auch sonst den Aussatz agadisch verwendet: Schebna wurde aussätzig (עטה Jes. 22, 17, vgl. יעטה Lev. 13, 45), Sanh. 26 a; Waschti erschien deshalb nicht vor dem Könige (Esth. 1), weil sie aussätzig geworden war, Megilla 12 b.
⁸) Echa r. Nr. 7 der Prooemien, trabirt von Abahu.

v. als וילחמהו. Den Reuigen verbindet Gott mit sich, wie wenn Jemand die zwei Füße einer Bettstätte mit einander verbindet[1]). — Jer. 23, 29, „wie der Hammer u. s. w.", b. i. wie wenn Jemand mit dem Hammer auf einen Stein schlägt und die Splitter nach allen Seiten fliegen[2]). — Ezech. 1, 14. כמראה הבזק, wie der Schein der Feuerglut, welcher aus den Thonscherben immer wieder hervorbricht[3]). — 24, 6 f. „Wehe der Stadt", in der soviel „Blut" vergossen wurde, „ein Topf, in welchem sein Schmutz verharrt und nicht aus ihm zu beseitigen ist", „stückweise führt man sie hinaus", ihr Exil fand zu wiederholten Malen statt[4]). — Aus den Worten „denn ich vergebe ihnen", Hosea 1, 6, folgt, daß Gott auch im Zorne des Erbarmens eingedenk ist[5]). — על וסרוחים ערשתם, Amos 6, 4, bed. eine Verletzung des Anstandes und der Achtung, die der Lagerstätte gebührt[6]). — Micha 7, 18. נשא עון (nicht עונות ב׳) deutet an, daß Gott bei dem Urtheil über einen Menschen „eine Schuld hinwegnimmt" und damit die Wagschale der

---

[1]) Lev. r. c. 3, vorher Jizchak's ähnliche Deutung: באדם שהוא מלחים שני נסרים ומרביקן זה לזה. S. Levy II, 494 b.
[2]) Gegen Josua b. Levi, Sch. tob zu Ps. 92, 1, Jalkut zu Ps. 68, 14. S. Ag. b. T. II, 337, 1.
[3]) Chagiga 13 b, באור שיוצא מבין החרסים. Vielleicht meint er das Feuer, in welchem die Thongefäße gehärtet werden und das zwischen diesen hindurch hervorbricht. Nach Raschi's wahrscheinlich traditioneller Erklärung ist ein mit vielen Löchern versehenes Thongefäß gemeint, welches über das ebenfalls auf zerstoßenen Thonscherben befindliche und zum Schmelzen des Goldes dienende Kohlenfeuer gestülpt wird, so daß aus den Löchern die Flamme immer wieder, und zwar in bunten Farben emporschlägt. — Die Erklärung beruht übrigens auf der Identificirung von בזק mit dem aramäischen Worte, welches Thonscherbe bedeutet; vgl. Joma 22 b zu בבזק I Sam. 11, 8 und Raschi's Erklärung daselbst.
[4]) Echa r., Nr. 5 der Prooemien, tradirt von Abahu. הלאתה ist mit חפישותה (andere Lesart חפשוישיתא) übersetzt, was jedenfalls gleichbedeutend ist mit dem vom Targum gebotenen ויהומיתה, sonst aber nicht vorkömmt.
[5]) Pesach. 87 b, nach einem ähnlichen Satze Eleazar's.
[6]) Sabbath 62 b, Kiddushin 71 b: תלמוד שהיה משתינים לפני מטותיהם ערומים; mit der Angabe, daß Abahu über solches Thun heftig schalt. Dann folgt die Gegenmeinung Eleazar's.

Verdienste überwiegen macht¹). — Zach. 10, 1. Der Plural חיים deutet an, daß Gott für den Bedarf jedes Frommen eine besondere segenspendende Wolke erschafft²).

Psalm. 11, 5. „Gott prüft den Frommen". Der Flachs=arbeiter weiß, daß wenn sein Flachs gut ist, je mehr er auf ihn schlägt, er um so besser, und je mehr er auf ihn klopft, er desto fester wird, während schlechter Flachs zergeht, wie auf ihn geklopft wird: so prüft auch Gott nicht die Frevler mit Heimsuchungen, sondern die Frommen³). — 23, 1. Es giebt kein verachteteres Ge=werbe als das des Hirten, der den ganzen Tag mit seinem Stabe und seiner Tasche umhergeht, und dennoch nennt David Gott seinen Hirten. Er befolgte hierin das Beispiel Jakobs, der sagte (Gen. 47, 15): „der Gott, der mein Hirt ist seit ich bin, bis zu diesem Tage"⁴). — 31, 20. Ein König bereitete eine Mahlzeit und lud die Gäste ein; es kam die vierte, fünfte, sechste Stunde und sie kamen nicht. Endlich gegen Abend kamen Einzelne, und der König sprach zu ihnen: Ich bin euch großen Dank schuldig, denn wäret ihr nicht gekommen, so hätte ich die ganze Mahlzeit den Hunden vorwerfen müssen, da Keiner da war, sie zu essen. So sprach Gott zu den Frommen: Ich schulde euch großen Dank; denn wäret ihr

---

¹) J. Pea 16 b, j. Sanh. 27 c, etwas verschieden j. Kidd. 61 d unt. (wo A b a h u als Tradent erscheint); gegen Eleazar. Ju b. R. H. 17 a (vgl. Arachin 8 b) bezieht sich die Controverse auf die Erklärung der Schule Hillels zu רב חסד, Exod. 34, 6 (Ag. b. T. I, 19). Eine ver=schiedene Gestalt hat die Controverse in Pesikta 167 a und Schocher tob zu Pf. 30, 1 (§ 4). In Sch. tob 86, 5 erscheint Pinchas als Vertreter der Meinung J. b. Ch.'s (s. oben S. 434, A. 4), während die Eleazar's den רבנין zugewiesen ist.

²) Taan. 9 b, vgl. oben S. 398 zu diesem Verse.

³) Gen. r. c. 32 g. Anf., ib. c. 34 g. A. (wo ב חנינא fehlt), ib. c. 55 (wo das Gleichniß an die erste Stelle gerückt und irrthümlich Jonathan als Autor genannt ist), Schir r. zu 2, 16 Ende, zwischen analogen Gleichnissen von Jonathan (s. oben S. 73) und Eleazar; Sch. tob z. St. In Tanch. וירא g. E. ist ר' יונה als Autor des Gleichnisses ge=nannt, in Tanch. B. שמות 10 Jannai (s. oben S. 43, A. 3).

⁴) Sch. tob z. St. Nach Jalkut z. St. ist Chama b. Ch. der Autor. —

nicht auf die Welt gekommen, wem hätte ich all' das Gute, das ich für die zukünftige Welt bereitet habe, gegeben. Denn es heißt: „Wie groß ist dein Gut, das du deinen Frommen aufbewahrt hast!"¹) — 78, 20. Zu ויזובו vgl. יזוב, Lev. 15, 25. Das Wasser kam erst in geringer Menge aus dem Felsen, so daß die Spötter jener Zeit darüber spöttelten, dann aber kam es in „strömenden Bächen"²).

Hiob 1, 10. Hiob's Vieh „durchbrach" (פרץ) die Ordnung der Welt, da sonst die Wölfe die Ziegen tödten, hier aber die Ziegen es waren, welche die Wölfe tödteten³). — Nach 18, 6 f. Weffen Frau zu seinen Lebzeiten stirbt („in wessen Zelte das Licht verlischt"), dessen „Schritte werden kürzer"⁴). — Hoh. 2, 9. עופר האילים sind die Böcklein der Hindinnen⁵). — 6, 2. Der erste Theil des Verses widerspricht dem zweiten⁶); erst heißt es „in seinem Garten" und dann „zu weiden in den Gärten". Der „Garten" ist die Welt, in welche Gott herabkömmt, „die Blumen= beete" bedeuten Israel, „die Gärten" die Synagogen und Lehr= häuser, in denen Gott „Lilien pflückt", indem er die Frommen in Israel hinwegnimmt⁷). — Esther 1, 4. Die Worte יקר תפארת, deuten an, daß der König Ahasveros die priesterlichen Gewänder an= legte, auf welche in Exod. 28, 2 ähnliche Worte angedeutet sind⁸). — Daniel 2, 13. ובעי bedeutet soviel, als stünde das Passivum ואתבעו⁹). — II. Chr. 36, 13. Zidkija leistete den Eid beim Altare¹⁰).

---

¹) Sch. tob. zu Pf. 25, 7.

²) Sch. tob z. St. Variante: Chama b. Chanina.

³) Baba Bathra 15 b, Koh. r. zu 9, 11.

⁴) Sanh. 22 a, zwischen ähnlichen Sätzen von Alexander (oben S. 202) und Abahu.

⁵) Schir r. z. St., Pesikta 49 a (zweimal), Pes. r. c. 15 (dreimal: 71 b, 72 a, 73 a): דאיילתא (עיילחהי) עיהילחהי. So übersetzen auch Targum und Peschito.

⁶) הפסיק הזה לא ראשו סופו ולא סופו ראש.

⁷) Schir r. z. St. S. die ähnliche Deutung von S. b. Lakisch oben S. 401.

⁸) Megilla 12 a. Also eine Art frevelhaften Uebermuthes, wie der von Belsazar in Dan. 5, 3 berichtete.

⁹) Tanch. B. מקץ 4.

¹⁰) Pesikta 168 b, Echa r. zu 2, 10, Esther r. c. 3 Anf. Vgl. Koh. r. zu 9, 1.

Wortdeutungen. שמים Himmel = שָׁם מַיִם „dort ist Wasser[1]). — כרפס, Esther 1, 5, aus כר und פס, Polster aus buntem Zeug[2]). — להדפה, II. Kön. 4, 27 f. v. a. להוד יפיה [3]). — Der Name נח hängt mit ותנח, Gen. 8, 4 zusammen[4]). — Der eigentliche Name des Berges der Offenbarung ist חורב, er hat aber noch fünf symbolische Namen: ציון, von צוה, weil auf ihm Israel die Gebote erhielt; קדש, weil Israel bei ihm sich heiligte; קדמות, weil die „uralte" Thora auf ihm gegeben wurde; פארן, von פרה, weil Israel an ihm sich vermehrte; endlich סיני, weil von ihm der Haß (שנאה) gegen die der Offenbarung feindlichen Völker ausgieng[5]).

Zur halachischen Exegese. Exod. 23, 2. Anstatt רב lies רַד: Du sollst nicht vor dem Meister, sondern erst nach dem Meister deine Meinung abgeben[6]). — Num. 5, 30. Aus dem Ausdrucke „diese ganze Lehre", vergl. mit Deut. 17, 11 („gemäß der Lehre") folgt, daß die der Untreue verdächtige Frau von dem großen Gerichtshofe

---

[1]) Chagiga 12 a.
[2]) Megilla 12 a. — Jb. gehört ihm (nicht nach der Lesart der Ausgaben Assi) die Deutung von בהט, Esther 1, 6, über welche s. Aruch s. v. חט I (Kohut III, 366 f.).
[3]) Jebam. 3 d, Lev. r. c. 24 g. Anf., b. Berach. 10 b. Damit beweist J. b. Ch, daß Gechazi keineswegs ein so „heiliger" (sittenstrenger) Mann war, wie sein Meister Elischa (II Kön. 4, 9).
[4]) Gen. r. c. 25 g. Anf., ib. c 33.
[5]) Sabbath 89 a b. Ueber die Identificirung der ersten vier Namen mit dem Sinai s. Tosafoth z. St. — Ueber die Deutung von סיני s. oben S. 252. — Räthselhaft sind die drei Namen des Engels Gabriel, welche nach J. b. Ch. (Sanh. 44 b) dessen Funktionen zu Gunsten Israels anzeigen. — Dunkel ist auch seine Erklärung des Volksnamens זמזמים, Gen. r. c. 26 g. (E., die doch jedenfalls auf irgend einer Etymologie für denselben beruht. Weder die Erklärung von Sachs (Beiträge I, 55: Mino-taurus) noch die von Levy III, 155 a (μονοτολυηρός) und Fleischer (bei Levy III, 313 a oben: monitoros) berücksichtigen dies. Vielleicht ist ein ם am Anfange des mit Sachs zu מנטרוסין emendirten Wortes zu ergänzen, welches dann s. v. als σημάντορες, Befehlshaber wäre; die Deutung beruhte dann auf der Aehnlichkeit der ersten Sylbe dieses Wortes mit der wesentlichen Sylbe des hebr. Wortes, das J. b. Ch. möglicherweise von זמם, Zügel ableitet.
[6]) J. Sanh. 22 b; in b. Sanh. 36 a hat dies Acha b. Papa.

gerichtet wird¹). — Außerhalb des Heiligthumes auf einem Höhen=
altar Opfer zu bringen, ist nur auf Grund eines Prophetenspruches
gestattet, nach Deut. 12, 13 f.²). — Esther 9, 28. „Jede Familie":
auch die priesterlichen und levitischen Abtheilungen müssen ihren
Dienst unterbrechen, um das Lesen der Estherrolle zu vernehmen³).

4.
Zu den biblischen Personen und Erzählungen.

Jedes Land, welches Adam zu cultiviren angeordnet hatte,
wurde bevölkert, sonst blieb es Wüste; das ist mit dem sonst über=
flüßigen Schlußsatze von Jerem. 2, 6 gemeint: „nicht wohnte Adam
daselbst"⁴). — Lemech's Frauen weigerten sich, die eheliche Pflicht zu
erfüllen; warum sollen wir — sagten sie ihm — für den Fluch
der bevorstehenden Sündfluth Kinder gebären? Da sprach er zu
ihnen (Gen. 4, 23): „Habe ich denn⁵) einen Mann umgebracht",
daß seinethalben „mir Wunden" zu Theil wurden, oder „ein Kind",
daß mich seinetwegen „Striemen" bedecken? „Kain" tödtete und es
wurde ihm „die Vergeltung auf sieben" Generationen aufgeschoben,
sollte „Lemech nicht einen Aufschub von siebenundsiebzig" Genera=
tionen gewährt erhalten"?⁶). — Wieviel Engel begegneten der Hagar
auf ihrer Flucht? Fünf, entsprechend der fünfmaligen Aussage

---

¹) Sota 7 b.

²) J. Megilla 72 c, Lev. r. c. 22, Pes. r. c. 24 Ende (125 b),
Sch. tob zu Pf. 27, 5.

³) J. Megilla 73 b, tradirt von Chama b. Ukba, in dessen
Namen Chelbo und Chama b. Guria; ohne Tradenten b. Megilla 3 a.
— S. ferner zu Exod. 29, 1, Joma 5 b; ib. 35, 1, j. Sabb. 9 b mit.;
Deut. 28, 25 (nach 24, 15), j. Maaseroth 50 a, tradirt von Abahu; ib.
30, 5, j. Schebiith 36 b; Jerem. 8, 30, j. Taanith 60 d, tradirt von
Chama b. Ukba. S. auch oben S. 421, Anm. 2.

⁴) Berach. 31 a, Sota 46 b. Der erste Mensch hat demnach ein für
alle Mal die Theile der Erde bezeichnet, welche von der Menschheit zu be=
setzen seien.

⁵) כי ist als Fragepartikel aufgefaßt.

⁶) Gen. r. c. 23 g. Anf. Darauf folgt eine Bemerkung von רבי

über den „Engel des Ewigen" (Gen. 16, 7—11[1]). — Jakob sah in seinem Traume auch die bereinstige Eintheilung des Landes, wie sie durch Jechezkel angegeben wurde (Gen. 28, 14 ימה וקדמה vergl. mit dem fortwährenden קדימה und ימה in Ezech. 48[2]). — Weil Rebekka kein öffentliches Grabgeleite zu Theil wurde, erwähnt die Schrift ihren Tod nicht ausdrücklich, sondern nur andeutungsweise[3]). — Von dem Tage an, daß Joseph von seinen Brüdern getrennt war, enthielten sie sich des Weingenusses, was aus Gen. 43, 34 hervorgeht: „sie tranken und berauschten sich mit ihm", vorher also nicht[4]). — Die Hungersnoth in Aegypten hätte eigentlich 42 Jahre dauern sollen, denn Pharao sieht im Traume zweimal sieben Jahre angedeutet, ebensoviel deutet seine Erzählung des Traumes an Joseph an, und wiederum zweimal sieben Jahre deutet die Wiederholung der Erzählung durch Joseph an. In Wirklichkeit dauerte die Hungersnoth nur zwei Jahre, denn als Jakob nach Aegypten kam, machte er sie durch seinen Segen aufhören; die weggefallenen vierzig Jahre holte Aegypten in den Tagen Jechezkels nach (Ez. 29, 12[5]). — Pharao erließ nacheinander drei Verordnungen: er befahl zuerst jeden neugeborenen israelitischen Knaben zu tödten, dann jeden Neugeborenen in den Nil zu werfen; endlich erstreckte er dieses Gebot

---

זה קל וחומר של חשך אם כן מהיכן רבי יוחנן verkürzt): (wahrscheinlich aus נובה הקב"ה שטר חובו.

[1]) Gen. r. c. 45 g. E. Dagegen die „Gelehrten": Vier, denn der Ausdruck מלאך ד' kömmt nur viermal vor.

[2]) Gen. r. c. 69 g. A. Dazu die Bemerkung, daß die Ausdehnung nach „Nord und Süd", welche in Ezechiel fehlt aus Jesaia 54, 3 („nach rechts und links") zu ergänzen sei (בא ישעיה ופירשה).

[3]) Pesikta 24 a, Pesikta r. c. 12 (48 b), Tanch. כי תצא (B. 4). Die Andeutung des Todes Rebekka's in Gen. 35, 8, nach der oben S. 68 gebrachten Erklärung Jonathan's.

[4]) Sabbath 139 a; in Gen. r. c. 92 und c. 98 Ende wird sowol dieser, als der vorhergehende Ausspruch des Jizchak aus Magdala, daß Joseph keinen Wein trank, Levi zugeschrieben.

[5]) Baraitha von den 32 Regeln, Nr. 10, Gen. r. c. 89 (Ende, wo der erste Theil des Ausspruches als dritte Ansicht (רבנן) sich der Controverse zwischen Jehuda und Nechemia anschließt (Ag. b. T. II, 272) und nur der zweite Theil den Namen J. b. Ch.'s trägt.

auf „sein ganzes Volk" (Exod. 1, 22[1]). — Mit dem Stabe Aharons (Exod. 7, 12) geschah ein besonders großes Wunder: obwol er alle die anderen Stäbe verschlungen hatte, war er nicht dicker geworden, er war „der Stab Aharons" geblieben[2]). — Bei der Plage der Frösche war das Quaken derselben den Aegyptern lästiger als die Verwüstung, die sie anrichteten[3]).

Gott führte Israel deshalb nicht durch das Land der Philister (Exod. 13, 17), weil noch der Enkel Abimelechs am Leben war, dem Abraham einen Schwur geleistet hatte (Gen. 21, 23) und dieser Schwur daher noch gültig war. Von Abrahams Nachkommen war damals schon die siebente Generation da. Darauf läßt sich anwenden Ps. 38, 20: „Meine Feinde leben, sind mächtig"[4]). — Bei der Offenbarung am Sinai hörte ein Jeder das Wort Gottes seiner eigenen Kraft entsprechend, nach Ps. 29, 6: „die Stimme des Ewigen gemäß der Kraft" nämlich eines Jeden. Wundere dich darüber nicht, denn auch das Manna schmeckte je nach der Altersstufe derer, die davon aßen; den Kindern schmeckte es wie Oel (Num. 18, 8), den Jünglingen wie Brot (Exod. 16, 4), den Greisen wie Honig (Exod. 16, 31), den Kranken wie ein aus Mehl, Oel und Honig bereiteter Aufguß[5]), den man Kranken zu machen pflegt (Num. 11, 8 ובשלו בפארור und Ezech. 16, 19[6]). — Ursprünglich wurde die Thora

---

[1]) Sota 12 a. Exod. r. 1, wo zu der letzten Verordnung auch der Grund angegeben ist.

[2]) Exod. r. c. 9; vorher eine ähnliche Ausführung von Eleazar, deren Quintessenz sich auch in Sabbath 97 a findet, wo aber nichts von J. b. Ch.'s Satze steht.

[3]) Tanch. בא g. Auf., Pesikta 66 b (s. daselbst A. 87). — Die Vergleichung der zehn Plagen mit einem System der Kriegführung, welche in dem Zusatz zur Pes. r., ed. Friedm. 197 a, J. b. Ch. zugeschrieben ist, gehört nach den anderen Quellen (Pesikta 66 b, Pes. r. c. 17, 89 b) Berechja an.

[4]) Gen. r. c. 54. Vgl. eine der anonymen Deutungen zu בי קריב הוא Mech. z. St. (23 b), Tanch. בשלח Auf.

[5]) בטיסני הוה שעושין לחולה (so nur in Tanch. B.) Dieses Wort, welches auch im Französischen (tisane) Arzneitrank, Gersten- oder sonstigen Aufguß bedeutet, stammt von πτισάνη und kömmt in der Mischna (Machschirin 6, 2) in der Bedeutung „Gerstengraupe" vor (Levy II, 156).

[6]) Tanch. B. שמות 22, ib. בשלח 22; Tanch. שמות g. E., Exod. r.

Zu den biblischen Personen und Erzählungen. 445

nur für Moses und seine Nachkommen gegeben (angedeutet in פסל לך Exod. 34, 1); Moses aber vergönnte ihren Besitz dem gesammten Israel. Von ihm ist gesagt (Prov. 22, 9): Wer guten Auges ist, wird gesegnet[1]). — Num. 16, 33 „und Alles was ihnen gehörte": selbst eine Nadel, die ihnen gehörte und sich als entlehnt bei irgend einem Israeliten befand, wurde von der Erde verschlungen[2]).

II Sam. 12, 30. Zur Krone gehörte ein Magnetstein, welcher sie schwebend hielt, so daß David sie trotz ihrer Schwere auf's Haupt setzen konnte[3]). — Joab war deshalb nicht Absaloms Parteigänger geworden, I Kön. 2, 28, weil damals Davids Constellation noch in ungeschwächter Gültigkeit war[4]). — Als Salomo die den König betreffenden Gesetze (Deut. 18) übertreten hatte, kam ein Engel herab, der Salomo's Gestalt annahm, ihn von seinem Throne aufstehen hieß und sich selbst auf denselben setzte. Salomo aber gieng in den Synagogen und Lehrhäusern umher und sagte (Koh.

---

c. 5, Neue Pesikta, B. H. VI, 39; Pesikta 110 a, wo der Passus vom Kranken fehlt und Ez. 16, 19 als Belegvers zu dem von den Jünglingen citirt ist; abgekürzt Tanch. B. יתרו 17. In Joma 75 b lautet der Ausspruch bloß: לנערים לחם לזקנים שמן לתינוקות דבש. — Ueber den anderen, in Joma a. a. O. stehenden Ausspruch J. b. Ch.'s zum Manna s. Ag. d. T. I, 355, 1.

[1]) Nedarim 38 a.

[2]) Jer. Sanh. 28 a oben. Zu Num r. c. 18 ist irrthümlich Sam. b. Nachman als Autor genannt, weil im Jeruschalmi ein Ausspruch von ihm unmittelbar nach dem J. b. Ch.'s folgt.

[3]) Ab. zara 44 a.

[4]) Sanh. 49 a (gegen Eleazar): עדיין אצטגנינות של דוד קיימת, wie die ursprüngliche Lesart gelautet hat (s. D. S. z. St.) Die Lesart אצטגני und קיימין beruht auf der Annahme (s. Raschi), daß hier der Ausdruck nicht Astrologisches bedeutet, sondern die im folgenden Ausspruche Rab's genannten 400 Jünglinge, die Vorkämpfer seiner Heere. In Wirklichkeit meint J. b. Ch.: als sich Absalom empörte, stand Davids Macht auf ihrer Höhe, oder — astrologisch ausgedrückt — die Constellation, welche die Dauer seiner Regierung anzeigte, war noch gültig, während Adonija seinen Aufstand in einem Zeitpunkte unternahm, als auch das Horoskop schon die Neige von Davids Leben und Herrschaft anzeigte. Der erwähnte Satz Rabs scheint im Talmud nur als Beweis dafür

1, 12): „Ich Koheleth war König über Israel in Jerusalem". Da sagte man ihm, der König sitze in seinem Palaste, schlug ihn und setzte ihm eine Schüssel Graupen vor; auf diese bezieht sich das Wort Koheleths (2, 10): „dies war mein Theil von all meiner Bemühung!"¹)

---

gebracht zu sein, daß zu Absaloms Zeiten Davids Macht wirklich auf ihrer Höhe stand. Ueber das Wort אצטבאות‎ s. meine Bemerkung Ag. b. T. I. 199. A. 5.
¹) Jer. Sanh. 20 c, Koh. r. zu 2, 2 (wo der Name des Autors fehlt). In der babylonischen Salomosage (Gittin 68 a, daraus Sch. tob zu Pf. 78) ist es nicht ein Engel, der Salomo entthront, sondern ein Dämon (שר‎). — Zu Koh. 3, 11 „Alles schön zu seiner Zeit" bemerkt J. b. Ch. (Tanch. B. יתרו‎ 5), auf Salomo's Tische habe nie die der Jahreszeit gemäße Frucht gefehlt. — Ueber Salomo s. auch noch Ag. b. T. II, 123, 2.

XIII.
Chama b. Chanina.

Der nach dem Großvater genannte Sohn Chanina b. Chama's[1]) wohnte gleich seinem Vater in Sepphoris[2]), wo er besonders zu Jonathan nähere Beziehungen gehabt zu haben scheint[3]). — Sonst ist von seinem Leben und Wirken fast gar nichts bekannt[4]). Einmal finden wir ihn in Lydda, wo er mit Hoschaja die Synagogen besucht und zu Letzterem sagt: Wieviel Vermögen haben meine Väter hier — in den Bau dieser Synagogen — versenkt! Er erhält die Antwort: Wie viel Seelen haben deine Väter versenkt, hat es denn keine Leute gegeben, die sich mit der Thora beschäftigen (und die sie mit den zum Synagogenbau aufgewendeten

---

[1]) S. oben S. 8, A. 1.

[2]) Eine Distanzbestimmung in Sepphoris lautete (j. Sabbath 8 a, j. Sanh. 28 a): „von der Synagoge der Babylonier bis zum Hause 'R. Chama b. Chanina's".

[3]) S. oben S. 58.

[4]) In Nedarim 62 a muß ר' חנינא בר חמא gelesen werden nicht umgekehrt, da Chanina es war, der noch mit Ismael b. Jose verkehrte (s. oben S. 4), was von Chama b. Ch. unmöglich angenommen werden kann. Dasselbe gilt von der Stelle Sabbath 38 a unten: אמר ר' חמא בר חנינא פעם אחת נתארחתי אני ורבי, da es nur Chanina, nicht sein Sohn gewesen sein kann, der als Reisegefährte Jehuda's I dies Erlebniß erzählen kann. Einige Sätze vorher wird eine von Samuel b. Nathan im Namen Chanina's tradirte Gesetzesbestimmung, die Jose (b. Chalaftha) in Sepphoris traf, citirt; hier ist wahrscheinlich Chama b. Chanina zu lesen, in dessen Namen Samuel b. Nathan auch sonst tradirt. In j. Sabb. 5 d, Terum. 41 c. tradirt dieser S. b. Nathan, was ihm Chama b. Ch. von einer mit seinem Vater gemeinsam gemachten Reise nach dem Bade Gabar erzählt: אנא ואבא עלינו לחמת גדר. Es handelt sich dabei ungefähr um dasselbe, wie in der Erzählung Sabbath 38 a. Wenn man daher dort

Mitteln hätten unterstützen können?¹). — Auf dem Gebiete der Halacha wird sein Name sehr selten genannt²). Um so bedeutender und auch an Zahl sehr beträchtlich sind seine agadischen Aussprüche, von denen eine sehr große Anzahl durch den Agadisten L e v i tradirt wird. Von diesem ist verschieden ein L e v i b. L a ch m a, zwischen dem und Chama b. Chanina drei agadische Controversen überliefert sind³). Ebenso sind mehrere agadische Controversen zwischen

---

statt אני ורבי ließt אני ואבי, ist ר' חמא בר חנינא richtig. Daß auch Taan. 25 a (Bericht über ein Fasten in Sepphoris) „Chanina b. Chama" die richtige Lesart ist, war schon oben S. 125 erwähnt worden.

¹) Der hier gemeinte Hoschaja ist nicht der Lehrer von Caesarea, sondern der fromme Schüler Jochanan's (s. oben S. 215 f.), in dessen Mund die Aeußerung sehr gut paßt. Aus der Erzählung würde hervorgehen, daß Chama's Vorfahren in Lydda ansäßig waren und dort mehrere Synagogen, erbauten. Dann muß angenommen werden, daß die Familie nach Babylonien auswanderte (vielleicht zur hadrianischen Zeit), von wo Chama's Vater nach Palästina, also in die Heimat seiner Väter, einwanderte. — Eine Controverse zwischen Chama b. Ch. und Hoschaja über die Zugordnung Israels in der Wüste s. j. Erubin 22 c unten. In Schocher tob zu Ps. 78, 45 wird eine Erklärung zu ערוב (= Panther) mit ר' חמא ור' יהושע שניהם אומרים eingeführt; vielleicht ist א' ש' ר' הושעיא [ב] ר' חמא zu lesen.

²) Eine halachische Controverse zwischen ihm und J o ch a n a n s. Sabbath 147 b. — Er erklärt ein Wort der Mischna (Sabbath 5, 3) in j. Sabb. 7 c (tradirt von A s s i) (Eine Bemerkung zu M. Sukka 2, 3 von ihm tradirt L e v i (j. Sukka 52 d, vgl. dazu Bar. b. Sukka 22 b); derselbe zwei Aussprüche von ihm über die dem Pesachfeste vorangehenden Sabbathe (j. Megilla 74 b oben). Beispiele halachischer Exegese: zu Exod. 40, 3 (tradirt von J o s e) j. Sukka 52 b unt.; zu Lev. 23, 24 (vgl. mit Num. 29, 1) R. H. 29 b; (Esther 3, 7, j. Megilla 70 d unt. (trad. von L e v i).

³) Taanith 16 a בלייני בה ר' לי' בר לחמא ור' חמא בר חנינא, dreimal. S. oben S. 8. Anm. 1. L e v i b. L a ch m a kömmt mit einem eigenen Agadasatze vor in Baba Bathra 15 a (Hiob lebte zur Zeit Moses'). Vielleicht muß auch Deut. r. c. 1 (zu 1, 10, über die Gottähnlichkeit des Gottesdieners) statt ר' לי' בר חמא gelesen werden ר' לי' בר לחמא, wenn wir nicht vorziehen, zu lesen [בר חני'] ר' חמא ר' ישב לי' ר'. L e v i b. L a ch m a tradirt auch im Namen S. b. L a k i s ch's, s. oben S. 354, A. 2 und 362, A. 3; vgl. S. 379, A. 6. Als Tradent Chama b. Chanina's findet er sich R. H. 29 b; Zebachim 53 b unt. (wo למחא die richtige Lesart, nicht לחמא). Wahrscheinlich stand auch in j. Taanith 68 d ursprünglich: ר' לי'

Chama b. Ch. und Samuel b. Nachman überliefert[1]); einmal ist des Letzteren Schüler, Chelbo, Chama's agabischer Gegner[2]).

1.

Sentenzen und Sprüche. Studium der Lehre. Gebet.

„Nach dem Ewigen, euerem Gotte, sollt ihr wandeln!" (Deut. 13, 5). Wie kann der Mensch der Herrlichkeit Gottes, dem „zehrenden Feuer" (Deut. 4, 23) nachwandeln? Der Sinn ist: Wandle den Eigenschaften Gottes nach! So wie Gott Nackte bekleidet (Gen. 3, 21), so bekleide auch du Nackte; so wie er Kranke besucht (Gen. 18, 1) so besuche auch du Kranke; so wie er Trauernde tröstet (Gen. 25, 11), so tröste auch du Trauernde![3]) — Wer Jemandem Gutes thut, der es nicht anerkennt, der wirft gleichsam einen Stein in den bei den Hermessäulen befindlichen Steinhaufen, nach Prov. 26, 8[4]). — Wer etwas vollendet, was ein Anderer unvollendet ge-

---

בר ל' zu בר לחמא בר חמא abgekürzt und daraus entstand בשם ר' לוי; dann wurde לחמא בשם ר' חמא בר חנינא.

[1]) S. unten, verschiedene Anmerkungen.

[2]) S. j. Kilajim 32 c. — Einmal erwähnt Ch. b. Chanina eine im Lehrvortrage Chija b. Abba's (des Schüler Jochanan's) vernommene halach. Exegese, Sanh. 29 a unt. (מפירקיה דרי חייא בר אבא שמיע לי); doch ist die Lesung der Namen an dieser Stelle schwankend. — Chija b. Abba erwähnt einen agabischen Ausspruch Chama b. Ch.'s, B. Bathra 123 a, der anderwärts Simon b. Lakisch zugeschrieben wird, s. oben S. 386, A. 2.

[3]) Sota 14 a. Vgl. Abba Saul's Deutungen zu Exod. 15, 2 und Lev. 19, 2, Ag. d. T. II, 367. — Zu Gen. 18, 1 s. die Legende Ch. b. Ch.'s in Baba mezia 86 b, deren Inhalt zum Theile in Gen. r. c. 48 in Jannai's Namen zu lesen ist.

[4]) Chullin 33 a. כל העושה טובה למי שאינו יודעה כזורק אבן למרקוליס, neben einer ähnlichen Deutung Rab's (Die Agada der bab. Amor. S. 24, A. 152, Ag. d. T. II, 429); der Hermes-Steinhaufen am Wege (= מרגמה) weiß auch nichts von der Ehre, die ihm der Vorübergehende anthut, indem er einen Stein auf ihn wirft.

lassen hat, dem rechnet es die Schrift so an, als ob er allein es ausgeführt hätte, nach Jos. 24, 32, verglichen mit Exod. 13, 19[1]), — Wer seinem Nächsten ein Geschenk giebt, muß es ihn nicht wissen lassen: auch „Moses wußte nichts" von dem Strahlenglanze, den Gott ihm verliehen hatte (Exod. 34, 29[2]). — Zu Prov. 18, 21. „In der Hand der Zunge". Sowie die Hand tödtet, so tödtet auch die Zunge; während aber die Hand nur von der Nähe tödtet, wirkt die Zunge, dem Pfeile gleich (Jer. 9, 7), in die Ferne, aber in noch viel weitere Entfernung als der Pfeil, nach Ps. 73, 9[3]). — Von der Sünde der bösen Zunge heilt den Weisenjünger die Beschäftigung mit dem „Lebensbaume" der Lehre, nach Prov. 15, 4 a; den Unwissenden die Selbstdemüthigung, die „Gebrochenheit des Gemüthes" (ib. V. 4 b[4]). — Wie bedeutungsvoll die Höhlung der Lippen (die Redegabe) ist, das ist daraus zu ersehen, daß auf ihre Erschaffung derselbe Ausdruck angewendet ist (Jes. 57, 19), wie auf die des ganzen Weltalls (Gen. 2, 4[5]). — Groß ist die Reue, denn sie bringt Heilung der Welt, nach Hos. 14, 5[6]). — Sowie Jemand geheiratet hat, werden seine Sünden beseitigt, nach

---

[1]) Sota 13 b, Deut. r. c. 8, tradirt von Levi. S. Ag. b. T. II, 299, Anm. 3.

[2]) Sabb. 10 b, Beza 16 a

[3]) Arachin 15 b.

[4]) Arachin ib.

[5]) Pesikta r. c. 33 (153 a) קשה נלישת שפתים שהיא כנגד ברייתו של עולם. Der nur hier vorkommende Ausdruck נלישת ש׳ scheint volksthümlicher Ausdruck für die von den Lippen eingeschlossene Mundhöhlung zu sein, als das Organ der Sprache zur Bezeichnung dieser letzteren. Gott hat sie am Gebilde des menschlichen Körpers gleichsam gemeißelt, ausgehöhlt (נלי γλύφω), sowie von einer anderen Höhlung des Menschenkörpers gesagt ist: נלה לה הקב״ה עיקר מיטרין, s. oben S. 391, A. 5. Es ist fraglich, ob נלישת שפתים nicht auch etymologisch das Aequivalent des in der biblischen Belegstelle gebrauchten ניב שפתים sein soll. Auch im Targum werden die Worte בורא ניב ש׳ auf die Erschaffung der Sprache bezogen: דברא ממלל בפום כל אנשא.

[6]) Joma 86 a. Ebendaselbst deutet Ch. b. Ch. den zwischen Jer. 3, 14 und Hosea 14, 5 gefundenen Widerspruch damit hinweg, daß an der ersteren Stelle Reue aus Liebe (zu Gott), an der anderen Reue aus Furcht gemeint sei.

Prov. 18, 22¹). — Die Füße des Menschen sind Bürgen dafür, daß sie ihn hinstellen, wohin er verlangt wird: Achab, dem es bestimmt war, nicht in seinem Hause, sondern in Ramoth=Gilead zu sterben (I Kön. 22, 20), gieng trotz der Mahnungen des Propheten hin, um dort zu fallen²). — Die Gesetze der Gotteslehre sind auf dem bösen Triebe eingegraben (den sie in Schranken halten sollen³).

Zu Num. 24, 6. Warum werden die Zelte im Zusammenhange mit Bächen genannt?⁴) Sowie die Bäche den Menschen von Unreinheit zu Reinheit erheben, so erheben die Zelte (der Thora, die Lehrhäuser) den Menschen von der Wagschale der Schuld in die Wagschale des Verdienstes⁵). — Lehrhäuser hat es stets in Israel gegeben, selbst die Patriarchen werden als זקנים bezeichnet⁶). —

---

¹) Jebam. 63 b ויפסק nach פקק, verstopfen gedeutet. Die Ehe bezeichnet eine Erneuung des Daseins, durch welche die vorhergegangenen Sünden als nicht vorhanden, die Schadhaftigkeit ausgebessert, die Lücken „zugestopft" erscheinen.

²) Jer. Kilajim 32 c, j. Kethub. 35 b, tradirt von Jona: רגלוהי דבר נש ערבתיה למיקמתיה כל הן דהוא מתבעין. Dann folgt — als weiterer Beleg — die Sage vom Tode der beiden Geheimschreiber (secretarii) Salomo's, Elichoref und Achija. In b. Sukka 53 a ist es Jochanan, der diese Sage erzählt, mit Voranschickung der Sentenz רגלוהי דבר איניש אינון ערבין ביה לאתר דמיתבעי תמן מובלין יתיה, die aber auch in der Sage selbst, als deren Pointe, Salomo in den Mund gelegt ist.

³) Lev. r. c. 35 g. Anf.: חקים שהם חקוקים על יצר הרע, wo der יצר הרע gleichsam der harte, spröde Stoff ist, in welchen Gott die Gesetze gegraben hat.

⁴) Berach. 15 b unten: למה נסמכו אהלים לנחלים. Das folgende דכתיב ... gehört nicht zum ursprünglichen Text. Nach Tosafoth z. St. meint die Frage unter אהלים die in V. 5 genannten אהליך, nach Raschi die in V. 6 genannten באהלים נטע ד׳. Die Form der Frage spricht für die letztere Auffassung, s. die Bemerkung von Rabb. S. L. Brill im Beth-Talmud (von Weiß und Friedmann) II, 151. Auch LXX übersetzen אהלים, V. 6, mit σκηναί, ebenso Vulgata: tabernacula, Peschito: משכנא.

⁵) Zu Gen. r. c. 92 Anf. ist wol unser Chama der Held der Anekdote, deren Pointe die ist, daß die Beschäftigung mit der Lehre auch den von Unfreien Geborenen (בר עבדים) zum Freien (בן חורין) macht.

⁶) Joma 28 b: מימיהם של אבותיהם לא פסקה ישיבה בהם. Das wird mit dem in seiner speciellen Bedeutung genommenen Ausdruck זקן bewiesen. Es gab זקנים während des Aufenthaltes in Aegypten (Ex. 3, 16),

Nach Prov. 27, 17. Sowie das eine Eisen das andere schärft, so schärfen die Weisenjünger einander im Studium¹). — Wer gegen seinen Lehrer Streit erhebt, der erhebt ihn gleichsam gegen die Herrlichkeit Gottes, nach Num. 20, 13 („da die Kinder Israels gegen den Ewigen stritten"²). — „Dein Hals in Perlenreihen", Hoh. 1, 10, das sind die Abschnitte der Thora, welche aneinander gereiht sind, einander festhalten, einander ähnlich und einander verwandt sind³). — Vom ersten Abschnitte der Genesis (1, 1—31) gilt das Wort (Prov. 25, 2): „es ist eine Ehre Gottes, das Wort zu verbergen"⁴); von den weiteren Abschnitten: „es ist eine Ehre der Könige - der Schriftworte, nach Prov. 8, 15 - das Wort zu erforschen"⁵). — Ebenso ist in Hiob 20, 4 angedeutet: Die Thora weiß⁶), was „von jeher", vor Erschaffung der Welt war, du aber hast nichts zu erforschen, als was war, „seit Menschen auf die Erde gesetzt sind"⁷).

---

in der Wüste (Num. 11, 16); das Epitheton וקן findet sich bei den drei Stammvätern (Gen. 24, 1; 27, 1; 48, 10), ja auch bei dem Diener Abrahams (Gen. 24, 2).

¹) Taan. 7 a. In Gen. r. c. 69 Anf. lautet der Spruch: בשם שאין סכין מתחדדת אלא בירך של חבירו כך אין תלמיד חכם מתחדד אלא בחברו. Den Bibelvers wendet Ch. b. Ch. zugleich mit anderer Deutung als Prooemium zu Gen. 28, 13 an.

²) Sanh. 110 a.

³) Schir r. 3. St. (tradirt von Levi) אלו פרשיותיה של תורה שהן חרוזות זו בזו ימישבות זו בזו ומדלגות זו מזו ודומות זו לזו וקרובות זו לזו. Unübersetzt habe ich die dritte Eigenschaft gelassen; vielleicht bed. י ומדלגות‎ מן das Gegentheil von ומישבות: sowie die Perlen — wenn man sie etwa an der Schnur durch die Finger laufen läßt — von einander abspringen, so giebt es unter den Abschnitten der Thora solche, die von einander sich entfernen.

⁴) Im Sinne des Ausspruches Jose b. Chanina's, oben S. 423, A. 8.

⁵) Gen. r. c. 9 Anf., trab. von Levi, der den Ausspruch als Prooemium zu Gen. 1, 31 verwendete. In j. Chag. 77 c ist der Ausspruch Levi selbst zugeschrieben: הסתר דבר דבר עד שלא נברא העולם הקר דבר משני הע׳‎ ...

⁶) הואת ידעת wahrscheinlich so erklärt: „Diese" scil. Thora (Deut. 4, 4) „weiß" (יָדַעַתְּ). Die Thora enthält implicite die Geheimnisse der Weltschöpfung.

⁷) Gen. r. c. 8 g. Anf. Eingeleitet ist diese Deutung (welche in j.

Studium der Lehre. Gebet. Israel.

In wessen Hand Raub ist, dessen Gebet ist trübe, nach Jes. 1, 15; wer sich vom Raube fern hält, dessen Gebet ist lauter, nach Ps. 24, 4 f.¹). — Wenn der Mensch sieht, daß er betet, ohne erhört zu werden, möge er noch einmal beten, nach Psalm 27, 14 („Hoffe zum Ewigen" zweimal²). — Wer beim Lesen des Schema die Buchstaben genau ausspricht, dem wird dereinst die Höllengluth gekühlt werden, nach Ps. 68, 15³).

2.

Israel. Heidenthum. Messianisches.

Warum wird Israel dem Apfelbaum verglichen?⁴) Sowie beim Apfelbaum die Frucht früher da ist, als das Laub, so ließ Israel (Exod. 24, 7) das „Thun" dem „Hören" vorangehn⁵). — In der Regel, wenn eine Nation Krieg führen soll, weiß sie nicht, ob sie siegen wird oder nicht; Israel aber besteht alle Kämpfe mit der Gewißheit, zu siegen. In Hinblick darauf heißt es Deut. 4, 7:

Chag. 77 c ebenfalls Levi zugeschrieben ist) mit einem Gleichnisse, dessen Anwendung dahin geht, daß die Thora als die allein vor Erschaffung der Welt Vorhandene (dabei wird S. b. Latifch's Ausspruch citirt, oben S. 362, A. 1) allein wissen kann, was vor der Weltschöpfung war.

¹) Exod. r. c. 22 Ende.

²) Berach. 32 b. In der Münchener Hf. ר' חייא בר חנינא; doch giebt es keinen Amora dieses Namens. In Sch. tob z. St. ist es Chija b. Abba (wol durch Corruptel aus ר"ח ב"א), der den Psalmvers ähnlich anwendet.

³) Berach. 15 b. Im Psalmverse ist בפרש mit ש gelesen (= aussprechen), בצלמון = בצלמות gesetzt; vielleicht מלכים in demselben Sinne gedeutet, wie oben S. 452, zu Prov. 25, 2.

⁴) Die Frage geht auf Hoh. 2, 3. Wie Tosafoth z. St. bemerken, hätte Hoh. 7, 9 angeführt werden sollen, da die erstere Stelle nicht Israel, sondern Gott mit dem Apfelbaume vergleicht; aber auch in Schir r. z. St. gehen einige Deutungen davon aus, daß die Vergleichung Israel meint.

⁵) Sabbath 88 a. In Schir r. z. St. ist Acha b. Zeira als Autor genannt.

Wo giebt es noch eine Nation, die so groß ist!¹) — Gäbe es nicht folgende drei Schriftverse — in denen Israels Schuld und Israels Besserung auf Gottes Einwirkung zurückgeführt ist — dann wäre den Füßen Israels jeder Halt entzogen, nämlich: Micha 4, 6 („und die ich böse werden ließ"), Jer. 18, 6, Ez. 11, 16²). — Wenn Gott seine Herrlichkeit in Israel weilen läßt, so sind die Familien von unbezweifelt reiner Herkunft deren Träger, nach Jer. 30, 25 („allen Familien Israels", nicht: dem ganzen Israel³).

Als Abraham in der Vision über die Zukunft seiner Kinder (Israels) die Höllenstrafe und die Knechtung durch die Weltreiche gezeigt wurde⁴), wählte er die erstere, Gott aber machte ihn letztere wählen; darauf bezieht sich Pf. 66, 12: Du hast Menschen über unser Haupt hinfahren lassen⁵). — Die vier Weltreiche sind angedeutet in Amos 5, 19: der Löwe ist Babel (Daniel 7, 4), der Bär Medien (ib. V. 5), „er kömmt ins Haus", das Griechenreich, zu dessen Zeit das Heiligthum bestand, die Schlange ist Rom (Jer. 46, 22). Ebenso weisen die vier verschiedenen Benennungen, mit denen Israel in Hoh. 5, 2 angesprochen wird, auf die Zeiten der

---

¹) Deut. r. z. St.
²) Berach. 32 a, benützt durch Samuel b. Jizchak. Auch Sukka 52 b ist חנינא בר חמא ר׳ (nicht ר׳ אחא oder ר׳ יוחנן) die richtige Lesart.
³) Kidduschin 70 b. — Ebendas. sagt Ch. b. Ch., auf Grund von Mal. 3, 3: Wenn Gott dereinst die Stämme Israels reinigt (ihre Familienreinheit herstellt), so beginnt er mit dem Stamme Levi.
⁴) S. Jochanan, oben S. 249.
⁵) Gen. r. c. 44 g. (s., wo im Texte eine Verwirrung stattgefunden hat, die aber nach den parallelen Stellen, Pesikta 43 b, Pes. r. c. 15 (67 a), Sch. tob zu Pf. 40 (§ 4) leicht zu beseitigen ist. Chanina b. Papa lehrt, daß Abraham selbst die Knechtung durch die Weltreiche gewählt hat, wonach er Deut. 32, 30 (צרם nach Jes. 51, 1) deutet; dagegen spricht Ch. b. Ch. die oben wiedergegebene Meinung aus. In Gen. r. und den übrigen genannten Quellen sind Trabanten der letzteren Judan und Jdi; in Pes., Pes. r. und Sch. tob werden neben Ch. b. Ch. noch genannt יקן אחד בשם רבי. In Exod. r. c. 51 fehlt die Meinung Ch. b. Chanina's, und der Passus יקן אחד בשם רבי ist zu dem auch) in Gen. r. zu lesenden Ausspruche Acha's (Trabant Huna) gerathen. In Tanch. B. קדש׳ 5 und in Sch. tob zu Pf. 52 Ende steht bloß der Ausspruch Chanina b. Papa's.

Israel. Die Weltreiche. Rom.

vier Weltreiche hin¹). — Auf die vier Weltreiche zielt auch Pf. 18, 7, und zwar מהיכלו auf das Griechenreich, zu dessen ganzer Zeit der Tempel bestand²). — שממית, Prov. 30, 28, bedeutet Rom, das בידים, um der Gen. 27, 31 erwähnten Hände seines Ahnen Esau willen, die Welt erobert³). — Zu Pf. 140, 9. זממו bedeutet den Zaum, welchen Gott für Esau (Rom) bereitet hat, nämlich die Völker der Barbarei und Germaniens, vor denen die Römer fürch=ten⁴). — Die Plagen, mit denen die Aegypter heimgesucht wurden, werden dereinst auch die Römer treffen⁵). — Solange Amalek's Same auf der Welt ist, ist gewissermaßen weder der Name Gottes,

---

¹) Esther r. Einleitung g. Auf., tradirt von H u n a und A ch a, innerhalb eines Prooemiums von J e h u d a b. S i m o n, weshalb in Sch. tob zu Pf. 18, 5 beide Deutungen ר' יהודה, zum Urheber haben.
²) Esth. r. ib, tradirt von Pinchas und Levi, in Sch. tob z. St. (§ 11) von Pinchas und A ch a. Auch Gen. 29, 2 deutet Ch. b. Ch. auf die vier Weltreiche, f. unten, Ende des dritten Abschnittes.
³) Gen. r. c. 66 Ende. In Midr. Mischle z. St. heißt es anonym: Es giebt unter den Kriechthieren keine verhaßtere als שממית, die Spinne, und auch von Esau ist gesagt, daß Gott ihn hasse (Mal. 1, 3).
⁴) Gen. r. c. 75. In Megilla 6 b sagt dies — etwas verschieden — Jizchak und citirt dazu einen anderen Ausspruch Ch. b. Ch.'s: Drei=hundert kronentragende Könige giebt es in Germanien und dreihundert=fünfundsechzig Grenzfeldherren מרובני, perf. merzubán, giebt es in Rom (Censur: in Babel), täglich ziehen sie gegeneinander in den Kampf und es wird bald von Jenen, bald von Diesen Einer getödtet. — Das persische Wort für eine römische Würde zeigt, daß der Ausspruch diese Gestalt erst in Babylonien bekommen hat. Die fortwährenden Kämpfe gegen die unter vielen Königen stehenden Germanen an den Grenzen des Römerreiches und die Schranken, welche die Germanen der Ausdehnung Roms entgegensetzten, sind in beiden Aussprüchen sehr prägnant umschrieben.
⁵) Pesikta 68 a, tradirt von Levi: מי שפרע מן הראשונים הוא יפרע מן האחרונים, ebenso Pes. r. c. 17 (90 a); dann folgen die einzelnen Plagen mit der Formel: מה מצרים .. אף אדום. Anonym das Ganze auch Tanch. B. בא Anf. und Tanch. B. בא 6. Die Belegstellen für die einzelnen der zehn Plagen sind nach der Reihenfolge derselben: 1. Joel 3, 3 („Blut"); 2. Jef. 66, 6 („Lärm aus der Stadt", der Lärm als das Charakteristische der Frosch=plage, oben S. 444, „die Stadt" ist Rom, vgl. oben S. 146, A. 2); 3. Jef. 34, 9 („Staub" wie Exod. 8, 12); 4. Jef. 34, 9 (allerlei Thiere); 5. Ez. 38, 22 (Seuche); 6. Zach. 14, 12 (Erscheinungen des שחין); 7. Ez. 38, 22 („Hagelsteine"); 8. Ez. 39, 17 (alles Geflügelte, Heuschrecken); 9. Jef. 34,

noch sein Thron vollständig, Exod. 17, 16 (יה aus יהוה, כס aus כסא) ist Amaleks Same aus der Welt geschwunden, dann wird Gottes Name und sein Thron vollständig sein, nach Pf. 9, 7 f.¹). — "Adam hätte verdient, vom Tode verschont zu bleiben, warum wurde der Tod über ihn verhängt? Gott sah voraus, daß Nebukadnezar und Chiram, König von Tyrus, sich bereinst zu Gottheiten machen werden, darum wurde über Adam, den Stammvater aller Menschen, auch dieser Könige, der Tod verhängt. Darauf deutet hin Ez. 28, 13 ("im Garten Eden", indem Chiram den Tod des dort weilenden Adam verursachte²). — Die Völker der Welt waren eigentlich nicht dazu bestimmt, gedrückt und elend zu sein; warum giebt es dennoch Gedrückte und Elende unter ihnen? Damit sie nicht Israel mit der Schmähung kränken: Ihr seid eine Nation von Gedrückten und Elenden! Darauf bezieht sich die Bitte in Pf. 39, 9³). — Den Propheten der Heiden offenbarte sich Gott nur mit halber Rede (Num. 23, 4 ויקר), den Propheten Israels mit vollständiger Rede (ויקרא Lev. 1, 1⁴). — Hieße es in Lev. 20, 26: "Ich sonderte die Völker von euch ab", so gäbe es für die Völker der Welt keinen Bestand, denn wer das Schlechte, Werthlose vom Guten, Werthvollen absondert, hat Jenes auf die Dauer beseitigt; nachdem es aber gesagt ist: Ich sonderte euch von den Völkern ab, — so ist

---

11 (בהו, תהו, Finsterniß); 10. Jes. 34, 7 (ראמים, dazu Meir's Deutung רומים, Ag. b. T. II, 10), in Tanch. (Ez. 32, 29, f. Buber z. St.

¹) Pesikta 29 a b, Pes. r. c. 12 (51 b), Tanch. כי תצא (Ende, trad. von Levi. Amalek ist ebenfalls ein Typus für Rom.

²) Gen. r. c. 9 Auf. Ich glaube nicht zu irren, wenn ich annehme, daß hier die genannten Könige der Vorzeit zugleich als Typen für die Könige (Kaiser) von Rom gelten sollen, welche noch zu ihren Lebzeiten "sich zu Göttern machten", göttliche Ehren beanspruchten Vgl. oben S. 102, A. 1. — Zu Baba Bathra 75 b findet sich anonym dieselbe Deutung zu Ez. 28, 13: בך נתבלתי וקנסתי מיתה על אדם ה'.

³) Ger. r. c. 88 Auf. שלא יהיו מינים את ישראל ואומרים להם אומה של דווים וסחופים אתם. — Nach der Bar. Jebamoth 47 a muß man dem das Judenthum anzunehmen Wünschenden vorhalten: אי אתה יודע שישראל בזמן הזה דוויים דחופים סחופים ומטורפים.

⁴) Lev. r. c. 9 g. E., Gen. r. c. 52, ib. c. 74. Vgl. diese S. zu Exod. 17, 16.

das so, wie wenn man das Gute vom Schlechten absondert und sich dabei vorbehält, von dem verbliebenen Schlechten immer wieder das etwa noch in ihm vorhandene Gute abzusondern[1]).

Der Sohn Davids (Messias) kömmt nicht eher, als auch der geringste Rest der Herrschaft von Israel geschwunden ist, nach Jes. 18, 5 (הולה = הולה טלבות‎[2]). — Dereinst wird Gott den Messias zu seiner Rechten sitzen lassen (Ps. 110, 1) und Abraham zu seiner Linken. Diesen, der darob mißvergnügt ist, daß sein Enkel vor ihm den Vorrang habe, beruhigt Gott mit den Worten: Allerdings ist dein Enkel zu meiner Rechten, aber bin ich nicht selbst zu deiner Rechten?[3]) — Dereinst wird eine Himmelsstimme schmetternd in die Zelte der Frommen bringen und rufen (Ps. 118, 15): Stimme des Jubels und Heils in den Zelten der Frommen, die Rechte des Ewigen wirkt Macht![4])

---

[1] Pesikta 46 a, Pesikta r. c. 15 (69 b), Schir r. zu 5, 16, trad. von Judan, während Berechja es im Namen Abahu's tradirt. Statt לא היתה תקומה לאומות העולם‎ hat die übrigens vollständigere Version in Schir r.: לא ה' ת' לשונאי ישראל‎, wodurch der Schein entsteht, als handelte es sich um den Bestand Israels. Die übrigens klare Tendenz des Ausspruches, wonach aus der Masse der Heidenwelt immer wieder die Guten ausgesondert werden, die Erwählung Israels also gewissermaßen ihre Fortsetzung zu erwarten hat, wird in Schir r. in einer sich unmittelbar anschließenden Bemerkung Acha's ausgedrückt: מכאן שאמר הקב״ה לאומות העולם שיעשו תשובה ויקרבם ת' כנפיו‎.

[2] Sanh. 98 a. Wahrscheinlich meint er das Patriarchat, als den Rest des alten Königthums.

[3] Sch. tob zu Ps. 18, 36 (§ 24), tradirt von Judan und nur ר' חמא‎, aber Jalkut z. St. hat ר' אחא בר חנינא‎. Das Richtige ist die Combination beider Lesearten ר' חמא בר חנינא‎. — In Pesikta 49 b, Pes. r. c. 15 (73 a) findet sich — jedoch mit schwankender Ueberlieferung, s. auch Schir r. zu 2, 9 — ein Ausspruch Ch. b. Chanina's, wonach der Messias nach seiner Ankunft 45 Tage lang verborgen sein wird, soviel ist nämlich die Differenz der beiden Zahlen in Dan. 12, 11 f. — S. auch den in j. Schebiith 35 c von Jona tradirten Ausspruch zu Ezech. 39, 9, der nach Lev. r. c. 11 g. Auf. Abba b. Kahana anzuhören scheint.

[4] Pesikta 132 a, tradirt von Levi, im Anschluß an den gleichartigen Satz Jose b. Zimra's, oben S. 188. In erweiterter Form Pes.

3.
Exegetisches und Homiletisches.

Die eilf Psalmen, welche Moses verfaßt hat, verfaßte er als prophetische Erzeugnisse; darum sind sie auch nicht in die Thora aufgenommen[1]).

Gen. 1, 31. Ein König baute einen Palast, der ihm, als er ihn vollendet erblickte, sehr gefiel, so daß er ausrief: O Palast, Palast, möchtest du doch immer so meinen Beifall finden, wie in dieser Stunde! Ebenso sah Gott, daß die Welt „sehr gut" sei und er sprach: O meine Welt, meine Welt, möchtest du doch immer meinen Beifall finden wie in dieser Stunde![2]) — Die Frage Abrahams in Gen. 15, 8 ist nicht etwa Ausfluß rechthaberischen Zweifels, sondern hat den Sinn: Durch welches Verdienst, o laß' es mich wissen, werden meine Nachkommen dieses Land besitzen? Darum deutete ihm Gott — in den B. 9 genannten Thieren — die verschiedenen Sühnmittel an, welche Israel gewährt sein werden?[3]) — 19, 13. Wegen der Selbstüberhebung in den Worten „wir wollen den Ort zerstören" wurden die Engel aus der Nähe Gottes verstoßen[4]). — 19, 19. Lot fürchtete, daß ihn in Zoar „das Unheil ereile"; damit meinte er die aus dem Wechsel des Wohnortes, selbst wenn ein schlechterer mit einem bessern vertauscht wird, sich

---

r. c. 31 (145 a). — In Tanch. B. שישים 9 wird Ch. b. Chanina zugeschrieben die Ausführung über das Gericht, welches Gott über die Völker, namentlich Rom und Persien hält, die in Aboda zara 2 a b als Predigt Chanina b. Papa's oder Simlai's gegeben ist; wahrscheinlich ist רחב"ם zu רחב"ה verschrieben worden.

1) Sch. tob zu Pf. 90, 1 (§ 4 Ende), tradirt von Levi (statt ר' חמא בר חנינא die gew. Lesart חנינא ר', אחא בר ח"י Jalkut). Der interessante Satz lautet: אחד עשר מזמורים שאמר משה בטכסיס של נביאים אמרן ולמה לא נכתבו בתורה לפי שאלו דברי תורה ואלו דברי נבואה.

2) Gen. r. 9 g. Auf., neben dem ähnlichen Gleichnisse Jonathans (oben S. 85).

3) Gen. r. c. 44, wo mit Jalkut statt חנינא ברבי חייא ר' gelesen werden muß: ר' חמא בר"ח. Vgl. oben S. 453, A. 2.

4) Gen. r. c. 50, ib. c. 68 g. E, im Anschluß an einen von Levi tradirten Ausspruch Samuel b. Nachman's.

ergebende Gefahr¹). — Wozu sind, 25, 18, die Lebensjahre Js̄=
maels angegeben? Um anzuzeigen, in welchem Lebensjahre Jakob
den Segen seines Vaters erhielt²). — 25, 23. „Gott sagte ihr":
durch einen Engel³). — 37, 10. Jakob wußte nicht, daß die
„Mutter" in Josephs Traume Bilha, Rachels Magd sei, die ihn
wie eine Mutter großgezogen hatte; darum fragte er verwundert,
ob denn etwa die Auferstehung der Todten in seinen Tagen statt=
finden solle, daß auch Josephs Mutter, die längst Verstorbene, komme,
um sich vor ihm niederzuwerfen⁴). — 37, 11. שמר את הדבר. Jakob
vermeinte, daß die Dinge sich nun nacheinander ereignen würden⁵),
und er sprach mit Ergebung: Wenn mein Schuldbuch untersucht
worden ist⁶), was kann ich thun?⁷) — 48, 8. אלה weist auf אלה
אלהיך (Exod. 32, 4) und damit auf I Kön. 12, 28 hin. Jakob

---

¹) J. Kethub. Ende (36 b), in Bezug auf die Mischna 13, 9: מפני
שהגוה היפה בודק, tradirt von Levi. In Gen. r. c. 50 g. E. ausführlicher,
und mit Betonung dessen, daß Lot sich aus der Ebene in die gesündere Ge=
birgsgegend begeben soll, als Ausspruch Levi's, trad. v. Berechja.

²) Gen. r. c. 62 Ende, tradirt von Levi (der Autor bloß als ר'
חמא bezeichnet): להודיעך בן כמה שנים נתברך וקנך. Die Erläuterung zu
diesem Ausspruche findet sich in der chronologischen Berechnung, b. Megilla
17 a: Jakob wurde im Todesjahre Jsmaels gesegnet, was aus Gen. 28, 9
gefolgert wird (die Tochter Jsmaels als Schwester ihres ältesten Bruders
bezeichnet), er war also damals 63 Jahre alt.

³) Gen. r. c. 20, ib. c. 63, tradirt von Levi; s. oben S. 115, A. 2.
— מלאכים, Gen. 32, 4, erklärt er — Gen. r. c. 75 g. A.— als Engel, mit
Berufung darauf, daß der Hagar, die nur Sara's Magd war, fünf Engel
begegneten (s. oben S. 442).

⁴) Gen. r. c. 84. Vgl. die Bemerkung Berechja's, Berach. 55 a b.

⁵) כך אבינו יעקב סבר רואה דברים ממשמשין ובאין Es scheint שמר im
Sinne von beobachten, erwarten genommen zu sein, דבר = דברים die Kette
von Begebenheiten, welche die Erfüllung des Traumes Josephs herbeiführen
sollten. סבר רואה = er vermeinte zu sehen. Auch der vorhergehende Ausspruch
Ch.'s beginnt so: בך היה ר' י' סבור שתחיית המתים מגעת. Beide Male
beb. סבר ein irrthümliches Meinen, etwa wie im massoretischen Terminus
סבירין. S. auch die Anwendung von סבור in Sifrê zu Num., § 88.

⁶) S. oben S. 39, A. 1.

⁷) Gen. r. c. 84 — Die in Sota 10 b. (Ch. b. Ch. zugeschriebene
Parallele zwischen Gen. 37, 32 und ib. 38, 26 (הכר) gehört nach Gen. r.
Jochanan, s. oben S. 299, A. 3.

sah voraus, daß von Ephraim der den Kälberdienst einführende Jarobeam stammen werde, und der heilige Geist, mit dem er die Söhne Josephs zu segnen im Begriffe war, verließ ihn[1]). — Exod. 2, 9. Mit dem Worte הילכי sprach die Königstochter, mit unbewußter Prophezeiung, aus: Hier, nimm was dein ist[2]). — Ib. „Ich will dir deinen Sohn geben". Nicht genug, daß den Frommen ihr Verlorenes wiedergegeben wird, man giebt ihnen bei der Wiedererstattung auch Lohn[3]). — 26, 15. „Stehend", nämlich in der Richtung ihres natürlichen Wachsthums aufgestellt[4]). — 32, 8. Das Goldkalb hatte ein Gewicht von 120 Centnern (Zahlenwerth von מסכה, ohne das ה[5]). — Lev. 20, 27. „Mann" und „Weib" spielt auf Saul und die Hexe von Endor an[6]). — 27, 3. Gott spricht: Wenn ihr die Gebote der Thora „beobachtet", dann rechne ich es euch so an, als hättet ihr sie „gemacht"[7]). Num. 10, 33. Sie zogen weg vom Berge des Ewigen, d. h. hinweg vom Ewigen[8]). — 14, 18 „Nach der Größe deiner Gnade", das ist das Maaß des Guten (der göttlichen Gnadenerweise), welches gehäuft ist[9]). — 21, 8. „Jeder Gebissene", auch den ein Hund gebißen hatte; für diesen genügte ein einfaches Sehen (וראה), während ein von Schlangen Gebissener die eherne Schlange „anblicken"

---

[1]) Pes. r. c. 3 (11 b), wo ר׳ חמא wahrscheinlich zu ר״ה בר חנינא zu ergänzen ist. Ju Tanch. ויחי hat der Ausspruch in erweiterter Form Jehuda b. Schalom zum Autor.

[2]) Sota 12 b.: מתנבאה ואינה יודעה מה מ׳ הי שליבי.

[3]) Sota ib.

[4]) Joma 72 a., Sukka 45 b.

[5]) Exod. r. c. 42 g. E., tradirt von Levi, vorher die Meinung Tanchum b. Chanilai's.

[6]) Midr. Samuel, c 24 Auf., tradirt von Levi; darauf folgt ein Satz Levi's, tradirt von Josua aus Sichnin. In Lev. r. c. 26 stehen die Autorenangaben umgekehrt.

[7]) Lev. r. c. 35 g. E. S. oben, S. 245, A. 4. — Ein unverständlicher Ausspruch zu Lev. 2, 13 von ר׳ חמא findet sich in Sch. tob zu Ps. 20 4.

[8]) Sabb. 116 a, Taan. 29 a. Vielleicht soll dabei מהר mit מאחרי gedeutet sein (ה = ה, s. oben S. 112, A. 2). — In Num. r. c. 4 (zu 4, 5) findet sich ein sonst nirgends vorkommender Ausspruch Ch. b. Ch.'s über die Art, wie die Kahathiten den Vorhang von der Lade herunternahmen.

[9]) Pesikta 167 b.

(והבים, V. 9) mußte, um geheilt zu werden[1]). — 33, 13. אלוש hieß die Lagerstätte, an welcher Israel das Manna zu Theil wurde; der Name erinnerte an die von Abraham und Sara geübte Gastfreundschaft (ולושי, Gen. 18, 6 f.[2]) — Deut. 33, 12. Die zweite Hälfte des Verses enthält einen Hinweis darauf, daß Benjamin ob des Streifen Landes, welcher aus Juda's Gebiet in das seinige hineinreichte, bekümmert war (חופף) und daß er dafür des Glückes theilhaftig wurde, Gottes Herrlichkeit zu beherbergen (in Jerusalem, das zu seinem Gebiete gehörte[3]).

Warum ist in Jos. 20, 1 der strenge Ausdruck וידבר ד׳ angewendet (statt des in diesem Buche sonst üblichen ויאמר)? Weil der damit eingeleitete Abschnitt über unvorsätzlichen Todtschlag zur Thora gehört[4]). — Richter 13, 5. יחל ist Anspielung darauf, daß der Abimelech geleistete Eid (Gen. 21, 23) außer Kraft (הוחל) gesetzt wird[5]). — 13, 25. ותחל spielt darauf an, daß an jenem Tage, an welchem Simson auftrat, eintraf (חלה) die Weissagung Jakobs in Gen. 49, 17[6]). — Zu Jes. 17, 11. Jemand hatte ein volles Gemüsebeet, das er „am Morgen" vergilbt findet: so täuschte Israel die Hoffnungen Gottes, als es unmittelbar nach der Offenbarung das goldene Kalb anbetete[7]). — 45, 8. בראתיו (statt בראתים)

---

[1]) J. Rosch Haschana 59 a.

[2]) Tanch. B. בשלח 23, tradirt von Jona (eine Hs. setzt hinzu: „dem Vater Mani's"), Gen. r. c. 48 g. E. in etwas anderer Fassung; in Exod. r. c. 25, ebenfalls anders umschrieben, und als zweiter Tradent im Namen Jona's: Jehuda b. Schalom (s. vor. S., A. 1). In B. Mezia 86 b wird der allgemeine Satz der Schule Ismaels über die Erhaltung Israels in der Wüste durch Manna, Wolkensäule und Brunnen, als Lohn für die Gastfreundschaft Abrahams, zugleich auch Ch. b. Chanina zugeschrieben (Ag. b. T. II, 340).

[3]) Zebachim 53 a, tradirt von Levi b. Lachma (oben S. 448, A. 3), ib. 118 b; in einer anon. Baraitha Joma 12 a., Megilla 26 a. S. oben S. 436, A. 2.

[4]) Makkoth 10 b unt. — Ch. b. Ch. zu Josua 3, 9 f. oben S. 24, A. 3.

[5]) Sota 9 b.

[6]) Sota 9 b.

[7]) Lev. r. c. 18 g. Ende, vor einem ähnlichen Gleichnisse Samuel b. Nachmans. In Num. r. c. 7 g. Auf. ist das Gleichniß ausführlicher

bezieht sich auf den Regen, womit gesagt ist, daß der Tag des
segenspendenden Regengusses so groß ist, wie der Tag, an dem
Himmel und Erde erschaffen wurden[1]). — Ein Königssohn
führte einen Proceß vor seinem Vater; da sagte ihm dieser:
Wenn du deinen Proceß vor mir gewinnen willst, nimm dir den
Rechtsanwalt (διχόλογος) N. N., dann gewinnst du. So sprach Gott
zu Israel: Wollt ihr vor mir euere Sache gewinnen, dann bringt
euere Väter als Anwälte (beruft euch auf ihr Verdienst). Das ist der
Sinn der Worte in Jes. 48, 17: ich leite dich auf den Weg, den
du gehen sollst[2]). — Aus Jes. 61, 10 (כחתן יכהן) ist zu folgern,
daß wie der „Priester" den Ehrenplatz bei Tische hat, so auch dem
Bräutigam dieser Platz gebührt[3]). — Jeremia 3, 14. אשיתך bedeutet Feindschaft (nach) Gen. 3, 15): die große Liebe Gottes zu
Israel (Mal. 1, 2) hat durch Israels Schuld der Feindschaft Platz
gemacht[4]). — 11, 16. המולה גדולה ist s. v. als המולה ג׳, das
große, frevlerische Wort, das die Kundschafter gesprochen hatten
(Num. 31, 13[5]) und dessen späte Wirkung das verheerende „Feuer
anzündete" in Israel[6]). — 20, 6. „Dort wirst du sterben, dort

---

und anstatt הריקה (vergilbt sein) das sonst nicht vorkommende Verbum
הפרינה (Levy IV, 97 b.), vielleicht als lautverwandtes Aequivalent für תריחי.

1) Taanith 7 b.
2) Pesikta 153 a. Lev. r. c. 29, trad. v. Levi, als Prooemium zu
Lev. 23, 24. Die Erklärung von מלמדך, welche dem Ausspruche Ch. b. Ch.'s
vorangeht, hat nicht diesen zum Autor. — Zu Jes. 51, 14 s. Ag. b. T
I, 232, Anm. 2.
3) Moed Katon 28 b.
4) Tanch. משפטים g. E. (B. 10), Tanch. B. שלח Abditamenta 15
(ר׳ יוסי בר חנינא). Vorhergeht eine Deutung Eleazars.
5) S. oben S. 407, A. 5.
6) J. Taanith. 68 d, tradirt von Levi b. Lachma (s. oben S.
448, Anm. 3 Ende). In b. Menachoth 53 b ist diese Deutung Chanina
b. Papa zugeschrieben; Chama b. Chanina (so ist die richtige Lesung bei
Jalkut) entgegnet, es müßte dann מילה גדולה heißen (ohne ה da auch גדולה
keinen Artikel hat), vielmehr sei המולה = המילה (s. S. 460, A. 8); Gott
spricht zu Abraham (ידידי B. 15): in Folge der „großen Schonung", die
ich dir für deine Kinder verheißen habe, soll die ihnen auferlegte Knechtung
durch die Weltreiche (s. oben S. 454, A. 5) eine Milderung erfahren. Es
ist möglich, daß im bab. Talmud die richtige Version erhalten ist. S. auch

begraben werden". Aus dieser doppelten Bezeichnung des den Paschchur in Babel erwartenden Todes folgt, daß wer im Auslande stirbt, doppelten Tod erleidet[1]). — 22, 18. Unter dem „Gefäß, an dem kein Gefallen", ist das Gefäß für den Urin zu verstehen[2]). — Jer. 23, 24. „Wenn Jemand sich verbirgt" und im Verborgenen sich um die Thora müht, dessen Ruhm mache ich offenbar, „erfülle mit ihm Himmel und Erde"[3]). — In den einzelnen Ausdrücken von Jer. 36, 32 b sind die zum ersten der Klagelieder Jeremias hinzugetretenen weiteren vier (Echa 2—5) angedeutet[4]). — Ez. 4, 9. „Bereite sie dir zum Brote zu", indem du die Gerste zum überwiegenden Bestandtheil machst (daher ענת שעורים, B. 12[5]). — Das „Blut", das nach Ezech. 35, 6 Edom haßte und das ihn verfolgen soll, ist das Blut der Beschneidung[6]). — Zach. 3, 8. אנשי מופת sind Propheten (vgl. Deut. 13, 2); aus dem Verse ist er-

---

oben S. 457, A. 4 ein Beispiel dafür, daß im bab. Talmud Ch. b. Papa zugeschrieben ist, wofür die palästinensische Quelle Chama b. Chanina als Autor nennt.

[1]) Tanch. B. ויחי 6, Gen. r. c. 96 g. E. (wo ר' חנינא ergänzt werden muß, ebenso Tanch. ויחי g. Auf). In j. Kilajim 32 c. ist durch Abba b. Zemina eine Controverse zwischen Chelbo und Ch. b. Ch. tradirt: eine der beiden Meinungen ist die hier Chama zugetheilte. In Pes. r. c. 1 (3 a) steht die Controverse ebenfalls (als zweiter Tradent noch Huna b. Abin), aber so, daß Chelbo ausdrücklich die Meinung Ch.'s zugeschrieben wird und umgekehrt.

[2]) Pes. 163 a, Lev. r. c. 10; dagegen S. b. Nachman.

[3]) Tanch. B. וארא 8, Tanch. וארא (zu 7, 1), Exod. r. c. 8 Ende, im Anschluß an einen Satz Benjamin b. Levi's. Der Schluß des Satzes ומראה שחצן לבריות „ich lasse die Menschen ihren Dünkel sehen" beruht auf einer Deutung von Hiob 41, 26.

[4]) Echa r., die 28. der Prooemien; ib., als Prooem. zu Echa 3, 1.

[5]) Pesikta 71 b, wo die Oxforder Hf. ר' חמא בר חנינא hat, Lev. r. c. 28, wo חנינא zu חלפתא verschrieben ist, Pes. r. c. 18 (93 a), wo der Name ganz fehlt. Dagegen S. b. Nachman.

[6]) Gen. r. c. 63 g. E., wo gelesen werden muß בשם ר' חמא ר' לוי [ב"ח], s. Letach tob z. St.; gegen S. b. Nachman. In Tanch. B. תולדות 4 ist des Letzteren Meinung mit אמר ר' לוי בשם ר' חנינא בן חמא eingeführt, die Ch.'s mit ורבותינו אומרים. — Zu Ez. 28, 13 s. oben S. 379, A. 6.

sichtlich, daß der Prophet in aller Ergebenheit vor dem Hohenpriester sitzt[1]). Psalm 25, 4. Er weist den Sündern den Weg, um wievieles eher den Frommen[2]). — 29, 4. „Die Stimme des Ewigen" — bei der Offenbarung — erschallte „mit Kraft" den kräftigen Jünglingen, „mit Herrlichkeit" den Schwachen[3]). — Zweiundzwanzig Mal wird — im Buche der Psalmen — der Ausdruck אשרי angewendet[4]), aber nur Einer der so glücklich Gepriesenen hat auch die Urkunde über die ihm zu Theil werdende Gnade (ἀποχή) bekommen, nämlich (41, 2) wer für den Armen sorgt[5]). — 50, 7. „Höre mein Volk" — auf meine Lehre —, „damit ich reden könne", damit ich die euch feindlichen Schutzengel der Völker der Welt abweisen könne[6]). — Prov. 16, 5. Hochmuth ist eine so schwere Sünde, wie Blutschande; beide werden als „Greuel" gekennzeichnet: Prov. 16, 5, Lev. 18, 27[7]). — 28, 23. Gott

---

[1]) J. Horajoth 48 b unt. S. Bar. b. Horajoth 13 a. Vgl. oben S. 169, unter Anm. 2.

[2]) Makkoth 10 b, Prooemium zu דרשת רוצחים (s. oben S. 461, A. 4); dann folgt das von S. b. Latisch. — Ps. 22, 12 als Gebet Esthers in der äußersten Bedrängniß, in einem sonst nicht ganz klaren Ausspruche Chama's trad. von L e v i, Sch. tob. z. St. (§ 24).

[3]) Schir r. zu 5, 16, im Anschluß an J o c h a n a n's Ausspruch oben S. 284, A. 3.

[4]) Nach W. (E i n h o r n kommen von den 25 אשרי, welche das Psalmbuch enthält, 127, 5 und 137, 8 und 9, als anderen Charakters, nicht in Betracht.

[5]) Lev. r. c. 34 Auf.

[6]) Pesikta 108 b: שידא לי פתחין פה לקטרג לשרי אומות העולם. — Eine Deutung zu Pf. 127, 3 b f. Nidda 71 a ob. — Zu Pf. 103, 1 hat Sch. tob einen Ausspruch von ר' לוי בשם ר' חמא (nach der richtigen Leseart, s. B u b e r), der dem menschlichen Künstler, der stirbt, während sein Werk weiter besteht Gott gegenüberstellt, der ewig besteht, während sein Kunstgebilde, der Mensch, stirbt. Der Ausspruch gehört zu einem Texte wie 1 Sam. 2, 2 b oder Pf. 18, 32 (צור = צייר), s. Berach. 10 a, Sch. tob zu Pf. 18 (§ 26). Midr. Sam. c. 5.

[7]) Sota 4 b. — Prov. 25, 4 nahm Ch. b. Ch. als Text zum Prooemium für Gen. 2, 1; doch ist nicht ersichtlich, wie er selbst außer dem im Namen El. b. Jakob's gebrachten Gleichnisse (Ag. d. T. II, 289) den Vers gedeutet hat. Im unmittelbar darauf folgenden Absatz steht auch ein

spricht: Wer die Menschen, d. i. Israel (Ez. 34, 31) zurechtweist, daß sie mir nachwandeln (אחרי) — nämlich Moses —, findet eher Gunst (Exod. 33, 12) als der „glattzüngige" Bileam, der mit seinen prophetischen Sprüchen Israel schmeichelte, so daß ihr Sinn sich überhob und sie in Schittim fielen[1]). — Hiob 24, 22. Der böse Trieb zog die Gewaltigen hinweg, nämlich das Geschlecht Enosch's und der Sündfluth, das der Sprachentheilung und die Sodomiten, darum „ersteht" der Fromme und Gott „glaubt ihm nicht, solange er lebt", vgl. Hiob 15, 15[2]). — Echa 1, 20. חמרמרו, sie sind zu Stücken geworden[3]). — 2, 1. יחיב = יעיב, verurtheilen, verdammen, denn an manchen Orten nennt man den Schuldigen nicht חייבא, sondern עייבא[4]). — 2, 6. „Wie einen Garten", dessen Quelle mit Gewalt (חמם) zerstört und dessen Grün in Folge dessen fahl geworden ist[5]). — 4, 1, יועם bedeutet den verdunkelten Glanz des Goldes, aramäisch עמא[6]). — Koh. 4, 9. „Besser die die Zwei", die auf Grund der Anzeige Mordechai's und Esther's gehängt wurden (Esther 2, 23), „als der Eine", der gemäß Josephs Traumdeutung gehängt wurde (Gen. 40, 22); denn Jene wurden die Veranlassung wunderbarer Rettung für Israel; „der dreifache Faden", das zielt auf Gott, der dem Feinde Israels das gleiche schmachvolle Ende bereitete (Esther 7, 10[7]). — Daniel 1, 4, „an denen nicht der geringste Fehler war", auch nicht so groß wie der

---

Ausspruch Chama b. Chanina's über die Art der Weltschöpfung, s. Ag. d. T. I, 177, Anm. 3.

[1]) Deut. r. c. 1 Anf., tradirt von Pinchas.

[2]) Midrasch bei Jalkut z. St. In Sch. tob zu Pf. 16, 3 bloß ר' חמא.

[3]) Echa r. z. St. (statt חייא l. חמא): מורות מורות עשאן, vielleicht aus μόριον zu erklären.

[4]) Echa r. z. St., darauf S. b. Nachman's Meinung. y statt ח findet sich namentlich im Samaritanischen.

[5]) Echa r. z. St., darauf S. b. Nachman. Vgl. oben S. 461, Anm. 7.

[6]) Echa r. z. St., vorher S. b. Nachman. Als weiteres Beispiel wird noch נחלות עוממות (verlöschende Kohlen) angeführt.

[7]) Koh. r. z. St., wo ר' לוי בר חמא בשם ר' חנינא verbessert werden muß in ר' לוי בשם ר' חמא בר חני.

Stich, den die Lanzette beim Aderlassen bewirkt¹). — 5, 1. רב deutet an, daß Belsazar sich dessen rühmte, seiner gesiebtes Mehl zu gebrauchen, als es für die Erstlingsopfer des jerusalemischen Tempels üblich war²). — II Chr. 19, 6. „Nicht Menschen sprechet ihr Recht, sondern dem Ewigen!" Komm' und sieh', stünde es nicht geschrieben, so wäre es unmöglich zu sagen: Fleisch und Blut richtet seinen Schöpfer. Gott spricht zu den Richtern: Verfahret in euerem Richterberufe mit solcher Ehrfurcht, als wäret ihr berufen, mich zu richten!³) —

Sechs verschiedene Deutungen zu (Gen. 29, 2⁴). 1. Der Brunnen bedeutet den Brunnen, aus dem Israel in der Wüste, geleitet von den „drei Hirten", Moses, Aharon und Mirjam, Wasser schöpfte. 2. Zijon, von wo Israel an den drei Festen den heiligen Geist schöpfte⁵). 3. Zijon, von dessen drei großen Gerichtshöfen die Gerichte des Landes die Entscheidungen in zweifelhaften Rechtsfragen erhielten. 4. Zijon, von dessen in den Tempelkammern aufgehäuften Tempelschätzen die ersten drei der Weltreiche (Babylonien, Persien, Griechen) sich bereicherten⁶). 5. Den großen Rath (Sanhedrin), mit seinen

---

¹) Sanh. 93 b.
²) Schir r. zu 3, 4. לחם wird in der Beb. Brot, רב in der quantitativen, aber doch eine Qualität anzeigenden Bedeutung genommen: zum Omer wurden dreizehn Siebe verwendet (M. Menach. 6, 7), B. rühmte sich deren 14 zu gebrauchen.
³) Tanch. שפטים g. Auf. (V. 6), dazu ein Beispiel: Wenn Gott Jemandem zum Lohne frommer Geboterfüllungen den Besitz von Feldern beschieden hat und er in diesem Besitze durch einen Richterspruch gestört wird, muß ihm Gott aus Eigenem Ersatz bieten, so daß der Spruch des Richters eigentlich Gott galt.
⁴) (Gen. r. c. 70. ר"ה בר חנינא פתר בה שית שטין. Den Inhalt der sechs Deutungen habe ich nur im Allgemeinen wiedergegeben, namentlich die Ausführung zu V. 2 b und V. 3 nicht übersetzt.
⁵) S. oben S. 145, A. 1.
⁶) Der Stein, der den Brunnen schützt, bedeutet das dereinst wieder in seine Rechte tretende „Verdienst der Väter"; „es versammeln sich alle Herden", d. i. Rom, welches seine Heere aus allen Völkern recrutirt (ג מלכות רומי שהיא מכתבת טירונים מכל אומות העולם), s. andere Stellen hiefür bei Levy II, 157 b und die Ausführung bei Kohut IV, 85 b; das Wort gehört hier jedenfalls zu tirones und nicht zu τύραννος).

in drei Reihen sitzenden Weisenjüngern, aus dessen Berathungen man die Halacha schöpfte. 6. Die Synagoge mit den drei zum Lesen der Thora Gerufenen, von wo man die Kenntniß der Thora schöpft[1]). — Acht Deutungen zu Exod. 13, 17: ולא נחם אלהים דרך ארץ, Gott führte sie nicht, wie es allgemein üblich, Sitte ist[2]): 1. Gewöhnlich kömmt das Wasser von oben und das Brot von unten, für Israel in der Wüste kam das Brot vom Himmel (Exod. 16, 4), das Wasser aus der Tiefe (Num. 21, 17). 2., 3. Gewöhnlich trägt der Schüler die Leuchte, vor dem Meister schreitend; hier aber war es Gott, der auf dem Zuge leuchtete und vor Israel gieng (Exod. 13, 21 f.). 4., 5., 6. Gewöhnlich ist es der Schüler, der dem Meister beim Baden, beim Anziehen der Kleider und Schuhe behilflich ist, hier aber that dies Gott an Israel, nach Ezech. 16, 9 f. 7. Gewöhnlich trägt der Schüler den Meister, hier aber trug Gott Israel (Exod. 19, 4). 8. Gewöhnlich wacht der Schüler bei dem schlafenden Meister, hier aber „schlummert nicht und schläft nicht der Hüter Israels" (Ps. 121, 4).[3])

An jedem Schöpfungstage schuf Gott drei Dinge[4]): am ersten Tage Himmel, Erde, Licht; am 2. Tage Firmament, Hölle, Engel[5]);

---

[1]) Der Stein ist der „böse Trieb", der, sowie die Gemeinde die Synagoge verläßt, wieder an seiner Stelle ist. Vgl. oben S. 451, Anm. 3.

[2]) Pesikta 84 b, wo es heißen muß: חנינא [חמא בר] ר' בשם לוי ר' אמר בה תמני שטין.

[3]) In Exod. r. c. 25 (zu 16, 4) findet sich anonym eine längere Ausführung zu dem Texte: Ps. 86, 8, in welcher eine größere Reihe solcher Parallelen zwischen dem Verfahren Gottes und dem der Menschen enthalten ist, zum Schlusse auch diese acht, doch folgt Nr. 1 erst am Schlusse des Ganzen, als Uebergang zum Haupttext; ferner ist in 4—8 anstatt des Schülers der Diener genannt (f. oben S. 138, Josua b. Levi über die Dienstleistungen des Schülers und des Dieners). Das Verhältniß zwischen Herr und Diener bildet die Grundlage der Parallele auch in dem anderen anonymen Ausspruch in Exod. r. c. 20 (zu 13, 17), in welchem die Nummern 2—7 zusammengefaßt sind. In Tanch. בראשית ist Nr. 1 als besonderer Ausspruch im Namen Chanina's (l. Chama b. Ch.'s) gegeben.

[4]) Gen. r. c. 11 g. E., Tanch. B. בראשית 17, tradirt von Levi. Ohne die Ausführung anonym angeführt Pes. r. c. 46 (187 b).

[5]) S. oben S. 31, Anm. 5 und S. 329, A. 4.

am 3. Bäume, Gräser, Garten (Eden¹); am 4. Sonne, Mond, Sterne; am 5. Vögel, Fische, Leviathan; am 6. Tage gab es sechs Schöpfungen, zugleich auch für den siebenten: Gewild, Hausthiere, Kriechthiere, Adam, Eva, die Dämonen²). — An den beiden Schöpfungstagen, deren Schöpfung mit einem Segen begleitet ist (Gen. 1, 22, 28), sollte den erschaffenen Wesen (Thiere und Menschen), die fortwährend dem Untergange ausgesetzt sind, durch den Segen der Fortbestand gewährleistet werden; was bedeutet nun der Segen für den siebenten Tag (2, 3)? Er enthält die Gewähr dafür, daß die durch die Sabbathfeier bedingten Ausgaben nicht zur Verarmung führen³).

Lots Furcht in Gen. 14, 19 hat denselben Grund, wie die Aeußerung der Wittwe von Zarphath, I Kön. 17, 18⁴). Diese sagte dem Propheten: Ehe du zu mir kamst, war ich unter meinen Mitbürgern die Fromme; seitdem du bei mir bist, dient die Vergleichung mit dir dazu „meine Sünde in Erinnerung zu bringen". Ebenso sagte Lot: Bisher war ich der Fromme unter meinen Mitbürgern; jetzt aber soll ich wieder zu Abraham gehen, neben dem meine Verdienste nur gering erscheinen, „ich kann neben seiner Gluth nicht bestehen"⁵). Zwei Anwälte hatte Israel, welche mit kühnem Angesichte der strafenden Gerechtigkeit Gottes gegenübertraten und Israel vertheidigten, Moses (Ps. 106, 23) und Daniel (Dan. 9, 3⁶).

---

1) Tanch. B. als drittes: Flüsse.

2) So tradirte Pinchas und dazu den Ausspruch Benaja's zu מעשיך (Gen. 2, 3 (Ag. b. T. II, 541). In Tanch. B. ist nur diese Version (am 6. Schöpfungstage sechs erschaffene Dinge) gegeben; ferner ist es dort Benaja, der die Dämonen am 6. Tage erschaffen sein läßt (Ag. b. T. II, 475, 3).

3) (Gen. r. c. 11, wo auch das erste Mal gelesen werden muß בר חיננא (nicht יוסי) ר' לוי בשם ר' חמא. S noch oben S. 111, Anm. 2.

4) (Gen. r. c. 50 g. (E. שני בני אדם אמרו דבר אחד ליש צרפית, tradirt von Berechja, Levi. In Pes. r. c. 3 (10 a) ist Jochanan als Autor genannt.

5) איני יכול לעמוד בנחלתו, Vgl. Chija b. Abba's Anwendung von Aboth 2, 10 auf die dauernde Trennung Lots von Abraham, (Gen. r. c. 52.

6) (Exod. r. c. 43 Auf. Der ursprüngliche Anfang des Ausspruches

4.

Zu den biblischen Personen und Erzählungen.

Eva wurde dem Adam nicht etwa einfach unter einem Johannisbrotbaume oder einer Sykomore zugeführt, sondern geschmückt wie eine Braut mit vierundzwanzig Zierraten; auf das herrliche Hochzeitsbaldachin ist angespielt in Ez. 28, 13 (חפתך = מסכתך)[1]. — Abraham sprach folgende Bedenken vor Gott aus[2]: Herr der Welt, den Bund, den du mit Noach geschlossen hast, hat mein Bund mit dir beseitigt, sollte vielleicht wieder ein Mensch erstehen, der einen größeren Schatz von Gebotübungen und guten Werken anlegen wird, als ich, und dessen Bund mit dir den meinigen beseitigen wird. Auf diese Bedenken, welche in den Worten אחרי הדברים האלה (Gen. 15, 1) angedeutet sind, erwiederte Gott: „Fürchte nicht". Von Noach habe ich keine schirmenden Frommen מגן erstehen lassen, von dir aber werden sie erstehen. Ja sogar[3] wenn deine Kinder Sünden

---

wird wol — analog dem vorhergehenden — gelautet haben: שני בני אדם נתנו פניהם כנגד מדת הדין כדי לבקש רחמים על ישראל. Jetzt steht das am Schluße.

[1] (Gen. r. c. 18 Anf., Tanch. B. חיי שרה 2 (tradirt von Levi), Koh. r. zu 7, 2 (wo Abahu als Autor genannt ist). Anstatt der Wüstenbäume חרוב und שקמה hat Tanch. B. die edleren Bäume זית und תאנה. Die ersteren sind die ursprünglich genannten, denn Ch. b. Chanina scheint die Vorstellung vom ersten Menschenpaare als in rohem Naturzustande lebenden Wilden, zu deren Ehebunde die erstgenannten Bäume als Hintergrund sehr gut passen, abweisen zu wollen. Dabei sollte die erste Eheschließung, die auf Erden vor sich gieng, als unter allen Bedingungen und mit allem Glanze der späteren Cultur stattgefunden dargestellt werden. Zu את סבור vgl. S. 459, A. 5. Zu den 24 Zierraten oben S. 364, Anm. 3. Zu der weiteren Deutung von Ez. 28, 13 in diesem Sinne — welche sich anonym in der Baraitha von den 32 Regeln als Beispiel zur 17. Regel findet — s. noch oben S. 379, A. 6.

[2] Schir r. zu 1, 14: ר' לוי בשם ר' חמא. In Gen. r. c. 44 g. Anf. anonym und unmittelbar der Regel Jose b. Zimra's über אחרי (oben S. 112) sich anschließend.

[3] Von hier an sind einzelne Worte in Hoh. 1, 13 f. gedeutet, שדי = הכפר, איש שהכל בו = אשכול (vgl. oben S. 411, A. 6), שאומר למדת הדין די = מכפר עליהם.

und bösen Handlungen verfallen, so ersehe ich unter ihnen einen großen Mann, welcher dem Walten der strafenden Gerechtigkeit zuzurufen vermag: Genug[1])! und ihre Schuld sühnt, ihn nehme ich für sie zum Pfande[2]). — Abraham ist der Erste, bei dem der Ausdruck für das Beten (התפלל) angewendet ist (Gen. 20, 7 17); nachdem er einmal gebetet und sein Gebet (für Andere) Erhörung gefunden, „war dieser Knoten gelöst"[3]). — Ein König hatte eine Matrone geheiratet, die er, als sie ihm den ersten Sohn geboren, wegschickte. Das wiederholte sich, so oft sie dem Könige einen Sohn schenkte, bis ihrer zehn waren. Diese traten nun vereint vor den König und sagten ihm: Schwöre uns, daß du unsere Mutter von nun an nicht mehr wegschicken wirst. So als Abraham die zehnte Versuchung (Gen. 21, 1) bestanden hatte, schwur ihm Gott (Gen 22, 16), daß er fortan ihn nicht mehr versuchen werde[4]). — Ein König hatte einen Garten, den er einem Gärtner übergab. In demselben befanden sich in enger Umschlingung zwei Bäume, deren einer heilsame, der andere todbringende Früchte trug. Der Gärtner dachte nun: Wenn ich den heilsamen Baum bewässere, so kömmt das auch dem Giftbaume zu Gute, bewässere ich keinen, wie soll der heilsame Baum leben? Endlich sprach er: Ich bin nur ein Gärtner, der seinen Auftrag vollzieht; was dem Herrn des Gartens gutdünkt, möge er thun. So sprach Abraham: Wenn ich Isaak segne, so

---

[1]) Vgl. das oben 468 von Moses und Daniel Gesagte.

[2]) Man kann sich des Eindruckes nicht erwehren, daß diese Agada eine polemische Spitze gegen den „neuen Bund" enthält, welcher den „alten Bund", der mit Abraham begann, beseitigt zu haben vorgab. Abraham erhält die Zusicherung, daß die aus Israel erstehenden Frommen, die „Schilde" des Volkes eine Gewähr für die Dauer des Bundes sind. Die Idee des großen Mannes, den Gott zur Sühne für das sündige Volk hinwegnimmt, soll gegenüber der christlichen Idee vom sühnenden Tode Jesu als der Grundlage des neuen Bundes betonen, daß eine solche Sühne, durch einen Frommen aus Israel bewirkt, nur die Continuität des alten Bundes mit Abraham befestigt.

[3]) (Gen. r. c. 52 Ende. היתר הקשר הזה ist ein sprüchwörtlicher Ausdruck für das Beseitigen einer Schwierigkeit. Abrahams Beispiel zeigte fortan, daß Gebet für andere Erfolg hat.

[4]) (Gen. r. c. 56 Ende. Jb. c. 59 g. E. sagt Chama (Tradent Levi), „mit Allem" in Gen. 24, 1 bedeute: שלא חזר וניסה אותי.

nehmen auch die Söhne Ismaels und die der Ketura ihren Antheil am Segen, segne ich diese nicht, wie kann ich Isaak segnen: Ich bin ein sterblicher Mensch, heute hier, morgen im Grabe; ich habe das Meinige gethan, möge dann Gott thun, was ihm in seiner Welt zu thun gefällt. Deshalb gab Abraham dem Isaak Alles, was ihm gehörte (Gen. 25, 5), segnete ihn aber nicht; nach seinem Tode offenbarte sich Gott dem Isaak und segnete ihn (V. 11[1]). — Die Bezeichnung des Erschreckens Isaaks als „überaus groß" (27, 36) besagt, daß er diesesmal noch viel mehr erschrack, als da er gebunden auf dem Altare lag, um geopfert zu werden[2]). — Der Engel, mit dem Jakob kämpfte, war der Schutzengel Esau's, darauf bezieht sich, was Jakob zu Esau sagt (33, 10): „ich habe dein Antlitz gesehen, wie ich das Antlitz des göttlichen Wesens sah", nämlich das des Schutzengels, dem Esau glich[3]). — So oft sich Jakob der Bereitwilligkeit Josephs, zu seinen Brüdern zu gehen („Hier bin ich", Gen. 37, 13) erinnerte, fühlte er „seine Eingeweide zerschnitten". Du wußtest, sprach er, daß dich deine Brüder hassen, und dennoch sagtest du: Hier bin ich[4]). — Jakob sprach nie

---

[1]) (Gen. r. c. 61 (חמא ר׳), Sch. tob zu Ps. 1, Einl. ר׳ לוי בש״ר (וחמא; anonym Tanch. לך לך Auf., Num. r. c. 11 g. Auf. — Hinsichtlich der Ketura (nach agadischer Auffassung identisch mit Hagar) sagt Ch. b. Ch. (Gen. r. c. 47 g. Auf.), daß Abraham die Worte in Gottes Ver= heißung (77, 16) „Könige der Völker werden von ihr sein" so gedeutet habe (מיכן דרש אברהם), daß sich dieselben nicht auf Sara, sondern auf Hagar bezögen, weshalb er diese wieder zum Weibe nahm.

[2]) Gen. r. c. 67 Auf. In anderer Form Tanch. תולדות Ende (trad. von Levi): שתי חרדות חרד יצחק; noch anders Tanch. B. תולדות 22, wo erzählt wird, wie Isaak auf dem Altare den Himmel offen und die inneren Räume des Gotteswagens erblickte.

[3]) (Gen. r. c. 77, Schir r. 3, 6. Dazu das Gleichniß (welches in Gen. r. an unrichtiger Stelle steht): Ein König hatte einen gezähmten Löwen und einen wilden Hund; er flößte seinem Sohne Muth ein mit dem Löwen zu kämpfen, damit er gegebenen Falles sich die Kraft zutraue, es mit dem Hunde aufzunehmen. So sollte Israel daraus, daß Esau's Schutzengel Jakob nicht besiegen konnte, Muth schöpfen, es mit Esau (Rom) selbst und mit den Völkern der Welt aufzunehmen. — In Tanch. וישלח zu 32, 25 anonym: זה. סמאל שרו של עשו שבקש להרגו.

[4]) (Gen. r. c. 84: הדברים הללו היה יעקב אבינו זוכר ומעיו מתחתכין.

etwas Grundloses, mit Ausnahme des Vorwurfes, den er, Gen. 43, 6, seinen Söhnen machte. Er ahnte nicht, wie die Vorsehung Gottes wirksam war, während er klagte. Darauf bezieht sich Jes. 40, 27: Warum sagst du Jakob u. s. w.¹). — Joseph handelte nicht richtig, daß er allein mit seinen Brüdern blieb (45, 1): wie leicht hätte ihm im Zorne Einer von ihnen einen Stoß versetzen und ihn tödten können²). — Jakob ordnete vor seinem Tode genau an, in welcher Ordnung seine Söhne seinen Sarg tragen mögen; es war dieselbe Ordnung, in welcher nachher die Stämme in der Wüste lagerten³). — Drei Schätze verbarg Joseph in Aegypten: einen entdeckte Korach, einen Antoninus der Sohn des Severus, einer bleibt verborgen für die Frommen in der Zukunft⁴). — Weshalb starb Joseph vor seinen Brüdern? Weil er sich ihnen gegenüber als Herrscher betrug⁵). — Ein König verheiratete seinen Sohn, da kam der Statthalter, um sich den Trägern des Baldachins zu gesellen. Als man ihn nicht zulassen wollte, sagte der König: Lasset ihn, nächstens verheiratet er seine Tochter, da will auch ich ihn ehren, wie er mich geehrt hat. So wurde Moses' Eifer um die Wegführung der Gebeine Josephs (Exod. 13, 19) damit belohnt, daß Gott selbst ihm die letzten Ehren erwies (Deut. 34⁶). — Warum begrub man Josephs Gebeine in Sichem (Jos. 24, 32)? Sie sagten: Von Sichem aus ward er gestohlen, geben wir dieser Stadt das von ihr Verlorene zurück⁷)!

Der listige Anschlag der Aegypter (Exod. 1, 10) richtete sich gegen Ihn (לו), den Helfer Israels. Sie sprachen: Sollen wir Is-

---

¹) Gen. r. 91 g. E., trad. von Levi. Die Deutung von Jes. 40, 27 anonym Echa r. zu 3, 38 (s. auch Josua b. Levi, oben S. 163).

²) Gen. r. c. 93 g. E., dagegen S. b. Nachman.

³) Num. r. c. 2 g. Anf., ausführlich, wol auf Grund einer älteren Quelle. Jn Tanch. ויחי (B. 12) anonym dasselbe.

⁴) Pesachim 119 a, Sanh. 110 a.

⁵) Berach. 55 a, Sota 13 b, (wo auch Rab als Autor genannt ist; s. ein ähnliches Schwanken der Tradition zwischen Rab und Chama b. Chanina Joma 72 a, zu Num. 11, 8.

⁶) J. Sota 17 c, im Anschluß an Jochanan's Deutung von עמי, oben S. 301, A. 3.

⁷) Sota 13 b.

rael etwa mit Feuer oder mit Schwert verfolgen? Aber ihr Gott übt Strafgericht mit dem Feuer und mit seinem Schwerte" (Jes. 66, 10); laßt uns sie mit Wasser verfolgen, denn Gott hat geschworen, nie mehr die Gewässer der Fluth über die Erde zu bringen (Jes. 54, 9). Sie wußten aber nicht, daß Gott wol nicht mehr die ganze Welt, aber doch eine einzelne Nation mit Wasser züchtigt, oder auch, daß wenn auch Gott selbst die strafende Fluth nicht bringt, die frevelnden Aegypter von selbst kommen, um in der Fluth ihren Untergang zu finden (Exod. 14, 27[1]). — Als Israel aus Aegypten befreit werden sollte, erhob sich der feindliche Engel gegen sie, um sie anzuklagen. Da lieferte ihm Gott, um ihn von Israel abzulenken, Hiob aus[2]). — Ein König verheiratete seine Tochter und sprach: Zählet fortan die Zeitrechnung (ὑπατεία) nach der Verheiratung meiner Tochter. Ebenso sprach Gott (Exod. 19, 1): Zählet fortan die Zeitrechnung nach der Offenbarung der Lehre![3]) —

---

[1]) Sota 11 a, Exod. r. z. St. Im Tanch. B. בא 19 und im Midr. ויישע (B. H. I, 49) wird das im Namen S. b. Nachman's gebracht: בהערמה זאת באו מצרים על ישראל. (S. auch Eleazar aus Modiim, Mech. zu 18, 1, Zebachim 116 a). — In Sanh. 101 b, Sota 12 b sagt Ch. b. Ch. (Exod. r. c. 1 Jose b. Chanina), המה מי מריבה, Num. 20, 13, spiele darauf an, daß die Astrologen Pharao's vorausgesehen hätten, daß der Befreier Israels (Moses) durch Wasser seinen Untergang finden werde. Gemeint war das Haderwasser, sie aber warfen die Neugeborenen, unter denen er sein könnte, in das Wasser des Nils.

[2]) Exod. r. c. 21 g. E.: בשעה שיצאו ישראל ממצרים עמד סמאל המלך לקטרג אותן. Der Schluß des Satzes ist aus dem folgenden, von Chama im Namen seines Vaters Chanina tradirten Gleichnisse zu ergänzen (f. oben S. 25, A. 2). In Gen. r. c. 57 findet sich derselbe Gedanke in einem Ausspruche, den Levi im Namen Jose b. Chalaftha's tradirte und dessen erste Hälfte im Seder Olam c. 3 Anf. steht (f. Ag. b. T. II, 180, 7), während der Schluß wahrscheinlich von Levi auf Grund des Ausspruches Ch. b. Chanina's angefügt wurde. In Gen. r. heißt es: בא שטן לקטרג וגירה אותו באיי:. Dann folgen zwei Gleichnisse dazu, von Chananja b. Acha und von Chama: das erstere ist mit dem von Ch. b. Chanina im Namen seines Vaters gelehrten identisch. Wahrscheinlich müssen in Gen. r. für die beiden Gleichnisse die Namen der Autoren umgetauscht werden. — Uebrigens ist der Name סמאל im Ausspruche Ch.'s nach Exod. r. nicht ursprünglich, wie schon oben S. 25 bemerkt wurde. Vgl. auch oben S. 471, A. 3.

[3]) Pesikta 104 a, tradirt von Levi, unmittelbar nach einem ähn-

Moses hatte großen Kummer darüber, daß sein Bruder Aharon mit dem Beschauen der Aussatzkrankheiten betraut wurde. (Lev. 13), was er als seiner Würde nicht entsprechend betrachtete. Darauf sagte ihm Gott: Genießt er nicht die vierundzwanzig verschiedenen Priestergaben? Das Sprichwort sagt: Wer vom Palmkohl ißt, muß die Palmstacheln ertragen[1]). — Moses wurde von den Splittern, welche vom Aushauen der Bundestafeln abfielen, reich; das ist angedeutet in פסל לך in Exod. 34, 1[2]). — Moses' Grab[3]). Moses selbst wußte nicht, wo seine Grabstätte sei (איש, Deut. 33, 6 ist Moses, nach 33, 1). Warum wurde er „gegenüber BethPeor" begraben (34, 6)? Damit die bei Beth-Peor begangene Sünde Israels gesühnt werde. Warum wurde das Grab Moses' jedem menschlichen Auge verborgen? Damit nicht Israel, wenn das Heiligthum zerstört und das Volk aus seinem Land verbannt ist, zur Grabstätte Moses' käme, um dort weinend zu verharren und

---

lichen, ebenfalls von Levi tradirten Ausspruche Simon b. Chalaftha's (Ag. b. T. II, 533). Zum Ausspruche Ch. b. Ch.'s פרקו בחורב עדים בחורב, Sabbath 88 a, f. Ag. b. T. II, 119, 4.

[1]) Lev. r. c. 15 Ende, trab. von Levi.

[2]) Jer. Schekalim 49 a, b. Nedarim 38 a. Anonym Exod. r. c. 46 g. Auf. In j. Schekalim schließt sich daran der Ausspruch des späteren Amora Chanin (Chanan): Gott habe dem Moses in seinem Zelte eine Mine von Edelsteinen und Perlen enthüllt, durch die er reich geworden sei. In Lev. r. c. 32 g. A. sind beide Sätze verknüpft und Chanina zugeschrieben. Doch ist es hier eine Mine von Saphirstein (מחצב של ספירינוס), aus denen er die Tafeln aushaute und durch die er reich geworden sei, worauf er den Spruch anwendete (Prov. 10, 22): Gottes Segen macht reich. Ebenso Koh. r. zu 9, 11 und zu 10, 20 und anonym Tanch. כי תשא g. E., auch Pirke R. El. c. 46 g. Auf. In Tanch. עקב g. E. wird eine Controverse zwischen Levi und Chanina gegeben, über die Frage, woher die Tafeln gehauen waren. Der Eine sagte: מתחת כסא הכבוד, der Andere: נברא לו מחצב [אהלי מתיך]; zum Schlusse: die Tafeln waren aus Sapphir, nach Hoh. 5, 14 (vgl. Schir r. zur St.: Josua b. Nechemja). Vielleicht ist in der letzteren Quelle nach Levi zu ergänzen: ר' חמא בר חנינא בשם. Daß die Bundestafeln aus Sapphir waren, wird in Sifre zu Num. 12, 3 (§ 101) aus dem Ausdrucke מעשה (Exod. 32, 16, welcher auch Exod. 24, 10 הספיר לבית מעשה vorkömmt, gefolgert. Eben daselbst heißt es auch zum Beweise für Moses' Reichthum: מצינו שהספיר של לוחות של משה היה.

[3]) Sota 14 a.

zu Moses zu flehen: O Moses unser Lehrer, tritt im Gebete für uns ein! Moses würde für sie eintreten und das Verhängniß zu Nichte machen; denn die Frommen sind im Tode Gott noch werther als während ihres Lebens¹). Wie wirksam aber Moses' Fürbitte während seines Lebens war, beweist die Thatsache, daß als Israel beim goldenen Kalbe sündigte, Gott nicht um all der Frommen und Aeltesten, der Weisen und ihrer Jünger willen, die in jener Zeit lebten, das Verhängniß zu Nichte machte, sondern nur um Moses' willen.

Unter „Jehuda", Ri. 1, 2 ist Boaz zu verstehen²). — Von Elkana wird, nachdem seine rühmliche Herkunft erwähnt war (I Sam. 1, 1), als Unrühmliches berichtet (V. 2), daß er zwei Frauen hatte³). — An Salomo's Tafel fehlte es an nichts (I Kön. 5, 7), weder rothe Rüben zur Sommerszeit, noch Gurken zur Winterszeit⁴).

Daniel und seine Gefährten legten sich, um der Ehrfurcht gegen den König zu genügen, im Lachen, im Gespräch und im Schlaf Enthaltsamkeit auf und wußten auch ihrer natürlichen Bedürfnisse Herr zu werden; darauf bezieht sich der Ausdruck (Dan. 1, 4) „in denen Kraft ist zu stehen im Palaste des Königs"⁵). —

---

¹) מפני שחביבים צדיקים במיתתם יותר מבחייהם. Das ist ein auch sonst bezeugter Spruch Ch. b. Ch.'s. Er sagt in Chullin 7 b, mit Hinblick auf das in II Kön. 13, 11 erzählte Wunder: גדולים צדיקים במיתתם יותר מבחייהם. — Vgl. die Controverse zwischen Levi b. Lachma und Ch. b. Chanina über den Besuch der Friedhöfe an Fasttagen (Taan. 16 a): חד אמר הרי אנו חשובים לפניך כמתים וחד אמר כדי שיבקשו עלינו מתים רחמים.

²) Schir r. zu 4, 7, tradirt von Berechja, Levi; s. oben S. 165.

³) Midr. Sam. c. 1, g. E. (s. Jalkut z. St.), tradirt von Levi: פותח; s. Pes. r. c. 43 (181 b) und Friedmann's Note 49.

⁴) Deut. r. c. g. Auf.: תרדין בימות החמה וקשואים בימות הגשמים. In Koh. r. zu 2, 7 steht ורד (Rosen) statt תרדין, was jedenfalls eine Verschreibung ist. In Tanch. יתרו g. Auf. (zu Koh. 3, 11): Salomo's Tisch ermangelte nicht des Eises (קרח) im Tammuz, noch der Melonen im Nissan. Im Jalkut zu Koh. 3, 11 ist Tanchuma als Autor genannt und als die dem Tische Salomons nicht fehlenden Seltenheiten מרור und קרח; im Jalk. zu יתרו § 269 ebenso, nur als Autor Jose b. Chanina. — Zu I Kön. 7, 14 s. oben S. 291, A. 1.

⁵) Sanh. 93 b.

Esther stammte aus edlem Geschlechte, darum schrieb ihr der König einen Ehepakt (γαμικόν), dessen Datum in Esther 2, 16 erwähnt ist und in dem auch das Regierungsjahr angegeben war (ib.¹).

Im Midrasch Mischle findet sich Ch. b. Ch.'s Name bei einer Anzahl von Aussprüchen, ohne daß dieselben auch anderwärts bezeugt wären. Bei dem Charakter dieses Midraschwerkes ist es wahrscheinlich, daß der Name pseudepigraphisch angewendet ist²).

¹) Pesikta 52 b, Pes. r. c. 15 (76 b), trad. von L e v i.
²) Zu 12, 20: über Verleumdung (Mobisiren über den Gastfreund) und uneigennütziges Lob; zu 14, 28: Gott will nur von Israel gepriesen sein; zu 15, 29: Salomo's und David's Weisheit; zu 20, 2 (s. Jalkut z. St.): Gottes Zorn; zu 31, 10 (s. Jalkut): warum starben die Kinder Meirs, מפני שהיו רגילין להניח בית המדרש ויושבין באכילה ושתייה.

XIV.

Samuel b. Nachman.

In noch viel bedeutenderem Maaße als Jonathan b. Eleazar erscheint sein Schüler, dem wir die Kenntniß des größten Theiles seiner agadischen Aussprüche zu verdanken haben[1]), als berufsmäßiger Agadist, dessen Namen die halachische Tradition nur selten zu nennen Gelegenheit hat, der sich aber dennoch in den Kreisen der Gesetzeslehrer Palästina's eines großen Ansehens erfreute. Samuel b. Nachman[2]) war ein geborener Palästinenser und seine Kindheit fällt noch in die letzte Zeit des Patriarchen Jehuda I; auf der Schulter seines Großvaters sitzend, der „von seiner Stadt nach Kefar-Chanan" über Beth-Schean (Skythopolis) gieng, hörte er in der letzteren Stadt einen Vortrag Simon b. Eleazar's an, aus dem ihm die merkwürdige Deutung Meir's zu מאור Gen. 1, 31 (mit מות) in Erinnerung blieb[3]). Dieser von ihm selbst erzählten Reminiscenz aus der Kindheit steht eine Angabe gegenüber, wonach Samuel b. Nachman aus Babylonien nach Palästina gekommen wäre und von Jonathan Aufklärung über drei schwierige Bibel-

---

[1]) S. oben S. 58 f. — Zu S. 59, A. 5 ist noch nachzutragen: Pesachim 24 a oben: ר' יונתן רבך.

[2]) Im babylonischen Talmud (zuweilen auch im jerusalemtischen) ב׳ נחמני st. בן נחמן. Daß der 52 Jahre nach Jochanan's Tode gestorbene Rabba b. Nachmani nicht der Bruder Samuel b. N.'s war, wie ohne allen Grund angenommen worden ist, braucht nicht bewiesen zu werden (s. Die Agada der babyl. Amoräer). Ob Jehuda b. Nachman (—ni), der Sprecher Simon b. Lakisch's (s. oben S.) und Jizchak b. Nachman, ein Schüler Josua b. Levis (s. oben S. 131) seine Brüder waren, kann nicht einmal vermuthungsweise entschieden werden.

[3]) Gen. r. c. 9. S. Ag. b. T. II, 9, oben S. 206, A. 4.

stellen erbat¹). Diese Angabe muß aber nicht so verstanden werden, als wäre Babylonien die Heimat S. b. N.'s gewesen; denn er kann in jungen Jahren nach dem Osten gewandert sein, um nach längerem Aufenthalte daselbst wieder in sein Vaterland Palästina zurückzukehren²). Nach Babylonien kam er aber auch später, und zwar einmal in der amtlichen Sendung, dort die Intercalation vorzunehmen³). Bei dieser Gelegenheit war ein Graupenmüller, Namens Jakob sein Gastfreund und in dessen Hause, zwischen den Fässern versteckt, hörte der junge Zeira, nachmals eine Autorität unter den paläsinensischen Gesetzeslehrern, wie der angesehene Gast auf seinem Nachtlager so lange das Schema recitirte, bis er einschlummerte⁴). Auch an den Hof der Kaiserin Zenobia (267—273) wurde er einst mit Ammi geschickt, um die Begnadigung eines wegen politischen Vergehens in Todesgefahr schwebenden Weisenjüngers zu erwirken⁵). Er überlebte Jochanan und auch Eleazar b. Pedath. Es war nach des Letzteren Tode, daß der Patriarch Jehuda II an Samuel b. Nachman, als berufenen Agadisten eine Frage über den Sinn des Wortes ביה in Ps. 68, 5 richtete;

---

¹) Sch. tob zu Ps. 3, 1, s. oben S. 59. Diese Angabe, an deren Thatsächlichkeit zu zweifeln kein Grund ist, gleicht der Tradition, daß Hillel, um Gewißheit über drei halachische Schrifterklärungen zu erlangen, nach Palästina kam (j. Pesachim 33 c, vgl. Tosefta Negaim 1 Ende, Sifra Tazria 9 Ende, Ag. d. T. I, 5). Die Tradition über S. b. N. ist gleichsam das agadische Seitenstück zu der über Hillel, selbst im Ausdrucke: hier רש בר נחמן על ג׳ דברים עלה הלל מבבל, dort עלה מבבל לישאיל ג׳ דברים.

²) Die vergeblichen Versuche, Babel zu heilen (Jer. 51, 9) bezieht S. b. N. (gegen Ulla) auf die Ströme (Kanäle) Babyloniens, Sanh. 96 b.

³) Jer. Berach. 2 d unt. כד הוה נחית לעיבוריה. Vgl. Frankel's Bemerkung zu dieser Stelle in seiner Edition der jer. Tractate Berachoth und Pea. (Es scheint dies zu einer Zeit gewesen zu sein, als in Palästina politische Ursachen die Intercalation verhinderten. — Einen ins System der Neumondberechnung gehörenden Ausspruch S. b. N.'s (über die astronomische Qualität des Jahres, in welchem der Auszug aus Aegypten stattfand) s. Pesikta 54 b (trad. von Samuel b. Jona und Acha) und verschieden davon Pes. r. c. 15 (78 a).

⁴) הוה קרי שמע והוה קרי יהיב עד דהוה שקע מיניה ני שינתא.

⁵) Jer. Terumoth 46 b unt., wo ר׳ שמואל unzweifelhaft S. b. N. ist. Grätz, der in seiner Geschichte unseren Amora überhaupt nicht nennt, spricht bloß von „zwei Jüngern Jochanans, R. Ami und R. Samuel" (IV, 2, 298).

von der Antwort nicht befriedigt, rief der Patriarch aus: Wehe ob der Verlorenen, die nicht wiedergefunden werden! Rabbi Eleazar hat anders erklärt[1]). Vermöge seines Alters und Ansehens nahm er zu dieser Zeit in der Umgebung des Patriarchen, wie es scheint, die erste Stelle ein. Ihn finden wir in Tiberias an Jehuda's II. Seite in der sagenhaft ausgeschmückten Erzählung von der Einladung, welche Diocletian an die Häupter der Juden ergehen ließ, vor ihm in Paneas zu erscheinen[2]). In diese Zeit fällt wol auch die Entscheidung, die er gab, als Hungersnot und Pest gleichzeitig drohten und man nicht wußte, gegen welche der beiden Heimsuchungen das mit Gebet verbundene Fasten abzuhalten sei. Er rieth: Laßt uns Gott um Abwendung der Hungersnot bitten, denn erhört er uns, so ist auch das Sterben abgewendet, da Gott ja Sättigung den Lebenden verleiht (nach Pf. 145, 16[3]). Es wird auch eine Verordnung erwähnt, welche zeigt, daß S. b. N. eine autoritäre Stellung einnahm: er ordnete an, daß zur heißesten Sommerszeit in den letzten Vormittags- und ersten Nachmittagsstunden die Bibel- und Mischnalehrer nicht unterrichten sollen[4]). In seinem hohen Alter nahm er an den Verhandlungen des Lehrhauses nicht mehr Theil. Als

---

[1]) Gen. r. c. 12 g. E.: ר׳ יהודה נשיאה שאליה לר״ש ב״נ מפני ששמעתי עליך שאתה בעל הגדה מאי דכתיב . . . . א״ל אוי דמובדין ולא משתכחין שאלית לר״א ולא אמר כן. Daraus Sch. tob zu Pf. 114 Anf., doch ohne die Begründung der Frage . . מפני ששמעתי. Diese fehlt auch in j. Chagiga 77 c. unt., wo die Entgegnung des Patriarchen mit den Worten beginnt: ר׳ אלעזר רבך לא היה דורש כן. (Eleazar's Bezeichnung als Lehrer S. b. N.'s ist auffallend; vielleicht ist das Wort רבך irrthümlich eingeschoben, nach dem Muster anderer ähnlicher Entgegnungen (vgl. ob. S. 59, A. 5, S. 93, A. 1), oder Eleazar ist als der nach Jochanan's Tode angesehenste Gesetzeslehrer als der Meister S. b. N.'s bezeichnet.

[2]) J. Terumoth c. 9 Ende (46 b c), Gen. r. c. 63. Die Begebenheit fand wahrscheinlich im Jahre 286 statt, aus welchem drei aus Tiberias erlassene Verordnungen Kaiser Diocletians erhalten sind. Der Patriarch ist nicht, wie Grätz (IV, 302), annimmt, Jehuda III, sondern Jehuda II, s. Frankel, Mebo, p. 146 a b, Weiß III, 66.

[3]) Taan. 8 b: בימי רשב״ן הוה כפנא ומותנא.

[4]) Echa r. zu 1, 3 Ende: הוה מפקד לספריא ומתניא דיהון מפטרין בארבעא שעין רב טלאי (unmittelbar nach der oben S. 240, Anm. 6 erwähnten Verordnung Jochanans). In Schocher tob zu Pf. 91, 6 ist

er daher nach langer Abwesenheit als hochbetagter Greis wieder einmal dort erschien und seine Stimme gegen die Aufhebung eines von Jehuda b. Jechezkel in Pumbeditha verhängten Bannes abgab[1]), erblickte Zeira darin eine providentielle Fügung, damit die Aufhebung des Bannes hintertrieben werde[2]).

Das große Ansehen, welches S. b. N. genoß, beruhte auf seiner Bedeutung als Agadist[3]). Er galt als Autorität auf diesem Gebiete und es sind Fragen verschiedener Zeitgenossen überliefert, die an ihn als „Agadisten" gerichtet wurden, so außer der schon erwähnten Frage des Patriarchen Jehuda II[4]), solche von Simon b. Jehozadak[5]), Ammi[6]), Chanina b. Papa[7])

---

statt S. b. N. בר יצחק (Var. שילא) ר' שמיאל genannt, die Verordnung lautet daselbst דיהון מפני לטלייא מארבע שעין עד תשע (also von 10 Uhr Vorm. bis 3 Uhr Nachm).

¹) Er bezeichnet Jehuda, mit dem er während seines Aufenthaltes in Babylonien nähere Beziehungen unterhalten haben wird, als יהודה חברי. Jehuda war kurz vorher gestorben, die Begebenheit fand also im J. 299 oder 300 statt. Den Bann sollte der Patriarch lösen und Ammi darüber befragt, stimmte auch dafür. S. b. Nachman war damals mindestens 90 Jahre alt.

²) Moed Katon 17 a.

³) Nach der sehr einleuchtenden Annahme von Weiß (Beth-Talmud I, 17 f.) sagt S. b. N. (j. Berach. 12 d, Sch. tob zu Pf. 19, 2) mit Hinblick auf diese Qualität: „Wer darf Gottes Macht verkünden (Pf. 106, 2), d. i. wer darf im Gebete auch andere, als die sanctionirten Umschreibungen der göttlichen Macht gebrauchen? Männer wie ich und meine Genossen (כגון אני וחברי), die nämlich durch die Agada gelernt haben „Gottes ganzes Lob vernehmen zu lassen". In Sch. tob zu Pf. 106, 2 lautet der Satz: ומי ימלל כגון אנו שאנו עסוקין בתורה כל צרכנו. Vgl. die Deutung Eleazars zu diesem Psalmvers, Makkoth 10 a. S. auch Sch. tob zu Pf. 19 (§ 2).

⁴) S. oben S. 479, A. 1.

⁵) S. oben S. 120, A. 3.

⁶) Lev. r. c. 31 Auf., Echa r. zu 1, 13, Frage über Pf. 71, 19 a (בשביל ששטעתי עליך שאתה בעל אגדה); Tanch. אחרי (B. 14), über Mal. 1, 11.

⁷) Pesikta 157 a, über Pf. 65, 6; Pes. r. Anhang ed. Friedmann 195 b, über Echa 3, 44; Deut. r. c. 2, zu Pf. 69, 14. In Sch. tob zu Pf. 65, zu Echa 3, 43, mit Benützung von Pf. 65, 4; ib. zu Pf. 4 (§ 3 Ende) ist der Fragesteller ר' חנינא, der Gefragte ר' שמיאל, und die Frage bezieht sich auf Echa 3, 44; doch ist der Sinn der Antwort an allen Stellen derselbe (s. unten Abschn. 2). In Deut. r. ist auch Pf. 65, 6 herangezogen.

und Chelbo¹). Der Letztere stand zu S. b. N. in Schülerverhältniß und ist der häufigste Tradent seiner Aussprüche²). Als einmal S. b. N.'s Sohn, Nachman, im Namen seines Vaters eine Deduction der Purimfeier aus Esth. 9, 19 vortrug, sagte Chelbo: Ich saß sehr oft vor N. Samuel b. Nachman, habe aber diese Sache nie von ihm gehört. Darauf Nachman: Hast du denn Alles von ihm gehört, was ich gehört habe?³) — Als häufiger Tradent S. b. N.'s kömmt außerdem nur noch der Agadist Levi vor⁴); andere, und zwar ziemlich zahlreiche Tradenten, kommen nur bei einzelnen oder bei wenigen Aussprüchen vor. Abahu citirte einmal einen Ausspruch S. b. N.'s, den er diesen in einer der Synagogen Lydda's hatte vortragen hören⁵). — Einmal erscheint auch Eleazar (b. Pedath) als S.'s Tradent⁶), und

---

In Echa r. z. St. ist der Fragesteller (zu 3, 44) Chelbo (מפני ששׁ עליך ושאתה בעל אגדה). Wahrscheinlich ist hier ר״ח irrthümlich (anstatt ר' חנינא) zu ר' חלבו aufgelöst worden, da in Chelbo's, des Schülers Mund die Form der Frage nicht paßt. Eine Anekdote, wie S. b. N. den ihn rügenden Ch. b. Papa seine agadische Ueberlegenheit fühlen läßt, s. j. Schebiith 35 b und Parall.

¹) Baba Bathra 123 a (s. oben S. 59), zu Gen. 48, 5; ib. 123 b zu Gen. 30, 25. An der letzteren Stelle wäre nach einer mehrfach bezeugten Variante (Diks. Sofrim. XI, 172 b) S. b. N. der Fragende, Jonathan der Gefragte; doch scheint die gewöhnliche Lesung die richtige zu sein, denn die Antwort wird in palästinensischen Quellen (Gen. r. c. 73 und c. 75 g. Anf., Pesikta 28 a, Tanch. ויחי g. Ende, Tanch. B. ויצא 14 und ויחי 13) als Ausspruch Samuel b. Nachmans gebracht.

²) Zumeist ist in solchen Fällen als zweiter Tradent Berechja genannt, der öfters auch als alleiniger Tradent von Aussprüchen S. b. N.'s vorkömmt.

³) Jer. Megilla 70 b oben. Nachman als Tradent seines Vaters: Gen. r. c. 9 g. E. (Koh. r. zu 3, 11, Sch. tob zu Pf. 9 Anf., wo נחמן nach רב zu ergänzen ist); j. Sabb. 3 d unten.

⁴) S. unten verschiedene Anmerkungen.

⁵) Lev. r. c. 35 g. Ende. — Abahu tradirt einen Ausspruch S. b. N.'s in Tanch. נצבים g. Ende. S. ferner j. Taanith c. 3 Ende (67 a unten). Die „Gelehrten des Südens" (Lydda) tradiren eine agadische Deutung S. b. N.'s, s. unten Abschn. 6, zu Jes. 45, 8.

⁶) Pesikta 159 b. Obwol, wie oben ersichtlich, Eleazar vor S. b. N. starb, konnte er dennoch einen Ausspruch des Letzteren in seinen Lehrvorträgen anführen.

einmal, wenn auch nicht ganz sicher bezeugt, der Patriarch Jehuda II¹).

Außer den agabischen Aussprüchen Jonathan's, deren beiweitem größte Anzahl durch ihn tradirt wird, sind es noch Aussprüche Jochanans, welche S. b. N. tradirt²). Einmal giebt er eine Erklärung eines biblischen Wortes im Namen „unserer Lehrer in der Diaspora" (d. i. der babylonischen Schulhäupter³). Ein Midraschwerk, das viel aus älteren Quellen schöpfte, theilt seine Entscheidung zu vier agabischen Controversen zwischen Rab und Levi (b. Sisi) mit⁴). Oft steht der Meinung Samuel b. Nach-

---

¹) Pesikta 163 b, s. das. die Bemerkungen Buber's, Nr. 130 u. 131.
²) S. oben S. 218. Gegen die Aeußerung Jochanan's von der außerhalb ihrer Heimat sich bewährenden Zornmüthigkeit der babylonischen Juden (s. oben S. 112, A. 5) sagt S. b. N. (das שט in Deut. 28, 65 betonend): ביון שעלו נתרפאו. — S. b. Lakisch's Meinung über die Wolken (oben S. 380) erläutert S. b. L. durch deren Vergleichung mit den Gedärmen, Gen. r. c. 13.
³) Num. r. c. 7 g. A.: ר' הונא הכהן בר אבין בשם ר"ש בר נחמני בשם רבותינו שבגולה, eine Erklärung des Wortes לזרא, Num. 11, 22; vorangeht die oben S. 377 gebrachte Erklärung S. b. Lakisch's. In Lev. r. c. 18 Ende steht diese an zweiter Stelle, nach der hier erwähnten Erklärung, aber nur mit ר' הונא als Autor (Aruch s. v. בט III: Abahu). Offenbar hat Num. r. die genaue Angabe aus einer älteren Quelle geschöpft, und in Lev. r. ist die Autorenangabe verkürzt. Huna tradirt im Namen S. b. N.'s z. B. Sch. tob zu Ps. 106, 27. Nach dem Kanon in Sanh. 17 b sind unter רבותינו שבגולה Rab und Samuel zu verstehen. Die von S. b. N. tradirte Erklärung giebt לזרא mit zwei Wörtern wieder: לוורגא ובוטנא. Wenn persf.' zârân-idan (zâridau) = Ekel empfinden nicht zweifelhaften Ursprunges wäre, könnte man mit Kohut III, 318, Anm. 4 das erste der beiden Wörter als die gleichklingende persische Wiedergabe des biblischen Wortes betrachten, das sonst ebenfalls nicht mehr vorkommende בוטנא (Anschwellung des Bauches, Aruch: הֲיִהֵ:) wäre aramäische Glosse zum persischen Worte.
⁴) Midr. Samuel c. 18 (s. Die Agada der bab. Am. S. 6, Anm. 24). Wir finden im paläſtinenſiſchen Midraſch S. b. N. als Urheber von Ansichten, welche im bab. Talmud in Controversen zwischen Rab und Samuel zu lesen sind, s. unten Abschn. 4 zu Gen. 3, 24, ferner Abschn. 5 zu Gen. 39, 11 und zu Exod. 1, 15.

man's in der Agada die Josua b. Levi's gegenüber[1]), dessen Schüler und Trabant Simon S. b. N.'s agadischer Controversist gewesen zu sein scheint[2]). Am häufigsten findet sich neben der Meinung S. b. N.'s die abweichende Eleazars tradirt[3]); oft ist die Meinung Chama b. Chanina's, hie und da die Jose b. Chanina's der seinigen an die Seite gestellt[4]).

Von Samuel b. Nachman's Söhnen ist außer dem bereits genannten Nachman noch Hillel mit Namen bekannt[5]). Von Beiden sind agadische Aussprüche erhalten[6]).

Es sei noch erwähnt, daß ein S. b. N.'s Namen tragender

---

[1]) S. b. N. tradirt Halachisches im Namen Josua b. Levi's, j. R. H. 59 b unten.

[2]) S. Midr. Samuel c. 19, zu I Sam. 16, 12. Eine gemeinsame Tradition Beider j. Megilla 71 d. Simon tradirt im Namen von S. b. N. j. Berach. 3 c oben.

[3]) Vgl. oben S. 479, A. 1. — Zu Jes. 10, 16 finden sich Sabbath 113 b unt. drei Meinungen von Jochanan, Eleazar und S. b. N.; in der parallelen Stelle fehlt des Letzteren Name und seine Meinung ist Eleazar zugeschrieben (vgl. Sanh. 52 a).

[4]) Im Folgenden wird in den einzelnen Fällen stets auf den Urheber der Gegenmeinung hingewiesen werden.

[5]) In j. B. Bathra 17 a oben wird erzählt, wie Nachman, der Sohn S. b. N.'s (nach dem Tode des Vaters) zur kostspieligen Bekleidung der Rathswürde gepreßt wurde (נתפס לבולי, s. oben S. 220, A. 30) und Ammi entschied, daß er wenn er Privatvermögen besitzt, die Kosten der Würde aus diesem zu bestreiten habe, sonst aber das von ihm mit seinen Brüdern gemeinsam besessene väterliche Erbgute dazu heranzuziehen sei.

[6]) Von Nachman: Gen. r. c. 10 (zu Hiob 7, 1); ib. c. 32 Auf. (zu I Sam. 25, 44), in Sch. tob zu Ps. 52 bloß רב נחמן, Tanch. נח g. E. die drei Auflehnungen gegen Gott in der Urzeit); ib. תצוה Auf. (bloß ר' נחמן בר שמואל). Wo in paläftinenfischen Midrafchwerken „N. Nachman" als Urheber agadischer Aussprüche genannt ift (z. B. Gen. r, c. 12 g. A., Pesikta 150 b), ist vielleicht ebenfalls unser Nachman gemeint. — Von Hillel: j. Schebiith 36 b, j. Kidd. 61 c, Koh. r. zu 1, 4, Midr. Samuel c. 15 (zu Neh. 8, 17); Schir r. zu 8, 12; Berach. 28 b (die 18 Benedictionen entsprechen den 18 Gottesnamen in Ps. 27); Halachisches Sabbath 80 a. — In Berachoth 28 b unten wird auch „Levi, Sohn S. b. N.'s" genannt; doch beruht der sonst nirgends vorkommende Name auf Entstellung des Textes (s. Dikd. Sofrim zur St.), wie denn auch das ihm dort Zugeschriebene nicht von einem Sohne S. b. N.'s gesagt sein kann.

halachisch-exegetischer Ausspruch im tannaitischen Midrasch zu Numeri zu lesen ist, jedenfalls Glosse, deren Quelle noch nachweisbar ist[1]).

1.
Sentenzen und Sprüche.

Die Sitte gieng der Thora um sechsundzwanzig Generationen (von Adam bis Moses) voraus[2]); das ist in den Schlußworten von Gen. 3, 24 angedeutet: „Zu bewahren den Weg" (d. i. die Sitte), dann erst den „Baum des Lebens" (die Thora, nach Prov. 3, 18[3]). — Größer ist die Sünde der Verletzung durch Worte als die der Verletzung fremden Eigenthumsrechtes; denn diese kann man durch Wiedererstattung gut machen, jene nicht[4]). — Man fragte die Schlange[5]): 1. „Warum hältst du dich zwischen den Mauern auf"? Sie antwortete: Weil ich — durch die Verführung des ersten Menschen zur Sünde — die Mauer der Welt eingerissen habe! 2. „Warum rinnt der Geifer von deiner Zunge, während

---

[1]) Sifrè zu Num. 10, 5 (§ 73). Die Glosse, welche mit den Worten תרועית נאמרו בד"ה beginnt, stammt aus dem babylonischen Talmud, R. H. 34 a, wo sich der erste Theil des Sifrè-Absatzes als Baraitha findet, welcher sich ohne weitere Einleitung jener mit תרועית ב beginnende Schlußsatz, der auch S. b. N.'s Ausspruch enthält, anschließt. Im Talmud ist jedoch S. b. N. bloß der Tradent, als Urheber Jonathan genannt; doch fehlt in der Münchener Hf. und in anderen Zeugen ר' יונתן, אמ"ר י. D. S. z. St.

[2]) כ"ו דורות קדמה דרך ארץ לתורה.

[3]) Lev. r. c. 9 g. Anf., wo ר' ישמעאל, wie oft, Corruptel aus ר' שמואל. Dieser in bemerkenswerther Weise die Priorität der allgemein menschlichen Sittlichkeit vor der an Israel offenbarten Lehre betonende Ausspruch steht auch an der Spitze des späteren, besonders ethische Ermahnungen enthaltenden Tanna bibé Elija, gleichsam als Wahlspruch. Die Deutung zu Gen. 3, 24 findet sich anonym auch Lev. r. c. 35 g. Anf., mit S. b. N.'s Namen, aber ohne die Sentenz in Tanch. P. בראשית 25.

[4]) Baba Mezia 58 b, vorher Eleazar.

[5]) Pesikta 32 a, Tanch. חקת g. A. (B. 8), Num. r. c. 19 Anf., Koh. r. zu 10, 11, (wo die Reihenfolge verschieden), j. Pea 16 a b, Lev. r. c. 26 g. Anf., Deut. r. c. 5.

du dich fortbewegst"? Die Zunge war es, die mir die Strafe zu=
gezogen hat! 3. „Warum tödtet von allen Thieren nur dein Biß"?
Thue ich etwas, ohne daß es mir von oben geheißen wäre, (Koh.
10, 11) „beißt die Schlange, ohne Einflüsterung"[1])? 4. „Warum
fühlen es, wenn du nur ein Glied beißest, alle Glieder"[2])? Fraget
den Verleumder, wie er es anfängt: Er ist hier und seine An=
geberei tödtet in Rom[3])! — Die Verläumdung heißt im Volksmunde
שלישי (תליתאי), weil sie den Tod Dreier bewirkt: dessen, der sie
ausspricht, dessen, der sie annimmt und dessen, der ihr Gegenstand
ist[4]). — Wir finden, daß Gott in seiner Welt Alles erschaffen hat,
mit Ausnahme der Lüge und der Falschheit, welche die Menschen
aus dem eigenen Sinne erdichtet haben, nach dem Schluß von Jes.

---

[1]) In Koh. r. fehlt diese Nummer, doch geht unmittelbar voran die
entsprechende Deutung Abba b. Kahana's zu den Worten אם ישוך הנחש
בלא לחש, nämlich: לעולם אין הנחש נושך אלא אם כן נלחש לו מלעיל. In
j. Pea und Lev. r. ist die Frage (sowie in dem oben S. 402 gebrachten
Ausspruche S. b. Lakisch's): Was nützt dir dein Biß, da du nicht gleich
den Raubthieren das Opfer deßselben verzehrst? Die Antwort ist dieselbe.

[2]) Koh. r. וכולן; מפני מה אתה נושך באבר אחד וכל האיברים מרגישים
 Lev. r. וארסך מהלך בכל האיברים ..; מרגישין ומרתתין

[3]) Koh. r. שהוא אומר כאן והורג ברומי או...; שהוא כאן והורג ברומי
שהוא א' כאן וה' ברומי א' ברומי וה'; j. Pea: ברומי והורג כאן בסוף העולם;
Lev. r.: דיתיב ברומי וקטיל בסוריא בסוריא וקטיל ברומי. — In Koh.
r. ist noch eine fünfte Frage zu lesen: „Warum ist dein Körper gefleckt?"
Meine Zunge hat es bewirkt. — Der Ausspruch über die Delatoren zu
David's (Sauls) Zeit und ihr Fehlen zu Achab's Zeit (vgl. Grätz' Monats=
schrift, 1871, 217), den Deut. r. c. 5 ebenfalls S. b. N. zuschreibt, gehört
nach j. Pea 16 a anonym Abba b. Kahana an.

[4]) Pesikta 32 a, Tanch. חקת (B. 8), Num. r. c. 19 Anf., Lev. r. c.
26 g. A., unmittelbar nach dem vorigen Ausspruche und ohne Bezeichnung
des Autors; in Deut. r. c. 5 vor demselben und ausdrücklich mit S. b.
N.'s Namen bezeichnet (jedoch unrichtigerweise mit dem Beispiele Doeg's
erweitert); in j. Pea 16 a anonym; in Sch. tob zu Pf. 12, 4: א"ר שמעון
בן יוחי, wahrscheinlich indem רשב"י zu רשב"ל wurde; ib. zu Pf. 120 anonym:
עם הארץ קורין אותו שלישי (ebenfalls mit dem Beispiele Doeg's, wie in
Deut. r.). S. noch Arachin 15 b (anonym): במערבא אמרי לשון תליתאי. Der
gedeutete Ausdruck wird im paläftinenfischen Targum im Sinne von Ver=
leumdung angewendet (f. Levy, Targ. Wb. I, 416 a).

59, 13[1]). — Willst du die Kraft der von Gott der Zunge des Menschen verliehenen Redegabe erkennen, so erwäge, daß der Mensch manchmal ein Wort spricht, zu dem er blos die Zunge umzubiegen braucht, ein anderes Mal sie bis zu den Zähnen ausstreckt. Es giebt ein Wort, in welchem eilf Instrumente (Buchstaben) zur Anwendung kommen, nämlich ובעלילותיבם (Ezech. 20, 44[2]). — Wegen unnötigen, wenn auch nicht falschen Eides sind einmal 24 Rathsherren im Süden Judäa's umgekommen; darauf zielt Jer. 2, 30 (לשוא[3]). — Wer ein Gelübde thut und seine Erfüllung verzögert, wird Anlaß zu den Sünden des Götzendienstes, der Unzucht, des Blutvergießens und der Verleumdung geben. Das ist an Jakob bewiesen, der sein Gelübde (Gen. 28, 20) zu erfüllen säumte und zu allen diesen Sünden Anlaß bot (Gen. 35, 2; 34, 1; 34, 25; 31, 1[4]). — ערות דבר in Deut. 23, 15 bedeutet Unfläthigkeit der Rede[5]). —

---

[1]) Pes. r. c. 24 Ende (125 b), in Bezug auf das 9. Gebot: מצינו שהבל ברא הקב״ה בעילמו חנין ממדת שקר שלא ברא ומדת שוא שלא פעל אלא הבריות בדו אותם מלבם.

[2]) Pes. r. c. 33 (153 a), nach der Betrachtung Chama b. Chanina's über die Sprache, oben S. 450: אם תבקש אתה לידע בתי של דביר פעמים שאדם מדבר דבר אחד והוא כופף את לשוני ויש דבר שהוא פשיט בו עד שניו. In dem letzten Absatze bezeichnet תאנייה (= סניית, v.άξιος f. Levy III, 13 a, oben S. 110, A. 2) die mit mechanischen Vorrichtungen, Instrumenten verglichenen Buchstaben. In der Massora zu Ez. 20, 44 ist das von S. b. N. citirte Wort mit noch zwei anderen zu einer Gruppe vereinigt: es sind die drei längsten Wörter der heiligen Schrift, welche auch Abulwalîd (Luma 29, 25, Rikma 7) zu demselben Zwecke erwähnt.

[3]) Jer. Nedarim 38 a oben, j. Schebuoth 34 d unt., Pes. r. c. 22 (112 b), trad. von Chunia und Jakob b. Abin. S. Ag. d. T. I, 57, Anm. 3. Vgl. auch Tanch. ויקרא Ende (B. 16), משיב Anf. (B. 1).

[4]) Lev. r. c. 37 Anf., dann folgt ein Ausspruch über unerfüllte Gelübde von den „Gelehrten" und einer über erfüllte von Samuel b. Jizchak. In Koh. r. zu 4, 5 ist diesem S. b. N.'s Ausspruch zugeschrieben, während der der „Gelehrten" ר׳ שמיאל zum Autor hat. Ein dem letzteren ähnlicher Ausspruch (statt Gen. 48, 7 als Belegvers Prov. 22, 27) über unerfüllte Gelübde hat in Tanch. וישלח g. (E. Sam. b. N. zum Autor. Vgl. dazu seine Anwendung von Gen. 38, 12 in Sota 13 b (s. oben S. 234, A. 1).

[5]) Lev. r. c. 24 g. E. הה בדיל זה, also „Blöße des Wortes". Vgl.

3.
Israel. Die Völker. Die Weltreiche. Rom. Proselyten.

Ein König hatte ein Hemd und er befahl seinem Diener immer wieder, es auszuschütteln, zusammenzufalten, an es zu denken. Da fragte der Diener: Herr und König, von allen deinen Gewandstücken giebst du mir nur hinsichtlich dieses Hemdes Aufträge? Der König erwiederte: Weil ich es unmittelbar an meinem Leibe trage. So sprach Moses vor Gott: Von den siebzig Nationen, die du hast, giebst du mir nur für Israel Aufträge (Exod. 3, 15, ib. 31, 30; ib. 33 5, Lev. 24, 2, Exod. 27, 20)? Gewiß, war Gottes Antwort, weil sie mir am nächsten angeschlossen sind, „denn wie der Gurt sich den Lenden des Mannes anschließt, so habe ich mir das ganze Haus Israel angeschlossen" (Jer. 13, 11¹). — Wir finden, daß Gott, wenn er Israels Namen erwähnt, es segnend thut, nach Pf. 115, 12 („der Ewige erwähnt uns segnend"²). — Was Israel in dieser Welt genießt, das wird ihm kraft der Segnungen Bileams zu Theil; aber die Segnungen der Stammväter „bewahrt ihm Gott auf" für die Zukunft, nach Deut. 7, 12³). — In Hoh. 8, 7, ist von zweierlei Liebe die Rede. Der erste Theil des Verses spricht von der Liebe Gottes zu Israel: Wenn auch alle Völker sich versammeln, um sie aufzuheben, so vermögen sie es nicht, „viele Wasser (die Völker, nach Jes. 17 12) können die Liebe nicht verlöschen". Der zweite Theil des Verses spricht von der Liebe zur Thora; wenn auch alle Völker sich versammeln und „alle ihre Schätze hingäben", um die Thora und ihre Gebote üben zu dürfen,

---

תורה. Das wird in der Pesikta so erläutert, daß die eine Ansicht den Weisenjüngern gilt, welche die ganze Woche sich mit der Thora bemühen und am Sabbath sich vergnügen sollen, die andere den Arbeitern, welche die ganze Woche mit ihrer Arbeit beschäftigt sind und am Sabbath sich mit der Thora beschäftigen sollen.

¹) Pesikta 15 b f., Lev. r. c. 2 g. A., ib. c. 24 g. Ende, tradirt von Judan. In Tanch. מה שנא ist S. b. N. das ähnliche Gleichniß Abin's, das in Pes. und Lev. r. c. 2 nach diesem folgt, zugeschrieben.
²) Gen. r. c. 49 Anf. In Midr. Samuel c. 1: Berechja im Namen Levi's.
³) Deut. r. c. 3 g. Anf., dazu ein Gleichniß von Chelbo.

Gott „würde sie verschmähen"¹). — In Deut. 15, 11 heißt es nicht „aus deiner Mitte", wie der Zusammenhang erfordert, sondern „aus der Mitte des Landes", um das für Israel Schimpfliche nicht unmittelbar von Israel auszusagen; aus gleichem Grunde heißt es Deut. 27, 13 nicht „um das Volk zu fluchen" (wie V. 12 „um das Volk zu segnen"), sondern „zum Fluche"²). — Bei jeder Lobpreisung, die Israel Gott zu Ehren anstimmt, weilt seine Herrlichkeit unter ihnen, nach Ps. 22, 4³). — Ein König hatte einen Garten, in dem er Reihen von Nußbäumen, Granat- und Apfelbäumen pflanzte; diesen Garten übergab er seinem Sohne und sagte ihm: Mein Sohn, ich fordere nichts von dir, als daß du, wenn diese Pflanzungen die ersten Früchte zeitigen, mir von ihnen bringest, damit ich sie sehe und mich des Erzeugnisses meiner Hände freue. So sprach Gott zu Israel: Ich verlange nichts von euch, als daß ihr mir den Erstgeborenen weihet (Exod. 13, 2) und daß ihr ihn, sowie all' euer Männliches zu den Festen vor mir erscheinen lasset (ib. 23, 17⁴). — Ehe das Heiligthum erbaut war, stand die Welt so unsicher, wie ein Stuhl auf zwei Füßen, mit der Erbauung des Heiligthums erhielt die Welt ihre feste Unterlage. Das ist angedeutet in II Sam. 7, 10, wo ונטעתיו (nicht ונטעתים) sich auf die durch das Heiligthum zu festigende Welt bezieht⁵). Solange das Heiligthum bestand, weilte die Herrlichkeit Gottes in ihm (Ps. 11, 4), seitdem es zerstört ward, „ist im Himmel sein Thron" (ib.⁶)

---

¹) Num. r. c. 2 g. Ende. Anonym, in zwei besonderen Sätzen in Schir r. z. St.

²) Lev. r. c, 2; vorher ein ähnlicher Ausspruch von Levi, zum Erweis der These: אך הכתובים חלקו כבוד לישראל.

³) Sch. tob 3 St. (bloß ר׳ שמואל). Eine andere Deutung des Verses s. unten Abschn. 5.

⁴) Schir r. zu 7, 2 (blos ר׳ שמואל).

⁵) Tanch. תרומה (B. 8), nach dem Ausspruche J. b. Levi's über das Heiligthum (oben S. 147).

⁶) Tanch. B. שמיני 10 (anonym Sch. tob z. St.), Exod. r. c. 2 Anf. (wo zum zweiten Theile des Satzes Ps. 103, 19 citirt ist). Gegen Eleazar. — Seit der Zerstörung des Heiligthums, sagt S. b. N., giebt es keinen „geronnenen Wein" (קריש יין, vgl. Sukka 12 a) und kein „weißes Glas" (das zusammengerollt werden kann), s. Sukka 54 d oben, Cha r. zu 4, 2

Israel.

— So wie die Bienen ihrem Weisel folgen, so läßt sich Israel von seinen Frommen und Propheten leiten¹).

Als Israel am Sinai stand und sprach (Exob. 24, 7): „Wir wollen hören und thun", da wurde ihm ein Abglanz der Gottesherrlichkeit zu Theil (Ez. 16, 14); als sie aber zu dem goldenen Kalbe sprachen: „Dies sind deine Götter, o Israel" (Exob. 32 4), da wurden sie Gott verhaßt (Koh. 8, 1, ישנא mit ש) und er sprach über sie das „verändernde" Urtheil (Ps. 82, 7): Wahrlich, gleich Menschen sollt ihr sterben!²). — An demselben Tage, an welchem, wie auch sonst, Israel das Manna zu Theil wurde, dienten sie den Götzen, ja sie brachten vom Manna den Götzen Opfer dar (nach Ez. 16, 19³). — Israels Rettung von der Sünde des goldenen Kalbes liegt in dem Umstande, daß die eigentlichen Schuldigen die Fremdlinge waren, die mit ihnen aus Aegypten gezogen waren. Diese sagten, die Israeliten kränkend⁴): Dies sind deine Götter, o Israel! Denn sonst müßte es heißen: Dies sind unsere Götter⁵). — Die Sünde von Baal Peor war es, durch welche Israel zuerst zur Unterjochung durch die Reiche

---

(Trabant Chija der Bibelkundige קרא חייא, in Jer. ר' יודה בן לקרה). Vgl. Ammi in b. Sota 48 b.

[1]) Deut. r. c. 1, als Deutung des Wortes הדברים, Deut. 1, 1: מה הדבורה בניה מתנהגין אחריה. אף ישראל מתנהגין על ידי צדיקים ועל ידי נביאים. So nach dem besseren Text im Jalkut zu Deut. 1. (§ 795.) S. auch unten, Abschn. 6, zu Hos. 4, 7.

[2]) Pesikta 37 a, Pes. r. c. 14 (62 b), trab. von Chaggai (Varianten: Zakkai aus Scheab, Jannai aus Scheab). Anonym Koh. r. z. St. — עז פניו scheint im Sinne von Glanz erklärt zu sein, ישנא ist sowol mit ש als mit ש׳ gedeutet.

[3]) Pesikta 99 a, als Illustration zu Dan. 9, 7 a: Dein die Gerechtigkeit, unser die Beschämung. Ausführlicher ist das, ebenfalls mit S. b. N.'s Namen, in Exob. r. c. 41 g. Anf., Tanch. כי תשא zu lesen, mit interessanter Heranziehung des Schlußsatzes von Neh. 9, 18. Zu Exob. r. erscheint die Anwendung von Ez. 16, 19 als Ergänzung Jehuda b. Schaloms. Vgl. noch oben S. 75, A. 4.

[4]) והיה מונים את ישראל.

[5]) Pesikta 77 b, Lev. r. c. 27 g. E. Tanch. אמור (B. 15), Trabanten: Huna und Aibo (Var. Jbi).

der Welt verurtheilt wurde, nach Pſ. 106, 26 f.[1]). — Nahe an 900 Jahren war der Haß Gottes, den Israels Götzendienſt in Aegypten erregt hatte, verborgen, bis er in den Tagen Jechezkels erweckt wurde (Ezech. 20, 7, 8[2]). — Am Tage der Zerſtörung des Tempels bekam Israel eine vollgültige Urkunde über den Erlaß ſeiner Schuld, nämlich Echa 4, 22: Beendet iſt deine Sünde, o Tochter Zijons, er wird dich nicht mehr in die Verbannung ziehen laſſen![3]) —

Wenn eine Burg einſtürzt, iſt noch immer Burg ihr Name, wenn ein Miſthaufen hoch wird, iſt immer Miſthaufen ſein Name: auch das mit dem Sturz bedrohte Israel ſpricht der Prophet als „Haus Jakobs" an (Jeſ. 2, 4); als die Chaldäer zur Macht ge= langten, heißen ſie „das Volk, das beſſer nicht exiſtirte" (Jeſ. 23, 14[4]). — An drei Stellen in der heiligen Schrift wird erwähnt, daß Gott mit Israel in's Gericht gehen will; deſſen freuen ſich die Völker der Welt und glauben, daß nun Israel vernichtet werden ſoll, Gott aber wandelt die angedrohte Strafrede für Israel in Heil um, ſo daß die Völker erſtaunt ſagen: Iſt dies eine Straf=

---

[1]) Sch. tob. zur St., tradirt von Huna.

[2]) Lev. r. c. 7 Anfang: קרוב לתשע מאות שנה היתה השנאה כבישה בין ישראל לבין אביהם שבשמים. Genauer heißt es in der Erläuterung zur vierten der 32 Regeln El. b. Joſe Gelili's (in Bezug auf die aus Num. 12, 2 erſichtliche prophetiſche Wirkſamkeit Aharons und Mirjams): והיתה נבואה כבישה יותר מתת"ו שנה ובא יחזקאל והזכירה. Nach der traditionellen Chronologie ſtand der erſte Tempel 410 Jahre, das macht mit den 480 bis zu ſeiner Erbauung (I Kön. 6. 1) 890 Jahre; Ezech. 20 iſt aber vier Jahre vor der Zerſtörung des Tempels datirt.

[3]) (Gen. r. c. 42, Lev. r. c. 11 (wo אבי = ἀπογή, ſ. oben 464, zu dem häufigeren אפסים geworden iſt, ebenſo Tanch. שמיני g. Ende), Ruth r. Einl. Ende, Eſther r. Einl. Ende, Peſ. r. c. 5 (20 a). Dieſer Ausſpruch bildet den Schluß in der Diskuſſion über S. b. N.'s Regel über יהי und והיה (ſ. unten Abſchn. 7). In Echa r. z. St. ſagen, nach zwei ähnlichen ſtyliſirten Sätzen von Jochanan und Simon b. Lakiſch, „die Gelehrten": טובה היתה מגלת קינות על ישראל סמ' שנה שנתנבא עליהן ירמיהו למה שבה נטלו אפיבי שלשה על עוניתיהם ביום שחרב בית המקדש.

[4]) Peſikta 117 a. Der aramäiſche Spruch lautet: כד תיטוב בירה בירה שמה וכד תרום קיקלא קיקלא שמה. Aehnliche Anwendung von Jeſ. 23, 14 bei S. b. N. ſ. Peſikta 66 b, Lev. r. c. 17.

rede, ist dies eine Anklage? Gott wollte blos mit seinen Kindern Kurzweil treiben! Diese drei Stellen sind: Jes. 1, 18, Micha 6, 2 f., Hosea 12, 3 f.[1]) — Die „Vorübergehenden" in Ps. 129, 8 sind die Völker der Welt, welche bestimmt sind, vorüberzugehen, von der Welt zu verschwinden, sie sagten zu Israel nicht einmal: „Gottes Segen über euch!" Israel aber spricht zu ihnen: „Wir haben euch gesegnet im Namen Gottes!" Um unseretwillen sind euch in dieser Welt die Segnungen Gottes zu Theil geworden, und ihr sagtet nicht einmal: Kommet, nehmet eueren Antheil von ihnen! Vielmehr leget ihr uns alle Arten drückender Steuern auf[2]). — Den Völkern der Welt war es eigentlich nicht bestimmt, daß auch sie an Hautausschlägen leiden, warum blieben sie dennoch von denselben nicht frei? Damit sie Israel nicht kränken und sagen: Ihr seid eine Nation von Aussätzigen! Darauf bezieht sich die Bitte in Ps. 39, 9[3]).

---

[1]) Pesikta 76 b, Leb. r. c. 27, Schir r. zu 5, 16, Num. r. c. 10 Auf., Tanch. אמור (B. 13) בני מקומות בא הקב״ה להתווכח עם ישראל והיו אומות העולם שמחים ואמרו... עכשו הוא מכלה אותם מן העולם וכיון שראה הקב״ה שאר״ה שמחים הפכה להם למוטב... כששמעו או״ה כך תמהו ואמרו זו תוכחה וזו תשובה לא אתא אלא למתפוגנא עם בנוהי. Dieser Rahmen des Ausspruches wiederholt sich bei jedem der drei Beispiele, in denen die prophetische Rede als Ankündigung einer Strafrede anhebt, sich aber in einer für Israel tröstlichen und Heil verheißenden Weise fortsetzt. תשובה bedeutet hier die zur תוכחה gehörende Argumentation der Sündhaftigkeit Israels, welche nach dem Eingange zu erwarten war. Das nur hier vorkommende (לאתפוגנא למתפוגנא) hat jedenfalls den in der Uebersetzung angegebenen Sinn (Aruch: לעלוץ), zur Etymologie vgl. Levy IV, 12 a.

[2]) Jer. Schebiith 35 b, ib. 36 a, j. Ab. zara 44 b, Sch. tob z. St. Diese Deutung des Psalmverses giebt S. b. N., als er mit Chan. b. Papa (s. oben S. 480) im Sabbathjahre an einem Felde vorübergehend, die auf demselben Arbeitenden mit dem üblichen Zurufe begrüßt und sein Begleiter ihn daran erinnert, daß man — auf Grund der Psalmworte: „es sagen nicht die Vorübergehenden" — die im Sabbathjahre Pflügenden nicht begrüßen dürfe. Darauf S. b. N.: לקרות אתה יודע לדרוש אין א׳ י׳, und er giebt seine Deutung des Verses.

[3]) Gen. r. c. 88 Auf., nach dem ähnlichen Ausspruche Chama b. Chanina's, oben S. 456. In dem Satze שלא יהיו מונין את ישראל ואומרים להם לא אומה של מצורעים אתם liegt eine offenkundige Anspielung auf die

Alle Propheten haben die vier Weltreiche in ihrer Wirksamkeit geschaut¹): Abraham in der Vision, Gen. 15, 12²), Moses in den vier Thiernamen, Lev. 11, 4—7³), Daniel in dem Traumgesichte, Dan. 7, 2 ff.⁴) — Die Engel in Jakobs Traume, Gen. 28, 12, sind die Fürsten (Genien) der Völker, welche Gott ihn die Leiter hinansteigen, aber auch wieder herabkommen sehen ließ. Er sah den Genius Babels 70 Sprossen, den Mediens 52 Sprossen, den Griechenlands 180 Sprossen der Leiter hinansteigen⁵), dann sah er den Genius Edoms (Roms) immer weiter steigen, ohne zu wissen, wie lange er noch steigen werde; darauf erschrack Jakob und sprach: Sollte es für diesen kein Herabkommen geben? Gott aber sprach: Verzage nicht Israel (Jer. 30, 10), und sähest du ihn neben mir sitzend⁶), von dort will ich ihn hinabstürzen (Obadja, V. 4⁷). —

---

bekannte — auch von Hoschaja, oben S. 98, herangezogene — Verleumbung Manetho's.

¹) Lev. r. c. 13 כל הנביאים ראו המלכיות בעיסוקן. Aus den verschiedenen zu diesem Thema gehörigen Ausführungen, die dann folgen (den Anfang macht J. b. Levi's Deutung zu Gen. 2, 10, s. oben S. 185), ist der Ausspruch S. b. N.'s selbst loszulösen: אברהם ראה המלכיות בעיסוקן ... משה ראה המ' בע' ... דניאל ראה המ' בע' .... Im Midrasch steht Moses an letzter Stelle, weil er zum Ausgangstexte gehört.

²) אימה ist Babel (חמא Dan. 3, 19), חשכה Medien (das Israel durch den Vernichtungsbefehl, Esther 7, 4, in Finsterniß hüllte), גדולה ist das große Griechenreich, נפלת Rom (das zum Sturze bestimmte, נפלה Jer. 49, 21). Diese Deutungen mit Variationen s. anonym Mechiltha zu Ex. 20, 18 (71 b), Gen. r. c. 44, Exod. r. c. 51 g. E. Daß Gen. 15, 12 auf die Weltreiche anspielt, nimmt auch Jochanan an, in dem oben S. 249, A. 2 gebrachten Ausspruche.

³) גמל ist Babel (גמילו, Ps. 137, 8), שפן Medien, ארנבת die Griechen (denn „so hieß die Mutter des Königs Talmai", s. die Sage über die Septuaginta j. Megilla 71 d, b. Meg. 9 b; die Angabe geht auf die Thatsache zurück, daß Λαγώς (= Hase) der Vater Ptolemäus' I. war; da ארנבת ein weiblicher Thiername ist, wurde aus „Vater des Ptolemäus" Mutter des Pt.); חזיר ist Rom (s. oben S. 252).

⁴) S. Jochanan, oben S. 252.

⁵) Die Zahlen bedeuten die Dauer der Herrschaft dieser Reiche über Israel nach der traditionellen Chronologie.

⁶) Die Kühnheit dieses Roms maaßlose Herrschsucht veranschaulichenden Ausdruckes ist durch כביכול gemildert.

⁷) Pesikta 151 b, Lev. r. c. 29 g. Auf., in einem Prooemium Nach-

נבל in Pf. 14, 1 ist Esau (Rom), der die ganze Welt mit Schänd=
lichkeit (נבלות) erfüllt hat, indem er allenthalben Götzenhäuser,
Theater und Circusse errichtete¹). — Solange Israel im Exil
weilt, ist das Reich des Himmels unvollständig und die Völker der
Welt sind in Sorglosigkeit; wenn Israel einmal erlöst sein wird,
dann ist das Reich des Himmels vollkommen und das Los der
Völker der Welt Unruhe²).

Die Zehn Gebote müßte man eigentlich an jedem Tage lesen.
Warum geschieht dies nicht? Wegen der von den Ungläubigen
(Christen) zu befürchtenden Behauptung, daß man deshalb die Zehn
Gebote lese, weil nur sie dem Moses am Sinai gegeben seien³). —
Ein Epikuräer (der aus Frivolität es mit dem einen oder andern
der Religionssatzungen leicht nimmt) gleicht einem Hause, das mit
Stroh gefüllt ist; wenn du auch das Stroh aus ihm entfernst,
bleibt die Spreu an den Wänden haften und bringt sie allmählich
dem Einsturz nahe⁴).

Ein König hatte einen Garten, in dem er Reihen von Nuß=
bäumen, Granat= und Apfelbäumen pflanzte: den Garten übergab
er seinem Sohn, und wenn dieser seinen Willen erfüllte, brachte
ihm der König jeden schönen Setzling, den er fortan in der Welt
erblickte und setzte ihn in den Garten. Erfüllte der Sohn aber den

---

man's (s. oben S. 483, Anm. 6); Tanch. ויצא Anfang. S. auch Ag. b.
T. II, 29, 1.

¹) Sch. tob z. St. ר' יהודה בשם ר' שמואל (Jalkut z. St. bloß ר'
יהודה). Die Götzenhäuser werden als בתי קוצין ובתי קיקלין bezeichnet,
eigentlich Häuser der Dornen (vgl. קוץ עין, j. Sabb. 11 d) und H. der
Misthaufen (s. oben S. 496, A. 4). Vielleicht sind unter den letzteren
Häuser der Unzucht gemeint. In Sch. tob (aber nicht im Jalkut) steht am
Schlusse noch ובתי עבודה זרה, was aber nur erklärende Glosse zu den eben
besprochenen zwei Ausdrücken ist.

²) Sch. tob zu Pf. 99, 1 (B. H. V., 79): ר' יהודה בשם ר' שמואל.

³) Jer. Berach. 3 c: רב מתנה ור"ש בר נחמן אמרו. S. Die Agaba
der babyl. Amoräer, S. 84.

⁴) Jer. Sanh. 27 d unten, gegen Eleazar, der ein anderes Bild
gebraucht: von einem Steingewölbe, das wenn auch nur ein Stein in dem=
selben wackelt, von völligem Einsturz bedroht ist. Dieses Bild wird zu
anderem Zwecke auch von Jochanan angewendet in dem oben S. 121,
A. 2 gebrachten Ausspruche.

Willen des Königs nicht, dann beraubte er den Garten mancher schönen Pflanzung. So verfährt auch Gott mit Israel: Wenn Israel Gottes Willen erfüllt, läßt er manchen Frommen, den er unter den Völkern der Welt erblickt, wie Jethro (Exod. 18), Rachab (Jos. 2) sich ihm anschließen; erfüllt Israel aber Gottes Willen nicht, dann wird so mancher fromme und redliche Mann — im Tode — aus Israels Mitte entrückt[1]). — Die Gottesfürchtigen, Pf. 22, 24, das sind die frommen Proselyten[2]).

2.

Allgemeines zur h. Schrift. Normen. Exegetisches.

So wie das glatte — geruchlose — Oel, indem du es mit duftenden Stoffen zubereitest, dich allerlei Gerüche warnehmen läßt, so findest du in dem Bibelverse, wenn du ihn auslegst, allerlei Bedeutungen (zu Hoh. 4, 10 „der Duft deiner Oele von allen Gewürzen"[3]). — Jeder Prophet, der auftrat, trug auch die Prophezeiung seines Vorgängers vor, um seine eigene Prophezeiung damit zu verdeutlichen. Nur Moses' Prophezeiung faßte die aller künftigen Propheten in sich, und wer nach ihm als Prophet auftrat, dessen Prophezeiung war dem wesentlichen Inhalte nach schon durch Moses gegeben worden[4]). — Das II Sam. 1, 18 citirte ספר הישר ist das

---

[1]) Schir r. zu 6, 2, anonym j. Berach. 5 b c. Dasselbe Gleichniß auch oben S. 494.

[2]) Lev. r. c 3 g. Auf. (ישראל = שמואל), Sch. tob z. St., gegen Josua b. Levi (s. oben S. 151). — Ueber den Ausdruck „Gottesfürchtige" als Bezeichnung der Proselyten s. J. Bernays' Abhandlung: Die Gottesfürchtigen bei Juvenal, Gesammelte Abhandlungen II, 71—80. — Bezeichnend mit ihrer Propaganda = Predigt ist S. b. N.'s Dichtung über die Bekehrung des „Ismaeliten Jithra", s. unten Abschn. 5. S. auch Abschn. 6 zu Gen. 41, 56.

[3]) Schir r. z. St. מה שמן זה חלק ע״י שאתה מפטמו את טריח בו כמה טעמים כמה טעמים. ריחות בך הפסיק הזה אתה דורש ומוצא בו כמה טעמים ist der Terminus für die Vieldeutigkeit des Bibelwortes. חלק bed. hier geruchlos.

[4]) (Exod. r. c. 42 g. E., trad. von Jona: כל נביא שהיה עומד היה אומר נבואתי של חברו ... חוץ ממשה שאמר כל דברי הנביאים ושלו ושל שהיה

Buch der Richter, in dem geschrieben ist (21, 25), daß Jeder that, was in seinen eigenen Augen recht (הישר) war; eine Andeutung aber auf das Lied Davids — dessen Zweck nach seiner Ueberschrift war, „zu lehren die Söhne Jehuda's den Bogen" — findet sich in Richter: 3, 2 „sie zu lehren den Krieg", das ist die der Belehrung bedürftige Kriegsart, nämlich mit dem Bogen[1]). — Im ganzen Buche der Proverbien finden sich nur 915 Verse und dennoch heißt es I Kön. 5, 12, daß Salomo 3000 Sprüche verfaßt habe? Diese Zahl ist so zu verstehen, daß es keinen Vers im Buche der Sprüche giebt, der nicht mehrfachen Sinn hätte, z. B. 25, 12; 11, 22; 25, 6[2]). — Gegen die Ansicht, daß der Held des Buches Hiob nie existirt habe[3]), sagte S. b. N., die ersten Worte des Buches איש היה beweisen, daß Hiob wirklich gelebt habe; auf den Einwand, daß ja auch die Parabel Nathans (II Sam. 12, 1) ähnlich beginne und dennoch keine thatsächlich stattgefundene Begebenheit enthalte, erwiederte er: Wenn Hiob nur eine erdichtete Person wäre, wozu wäre dann sein Name und seine Heimat angegeben?[4]).

מתנבא מעין נבואתו של משה היה. Gegen den ersten Theil des Ausspruches Josua b. Levi, oben S. 164.

[1]) Aboda zara 25 a, gegen Eleazar. — In Gen. r. c. 6 Ende sagt Chanan (wol der aus Sepphoris s. oben S. 487, Anm. 3) im Namen Samuels (erg. b. Nachman), das in Josua 10, 13 genannte היּשר ס׳ sei das Buch der Genesis, in welchem das Wunder des Sonnenstillstandes in 48, 19 („die Völker — mit dem genannten Wunder — erfüllend") angedeutet sei. In Gen. r. c. 98 steht diese Deutung anonym im Anschlusse an einen Ausspruch Berechja's.

[2]) Schir r. zu 1, 1 Ende: חזרנו על כל ספר משלי ולא מצאנו שכתוב בו אלא תתק״ט פסוקים... אלא אין לך כל פסוק ופסוק שאין בו שנים ושלשה טעמים.... In Pesikta 34 b, Pes. r. c. 14 (60 a), Koh. r. zu 7, 23, Tanch. חקת (B. 14), Num. r. c. 19: חזרנו על כל המקרא (המקראות) ולא מצאנו שנתנבא שרמה אלא קרוב לשמנה מאות פסוקים... אלא מלמד שבל פסוק ופסוק; von den Beispielen ist in dieser Version nur 25, 12 citirt. Zur Sache vgl. den ersten Ausspruch in diesem Abschnitte.

[3]) Der Urheber dieser Ansicht ist Simon b. Lakisch, s. oben S. 374, hier aber trägt sie ein Ungenannter vor S. b. N. vor: יתיב ההוא מרבנן קמיה דרשב״ן ויתיב וקאמר. S. einen ganz so beginnenden Bericht in Pesachim 23 b: יתיב... וקאמר משמיה דר״י בן לוי. Vielleicht ist hier משמיה דר״ש בן לקיש ausgefallen.

[4]) Baba Bathra 15 a. S. b. N. setzt Hiob, wegen 1, 17, in die

Wo der Gottesname אדון angewendet wird, wie Jes. 1, 24, soll er andeuten, daß Gott die alten Bewohner des Landes entwurzelt und andere an ihre Stelle setzt; als Fundamentalstelle hat Jes. 3, 11 zu gelten, wo Gott als Derjenige, der die Kanaaniter entwurzelt und die Israeliten an ihre Stelle setzt, אדון כל הארץ genannt ist[1]). — Das Wort Gottes, das eine künftige That verheißt, gilt als die That selbst; darum heißt es Gen. 15, 18 nicht אתן, sondern נתתי[2]). — Wo in der heiligen Schrift „Gerstenernte" erwähnt wird, wird damit auf das Omeropfer hingewiesen, wo die „Weizenernte" erwähnt wird, wird auf die Erstlingsbrote hingewiesen, wo schlechthin „Ernte" erwähnt wird, kann beides gemeint sein[3]). — רעש bedeutet eine Unterbrechung in der Herrschaft der Weltreiche, nach Jer. 51, 29[4]).

Gen. 2, 8. Du meinst etwa, daß מקדם bedeute: „vor Erschaffung der Welt". Vielmehr bedeutet es: vor Erschaffung des ersten Menschen; denn dieser wurde am sechsten, der Garten Eden am dritten Tage erschaffen. Darauf zielt auch Ps. 74, 12[5]). — 3, 24. „Kleider aus Haut" sind Kleider aus Kamelhaaren und Hasenhaaren, aus Stoffen, die von der Haut der Thiere stammen[6]).

Zeit der Chaldäer (Gen. r. c. 57 g. E.). S. auch unten Abschn. 6, seine Deutung zu Hiob 31 34.

[1]) Pesikta 123 a: כל מקים שנאמר אדון עיקר דיורין וסביב דיורין בנין אב שבכולם...

[2]) Gen. r. c. 44 g. E., Sch. tob zu Ps. 107, tradirt von Huna und Dosithai: אף מאמרו של הקב"ה מעשה. Es ist die Regel für das sogen. perfectum propheticum.

[3]) Ruth r. c. 4 Anf. zu 1, 22. Vgl. ib zu 1, 19: שמאל בר - א, wo סימן aus נחם סימן אותי היום קציר העומר היה corrumpirt ist.

[4]) Jer. Berach. 13 c unt, Sch. tob zu Ps. 18, 8 (§ 12): אין רעש אלא הפסק מלכיות. Zu dem Doppelgänger des Ausspruches in Sch. tob ib. s. Bubers Anm. 58 daselbst.

[5]) Gen. r. c. 15 g. Auf. Der Psalmvers wird so umschrieben: ראי את בביר, פיעל טבא שהתקין לי הקב"ה שברי עד שלא עמדתי לפעול. Die mit (s. oben S. 459 Anm. 5) abgewiesene Meinung findet sich in der Baraitha von den sieben vor Erschaffung der Welt ins Dasein gerufenen Dingen, Pesachim 54 a, Nedarim 39 b. מקדם übersetzt Onkelos mit מלקדמין, Aquila mit ἀπὸ ἀρχῆθεν.

[6]) Gen. r. c. 20 g. E. כתנות שהן באין מעור... Das ist eine der

— 6, 4. „Männer des Namens", b. i. deren Namen oben (4, 18) ausgesprochen sind¹). — 15, 20. Die Rephaim sind an Stelle des hier in der Reihe der kanaanitischen sieben Völker nicht genannten Chiwwi erwähnt²). — 19 25. Die fünf Städte waren auf demselben Felsen gebaut; der Engel streckte seine Hand gegen diesen Felsen aus und zerstörte so die Städte auf ein Mal; darauf zielt Hiob 28, 9³). — 19, 29. „in denen Lot gewohnt hatte"; er hatte nämlich in allen den Städten Niederlassungen⁴). — 25, 3. Obwol die Namen der Söhne Dedans von den Targumisten nach ihrer etymologischen Bedeutung übersetzt werden, sind es in Wirklichkeit Völkernamen⁵). — 34, 2. „Er sah sie", nämlich ihren

---

beiden Ansichten in der Controverse zwischen Rab und Samuel, Sota 14 a (vgl. oben S. 482, A. 3). In Tanch. B. בראשית 24 ist S. b. N. eine Meinung zugeschrieben, welche in Gen. r. Simon b. Lakisch's Namen trägt, s. Buber z. St.; zum Ausdrucke גלבטינון s. Ag. d. T. II, 45, 2.

¹) Gen. r. c. 26 g. E., tradirt von Levi, mit Berufung auf die Deutung der Namen in 4, 18 durch Josua b. Levi (oben S. 156).

²) Gen. r. c. 44 Ende, trad. von Dosithai.

³) Gen. r. c. 51 g. Anf., trad. von Levi.

⁴) Gen. r. ib. שהיה שרוי בהן, dagegen die „Gelehrten": er hatte allen Darlehen auf Zins gegeben.

⁵) Gen. r. c. 61: אע״ג דאינון מתורגמנין אומרין תגרין לופרין וראשי אומין [ל. שמות] אומין כולהון ראשי. Das אינון weist nicht gerade auf die palästinensischen Targumisten im Gegensatze zu den Babyloniern, als deren Vertreter hier S. b. N. spräche (so Berliner. Die Massorah zum Targum Onkelos, S. 60, Scheftel, Biure Onkelos, S. 44), sondern auf die Targumisten überhaupt hin. Das babylonische Targum (Onkelos) übersetzt ja die drei Namen ebenfalls, wenn auch anders, als Appellativa. Das von S. b. N. als zu seiner Zeit in Palästina üblich erwähnte Targum zu diesen Namen stimmt fast ganz mit dem im jerusalemischen Targum und dem zu Hieronymus' Zeit üblichen überein. Dieser erwähnt nämlich in seinen Quaestiones in Genesin (citirt bei Grätz, Monatsschrift 1854, S. 385): die Hebräer übersetzen אשורים mit negociatores, also תגרין im j. Targ. und bei S. b. N. (von אשר, gehen, oder שיירא Karawane), לאומים mit φύλαρχοι, i. e. principes multorum tribuum atque propulorum, also אומין. רישי (ראשי) Was לטושים betrifft, hat Hieronymus dafür aeris ferrique metalla cudentes, dem entspräche אומנין im jer. Targ. II. in der speciellen Bedeutung des Schmiedehandwerkes. Das לופרין bei S. b. N.

entblößten Arm (dessen Anblick genügte, um in ihm Liebe für Dina zu erregen[1]). — 46, 27. Wieso kann als die Summe von 66 (V. 26) und 3 (Joseph und seine beiden Söhne V. 27) siebzig angegeben werden ?[2]) Die Zahl 69 wurde durch Jochebed, die gerade beim Einzuge in Aegypten geboren wurde, zu 70 ergänzt[3]). — 49, 15. ויהי למס עובד zeigt an, daß der Stamm Jisachars nach der Eroberung Kanaans gleich den übrigen Stämmen einen Theil seines Stammgebietes unbesetzt ließ, aber die Einwohner dieses Theiles tributpflichtig machte[4]).

Exodus 1, 14. פרך bedeutet Zermalmung[5]), — 2, 3. Sie nahm deshalb ein Kästchen aus Schilf, weil dieses weich ist (dem Kinde bequem) und sowol Weichem als Hartem Widerstand leistet (also am sichersten[6]). — Jb. סוף bed. Röhricht, wie in Jes. 19, 6[7]). — 3, 12. „Und dies ist dir das Zeichen", nämlich daraus wirst

---

kann weder ἐλαφρός sein (Levy, Targ. Wb. I, 37 a) noch ληπτήρ, Häscher (Levy, Neuh. Wb. II, 490), sondern ist wahrscheinlich aus כלבורגין χαλκουργός, Erzarbeiter) entstellt, während אסמדרין im jer. Targ. I entweder ebenso entstanden ist oder s. v. als ἔμποροι, Handelsleute, mit תגרין identisch und Glosse zu diesem ist; im letzteren Falle ist אזמני aus jer. Targ. II zu ergänzen. Vielleicht stand אומני ursprünglich auch in S. b. N.'s Satze und ist an die Spitze des Satzes gerathen und zu איזדרין geworden (es hieß dann ursprünglich דאינון מתרגמין), dann wäre ליזדרין aus אסמדרין corrumpirt und wie im jer. Targ. II zweite Uebersetzung zu אזידרים.

[1]) Gen. r. c. 80 ש[נ]כלה בה דריעה. Damit soll die ungewöhnliche Schönheit Dina's veranschaulicht werden. Vgl. die Anekdote in Kethub. 65 a (אינגלי דרעה).

[2]) Die Frage ist so ausgedrückt: ראית סיסיך אדם נותן לחברו ס"ו כוסות וחזר ונתן לו אף שלשה והוא מונה אותם שבעים.

[3]) Gen. r. c. 94 (Pesikta 20 b), tradirt von Levi. Derselbe tradirt Gen. r. ib. noch einen anderen Ausspruch, wonach במצרים Num. 26, 59, besagt, daß Jochebed המצרים (אגילו) על פילי geboren wurde. Ferner eine die Grundidee dieser noch dem Eintritt in's Dasein vorangehenden Zählung der Nachkommen Jakobs ausdrückende Deutung S. b. N.'s zu Num. 23, 10 (ומספר את רבע יש), wobei ישראל den Stammvater bezeichnen soll).

[4]) Gen. r. c. 98, gegen Eleazar. — Zu Gen. 50, 11 s. oben S. 376, A. 7.

[5]) Sota 11 b, Exob. r. z. St., gegen Eleazar.

[6]) Sota 12 a, Exob. r. z. St., gegen Eleazar.

[7]) Jb., ib., gegen Eleazar.

du die Gewißheit erlangen, „daß ich dich geschickt habe": „wenn du das Volk hinausführst aus Aegypten, werdet ihr Gott auf diesem Berge dienen". Ebenso ist auch I Sam. 2, 34 zu verstehen¹). — 32, 13. Warum אמרתי, und nicht אמרתָ? Moses meint: die Worte, die ich ihnen in deinem Auftrage zu sagen hatte (Exod. 3, 16), habe ich ihnen seinerzeit gesagt, was soll ich nun ihnen sagen?²) — 32, 26. „Wer des Ewigen ist"; wer hätte nicht als zum Haushalt des Königs gehörig gelten wollen? Moses meint: Wer nicht von seinem Schmucke zum Götzenkalbe gegeben, der komme zu mir!³) — Num. 14, 19. „Sowie du des Volkes Sünde vergeben hast von Aegypten bis hieher", so vergieb sie auch weiterhin⁴).

Josua 10, 13. Der Stillstand der Sonne dauerte im Ganzen 48 Stunden⁵). — 24, 11. Jericho war der Riegel des heiligen Landes; die Völker sprachen: wenn Jericho erobert wird, ist das ganze Land erobert, darum versammelten sich alle zur Vertheidigung der Stadt. In diesem Sinne heißt es: „Die Herrn von Jericho, der Emori u. s. w."⁶) — In Richter 14, 1 handelt es sich um eine gesetzliche Ehe (im Gegensatz zu dem 16, 1 Berichteten⁷). — Das Thimna in Ri. 14, 1, zu dem Simson „hinabgeht" ist eine andere Stadt, als das in Gen. 38, 13, zu dem Jehuda „hinaufgeht"⁸). — I Sam. 1, 1. רמתים צופים beb. zwei Ortschaften mit

---

¹) Midr. Sam. c. 8 דבר ברי כי אנכי שלחתיך . . תדע כי תעבדון.

²) Berachoth 32 a, gegen Eleazar.

³) Sch. tob zu 1, 1 (§ 14), tradirt von Berechja: מאן לא בעי למהוי בר ביתא דמלכא. Im Sch. tob zu 18, 22: Simon b. Lakisch, in Jalk. z. St. anonym.

⁴) Pesikta 167 b, gegen Jose b. Chanina (oben S. 435).

⁵) Aboda zara 25 a, gegen Josua b. Levi und Eleazar: drei Meinungen auf Grund verschiedener, exegetisch belegter Berechnungen, s. Raschi das.

⁶) Tanch. בהעלותך (B. 18), Num. r. c. 15 יריחו היתה נגרה של ארץ ישראל (s. Levy, III, 338 a).

⁷) Jer. Sota 17 a unten.

⁸) Sota 10 a, gegen Eleazar. In j. Sota 17 a unten ist Rab der Autor, während die Ansicht Eleazar's Simon (ר' סימון) zugeschrieben ist, ebenso in Gen. r., wo אמר ר' סימון vor ולמה zu ergänzen ist.

Namen Rama, die einander gegenüberliegen¹). — 3, 11. Das hier verkündigte Ereigniß ist die Wegführung der Bundeslade²). — 7, 17. Als ungesetzlich, nicht an der Stätte der Bundeslade befindlich, hat der von Samuel in Rama gebaute Altar zu gelten³). — 9, 24. והעליה ist der vom Schenkel hervorragende Hüftballen⁴). — 23, 26. „Fels der Streitigkeiten" wurde der Ort genannt, weil dort die Helden Sauls über David stritten; die Einen sagten: wir lassen nicht ab, bis der Sohn Jischai's in unseren Händen ist, die Anderen: der Krieg für Israel (gegen die Philister) geht voran, der Sohn Jischai's ist zu jeder Zeit von uns zu finden⁵). — II Sam. 23, 11. Ein Feld voll mit Linsen; in II Chr. 11, 13 dafür „voll mit Gerste". Es waren eigentlich zwei Felder nebeneinander, von denen das eine Linsen, das andere Gersten trug⁶). — II Kön. 11, 2. Das Gemach, in welchem der gerettete Joasch verborgen wurde, befand sich in den oberen Stockwerken (עליות) des Tempels⁷).

Jes. 14, 4. כדהבה bedeutet eine Regierung, welche das Antlitz des Menschen, der bei ihr ein Anliegen hat, — vor Beschämung — erglühen macht⁸). — 22, 17. טלטלה גבר wie ein „Hahn" von Ort zu Ort gescheucht wird⁹). — Jerem. 13, 17. מפני גוה, um des Stolzes der Gottesherrschaft willen, die von Israel genommen

---

¹) Megilla 14 a: וו את וו ישציפית רמית שתי. Vielleicht ist das identisch mit der Meinung Eleazars in Midr. Sam. c. 1: תרתין רמין הינון חדא דדוד וחדא דשמואל. — Zu I Sam. 2, 34 s. vorige Seite zu Exod. 3, 12.

²) Midr. Sam. c. 10 Auf. — Zu I Sam. 5, 9 s. oben S. 378, A. 9.

³) Jer. Megilla 72 c unt., Lev. r. c. 22 g. E., tradirt von Jose.

⁴) Jer. Meg. ib., b. Ab. zara 25 a, gegen Eleazar.

⁵) Sch. tob zu Ps. 18, 3 (§ 7), gegen Eleazar. — Zu I Sam. 26, 10 s. oben S. 273, Anm. 8.

⁶) Jer. Sanh 20 b c, Ruth r. c. 5 Auf.

⁷) Schir r. zu 1, 16, gegen Eleazar, nach dem es in den Seitenhallen (תאים) war). Zu Sch. tob zu 18, 29 (§ 23) sind die Autoren umgekehrt angegeben.

⁸) Lev. r. c. 15 g. E. Das nur hier aus דהבא, Gold gebildete Verbum hat jedenfalls den Sinn von glänzen oder glühen.

⁹) Lev. r. c. 5. גבר in der neuh. Bedeutung (s. M. Tamib 1, 2).

Exegetisches.

ward¹). — 18, 22. „Sie gruben mir eine Grube", sie verdächtigten mich des verbotenen Umganges mit dem Weibe eines Andern²). — 22, 18. „Wie ein Gefäß, an dem kein Gefallen ist", nämlich das beim Aderlassen verwendete³). — Ezech. 3, 11. „Nach mir", b. i. nachdem ich und meine Gefährten Gott gepriesen hatten, stimmten die Engel das Loblied an: Gepriesen sei die Herrlichkeit Gottes an ihrer Stätte !⁴) — 4, 9. לך ללחם will sagen, daß die genannten Bestandtheile des zuzubereitenden Brotes die Funktion der Eingeweide beschleunigen⁵).

Ps. 23, 2. Es giebt Wasser, welches nicht zum Trinken, und solches, das nicht zum Baden angenehm ist, aber das Brunnenwasser ist zu Beidem geeignet, daher „Wasser der Ruhe"⁶). — Hiob 31, 34 bezieht sich auf das in 1, 17 Erzählte. Hiob wollte bereits gegen die Chaldäer „das verachtetste der Geschlechter" (nach Jes. 23, 14) „die große Menge" seiner Kriegerschaaren versammeln, um Jenen „Schrecken" einzujagen, da hörte er, daß Feuer vom Himmel gekommen (V. 16), und er beugte sich vor der Macht des Himmels, er „verstummte und gieng nicht zur Thüre hinaus"⁷). — Ruth 2, 20. Boaz gehörte zu den Großen seiner Zeit und die Frau sagt: Der

---

Das pal. Targum zu Num. 31, 15, Deut. 2, 8 übersetzt עציון גבר mit כרך תרנגולא „Hahnstadt".

1) Chagiga 5 b.
2) B. Kamma 16 b, gegen Eleazar.
3) Pesikta 163 a, Lev. r. c. 10, gegen Chama b. Chanina.
4) Gen. r. c. 65 Ende; vorangeht eine angelologische Ausführung Reuben's zu Ez. 1, 24 b. In Tanch. קדושים g. Anf. (B. 6) ist diese letztere S. b. N. zugeschrieben, und Pinchas b. Chama im Namen Reuben's hat die Erkl. zu Ez. 3, 11.
5) Gegen Ch. b. Chanina, an den oben S. 463, Anm. 5 citirten Stellen: דברים שהם מריצין (מצירין), מרפין, משלשלין בני מעים. Es ist nicht klar, wieso das in dem Textworte liegen soll, denn V. 12 b kann keineswegs herangezogen werden. Sollte vielleicht לחם als Notarikon von לח מעים zu betrachten sein, oder לחם im Sinne von Kampf, Bedrängniß zu nehmen sein? Vielleicht aber ist auf לך der Nachdruck: eine Nahrung, welche dir förderlich ist, die Funktion der Eingeweide befördert. Vgl. S. b. N.'s Erklärung zu חמרמרו Echa 1, 20, folgende Seite.
6) Sch. tob z. St.
7) Pesikta 66 a b, Lev. r c. 17.

Mann ist uns verwandt! (Passender wäre es gewesen, zu sagen:
Wir sind ihm verwandt[1]). — 2, 23. Vom Anfange der Gersten=
ernte (1, 22) bis zum Ende der Weizenernte sind drei Monate[2]).
— Echa 1, 20. חמרמרו sie sind zu Kothklößen geworden[3]). —
2, 1. יעיב beb. mit Schmerzen behaftet, denn an manchen Orten
nennt man (כיבא) Schmerz עיבא[4]). — 4, 1. ייעם bedeckt, nach
עממיך (Ez. 28, 3[5]). — Koh. 1, 18. Je mehr Erkenntniß, desto mehr
Leiden: Wenn seines Linnenzeug, wie es aus Beth=Schean kömmt,
beschmutzt wird, welch' hoher Werth ist damit gefährdet, aber das
grobe Linnenzeug, das aus Arbel kömmt, ist um geringen Preis zu
ersetzen. So geschieht es auch, daß wenn Zwei bei einem
Speisewirth einkehren und der Eine weißes Brot, fettes Fleisch und
alten Wein verzehrt, der Andere gewöhnliches Brot und Gemüse
ißt und kaltes Wasser trinkt, der Erstere krank wird, der Andere
gesund bleibt. Hast du übrigens je gehört, daß ein Esel, ein Kamel
vom Krampf befallen wird, solchen Leiden ist nur der Mensch unter=
worfen[6]). — Esther 1, 3 b. Man hat sich eine große Basilika zu
denken, die voll mit Menschen ist; der König sitzt von seinem
Gefolge umgeben, das übrige Volk liegt auf's Antlitz hingestreckt
vor ihm[7]). — 1, 10. Der Name כרפס ist nach dem Griechischen
zu erklären[8]). — Dan. 5 folgt nach Cap. 4, (ohne daß von
Nebukadnezars Nachfolger, Emil=Merodach erzählt würde), damit
sich der Bericht über das Aufhören der Regierung Nebukadnezars

---

[1] Ruth r. c. 5 g. Ende.
[2] Ruth r. ib.
[3] Echa r. z. St. עשׂא נישׁי נישׁי (von חֹמֶר, Koth), gegen Chama
b. Chanina.
[4] Echa r. z. St., gegen Ch. b. Chanina.
[5] Echa r. z. St., gegen Ch. b. Chanina.
[6] Koh. r. zur St., Midr. Sam. c. 7 Anf. In Gen. r. c. 19 Anf.
ist der erste Spruch vom Linnenzeug Jochanan zugeschrieben, die anderen
zwei anonym.
[7] Esther r. z. St. (c. 1, Ende), gegen Eleazar.
[8] Esth. r. z. St. Es ist nicht gut ersichtlich, welches griechische Wort
S. b. N. meint. Sachs (Beiträge I, 34): καρχήσιον, Trinkgefäß; Levy II,
406 b: κέρκος, Schweif; Kohut, IV, 328 b κουρίξ abgeschnitten, D.
Luria z. St. Circus.

an den über das Aufhören der Regierung Belschazars anschließe[1]).
— 7, 4. Auch das Herz des Löwen wurde gezüchtigt, nach Dan. 4, 13[2]). — I Chr. 11, 13. פס דמים (I Sam. 17, 1) bed. den Ort, wo das Blutvergießen aufgehört hat[3]). — 25, 3. Es werden fünf Söhne Jeduthuns aufgezählt und dennoch als ihre Summe angegeben: sechs? Der sechste ist der in V. 17 erwähnte und vor seiner Geburt mitgezählte Schimei; dieser wird als „Zehnter" bezeichnet, gemäß seiner Reihenfolge in der Dienstordnung der Leviten[4]). — II Chr. 13, 20. Du meinst vielleicht, daß ויגפהו sich auf Jarobeam bezieht; vielmehr ist es Abija, der geschlagen wurde[5]). — 16, 14. ונים gehört zum Verbum זנה[6]). — 30, 19. Welche gute Handlungen Chizkija auch sonst ausübte, er erfüllte nicht vollständig die Pflicht, die Reinheit des Heiligthums zu wahren[7]).

Halachische Exegese. Das dreimalige תרומה in Exod. 25, 2 f. zielt auf die dreifache Steuer zum Heiligthume[8]). — Die 39 am Sabbath verbotenen Hauptarbeiten entsprechen der 39-maligen Wiederholung der Ausdrücke עבודה und מלאכה in dem Berichte von dem Wüstenheiligthum[9]). — Aus Jes. 28, 25 deducirt S. b. N. die

---

[1] Gen. r. c. 85 g. Anf., gegen Eleazar. Zum Ausdruck הפסק מלכות vgl. oben S. 502, Anm. 4.

[2] Lev. r. p. 13 g. Ende, gegen Eleazar.

[3] שמשם פסקו דמים, gegen Jochanan, an den oben S. 273, A. 7 citirten Stellen.

[4] Gen. r. c. 94, trab. von Levi, mit der Einleitung: למוד הקב״ה להיות מונה את השבט הזה עד שהוא במעי אמו, im Anschluß an die oben S. 504 gebrachte ähnliche Erklärung zu Gen. 46, 27. Vgl. auch Pesikta 20 b, Tanch. במדבר (B. 19).

[5] Lev. r. c. 33 אתה סבור לומר, s. oben S. 502, A. 5.

[6] Baba Kamma 16 b: שכל המריח אותם בא לידי זמה. Gegen Eleazar.

[7] Jer. Pesach. 36 c unten, Controverse mit Simon b. Zabbai חד אמר אפילו יצא כמה בטהרת הקדש לא יצא ידי טהרת הקדש וחד אמר אפילו כל מעשים טובים שעשה לא י׳ י׳ ט׳ ה׳.

[8] Jer. Schekalim 45 d unt. — Zu 25, 2 s. auch oben S. 383, Anm. 1.

[9] Jer. Sabb. 9 b unten, trab. von Jose b. Abun; als Verbesserung des oben S. 76 gebrachten Ausspruches Jonathan's. Eigenthümlich ist der von Chaggai tradirte Ausruf S. b. N.'s, welcher sich auf

in M. Challa 1, 1 genannten Getreidearten¹). — Aus Ezech. 39, 15 deducirt er einige Bestimmung über die gesetzliche Bezeichnung von Stellen, an denen man Theile des menschlichen Knochengerüstes gefunden²).

5.
Zu den biblischen Personen und Erzählungen.

Vier Psalmen hätte Adam, der erste Mensch, zum Lobe Gottes anstimmen müssen, David verfaßte sie an seiner Stelle: den 24. Psalm dafür, daß Gott die Welt um seinetwillen in ihrer Fülle erschaffen hatte; den 19., weil er zuerst den Himmel erblickte; den 92., weil der Sabbath ihn dem Strafgerichte entrückte; den 5. (נחילות), weil er zuerst die Welt in Besitz nahm³). — Das Thal שוה, Gen. 14, 17, hieß so, weil daselbst alle Völker übereinkamen und Abraham auf einer aus frisch gehauenen Cedern errichteten Tribune den Ehrensitz einnehmen ließen; sie sangen ihm Loblieder und sagten (s. Gen. 23, 5): Höre uns, Herr, du bist Fürst über uns, du

---

die ersten eilf, die Bereitung des Brotes darstellenden Hauptarbeiten (M. Sabb. 7, 2) bezieht (j. Schekalim 48 c unt.): [נכשי :ורעי חדשי הראשנים] קצרי עומרי דשו ודו ברדו טחנו הרקידו לשו [קיטמו] ואפו ואנו אין לנו מה נוכל. Es ist eine wehmüthige Klage über die allgemeine Verarmung, die in seltsamem Contraste steht zu dem Reichthum der landwirthschaftlichen Arbeiten.

¹) Jer. Challa 57 b oben. Auf die Frage, ob man denn aus einem prophetischen Abschnitte (קבלה מן) Gesetzliches ableiten dürfe, erwiederte Simon (ר׳ סימון), der Ausdruck אלהי ירענו, V. 26, gebe hier die Berechtigung dazu.

²) Jer. Maaser Scheni 55 d, j. Schek. 46 a, j. Moed Katon 80 b c, tradirt von Hela. In b. Moed Katon 5 a ist eine dieser Deductionen im Namen Simon b. Pazzi's (d. i. der in der vorigen Anm. genannte Simon, s. oben S. 130) gegeben. — S. noch zu Exod. 24, 14, Baba Kamma 46 b; zu Num. 36, 7 f., j. Taan. 69 c (Echa r. Prooem. 33); Deut. 8, 9, j. Bikkurim 63 d unt.; zu Jos. 1, 8, j. Berach. 3 c oben (trad. von Simon); zu Esther 9, 22, Megilla 2 a. S. auch oben S. 481 (zu Esth. 9, 19), Weiß III, 132, Anm. 12.

³) Sch. tob zu Ps. 5; der Anfang auch ib. zu Ps. 19 (§ 5).

bist Gott über uns. Da sagte Abraham: Nicht möge die Welt ihres
Königes, nicht ihres Gottes entrathen!¹). — Ein König hatte einen
vertrauten Rath (συνκάθεδρος), ohne dessen Wissen er nichts that;
einmal wollte der König etwas thun, ohne ihn zu befragen, doch er
besann sich und sprach: Habe ich ihn nicht deshalb zu meinem ver=
trauten Rath gemacht, um nichts ohne sein Wissen zu unternehmen?
Als solcher Rath wurde, nach Gen. 18, 13, Abraham von Gott
angesehen²). — Bei der Beerdigung Sara's schritten die Ahnväter
Sem und Eber vor ihrem Sarge einher und suchten für das künftige
Grab Abrahams eine geeignete Felshöhlung aus, in dieser für
Abraham bestimmten Höhlung begruben sie Sara. Darum heißt es
Gen. 25, 10: „Dort wurden Abraham und Sara begraben"³).

Im Lehrhause von Sem und Eber, in welchem sich Jakob
aufhielt, verfaßte er das Buch der Psalmen; darum heißt es in
Pf. 22, 4 „die Loblieder Israels" (des Patriarchen⁴). — Auf der
Flucht aus dem Vaterhause sprach Jakob (Pf. 121, 1): „Ich er=
hebe meine Augen zu den Eltern" (הרים⁵) und erwäge: Als Eliezer
hingieng, um meinem Vater Rebekka als Frau zu bringen, nahm

---

¹) Gen. r. c. 42, trad. von Berechja und Chelbo, ebenso ib. c. 43,
nur statt Chelbo: Chanina, anonym Koh. r zu 4, 13, Tauch. בהעלותך
(B. 17), Num. r. c. 15. Der zweite Theil anonym in Gen. r. c. 58 (zu
23, 5).

²) Gen. r. c. 49 g. Anf. Das Gleichniß hat S. b. N. auch auf Gen.
1, 26 angewendet, Gen. r. c. 8 g. Anf.

³) Gen. r. c. 62; die richtige Lesung bei Aruch s. v. דיוטר (vgl. s. v. שית)
שם ועבר היו מהלכים לפני מטתה וראו איזו שית מופנה לאברהם אבינו
וקברו אותה בדיוטרין שלו. Statt שית (das sonst die Felshöhlungen im
Fundament des jerusalemischen Tempels bezeichnet, s. Levy IV, 550 a b)
haben die Ausgaben מקום und ergänzen das mit גבה, neben ihr, d. i. neben
Sara's Grabstätte, was auf Mißverständniß beruht; zu דיוטרין (ἄντρον,
antrum?) haben die Ausgaben die Gloße: במקום המוכן ומזומן לו.

⁴) Gen. r. c. 68, ib. c. 74, Sch. tob zu Pf. 124, gegen Josua b.
Levi (oben S. 158). S. auch oben S. 494, wo S. b. N. den Psalmvers
anders deutet.

⁵) הרים, nämlich Isaak und Rebekka; die Worte למלפני ולמעבדני
sind dieselben, mit denen Gen. r. c. 98 הורי (Gen. 49, 23) wiedergegeben
wird, nur steht dort statt des ersten Wortes sein hebr. Aequivalent מלמדי.

er reiche Habe mit sich (24, 10), ich hingegen nehme nicht einen Ring, nicht ein Armband mit mir! „Woher soll mein Beistand kommen". Dann aber besann er sich und sprach: Wie darf ich die Zuversicht auf meinen Schöpfer verlieren? (V. 2 ff.) „Mein Beistand ist vom Ewigen, der Himmel und Erde gemacht hat. . . . Siehe, nicht schlummert und nicht schläft der Hüter Israels". . . „Der Ewige bewahrt dich vor allem Bösen", vor Esau und Laban, „er bewahrt deine Seele" vor dem Todesengel[1]). — Prov. 26, 17 läßt sich auf Jakobs Botschaft an Esau anwenden. Er handelte wie Jemand, der einen an einem Kreuzwege schlafenden Räuberhauptmann aufweckt und dadurch sich selbst des Letzteren Gewaltthätigkeit zuzieht. Esau zog seines Weges und Jakob zog durch die Botschaft seine Aufmerksamkeit auf sich[2]). — Warum fürchtete Jakob vor Esau, trotz der vorhergegangenen Versicherungen des göttlichen Schutzes? Er dachte: Zweiundzwanzig Jahre hindurch habe ich meinen Vater nicht gesehen und keine Kindespflicht an ihm üben können, während Jener sich beim Vater aufhielt und ihm diente; vielleicht bin ich dadurch der Anwartschaft auf Gottes Schutz gegen ihn verlustig geworden[3]). — Auch Rachel darf als Ahnfrau von 12 Stämmen gelten, denn Joseph bildete zwei Stämme und die

---

Sie können nicht übersetzt werden: „zu meinem Lehrer und zu meinem Schöpfer" (so Levy III, 135 a und 181 a), da הוֹרַי (auch הוֹרִים) Plural ist und nicht Gott, sondern die Eltern gemeint sind, also: „meine Lehrer" (הוֹרַי = מוֹרַי) und „meine Erzeuger" (genitores, von הרה, als Synonym zu ילד). Richtiger wäre wol zu lesen מעברני (mit ר), dann entspräche das Wort auch dem Textworte genauer, da hebr. הרה im Targum mit dem Pael עבר wiedergegeben wird (z. B. Num. 11, 12 עבריתי = הריתי). הוֹרַי als Bez. der Eltern in Jakob's Munde in einem wahrscheinlich von S. b. N. stammenden Ausspruche, s. unten Anm. 3.

[1]) Gen. r. c. 68 Anf. Nach W. Einhorns richtiger Bemerkung ist auch hier ישראל (V. 4) als י בבא " gedeutet. Zweifelhafter ist die Annahme desselben Commentators, עורי ziele auf Gen 2, 18. — In Ag. Bereschith c. 64 findet sich eine — vielleicht auf guter Quelle beruhende — Deutung S. b. N.'s zu Jes. 40, 26, wonach hier ebenfalls der Patriarch angesprochen ist.

[2]) Gen. r. c. 75 g. Auf., in einem Prooemium Huna's.

[3]) Bei Tobija b. Eliezer (Lekach tob) zu Gen. 32, 4 (s. oben S. 78, Anm. 4). Der Ausspruch ist mit dem Ausrufe eingeleitet: בא וראה בצדיקים

Geschlechter, welche von den zehn Söhnen Benjamins abstammten, werden Stämme genannt, I Sam. 9, 21, Ri. 20, 12¹). — Während Jakob die Trauer um Debora, die Amme Rebekka's beobachtete, kam die Nachricht vom Tode seiner Mutter; das ist angedeutet in dem Worte [בכות] אלון, griechisch „ein anderes" (scil. Weinen²). — Joseph war nahe daran, der Verführung zu erliegen; das ist in לעשות מלאכתו, Gen. 39, 11, angedeutet³). — Als sich Joseph seinen Brüdern ohne Zeugen zu erkennen gab (45, 1), handelte er richtig, denn er wußte, daß er von ihnen nichts zu fürchten habe⁴). — Als Joseph seinen kranken Vater besuchte (48, 1), hegte

---

כמה מתיראים מן החטא. Zu Gen. r. c. 76 Auf. werden anonym die Gründe der Furcht Jakob's angegeben, darunter auch: כל השנים הללו הוא יושב ומכבד. Zu S. 511, A. את הוריו תאמר שהוא בא עלי מכח כיבוד אב ואם. 5. — Zu 32, 7 s. oben S. 392, Anm. 2.

¹) Tanch. B. ויצא 20. Die Frage Chelbo's (s. oben S. 481), warum Jakob das Erstgeburtsrecht Reuben wegnahm und Joseph zu Theil werden ließ, beantwortet S. b. N. mit einem Gleichnisse, Baba Bathra 123 a. S. auch den folgenden Ausspruch zu Gen. 48, 1.

²) S. die oben S. 68, Anm. 3 citirten Stellen.

³) (Gen. r. c. 87 g. E. לעשות מלאכתו ודאי — euphemistische Bezeichnung des sündigen Vorsatzes —), was den Gegensatz zu der vorhergehenden anonymen (auch im Targum Onkelos zur Geltung gebrachten) Erklärung bildet: לחשוב חשבונות של רבו. Auch die Worte ותשב באיתן קשתו, Gen. 49, 24, erklärt S. b. N. als Hinweis auf die rechtzeitig (und zwar, wie der oben S. 499, A. 3 erwähnte Mathna dichtet, Gen. r. ib., durch die ihm erschienene Gestalt seines Vaters) abgewendete Lust zur Sünde: נמתחה הקשת וחזרה (er liest יתשב), s. Horajoth 46 d, Gen. r. ib und c. 98 g. E., Midrasch Samuel c. 5 g. E. Die zwei Ansichten über לעשות מלאכתו finden sich auch im bab. Talmud (Sota 36 b, vgl. Sabbath 49 b), als Controverse Rab's und Samuels (s. oben S. 502, Anm. 6): חד אמר לעשות מלאכתו ממש וח"א לעשות צרכיו. Nun ist aber merkwürdigerweise die an erster Stelle stehende nicht, wie man meinen sollte (denn ממש ist s. v. als ודאי, s. Ag. b. T. I, 133, 4, II, 563), mit der S. b. N.'s in Gen. r. identisch, sondern der letzteren entspricht: לעשות צרכיו. Dem Gebrauche des Terminus ודאי oder ממש entspricht die Version des bab. Talmuds besser, da damit die Auffassung eines Wortes in seiner einfachen, nicht figürlichen Bedeutung bezeichnet wird. Vielleicht lautete der Text in Gen. r. ursprünglich anders. Nach Sota 36 b erklärte Jochanan מלאכתו ebenfalls zu Ungunsten Joseph's, s. oben S. 290, Anm. 4.

⁴) Gen. r. c. 93 g. E., gegen Chama b. Chanina, oben S. 472.

er fünf Bedenken[1]): Meine Kinder sind in Aegypten geboren, wird sie mein Vater segnen? Wird er sie zu Stämmen erklären? Wird er mich zum Erstgeborenen erklären? Wird er Reuben aus dem Erstgeburtsrecht verstoßen? Warum ist Rachel nicht in dem Familiengrabe zur Ruhe bestattet? Deshalb nahm Joseph seine beiden Söhne mit: wie ein Priester, der — um die Hebe zu bekommen — in die Tenne kömmt und seine beiden Söhne mitnimmt, um damit Allen zu sagen, daß es seine Söhne sind und daß sie mit ihm gleiche Rechte genießen. — Zweimal entfernte sich der heilige Geist von Jakob, einmal als er Ephraim und Manasse segnen wollte (48, 8), das andere Mal, als er im Begriffe war, seinen Söhnen das Geheimniß der Endzeit zu enthüllen (49, 1[2]).

Die beiden Hebammen, die sich um Israel so großes Verdienst erwarben (Exod. 1, 15), waren Moses' Mutter und Schwester, Jochebed und Mirjam, sie „hüteten", erhielten Israel, weil ihr Herz so zart war „wie Lilien" (Hoh. 4, 5[3]). — Sieben Tage lang forderte Gott Moses auf, die Sendung der Befreiung Israels anzunehmen[4]), und am siebenten sprach Moses die Weigerung aus (Exod. 4, 13). Da sagte ihm Gott: Bei deinem Leben, ich binde es dir in deine Kleiderzipfel![5]) — Als Israel zu den bitteren

---

[1]) Pes. r. c. 3, 10 b (in Bezug auf אחרי הדברים האלה vgl. oben S. 469: ר׳ אליעזר (ר׳ אלעזר l.) אומר הירהר ג׳ דברים יוסף בלבו ור״ש בר נחמן אמר חמשה. Die drei von Eleazar gemeinten Bedenken sind jedenfalls in den fünfen enthalten.

[2]) Tanch. ויחי.

[3]) Schir r. zu 4, 5 Ende. In Midr. Samuel c. 23 fehlt die Beziehung auf den Vers im Hohenliede, dafür folgen die Etymologien der beiden Namen שפרה und פועה, ebenso in Koh. r. zu 7, 1, wo aber Jehuda (b. Simon) als Autor angegeben ist. Im bab. Talmud, Sota 11 b ist es eine Controverse zwischen Rab und Samuel (s. oben, S. 513, A. 3) der Eine sagt: אשה ובתה (Joch. und Mirjam), der Andere: כלה וחמותה (Joch. und Elischeba). In Exod. r. c. 1, wo die Talmudstelle übernommen ist, wird als Autor der zweiten Ansicht Rab, als Autor der ersteren nicht Samuel sondern — gewiß unter Einfluß der anderen Quellen — S. b. Nachman genannt. — Vgl. noch Sifré zu Num. 10, 29 (§ 78).

[4]) Die Deduktion dieser sieben Tage aus Exod. 4, 10 findet sich schon im Seder Olam c. 6 Anf. (s. Exod. r. c. 2 g. E. אמרו חכמים).

[5]) Lev. r. c. 11. Der Ausdruck חייך שאני צורה לך בכנפיך be-

Quellen kam (Exod. 15, 23), erwog, Moses in seinem Herzen: Wozu ist dieses Wasser erschaffen worden, welchen Nutzen gewährt es der Welt. Da sagte ihm Gott: Sprich nicht so, denn auch dieses Wasser ist meiner Hände Werk; giebt es denn etwas auf der Welt, das unnütz erschaffen worden wäre? Ich lehre dich, was du — betend — zu sprechen hast, um das Wasser süß zu machen: Mache das Bittere süß!¹) Dieser wirksame Gebetspruch blieb nun als Ueberlieferung in Moses' Hand²), ohne daß er es wieder anwendete; erst als Israel von der Vernichtung bedroht war, wendete Moses den Gebetspruch an: Mache das Bittere süß, versüße die Bitterniß Israels und heile sie!³). — Den Glanz, von welchem Moses' Antlitz strahlte (Exod. 34, 30), gewann er, als er die Bundestafeln aus den Händen Gottes entgegennahm⁴). — Das

---

deutet nicht „ich wickele dir die Sendung in deinen Mantelzipfel ein" (Levy IV, 223), sondern ist die sprüchwörtliche (einigermaaßen an Jerem. 2, 34 erinnernde) Redensart für: Ich will dir dies — die Weigerung — gedenken und es dich bei gegebener Gelegenheit entgelten lassen. Die nun folgende Frage לו פרע אימתי (Wann ahndete es Gott?) gehört noch zum Ausspruche S. b. N.'s, nur tradirt Berechja eine zweifache Antwort darauf, die eine im Namen Levi's (in den sieben ersten Tagen des Adar, da Moses vergebens betete, ins heil. Land ziehen zu dürfen), die andere im Namen Chelbo's (in den sieben Tagen der Einsetzung Aharon's ins Priesteramt, als Moses bis zu Ende meinte, ihm selbst sei das Priesterthum bestimmt, bis ihm endlich gesagt wurde, es gehöre Aharon). — Das Ganze findet sich auch in Schir r. zu 1, 8; mit Aenderungen Sch. tob zu Pj. 18, 27 (וא'ר שמואל), noch anders Num. r. c. 21 ·g. E. (§ 15). Ein ähnlich beginnender Ausspruch Levi's findet sich in Tanch. ויקרא (B. 4).

¹) ויורהו ד״י עץ wird so erklärt, wie in Mech. z. St. Simon b. Jochai thut (s. Ag. b. T. II, 127, 3).

²) היה הדבר מסורת ביד משה.

³) Exod. r. c. 43 g. Anf., tradirt von Berechja und Chija b. Abba aus Jafo, anknüpfend an die Deutung des Verbums יחל (Exod. 32, 11) mit „versüßen". — Die Legende vom Kampfe Moses' mit den Engeln des Verderbens, nach Sch. tob zu Pj. 7, 7 wird in Deut r. c. 3 Chija b. Abba zugeschrieben und steht anonym in Exod. r. c. 41 Ende. — S. noch Sch. tob zu Pj. 90, 1, S. b. N.'s Ausspruch zu אתנפל Deut. 9, 18 (tradirt von Berechja und Chelbo) לא הניח משה זוית ברקיע שלא נתנפל עליו.

⁴) Exod. r. c. 47 g. E., tradirt von Berechja, Tanch. כי תשא Ende, ohne Trabenten. Nur Berechja ist genannt in Exod. r. c. 28 Anfang.

Stiftszelt errichtete und zerlegte Moses auch noch am achten Tage (Num. 7, 1), bevor er es endgiltig aufstellte[1]). — Das in Lev. 10, 3 angeführte Gotteswort war Moses am Sinai gesagt worden, ohne daß er dessen Bedeutung gekannt hätte, bis sich der Tod der Söhne Aharons ereignete. Da sprach er zu seinem Bruder Aharon: Es ist mir am Sinai gesagt worden, daß ich dieses Heiligthum ein= weihen, und zwar mit einem großen Manne einweihen werde. Ich meinte nun, daß ich oder du es sein werden, durch welche dies ge= schehen soll; nun aber sehe ich, daß deine Söhne größer sind als ich oder du. Als nun Aharon das Lob seiner Söhne vernahm, schwieg er und empfieng für dieses Schweigen seinen Lohn[2]). — In dem Segensspruch für Reuben, Deut. 33, 6, betete Moses für die Reubeniten Dathan und Abiram[3]). Das Sprüchwort: „Auf wem beruht die Welt? Auf den drei Säulen"[4]) geht auf die drei Söhne Korachs (Num. 26, 11), die beim Untergange ihres Vaters nicht umkamen, sondern — als sich die Erde aufthat — jeder an seinem Orte stehen blieben und drei ragenden Säulen glichen[5]). — Wann „zitterten und bebten" vor Moses die Völker „unter dem ganzen Himmel" (Deut. 2, 25)? Als er — wie späterhin Josua — im Kriege gegen Sichon und Og die Sonne in ihrem Laufe innehalten machte[6]).

---

[1]) Pesikta 6 b, gegen Eleazar. In den tannaitischen Quellen wird dies im Namen Jose b. Jehuda's gelehrt (s. Ag. d. T. II, 419).

[2]) Lev. r. c. 12. S. Sifrá zur St. (45 d), Zebachim 115 b, wonach das „Wort am Sinai" in Exod. 29, 43 enthalten ist.

[3]) Jer. Sanh. 28 a ob., ib. 29 c. (Gegen Josua b. Levi.)

[4]) יהייני דאסרי ברייתא על מאן קאים עלמא על תלתא עמודי. Nach anderer Erklärung das. sind die Patriarchen gemeint, oder Chananja, Mischael, Azarja. — Vgl. Jochanan's Ausspruch zu 1 Sam 2, 8, oben S. 229. — Ein anderes Volkswort (תרא אח לשבעה ואב לשמנה, was ein Zuruf an den in Abrahams Bund aufgenommenen Knaben war) erklärte S. b. N. auf Jischai, der acht Söhne und David, der sieben Brüder hatte, gegen Josua b. Levi (oben S. 156 f.), Sch. tob zu Ps. 6, 1 (§ 5). s. Buber daselbst.

[5]) Sch. tob zu 1, 1 (§ 15), Jalkut zu Num. 26, 11.

[6]) Aboda zara 25 a, gegen Eleazar, der das aus der Analogie zwischen אחל (Deut. 2, 25) und אחל (Josua 3, 7) herleitete, und gegen

Eine dreifache Proclamation (πρόσταγμα) sandte Josua in's heilige Land, bevor er einzog¹): 1. Wer das Land räumen will, der räume es! Dieser Aufforderung leisteten die Girgaschiten Folge, sie zogen nach Afrika, wo sie zum Lohne für ihr Gottvertrauen ein Land so gut wie das ihrige bekamen²). 2. Wer in Frieden sich unterwerfen will, der unterwerfe sich! Das thaten die Gibeoniten (Jos. 9, 1). 3. Wer Krieg führen will, der führe ihn! Das thaten die 31 Könige (Jos. 12). — Achan (Jos. 7, 1) hieß auch Heman (I Chr. 2, 6); darauf deutet das Wort אמנה (Jos. 7, 20) hin³). — Othniel trat vor Gott für das Recht Israels ein⁴) und betete: Hast du es nicht Moses zugesichert, daß du dein Volk erlösen wirst,

---

Jochanan, der zu gleichem Zwecke die Analogie תת (Deut. 2, 25) und תת (Jos. 10, 12) benützt. In Taan. 20 a ist Jochanan die Meinung S. b. N's zugeschrieben und diesem die Jochanan's. (Vgl. S. b. N.'s ähnliche Deutung zu Gen. 48, 19, oben S. 501, A. 1.) — In Deut. r. c. 1 (zu 2, 31) findet sich unter S. b N's Namen eine Sage über den Kampf Moses' und Israels mit Og, in welchem besonders des Letzteren Riesengröße eine Rolle spielt (vgl. dazu Berach. 54 h).

¹) Jer. Schebiith 36 c, Leb. r. c. 17 שלח יהושע פרוזדגמאות שלוש. מי שהוא רוצה להפנות יפנה... להשלים ישלים לעשות מלחמה יעשה. In Deut. r. c. 5 Ende ist durch mißverständliche Auflösung des griechischen Wortes Folgendes entstanden: היה פורש דאטגמא בכל מקום שהיה הולך פרוזדגמא שלו פרושה. Vgl. Pes. r. c. 33 (151 b): לכבוש והיה כתוב בה.

²) In Tos. Sabb. 7, 25 sagt dies Simon b. Gamliel von den Emoritern: וגלו לאפריקי ונתן להם המקום ארץ יפה כארצם. Die Anwendung von ארץ כארצכם II Kön. 18, 32 (Jes. 36, 17) fehlt dort, sowie in Deut. r. (s. auch Tanch. בא g. E. zu 13, 11); sie scheint auch nicht ursprünglich zu sein und ist nur eine stylistische Analogie. Ueber den Zusammenhang dieser Annahme der Auswanderung eines kanaanitischen Stammes nach Afrika (deren historische Grundlage die Niederlassung der Phönicier in Nordafrika bildet mit der bei Procopius vorkommenden punischen Inschrift über „Josua ben Räuber" s. meine Ausführung in Jewish Qu. Rewiew III, 354 ff. Daß S. b. N. den גרגשי für den ausgewanderten Volksstamm hält, beruht auf der Thatsache, daß dessen Name im Buche Josua unter den sieben Völkern Kanaans nicht vorkömmt (12, 8, vgl. 9, 1).

³) Jer. Sanh. 23 b, Leb. r. c. 9 Anf. Gegen Josua b. Levi.

⁴) Exod. r. zu 3, 7 (c. 3 g. Anf.), Tanch. שמות z. St.: הדבר זה שפט עתניאל לפני הקב"ה (Paraphrase zu וישפט ישראל Ri. 3, 10) nämlich, daß Gott mit den Worten כי ידעתי את מכאוביו (ich weiß, welche

ob es deinen Willen erfülle oder nicht! — Nachdem der Geist Gottes in Simson sich zu regen begonnen hatte (Ri. 13, 25), gab er sich dreimal in ihm kund: Ri. 14, 6 und 19, 15, 14¹). — Zorea und Eschtaol (ib.) sind zwei Berge, die Simson aneinander schlug, wie man zwei Erdschollen aneinander schlägt²). — Jonathan, der Enkel Moses' war wol Götzenpriester (Richter 18, 30), glaubte aber an seinen Götzen nicht, sondern behielt seine Stellung nur, um sein Auskommen zu haben und seine Habsucht zu befriedigen. David fragte ihn, wie er soweit sinken konnte, da entschuldigte er sich mit einer angeblichen Familientradition: Verkaufe dich eher zum Götzendienste, als daß du auf die Unterstützung der Menschen angewiesen seiest! David belehrte ihn, daß er diese Lehre schlecht verstanden habe: es sei nicht Götzendienst, sondern fremde, ungewöhnliche Arbeit gemeint, der man sich unterziehen solle³). Um seiner Liebe zum Mammon Genüge zu thun, machte ihn David zum Vorsteher seiner Schatzkammer, er ist der in I Chr. 26, 24 genannte Schebuel und bekam diesen Namen, weil er von ganzem Herzen zu Gott zurückkehrte (ישב לאל⁴). Als David starb und Salomo seine Räthe wechselte, kehrte Jonathan zu seiner alten Verderbtheit zurück,

---

Kränkungen Israel mir einst durch Abfall bereiten wird) Israel, auch wenn es dessen unwerth sein sollte, zu befreien verheißen habe.

¹) Lev. r. c. 8 בין שהתחיל רוח הקדש לנשש בשמשון בני מקומות התחיל. Die Aufzählung der drei Orte folgt weiter unten; es sind die drei Stellen, an denen von Simson gesagt ist: ותצלח עליו רוח יי. Statt התחיל ist vielleicht ein anderes Verbum zu lesen (הצליח?). לנשש ist die Wiedergabe von לפעמו, vgl. b. Sota 9 b (Jizchak im Namen der Schule Ammi's): מלמד שהיתה רוח הקדש מקשקשת לפניו.

²) Lev. r. ib. מלמד שנטל שני הרים והקישן זה לזה באדם שנוטל ב' צי וא' ב' הרים גדולים היו עקרן. Vgl. Sota 9 b (Assi) צרורות ומקישן זה לזה בזה ושחנן וששין. Es ist sehr wahrscheinlich, daß auf diese Agada der Mythos von den Bergeentwurzelnden Giganten von Einfluß war. Auch in der — oben S. 516, A 6 — Sage vom Kampfe mit Og heißt es עץ היה תלוש הר וזרק על ישראל ומשה היה נוטל צרור ומזכיר עליו שם המפורש וסמכו. Vgl. Die Ag. der bab. Amoräer, S. 101, A. 2.

³) מכור עצמך לעבודה זרה ואל תצטרך לבריות, nach David's Erklärung מכור עצמך לעבודה שהיא זרה לך. In Baba Bathra 110 a: לעולם ישכיר אדם את עצמו לעבודה זרה ואל יצטרך לבריות.

⁴) S. oben S. 288.

und wie man sagt, war er „der alte Prophet" in Bethel (I Kön. 13, 11[1]). — Ganz Israel versammelte sich und hielt die Todtenklage um Samuel (I Sam. 25, 1). Sie gaben ihm, was ihm gebührte; auch er war alljährlich in die Städte Israels gekommen, um zu richten[2]). — Während Alle den Hingang Samuels beweinten, hielt der Frevler Nabal Trinkgelage (I Sam. 25, 36[3]). — Besser war Abigail für David als alle Opfer der Welt; denn hätte er seinen Vorsatz gegen Nabel ausgeführt, so hätten das alle Opfer der Welt nicht sühnen können, während Abigail ihn verhinderte seinen Vorsatz auszuführen und vor Blutschuld rettete[4]). — Werther war Saul in seinem Tode, als während seines Lebens; denn von seinem Tode sagt Samuel (I Sam. 28, 19): Morgen bist du mit deinen Söhnen bei mir, d. h. in meiner Abtheilung vor Gott[5]). — Als David den Engel erblickte (I Chr. 21, 16), wurde sein Blut kalt vor Schrecken, daher konnte ihm nicht warm werden, auch

---

[1]) Jer. Berach. 13 d, j Sanh. 30 b c, Schir r. zu 2, 5. Längere Ausführung, welche durch die Frage der „Genossen" an S. b. N. eingeleitet wird: כומר היה רע״ז והאריך ימים. Er antwortet: על ידי שהיה עינו צרה בע״ז שלו, und erzählt nun in sehr realistischer Weise, wie der ungläubige Götzenpriester seinen Götzen um die Opfergaben betrog. Daß der alte Prophet von Beth-El mit dem anrüchigen Enkel Moses' identisch sei, war eine Annahme Jose b. Chalaftha's, s. Schir r. ib. (Ag. d. T. II, 55 und 181). In b. Baba Bathra findet sich das Ganze anonym und kürzer. In j. Berach. 13 d geht noch voran eine von einem Eseltreiber, Simon aus Kamtara, tradirte Bemerkung S. b. N.'s zu dem schwebenden נ in Ri. 18, 30: נון תלוי אם זכה בן משה ואם לאו בן מנשה. In Schir r. z. St. steht das anonym.

[2]) Koh. r. zu 7, 1, Midr. Sam. c. 23. Gegen Josua b. Levi.

[3]) Koh. r. ib.

[4]) Sch. tob zu Ps. 53, Anf. (אמר ר׳ שמואל, nur bei Buber).

[5]) Midr. Samuel c. 23 (unmittelbar nach dem oben S. 514 unter Anm. 3 gebrachten Ausspruche), tradirt von „den Schülern Ammi's" (s. vor. S., Anm. 1) und Abba aus Sidon. In Koh. r. zu 7, 1 steht die Einführung des Satzes, aber anstatt dieses folgt der in Midr. Sam. nach unserem Satze folgende ähnliche Ausspruch Jehuda b. Simon's. Es ist also in Koh. r. ein ganzer Passus (der Satz S. b. N.'s und der Name Jehuda b. Simon's) ausgefallen. Dieselbe Deutung von עמי s. bei Jochanan, oben S. 288.

wenn man ihn mit Kleidern bedeckte (I Kön. 1, 1¹). — Der Vater Amasa's, Jithra, war ein Ismaelit (I Chr. 2, 17); einmal kam er in das Lehrhaus Jischai's und hörte, wie dieser saß und über den Text predigte: Wendet euch zu mir, damit euch Heil werde, alle Enden der Erde! (Jes. 45, 22). Darauf bekehrte er sich und Jischai gab ihm seine Tochter (Abigail). Darum wird er auch als Israelit bezeichnet (II Sam. 17, 25²). — Gott sprach zu David (II Sam. 7, 12): „Deine Tage werden voll werden", die deiner Regierung bestimmten Jahre werden nur voll dir angerechnet, unvollendete Jahre nicht mitgerechnet (I Kön. 2, 11); der Regierungsantritt deines Sohnes soll keineswegs beschleunigt werden, denn obwol er das Heiligthum bauen soll, so sind mir Recht und Gerechtigkeit, die du übst (II Sam. 8, 15), werther als die von ihm darzubringenden Opfer (nach Prov. 21, 3³). — Als Salomo das Heiligthum erbaut hatte, betete er, daß Feuer vom Himmel herabkommen möge; es kam nicht. Er betete vierundzwanzig Gebete⁴), es kam nicht. Endlich flehte er: „Sei eingedenk der Gnaden Davids, deines Dieners" (II Chr. 6, 42), und sofort kam das Feuer herab (ib. 7, 1⁵). — Von den sieben Namen Salomo's⁶) sind die eigentlichen, selbständigen Namen Jedidja, Koheleth, Salomo; die

---

¹) Sch. tob zu Ps. 18, 37. Anders Jose b. Chanina s. oben S. 437.

²) Jer. Jebam. 9 c, Ruth r. zu 2, 1 (c. 3), Sch. tob zu Ps. 9, 7. (§ 11). Die darauf folgende Ansicht der Gelehrten findet sich in b. Jebam. 77 a im Namen Raba's.

³) Jer. Berach. 4 b unten, j. R. H. 56 d, j. Moed Katon 83 d; der Auf. auch in Midr. Sam. c. 26. Vgl. Aehnliches bei Josua b. Levi (oben S. 166). Die in j. Berach. und j. Moed Katon vorangehende Dichtung zu Ps. 122, 1 (s. auch Sch tob z. St.) trägt in Dent. r. c. 5 g. Auf. S. b. N.'s Namen, wahrscheinlich durch Herübernahme der Autorenangabe aus unserem Ausspruche.

⁴) S. oben S. 423, A. 11.

⁵) Koh. r. zu 4, 2: רשב"ן פתר קריא בדוד; Sch. tob zu Ps. 7, 7: ישמעאל (l. פתר קריא בדוד ר' שמואל). Anders wendet den Koheleth-Vers J. b. Levi an (s. oben S. 163 f.). In Exod. r. c. 44 Auf. sind die Autoren umgekehrt.

⁶) Mit Bezug auf J. b. Levi's Ausspruch (oben S. 166).

Zu den biblischen Personen und Erzählungen.

anderen vier sind Epitheta und müssen gedeutet werden[1]): Er hieß אגור (Prov. 30, 1), weil er die Worte der Thora „sammelte"; בן יקה, weil er einer Schale gleich, die bald voll ist, bald geleert wird, die Erkenntniß, von der er erfüllt war, zeitweise vergaß, sie gleichsam „ausspie" (הקיא); למואל, weil er „gegen Gott" redete und sprach: Ich kann das im Königsgesetze (Deut. 18, 16 f.) Verbotene thun, ohne zu sündigen; איתיאל [ואכל], aus demselben Grunde, da er sprach: „mit mir ist die Kraft" und „ich vermag es"[2]). — Pharao, der Schwiegervater Salomos, hieß שישק, weil er mit Begehrlichkeit (שקיקות) gegen Israel heranzog (I Kön. 12, 25), um das Land für das Heirathsgut seiner Tochter an sich zu reißen[3]). — Die ersten Stämme, welche in's Exil geführt wurden, waren Zebulun und Naphtali, nach Jes. 8, 23[4]). — Die Israeliten wurden nach drei Gegenden exilirt[5]): innerhalb des Sambationflusses, außerhalb desselben und nach Daphne bei Antiochia. Die drei Gegenden sind angedeutet in Jes. 49, 9, wo die Rückkehr dieser Exilirten verkündigt ist[6]).

---

[1]) ועיקר אותנטיא שלהן ידידיה קהלת שלמה מודה רשב״ן באלו ארבעה שנתוספו לו ונתכנה בהן והן צריכין להדרש.

[2]) Schir r. zu 1, 1; Koh. r. zu 1, 1; Num. r. c. 10 g. Anf.

[3]) Esther r. zu 1, 2.

[4]) Echa r. Prooemien 5, gegen Eleazar.

[5]) Jer. Sanh. 29 c unten, Echa r. zu 2, 5, tradirt von Berechja und Chelbo: לני מקומות גלו ישראל; anonym Pes. r. c. 31 (146 b): שלש גליות נעשו עשרת השבטים. Ferner anonym angewendet in Num. r. c. 16 g. Ende.

[6]) לאסורים, die vom Sambation Eingeschlossenen; לאשר בחשך, die außerhalb desselben Gebliebenen, aber in schützendes Dunkel Gehüllten. So in j. Sanh. und Num. r. In Echa r. beziehen sich beide Ausdrücke auf die erste Gegend und על דרכים ירעו auf die zweite. In Pes. r., wie in j. Sanh. (doch sind die beiden Gegenden so bezeichnet: לפנים . . בסמבטיון מסמבטיון). Die dritte Gegend, das berühmte Daphne bei Antiochien wird in Pes. r. als דפני של רבלתה bezeichnet; in der That übersetzt das pal. Targum zu Num. 34, 11 רבלה mit Daphne und auch Hieronymus לעין ib. mit fontem Daphnim und nach Abahu (Sanh. 98 b oben) ist רבלתה in II Kön. 25, 20 (Jer. 52, 26) Antiochen. Auf dieser letzteren Stelle beruht auch die Baraitha von Nebukadnezar, der in דפני של אנטוכיא das Synedrion empfängt (j. Schekalim 50 a unten, Gen. r. c. 94 Ende, Lev. r.

Legende über die Zerstörung des ersten Tempels[1]). Als das Heiligthum zerstört war, kam Abraham und wehklagte auf den Ruinen[2]): Warum hat mich unter allen Völkern und Zungen diese Schmach betroffen! Dienstesengel stellten sich in Reihen auf und wehklagten ebenfalls über die Zerstörung Jerusalems (Jes. 33, 7 f.). Gott befragte sie, was die Ursache der Klage sei und sie antworteten: Um deines Freundes Abraham willen, auf dessen Wehklagen du nicht achtest. Gott sprach: „Was sucht mein Freund in meinem Hause?" (Jer. 11, 15). Abraham klagt nun vor Gott, daß das Heiligthum, an dessen Stätte er einst Isaak opfern wollte, zerstört, seine Kinder der Grausamkeit der Völker preisgegeben seien. „Deine Kinder haben die Thora und deren 22 Buchstaben übertreten (Dan. 9, 11)". Wer zeugt gegen sie? „Es komme die Thora und zeuge!" Die Thora kömmt, doch Abrahams eindringliches, an die Annahme der Thora durch Israel erinnerndes Wort läßt sie von der Zeugenschaft abstehen. Es treten die Buchstaben der Reihe nach auf, um gegen Israel zu zeugen; auch sie werden durch Abraham, der an die Verdienste Israels erinnert, zum Schweigen gebracht[3]). Nun betet

---

c 19). Auch die Zuweisung eines Theiles der Exulanten an Daphne bei S. b. N. beruht auf ihr. Unter den nach Daphne Geführten sind die von Nebukadnezar Weggeführten (Jehuda und Benjamin) zu verstehen, die von Daphne (Ribla) aus in's Exil giengen. Jehuda b. Simon sagte (Gen. r. c. 73): עשרת השבטים גלו לפנים מנהר סמבטיון יהודה ובנימין מפוזרים בכל הארצות. Ueber den Fluß Sambation s. Ag. b. T. I, 297, ferner A. Epstein, Eldad ha Dani, S. 13 f, Neubauer in J. Qu. Rewiew I, 20.

[1]) Echa r. Prooemien, N. 24 Ende. Ich muß es mir versagen, diese groß angelegte und meisterhaft ausgeführte agadische Dichtung hier vollinhaltlich wiederzugeben, da dies zuviel Raum in Anspruch nehmen würde. Nur die Skizze des Inhaltes finde im Texte und manche Einzelheit unterhalb des Striches Platz. Ganz besonders verdient die schöne hebräische Prosa, der sich dann rein aramäische Klagelieder anschließen, Beachtung.

[2]) בא אברהם לפני הקב״ה ביכה וממרט זקנו ותולש שערות ראשו ומכה את פניו יקרע את בגדיו ואפר על ראשו והיה מהלך בבית המקדש וסופד וצועק

[3]) Das wird nur bei drei Buchstaben durchgeführt. Das Alef erinnert Abraham daran, daß es der erste Buchstabe der von Israel angenommenen Offenbarung (אנכי) war, dem Beth sagt er: בתי את באת להעיר על בני שהם זריזין בחמשה חומשי תורה שאת בראש התורה; dem Gimel hält er das von Israel erfüllte Gebot der Schaufäden (גדילים Deut. 22, 12) vor.

Abraham und erinnert an die Opferung seines Sohnes. Isaak selbst betet in gleichem Sinne; dann betet Jakob und erinnert an sein Leben voll Selbstaufopferung und Kümmerniß um seiner Kinder willen[1]). Dann betet Moses, der „treue Hirte"[2]) und forderte, als er geendet, den Propheten Jeremias auf, ihn zu dem in Gefangenschaft geführten Volke hinzugeleiten. Sie kommen an die Ströme Babels und die Israeliten riefen einander zu: Der Sohn Amrams ist aus seinem Grabe gekommen, um uns von unseren Bedrängern zu erlösen! Da erscholl eine Himmelstimme: Es ist unabänderlicher Beschluß! Moses spricht ein tröstendes Wort zum Volke und dieses weint (Ps. 137, 1). Als nun Moses zurückkehrte und den Stammvätern von den unsäglichen Leiden ihrer Kinder erzählte, stimmten sie ein Klagelied an[3]). Dann stimmte Moses ein zweifaches Klagelied an, deren eines die Sonne, das andere die Feinde apostrophirt[4]) und wandte sich wieder im Gebete

---

[1]) Jedes der drei Gebete schließt mit dem Refrain: ולא תזכור לי זאת ... לאחר שנדלתים. In Jakobs Gebete heißt es: ולא תרחם על בני כאפרוחים של תרנגולים וסבלתי עליהם צער גידול בנים כי רוב ימי הייתי בצער גדול בעבורם.

[2]) לא רועה נאמן הייתי על ישראל ארבעים שנה. ורצתי לפניהם כסוס במדבר (nach Jes. 63, 13) וכשהגיע זמן שיכנסו לארץ גזרת עלי במדבר יפלו עצמותי ועכשו שגלו שלחת לי לספוד ולבכות עליהם זהו המשל שאומרים בני אדם מטוב אדוני לא טוב לי ומרעתו רע לי.

[3]) Es lautet:

ווי על דמטא לבנן היכי הוויתון כיתמי בלא אבא
היכי דמכיתון בטיהרא ובקייטא בלא לבושא ובלא כסו
היכי סגיתון בטורי ובחצצי חליצי מסאני ובלא סנדלא
היכי טעניתון מובלי טעוני (טעיני מובלי .l) דחלא
היכי הוו ידיכון כפיתן לאחורייכון
היכי לא בלעתון רוקא בפומייכון

Man sieht, die letzten zwei Verspaare reimen. In der zweiten Zeile ist auf die Sommerhitze angespielt, in welcher die Exilirung stattfand. Vielleicht aber ist statt טיהרא (Mittag) zu lesen סיתווא (Winter).

[4]) Das erste lautet (gereimt):

ליטא שימשא
אמאי לא חשכת בשעה דעאל שנאה לבית מקדשא.

Die Sonne giebt ihm zur Antwort: sie habe nur gezwungen in jener Stunde ihr Licht leuchten lassen.

zu Gott: Herr der Welt, du hast in deiner Lehre vorgeschrieben, nicht ein Thier mit seinem Jungen an einem Tage zu schlachten (Lev. 22, 28), und die Feinde haben Kinder mit ihren Müttern zugleich getödtet!¹) Auf dieses Wort eilte Rachel vor Gott hin und erinnerte an ihr Verhältniß zu Jakob, dessen Verbindung mit Lea sie neidlos geduldet, ja sogar gefördert habe. „Wenn ich, die ich Fleisch und Blut, Staub und Asche war, der Nebenbuhlerin gegenüber, um sie nicht zu beschämen, jede Eifersucht unterdrückt habe, warum hast du, der ewiglebende, barmherzige Weltenkönig, gegen die nichtigen Götzen Eifersucht bekundet und meine Kinder dem Schwerte und der Willkür der Feinde preisgegeben?" Rachels Gebet ließ das Erbarmen Gottes in Wirksamkeit treten und er sagte ihr: Um deinetwillen werde ich Israel in seine Heimat zurückkehren lassen (Jer. 31, 14—16).

Daniel war vom Stamme Juda, seine drei Genossen waren von den anderen Stämmen²). — Wie verhielt sich das Feuer zu den drei in den Ofen geworfenen Freunden (Dan. 3, 25)? Es umgab sie wie eine Strahlenhülle (χώγη³). — Alles was David in den einzelnen Psalmen zum Preise Gottes gesagt hat, faßte der Frevler Nebukadnezar in einem einzigen Verse (Dan. 4, 34) zusammen⁴). — Belschazar (Dan. 5, 30) wurde im Morgengrauen getödtet⁵).

Das zweite Lied beschwört die Feinde, keine unmenschliche Grausamkeit an den Gefangenen zu verüben.

¹) Vgl. Jehuda b. Simon in Echa r. zu 1, 9.
²) Sanh. 93 b, gegen Eleazar. Diese Ansicht beruht auf der Annahme, daß in Dan. 1, 6 מבני יהודה bloß zum unmittelbar folgenden דניאל gehört, vielleicht weil der Satz mit ויהי, anstatt ויהיו beginnt.
³) Schir r. zu 7, 8 Ende, gegen Eleazar. St. נחמיה l. נחם.
⁴) Lev. r. c. 13 g. Ende, Sch. tob zu Ps. 5, tradirt von Berechja und Chelbo: כל מה שפירט דוד [בספר תלים] כלל אותו רשע בפסוק אחד. Dann werden zu den einzelnen Wörtern des kurzen Hymnus N.'s Beispiele aus dem Psalmbuche gebracht: zu משבה Ps. 147, 12, ומרוממ 145, 1, ומהדר 104, 1, קשיט 138, 2, די 96, 10, בנה 93, 1, להישבא 75, 11. In Sch. tob steht nur das erste Beispiel und zu די Ps. 11, 7. — Vgl. übrigens den Ausspruch Jizchak's über Nebuk.'s Hymnus, Sanh 92 b.
⁵) Schir r. zu 3, 4 (gegen Eleazar): בבין רבי לבלל (d. i. entre loup et chien, vgl. Ag. b. T. II, 45, 2).

6.
Homiletisches.

(Gen. 2, 7. "Von der Erde" bildete Gott den Menschen, von der Stätte (dem "Altar aus Erde", Exod. 20, 24), die ihm dereinst Sühne bringen sollte. Gott sagte: Ich erschaffe ihn von dieser Sühnestätte, möge er doch Bestand haben[1])! — 3, 16. Ein Kind, daß 212 (Zahlenwerth von הרבה) Tage im Mutterleibe gelegen, ist lebensfähig (ארבה, "lasse ich heranwachsen"[2]). — 14, 18. "Brot und Wein" sind ein Hinweis auf die Priestergesetze (vom Schaubrode und Trankopfer), die Malkizedek dem Abraham enthüllte[3]). — 16, 13. Hagar wurde der göttlichen Vision theilhaftig, die ihrer Herrin versagt war: wie wenn ein König die Matrone an sich vorüberschreiten läßt und sie, mit verschleiertem Angesicht auf ihre Dienerin sich stützend an ihm vorübergeht und den König nicht sieht, während die Dienerin ihn sieht[4]). — 30, 15. Während die Eine die Alraunen einbüßte und Stämme gewann sowie das Grab an der Seite Jakobs, gewann die Andere die Alraunen, verlor aber Stämme und Grab[5]). — Warum wollte Jakob in seine Heimat zurückkehren, als Joseph geboren war[6])? Jakob sah voraus, daß Esau's Nachkommen nur in die Hand die Nachkommen Josephs ausgeliefert werden (Obadja V. 18[7]). —

---

[1]) Gen. r. c. 14 g. E., tradirt von Berechja und Chelbo. In j. Nazir 56 b unt. dasselbe mit wenig Aenderungen von Judan b. Pazzi.

[2]) Gen. r. c. 20, tradirt von Abba b. Kahana. Etwas weiter steht ein anderer embryologischer Satz, von Berechja im Namen des ר' שמואל tradirt, der nach b. Nidda 38 a vom bab. Amora Samuel herrührt.

[3]) Gen. r. c. 43.
[4]) Gen. r. c. 45 Ende.
[5]) Gen. r. c. 72 Anf., Schir r. zu 7, 14.
[6]) Baba Bathra 123 b, Frage Chelbo's an S. b. N.

[7]) ראה יעקב אבינו שאין זרעו של עשו נמסר אלא ביד ז' של יוסף. In Gen. r. c. 73 und c. 75 heißt es, mit Joseph sei עשו של שטנו geboren, denn wie Pinchas in Namen S. b. N.'s tradirte: מסורת היא שאין עשו נופל אלא ביד בניה של רחל (nach Jerem. 49, 20). In Pesikta 28 a dasselbe mit Anwendung auf die Besiegung Amaleks durch Josua, den Nachkommen Joseph's. In Tanch. ויחי g. E, Tanch. B. ויצא 15 und ויחי 13 dasselbe

32, 25. Jakob ließ den ihm in Gestalt eines Heiden erscheinenden Engel sich zur Rechten, gemäß der Lehre, daß man, um sich besser vor Angriffen schützen zu können, einen Heiden sich zur Rechten halten möge[1]). — 33, 12. Esau sprach zu Jakob: Mein Bruder, laß' uns vereint gehen in dieser Welt! Jener erwiederte: (V. 13 f.): Möge mein Herr vorangehen, d. i. nimm deine Welt zuerst vorweg; von mir sollen „Kinder" (הילדים, s. Daniel 1, 4) wie Chananja, Michael und Azarja (Märtyrer des Glaubens) abstammen[2]). — Die Könige, welche in Gen. 35, 11 verheißen werden, sind (die von Ephraim und Manasse stammenden) Jarobeam und Jehu[3]). — Die Erzählung von dem Weibe Potiphar's (Gen. 39) folgt deshalb nach der von Tamar, um anzudeuten, daß beide, die Eine, als sie Joseph, die Andere, als sie Juda gewinnen wollte, fromme Absicht hegten[4]). — 41, 56. על כל פני הארץ statt על כל הארץ deutet an, daß die Hungersnoth bei den Reichen begann, denn diese

---

(ohne den Trabanten). An den letztgenannten vier Stellen wird die These als מסורת אגדה bezeichnet. In Gen. r. c. 99 g. Auf. heißt es: Durch wessen Hand fällt das [römische] Reich? Durch die Hand eines von Joseph stammenden Kriegsgesalbten, darauf folgt unser Ausspruch, wie an den früheren Stellen des Gen. r. — In Baba Bathra wendet Chelbo ein, daß Amalek durch David, der kein Nachkomme Josephs war, besiegt wurde (1 Sam. 30, 17). Darauf Sam. b. N.: Der dich die Propheten lehrte, hat dich nicht die Hagiographen gelehrt; sonst hättest du aus I Chr. 12, 21 gelernt, daß auf Davids Zug nach Ziklag sich seinem Heere Nachkommen Manasse's anschlossen, die jenen Sieg herbeiführen halfen.

[1]) Chullin 91 a, im Anschluß an einen Ausspruch J. b. Levi's. Die herangezogene Vorsichtsregel findet sich in der Bar. Aboda zara 25 b (Tos. Ab. zara 3, 20).

[2]) Deut. r. c. 1 g. E. (zu 2, 4). Dann folgt unter S. b. N.'s Namen ein Ausspruch zu 18, 14, der aber nach Gen. r. c. 78 g. E. von Abahu herrührt.

[3]) Gen. r. c. 82 g. A., trad. von Berechja und Chelbo. Das wird in Pes. r. c. 3 (11 a) genauer durch Berechja und Levi im Namen S. b. N.'s tradirt: אלו אמר .... דרש יעקב לעשׂת אפרים ומנשה שבטים אמר לי ומלכים סמך יצא: הייתי אומר על השבטים אמר אלא מחליציך על, בני בניו אמר על אפרים ומנשה. In Tanch. B. וישלח 29 ist S. b. N. ein Theil der Ausführung zugeschrieben, welche in Gen. r. l. l. nach S. b. N.'s Meinung als die der „Gelehrten" folgt.

[4]) Gen. r. c. 85 g. A., mit Berufung auf Josua b. Levi, S. oben

bilden das „Angesicht" des Landes¹). — 47, 25. החיתנו statt חייתנו deutet an, daß sie Joseph das Leben in dieser und in der kommenden Welt dankten²). — 50, 10 In der ganzen heiligen Schrift giebt es keinen Ort Namens אטד³), oder giebt es etwa eine Tenne für Dorngewächse? Vielmehr ist das Wort eine symbolische Bezeichnung der Kanaaniter, welche verdient hätten, mit Dornen gedroschen zu werden⁴), die aber wegen der Pietät, die sie bei dem Leichenbegängnisse Jakobs bekundeten, verschont wurden⁵). — 2, 8. העלמה, die ihr Geheimniß zu verbergen (העלים) verstand⁶). — 6, 6. לבן zeugt einen Schwur an (wie in I Sam. 3, 14): hätte sich Gott nicht mit einem Schwure gebunden, so wäre Israel nicht erlöst worden⁷). — 32, 7. רד ist ein Ausdruck dafür, daß Moses mit dem Banne belegt wurde, ebenso wie וירד Gen. 38, 1, bedeutet, daß Jehuda von seinen Brüdern, als sich ihr Vater nicht trösten ließ, mit dem Banne belegt wurde, weil sie ihn für den Urheber der Verkaufung Josephs erklärten. Moses glich dem Abgesandten einer Provinz, der dem Könige eine Krone überreichen soll; noch ehe er seine Sendung ausführen konnte, erhält der König eine schriftliche Nachricht von den Großen jener Provinz, daß man die Bildsäulen des Königs umgestürzt und seine Bilder mit Steinen beworfen habe⁸). — 32, 13. Moses sprach zu Gott: Jene haben den Anfang des zweiten der zehn

---

158. — Die Deutung zu פתח עינים, 38, 14, welche in b. Sota 10 a S. b. N. zugeschrieben ist, findet sich in j. Sota 16 d unt., Gen. r. c. 85 anonym.

¹) Gen. r. c. 91, Tanch. מקץ. In Gen. r. die Erläuterung: der Reiche hat ein fröhliches Angesicht und zeigt es Anderen, der Arme zeigt vor Beschämung sein Angesicht gar nicht.

²) Gen. r. c 90 Ende, trad von Abba b. Kahana.

³) חזרנו על כל המקרא ולא מצאנו מקום ששמו אטד, s. oben S. 501, Anm. 2.

⁴) S. Richter 8, 7, 16.

⁵) Gen. r. c. 100.

⁶) Sota 12 b, gegen Eleazar.

⁷) Pesikta 52 a, Lev. r. c. 23 g. Anf.

⁸) Exod. r. c. 42 g. Auf., trad. von Berechja. Der Schluß des Gleichnisses (etwa: der König empfängt den Gesandten mit Zorn und schickt ihn mit Zeichen der Ungnade fort) fehlt.

Worte (Exod. 20, 3) aufgehoben, du willst das Ende desselben für nichtig erklären (V. 6), wonach du Gnade übst bis in's tausendste Geschlecht denen, die dich lieben. Abraham aber war Einer, der dich liebte (Jes. 41, 8), und dennoch willst du schon im siebenten Geschlechte seinen Nachkommen deine Gnade entziehen? Gott erwiederte': Bist du nicht auch von ihren Nachkommen? Jene will ich umkommen lassen und dich zu einem noch zahlreichern Volke machen (s. Deut. 9, 14), wodurch mein Schwur an die Väter erfüllt wäre¹). — Num. 4, 18 f. Die Kahathiten drängten sich alle, um am Tragen der Bundeslade Theil zu nehmen, dadurch kam es zu Streit und zu unehrerbietigem Benehmen dem Sitze der göttlichen Herrlichkeit gegenüber. Um sie vor der ihnen in Folge dessen drohenden Gefahr der Hinwegraffung zu bewahren, befahl Gott, ihren Dienst genau zu ordnen und die Zutheilung des einem Jeden zukommenden Antheils am Tragen des Heiligthums durch Aharon und seine Söhne²). — 23, 19. Die beiden Hälften dieses Verses widersprechen einander³). Der Widerspruch ist so zu beseitigen: Wenn Gott Heil verheißt, dann gilt das in der ersten Vershälfte Gesagte, wenn Unheil, dann „thut er nicht, was er verheißen⁴)". — 33, 55. Gott sprach zu Israel: Ihr hättet die Bewohner Kanaans

---

¹) Exod. r. c. 49. Vorher Josua b. Levi.

²) Num. r. c. 5 g. A., gegen eine von Eleazar tradirte Meinung Jose b. Zimra's, welche mit des Letzteren oben S. 115, A. 5 gebrachten Anschauung über die zwischen den Tragestangen der Lade hervorkommenden Feuerfunken zusammenhängt: Dieses Feuer hätte die Kahathiten abgeschreckt und sie wandten sich den übrigen zu tragenden Geräthen zu, während die Lade vernachlässigt wurde. Dem abzuhelfen, mußte ihr Dienst genau geordnet werden.

³) Jer. Taan. 65 b unt., Gen. r. c. 53 g. Anf. (als Prooemium zu Gen. 21, 1), Sch. tob zu Pf. 13, 2, Tanch. B. וירא 36: הפסוק הזה לא ראשו סופו ולא סופו ראשו. In Tanch. (וירא zu 21, 1): פסי של פסוק שיבר את ראשו.

⁴) In Gen. r. sind folgende drei Beispielpaare dazu citirt: 1. Gen. 21, 12 und 22, 2; 2. Exod. 3, 16 und Deut. 9, 14; 3. Gen. 15, 14 und ib. V. 13; dann wird als Beispiel erfüllter Heilsverheißung Gen. 18, 10 angeführt. Ebenso Sch. tob, nur in der Reihenfolge 1, 3, 2. In Tanch. B. fehlen die Beispiele. In Tanch. וירא steht nach der These ein Gleichniß darüber, daß Gott seine Verheißung auch dem sündigen Israel erfüllte, eine

vertilgen sollen (Deut. 20, 17), ließet aber Rachab und die Ihrigen am Leben (Jos. 6, 27); so möge denn ein Nachkomme Rachabs, Jirmeja der Prophet, seine Strafreden zu „Dornen in euere Augen und Stachel in euere Seiten" werden lassen¹). — Deut. 8, 9. Das Wort ארץ ist in der Aufzählung der Landesproducte vor „Oelbaum und [Dattel]honig" wiederholt, um anzudeuten, daß ohne diese beiden kein Haus bestehen kann²). — 23, 15. Ein Priester gieng des Weges, da begegnete ihm ein Fremder (ein Profaner, Nichtpriester) und bat, mit ihm gehen zu dürfen. Da sagte Jener: Mein Sohn, ich bin ein Priester und ziehe nur auf reinem Wege und ich darf nicht zwischen Gräbern gehen; wenn du unter dieser Bedingung mitkommen willst, gut, wenn nicht, so muß ich dich schließlich dir selbst überlassen und allein ziehen. So mahnte Moses Israel, das Lager vor Unreinlichkeit zu bewahren, „denn der Ewige, dein Gott, zieht einher innerhalb deines Lagers..."³). — 28, 36. „Das Volk, das du nicht kennst und deine Väter nicht kannten". Das ist nicht Babel, woher Israel stammte, sondern Medien⁴). — 28, 68. ואין קנה am Schlusse der Strafrede ist tröstlichen Inhalts. „Keiner erwirbt euch", sowie Keiner die Thora erwarb, als ich sie allen Völkern der Welt vergeblich anbot⁵). — 29, 3. Gott gab euch kein Herz zu erkennen". Damit spielt Moses darauf an, daß das Volk nicht soviel Einsicht hatte, für ihn zu beten, das es ihm gestattet würde, mit ihnen über den Jordan zu ziehen⁶). — 30, 14. Ein König

---

Ausführung des 2. der Beispiele. In Num. r. c. 23, Tanch. מסעי steht die These anonym, von den Beispielen nur 3 (jedoch statt 15, 14: 15, 5, mit Deut. 1, 10 als Bestätigung).

1) Pesikta 112 a, Prooemium zu Jerem. 1, 1.
2) Jer. Bikkurim 63 d unt., trad. von Berechja.
3) Lev. r. c. 24, nach dem oben S. 424, unter Anm. 1 gebrachten Gleichniß. S. auch oben S. 419, A. 13.
4) Esth. r. Einleitung Ende.
5) Esther r. Einleitung. — S. oben S. 251.
6) Deut. r. c. 7, g. Ende. Ausführlichere Darlegung, wie Moses mit Berufung darauf, daß Gott ihm einst für Israel Verzeihung gewährt hatte (Num. 14, 20), nun auch für sich Verzeihung und die Erlaubniß mit hinüberzuziehen erlangen möchte. Gott erwiedert, mit dieser Bitte „fasse er den Strick bei beiden Enden an" (אתה רוצה לאחוז את החבל בשני ראשיו,

hatte eine Tochter, die Niemand kannte, mit Ausnahme eines Günstlings des Königs, der fortwährend bei ihm Zutritt hatte; einmal sprach der König zu ihm: Sieh', wie lieb ich dich habe, kein Mensch kennt meine Tochter, während du stets ihrer Gegenwart theilhaftig wirst. Ebenso sprach Gott zu Israel: Sehet, wie werth ihr mir seid! Niemand in meinem Palaste (der Welt) kennt die Thora (Hiob 28, 21), nur euch habe ich sie gegeben, „denn nahe ist dir das Wort[1])". — 32, 1. Ein Feldherr hatte in zwei Provinzen gedient[2]); einst veranstaltete er ein Fest und um nicht den Zorn der einen oder der anderen Provinz hervorzurufen, lud er beide ein. So that auch Moses, er war von der Erde und war im Himmel (Exod. 34, 28), darum rief er Himmel und Erde an, als er seine letzte Mahnung an Israel richtete[3]).

Richter 5, 24. „Von den Frauen im Zelte", das sind die Stammmütter (s. Gen. 18, 9[4]). — I Sam. 6, 12. Apostrophe an die „singenden" Kühe. Welche Mühe verwandte der Sohn Amrams darauf, die Leviten den Gesang zu lehren, während Ihr von selbst einen Gesang anstimmet. Seid beglückwünscht darob![5]) — 12, 22.

---

die aram. Form dieses Spruches legt Levi zu Gen. 18, 25 Abraham Gott gegenüber in den Mund, Gen. r. c. 49, Lev. r. c. 10 Anf.), denn ihre Erfüllung ziehe die Zurücknahme der Israel gewährten Verzeihung nach sich. Dann folgt ein Ausspruch Josua b. Levi's über Moses Entsagung, endlich die eigentliche Deutung des Textes (mit אמר ר' שמואל בר יצחק besonders eingeleitet, wo aber יצחק in נחמני zu verbessern ist): Moses weist die Israeliten zurecht: אחד סדה ס' רביא יש רביא לא היו יכולין לפדות אדם אחד. S. auch Tanch. ואתחנן Ende (B. 6), wo Simlai als Autor genannt ist (der Spruch lautet da: ואתה תופש את החבל בשני ראשים).

1) Deut. r. c. 8 Ende.
2) לאיסטרטיגין ששימש בשתי מדינות פרס וקלאניה [וקלאניה]? In Jalkut fehlen die beiden Provinznamen. Sollte der zweite Name Colonia, also die germanische Provinz bedeuten; dann wären sehr sinnentsprechend zwei an den äußersten Grenzen des Römerreiches befindliche Provinzen genannt.
3) Deut. r. c. 10 (Jalk. z. St.).
4) Gen. r. c. 48 g. E., gegen Eleazar. Anonym dasselbe in b. Nazir 23 b.
5) Gen. r. c. 54 g. E. במה יגיע יגע בן עמרם עד שלימד שירה ללוים ואתם אומרות שירה מאליכם יישר חילכם. Vorher stehen die verschiedenen

Was Gott für Israel thut, geschieht „um seines großen Namens willen" im Auslande (Jes. 48, 11); es geschieht um seines „Volkes und Erbes willen", (Ps. 94, 14) im heil. Lande; oder: wenn Israel Gottes Willen erfüllt „um seines Volkes und Erbes willen", wenn sie keine guten Handlungen aufzuweisen haben, „um seines großen Namens willen"[1]. — 15, 23. Wer zu einem Wahrsager geht, begeht Widersetzlichkeit gegen Gott und zieht sich Zorn und Drangsal (הפצר = אף צרה) zu[2]). — 21, 9. Doeg wurde ארמי genannt, weil er gegen David, den ארמני Genannten (16, 12) von Neid erfüllt war[3]). — 25, 31. „Wie zehn Tage" (nicht „nach zehn Tagen") deutet an, daß Gott dem Nabal Aufschub gewährte, damit er Buße thue, gleich den zehn Tagen zwischen dem Neujahrstage und dem Versöhnungstage[4]). — II Sam. 21, 19. אלהנן ist David der von Gott Begnadete, בן יעי, der im Walde (bei seiner Heerde) groß wurde, אורגים, er beschäftigte sich mit der

---

Meinungen darüber, welchen Gesang die Kühe, welche die Bundeslade heimwärts führten, sangen (וישרנה, s. Ag. b. T. II, 52). In b. Aboba zara 24 b ist S. b. N. selbst als Autor einer dieser Ansichten genannt: Ps. 93. Anstatt ללוים schlägt D. Luria vor, zu lesen: לישראל. Die bewundernde Apostrophe klingt beinahe wie Ironisirung jener Meinungen, doch scheint sie ernst gemeint zu sein. Als Analogie zu dieser Vorstellung redender Kühe sei an Livius III, 10 erinnert: Bovem locutum, cui rei priore anno fides non fuerat, creditum. Auch das bedeutungsvolle Brüllen der pflügenden Kuh in der messianologischen Sage, j. Berach. 5 a oben, Echa r. zu 1, 16 Ende, gehört hieher.

[1]) Ruth r. zu 1, 6 (c. 2). S. b. N.'s These lautet: פעמים שהוא עושה בעבור עמו ונחלתו ופ' ש' ע' בשביל שמו הגדול; dann folgen die im Texte wiedergegebenen zwei Meinungen, die eine von Aibo, die andere von den „Gelehrten" tradirt. In Sch. tob zu Ps. 94 sind die beiden Meinungen so eingeführt: ר' אייבו ורש"ב"נ אמרו (d. i. Aibo im Namen S. b. N.'s) und ורבנן אמרי. In Midr. Sam. c. 16 (und Jalkut zu Sam. § 117 Auf.) steht bloß die zweite Meinung im Namen S. b. N.'s (ohne Tradenten). Verworren ist das Ganze wiedergegeben in Jalkut zu Ps. 94, wo aus אייבו geworden ist אבהו und aus ר"ש בר נחמני: ר"ש בר יצחק.

[2]) Midr. Sam. c. 18.
[3]) Sch. tob zu Ps. 52, 2.
[4]) Jer. Bikkurim 64 d oben, tradirt von Chaggai; Sch. tob zu Ps. 26, 9, tradirt von Berechja. Vgl. Rabba b. Abuha. in b. R. H. 18 b.

Satzung von dem kunstvoll „gewebten" Vorhange des Heiligthums[1]). — 24, 16. רב verweist auf Deut. 3, 26: Gott deutet dem Würgeengel an, daß der Tod auch über ihn Macht hat[2]). — I Kön. 19, 6. In dem Ausdruck רצפים birgt sich ein Verweis darüber, daß der Prophet Elija als Angeber gegen Israel auftrat (V. 14); ebenso im Ausdruck רצפה (Jes. 6, 6) ein Verweis, den Jesaia aus demselben Grunde (V. 5) erhielt[3]).

Nach Jes. 17, 11. Israel täuschte die Hoffnungen, die Gott in es gesetzt hatte, mit der bald nach der Offenbarung folgenden Anbetung des goldenen Kalbes, wie ein Flachsfeld, dessen Pflanzen am Abend schön grünten und „am Morgen" sich plötzlich als ausgewachsen zeigen[4]). — 30, 32. הנופה deutet auf das Omer-Gebot hin, dessen Erfüllung Israel in den Tagen König Chizkija's beistand[5]). — 33, 8. Klage der Engel über die Zerstörung Jerusalems[6]): Die Straßen, die nach Jerusalem führten, sind verödet, die Wallfahrten zu den Festen haben aufgehört; aufgelöst ist der Bund mit Abraham, der die Welt zu deiner Erkenntniß, o Gott, als Weltenschöpfer gebracht hat; verschmäht hat Gott die einst erkorenen Städte Jerusalem und Zion (Jerem. 14, 19); nicht einmal dem götzendienerischen Geschlechte Enosch's (Gen. 4, 20) hast du Israel gleich geachtet! — 38, 2. Die Wand, welcher sich Chizkija in seinem Gebete zuwendete, ist die in II Kön. 4, 10 erwähnte: Für die eine Kammer an der Wand, welche die Sunnemitin für Elischa bereitete, hast du ihren Sohn wieder in's Leben gerufen; meine Väter haben dir dieses herrliche Heiligthum bereitet, solltest du mir nicht dafür mein Leben schenken!?[7]) — 38, 9 b deutet an, daß Chizkija drei Krankheiten überstanden hatte, von denen die

---

[1]) Ruth r. c. 2 Anf. Das. deutet er ebenso (I Chr. 4, 21) עבודת הבית: זה דוד שהיה עוסק בפרכת.
[2]) Midr. Sam. c. 30 רמז שהמות שולט בו.
[3]) Schir r. zu 1, 6. Beide Wörter werden als Notarikon aus רצים פה gedeutet: zermalme den Mund dessen שאסר דלשדיא על בני.
[4]) An dem oben S. 461, A. 7 citirten Stellen. יצאה נבעיליו entspricht dem הבריחי des Textes.
[5]) Pesikta 71, Lev. r. c. 28 g. Anf., nach Joschua b. Levi.
[6]) In der oben. S. 522 gebrachten Legende.
[7]) J. Berach. 8 b, gegen Joschua b. Levi, oben S. 175.

mittlere die schwerste war¹). — 45, 8 auf Amalek und seinen Abkömmling Haman gedeutet²). Amalek wird in dem Verse von Gott apostrophirt. — 55, 13 auf die Purim-Begebenheit angewendet: die vier Pflanzennamen bedeuten Haman und Mordechai, Waschti und Esther; „es wird dem Ewigen zum Namen sein", durch das Purimfest, „zum ewigen Zeichen", durch das Lesen der Estherrolle³). — Jerem. 23, 14. Die Schuld der Propheten Jerusalems ist hier mit demselben Ausdrucke bezeichnet, wie 18, 13 die der „Jungfrau Israels"⁴). — Ezech. 6, 9. „Euere Entronnenen" sind die aus dem Feuerofen entronnenen Chananja, Mischael und Azarja⁵). — 9, 4. Mit ת sollen Diejenigen bezeichnet werden, welche die ganze Thora von א bis ת erfüllt haben⁶). — 35, 6. Blut hast du — Esau — gehaßt, das Blut der Opfer, deren Darbringung zum Recht der Erstgeborenen gehörte⁷). — Hosea 4, 7. „Wie ihr Großer — כְּרֻבָּם — so sündigen sie". Was die Großen thun, thun die Zeitgenossen⁸).

— Die in Gilgal geopferten Rinder, Hosea 12, 12, sind

---

¹) Gen. r. c. 65. ויהי deutet die mittlere, schwerste Krankheit an, מחליו und בחלתו die erste und dritte.

²) Pes. r. c. 12 (51 b): רבותינו מן הדרום בשם ר' שמואל פותחים בפרשה, nämlich als Prooemium zum Abschnitte זכור (Deut. 25, 17).

³) Megilla 10 b: רשב"י פתח לה פיתחא להא פרשתא מהכא. Haman ließ sich abgöttisch verehren, darum heißt er נעצוץ, mit Hinweis auf Jes. 7, 19 (wo נעצוצים mit Götzen erklärt worden zu sein scheint, vielleicht nach 2, 20 f.), Mordechai ist in ברוש (= בראש) angedeutet, denn sein Name ist s. v. als מרי דכי, womit Targum (zu Exod. 30, 23) das „Haupt" (ראש) der Gewürze bezeichnet. Waschti heißt סרפד als Enkelin Nebukadnezars, der die Wohnstätte unseres Gottes verbrannt hat (סרפד aus שרף und רפד, Hoh. 3, 10); הדס ist Esther, nach Esth. 2, 7.

⁴) Echa r. zu 2, 14, nach einem ähnlichen Satze Eleazar's.

⁵) Schir r. zu 5, 8, tradirt von Pinchas und Chilkija. Die Argumentation: בגוים אשר שבו אין כתיב כאן אלא בני א' נשבו שם ist nicht recht klar.

⁶) Sabb. 55 a. In Echa r. zu 2, 1 hat dies Nachman (S. b. N.'s Sohn).

⁷) Gen. r. c. 63 g. E.

⁸) Deut. r. c. 2 (zu 4, 25), mit folgender Ausführung: כיצד הנשיא מתיר ואב בית דין אומר הנשיא מתיר ואני אוסר והדיינים אומרים אב בית דין מתיר ואנו אוסרים ושאר הדור אומרים הדיינים אוסרים ואנו מתירים מי גרם לכל

die von den Stammfürsten, Num. 7, 3, gespendeten¹). — 14, 1. Ein König schickt einen Feldherrn (πολέμαρχος) in eine aufständische Provinz, um sie zu züchtigen. Der Feldherr aber, ein erfahrener und ruhiger Mann, gewährt den Aufständischen eine Frist zur Unterwerfung, indem er sie an das traurige Schicksal mahnt, welches einer anderen aufständischen Provinz zu Theil geworden. So mahnte Hosea Israel an das Schicksal des von „seinem Gotte abgefallenen" Samaria's und fordert dann zur reuigen Rückkehr zu Gott auf²). — 14, 2. Ein abgeschossener Pfeil geht ein bis zwei Joch Felder weit; die Reue aber gelangt bis zum Throne der Herrlichkeit Gottes, „bis zu dem Ewigen, deinem Gotte"³). — Warum prophezeite Obadja nur über Edom?⁴) Gott sagte: Esau wuchs zwischen zwei Frommen (Isaak und Rebekka) auf und lernte nicht von ihnen, Obadja (I Kön. 18, 3) wohnte zwischen zwei Frevlern (Achab und Jzebel) und lernte nicht von ihnen. Darum komme Obadja und strafe Esau!⁵).

הדור לחטוא הגשיא שחטא תחלה. Auf diese Ansicht Sam. b. Nachmans, zu welcher sein oben S. 495, unter Anm. 1 gebrachter Ausspruch zu vergleichen ist, scheint sich die in Arachin 17 a erwähnte Controverse zwischen dem Patriarchen Jehuda II und den „Gelehrten" zu beziehen: הד אמר דור, zum Psalmspruche, 24, 6: זה דור ודרשיו, לפי פרנס והיא פרנס לפי דורו. Die Ansicht, daß jede Generation sich nach ihrem Leiter richtet, entspricht der Ansicht S. b. N.'s, dessen Meinung also in der citirten Controverse die „Gelehrten" vertreten.

¹) Pesikta 9 b, Num. r. c. 12 Ende, tradirt von Judan, während es Huna im Namen Bar Kappara's tradirte (Ag. d. T. II, 515).

²) Pesikta 159 b, trad. von Eleazar. Das Ganze anonym in Sifré zu Num. 25, 1 (§ 147) unter den Beispielen für den Grundsatz Akiba's von den benachbarten Abschnitten (s. Ag. d. T. II, 37, 2).

³) Pesikta 163 b, tradirt von Judan, nach anderer Version (Jalkut z. St.) von Jehuda II, dem Patriarchen. Anstatt S. b. N. hat die eine Hschr. Jehuda b. Simon, von dem aber einige Zeilen weiter eine andere Deutung derselben Textworte gebracht wird. In b. Joma 86 a unten ist unsere Deutung Levi zugeschrieben.

⁴) Tanch. B. וישלח 8, מה ראה עובדיה שלא נתנבא אלא על אדום.

⁵) Zu Maleachi 3, 18 liest man in Sch. tob zu Ps. 31 g. E. (§ 9) eine Bemerkung S. b. N.'s, welche in Chagiga 9 b Hillel (in dem Gespräche mit Bar He He) zugeschrieben ist.

Pfalm 15, 1. Wenn Uzza, weil er seine Hand nach der Lade ausstreckte, mit dem Tode büßte (I Chron. 13, 9), „wer darf, o Ewiger, in deinem Zelte sich aufhalten?"[1]) — 16, 7. Abraham spricht, den Gott selbst gelehrt und in seinen „beiden Nieren" Lehrer der Weisheit gegeben hat[2]). — 22, 7. ואנכי תולעת. Israel spricht: Ich bin die Nation, die dir das Heiligthum aus Purpur (תולעת שני Exod. 26, 1) bereitet hat, kein Anderer[3]). -- 27, 2 f. geht auf den Kampf mit Goliath[4]): „wenn Bösewichter sich mir nähern", s. I Sam. 17, 16, „mein Fleisch zu essen" ib. V. 48, „stürzen hin und fallen", ib. V. 49. Wenn — von nun an — das Lager (der Philister) gegen mich lagern wird, so fürchtet mein Herz nicht[5]). — 50, 21. „Diese thatest du". Gott sagt zu Israel: Du sagtest dem Goldkalbe: „Diese sind deine Götter, o Israel" (Exod. 32, 4); „ich aber schwieg" und willfahrte dem Gebete Moses' um Verzeihung, obwol „du verglichen hattest" das Gebilde dem Bildner, die Pflanze dem, der sie gepflanzt hat[6]). — 68, 21. Die Pluralform למושעות zeigt an, daß Gottes Hilfe in Fülle gewährt wird[7]). — 77, 11. Weil wir nicht in Reue zu dir gefleht haben (חלותי) erscheint „verändert die Rechte" (Gottes Rechte, die

---

[1]) Sch. tob z. St., gegen Josua b. Levi.

[2]) Sch. tob zur Stelle und zu 1, 1 (§ 13) mit Anwendung eines Ausspruches Simon b. Jochai's (Ag. d. T. II, 115). An letzterer Stelle schließt sich daran der oben S. 78, A. 2 gebrachte Ausspruch Jonathan's. In Tanch. bei Jellinek B. H. VI, 100 sind beide Aussprüche in verkürzter Form zu einem verbunden und von S. b. N. im Namen Jonathan's tradirt. — Die Anwendung von Pf. 18, 11 auf den Triumph Gottes über Pharao, in Schir r. zu 1, 9 von Berechja im Namen S. b N.'s tradirt trägt in Sch. tob z. St. (§ 14) Eleazar's Namen.

[3]) Sch. tob z. St. (§ 20).

[4]) Pesikta 175 a, Lev. r. c. 21: ר"ש ב"נ פתר קריא בפלשתים, zwischen Deutungen von Eleazar und Josua b. Levi. Pes. r. c. 8 (31 a) כנגד גלית אמרו, ohne Ausführung.

[5]) In Sch. tob z. St. fehlt diese Deutung.

[6]) Deut. r. c. 1 g. Auf.

[7]) Sch. tob zu Pf. 103, 6, als Anhang zu einem Ausspruche Jizchak's (הבל ברבוי), dessen ausführlichere Gestalt anonym in Esther r. Ende zu finden ist.

Israel half¹). — 105, 8. Das Wort des Bundes, „das Gott nach tausend Geschlechtern gebot"²), ist das Gebot der Beschneidung, welches Abraham (V. 9) in der zwanzigsten Generation nach Erschaffung der Welt erhielt, während die übrigen 980 Geschlechter, die noch hätten in's Dasein treten sollen, dem Nichtsein verfielen³). — 106. 23. Ein König zürnte über seinen Sohn und wollte schon das Todesurtheil über ihn unterschreiben, da riß sein geheimer Rath (συνκάθεδρος) das Schreibrohr aus der Hand des Königs und „wandte so seinen Zorn" vom Königssohne ab. So war auch schon das Urtheil über Israel gesprochen (Deut. 9, 14), auf Grund von Exod. 22, 19, da nahm Moses die Tafeln des Bundes aus Gottes Händen⁴), um das Vernichtungsurtheil abzuwenden⁵). — 118, 7. Israel spricht: Daraus wie „Gott für mich gegen meine Beistände war" — gegen Moses und Aharon, die wegen eines harten Wortes gegen Israel schwer büßten (Num. 20, 10 ff.) — „sehe ich" wie er „gegen meine Feinde" sein wird⁶). — 128, 6. Indem deine Kinder selbst Kinder haben, ist der Friede in Israel gefördert (indem der Anlaß zu Erbstreitigkeiten beseitigt ist⁷).

---

¹) Pesikta 130 a, gegen Alexander, s. oben S. 199, A. 5.

²) Das ל in לאלף דור ist im Sinne von „nach" genommen, wie in לימים, nach einigen Tagen.

³) Gen. r. c. 28 g. Anf., Koh. r. zu 1, 15, tradirt von Levi, im Anschluß an einen ähnlichen Ausspruch Eliezer's, des Sohnes Jose Gelili's (Ag. d. T. II, 306). In Sch. tob. zu Ps. 105 Anf. ist dieser letztere Ausspruch S. b. N. zugeschrieben, doch ist der Text dort schwankend (s. Buber z. St.)

⁴) S. Jonathan, oben S. 80, unter Anm. 3.

⁵) Exod. r. c. 43 Anf., tradirt von Berechja, nach einem anderen Gleichniß, das derselbe im Namen von רבינו (?) tradirt. In Sch. tob z. St. (§ 6) ist das Ganze gekürzt, statt רבינו: Jehuda b. Simon. Anstatt des bei S. b. N. auch sonst (s. oben S. 511) vorkommenden בנקדתרים hat Sch. tob das hier unpassende und aus dem anderen Gleichnisse übernommene בניגור.

⁶) Sch. tob zu Ps. 78, 31 (wo בחורי „die Erwählten Israels" Moses und Aharon sein sollen), tradirt von Levi. Statt אין לך אדם שאתה מסייעי כמשה ואהרן muß es heißen שהוא מסייעני כם וא, denn sie sind die עוזרי, Israels Helfer, Wohlthäter.

⁷) Kethub. 50 a, gegen Josua b. Levi.

Hiob 5, 21 bezieht sich auf David[1]). — Nach 22, 25. Wer in seinem Leib Ergebung in den Willen Gottes zeigt, dem fliegt (תועפות) sein Unterhalt wie ein Vogel zu[2]). — 31, 1. Sieh', wie fromm Hiob war! Wenn er selbst auf eine Jungfrau, die anzublicken gestattet ist, da man sie sich oder seinem Sohne oder Bruder zur Frau nehmen könnte, nicht seine Augen hinwandte, um wieviel weniger blickte er auf das Weib eines Anderen hin[3]). — In 34, 29 sind drei Gottesbeschlüsse angedeutet, die zu gleicher Zeit gefaßt wurden, und zwar an dem Tage, an welchem König Uzzija zur Strafe für sein Eindringen in's Heiligthum aussätzig wurde (II Chr. 26, 16): der Beschluß über diese Strafe und zugleich (יחד) der über das „Volk" (גוי, wie Joel 1, 6) Assyriens, das durch Chizkija, und „die Menschen", die zehn Stämme Israels (Ez. 34, 31), die durch Sancherib fallen sollen[4]).

Ruth 2, 14. Der „Essig" deutet an, daß ein Nachkomme der Ruth Thaten begehen wird, die herber sind als Essig, nämlich der König Manasse[5]). — 4, 1. Es war göttliche Fügung, daß der Verwandte, von dem Boaz gesprochen hatte, gerade zur rechten Zeit vorübergieng[6]). — Jb. אלמני zeigt an, daß der mit diesem Worte

---

[1]) Ag. Bereschith c. 3, gegen Josua b. Levi, s. oben S. 178, A. 6.

[2]) Berach. 63 a, nach der ähnlichen Deutung El. Hakkappar's (Bar Kappara's) Ag. b. T. II, 516.

[3]) Tanch. ויצא, zu Gen. 34, 1. Dazu die Lehre: לכך צריכה אשה להיות יושבת בתוך הבית ולא תצא לרחוב שלא תכשל עצמה ולא תביא מכשול לבני אדם ונמצאו מסתכלין באשת איש.

[4]) Lev. r. c. 5, wo der Ausgangspunkt des Ganzen unrichtig angegeben ist. Die Beziehung auf Uzzija liegt offenbar in V. 30 ממלך אדם חנף . . יחד verknüpft diesen V. mit dem vorhergehenden und ergiebt die angegebene Gleichzeitigkeit der drei Beschlüsse. Der innere Zusammenhang zwischen denselben ist wol der, daß Uzzija's Schuld mit dazu beitrug, daß die Assyrer Macht über Israel bekamen, seine Strafe hingegen die Schuld sühnte und den Untergang Sancherib's ermöglichte.

[5]) Sabbath 113 b, gegen Eleazar. In Ruth r. anonym מדבר . . . במנשה . . שליכלך מעשיו כחומץ.

[6]) Ruth r. z. St. (c. 7), mit der aram. Frage eingeleitet: מה לאחורי תרעא הוה קאים. Darauf die Antwort, drastisch ausgedrückt: אפילו היה בסוף העולם הטיסו הקב"ה והביאו לשם כדי שלא יהיה אותו צדיק יושב ומצטער מתוך ישובו.

Angerufene „stumm" (unkundig) war in den Worten der Lehre; er wollte nicht durch die moabitische Frau die Reinheit seiner Familie trüben, wußte aber nicht, daß längst die Nichterstreckung des Verbotes in Deut. 23, 4 auf die moabitischen und ammonitischen Frauen ausgesprochen war¹). — Echa 1, 16. אלה, die Ursache von Jsraels Weinen, verweist auf Exod. 32, 4, die Anbetung des Goldkalbes²). — 2, 6. „Wie den Garten", d. i. wie den aus dem Garten Eden vertriebenen ersten Menschen³). — Scene aus der Einnahme des Tempels nach Echa 2, 7: Als die Heiden in das Heiligthum eindrangen, legen sie ihre Hände unterhalb des Nackens, wandten ihr Angesicht gegen oben und lästerten und schmähten, und die Nägel ihrer Stiefel (caliga) ließen Spuren in dem Fußboden zurück⁴). — 3, 1. Die Gemeinde Jsraels spricht: Da mich Gott „arm erblickte" an Geboten und guten Handlungen, brachte er über mich „die Ruthe seines Grimmes"⁵). — 3, 39. „Was klagt der Mensch" über Gott den ewig „Lebenden", möge der Mann über seine eigenen Sünden klagen!⁶) — Koh. 5, 12. Der Besitzer des zum Unheil gehüteten Reichthums ist Korach⁷). — Esther 1, 6 f. Komm' und sieh' den Luxus dieses Frevlers! Statt Schnüre aus Wolle und

---

¹) Ruth r. z. St.
²) Echa r. z. St. Vgl. S. 535, zu Pf. 50, 21, und unten zu Dan. 9, 7.
³) Echa r. z. St., gegen Chama b. Chanina.
⁴) Echa r. z. St. (trad. von Berechja, Chelbo, Aibo), nach der besseren Lesung im Aruch (f. Levy I, 311 a, Kohut II, 292 b). Der Zusammenhang dieser Schilderung mit den Worten des Textes ist nicht gut ersichtlich. Nur eines ist klar, daß der Schluß des Verses (קיל נתב) auf die Lästerungen des über das Volk Gottes triumphirenden Feindes aufgefaßt wird. Mit denselben drei Trabanten folgt dann noch die Bemerkung S. b. N.'s: עשתה כן (d. i. Rom) וו הלבות אך, aus ביה מיער bewiesen, hierauf der oben S. 44 gebrachte Ausspruch Jannai's.
⁵) Echa r. z. St.
⁶) Echa r. z. St., wo nur Berechja als Autor genannt ist; doch stand wol ursprünglich noch ב ב ר' שמואל בשם, denn in Ag. Bereschith c. 61 ist die Deutung ר' שמואל zugeschrieben.
⁷) (Gen. r. c. 50 g. E. gegen Josua b. Levi. (S. 157). Zu Koh. r. z. St.: Naboth aus Jizreel, was nach Gen. r. Jehuda b. Simon's Meinung ist. — Zu Koh. 11, 6 (Gen. r. c. 61) s. Ag. d. T. I. 156, 6.

Linnen durchzog er seine Teppiche mit Schnüren aus Byssus und Purpur; und sein Haus war mit Edelsteinen und Perlen ausgelegt[1]).

Dan. 3, 14. Zwei Deutungen[2]). 1. Nebukadnezar sagte zu den drei Männern: Euere Götzenbilder waren aus Silber und Gold (Hosea 8, 4), mein Götzenbild ist ganz golden (ὁλόχρυσον), und da kommet ihr und wollet ihr mein Götzenbild veröden (unverehrt) sein lassen. 2. Hat euch nicht Moses in seiner Lehre geschrieben (Deut. 4, 28): Ihr werdet dort Göttern dienen, dem Werke von Menschenhänden? Sie erwiederten darauf: Herr und König, nicht Anbetung ist damit verkündigt, sondern Knechtschaft mit allen Arten von Steuern; die Götter aber, das sind die Könige[3]). — 12, 1. „Zu jener Zeit wird dein Volk gerettet werden". Durch welches Verdienst? Um ihrer rein erhaltenen Familien willen: „jeder der gefunden wird, verzeichnet im Buche"[4]). — I Chr. 21, 15. Was „sah" Gott? Das an dieser Stelle zu erbauende Heiligthum[5]).

7.

Homiletische Gruppensätze.

Fünf Stellen giebt es in der heiligen Schrift, an denen eine Erzählung, in der von Drangsal die Rede ist, mit den Worten „Es war in den Tagen" eingeleitet wird[6]). 1. Gen. 14, 1, 4. Ju

---

[1]) Esther r. z. St. zwei Ausrufe, der zweite zu 1, 8 wiederholt: בוא וראה שלותו של אותו הרשע ...

[2]) Lev. r. c. 33 g. E., ähnliche Deutungen wie die von Jochanan oben S. 294, ebenfalls הצרא mit הצרו „etwa Verwüstung" erklärt.

[3]) Der letzte Satz besonders mit S. b. N.'s Namen bezeichnet: תמן קריין למלכייא אלהייא. Damit ist wol auf die Vergötterung der römischen Kaiser hingewiesen. Vgl. oben S. 456, Anm. 2.

[4]) Sch. tob zu Ps. 20, 2.

[5]) Berach. 62 b, Controverse zwischen Jakob b. Jdi und S. b. N. חד אמר כסף כפורים ראה וח"א בית המקדש ראה.

[6]) Ausführung der alten agadischen Norm Eleazar's aus Modiim (Ag. b. T. I, 199), Gen. r. c. 42, Lev. r. c. 11, Esther r. Einl., Ruth r.

einer Provinz wohnte der Freund des Königs, dem zu Liebe der König der Provinz seine Sorgfalt zuwendete; einst kamen Barbaren und griffen den Freund des Königs an, da sagten Alle: Wehe uns, wenn er unterliegt, wird der König nicht mehr für uns sorgen. So bedrohten die verbündeten Könige Abraham, den Freund Gottes, um dessentwillen Gottes Vorsehung der Welt zu Theil wurde, und Alle fürchteten, er könne umkommen, und riefen Wehe! 2. Jes. 7, 1. (9, 11). Ein König übergab seinen Sohn einem Pädagogen; dieser haßte das Kind und sprach: Wenn ich ihn tödte, verwirke ich mein Leben, ich will ihm seine Amme entziehen, dann stirbt er von selbst. So handelte Achaz an Israel: er schloß die Synagogen und Lehrhäuser, nach Jes. 8, 16, damit die Jugend des Unterrichtes entbehre und die Kenntniß der Lehre und der heilige Geist aus Israel schwinde[1]). 3. Jer. 1, 3 (4, 23). Ein König schickte Sendschreiben aus, die überall mit Ehrfurcht und Beben angehört wurden[2]), nur in einer Provinz wurden die Schreiben zerrissen und verbrannt, und

---

(Einl., Tanch). שמיני Anhang. Die Norm wird von S. b. N. so durchgeführt, daß er mit Hilfe eines Gleichnisses an jeder der fünf Stellen zeigt, worin die allgemeine Noth, die durch das betreffende Ereigniß hervorgerufen wurde, bestand; refrainartig schließt jeder Nachweis mit den Worten: הבל) התחילו וכו' צווחין, so daß die erste Sylbe des Ausdruckes ויהי בימי, welcher den Gegenstand der Norm bildet, in der Bedeutung „Wehe!" als die etymologische Grundlage der Norm erscheint. — Die Reihenfolge (hier aus Lev. r. und Tanch.) ist in Gen. r. 1, 2, 3, 5, 4, in Esther r. 1, 5, 2, 3, 4, ebenso Ruth r.

[1]) Achaz spricht seine geistmordende Absicht so aus אם אין קטנים אין תלמידים אם אין תלמידים אין חכמים אם אין ח' אין תורה אם אין ת' אין בתי בנסיות ובתי מדרשות אם אין.. אין הקבה משרה שכינתו בעולם, So Lev. r., Ruth r., Tanch. In Gen. r. sind anstatt der Thora und der Lehrhäuser und Synagogen נביאים und זקנים genannt. In Esther r. wie in Lev. r., nur nach den חכמים auch die זקנים. Bildlich wird vorher die Absicht so ausgedrückt: אם אין גדיים אין תיישים אם אין ת' אין צאן אם אין צ' אין רועה. Vgl. oben S. 491, A. 1.

[2]) Lev. r.: וכל מדינה ומדינה שהיו הכתבים מגיעים היו בני המ' עומדין על רגליהם ומדיעים את ראשיהם וקוראים אותם באימה ביראה ברתת וזיע ebenso Tanch. In Gen. r., Ruth r. (wo פרוסטגמא προστάγμα, statt כתבים) fehlt dieser Zug. In Esther r. ist er mit der Einzelheit vermehrt: היו מחבקים ומנשקים אותם.

Alle riefen: Wehe, wenn der König dies erfährt! So war auch allgemeines Wehe, als Jojakim die ihm vorgelesene Schrift des Propheten Jirmeja zerriß und verbrannte (Jer. 36, 23¹). 4. Esther 1, 1 (7, 4). Ein König hatte einen Weinberg, an dem drei Feinde des Königs sich vergriffen, der erste pflückte von den Ranken, der Zweite riß die Trauben ab, der dritte entwurzelte die Weinstöcke. So vergriffen sich nach einander Pharao (Exod. 1, 22), Nebukadnezar (II Kön. 24, 14) an Israel, Achasveros aber wollte sie ganz vernichten. 5. Ruth. 1, 1. Eine Provinz war die Steuer schuldig, da schickte der König einen Schatzbeamten, um sie einzuheben, die Bewohner der Provinz aber peinigten und brandschatzten denselben²). So war es auch zur Zeit der Richter: wenn ein Richter Jemanden züchtigen wollte, wurde er selbst von dem Betreffenden gezüchtigt, und man rief: Wehe dem Geschlechte, das seine Richter richtet!³) — ויהי bezeichnet eine überaus betrübende, והיה eine überaus erfreuliche Begebenheit⁴). — Bei fünf biblischen Personen ist der Ausdruck היה angewendet und damit angezeigt, daß der Betreffende eine „neue Welt gesehen hat" (d. i. eine vollständige Veränderung

---

¹) Die vorgelesene Schrift war die „Rolle" (Jer. 36, 21) der Klagelieder, der König hörte die ersten 4 Verse an (דלתות V. 23 mit פסוקים wiedergegeben), beim fünften (Echa 1, 5) zerriß er die Rolle. Vgl. dazu Moed Katon 26 a.

²) Lev. r. מה, עשו בני המדינה עמדו ותלו אותו ונבו אותו, Gen. r. נטלו, Ruth. r. תלו אותו והכו אותו ונבו אותו אותו, Esth. r. נטלו אותו והכו אותו אותו והלקוהו ונבו אותו, Tanch. הכו את הנגבאים ותלאום. Das נבו גבו ist ein wesentlicher Zug, da die säumigen Steuerpflichtigen dem Steuereinheber (נבאי) das anthun, was sie von ihm hätten erfahren sollen.

³) Die Deutung beruht auf der Auffassung von השופטים (Ruth, 1, 1) als Objekt zu שפט. S. Jochanan ob. S. 312.

⁴) In Bezug auf die oben S. 262 unter Anm. 2, gebrachte Norm Jochanans: (oder פלנו) אתא ר"ש בר נחמן ועבד פלנא, Lev. r. c. 11, Gen. r. c. 42, Esth. r. Einl., Ruth r. Einl., Tanch. שמיני Anhang (wo irrthümlicherweise שמחה אבל כל והיה der Norm Jochanans angeschlossen und S. b. N. gar nicht genannt ist). In Pesikta r. c. 5 (19 b) ist der Ausspruch selbständig formulirt: אמר רשב"נ בכל מקום שכתב ויהי אין צרה כיוצא בה וכל מקום שכתב והיה אין שמחה כיוצא בה. Es folgen dann in allen genannten Quellen Einwände gegen die Regel, welche S. b. N. beantwortet: מתיבין ליה (אתיבון) השיבוהו (in Tanch.) אמר להם. Gegen den ersten Theil

der Zustände erlebt hat¹): 1. Noach (Gen. 6, 9) sah nach der Sündfluth, die auch die „Steine zermalmte" (Hiob 14, 19) und die „Hoffnung der Menschen vernichtete" die Verbreitung seiner Nachkommen über die Erde (Gen. 9, 18 f.); 2. Joseph (Gen. 37, 2), der nachdem er in Fesseln geschmachtet hatte (Ps. 105, 18), zum Herrscher über Aegypten wurde (Gen. 42, 6); 3. Moses (Exod. 3, 1), der, vor Pharao fliehen mußte und ihn dann mit seinem Heere im Meer versinken sah; 4. Hiob (1, 1), der von Gottes Pfeilen durchbohrt war (17, 13) und dann Gottes verviel=fältigten Segen erfuhr (42, 10); 5. Mordechai (Esth. 2, 5), der gehängt werden sollte und der seinen Henker aufhängen ließ. — Dreimal kam ein „Schrecken Gottes" den Söhnen Jakobs im Kriege

---

der Regel (וירא) werden folgende Bibelstellen citirt: 1. Gen. 1, 3; 2. Gen. 1, 5; 3. Gen. 1, 8 und die übrigen Schöpfungstage; 4. Gen. 39, 2; 5. Lev. 9, 1; 6. Num. 7, 1; 7. Jos. 6. 27; 8. I Sam. 18, 14; 9. II Sam. 7, 1 (in Gen. r. fehlt 8, in Tanch. 5 und 6; in Pesikta r. stehen nur 1, 5 und 6). Für den zweiten Theil der Regel giebt nun S. b. N. selbst, dazu aufgefordert, einige Beispiele an, u. zw. 1. Joel 4, 18; 2. Jes. 7, 21; 3. Zach. 14, 8; 4. Ps. 1, 5; 5. Micha 5, 6 (in Gen. r. fehlen 4 und 5, dafür: Jes. 11, 11 und 27, 13, letzterer Vers auch in Esth. r. und Ruth r., in Pes. r. fehlt der ganze Passus). Es wird ihm Jer. 38, 28 entgegengehalten, worauf er mit dem oben S. 493, A. 3 gebrachten Ausspruche erwiedert. Die gegen den ersten Theil der Regel citirten Stellen deutet S. b. N. so, daß er nachweist, das Erfreuliche des mit וירא Erzählten enthalte auch ein betrübendes Moment. Zu 1: das erschaffene Licht wurde der Frevler wegen der Welt entzogen (Hiob 38, 15) und im Paradies für die Frommen ver=wahrt (Ps. 97, 11); zu 2: Himmel und Erde, das Werk des ersten Schöpfungs=tages, sind für den Untergang bestimmt (Jes. 51, 6); zu 3: die einzelnen Werke der Schöpfung bedürfen der vervollkommnenden Zubereitung (s. oben S. 92, A. 4); zu 4 verweist er auf Gen. 39, 7; zu 5 auf Lev. 10, 2; zu 6 auf die durch die Vollendung des salomonischen Tempels herbei=geführte Beseitigung des von Moses errichteten Heiligthums; zu 7 auf Jos. 7, 5; zu 8 auf I Sam. 18, 9; zu 9 auf I Kön. 8, 19. — Ueber Megilla 10 b s. oben S. 262 und Ag. b. T. 1, 199, Anm. 3.

¹) (Gen. r. c. 30 ר' לוי אמר כל מי שנאמר בו היה ראה עולם חדש אמר ר' שמואל חמשה הן, ebenso Esther r. zu 2, 5 (c. 6 Anf.), nur statt ר' שמואל ausdrücklich S. b. N. Zu Tanch. B. שמית 11 Ende nur der erste Theil des Ausspruches mit Anwendung auf Exod. 3, 1.

gegen die Völker zur Hilfe: Gen. 35, 5; I Sam. 14, 15, Josua 11, 10¹). — An brei Stellen finden wir den heiligen Geist als Begleiter der Erlösung Israels: Jes. 32, 15, ib. 61, 1, Echa 3, 50²). — Viermal findet sich der Ausdruck שחק in dem Sinne, daß Gott die Frevler verhöhnt: Pf. 2, 4; 59, 4; 37, 13, Prov. 1, 26³). — Zwei Bruderküsse (Gen. 33, 4 und Exod. 4, 27). Einem Goldwechsler brachte man eine Münze, von der er erkannte, daß sie mit Gold überzogener Thon sei, nach einer Zeit brachte man ihm eine nur Gold enthaltende Münze. Er erinnerte sich jener ersten, unechten Münze und verglich sie mit der echten. So verhält es sich mit dem falschen Kusse Esau's, auf den Prov. 26, 23 anzuwenden ist, und dem echten Kusse Aharons, auf den Pf. 85, 11 bezogen werden kann⁴).

An zehn Stellen wird Israel Braut genannt, im Hohenliede sechsmal (4, 8—12, 5, 1) und bei den Propheten viermal (Jes. 49, 18; 61, 10; 62, 5; Jerem. 7, 34); dem entsprechend giebt es zehn Stellen, an denen von Gott ausgesagt ist, daß er sich in ein Gewand hüllt: Pf. 104, 1, das Lichtgewand zur Weltschöpfung; Pf. 93, 1, das der Erhabenheit zur Züchtigung des Geschlechtes der Sündfluth; ib., das der Macht, um Israel die Thora zu geben; Dan. 7, 9, ein weißes Gewand, zur Züchtigung Babels; Jes. 59, 17, das der Rache und des Eifers, zur Züchtigung Mediens; ib. das der Gerechtigkeit und des Heiles gegen das Griechenreich; Jes. 63, 2, ein rothes Gewand, zur Züchtigung Edoms (Roms); ib., ein „prachtvolles" Gewand, zur Züchtigung Gogs und Magogs⁵).

---

¹) Gen. r. c. 81 Ende, ר׳ שמואל, Jalkut zu Jos. 11: ר״ש בר נחמני.
²) Echa r. 3. St., trad. von Acha.
³) Sch. tob. zu Pf. 2, 4, trad. von Acha.
⁴) Exod. r. c. 5.
⁵) Schir r. zu 4, 10, tradirt von Berechja und Chelbo, Pesikta 147 b anonym, Deut. r. c. 2 Ende: ר׳ ברכיה. In Schir r. und Deut. r. fehlt die chronologische Verknüpfung der „zehn Gewänder" mit den Thatsachen der göttlichen Weltregierung, dafür heißt es am Schlusse: הרי י׳ כדי לפרע מאומות העולם שביטלו י׳ הדברים שהיו מצמצמים עליהם ככלה: der Dekalog ist der Brautschleier Israels.

Das Leben Joseph glich dem seines Vaters Jakob; was dem Einen begegnete, begegnete auch dem Anderen[1]): Beide wurden beschnitten geboren[2]), von Beiden war die Mutter unfruchtbar gewesen und gebar dann zwei Söhne. Beide waren Erstgeborene[3]) und hatten eine schwere Geburt. Beide mußten Haß und Mordanschläge der Brüder ertragen. Beide waren Hirten, Beide angefeindet[4]). Beide wurden mit Reichthum gesegnet. Beide giengen ins Ausland und heirateten dort. Beide wurden von Engeln begleitet und verdankten Träumen ihre Erhöhung. Um Beider willen kam Segen in's Haus des Schwiegervaters. Beide giengen nach Aegypten und machten der Hungersnoth ein Ende. Beide beschworen die Hinterbleibenden, sprachen ihren letzten Willen aus, starben in Aegypten, wurden einbalsamirt und Beider Gebeine wurden nach Kanaan gebracht.

8.

Gott und Welt. Messianisches. Eschatologisches.

Zu Pf. 68, 5. ביה nach dem griechischen βίος zu erklären. So wie jeder Ort (jede Provinz) Jemanden hat, der über die Lebensmittelbeschaffung, die Verpflegung, gesetzt ist, so hat die Welt Gott selbst zum Verpfleger[5]). — Gottes Erbarmen überragt alle seine

---

[1]) (Gen. r. c. 84, zur Deutung der Worte: אלה תולדות יעקב יוסף (Gen. 37, 1): כל מה שאירע לזה אירע לזה; in Num. r. c. 14 g. Auf. dafür: שהיה יוסף דומה לאביו בכל דבר. Ju Tauch). וישב. Auf. ist nur ein kleines Bruchstück des Ganzen anonym gebracht: אתה מוצא שהיה יוסף דומה לאביו בכל דבר וכל מה שעבר על יעקב כך עבר על יוסף.

[2]) Nur für diese eine Analogie wendet Ab. di R. N. c. 2 die Worte in Gen. 37, 1 an.

[3]) Dieses fehlt in Num. r.

[4]) Hier folgt: זה נגנב ב' פעמים וזה נגנב ב' פעמים, nach einer Deutung von Gen. 31, 39 und 40, 15.

[5]) An den oben S. 479, Anm. 1 citirten Stellen wird: ביה שמו von S. b. N. mit של עולמו ביה gedeutet. In Gen. r. werden als Beispiele für Verpflegsbeamten genannt אנדיקוס (ἔκδικος) und אבנוסטוס (augustus, augustalis?).

übrigen Eigenschaften, nach Pf. 145, 9¹). — Der Vater erbarmt sich seines Kindes, die Mutter tröstet; Gott spricht: Ich thue an euch wie Vater und Mutter: ich erbarme mich euer (Pf. 103, 13) und ich tröste euch (Jes. 66, 13²). — Der Ausdruck für Gottes Langmuth, ארך אפים, zeigt an, daß er sowol gegen Frevler, als gegen Fromme Langmuth bekundet³).

Wie wurde das Licht geschaffen? Gott hüllte sich in Licht, wie in ein Gewand und der Glanz seiner Herrlichkeit durchstrahlte die Welt von einem Ende bis zum anderen⁴).

Keine Abtheilung der oberen Wesen singt zweimal Gottes Lob, sondern täglich erschafft Gott eine neue Abtheilung der Engel („neue an jeglichem Morgen", Echa 3, 22), die einen neuen Gesang

---

¹) Gen. r. c. 33 (ר' שמואל) מעשיו; על הכל שהן מדותיו הוא מרחם des Textes ist im Sinne von מדותיו genommen. — Zu עלילותיו Pf. 104, 7 sagt S. b. N. (Sch. tob z. St. § 10): היי בר נש יהויין עלילותיה דרחמין רחמין עלך. Statt דרחמין l. דרחמן. Der Satz soll ein Beispiel dafür geben, daß von Gott angewendet, עלילות Thaten des Erbarmens ausdrückt, im Gegensatze zu Deut. 22, 14.

²) Pesikta 139 a.

³) Erubin 22 a, Baba Kamma 50 a b, א"ר חנא (חני) ואיתימא ר"ש בר נחי. Chaggai hat wol als Trabent zu gelten. In jer. Taan. 65 b trabirt dies S. b. N. im Namen Jonathans (s. oben S. 72), ebenso, doch in erweiterter Form, Pesikta 161 b, wo die Autorenangaben umzukehren sind (die an erster Stelle befindliche Deutung von ארך אפים gehört Jonathan, die zweite Jochanan, s. oben S. 327, A. 6). In Sch. tob. zu Pf. 86, 15 und zu Pf. 103, 8 ist eine Verkürzung dieser erweiterten Version S. b. N. selbst zugeschrieben.

⁴) Antwort auf eine Frage Simon b. Jehozabaks an den oben S. 120, Anm. 3 angegebenen sechs Stellen. In 1 lautet die Antwort: מלמד שנתעטף הקב"ה בה כשלמה והבהיק זיו הדרו מסוף העולם ועד סופו; in 2: נתעטף הקב"ה כש' והבהיק בל העולם כולו מזיו הדרו, ebenso in 3, nur statt נתעטף בטלית לבנה והבהיק העולם מאורו ;באצטלית לבנה : כשלמה; in 4: in 6 fast wie in 2. In 5 (entsprechend dem oben constatirten Mißverständnisse): נתעטף באורה וברא את עולמו. — Es ist hier noch nachzutragen, daß in Tanch. B. בראשית 10 anstatt Simon b. Jehoz. als Fragesteller Jonathan b. Eleazar genannt ist; im Uebrigen ist die dortige Version der in 5 am nächsten. — Vgl. zur Sache den Ausspruch S. b. N.'s über die zehn „Gewänder" der Gottheit, oben S. 543. — Ueber die Schöpfung des Firmamentes tradiren Pinchas und Jakob b. Abin im Namen S.

anstimmt und wenn sie ihn beendet hat, dahingeht¹). — Die Engel des Verderbens haben keine Gelenke in den Füßen, sie gleiten nur hin, nach Hiob 1, 8 (שוט²). — Die Engel, welche Sodom zerstörten, wurden wegen der vorzeitigen Enthüllung des geheimen Rathschlusses Gottes (Gen. 19, 13) aus ihrer Abtheilung in der Nähe Gottes verstoßen und erst nach 138 Jahren (als Jakob nach Charan gieng, Gen. 28, 12) wieder aufgenommen³). — Sowie die unteren Wesen (die Menschen) des gegenseitigen Wohlthuns bedürfen, so bedürfen auch die oberen Wesen des gegenseitigen Wohlthuns, nach Ez. 10, 2⁴). — Der Engel, der

---

b. N.'s, was die „Gelehrten" im Namen Chanina's lehrten, s. oben S. 31, Anm. 2.

¹) Gen. r. c. 78 g. Anf., tradirt von Chelbo; in Echa r. zu 3, 22 bloß Chelbo. In Chagiga 14 a theilt Samuel dem Sohne Rab's im Namen des Letzteren einen ähnlichen Gedanken mit und ebendaselbst trad. S. b. N. selbst die analoge Deutung zu Ps. 33, 6 (oben S. 85). — Ueber den Lobgesang der Engel s. oben S. 507, zu Ez. 3, 11.

²) Jer. Schebuoth 37 a unt., Lev. r. c. 6 מלאכי חבלה אין להן קפיצין, mit Bezug auf Zach. 5, 4, wo ausnahmsweise der zur Züchtigung des Meineides ausgesandte Engel des Verderbens (אלה personificirt) sich im Hause des Sünders niederläßt (ולנה). In j. Berach. 2 c tradirt Chanina b. Andrai (Andreas) im Namen Samuel b. Soter's, auf Grund von קאמיא, Dan. 7, 16: המלאכים אין להן קפיצין, und in Gen. r. c. 65 beruft sich Reuben (in dem oben S. 507, A. 4 erwähnten Ausspruche) auf zwei Meinungen des ר׳ שמואל: 1. אין ישיבה למעלן, wegen (Ez. 1, 7. 2: אין להם קפיצין, wegen Dan. 7, 16. (Ein ר׳ שמואל בן בשר kommt sonst nicht vor; mit dem im Namen Abahus tradirenden ר׳ שמואל בר בסרטיא ist er schwerlich identisch (Frankel, Mebo 126 b), sollte בשר σωτήρ nicht der griechische Name Nachmans des Vaters unseres S. b. N's sein? S. auch Sch. tob zu Ps. 1 Anf. und Bubers Anm. zu § 2.

³) Gen. r. c. 50, ib. c. 68, tradirt von Levi (s. oben S. 458, Anm. 4). Auch zu Gen. 32, 27 wendet dies S. b. N. (Tradent Levi) an: er läßt den Engel zu Jakob sprechen: מלאכי השרת על ידי שנגלו מסטורין של הקב״ה נדחו ממחיצתן... אשמע לך ואדחה ממחיצתי. Die 138 Jahre beginnen mit dem 99. Jahre Abrahams, ein Jahr vor der Geburt Isaaks und reichen bis zum 77. Jahre des im 60. Lebensjahre Isaak's geborenen Jakob (s. Megilla 17 a).

⁴) Lev. r. c. 31 Anf. Echa r. zu 1, 13: Antwort auf die oben S. 480 erwähnte Frage Ammis nach dem Sinne der Worte עד יצדקתך אלי מרום, Ps. 71, 19. Die entsprechende Deutung von Ez. 10, 2, welche S. b.

Die Engel. Der Menſch.

über das Wohlthun geſetzt iſt, bringt das Gebet vor Gott, nach Pſ. 84, 14[1]).

Ehe der Menſch erſchaffen werden ſollte, berieth ſich Gott mit den Werken aller Schöpfungstage, wie wenn ein König ſich mit ſeinen vertrauten Räthen, ohne deren Wiſſen er nichts thut, beräth[2]). — Der Menſch wurde als Doppelweſen, männlich und weiblich, „mit einem doppelten Angeſicht" (δυσπρόσωπος) erſchaffen (Gen. 1, 27) und nachher entzweigetheilt. צלע in Gen. 2, 21 ſ. beb. nicht Rippe, ſondern Seite, wie in Exod. 26, 20[3]).

Aus Deut. 29, 14 geht hervor, daß auch die Seelen der unerſchaffenen künftigen Geſchlechter bei der Bundesſchließung gegen-

---

N. anführt, tradirt Jochanan im Namen S. b. Jochais (Echa r. ib., vgl. Midraſch Sam. c. 24 g. E., anonym Lev. r. c. 26, ſ. Ag. b. T. I 105, 5): ein Engel bittet den andern: עשה עמי צדקה ותן לי גחלים משלך שלא אכוה.

[1]) Sch. tob z. St.: מלאך הממונה על הצדקה הוא מקדים אותה. S. b. N. hat, wie es ſcheint, als Subject zu תקדמך, welches Verbum er tranſitiv auffaßt, צדקתך im vorhergehenden Verſe genommen und תפלתי als zweites Object; die Conſtruction iſt wie in Pſ. 21, 4.

[2]) Gen. r. c. 8 g. Anf. (gegen J. b. Levi) במעשה כל יום ויום נמלך. Das Gleichniß gebraucht denſelben griechiſchen Ausdruck für vertrauten Rath, den S. b. N., oben S. 511, auf Abraham anwendet. Die Deutung beruht wol auf dem Textworte נעשה (nicht נברא oder ניצר), das auf die Werke (מעשה) der Schöpfung hinweiſt. Der ſo ausgedrückte Gedanke beſteht wahrſcheinlich darin, daß der Menſch nach den Bedingungen ſeines Daſeins in den übrigen Schöpfungswerken wurzelt, Gott dieſelben alſo vor ſeiner Erſchaffung zu Rathe gezogen hat.

[3]) Gen. r. c. 8 Anf. (darnach Sch. tob zu Pſ. 139, mit gekürzten Namen': ר' אלעזר, ר' שמואל); vorangeht die Meinung Jirmeja b. Eleazar's אנדרוגינוס בראו. In Gen. r. c. 17 giebt S. b. N. die erwähnte Erklärung von צלעותיו mit סטרוהי. Zu Lev. r. c. 14 Anf. iſt irrthümlicherweiſe S. b. N. die Meinung Jirm b. El.'s zugeſchrieben und Simon b. Lakiſch die S. b. N.'s. In Berachoth 61 a, Erubin 18 a iſt die letztere Jirm. b. El. zugeſchrieben. Der Ausdruck, den S. b. N. gebrachte, דו פרצופין iſt als zuſammengeſ. Adj. aufzufaſſen (vgl. δυοειδής, doppelgeſtaltig); wenn es zwei Wörter wären, müßte es heißen שני פרצופין, vgl. Synh. 103 b ארבעה פרצופין von dem viergeſichtigen Götzenbilde König Manaſſe (oben S. 293). צלע, Gen. 2, 21 mit פרצוף wiedergegeben auch in der Controverſe zwiſchen Rab und Samuel (Ber. 61 a, Erub. 18 a). Was in Lev. r. c. 14 g. Anf.

wärtig waren¹). — Deut. 31, 14. „Deine Tage sind dem Tode nahe". Das gilt von allen Frommen, die sterben; nur ihre irdischen Tage sind vergangen, sie selbst bleiben am Leben, wie es in Hiob 12, 10 gesagt ist: „in dessen Hand die Seele jedes Lebenden", d. i. die Seele der Frommen, die auch nach dem Tode Lebende genannt werden²).

In dieser Welt geht der Mann, um ein Weib zu suchen³), in der Zukunft aber (Jer. 31, 21) „geht das Weib umher nach dem Manne": jetzt ist es Gott, der Israel sucht, daß sie Buße thun und seinen Willen ausüben; dereinst aber wird Israel Gott nachgehen, um seinen Willen auszuüben (s. Ezech. 36, 27⁴). — Israel wird von Gott selbst erlöst werden, daher die Bezeichnung: die Erlösten des Ewigen (Ps. 107, 2), und die Gelösten des Ewigen (Jes. 35, 10), nicht Erlöste Elija's des Propheten, noch Erlöste des Königs Messias⁵). — Der Auszug aus Aegypten fand in Eilfertigkeit statt (Exod. 12, 9), hingegen ist von der künftigen Erlösung geschrieben (Jes. 52, 12): Nicht in Eilfertigkeit werdet ihr ausziehen und nicht in Flucht hinweggehen!⁶) — In dieser Welt wandelt man des Tags beim Lichte der Sonne, des Nachts beim Lichte des Mondes; dereinst aber wird man beim Lichte, das von Gott ausstrahlt, wandeln (Jes. 60, 19 f.⁷) — Vom Messias heißt es Dan. 7, 13 „sie brachten ihn näher vor Gott", in Jer. 30, 21 „ich bringe ihn näher, daß er zu mir hintrete". Die Engel bringen ihn in ihre Abtheilung, von dort bringt ihn Gott selbst in seine

---

Berechja und Chelbo im Namen S. b. N.'s tradiren (Adam erfüllt das Weltall nach Ps. 139, 5), gehört nach den anderen Quellen Eleazar (b. Pedath) an.

¹) Tanch. נצבים z. St., tradirt von Abahu: לפי שהנשמות היו שם ועדיין גוף לא נברא. In Tanch. B. anonym.

²) Tanchuma Ende.

³) S. Nidda 31 b, Ag. d. T. II, 104, Anm. 10.

⁴) Sch. tob. zu Ps. 73 Ende.

⁵) Sch. tob zu Ps. 107, 2, trad. von Berechja und Chelbo.

⁶) Pesikta 156 b.

⁷) Pesikta 145 a, Sch. tob. zu 36, 10.

Nähe¹). — In dem Ausdrucke זרע אחר (anstatt בן אחר), Gen. 4, 25, ist der von Seth stammende König Messias angedeutet²); ebenso in זרע (statt בן Gen. 19, 34) der durch Ruth von Moab stammende Messias³). — Zu Gen. 38, 1. „Ich kenne die Gedanken, die ich für euch ersinne". Während die Söhne Jakobs mit dem Verkaufe Josephs sich beschäftigten, Joseph, Reuben, Jakob mit ihrer Trauer, Jehuda mit seiner Heirath beschäftigt war, beschäftigte sich Gott mit der Erschaffung des Lichtes des Messias⁴). — Das Wort תולדות ist nur an zwei Stellen der heiligen Schrift voll (mit ו in beiden Sylben) geschrieben, bei der Weltschöpfung (Gen. 2, 4) und bei der Genealogie des Perez (Ruth 4, 18), sonst ist es defect geschrieben (ohne ו), zum Zeichen, daß die sechs Vollkommenheiten, die Adam einbüßte, durch Perez' Nachkommen, den Messias wieder hergestellt werden sollen⁵). — הנחילות, Ps. 5, 2, deutet auf das doppelte Erbe Davids hin, sein Königthum in dieser Welt und das in der kommenden Welt; auf Grund dieses doppelten Erbes wird er auch, obwol er der Jüngste unter seinen Brüdern

---

1) Sch. tob zu Ps. 21, 7, tradirt von Berechja.
2) Gen. r. c. 23, g. E.,tradirt von Tanchuma.
3) Gen. r. c. 51, Ruth r. c. 7 Ende.
4) Gen. r. c. 85 Anf. Prooemium. Gemeint ist die Herbeiführung der in Gen. 38 erzählten Begebenheiten, in Folge derer Perez geboren war, von dem David herstammte.
5) Gen. r. c. 12: כל תולדות שנאמרו בתורה חסרין בר מן תרין ... Dann folgt die Aufzählung und exegetische Begründung der dem Adam weggenommenen Dinge durch Judan im Namen Abins: Glanz des Antlitzes, Leben, Statur, Erdfrucht, Baumfrucht, das — ursprüngliche — Licht der Himmelstörper. Hierauf eine andere Version des Ausspruches von Berechja „im Namen Samuels": עפ״י שנבראו הדברים על מליאתן כיון שחטא אדה״ש נתקלקלו ועוד אינן חוזרין לתיקונן עד שיבוא בן פרץ (מליאתן mit) ist auf die Plene-Schreibung von תולדות in Gen. 2, 4 angespielt). In Tanch. בראשית zu 2, 4 ist die eingeschobene Ausführung über die sechs Dinge von Jehuda b. Schalom; der Ausspruch selbst lautet, tradirt von Berechja und Chelbo: כל תולדות שבתורה חסרין וא״ו חוץ מזה ... ולעתיד הקב״ה מחזירן. In Num. r. c. 13 (§ 12) finden sich dieselbe Verwehrung des ו in וקרבנו, Num. 7, 13 (bei Nachschon, dem Vorfahren Davids, bei den übrigen Stammfürsten immer blos קרבנ ohne ו) im Namen Reuben's (trab. von Bibi).

war, (Pſ. 89, 28) „Erſtgeborener" genannt[1]). — כי זה הוא, I
Sam. 16, 12, bedeutet: er iſt es (der von Gott zum König Be=
ſtimmte) in dieſer Welt, er iſt es in der kommenden Welt. Mit
Hinblick darauf preiſt David Gott mit zehnfachem Ausdrucke Pſ.
18, 2 und 3[2]). — In dieſer Welt ſaß David zwiſchen den beiden
Großen: Samuel und Jiſchai[3]); ebenſo wird er in der kommenden
Welt bei jeder Abtheilung der Frommen gegenwärtig ſein. — Es
iſt eine agadiſche Ueberlieferung[4]), daß Jeruſalem nicht eher auf=
gebaut wird, als die Diaſporen Israels alle verſammelt ſein werden;
glaube nicht das Gegentheil, denn es iſt ausdrücklich geſagt (Pſ.
147, 2) „Es erbaut Jeruſalem der Ewige, wenn er die Zerſtreuten
Israels verſammelt[5]). — Israel hat, wie ein weiblicher Erbe den
zehnten Theil des väterlichen Vermögens bekömmt, die ſieben Völker
Kanaans, als den zehnten Theil der 70 Völker zum Beſitz erhalten,
und dementſprechend ſang Israel ein mit dem weiblichen Namen
שירה bezeichnetes Lied (Exod. 15, 1); dereinſt aber wird Israel,
einem männlichen Erben gleich, Alles in Beſitz nehmen (Ezech 48,
23 ff.), und dementſprechend ein mit dem männlichen Namen שיר
bezeichnetes Lied ſingen (Pſ. 96, 1[6]). — All' die Verkündigungen
der künftigen Segnungen und Tröſtungen bei den Propheten haben
den Zweck, Israel zur Bemühung um die Thora und zur Erſtrebung
des dafür verheißenen Lohnes anzueifern[7]); in Wirklichkeit wurde

---

[1]) Sch. tob 3. St. Eine andere Deutung zu הנחילות ſ. oben S. 510.

[2]) Midbr. Samuel c. 19. Statt מזמרות בעשרה iſt nach Jalkut
בעשרה מאמרות zu leſen. Das iſt wol ſo gemeint, daß dieſe zehn Ausdrücke
den zehn Gottesworten (עשרה מאמרות Aboth 5, 1) entſprechen, mit denen
die Welt erſchaffen wurde. Vielleicht ſind urſprünglich die oben S. 151,
A. 1 erwähnten zehn Ausdrücke für Lobpreiſung im Pſalmbuche gemeint,
und nur irrthümlich werden ſie auf Pſ. 18, 2 f. bezogen.

[3]) Ueber Jiſchai ſ. oben S. 520.

[4]) מסורת אגדה היא, ſ. oben S. 525, A. 7.

[5]) Tanch. נח, Tanch. B. נח 17. Vgl. zu dem Pſalmverſe Nach=
mann in Berach. 49 a.

[6]) Schir r. zu 1, 5, trad. von Berechja.

[7]) So nach der beſſeren Textgeſtalt im Jalkut zu Jeſ. 64 (§ 368);
der Satz iſt eine Paraphraſe zu den Worten כל הדברים ייגעים Koh. 1, 8
(כדי שיגעו ישראל בתורה = יגעים).

den Propheten das künftige Heil nicht in seiner Fülle gezeigt (Jes. 64, 3), nur einen Theil desselben sahen sie, nach Amos 3, 7[1]). — Doppelte Beschämung wird den götzendienerischen Völkern in der Zukunft zu Theil (Ps. 6, 11): sie werden vergebens ihre wesenlosen Götter anrufen und sie werden sich in Folge dessen zu Gott wenden, aber von ihm verurtheilt und aus der Welt gestoßen werden[2]). — Meinen die Söhne Noachs etwa, daß der mit ihnen geschlossene Bund (Gen. 8, 22) ewig bestehen werde? Er besteht nur, solange dieser Himmel und diese Erde bestehen; kömmt einst der Tag, von dem geschrieben ist, daß Himmel und Erde vergehen sollen (Jes. 51, 6), „an jenem Tage wird vernichtet der Bund", „den ich mit allen Völkern geschlossen habe" (Zach. 11, 10 und 11[3]).

---

[1]) Koh. r. zu 1, 8 Ende, dazu eine Bemerkung von Berechja. Im Jalk. am ang. O. ist Jochanan als Autor genannt.

[2]) Sch. tob. zu Ps. 31, 2. Eine andere Form des Ausspruches findet sich im Sch. tob zum selben Psalme (§ 5, ed. Buber, eine dritte Version in Sch. tob zu Ps. 97. — Zu Zach. 14, 1: Warum kommen die Völker nach Jerusalem? Weil die Pforte zur Hölle in Jerusalem ist (Jes. 31, 9) und die Völker dort gerichtet und verurtheilt werden, Neue Pesikta, B. H. VI, 51.

[3]) Gen. r. c. 34 שמואל ר׳ בשם יודן ר׳). — Von den vier Welt= reichen sagt S. b. N. in Sch. tob zu Ps. 1, 5, (§ 21, vorangeht ein Aus= spruch Abba b. Kahana's): פורענות אחת מכלה אותן, dazu die Bemerkung: Es giebt mehrere Bibelverse zum Beweise dafür, und zwar: Ps. 1, (במשפט Singular), Jerem. 10, 8 (ובאחת), Ps. 34, 22 (רעה Sing.), Prov. 24, 16 (רעה Sing.). S. auch Sch. tob zu Ps. 22 (§ 7 Auf.)

XV.
Simlai.

Gleich Samuel b. Nachman war Simlai¹) vorzugsweise Agadist, doch sind verhältnißmäßig nur wenige Beispiele seiner Agada in die Traditionslitteratur unter seinem Namen aufgenommen. Es scheint dies mit dem geringen persönlichen Ansehen zusammenzuhängen, welches Simlai in den Schulen Palästina's und Babyloniens genoß. Er gehörte beiden Ländern an, stammte aus Naharbea²), wo sein Vater Abba einmal Samuel, den bedeutenden Astronomen, mit einer die Berechnung des Festkalenders betreffenden Frage in Verlegenheit brachte³), und wohnte in Lydda⁴), wo er sich wahrscheinlich

---

¹) So wird der Name (שמלאי, auch ישמלי) traditionell ausgesprochen; das beruht wahrscheinlich auf der Ableitung des Namens von שִׂמְלָה, Gewand. Bestünde diese übliche Aussprache nicht, müßte man Samlai sprechen, da dieser Name in Ezra 2, 46 (nach dem Kethib, Keri: Salmai) vorkömmt, während Neh. 7, 48 dafür שַׂלְמַי hat. Eine andere Form dieses Namens findet sich bei einem edomitischen König (שַׂמְלָה), Gen. 36, 36.

²) Jonathan sagt ihm (s. oben S. 60): את נהרדעאי ודר בדרים, j. Pesach. 32 a, unt. Diese Version verdient eher angenommen zu werden, als die in b. Pesach. 62 b: את בליד : מותבך בנהרדעא, da Simlai's Vater Abba, wie aus der nächsten Anm. zu ersehen ist, mit Samuel an einem Orte wohnte, also in Naharbea.

³) Rosch Hasch. 20 b ob.: אמר ליה אבא אביה דר׳ שמלאי לשמואל. Daß dieser Abba kein unbedeutender Mensch war, ergiebt sich aus dem Ton des Gesprächs. Als Samuel seine Frage nicht zu beantworten wußte, sagte er ihm: Nachdem du dieses nicht weißt, wird es auch noch andere Dinge — in der Lehre von der Neumondbestimmung — geben, die du nicht weißt. Lange nachher sandte der nach Palästina ausgewanderte Zeira eine Botschaft nach Babylonien, die auch eine Beantwortung jener Frage des Vaters Simlai's enthielt. Im Namen Samuels tradirt Simlai merkwürdigerweise eine Regel zur Neumondbeobachtung, welche zu der von Simlai's Vater Samuel vorgelegten Frage gehört, Pesikta 54 b, Pes. r. c. 15 (78 a).

⁴) S. Anm. 2. In dem Aboda zara 36 a zu findenden Gespräche

schon früher niedergelassen hatte, von wo er aber nach Galiläa kam und zu dem greisen Jannai in näheres Verhältniß, als sein Diener, trat[1]). In demselben Vertrauensverhältniß stand er, wol später, zum Patriarchen Jehuda II[2]). Als der Letztere Simlai von seiner Neuerung, das Oel der Heiden für gestattet zu erklären, Mittheilung machte, sprach dieser die Hoffnung aus, daß er noch eine andere Neuerung, die Gestattung des Brodes der Heiden erleben werde[3]). Die babylonischen Schulen bekamen von der das Oel betreffenden Neuerung durch Simlai Kunde, der sie in Nisibis in öffentlicher Rede proclamirte. Ein in Nisibis anwesender Jünger brachte die Nachricht davon zu Rab und Samuel, von denen der letztere sie ohne weiteres annahm, während Rab sich dagegen sträubte[4]). Oeffentliche Lehrvorträge hielt Simlai wol auch anderwärts[5]), und im babylonischen Talmud sind fast alle seine agadischen

---

zwischen Rab und Samuel bezeichnet ihn Rab als שמלאי לודאה. In j. Ab. zara 41 d heißt es dafür: שמלאי הדרומי.

[1]) Baba Bathra 111 a: מסתמיך ואזיל ר' ינאי אכתפיה דר' שמלאי שמעיה (s. oben S. 35).

[2]) Ab. zara 37 a: מסתמיך ואזיל ר' יהודה נשיאה אכתפיה דר' שמלאי שמעיה.

[3]) Ab. zara ib.: אמר ליה בימינו תתיר את הפת.

[4]) J. Ab. zara 41 d (j. Sabb. 3 d), b. Ab. zara 36 a. Dem Berichte im Jeruschalmi scheint die Annahme zu Grunde zu liegen, daß der Patriarch Jehuda, der das Oel gestattete, Jehuda I, der Lehrer Rab's war; denn nur so ist zu verstehen, was Rab in den Mund gelegt ist: Noch während ich dort (in Palästina, beim Patriarchen) war, wußte ich, wer jene Neuerung angeregt hat: Simlai der Lyddenser. Diese Rab zugeschriebene Aeußerung hat zur thatsächlichen Grundlage die im bab. Talmud erzählte Anregung, welche Simlai, allerdings ohne Erfolg, dem Patriarchen gab, er möge das Brot der Heiden gestatten.

[5]) Daß kein Widerspruch zwischen der Lehre und dem Leben des Volkslehrers obwalten dürfe, lehrte Simlai in sehr eindrucksvoller Weise an Hosea 2, 7 anknüpfend, Deut r. c. 2 (nach dem oben S. 533, A. 8 gebrachten Ausspruche Sam. b. Nachman's): Wann werden die Worte der Lehrenden zur Schande in den Augen des gemeinen Volkes (הובישה הורתם) החכם יושב ודורש בציבור לא תלוה בריבית והוא מלוה ברי' לא תגזול והוא גוזל לא תגנוב והוא גונב. S. eine ähnliche Deutung zu Hos. 2, 7, von Bezalel, Ruth r. c. 1 Anf.

Aussprüche mit der Einführung דרש (er predigte) versehen¹). Wir lesen auch von einer halachischen, in's Eherecht gehörigen Entscheidung, die S. in Antiochien gab²). Sonst ist nur wenig Halachisches von ihm erhalten³). Es ist sehr bezeichnend, daß mit Ausnahme Tanchum b. Chija's⁴), Niemand als Tradent Simlai'scher Aussprüche genannt wird⁵). Das scheint sein schon erwähntes geringes Ansehen zur Ursache zu haben. Es ist, als ob die schroffe und verletzende Weise, mit der einmal Jonathan b. Eleazar Simlai's Bitte, ihn Agada zu lehren, zurückgewiesen hatte⁶), nachgewirkt und als ob Jeder sich davor gescheut hätte, seinen Namen mit dem Simlai's

---

¹) Im palästinensischen Talmud wird nur eine Predigt S.'s erwähnt, Pea 21 b oben (ר״ש בציבורא), בד דרשיה, in Pes. r. c. 28, 115 b dafür: כד דרשה בטבריה.

²) Kidduschin 64 d unt.: הורי ר״ש באנטוביא.

³) Pesachim Ende (121 b) wird erzählt, S. habe bei der Ceremonie der Erstgeborenenlösung in einer an ihn gerichteten Frage betreffs der Benediktionen keinen Bescheid zu geben gewußt und habe dann im Lehrhause darüber eine Frage gestellt. Mehrere Halachasätze von allgemeinerem Interesse tradirt in seinem Namen Tanchum b. Chija (s. oben S. 131): j. Berach. 9 d oben (j. Gittin 47 b), über den Segen, den Priester in einer nur von aharonidischen Familien bewohnten Stadt zu sprechen haben (sie „sollen die Brüder in Nord und Süd segnen, und ihre eigenen Frauen und Kinder das Amen dazu sprechen"); j. Schekalim 4, 4 (48 a) über die Besoldung der Correctoren des im Tempel aufbewahrten Bibelexemplars; b. Moed Katon 16 b unt.: „Tanchum b. Ch. aus Akko im Namen Jakob b. Acha's im Namen S.'s", über den Bann, den ein Weisenjünger zur Wahrung der eigenen Würde verhängt.

⁴) S. die vorige Anm. In Num. r. c. 11 (§ 3 g. E.), wird die Stelle aus j. Schekalim wiedergegeben und dabei die Angabe ר׳ תנחום בר׳ חייא בשמיה דר״ש durch Irrthum eines Abschreibers zu: ר׳ תנחום בר׳ חתניה דר׳ שמלאי. Daß dies nicht etwa die ursprüngliche Lesart war, beweisen die übrigen in der vor. Anm. citirten Stellen. Vielleicht war auf den Irrthum der Umstand von Einfluß, daß einige Sätze vorher ein ר׳ תנחום בר׳ אלעזר בר׳ אבינא genannt ist.

⁵) Nur Sanh. 8 a wird die Deutung S.'s zu Deut. 1, 16 von Eleazar (b. Pedath) tradirt, doch fehlt diese Angabe in Handschriften und anderen alten Zeugen (s. D. Sofrim z. St.).

⁶) S. oben S. 60. Als Simlai diese Bitte an Jonathan richtete, war er kein Anfänger mehr, sondern kam aus dem Süden, wo er von den dortigen Agadisten (s. oben S. 125) in die agadische Kunst eingeführt worden

in Verbindung zu bringen¹). Um so beweiskräftiger für die Vertrauenswürdigkeit und Unbefangenheit der agadischen Ueberlieferung ist die Thatsache, daß sie uns Simlai's Aussprüche, wenn auch nicht so zahlreich wie von anderen gefeierten Agabisten, aber noch immer in beträchtlicher Menge erhalten hat.

Die paläſtinensische Ueberlieferung hat besonders Simlai's Controversen mit den Vertretern des chriſtlichen Dogmas aufbewahrt. Es wird eine Reihe von Fragen berichtet, welche die „Minim" an Simlai richteten und die er schlagfertig beantwortete²): 1. Im ersten Verse der Genesis wird die Erschaffung der Welt אלהים zugeschrieben, also einem mit einem Plural bezeichneten Wesen; wieviel göttliche Wesen haben denn die Welt erschaffen? Antwort: Das Zeitwort, welches die Erschaffung aussagt, steht im Singular, sowol in Gen. 1, 1, als in Deut. 4, 32, und schließt eine Mehrheit im Schöpfer aus³). 2. Was bedeutet die Mehrzahl in dem die Erschaffung des

---

war. Es war schon S. 60 erwähnt daß eine Erklärung Jonathan's zu Prov. 13, 23 durch eine Frage Simlai's veranlaßt wurde. Es ist noch zu bemerken, daß Jonathan's Lösung des in Hosea 2, 1 gefundenen Widerspruches in einer anderen Quelle Simlai zugeschrieben ist (s. oben S. 76. Anm. 3).

1) Auch als Tradent früherer Agadasätze kömmt Simlai fast gar nicht vor. In dem einzigen Falle, in welchem Simlai Agada eines Tannaiten trabirt (Eleazar b. Simon's), Sanh. 98 a, vgl. Sabb. 139 a ist sein Name sonderbarerweise zu ר' מלאי verſtümmelt worden.

2) Jer. Berach. 12 d unt.: אמר . . . שמלאי את ר' שאלו המינים; להם . . . חזרו ושאלו אותו Gen. r. c. 8 g. (E. ebenso, doch ohne 4 und 6, welche Fragen im Grunde nur Doppelgänger zu 3 und 5 find. Nr. 5 findet sich auch in Tanch. קדושים Anf. (B. 4), Tanch. B. בראשית 7, und auf Deut. 4, 33 übertragen in Exod. r. c. 29 Anf. (daraus im Midr. Konen, B. H. V, 68); Nr. 4 Sch. tob zu Pſ. 50, 1. In Deut. r. c. 2 find die Nummern 1, 2 und 6 zu einem fortlaufenden Gespräch verbunden und erweitert.

3) Bei dieser ersten Frage gehen die Minim nicht vom Bibelverse aus, sondern geben ihr die vexatorische Form: כמה אלוהות בראו את העולם; Simlai antwortet mit einer feinen Wendung (nach Deut. 4, 32): „Fraget nicht mich, sondern fragen wir zusammen die ersten Tage", d. i. suchen wir vereint die Antwort in dem Bericht der heiligen Schrift über die Weltschöpfung. In Deut. r. ist der Ausgangspunkt des Gespräches genauer umschrieben, als in den anderen Quellen: . . . כמה רשויות בראו את העולם? אני

Menschen einleitenden Schöpferworte (Gen. 1, 26)? Das beweist nichts für die Mehrheit im Schöpfer; denn die gleich darauf folgende Ausführung dieses Schöpferwortes (V. 27) wendet die Einzahl an. 3. Was bedeutet die Dreiheit der Gottesnamen in Jos. 22, 22? Daß sie für eine Mehrheit in Gott nichts beweisen, zeigt das unmittelbar darauf folgende הוא יודע. 4. Was bedeutet die Dreiheit der Gottesnamen in Ps. 50, 1? Auch diese beweist nichts, denn der Satz spricht von Gott nur in der Einzahl (דבר, ויקרא). 5. Was bedeutet אלהים קדושים in Jos. 24, 19? Die Pluralform des Adjectivums beweist nichts, denn die Fortsetzung des Satzes (אל קנוא הוא) geschieht im Singular. 6. Was bedeutet אלהים קרובים, Deut. 4, 7? Die Pluralform beweist nichts, denn der Satz fährt im Singular fort: בכל קראנו אליו[1]). In Bezug auf diese immer der fraglichen Bibelstelle selbst entnommene Widerlegung der christlichen Gegner sagte Simlai: Ueberall wo du eine Bibelstelle findest,

---

ואתה נשאל לששת ימי בראשית... מי כתיב בראשית ברא אלוה ב' ב'
...אלהים כתיב; sie setzen nun die Fragen auch hinsichtlich der übrigen Verse in Gen. 1 fort, in denen אלהים vorkommt und werden immer mit dem Hinweise auf das Verbum im Singular widerlegt; als sie nun zu Gen. 1, 26 (Nr. 2) gelangen, freuen sie sich eines so guten Belegverses, werden aber auf die angegebene Weise widerlegt. Deut. 4, 32 mit seinem ברא אלהים kommt in dieser Version des Gesprächs als Argument gar nicht vor und ist neben Gen. 1, 1 eigentlich auch überflüssig. In Tanch. B. ברא 7 ist der Anfang des Gesprächs ebenfalls gegeben, doch sagt Simlai nur: אני ואתה נשאל את התורה.

[1]) Den Schülern, die bei dem Gespräche anwesend zu denken sind, genügen — mit Ausnahme von 1 — die einfachen Antworten Simlai's nicht und sie fordern ihn auf: לאלו דחית בקנה ולנו מה אתה משיב (vgl. Jochanan b. Zakkai, Ag. d. T. I, 41). Es ist nun für den Geist der agadischen Schriftauslegung höchst bezeichnend, welche Deutungen Simlai zu den einzelnen Stellen bietet, um auch seine jüdischen Hörer zu befriedigen. Zu 2 wendet er denselben Gedanken an, mit dem nach Gen. r. c. 22 Ismael im Gespräche mit Akiba den Ausdruck את in Gen. 4, 1. gedeutet hatte: der Plural in Gen. 1, 26 deutet auf das Zusammenwirken beider Eltern und Gottes bei der künftigen Zeugung des Menschen. (In einem der erst jüngst veröffentlichten Tagebuchblätter Lenau's — L. A. Frankl, N. Fr. Presse vom 7. Mai 1891 — heißt es: „Eine wahre Ehe ist eine lebendige Dreifaltigkeit. Das Eine sind die beiden liebenden Gatten, das Zweite ist Gott, das dritte das künftige Kind"). Vgl.

die den Minim Gelegenheit zu Angriffen bietet, findest du die
Antwort auf den Angriff daneben[1]).

Von den im babylonischen Talmud erhaltenen Aussprüchen
Simlai's ist der über die Zahl der biblischen Gebote und deren
durch die Propheten successive zu immer kürzerem Ausdruck gebrachten
Grundgedanken mit Recht berühmt geworden. Dieser Ausspruch bildet
ein Seitenstück zu dem Ausspruche Hillel's über das Gebot der
Nächstenliebe als Inbegriff aller Gebote der Thora; nur daß Simlai
diesen Gedanken gleichsam historisch einkleidet und zeigt, wie die
Propheten (und vor ihnen David) als Inbegriff dessen, was Israels
Lehre von ihrem Bekenner fordert, eine immer geringer werdende
Anzahl von religiösen, zumeist ethischen Fundamentalgeboten auf=
stellen, deren Erfüllung also als gleichwerthig mit der Erfüllung der
zahlreichen Gebote der Thora zu gelten hat. Damit will Simlai
natürlich nicht sagen, daß durch die Propheten die Gültigkeit der
mosaischen Gebote aufgehoben werde, sondern daß in den von den
Propheten als Bedingung des gottgefälligen Lebens aufgestellten
Grundlehren der wesentliche Inhalt und die Grundlage der in so
zahlreichen Geboten ausgeprägten mosaischen Lehre ihren kürzesten

---

Jochanan's Deutung zu Koh. 4, 9, oben S. 313. — Zu 3: Die Dreiheit
der Gottesnamen gleicht den drei Namen, mit denen man den römischen
Kaiser zu bezeichnen pflegt: βασιλεύς, Caesar, Augustus; ebenso erinnert
er zu 4 an die drei Benennungen, die den Baumeister bezeichnen: בנאי, אומן,
Architekt. Zu 5: קדושים zeigt an, daß Gott mit allen Arten der Heilig=
keit heilig ist, ebenso zu 6: בכל מיני קריבות. קרוב. Bei 5 ist die den
Schülern gegebene Antwort nicht Simlai selbst zugeschrieben, sondern
es werden die Aussprüche anderer Amoräer citirt (Jer.: Jizchak und
Judan im Namen Acha's, Tanch.: Berechja — im Namen Abba's — und
Acha b. Chanina). In der Version des Exod. r. ist mißverständlicher Weise
קול אלהים, Deut. 4, 33, Gegenstand der Frage und die Antwort an die
Schüler Levi zugeschrieben: der Ausdruck — statt יי׳ קול — bezeichnet die
den verschiedenen Hörern sich anpassenden verschiedenen Stimmen der göttlichen
Offenbarung (f. oben S. 464).

[1]) Gen. r. c. 8: בכל מקום שאתה מוצא פתחון פה למינין אתה מוצא
תשובה בצדה; j. Berach. 12 d: בל מקום שפקרו המינים תשובתן בצידן. In
Tanch. קדושים heißt es (zu Jos. 24, 14): פסוק זה פתח הוא למינין שנראה
כשתי רשויות. In b. Sanh. 38 b sagt Jochanan dasselbe (wie im Jerusch.),
als Beispiele bringt er auch 2 und 6 der Simlai'schen Nummern. S. oben
S. 257.

Ausdruck gefunden haben. Der Ausspruch lautet[1]): Sechshundert=
dreizehn Gebote sind Moses offenbart worden, 365 Verbote, gleich
der Anzahl der Tage des Sonnenjahres und 248 Gebote, gleich der
Anzahl der Glieder des menschlichen Körpers[2]). Es kam David und
brachte sie auf eilf[3]), nämlich die im 15. Psalme aufgezählten Be=
dingungen, unter denen der Mensch würdig ist, in Gottes Nähe zu
weilen; dann kam Jesaia und brachte sie auf sechs, die ähnliche
Aufzählung in Jes. 33, 15, Micha, und brachte sie auf drei, die
in Micha 6, 8 genannten drei Dinge, welche Gott vom Menschen

---

1) Makkoth 23 b unt. דריש ר' שמלאי. Der Ausspruch ist durch
verschiedene Deutungen zu den einzelnen citirten Bibelstellen erweitert, die
nicht ursprünglich zu ihm gehören. In einer von allen solchen Zuthaten freien
und auch einige Abweichungen enthaltenden — jedoch wol vom bab. Talmud ab=
hängigen — Form findet sich der Ausspruch in Tanch. שיצים Ende (B. 10),
eingeleitet mit אמר ר' שמלאי. In einem Anhange zum Sch. tob zu Ps. 17
(Buber läßt ihn aus) hat auch unser Ausspruch aus dem bab. Talmud
auszugsweise eine Stelle gefunden, doch mit der Einführung: דריש רבא.
Vielleicht hieß es im Talmudterte, aus dem dieser Anhang geschöpft hat:
דריש רבא ואיתימא ר' שמלאי.
2) In Tanch. fehlt die Eintheilung in Gebote und Verbote. Die biblische
Begründung der Zahl 613 durch Hamnuna geht nach paläftin. Quellen
auf Josua b. Levi zurück (s. oben S. 178, A. 7). In (Erob. r. c. 33 g.
(6. lesen wir: דריש ר' שמלאי תרי"ג מצות נתנו לישראל על ידי משה, darauf
folgt, was im Talmud Hamnuna zugeschrieben ist. Der Sinn der beiden
kleineren Zahlen wird in Pesikta 101 a von Jehuda b. Simon an=
gegeben (daraus anonym Midr. Mischle zu c. 31): Jedes Glied sagt dem
Menschen: ich bitte dich, übe mit mir dieses Gebot aus; jeder Tag spricht
zum Menschen: ich bitte dich, übertritt nicht an mir dieses Verbot! Die
Zahl der Gebote und Verbote findet sich auch bei Jochanan zu Ps. 76, 9
(oben S. 268).

3) בא דוד והעמידן על י"א. So lautet der Ausdruck auch bei den
übrigen Absätzen. Er bedeutet successive Verminderung, wofür ein gutes
Beispiel das vom Vater Samuels in der Leichenrede über seinen Freund
Levi b. Sisi angewendete Gleichniß bietet (s. Berach. 5 c, Koh. r. zu 12,
13): Ein König hatte einen Weinberg, dessen hundert Weinstöcke im Jahre
hundert Faß Wein brachten; allmählich vermindert sich die Zahl der Weinstöcke:
עמד על חמשים עמד על ארבעים . . . עמד על עשר ע' על אחד, ohne daß der
Ertrag an Wein weniger wurde, so daß schließlich der eine Weinstock soviel
Wein gab, als früher die vielen und er dem Könige so lieb wurde, wie der
ganze Weinberg.

fordert; Jesaia kam nocheinmal und brachte sie auf zwei¹): die in
Jes. 56, 1 genannten Vorbedingungen des nahenden göttlichen
Heiles: „Recht beobachten und Wohlthun üben"; Amos kam und
brachte sie auf eines: die in Amos 5, 4 dem Hause Israels ver-
kündete Grundbedingung zum Leben: Gott suchen²). — Ein anderer
Ausspruch Simlai's von allgemeiner Bedeutung und ähnlicher Tendenz
wie der vorhergehende lautet: Die Thora lehrt in ihrem Anfange
— an dem Beispiele Gottes — Uebung von Liebeswerken und
ebenso an ihrem Ende: in ihrem Anfange erzählt sie, daß Gott die
Nackten bekleidete (Gen. 3 21), an ihrem Ende erzählt sie, daß
Gott dem Moses den letzten Liebesdienst erwies (Deut. 34, 6³). —
Die Würde der Lehre verherrlicht folgender Ausspruch Simlai's:
Ehe die Thora gegeben ward, war die Welt hoch im Range, als
die Thora gegeben ward, da wurde die Welt gleichsam geringwerthig:

---

¹) חזר ישעיה והעמידן על שתים, nicht — wie Grätz IV, 265 übersetzt
— „der zweite Jesaia habe sie auf zwei zurückgeführt", da Simlai von einem
zweiten Jesaia nichts wußte. In Tanch. fehlt der ganze Passus.

²) In Tanch. heißt es: בא עמוס והעמידן על שתים, wahrscheinlich ist
das ein Ueberrest des ausgefallenen Passus über Jes. 56. Im Talmud folgt
nun ein Einwand gegen die Anwendbarkeit des Amosverses durch Nachmann
b. Jizchak, in Folge dessen kann an seine Stelle Habakkuk 2, 4 gesetzt wird,
wo als einziges Erforderniß für den Frommen, daß er lebe, sein Glaube genannt wird. Dieser durch den Einwand eines Späteren hervorgerufene neue
Abschluß des Simlai'schen Ausspruches darf nicht als ursprünglicher Bestandtheil desselben, sondern nur als Berichtigung betrachtet werden. In
Schocher tob wird dieser Schlußsatz so eingeleitet: בא חבקוק גם הוא והעמידן
על אחת, eine willkürliche Einfügung des Satzes in den Context des Ganzen.
In Tanch. war eine solche Einfügung unnöthig, da dort der Amosvers, wie
bemerkt, als zwei Grundideen enthaltend citirt ist. — Es sei noch darauf
hingewiesen, daß nach Seder Olam c. 20 Auf. Jesaia, Amos und Micha
נתנבאו בברק אחד; s. auch oben S. 259.

³) Sota 14 a: . . . דרש ר״ש תורה תחלתה גמילות חסדים וסופה ג״ח.
Im palästinensischen Midrasch ist der Ausspruch in erweiterter Form erhalten; in Koh. r. zu 7, 2 Auf. (der babyl. Version am nächsten, aber als
Autor Berechja genannt): גמילות חסדים בתורה בראשה ובאמצעה ובסופה;
„in ihrer Mitte", nämlich: Gott besucht den kranken Abraham (Gen. 18, 1)
In Tanchuma B. וירא 1: אמר ר״ש מבקש אתה לידע שכל דרכיו של
הקב״ה חסד בראשה של תורה . . . ובסופה . . . ובאמצעה..; anstatt Gen. 3,
21, wird Gen. 2, 22 angeführt (die Liebesthat des „Schmückens der Braut"

die Welt wurde in sechs Tagen erschaffen (Exod. 20, 11), die Thora in vierzig Tagen gegeben (Exod. 14, 28, Deut. 9, 9), überwiegt der Werth der letzteren nicht den der ersteren?[1])

Vom Gebete lehrte S.: Stets lasse der Mensch dem Gebete die Lobpreisung Gottes vorangehen, wie das Beispiel Moses lehrt: Deut. 3, 24 (Lobpreisung) und 25 (Gebet[2]). — Zum Sabbath. Im vierten Gebot des Dekalogs besagt das „Gedenke" der einen Version (Exod. 20, 8), daß man des Sabbaths vor seinem Eintritte eingedenk sein möge, das „Bewahre" der andern Version (Deut. 5, 12), daß man ihn beobachte, wann er eingetroffen ist[3]). — Ueberall, wo Unzucht überhandgenommen, kömmt eine menschenvernichtende Plage (ἀνδρολουμός) über die Welt, welche die Guten und Bösen hinwegrafft[4]).

Zu Gen. 3, 6. Ewa überredete Adam mit vernunftgemäßen Gründen, mit ihr von der verbotenen Frucht zu essen[5]). — Meinst du

---

s. Ag. b. T. II. 108, 2). Jn Sch. tob zu Ps. 25, 10 אמר ר"ש מציעי שהקב"ה, מקשט כלות ומבקר חולים וקובר מתים, inhaltlich dasselbe was in Tanch. B. In Gen. r. ebenso, nur geht noch ein Viertes voran: מברך חתנים, nach Gen. 1, 28.

[1]) Pesikta r. c. 21 (110 a), בכבוד גדול היה העולם עד שלא ניתנה ... התורה משני התי בכביכול נעשה העולם וכללה. Dazu das Gleichniß von der Wage, in deren eine Wagschale 6 Unzen, in die andere 40 Unzen gelegt werden: לא ארבעים מכריעים ששה. Vgl. Aehnliches bei Jochanan, oben S. 221, A. 3.

[2]) Berach. 32 b, Ab. zara 7 b: דרש ר"ש לעולם יסדר שבחו של הקב"ה ואח"כ יתפלל ...

[3]) Pesikta r. c. 23 (115 b) וזכרהו עד שלא יבא שומרהו משיבוא, dazu die Erzählung wie Schammai schon am Beginn der Woche zum nächsten Sabbath Vorbereitungen macht (vgl. Beza 16 a). — Als Simlai einmal in Tiberias (so in Pes. r.) den Ausspruch Chanina's (oben S. 13) vortrug, daß man für den Sabbath ein anderes Gewand haben müsse, als für alle Tage, weinten die Zuhörer und riefen: Rabbi, wir besitzen nur ein Gewand für Sabbath und Wochentage. Darauf belehrte er sie, daß man für den Sabbath wenigstens etwas am Gewande ändern müsse. J. Pea 21 b ob., Ruth r. zu 3, 3, Pesikta r. ib. (nach בך דרשה ist ר' שמלאי ausgefallen).

[4]) Jer. Sota 17 a, Gen. r. c. 26, Lev. r. c. 23: בכל מקום שאתה בראשי, מוצא זנות אנדרילומוסיא באה לעולם והורגת טובים ורעים. In Tanch. g. E. שני רבותינו בעין מה אי לעולם וספה הטובים והרעים.

[5]) (Gen. r. c. 19 עליו דעת באת בישוב, eig. mit ruhiger Ueberlegung.

etwa, daß dir, wenn ich allein sterbe, eine andere Ewa erschaffen wird? Es giebt keine Neuerschaffung mehr (Koh. 1, 9). Oder glaubst du, ohne mich, in ledigem Stande, fortleben zu können? „Die Welt ist nicht zur Verödung erschaffen" (Jes. 45, 18). — Gen. 3, 14. Die Schlange hätte zu ihrer Vertheidigung Manches sagen können, so daß die durch sie Verführten sich an die Worte Gottes und nicht an die des Verführers hätten halten sollen. Doch als Verführer hatte sie nicht den Anspruch darauf, daß der Richter (Gott) anstatt ihrer diesen Vertheidigungsgrund vorbringe[1]). — Gen. 35, 11. „Volk und Versammlung von Völkern". Das deutet auf das un= gesetzliche Heiligthum des Stammes Dan, wo das von Jakob stammende Volk, gleich den übrigen Völkern opfern wird; deshalb wird in Richter 18, 29 auf „Israel" als den Vater Dans hin= gewiesen, denn als Jakob diesen Namen erhielt (V. 10), wurde ihm jene Weissagung zu Theil[2]). — Gen. 50, 21. „Er redete zu ihrem Herzen". Er sagte ihnen: Ihr seid der Körper, ich bin das Haupt, wenn der Körper hin ist, wozu ist das Haupt gut[3]). — Exod. 32, 13. Ein König hatte einen Freund, von dem er zehn kostbare Perlen in Verwahrung hatte. Als der Freund gestorben war, traute der König sich seine Tochter zum Weibe an, und zwar mit zehn Perlen. Diese Perlen giengen verloren und der König drohte in seinem Zorne seine junge Frau umzubringen. Das hörte ihr Hoch= zeitsbeistand und sprach: O Herr und König, wenn sie auch deine zehn Perlen verloren hat, so erinnere dich dessen, daß du von ihrem Vater zehn andere Perlen in Verwahrung hast, mögen diese als Ersatz für jene gelten! So sprach Moses vor Gott: Wenn sie auch den Bund der zehn Gebote verletzt haben, so sei der zehn Ver= suchungen eingedenk, mit denen du ihren Vater Abraham versucht

---

Die der Ewa in den Mund gelegte Argumentation beruht auf dem Worte עמה des Textes, welches andeutet, daß Ewa auf die Unzertrennlichkeit seines Schicksals von dem ihrigen hinwies.

[1]) Sanh. 29 a, zur Erhärtung eines von S. b. N. im Namen Jonathan's gelehrten Satzes: מנין שאין טוענין למסית מנחש הקדמוני.

[2]) Gen. r. c. 82; s. oben S. 299, unter Anm. 2.

[3]) Pesikta 120 a Gen. r. c. 100 Ende. Der Spruch lautet in der berich= tigten Form: אתון נופא ואנא רישא אין רישא אזיל נופא מה רישא טב.

hast!¹) — Lev. 12, 1. So wie die Schöpfung des Menschen nach der der Thiere folgte, so folgen die ihn betreffenden Gesetze nach den Gesetzen über die Thiere (Lev. 11²). — 15, 33. והדוה und nicht והנדה, weil die Thora das Weib, das ohnehin soviel zu leiden hat, nicht, nachdem sie die gesetzlichen Fristen ihrer Reinigung beobachtet als נדה (Verstoßene) bezeichnen will³). — Deut. 3, 25. Warum begehrte Moses so sehr, in's Land Kanaan zu kommen? Hatte er es denn so nötig, von seiner Fülle zu genießen? Moses sagte: Viele Gebote sind den Kindern Israels gegeben, die erst im Lande erfüllt werden können; ich möchte in's Land hineinkommen, damit diese Gebote durch mich erfüllt werden. Da sagte ihm Gott: Du begehrst den Lohn für diese nur dort erfüllbaren Gebote, ich rechne es dir so an, als hättest du sie geübt. Darauf ist anzuwenden Jes. 53, 12⁴). — Deut. 4, 41. Gott sprach zu Reuben: Du warst der Erste, der für die Rettung eines Menschenlebens eintrat (Gen. 37, 20), so soll die erste der zur Rettung bedrohter Menschenleben bestimmten Zufluchtsstädte aus deinem Gebiete abgesondert werden!⁵) — Zu I Kön. 18, 30 ff. Wie durfte Elija auf einem Höhenaltar opfern? Ein Gotteswort hieß ihn so thun; denn er sagt in seinem Gebete (V. 36): „und gemäß deinem Worte habe ich gehandelt"⁶).

---

¹) Tanch. כי תשא g. Ende. In Exod. r. c. 44 g. Auf. etwas ausführlicher von Acha (Trad. Abin.)

²) Lev. r. c. 14 g. Auf. In Gen. r. c. 8 g. Auf. wird Simlai ein anderer Ausspruch hierüber zugeschrieben: Sowie bei der Aufforderung zum Preise Gottes (Ps. 148) der Mensch nach den Thieren genannt ist, so folgt auch seine Erschaffung nach der Thiere.

³) Lev. r. c. 19 g. E. צער גדול נתן הקב״ה לאשה זו שמאחר שמשמרת נדה אותה קוראה והתורה . . . Der Schlußsatz . . והתורה ist als Frage aufzufassen. In דוה liegt der Begriff des צער גדול (vgl. דוים ובחוים oben S. 456, A. 3).

⁴) Sota 14 a דרש ר״ש, nach dem oben S. 559, Anm. 3 gebrachten Satze. Die einzelnen Ausdrücke in Jes. 53, 12 werden dann einzeln auf Moses gedeutet.

⁵) Midr. Sam. c. 9. In b. Makkoth 10 a wird Simlai (דרש ר״ש) eine Deutung der Worte מורחה שמה zugeschrieben, welche anderwärts Jose b. Chanina's Namen trägt, s. oben S. 435, Anm. 3.

⁶) Jer. Taanith 65 d, j. Megilla 72 c: איר שמלי דיבירא אמר ליה דיבירא ist geworden und diese leichte ובדברך עשיתי ובדבורך עשיתי. Aus

— Zu Amos 5, 18. Hahn und Fledermaus erwarteten das Tageslicht; da sagte der Hahn zur Fledermaus: Ich erwarte das Tageslicht, denn es ist mein Licht, wozu aber soll dir das Licht?[1]). — Hoh. 3, 7 geht auf die zum Zwecke des Tempeldienstes bestehenden Abtheilungen[2]): מטתו שלשלמה, „Die Stämme" (מטותי, vgl. Hab. 3, 9) des Königs, „dessen der Friede ist" (Gott), „sechzig" Helden d. i. Abtheilungen (24 der Priester, I Chr. 24, 24 der Leviten, I Chr. 25, 12 Monatsabtheilungen, I Chr. 27) „umgeben sie", „von den Helden Israels", die übrigen in Jerusalem anwesenden Mitglieder des hohen Rathes und der Lehrhäuser; „Alle Schwertumgürtet", d. i. Gottes Preis verkündend, nach Ps. 149, 6, „geübt für den Kampf" der Thora.

Jes. 26, 10. „Möge er Gnade finden", sprach Isaak, als er Esau zu segnen wünschte. „Er ist ein Frevler", war Gottes Antwort. „Hat er nicht Gerechtigkeit gelernt?" Hat er nicht seine Eltern geehrt?[3]) Aber „er wird im Lande der Gerechtigkeit freveln!" Er wird dereinst seine Hand gegen das Heiligthum ausstrecken! So lasse ihm wenigstens, betete Isaak, Fülle des Wohlstandes zu Theil werden in dieser Welt, „und nicht sehe er die Erhabenheit des

---

Corruptel bewirkte, daß man das Wort zum vorhergehenden Namen zog; In Koh. r. zu 3, 14 ist daraus geworden א״ר שמלאי דברויירא. Pes. r. c. 24 (125 b) hat richtig דיבורא אמר ליה. Ebenso Sch. tob zu Ps. 27, 5 (ed. Buber), wo שמלאי in שמואל corrumpirt ist. Lev. r. c. 22 g. E. dafür הקדוש ברוך הוא אמר ליה. Tanch. נשא (B. 31) anonym: על פי הגבורה; Num. r. c. 14 g. Anf. אמר הקב״ה אני הוא שאמרתי לו. Frankel, Mebô 127 a, nennt auf Grund unseres Satzes einen besonderen Amora ר׳ שמלאי דבירא obwol schon in Seder Habboroth s. v. das richtige vermuthet ist. S. auch Weiß III, 131, A. 10.

[1]) Sanh. 98 b (ודרש ר״ש). Sam. Back, Monatsschrift 1880, 71, glaubt für diese auf die unberechtigten Herbeiwünscher des „Tages des Herrn" angewendete Fabel einen „polemischen Hintergrund" — gegen das Christenthum — annehmen zu dürfen. Jedenfalls ist, wie schon Raschi erklärt, unter dem erwarteten Licht das der messianischen Zeit zu verstehen, welches herbeizuwünschen die Völker der Welt keine Ursache haben. Eine spezielle Beziehung auf das Christenthum liegt dem Satze fern.

[2]) Schir r. z. St., Num. r. c. 11 (§ 3): ר״ש פתר קרייא במשמרות. S. Jochanan's Deutung, oben S. 315.

[3]) S. oben. S. 512, A. 3.

Ewigen" in der Zukunft! Darauf segnete er ihn (Gen. 27, 37): Von den fettesten Gegenden der Erde sei dein Wohnsitz!¹). — Ps. 80, 6. Die Gemeinde Israels spricht: Herr der Welten, um der „drei Thränen willen", die jener Frevler vergossen hat (Gen. 27, 38), hast du ihn zum Herrn über die Welt gemacht und ihm Wohlstand in dieser Welt verliehen; wenn du die Schmach deiner Kinder und ihre täglich fließenden Thränen erblickst, um wie vieles eher solltest du uns Heil zukommen lassen!²).

Das Gericht über die Völker³). Dereinst bringt Gott die Thora, legt sie in seinen Schooß und spricht: Wer sich mit ihr beschäftigt hat, komme und nehme seinen Lohn! Da „kommen die Völker in Durcheinander" (Jes. 43, 9), Gott aber spricht: Es komme jede Nation für sich mit ihren Schriftgelehrten „es mögen sich die Reiche versammeln" (ib. לאמים wie in Gen. 25, 23). Zuerst kömmt Rom und Gott fragt: Womit habt ihr euch beschäftigt? Wir haben — so lautet die Antwort — viele Gassen eingerichtet, viele Bäder gebaut, viel Gold und Silber angehäuft, und Alles nur um Israels

---

¹) Gen. r. c. 67 ר׳ שמלאי ואמרי לה ר׳ אבהו.

²) Sch. tob 3. St. ר׳ אבין אומר ואית דאמרי משמיה דר׳ שמלאי. Vielleicht ist auch hier ר׳ אבהו statt ר׳ אבין zu lesen, da dieser Ausspruch offenbar mit dem vorigen zusammenhängt. Esau (Rom) erhält um seiner Thränen willen den ihm Fülle des Wohlstandes (שלי׳ in beiden Aussprüchen) sichernden Segen des Vaters. Das ויתקשו des Psalmverses ist wahrscheinlich mit dem וישבו des andern Ausspruches erklärt. — In Sanh. 97 b wird erwähnt, daß Simlai in einer Predigt aus Ps. 80, 6 die Dauer des gegenwärtigen Exils berechnet habe; die Art der Berechnung ist nicht angegeben (s. Raschi z. St.).

³) Aboba zara 2 a bis 3 b: דרש ר׳ חנינא בר פפא ואיתימא ר׳ שמלאי. Diese große, auf Jes. 43, 9 basirende agadische Dichtung ist im Talmud durch größere Erörterungen einzelner Theile derselben unterbrochen. Von diesen Abschweifungen ist in der gegenwärtigen, sonst nur wenig verkürzten Wiedergabe der Dichtung abgesehen worden. Die Pointe derselben geht dahin, daß die heidnischen Völker, sowie sie die noachidischen, der ganzen Menschheit gegebenen Gebote nicht erfüllt haben, auch das geringste der Israel gegebenen Gebote zu erfüllen nicht im Stande wären. Im Vordergrunde der zum Gerichte erscheinenden Völker treten die beiden Weltmächte jener Zeit auf, das römische und persische Reich, die merkwürdigerweise ihre Verdienste um die Civilisation und die Entfaltung ihres Reichthumes und ihrer Macht als Israel und seiner ungestörten Beschäftigung mit der

Gericht über die Völker.

willen, damit es sich mit der Thora beschäftige. Darauf Gott: Ihr Thoren, was ihr gethan, habt ihr zur Befriedigung euerer Lust gethan[1]), das Gold und Silber aber gehört mir (Chaggai 2, 8), „wer von euch kann diese künden" (Jes. ib.), die Lehre, welche als „diese" bezeichnet ist (Deut 4, 44). Bestürzt entfernt sich Rom und eintritt Persien. Womit habt ihr euch beschäftigt? Wir haben viele Brücken erbaut, viele Städte erobert, viele Kriege geführt, und alles nur um Israels willen... Darauf Gott: Die Brücken habt ihr erbaut, um Zoll einzunehmen, Städte erobert, um ihnen Frohndienst aufzulegen, die Kriege habe ich entschieden (Exod. 15, 3). „Wer von euch kann diese künden?" — So kommen nach einander auch die anderen Völker. Sie entschuldigen ihre Unkenntniß der Lehre damit, daß sie dieselben nicht wie Israel von Gott empfangen hätten. „So mögen sie uns die ersten hören lassen", lasset hören, wie ihr die ersten der Noach gegebenen sieben Gebote erfüllt habet! Die Völker fragen nun: Wie haben die Israeliten, denen die Thora offenbart wurde, sie erfüllt? Gott erwiedert: Ich zeuge für sie. Kann ein Vater für seinen Sohn (Exod. 4, 22) zeugen? So sollen Himmel und Erde zeugen! Diese — entgegneten die Völker — sind nicht unbetheiligte Zeugen, ihr Bestand hängt von der Erfüllung der Thora durch Israel ab (Jer. 33, 25[2]). So mögen denn aus euch selbst, so spricht Gott zu den Völkern, Zeugen für Israels Glaubenstreue auftreten; Nimrod zeuge für Abraham, der sich weigerte den Götzen zu dienen, Laban für Jakob, der sich vom Raube fernhielt, das Weib Potiphars für Joseph, der sich nicht zum Ehebruche verführen ließ, Nebukadnezar

---

Gotteslehre dienend darstellen. Bezeichnend ist der Umstand, daß Rom sich auf seinen Reichthum, das unter den Sassaniden im 3. Jahrhundert kräftig aufstrebende Persien auf seine Kriegführung beruft.

[1]) Im Gespräche zwischen den Schülern Akiba's über die Größe Roms (Sabbath 33 b) rühmt Jehuda b. Ilai ebenfalls (nur noch mit einem Zuge mehr, der hier Persien beigelegt ist): תקנו שווקים תקנו גשרים תקנו מרחצאות. Und mit denselben Worten, wie hier Gott, führt dort Simon b. Jochai diesen Ruhm auf unedle Motive zurück (s. Ag. d. T. II, 73) ת' שיוקים להושיב בהן זונות מרחצאות לעדן בהם עצמם גשרים ליטול מהם מכס.

[2]) Dazu wird S. b. Lakisch's oben S. 390 gebrachter Ausspruch zu Gen. 1, 31 angeführt.

für Chananja, Mischael und Azarja, die sein Bild nicht anbeteten, Darjawesch für Daniel, der am Gebete festhielt, Eliphaz, Bildad, Zophar zeugen für Israel!¹) „Sie mögen selbst ihre Zeugen geben, damit Jene gerechtfertigt werden, sie selbst das Zeugniß hören und sagen: Wahrheit!" Herr der Welt — flehen die Völker — gieb uns die Thora von neuem, damit wir sie üben! Ihr Thoren, ruft Gott, wer am Rüsttag zum Sabbath sich bemüht hat, der wird am Sabbath zu essen haben, wer sich am Rüsttag nicht bemüht hat, woher sollte er am Sabbath essen? Trotzdem habe ich ein leichtes Gebot, das der Laubhütte, gehet hin und übet es²). Da giengen sie hin und verfertigten sich jeder eine Hütte auf seinem Dache. Als aber die Sonnengluth ihnen lästig wurde, verließen sie mit trotzender Verachtung die Laubhütten und sprachen (Ps. 2, 2): „laßt uns zerreißen ihre Bande, von uns werfen ihre Fesseln!" Aber „der im Himmel Thronende lacht, der Herr spottet ihrer; dann redet er zu ihnen in seinem Zorne, und in seinem Grimme schreckt er sie!"³)

---

¹) Die ersten drei Beispiele gehören zu den noachidischen Geboten Wofür die drei Freunden Hiob's zeugen, ist nicht gesagt; vielleicht für Hiob, als berufenen Vertreter jüdischer Glaubensfestigkeit im Leiden.

²) Das scheint auf Zach. 14, 18 f. zu beruhen.

³) In Pesikta 185 a beginnt der — nicht zum Grundstock dieses Midraschwerkes gehörige — Abschnitt zu Sukkoth mit unserem, dem Talmud entnommenen Stücke, von dem jedoch nur der Anfang gegeben wird. In der „Neuen Pesikta" (B. H. VI, 50) ist ein Auszug des Ganzen gegeben (Rom zählt unter seine Verdienste auch: משה ירד), als Autor nur Chanina b. Papa. In Tanch. שמיני Ende (B. 9) ein ähnlicher Auszug, als Autor Chama b. Chanina (s. oben S. 457, A. 4).

Anhang.

Ergänzung

zu Z. Frankel's Verzeichnisse der im jer. Talmud erwähnten Amoräer. מבוא הירושלמי p. 55 b — 131 b).

ר' אבא בר עילאי, im Namen Rab's, Berach. 14 c.

אבדומא מלחא, zur Zeit Chija b. Abba's, Sukka 53 a, und Jakob b. Acha's, Baba Mezia 9 b unten.

ר' אבהו בר נגרי, wol identisch mit ר' אייבו בר נגרי (Mebô 63 a).

ר' אבודמי בר טובי, im Namen Abahu's, Moed Katon 82 c unten.

5. ר' אבודמי בר ברתיה דר' טבי, im Namen Josia's, Sanh. 23 c oben.

ר' אבון בר ביסנא, im N. Jonathan's aus Beth-Gubrin, Jebam. 2 d oben.

ר' אבונא זעירא, Schebiith 35 a unten.

ר' אבונא ספרא (ober בר אבונא ס'), Megilla 74 b (Mas. Sofrim 12, 4).

אביי בר בנימין, Gittin 47 b unt. (תני).

10. ר' אבמכים, zur Zeit Jochanan's und Eleazar's, Sanh. 21 d unten.

ר' אידי דחוטריא, Sabb. 7 c. (c. V Ende), Schekalim 47 a oben (zur Zeit Jirmeja's).

ר' אידי דקיסרין, im Namen Jochanan's, M. Katon 82 c unten.

ר' אמי בר קרחה, im Namen Rab's, Baba Bathra Ende (17 d oben).

אפרים, im Namen Simon b. Lakisch's (s. oben S. 348, Anm. 7), Baba Mezia Ende 12 c unten.

15. ר' ארמנייא, zur Zeit Mana's, M. Kat. 82 c oben.

בון בר תמינה, zur Zeit Jochanan's, Sabb. 7 d oben.

בר דרוסי, zur Zeit Jochanan's, Aboda zara 43 d unten.

בר יודנה, Ab. zara 41 a.

בר ישיטה, der Amora (Sprecher) Abahu's, Megilla 75 c (Nach דר' אבהו scheint ein Passus ausgefallen zu sein).

20. בר מעיין, der Zöllner, Sanh. 23 c.

בר נחמיה, (vielleicht identisch mit dem in der Midraschlitteratur häufig genannten Josua b. Nechemja), Moed Kat. 83 a.

בר נטוזא, zur Zeit Abba b. Mamals, Ab. zara 41 a.

בר תרומה, zur Zeit Ammi's, Kidduschin 61 a.

דויד, im Lehrhause Zeira's, Kidd. 63 d oben (חד דויד wie חד אריסטין, Mebô 65 a, חד ר' טובי, Nidda 48 d).

25. ר' דוסא, Moed Kat. Ende (83 d unt.), B. Mezia 12 a unt., Ab. zara 42 a.

ר' דוסא ממלחיא, im Namen Acha's, Sota 19 b.

ר' דוסתאי, im Namen Abba b. Zemina's und in seinem Namen Chizkija, Chagiga 76 d oben, Nedarim 42 c (c. X Ende).

ר' דוסתאי סבא, Chag. ib., Nedarim ib., wahrscheinlich Großvater des Vorigen.

דושו אחוי דדודו, Gittin 45 c unten.

30. ר' הונא בר אחא, im Namen Alexanders, Maaser scheni 56 c unten.

ר' הונדקס, Sabbath 15 d oben.

הילל, Bruder des גמליאל זוגא (Mebô 71 b), Moed katon 82 c oben.

ר' זעירא כהנא בר תחליפא, im Namen Chama b. Abba's im Namen Rab's, Aboda zara 42 a.

זעירא בר חייא בר אשי, im Namen Kahana's, Sabb. 10 a oben (Vgl. Mebô 79 a: ר' זעירא תנאי).

35. חנרא אחוי דר' בא בר בינא, zur Zeit Chanauels, des Schülers Rab's, Megilla 71 c unten.

ר' חונא בר חייא, Jose b. Abun in seinem Namen, Bikkurim 65 c.

ר' חורײנא אחוי דר' שמואל בר סוסרטאי, Baba Bathra 17 a oben.

ר' חייא דכפר תחומין, gegen Berechja, Pea 15 d.

ר' חלפתא בן שאול, Bikkurim 64 d ob. (s. Ag. d. T. II, 552, Anm. 2).

40. ר' חנין בר לוי, Beza 62 b unten.

ר' חנינא כתובה, im Namen Acha's, Sanh. 19 d unten.

ר' חנינא בריה דר' כהיי, zur Zeit Mana's, Pesachim 29 c unten.

חנניא קרתיסייא, zur Zeit Chanina's und Josua b. Levi's, Kethub. 26 d.

ר' טובי, im Namen Abahu's, Nidda 48 d unten.

45. ר' יהודה בן ר' אימי, im Namen Simon b. Lakisch's, Terumoth 41 d.

יהודה בן בוני, im Namen Ammi's, B. Mezia 11 b.

ר' יושוע בר נוזורא, Diener Zeira's, Sabbath 5 c.

ר' יודה בר סיסין, im Namen Juda b. Pazzi's, Kidduschin 64 a oben.

Anhang.

ר' יודה בר פזי דברדלייה, Beza 61 d oben (תני), ib. 62 c unten (תני), Megilla 71 a תני ר' יהודה בר פזי דברזילא).

50. ר' יודן בירבי שמעון, gegen Jochanan, Pea 17 a.
ר' יודן דכפר אימי, Sabbath 15 d unten.
ר' יודן ביר' מנשה, gegen Samuel b. Nachman, Taan. 65 a.
ר' יודן בר שיקלי, zur Zeit Jose's, Kethub. 33 c.
ר' יוחנן ספרא דנופתא, Sukka 53 a ob., wol identisch mit ר' יונתן ס' דגו'.
55. ר' יוחנן ור' ישמעאל בני יישוע, Mathanja (Mebô 116 a) in ihrem Namen, Jebam. 8 b unten.
ר' יוחנן דצפורין, im Namen Acha's, Kiddushin 58 c oben.
מנחם בר מבסימא unter f. יונתן קיפא.
ר' יונתן בן חלי, im Namen des oben stehenden Abudimi, Tochtersjohn Tobi's, Sanh. 23 c oben.
ר' יונתן ספרא דנופתא mit בר אבונא ספרא (f. oben), Megilla 74 b (Mas. Sofrim 12, 4).
60. ר' יוסה בריה דר' תנחום דכפר אגין, Sabbath 5 b.
ר' יוסטא ביר' מתון, zur Zeit Simon b. Lakisch's, B. Kamma 6 a oben.
ר' יוסטתא, Kethub. 32 d unt., identisch mit ר' יוסטיני Baba Bathra 16 b (Mebô 100 a).
ר' יוסי בן גזירה, Jona in seinem Namen, Berach. 14 d oben.
ר' יוסי בר יעקב, Aboda zara 39 b ob., Jebam. 10 d oben.
65. ר' יוסי בר ממל, Kiddushin 61 c.
ר' יוסי בן שאול, Aboda zara 41 a.
ר' ינאי קפודקאה, zur Zeit Jehuda b. Pazzi's und Acha's, Baba Bathra 16 a.
ר' יעקב גרוסה, Berach. 2 d unten.
ר' יעקב בר אבון, im Namen Samuel b. Nachman's, Nedarim 38 a oben.
70. ר' יעקב בר פליטי, Freund Mana's, Sukka 53 a oben.
יצחק בר אוריון, zur Zeit Jirmeja's, Sabb. 12 d oben.
ר' יצחק בר כהנא, zur Zeit Bibi's, Sabb. 11 a unten.
ר' יצחק בר קצתה, im Namen Jona's, R. H. 56 b.
יצחק בר שמיאל בר מרתא, zur Zeit Simlai's, Ab. zara 41 d.
75. ר' ירמיה בן אלעזר, Sabb. 8 d oben.
יישוע אחוי דדוראי, zur Zeit Abahu's, Moed Katon 82 c.
ר' כהן אחוי דר' חייא בר בא, Sabb. 5 b.

מנחם בר מבסימא אחוי דיונתן קיפא, im Namen Ammi's, Maaseroth 52 a.

מנחם יותפייא, Jose b. Chanina in seinem Namen, Sukka 54 c unten.

80 נהוראי בר שיניא, im Namen Sim. b. Lakisch's (ר' שמעין), Maaseroth 49 ob.

ר' נפתלי, zur Zeit Mana's, Taan. 67 b, Megilla 75 b unten.

ר' סימון אחוי דיהודה בר זבדי, im Namen Rab's, B. Bathra 14 a oben.

עולא שכפא, Ab. zara 42 a (תני קומי ר' הוסא).

עולא בר קושב, zur Zeit Josua b. Levi's, Terum. 46 b unten.

85. ר' עקיבה, zur Zeit Mana's, Kethub. 34 a oben.

ר' פפא, in seinem Namen Abba, Megilla 71 c.

שלמן בר לוי, Bruder Zabbai b. Levi's, im Namen Josua b. Levi's, Kilajim 27 a.

ר' שמואל דסוספתא, Sanh. 20 a unten.

ר' שמואל בר יודן, Sanh. 19 a.

90. ר' שמואל בר יעקב, zur Zeit Juba b. Pazzi's, Nebarim 37 d.

ר' שמואל בר מינא, im Namen Acha's, Berach. 3 d oben.

שמעין קמטרייא, im Namen Chija b Abba's, Berach. 13 d.

ר' שמעון בן יהוצדק, s. oben S. 119, A. 4.

ר' תימא בר פפיים, im Namen Hoschaja's, Sanh. 22 b.

95. ר' תנחום דכפר אנין, s. oben Nr. 60, im Namen Eleazar b. Jose's, Baba Bathra 15 a.

ר' תנחום בר חנילאי, Berach. 13 b.

Ergänzungen und Berichtigungen.

Zu S. 7, Anm. 2. S. auch j. Baba mezia 8 d, unten S. 208, A. 7.
„ „ 8, A. 3. S. unten S. 410, A. 2.
„ „ 12, A. 6. S. S. 209, A. 4.
„ „ 14, Z. 12. L. Altvordern; ib. Z. 13 l. Zacharia.
„ „ 21, Z. 18. L. ὀποβάλσαμον.
„ Jb., Anm. 7. Zu Bubers Ausgabe des Schocher tob, welche ich erst während des Druckes, von S. 195 an, benützen konnte, findet sich (nach zwei Handschriften) der Zusatz שהתאוו לשולטנות; für das zweite Wort ist לשולטנותו zu lesen: sie begehrten Gottes Herrschaft. Also התוו = התאוו.
„ „ 23. Der in Megilla 13 a unten stehende Ausspruch über Rachel, Saul, Esther ist nach den bei Rabbinowitz z. St. gebrachten Quellen nicht Eleazar zugehörig, sondern von diesem im Namen Chanina's tradirt.
„ „ 25, A. 2. S. S. 473, A. 2.
„ „ 26, A. 4. Der ganze Passus über Obadja fehlt in einigen der von Buber benützten Handschriften des Sch tob.
„ „ 28, A. 7. Tradent ist Abahu. Doch haben einige Handschriften (bei Buber) umgekehrt: ר' חנינא בשם ר' אבהו. Die erstere Lesart ist jedenfalls, wie auch Buber S. 170, A. 80 annimmt, die richtigere. In der Einleitung zu seiner Ausgabe des Sch. tob, S. 31, A. 127, behauptet er, die zweite Lesart sei die richtige.
„ „ 34, A. 1. In Schocher tob zu Ps. 48 Ende ist Jose b. Chanina als Autor genannt, Tradenten sind Berechja, Chelbo und Eleazar.
„ „ 37. Ueber die demütige Selbstverleugnung als Bedingung des erfolgreichen Thorastudiums, auf Grund einer Deutung von Num. 21, 18 ff. hat Buber's Sch. tob zu Ps. 5, 1, einen Ausspruch im Namen Jannai's, zu dem sich ein analoger Ausspruch des bab. Amora Mathna in Erubin 54 a findet.

Zu S. 59, A. 3. In Sch. tob zu Pf. 12, 1 werden zwei Anekdoten aus dem Leben Jonathans erzählt, aus denen hervorgeht, daß er mit Getreide Handel trieb. Daraus erklärt sich die Angabe in Tanchuma: שהיה עומד בשוק.

„ „ 72, A. 6. S. auch Pesikta 161 b, wo der Ausspruch in erweiterter Form Jochanan zugeschrieben, während Samuel b Nachman im Namen Jonathans Jochanans Satz tradirt. In Sch. tob zu Pf. 86, 15 und zu Pf. 104, 8 steht ebenfalls die erweiterte Form, aber als Autor ist Samuel b. Nachman ielbſt genannt.

„ „ 73, A. 4. Statt ר' אבא haben zwei Handschriften רייבה, leichte Corruptel aus ר' יונתן.

„ „ 74. Nachzutragen ist die Deutung von Hiob 37, 13 auf Regen der Züchtigung und Regen der Gnade, Taanith 8 b, bei welcher (nach Dikd. Sofrim) אמר ר' יונתן zu ergänzen ist.

„ „ 77, Z. 6 L. „ein Argument".

„ „ 77, A. 7. In Ruth r. c. 4, zu 2, 4, Chelbo im Namen Samuel b. Nachman's.

„ „ 78, A. 3. Statt 123 b l. 123 a. Statt: „warum Jakob sofort nach Joseph's Geburt heimkehren will (Gen. 30, 25)" l.: warum Jakob Reuben die Erstgeburt weggenommen und sie Joseph gegeben habe.

„ „ 95, A. 1. L. Zebina, Zemina.

„ „ 100. Paraphrasen zu Pf. 22, 3 f., 54, 4 und 75, 1 im Namen Hoschaja's f. im Schocher tob eb. Buber, zu diesen drei Stellen.

„ „ 103. Was in Gen. r. c. 32 anonym gebracht ist (zu Gen. 7, 10), hat im Sch. tob zu Pf. 26 Ende Hoschaja zum Autor; nach Buber ist dieser als angenommener Verfasser des Gen. r. als Autor des diesem Midrasch entnommenen Satzes genannt.

„ „ 114, A. 3. St. „Pf. 100, 2" l. Pf. 110, 2.

„ „ 115, A. 5. S. unten S. 528, A. 2.

„ „ 122, A. 5. St. בשם ר' חייא l. בשם ר' יוחנן.

„ „ 155, A. 5. Ende S. auch Schwarz, Tosifta, Berach. IX (p. 58).

„ „ 169, Z. 2. L. 4, 24.

„ „ 177, Z. 6 der Anmerkungen. L. „sie" statt „auch".

„ „ 182, A. 2. Zum Ausdrucke משמיש אצבעות vgl. Gen. r. c. 10 (Ende: כל זמן שהיו ידי קוניהם ממשמשין בהן.

„ „ 201, Z. 2. Vgl. S. 181, Z. 9.

Ergänzungen und Berichtigungen.

Zu S. 207, A. 8. Aus dem Midrasch לכו רננה bringt ein handschriftlicher Machsor-Commentar mit der Einführung אמר ריש בר נחמן אמר ר' יוחנן eine Legende über den Krieg des קלסנס (wol = גסקלנס, Gajus Caligula) gegen die Hasmonäer, welche im Midr. Chanukka (B. H. I, 135) im Namen Jizchaks steht. S. Epstein in der hebr. Zeitschrift החוקר I (1891), 65.

„ „ 245, Z. 3. L. „am Paradies".

„ „ 290, A. 4. Statt „Sanh. 69 b" l. Sanh. 19 b unten. Vgl. dazu S. 74, A. 4.

„ „ 317, Z. 9. L. Gebotübungen.

„ „ 350, A. 2, Z. 8 und 9. L. „breitete".

„ „ 416, letzte Zeile, L. „Beth Schean".

„ „ 529, A. 3. Anstatt „S. 424" l. S. 493; anstatt „S. 419, A. 13" l. S. 486, A. 5.

„ „ 544, Z. 1. L. „Joseph's".

Register.

A. Amoräer.

Abahu 8, 9, 17, 23, 26, 42, 56, 75, 84, 110, 112, 119, 153, 175, 216, 221, 222, 238, 240, 243, 244, 255, 256, 257, 266, 267, 270, 281, 289, 310, 321, 328, 331, 343, 353, 356, 359, 366, 371, 375, 383, 385, 395, 397, 408, 420, 422, 427, 429, 432, 433, 434, 436, 437, 438, 439, 440, 442, 457, 469, 481, 521, 526, 546, 564, 571.

Abaji 188, 216, 292.

Abba 89, 155, 199, 267, 314, 351, 353, 358, 365, 366, 367, 382, 557.

Abba aus Sidon 519.

Abba b. Chija 74, 223, 234, 235, 242, 250, 257, 272.

Abba b. Judan 19.

Abba b. Kahana 50, 118, 132, 195, 218, 247, 250, 252, 278, 299, 457, 485, 525, 527, 551.

Abba b. Manjomi 117.

Abba b. Mari, f. Rabba b. Mari.

Abba b. Zabba 7.

Abba b. Zebina (Zemina) 95, 463.

Abba, der Vater Simlai's 552.

Abba Kohen 419.

Abbimi aus Sepphoris 436.

Abin (Abun) 12, 38, 48, 61, 118, 143, 155, 231, 272, 314, 331, 369, 407, 415, 489, 493, 549, 562, 564.

Acha 11, 21, 23, 31, 33, 44, 68, 78, 99, 102, 117, 131, 133, 139, 158, 167, 196, 199, 203, 228, 246, 250, 268, 281, 284, 301, 311, 324, 328, 369, 405, 408, 411, 422, 427, 435, 454, 455, 457, 478, 543, 557, 562.

Acha b. Chanina 225, 240, 557.

Acha b. Papa 441.

Acha b. Zeira 453.

Acha, der Herr der Burg 58.

Abba b. Simon 242, 243.

Aibo 36, 112, 116, 298, 299, 325, 356, 406, 495, 531, 538.

Alexander 37, 78, 117, 131, 134, 140, 154, 184, 195 bis 204, 268, 316, 370, 427, 440, 535.

Ammi 37, 44, 48, 93, 131, 201, 215, 216, 266, 343, 351, 356, 371, 375, 382, 383, 384, 392, 417, 478, 480, 483, 495, 518, 546.

Ammi b. Abba 385.

Amram 16.

Apphos, f. Ephes.

Aschian der Zimmermann 256, 299.

Assi 25, 44, 102, 212, 215, 225, 227, 240, 244, 250, 264, 267, 285, 289, 336, 337, 347, 351, 382, 421, 422, 441, 448, 518.

Awira 420.

Azarja 10, 17, 160, 169, 179, 284, 300, 301, 304, 357, 408, 412, 427.

Bar Mezira 121.
Bar Pedaja (Bar Paba), s. Jehuda
  b. Pedaja.
Benjamin b Jephet 218.
Benjamin b. Levi 124, 463.
Berechja 31, 34, 50, 71, 75, 82, 132,
  134, 138, 143, 149, 156, 164, 165,
  167, 169, 172, 210, 219, 226, 274,
  279, 283, 287, 296, 301, 302, 321,
  322, 326, 328, 330, 359, 372, 390,
  394, 397, 413, 417, 428, 444, 457,
  459, 468, 475, 481, 487, 492, 493,
  501, 505, 511, 515, 521, 524, 525,
  526, 527, 529, 531, 535, 536, 538,
  543, 548, 549, 550, 551, 557, 559,
  571.
Bezalel 553.
Bibi 13, 324, 549.
Bibi b. Abba 280.
Bisa 90.
Bisna 199.
Bulentai 267.
Chaggai 368, 490, 491, 492, 495,
  509, 531, 545.
Chalaftha aus Caesarea 364, 365.
Chama 399.
Chama b. Bisa 89, 90.
Chama b. Chanina 8, 25, 58, 85, 86,
  111, 115, 176, 290, 291, 299, 337,
  379, 386, 423, 436, 439, 440, 447
  bis 476, 483, 486, 497, 507, 508,
  513, 538, 566.
Chama b. Guria 442.
Chama b. Joseph 92.
Chama b. Ukba 427, 442.
Chama, der Vater Chanina's 1, 2.
Chama, der Vater Hoschaja's 90, 180.
Chanan (Chanin) aus Sepphoris
  487, 501.
Chananja 23, 40.
Chananja b. Acha 473.
Chananja der Genosse 173.
Chananja, der Neffe Hoschaja's 216.
Chanin 12, 234, 264, 328, 474.

Chanina 253, 304, 338, 356, 486, 511.
Chanina aus Schilka 255.
Chanina b. Andrai 546.
Chanina b. Chama 1 bis 34, 36,
  44, 58, 63, 64, 66, 77, 85, 90,
  91, 96, 125 127, 157, 182, 187,
  198, 207, 208, 209, 220, 221, 224,
  231, 238, 249, 303, 308, 309, 311,
  329, 341, 346, 385, 412, 423, 425,
  447, 448, 473, 474, 487, 546, 560,
  571.
Chanina, der Bruder Hoschaja's 215,
  216.
Chanina b. Papa 196, 329, 407, 454,
  458, 462, 463, 480, 481, 491, 497,
  566.
Chanina b. Pazzi 45.
Chanina Kara 6, 208.
Chelbo 34, 59, 78, 82, 156, 185,
  274, 287, 315, 335, 417, 420, 442,
  449, 463, 481, 492, 493, 511, 513,
  521, 524, 525, 526, 538, 543, 546,
  548, 549, 571, 572.
Chija b. Abba 44, 64, 82, 117, 121,
  122, 126, 128, 130, 134, 148, 149,
  163, 195, 200, 201, 209, 212, 213,
  214, 215, 220, 221, 226, 228, 229,
  234, 235, 237, 239, 240, 242, 243,
  244, 246, 249, 253, 254, 256, 257,
  261, 262, 265, 267, 272, 274, 276,
  277, 278, 283, 285, 288, 296, 298,
  301, 309, 310, 311, 314, 320, 323,
  330, 336, 337, 341, 353, 365, 366,
  382, 407, 422, 428, 449, 453, 468,
  492, 515.
Chija b. Abba 341, 353, 401.
Chija b. Abba aus Jafo 515.
Chija b. Joseph 218, 336.
Chija b. Luliani 108.
Chija Kara 495.
Chilkija 106, 533.
Chisda 116, 153, 163, 173, 211, 218,
  265, 289, 335.

Chiskija 190, 220, 243, 261, 333, 390, 407, 422.
Chiskija b. Chija 21, 48 bis 57, 128, 208, 259, 284.
Chiskija b. Parnach 219, 272.
Chunia 300.
Dime 17, 134, 188, 236, 250, 256, 308, 338.
Dosithai 488, 492, 502, 503.
Eleazar b. Malai 397.
Eleazar b. Menachem 416.
Eleazar b. Pedath 6, 7, 9, 10, 11, 12, 13, 15, 17, 22, 23, 24, 27, 29, 30, 34, 63, 89, 91, 93, 94, 99, 109, 110, 111, 113, 114, 115, 116, 118, 126, 134, 139, 148, 149, 156, 158, 167, 176, 178, 179, 181, 187, 212, 213, 214, 216, 220, 226, 227, 228, 234, 241, 242, 249, 250, 259, 264, 169, 273, 274, 276, 281, 288, 291, 293, 295, 299, 302, 303, 307, 308, 313, 327, 328, 329, 336, 337, 350, 352, 359, 372, 381, 398, 399, 401, 422, 424, 425, 426, 430, 432, 437, 438, 439, 444, 445, 462, 478, 479, 480, 481, 483, 484, 487, 490, 494, 499, 501, 504, 505, 506, 507, 508, 509, 514, 516, 521, 524, 527, 530, 533, 535, 537, 548, 554, 571.
Ephes 2, 91, 341.
Ephraim der Schulmeister 348.
Gamliel III 91, 135, 193.
Hamnuna 197, 213, 426, 558.
Hamnuna der Massoret 2, 348.
Hela 5, 10.
Hillel b. Berechja 318.
Hillel b. Samuel b. Nachman 483.
Hillel der Bruder Jehuda's II 92.
Hoschaja 79, 89 bis 108, 122, 147, 168, 174, 199, 208, 209, 214, 272, 314, 341, 362, 397, 572.
Hoschaja, der Bruder Chanina's 215, 216, 447, 448.
Hoschaja der Jüngere 90.

Huna 11, 44, 77, 99, 112, 116, 117, 126, 177, 287, 303, 323, 357, 362, 364, 365, 380, 392, 397, 454, 455, 482, 495, 496, 502, 512, 534.
Huna b. Abin 463, 482.
Huna b. Acha 197.
Jbi 216, 306, 454, 495.
Jbi b. Simon 267.
Jlaa 384, 420.
Jlfa (Chilfa) 209, 210.
Jssi b. Hini 264.
Jakob 84.
Jakob aus Kefar Chanin 134.
Jakob b. Abin 486, 545.
Jakob b. Acha 243, 327, 554.
Jakob b. Jbi 131, 135, 213, 216, 228, 238, 246, 259, 268, 539.
Jakob b. Zabbai 366.
Jakob der Graupenmüller 478.
Jakob Gebulaja 33.
Jatum (?) 56, 371.
Jannai 5, 13, 29, 35 bis 47, 48, 49, 50, 63, 67, 72, 119, 132, 159, 208, 209, 224, 346, 392, 439, 449, 490, 538, 553, 571.
Jannai aus Scheab 495.
Jannai b. Jsmael 45.
Jannai der Enkel 39.
Jehuda 499.
Jehuda II 6, 35, 91, 96, 127, 220, 346, 347, 382, 478, 479, 480, 481, 534, 553, 571.
Jehuda III 479.
Jehuda b. Ammi 109.
Jehuda b. Chija 35, 48 bis 52, 54, 57, 141, 210.
Jehuda b. Jri 320.
Jehuda b. Jecheskel 64, 211, 308, 383, 480.
Jehuda b. Nachmani (Nachman) 217, 282, 352, 353, 370, 386, 387, 388, 398, 477, 490.
Jehuda b. Pazzi 19, 45, 130, 174, 268.

Jehuda b. Pedaja 124, 125, 127, 210.
Jehuda b. Schalom 61, 73, 177, 198, 281, 283, 380, 460, 461, 495, 549.
Jehuda b. Schela 225.
Jehuda b. Simon 19, 45, 55, 97, 103, 104, 113, 130, 131, 142, 144, 156, 160, 164, 167, 168, 169, 179, 234, 261, 264, 268, 283, 302, 312, 325, 328, 330, 357, 385, 395, 407, 408, 455, 514, 519, 522, 524, 534, 536, 538, 558.
Jehuda b. Simon b. Pazzi 260.
Jirmeja 82, 119, 190, 203, 219, 261, 333, 365, 366, 382, 399, 407.
Jirmeja b. Abba 220, 250.
Jirmeja b. Eleazar 329, 547.
Jizchak 10, 41, 62, 162, 163, 183, 217, 227, 255, 256, 266, 273, 274, 275, 277, 280, 283, 288, 294, 300, 306, 310, 311, 315, 327, 329, 335, 366, 381, 385, 402, 411, 416, 424, 438, 455, 489, 518, 524, 535, 557.
Jizchak aus Magdala 443.
Jizchak b. Chatula 109.
Jizchak b. Eleazar 224, 269.
Jizchak b. Joseph 267, 420.
Jizchak b. Marion 10, 286, 427.
Jizchak b. Nachman 127, 131, 154, 477.
Jizchak b. Zeira 121.
Jochanan 3, 6, 7, 11, 12, 13, 14, 15, 16, 17, 18, 20, 23, 24, 29, 31, 32, 33, 36, 37, 39, 40, 41, 44, 47, 49, 54, 55, 58, 60, 61, 64, 65, 66, 71, 78, 82, 87, 93, 94, 98, 100, 101, 109, 110, 111, 112, 113, 115, 117, 119, 120, 121, 122, 123, 126, 134, 138, 142, 159, 168, 174, 177, 178, 179, 183, 186, 187, 195, 205 bis 339, 340, 342, 343, 344, 345, 346, 347, 348, 349, 351, 352, 353, 354, 357, 358, 359, 362, 363, 364, 365, 368, 371, 372, 375, 378, 379, 380, 385, 387, 390, 391, 392, 393, 395, 399, 400, 401, 407, 411, 415, 419,

420, 421, 422, 424, 426, 427, 431, 437, 443, 448, 449, 451, 454, 459, 464, 468, 472, 477, 478, 479, 482, 483, 487, 490, 496, 498, 499, 508, 509, 513, 516, 517, 519, 539, 541, 545, 547, 551, 557, 558, 560, 563, 572, 573.
Jochanan b. Meria 226.
Jona 89, 119, 129, 164, 276, 382, 384, 436, 439, 451, 457, 461, 500.
Jonathan aus Beth-Gubrin 65, 167.
Jonathan b. Chaggai 10, 427.
Jonathan b. Eleazar 4, 5, 12, 26, 32, 36, 50, 58 bis 88, 121, 126, 152, 205, 251, 262, 278, 320, 341, 346, 348, 363, 371, 436, 439, 443, 447, 458, 477, 481, 482, 484, 509, 535, 536, 545, 552, 554, 555, 561, 572.
Jose 276, 382, 384, 448, 506.
Jose aus Sidon 243.
Jose b. Abin (Abun) 131, 140, 162, 167, 180, 244, 350, 383, 509.
Jose b. Chanina 44, 73, 113, 122, 139, 142, 224, 227, 272, 288, 303, 327, 353, 360, 382, 419 bis 446, 452, 473, 475, 483, 505, 520, 562, 571.
Jose b. Ilai 288.
Jose b. Kezartha 177.
Jose b. Nehorai 116.
Jose b. Zimra 109 bis 118, 226, 457, 469, 528.
Jose der Galiläer 426.
Jose Kohen 419.
Joseph b. Petros 128.
Joseph, der Sohn Josua b. Levi's 127, 128, 187, 196.
Josia 24, 357, 426.
Josua aus Sichnin 159, 175, 184, 217, 255, 338, 356, 460.
Josua b. Abin 179.
Josua b. Levi 5, 14, 16, 20, 23, 26, 28, 29, 33, 38, 50, 55, 56, 66, 104, 109, 122, 123 bis 194, 195, 209, 223, 241, 243, 250, 263, 270,

276, 283, 294, 314, 335, 337, 338,
351, 356, 380, 389, 407, 422, 433,
438, 467, 472, 477, 483, 491, 492,
494, 498, 500, 501, 503, 505, 511,
516, 517, 519, 520, 526, 528, 530,
532, 535, 536, 537, 538, 547, 558.

Josua b. Nechemja 151, 156, 287,
302, 370, 474.

Judan 8, 14, 19, 23, 32, 46, 112,
116, 117, 118, 134, 149, 176, 177,
196, 201, 203, 228, 249, 263, 298,
299, 325, 328, 377, 380, 391, 406,
454, 457, 493, 534, 549, 551, 557.

Judan b. Manasse 492.

Kahana 212, 215, 350.

Ketina 361.

Krispa, s. Kruspedai.

Kruspedai 219, 267, 268, 270, 286,
296, 301, 329, 331.

Levi 8, 12, 33, 35, 44, 66, 68, 110,
111, 114, 115, 121, 158, 159, 173,
180, 184, 186, 197, 201, 217, 218,
226, 255, 260, 262, 263, 277, 279,
281, 292, 310, 315, 317, 328, 332,
338, 353, 356, 360, 371, 377, 384,
385, 394, 402, 414, 415, 443, 448,
450, 452, 453, 455, 456, 457, 458,
459, 461, 462, 463, 464, 465, 467,
468, 469, 470, 471, 472, 473, 474,
475, 476, 481, 489, 493, 494, 503,
504, 509, 515, 526, 530, 534, 536,
546, 557.

Levi b. Lachma 354, 362, 448, 461,
462, 475.

Luliani b. Tabrini 162.

Mana (Mani) 181, 201, 383, 461.

Marion 187.

Mar Ukba 130, 329.

Mar Zutra 359, 379.

Mathna 499, 513, 571.

Meascha 44.

Menachem 131, 162, 368.

Menachema 185, 313.

Mejcha, der Enkel Josua b. Levi's 128.

Nachman 201, 306, 407, 498, 550.

Nachman b. Jakob 217, 232, 256, 274, 280.

Nachman b. Jizchak 559.

Nachman b. Samuel b. Nachman 481, 483, 488, 533.

Nathan der Genosse 281.

Nechemja 380, 399.

Papa 43.

Parnach 219, 236, 287, 291.

Pinchas b. Chama 93, 96, 97, 98,
99, 100, 103, 104, 106, 108, 154,
183, 196, 219, 228, 282, 288, 310,
328, 380, 386, 392, 409, 434, 439,
455, 465, 468, 507, 525, 533, 545.

Rab 4, 5, 7, 11, 27, 64, 76, 77, 90, 135,
140, 156, 159, 165, 166, 169, 180
181, 199, 206, 211, 212, 213, 220,
240, 260, 276, 282, 289, 307, 308,
350, 359, 384, 419, 436, 445, 449,
472, 482, 503, 505, 513, 514, 546,
547, 553.

Raba 21, 54, 152, 154, 218, 225,
236, 267, 272, 273, 299, 301, 303,
308, 334, 335, 351, 394, 419, 433,
520, 558.

Rabba b. Abuha 531.

Rabba b. b. Chana 169, 209, 214,
218, 223, 232, 235, 239, 243, 253,
255, 274, 290, 311, 328, 338, 349,
350.

Rabba b. Huna 361.

Rabba b. Mari 188, 218, 272, 299, 300.

Rabba b. Nachmani 94, 215, 216,
218, 250, 336, 378, 477.

Rabin 256, 318.

Rabina 347.

Rami b. Chama 90.

Reuben 8, 33, 507, 549.

Sama b. Raktha 372.

Samuel 12, 17, 155, 211, 213, 232, 235, 276, 330, 349, 359, 375, 482, 503, 513, 514, 525, 546, 547, 549, 552, 553.
Samuel b. Bibi 33.
Samuel b. Chija 14, 17, 18.
Samuel b. Jizchak 363, 388, 399, 454, 486.
Samuel b. Jona 478.
Samuel b. Martha 313.
Samuel b. Nachman 31, 49, 50, 56, 58, 59, 60, 63, 64, 68, 70, 71, 73, 74, 75, 76, 78, 82, 83, 86, 87, 120, 126, 129, 132, 143, 145, 149, 151, 152, 156, 157, 158, 162, 163, 164, 175, 178, 184, 185, 186, 199, 206, 218, 234, 241, 251, 252, 253, 260, 262, 273, 290, 291, 328, 360, 375, 376, 378, 381, 383, 384, 386, 388, 390, 392, 399, 402, 415, 435, 445, 449, 458, 461, 463, 465, 472, 473, 477 bis 551, 552, 553, 572, 573.
Samuel b. Nabab 28.
Samuel b. Nathan 447.
Samuel b. Soter 546.
Samuel der Alte 20.
Schefatja 211, 237.
Schela aus Kefar Tamartha 315, 319.
Simi b. Ukba 130.
Simlai 35, 60, 74, 76, 257, 435, 458, 530, 552 bis 566.
Simon (סימון) 11, 16, 18, 86, 122, 130, 131, 136, 138, 140, 142, 143, 144, 145, 149, 150, 151, 152, 153, 155, 161, 164, 165, 167, 169, 173, 175, 178, 179, 180, 181, 183, 184, 196, 203, 216, 218, 246, 250, 327, 393, 409, 430, 483, 505, 510.
Simon aus Kamtara 519.
Simon aus Lydda 393.
Simon b. Abba 3, 7, 16, 131, 179, 203, 212, 214, 215, 226, 227, 228, 230, 241, 246, 249, 257, 260, 262, 276, 286, 329, 335.
Simon b. Chalfutha 491.
Simon b. Eljakim 422.
Simon b. Jehozabak 119 bis 123, 208, 480, 545.
Simon b. Lakisch 8, 9, 11, 16, 19, 31, 36, 39, 40, 42, 43, 44, 46, 48, 60, 62, 73, 84, 89, 93, 105, 109, 120, 126, 131, 156, 166, 177, 179, 199, 205, 210, 211, 212, 213, 217, 218, 220, 222, 223, 225, 228, 229, 231, 235, 237, 246, 249, 250, 258, 266, 270, 271, 273, 275, 276, 277, 278, 282, 284, 285, 291, 297, 298, 299, 300, 302, 304, 306, 316, 321, 322, 323, 328, 329, 338, 340 bis 418, 419, 420, 436, 440, 448, 449, 453, 464, 477, 482, 485, 496, 501, 503, 505, 547, 565.
Simon b. Pazzi 130, 131, 135, 154, 180, 329, 331, 371, 409, 510.
Simon b. Zabbai 387, 509.
Simon Nezira 121.
Tachlifa 256.
Tachlifa aus Caesarea 377.
Tanchum 139, 140, 141, 160, 168, 185, 264.
Tanchum aus Nave 164.
Tanchum b. Chanilai 41, 130, 131, 160, 168, 219, 322, 328, 330, 460.
Tanchum b. Chija 130, 131, 160, 168, 218, 246, 554.
Tanchum b. Chija aus Akko 554.
Tanchuma 51, 108, 110, 144, 155, 185, 201, 308, 319, 324, 328, 332, 356, 375, 407, 475, 549.
Tanchuma b. Scholastikai 197.
Ulla 16, 33, 34, 56, 89, 120, 218, 259, 308, 335, 338, 341, 351, 421, 437, 478.

Zabbai b. Levi 144.
Zakkai 212.
Zakkai aus Scheab 495.
Zakkai der Fleischer 244.
Zebiba 172.

Zeira 5, 17, 119, 131, 139, 157, 224, 239, 261, 267, 272, 339, 357, 377, 393, 422, 478, 480, 552.
Zeiri 11, 32, 215 223.
Zerika 356, 384.

B. Tannaiten.

Abba Benjamin 419.
Abba Saul 449, 491.
Akiba 146, 162, 252, 254, 328, 534, 556, 565.
Bar He He 534.
Bar Kappara 4, 10, 15, 21, 42, 89, 90, 91, 92, 107, 124, 125, 127, 128, 130, 145, 154, 159, 168, 183, 210, 234, 340, 341, 358, 374, 386, 394, 534, 537.
Benaja 139, 208, 241, 468.
Chananja b. Akaschja 374.
Chananja b. Chizkija 237.
Chananja, der Brudersohn Josua b. Chananja's 150, 261.
Chanina b. Antigonos 267, 287.
Chanina b. Dosa 1, 141.
Chanina b. Gamliel 377.
Chija 4, 35, 36, 41, 42, 43, 48, 50, 52, 58, 59, 61, 84, 89, 90, 91, 125, 208, 209, 224, 350, 351, 366, 431.
Eleazar aus Modiim 262, 473, 539.
Eleazar b. Arach 257.
Eleazar b. Azarja 157, 178, 276.
Eleazar b. Jakob 146, 207, 320, 421, 425, 464.
Eleazar b. Jose 157.
Eleazar b. Simon 59, 206, 207, 387, 555.
Eleazar b. Zadok 119.
Eleazar Hakkappar 329, 537.
Elieser b. Hyrkanos 53, 390, 435.
Elieser b. Jose Gelili 207, 414, 536.

Elischa b. Abuja 85, 224.
Gamliel I 58, 273.
Gamliel II 92.
Hillel 41, 367, 439, 478, 534, 557.
Ismael 41, 113, 131, 146, 190, 421, 461, 556.
Ismael b. Jose 4, 66, 89, 207, 448.
Jehuda I 1, 2, 3, 35, 36, 43, 48, 59, 89, 90, 91, 92, 93, 96, 103, 109, 135, 180, 205, 206, 207, 208, 211, 287, 340, 341, 346, 382, 447, 477, 553.
Jehuda b. Bathyra 204.
Jehuda b. Chanina (Chananja) 420.
Jehuda b. Ilai 88, 160, 162, 207, 240, 278, 287, 297, 328, 385, 415, 416, 443, 565.
Jehuda b. Lakisch 340.
Jizchak 272.
Jochanan b. Nuri 38.
Jochanan b. Tortha 121.
Jochanan b. Zakkai 89, 138, 187, 225, 556.
Joezer der Herr der Burg 58.
Jose b. Chalafta 4, 24, 62, 111, 143, 175, 198, 207, 232, 240, 286, 302, 360, 374, 447, 473, 519.
Jose b. Chanina 419.
Jose b. Jehuda 516.
Jose b. Kisma 225.
Jose der Galiläer 62, 79, 413.
Josia 368.
Josua b. Chananja 19, 95, 99, 122, 254, 332.

Levi b. Sisi 124, 482, 558.
Meir 93, 119, 163, 206, 258, 285, 367, 371, 399, 456, 477.
Nakkai (der Massoret) 2, 348.
Nathan 65, 82.
Nechemja 20, 43, 114, 230, 260, 278, 297, 385, 443.
Pinchas b. Jair 125, 133.
Schammai 560.
Simai 41, 58, 284, 314.
Simon b. Azzai 227, 344, 418.
Simon b. Chalaftha 3, 122, 408, 416, 474.

Simon b. Eleazar 62, 84, 119, 206, 477.
Simon b. Gamliel 418, 517.
Simon, der Sohn Jehuda's I 4.
Simon b. Jochai 79, 84, 125, 146, 178, 190, 191, 192, 206, 207, 226, 228, 276, 286, 287, 332, 333, 343, 376, 408, 421, 426, 437, 485, 515, 535, 547, 565.
Simon b. Jose b. Lakonia 58, 77.
Simon b. Menassja 206.

Sachregister.

Adam 101, 156, 169, 354, 383, 391, 400, 442, 456, 469, 510.

Agada, Agadisten 60, 120, 125, 128, 129, 130, 136, 138, 208, 210, 217, 223, 477, 480, 552, 555.

Alter 3, 55, 212, 222, 280, 403.

Amalek (Rom) 152.

Am-Haarez (Idiot) 38, 64, 337, 367, 371.

Antoninus 472.

Aramäische Sprache 243, 250, 251.

Arbeit, Handwerk 57, 75, 156, 200, 240, 290, 382.

Armut 43, 214, 231, 236, 277.

Astrologisches 5, 14, 158, 159, 182, 249, 445, 473.

Auferstehung der Todten 33, 88, 122, 187, 202, 280, 292, 324, 337, 372, 417, 459.

Babylonien und Babylonier 1, 3, 12, 15, 16, 19, 48, 59, 60, 70, 96, 99, 209, 210, 211, 212, 213, 215, 217, 218, 241, 264, 278, 349, 350, 361, 422, 482, 552.

Bann 127, 166, 284, 480, 527.

Bath-Kol (Himmelsstimme) 82, 116, 137, 167, 192, 211, 291, 351, 394, 457, 523.

Beredsamkeit 78.

Beschämung 135, 137, 291, 551.

Beschneidung 92, 177, 248, 463, 516, 536.

Bileam 17, 24, 28, 65, 157, 285.

Buße (Reue) 50, 62, 71, 87, 99, 132, 164, 176, 199, 228, 257, 280, 292,
293, 299, 303, 331, 333, 336, 355, 373, 389, 390, 438, 450, 531, 534.

Christen, Christenthum 17, 67, 92, 102, 147, 148, 257, 258, 470, 499, 555, 563.

Chronologie der Bibel 24, 41, 259, 269, 272, 311, 322, 459, 546.

Dämonen 32, 102, 130, 145, 191, 302.

Dankbarkeit 12.

Dekalog 56, 160, 499.

Demut (Bescheidenheit) 2, 12, 67, 80, 133, 174, 190, 191, 199, 235, 450, 463, 571.

Ehe 17, 135, 136, 202, 231, 282, 233, 235, 276, 313, 360, 361, 440, 450, 469, 488.

Ehre 120, 135, 158, 239.

Elija (der Prophet) 84, 232, 187, 188, 189, 190, 191, 192, 194, 260.

Engel 5, 19, 25, 31, 42, 66, 67, 79, 80, 83, 85, 98, 101, 103, 104, 134, 157, 160, 162, 197, 201, 249, 281, 283, 286, 296, 301, 316, 322, 329, 330, 386, 388, 389, 412, 414, 415, 442, 445, 458, 464, 471, 473, 487, 498, 507, 532, 545, 546, 548.

Entweihung des göttlichen Namens 9, 47, 409.

Ergebung in den Willen Gottes 98, 280, 537.

Essäisches 225.

Esther (das Buch) 77, 155, 263.

Familienreinheit 16, 75, 121, 135, 215, 349, 454, 539.

Sachregister.

Fastengottesdienst 48, 126, 409, 479, 492.
Frauen 29, 55, 79, 115, 116, 135, 136, 141, 142, 143, 202, 231, 232, 233, 360, 361, 436, 437, 562.
Frieden 11, 38, 53, 62, 133, 136, 153, 158, 197, 200, 209, 244, 330, 331, 357, 536.
Gastfreundschaft 55, 125, 133, 225, 279, 461.
Gebet 12, 13, 28, 47, 50, 52, 53, 64, 96, 101, 139, 140, 141, 154, 174, 176, 184, 196, 198, 203, 209, 225, 228, 232, 233, 235, 242—245, 303, 315, 326, 360, 367, 381, 385, 387, 390, 391, 423, 426, 453, 470, 480, 491, 492, 524, 547, 560.
Gebote 11, 43, 61, 70, 76, 142, 146, 153, 173, 175, 197, 201, 237, 245, 246, 256, 272, 307, 310, 314, 317, 323, 359, 368, 394, 400, 402, 426, 427, 435, 460, 494, 532, 557, 562, 566.
Geheimlehre 105, 120, 214, 423, 452.
Gelübde 38, 83, 486.
Gemeinde Israels 370.
Gleichnisse 12, 15, 16, 17, 18, 25, 26, 29, 30, 37, 39, 40, 43, 44, 45, 52, 53, 71, 73, 74, 75, 79, 85, 91, 96, 98, 99, 100, 101, 105, 122, 142, 146, 147, 149, 169, 170, 171, 172, 173, 174, 183, 201, 202, 203, 204, 213, 247, 248, 255, 278, 279, 297, 299, 313, 317, 321, 322, 323, 328, 329, 363, 366, 369, 371, 385, 388, 392, 399, 405, 406, 408, 409, 411, 416, 426, 428, 430, 433, 439, 458, 461, 462, 470, 471, 472, 493, 499, 508, 511, 527, 529, 530, 534, 536, 539, 540, 541, 543, 547, 561, 563, 566.
Gott 8, 31, 57, 85, 99, 108, 182, 183, 255, 277, 309, 321, 322, 325, 326, 327, 329, 331, 373, 393, 407, 410.

Gottes Gnade 32, 66, 72, 111, 129, 145, 148, 163, 169, 170, 228, 324, 327, 331, 398, 432, 433, 438, 460, 488, 524, 528, 535, 543.
Gottesnamen 45, 64, 65, 77, 97, 155, 169, 327, 336, 398, 433, 488, 502.
Gottes Strafgerichte 8, 16, 28, 33, 43, 68, 85, 96, 100, 146, 176, 181, 227, 252, 305, 322, 334, 401, 413, 468, 473, 488, 543, 560.
Gottes Vorsehung 3, 9, 29, 121, 178, 231, 244, 282, 324, 325, 537, 542. 543.
Gräber 50, 244, 475.
Griechisch 257.
Heiden, Heidenthum, Götzendienst 5, 17, 27, 33, 41, 56, 71, 95, 106, 193, 199, 202, 251, 252, 254, 255, 256, 269, 273, 294, 305, 323, 348, 380, 430, 436, 456, 495, 499, 518, 535, 539.
Heiligkeit 173.
Heiligung des göttlichen Namens 18, 63, 95, 121, 263, 279.
Hiob 295, 311, 400, 473, 501, 537.
Hiob (das Buch) 374.
Hochmuth 9, 32, 61, 69, 94, 121, 134, 197, 226, 236, 464.
Hohelied 52, 81, 203, 263, 313.
Hölle 9, 33, 44, 52, 57, 62, 87, 94, 136, 186, 187, 193, 233, 236, 249, 281, 311, 336, 337, 338, 355, 397, 398, 417, 453, 454, 551.
Hygienisches 3, 39, 111, 137, 221, 222, 458.
Israel und sein Verhältniß zu Gott 9, 14, 15, 21 39, 55, 56, 63, 65, 74, 105, 142, 143, 144, 145, 176, 179, 200, 246, 248, 276, 306, 315, 320, 322, 331, 334, 365, 369, 371, 396, 397, 398, 402, 405, 408, 409, 410, 417, 428, 435, 453, 454, 462, 467, 493, 494, 529, 531, 535, 543, 545, 548.

Sachregister.

Israel u. sein Verhältniß zu den Völkern 14, 15, 30, 65, 66, 144, 146, 147, 152, 204, 247, 248, 254, 255, 297, 305, 318, 369, 371, 401, 431, 440, 456, 464, 493, 496, 497, 499, 550. 565.

Israel im Exil 15, 16, 96, 101, 143, 146, 168, 171, 197, 213, 294, 295, 302, 314, 322, 370, 371, 408, 409, 428, 429, 431, 474, 499, 521, 564.

Israels Sünden in der Vorzeit 16, 26, 71, 72, 83, 106, 163, 164, 179, 250, 256, 294, 307, 495, 532.

Jechezkel (das Buch) 135, 259.

Jerusalem 11, 32, 33, 65, 66, 96, 100, 135, 145, 152, 178, 189, 222, 275, 305, 318, 319, 334, 335, 369, 418, 438, 466, 550.

Jesus 25, 360.

Kindererziehung 128, 225, 231, 344.

Kindersegen 69, 75, 78, 116, 136, 222, 224, 297, 313, 315, 318, 325, 387, 395, 488, 556.

Klagelieder (Buch) 463.

Koheleth (Buch) 83.

Kosmologisches 16, 28, 56, 65, 66, 78, 107, 184, 331, 332.

Land (das heilige) 7, 17, 66, 145, 148, 170, 178, 231, 250, 287, 294, 314, 336, 417, 423.

Landwirthschaft 48, 101, 233, 380, 427.

Lehrhaus, Lehrer, Schüler 6, 11, 36, 46, 47, 56, 59, 63, 64, 81, 89, 93, 96, 97, 120, 128, 130, 134, 138, 139, 143, 196, 197, 206, 208, 210, 213, 216, 235, 238, 239, 240, 241, 254, 292, 306, 341, 343, 347, 351, 363, 364, 365, 366, 398, 406, 421, 425, 426, 432, 434, 451, 452, 479, 490, 491, 540.

Leiden 6, 73, 135, 199, 201, 230, 235, 247, 254, 303, 355, 362, 439,

Liebeswerke 13, 29, 81, 180, 201, 214, 215, 225, 226, 301, 309, 313, 394, 449, 487, 559.

Lüge 485.

Märtyrer 15, 177, 196, 252, 256, 307, 316

Massoretisches 2, 20, 64, 97, 117, 129, 150, 252, 265, 326, 400, 492, 501.

Messianisches 32, 33, 44, 48, 65, 76 77, 83, 86, 118, 143, 152, 168, 175, 184, 185, 190, 193, 201, 248, 250, 307, 312, 333, 334, 335, 336, 390, 405, 414, 415, 431, 432, 457, 499, 526, 548, 549, 550, 563.

Moses 30, 40, 42, 67, 75, 80, 83, 105, 113, 159, 160, 161, 162, 164, 177, 180, 284, 286, 324, 326, 355, 377, 386, 393, 406, 408, 428, 435, 415, 458, 465, 472, 474, 514, 515, 516, 523, 529, 530, 562.

Mündl. Lehre 138, 240, 261, 398, 490.

Nabatäer 148, 348.

Namen 424, 489.

Nächstenliebe 9, 62, 200, 225, 226, 355, 358, 423, 546, 557.

Noachiden (Pflichten der) 17, 18, 108, 430.

Normen der Exegese 18, 41, 54, 55, 67, 78, 101, 112, 113, 259, 262, 263, 264, 266, 374, 375, 379, 502, 541.

Offenbarung am Sinai 53, 56, 70, 74, 99, 100, 105, 116, 162, 178, 183, 249, 251, 252, 255, 265, 284, 298, 308, 310, 313, 316, 321, 361, 386, 390, 405, 441, 444, 464, 495.

Opfer 27, 42, 63, 74, 75, 96, 114, 116, 133, 171, 204, 225, 242, 245, 299, 315, 324, 355, 362, 373, 409, 430, 442, 458, 519, 561, 562.

Paradies 33, 43, 186, 187, 192, 193, 233, 245, 281, 336, 416.

Patriarchen. Abraham 23, 26, 29, 72, 78, 103, 114, 139, 156, 170,

201, 249, 258, 279, 385, 457, 469, 470, 535, 540.

Isaak 103, 280, 313, 471, 510.

Jakob 103, 104, 117, 198, 281, 282, 306, 325, 333, 370, 471, 472, 511, 544.

Perser 213, 253, 349, 565.

Philo 107.

Phönix 46.

Polemisches und Apologetisches 17, 24, 66, 67, 92, 96, 98, 104, 147, 247, 257, 372, 373, 470, 497, 499, 555, 556, 557, 563.

Propheten 45, 54, 113, 164, 256, 258, 259, 263, 276, 277, 337, 403, 428, 430, 456, 463, 500, 550, 557.

Proselyten 18, 27, 95, 103, 114, 127, 151, 175, 198, 258, 374, 500, 520.

Proverbien (Buch) 81, 501.

Psalmen 72, 73, 100, 129, 131, 151, 158, 164, 260, 374, 458, 464, 510, 511, 524.

Rechtfertigung biblischer Personen 81, 84, 164, 167.

Rechtspflege (Gerechtigkeit) 10, 22, 61, 62, 63, 93, 100, 136, 172, 199, 227, 228, 229, 305, 312, 358, 397, 419, 466.

Regen 115, 126, 151, 204, 310, 311, 324, 390, 394, 462, 487, 572.

Reichthum 136, 157, 231, 233, 303, 342, 402, 472.

Reinheit der Rede 133, 298, 486.

Rom, Römer 5, 15, 26, 27, 35, 44, 63, 95, 96, 102, 127, 145, 146, 179, 185, 190, 201, 220, 248, 252, 253, 281, 298, 334, 372, 390, 391, 392, 396, 415, 429, 430, 455, 456, 463, 466, 471, 485, 498, 499, 526, 543, 563, 564.

Sabbath 4, 13, 30, 78, 94, 111, 139, 180, 210, 231, 246, 248, 299, 333, 368, 406, 427, 468, 492, 560.

Sabbathion 521.

Samaritaner 343.

Satan 114, 161, 354, 360, 425, 489.

Schamhaftigkeit 167.

Schweigen 78, 134, 199, 309, 516.

Seele 234, 329, 403, 412, 547.

Segen 9, 68, 155, 234, 493.

Sitte 484.

Sittenverderbniß 9, 268, 269, 312, 323, 560.

Sprache 450, 486.

Stämme (die zehn) 293, 321, 429.

Süden (der) 2, 60, 125, 195, 340, 341, 554.

Sünde (und Sühne) 8, 9, 11, 61, 200, 227, 354, 359, 377, 387, 406, 470.

Sündhaftigkeitsbewußtsein 54, 230, 356.

Targum 41, 503.

Teleologisches 184, 319, 414, 515.

Theater und Circus 67, 342, 343, 432, 499.

Thiere als Lehrer der Tugenden 233.

Thora 12, 14, 16, 18, 40, 50, 53, 64, 74, 95, 101, 107, 137, 153, 159, 160, 161, 171, 172, 200, 229, 234, 235, 251, 258, 284, 291, 293, 316, 324, 326, 362, 374, 386, 428, 452, 484, 490, 493, 559.

Thorastudium 3, 4, 12, 37, 46, 52, 63, 90, 137, 138, 165, 169, 178, 192, 197, 209, 221, 234, 235, 236, 237, 241, 270, 303, 306, 337, 345, 346, 354, 362, 263, 365, 366, 371, 387, 399, 425, 447, 450, 492.

Tod, Todte 30, 33, 49, 70, 72, 75, 86, 121, 134, 187, 196, 214, 224, 229, 238, 239, 274, 309, 312, 316, 330, 336, 338, 354, 355, 370, 416, 426, 440, 463, 489, 532, 548.

Todesengel 132, 161, 187, 191, 192, 193, 354, 512.

Tradiren 11, 121, 213, 219, 220.

Trauerrede 224.

Traum 4, 63, 181, 188, 196, 231, 233, 351, 361, 422.
Trieb (der böse) 8, 38, 61, 69, 74, 97, 132, 196, 245, 273, 354, 451, 465, 467, 487.
Tröstung 94, 136.
Tugendhelden 74, 290.
Verdienst der Frommen um die Welt 181, 191, 201, 228, 229, 238, 301, 351, 359, 439, 469.
Verdienst Israels um die Welt 146, 247, 249, 390, 565.
Verdienst der Väter 23, 28, 40, 72, 117, 144, 163, 172, 175, 203, 249, 280, 325, 400, 466, 475, 492, 522.
Vergeltung 11, 22, 23, 69, 81, 102, 104, 108, 143, 170, 180, 202, 229, 233, 239, 246, 269, 301, 302, 304, 317, 355, 393, 394, 405, 415, 416, 437, 443, 496, 562.
Verleumdung (böse Zunge) 10, 28, 38, 61, 98, 110, 133, 136, 173, 177, 198, 226, 301, 303, 309, 355, 402, 450, 484, 485.
Volk und Führer 96, 135, 165, 174, 179, 230, 231, 357, 495, 533.
Wein 26, 48.
Welt (die kommende) 11, 15, 33, 34, 39, 61, 69, 86, 87, 106, 132, 144, 167, 170, 187, 189, 196, 198, 225, 231, 239, 241, 250, 258, 290, 292, 293, 294, 303, 319, 336, 337, 338, 399, 403, 416, 417, 423, 548, 549, 550.
Weltgericht 44, 185, 186, 306, 334, 551, 564.
Weltreiche (die vier) 15, 185, 248, 249, 252, 306, 320, 389, 415, 454, 455, 498, 513.

Weltschöpfung 27, 30, 31, 85, 107, 120, 183, 184, 244, 321, 328, 329, 403, 410, 411, 412, 467, 545.
Willensfreiheit 9, 174, 331, 451.
Wissen und Thun 37, 229, 235, 236, 239, 380.
Wohlthätigkeit 10, 38, 136, 180, 181, 225, 311, 358.
Wortdeutung mit Aenderung der Buchstaben 23, 61, 148, 167, 288, 462, 465, 508.
Wortdeutung mit Aenderung der Vocalaussprache 65, 129, 137, 162, 228, 236, 238, 240, 310, 316, 319, 376, 385, 393, 441, 462, 533, 563.
Wortdeutung nach dem Griechischen 98, 100, 266, 270, 275, 282, 381, 411, 465, 508, 513, 544.
Wortdeutung mit Versetzung der Buchstaben 69, 267, 277, 325, 329, 394.
Wortdeutung nach dem Zahlenwerthe 40, 181, 201, 317, 385, 460, 525.
Wortdeutung mit Zerlegung des Wortes (Notarikon) 20, 21, 26, 27, 28, 69, 98, 112, 114, 137, 157, 160, 161, 185, 212, 246, 253, 265, 266, 282, 369, 381, 391, 395, 411, 441, 460, 465, 469, 521, 533.
Wunder 39, 374, 414, 487.
Wunderberichte der heil. Schrift 24, 27, 42, 54, 56, 80, 105, 114, 115, 159, 260, 271, 283, 284, 285, 286, 293, 296, 329, 385, 387, 440, 444, 445, 460, 467, 503, 505, 516, 524, 530, 533.
Würde des Menschen 134, 156, 169, 330, 413.
Zerstörung des Tempels 65, 82, 145, 171, 197, 200, 207, 313, 318, 322, 334, 437, 494, 496, 522, 532, 538.

Inhalt.

		Seite	
Vorwort		„	VI
I.	Chanina b. Chama	„	1
II.	Jannai	„	35
III.	Die Söhne Chija's	„	48
IV.	Jonathan b. Eleazar	„	58
V.	Hoschaja	„	89
VI.	Jose b. Zimra	„	109
VII.	Simon b. Jehozadak	„	119
VIII.	Josua b. Levi	„	124
IX.	Alexander	„	195
X.	Jochanan	„	205
XI.	Simon b. Lakisch	„	340
XII.	Jose b. Chanina	„	419
XIII.	Chama b. Chanina	„	447
XIV.	Samuel b. Nachman	„	477
XV.	Simlai	„	552
Anhang. Ergänzung zu Z. Frankel's Verzeichnisse der im jerusalemischen Talmud erwähnten Amoräer			567
Ergänzungen und Berichtigungen			571
Register der Amoräer und Tannaiten			574
Sachregister			582

www.ingramcontent.com/pod-product-compliance
Lightning Source LLC
Chambersburg PA
CBHW021228300426
44111CB00007B/467